秦文明新探丛书

早期秦文化探索

梁云 著

上海古籍出版社

图书在版编目(CIP)数据

早期秦文化探索/梁云著.——上海：上海古籍出版社,2021.12
(秦文明新探丛书)
ISBN 978-7-5732-0187-4

Ⅰ.①早… Ⅱ.①梁… Ⅲ.①文化史-研究-中国-秦代 Ⅳ.①K233.03

中国版本图书馆CIP数据核字(2021)第246126号

秦文明新探丛书
早期秦文化探索
梁 云 著
上海古籍出版社出版发行
(上海市闵行区号景路159弄1-5号A座5F 邮政编码201101)
(1)网址：www.guji.com.cn
(2)E-mail：guji1@guji.com.cn
(3)易文网网址：www.ewen.co
上海天地海设计印刷有限公司印刷
开本710×1000 1/16 印张24.75 插页4 字数391,000
2021年12月第1版 2021年12月第1次印刷
印数：1—2,500
ISBN 978-7-5732-0187-4
K·3105 定价：108.00元
如有质量问题，请与承印公司联系

谨以此书纪念秦始皇帝陵博物院建院 40 周年

"秦文明新探丛书"编委会

主　　任：侯宁彬　李　岗
副 主 任：田　静　王原茵　武天新　郭向东　周　萍
　　　　　侯宏庆　陈志平

执行主任：史党社　张卫星
委　　员（以姓氏笔画为序）：
　　　　　马三恒　马生涛　由更新　朱学文　刘　珺
　　　　　李　军　李艳斌　张锦涛　张满林　陈立阳
　　　　　邵文斌　赵新刚　贾　涛　夏　寅　黄　琰

本册审稿：焦南峰　张天恩
特约审稿：王子今
编　　辑：陈　洪　任建库

"秦文明新探丛书"序

秦统一是中国历史上的一件大事,它不仅终结了诸侯林立的"封建"乱世,促成了血缘政治向地缘政治的体制嬗变,同时也为"百代秦政"的制度传承和中华文明走向世界打下了坚实的基础。

秦始皇是古代中国这场大变局的见证者和主导者,他所创建的皇帝制度,其精髓是以官僚体系和郡县制为保障的中央集权的治理模式。"书同文""车同轨",不但革除了旧有体制的弊端,也为民族文化的深度交流和融合清除了障碍。

作为中国历史上第一个中央集权制王权,虽然在五千年文明长河中仅仅只是昙花一现,但两千年的沧海桑田、王朝更迭,却一次次通过陈列在广阔大地上的遗产和书写于古籍里的文字,带给我们无限的惊喜和想象。

秦始皇帝陵是中国古代规模最大、结构最复杂、埋藏最丰富的帝王陵墓,是"世界最大的考古学储备之一",是2 200多年前人类智慧和劳动的结晶。兵马俑是20世纪世界上最伟大的考古发现之一,是中华民族的骄傲和宝贵财富,是中华文明的精神标识。其恢宏壮观的规模、丰富深厚的内涵所体现的格局、气度、神韵以及理念、智慧,都充分彰显了重大的历史、科学、艺术以及社会思想价值。

四十多年前秦兵马俑的横空出世,揭开了秦始皇帝陵历史宝库的冰山一角。数十年几代学人的不辍耕耘,使这部尘封千年的历史巨著被一页页渐渐打开。在这里,象征虎狼之师的军事阵列,反映国家治理架构、皇家事务管理的神秘遗迹,展现社会标准化生产、精细化管理以及国家工程高超技艺的文物精品比比皆是。透过这些载体,映射给世人更多的是中华先民坚韧不拔、勇往直前的英雄气概,是大秦帝国开放包容、不拘一格的治国理念,是管理集团以身作则、层层传导的责任担当,是大国工匠精益求精、追求完美的敬业精神。

秦始皇帝陵博物院是以秦始皇帝陵为依托,在原秦始皇兵马俑博物馆的基础上，整合秦始皇帝陵陵园（丽山园）而建成的一座现代化的遗址博物馆。从1974年威武雄壮的兵马俑横空出世，到1979年一号兵马俑陪葬坑正式对外开放；从1986年"秦俑学研究会"盛大启幕，到1998—1999年石铠甲、百戏俑陪葬坑惊世再现；从2003年秦陵地宫神秘面纱初现端倪，到2006—2007年文吏俑、青铜水禽破土而出；从2010年秦始皇陵国家考古遗址公园建成开放，到2019年秦始皇陵基本格局豹斑隐现、陵西大型陪葬墓浮出水面，到最终催生"秦文明研究中心"落户秦始皇帝陵博物院和西北大学，几代秦俑人筚路蓝缕，攻坚克难，使大批重要的遗迹和古代艺术珍品重现于世，为全面解读秦始皇帝陵的内涵、价值与意义提供了可能，也为世界重新认识秦始皇及其时代打开了另一扇窗。

四十年弹指一挥间，在改革开放和煦春风的沐浴和"一带一路"国家倡议的指引下，秦始皇帝陵博物院已从土石滩上一座孤立简陋的保护大棚，发展成为集考古遗址本体及其历史环境风貌保护展示，融合了教育、科研、游憩、休闲等多项功能为一体的公共文化空间。

回顾数十年的学术历程，秦始皇帝陵博物院始终秉持科研兴院（馆）的理念，引导科研人员，不断提升业务能力和素质。学术团队从无到有、由弱渐强，研究范围也由考古学、历史学向外辐射，扩展到政治史、军事史、文化史、科技史、水利工程、建筑环境、雕塑艺术等诸多领域。先后编辑出版了"《秦俑·秦文化》丛书"（如《秦始皇帝评传》《秦军事史》《秦始皇陵兵马俑文物保护研究》等）、《秦文化论丛》（2011年更名为《秦始皇帝陵博物院》）等多部丛书或书刊；出版了《秦始皇陵兵马俑坑一号坑发掘报告（1974—1984）》、《秦始皇陵铜车马发掘报告》、《秦始皇陵铜车马修复报告》、《秦始皇帝陵园考古报告》（1999—2010年，共5册）、《秦始皇帝陵出土一号青铜马车》、《秦始皇帝陵出土二号青铜马车》、《回顾与创新——秦始皇兵马俑博物馆开馆三十周年纪念文集》、《守护传承　创新发展——秦始皇帝陵博物院建院四十周年纪念文集》、《秦文字类编》、《秦文字通假集释》、《秦始皇陵考古发现与研究》、《日出西山——秦人历史新探》、《秦文字通论》、《秦文化之考古学研究》、《秦始皇帝陵一号兵马俑陪葬坑发掘报告（2009—2011年）》、《礼仪与秩序：秦始皇帝陵研究》等学术专著近百部。举办了"辉煌时代——罗马帝国文物特展""文明之海——从古埃及到拜占庭的地中海文明""庞贝：瞬间与永恒""曙光时代——意大利的伊特鲁里亚文明""不朽之旅——古埃及人的生命观""玛雅：重现的文明"等世界文明系列；"平天下——秦的统一""传承与谋变——三晋历史文化展""泱泱大国——齐国历史文化展""幽燕长歌——燕国历史文化展""神秘王国——古中山国历史文化展""南国楚宝惊采绝艳——楚文物珍品展""水乡泽国——东周时期吴越历史文化展""寻巴——消失的古代巴国""帝国之路·陇东记忆——秦文化与西戎文化考古成果展""帝国之路·雍城崛起——秦国历史文化展""铜铸滇魂——云南滇国青铜文化展"等东周历史文化展系列；以及"溢彩流光——陕西出土秦金银器展""萌芽·成长·融合——东周时期北方青铜文化臻萃""破译秦朝：里耶秦简中的帝国真相""'丽山园'遗珍——秦始皇陵园出土文物精华展"等专题展览，为促进中国古代历史文化，尤其是秦汉历史、考古、科技、艺术等研究作出了重要贡献。

多年来，与秦始皇帝陵和兵马俑的考古发现、学术研究相呼应，全国各地有关秦的考古发现也此起彼伏、层出不穷，极大地带动了全球秦文明、秦文化以及秦历史研究的纵深发展。尤其甘肃早期秦文化遗存，陕西凤翔雍城、宝鸡阳平、阎良栎阳城、郑国渠遗址、西安上林苑建筑群、废丘遗址（"三秦"之雍王章邯所都废丘）、秦咸阳城、咸阳早期秦王陵、临潼秦东陵，湖南里耶古城，湖北荆州胡家草场秦墓、湖北宜城楚皇城，四川渠县城坝遗址（"宕渠"县城）等考古发现，以及云梦简、放马滩简、王家台简、周家台简、里耶简、岳麓简、清华简、北大简、相家巷封泥等大批地下出土文献资料的面世，极大地弥补了文献记载的不足，促进了秦史、秦文化研究的长足进步。

纵观百年来中国乃至世界关于秦史、秦文明、秦文化研究的广度、深度与维度，以及新时期社会对博物馆保护、研究、展示、传播职责和功能的认知和期盼，秦始皇帝陵博物院所做的工作显然微不足道。由此，我们立足于秦始皇帝陵和兵马俑目前的考古发现和专题研究，结合全国各地最新考古发现、文献释读以及专题研究等领域的热点问题，决定联合上海古籍出版社，组织知名学者编写这套"秦文明新探丛书"，以推进秦始皇帝陵博物院乃至全球秦文明、秦史、秦文化的专题研究和价值阐释，为保护遗产、传承文明、弘扬文化提供支撑。

"秦文明新探丛书"第一批图书，包含13个选题。这些选题将以秦统一的进程和意义为主线，在全球视野下用最新的政区扩张、战争防御、官僚制度、法治思维、文字档案、行政管理、社会治理、交通组织、民族融合等多维度，对秦始皇"奋六世之余烈,振长策而御宇内"的伟大壮举进行解读和诠释,以反映秦统一对中国历史的贡献和影响。

为了保证图书的权威性、可读性和客观性,项目组还邀请国内知名专家担任审稿专家和学术顾问,对所有书稿进行审核。在此,谨向付出劳动的所有专家、撰稿人及工作人员表示诚挚的谢意!

未来项目组还将根据学术研究和展示需要,择时组织丛书续编。

"秦文明新探丛书"的出版发行,是秦始皇帝陵博物院学术研究"立足陕西,面向全国,放眼全球"的一次有益尝试,也是博物馆人落实习近平总书记"强化中华民族精神标识""一个博物馆就是一所大学校"讲话精神的具体实践。两千多年来,秦文化早已融入中国传统文化的洪流之中,并部分沉淀为民族文化基因,成为过去、现在乃至未来治国理政、资政育人的重要源泉。今天,我们坚定文化自信,离不开对中华文明、中国历史的认知和自觉。期待"秦文明新探丛书"能够使更多的人"记得起历史沧桑、看得见岁月留痕、留得住文化根脉"。

感谢上海古籍出版社对丛书出版的支持!

秦始皇帝陵博物院院长

侯宁彬

目　录

"秦文明新探丛书"序 / 1

第一章　早期秦文化的探索历程 / 1

第二章　早期秦文化的分期与编年 / 13
第一节　学术史的回顾 / 13
第二节　早期秦文化居址陶器的分期与编年 / 18
　　一、清水李崖 / 18

　　二、甘谷毛家坪 / 20

　　三、礼县西山坪 / 23

　　四、长武碾子坡 / 25

　　五、各居址年代的横向对应关系 / 26

　　六、绝对年代的判断 / 27

第三节　早期秦文化墓葬陶器的分期与编年 / 30
　　一、清水李崖 / 30

　　二、礼县西山坪 / 39

　　三、礼县大堡子山 / 44

　　四、甘谷毛家坪 / 46

　　五、陇县店子 / 49

　　六、泾河上游墓葬 / 51

　　七、宝鸡南阳村 / 52

　　八、各墓地年代组的横向对应关系 / 53

　　九、断代 / 55

第四节　早期秦文化铜器的分期与编年 / 62
　　一、清水李崖 / 62
　　二、礼县西山坪 / 63
　　三、礼县大堡子山 / 66
　　四、陇县边家庄 / 88
　　五、宝鸡太公庙、西高泉、南阳村 / 91
　　六、宝鸡姜城堡 / 95
　　七、灵台景家庄 / 96
　　八、分期与断代 / 97
第五节　早期秦文化的总体分期与编年 / 98

第三章　嬴秦西迁探讨 / 101
第一节　商代晚期至西周早期嬴秦的居地 / 101
第二节　嬴秦西迁的年代及原因 / 108
第三节　"𡩜"族相关问题考辨 / 119
第四节　嬴秦西迁三说平议 / 125
　　一、商代晚期自关中西迁说 / 126
　　二、西周早期自山东西迁说 / 127
　　三、西周中期自山西西迁说 / 130

第四章　早期秦文化的形成 / 133
第一节　秦墓葬俗所见秦文化结构特点 / 133
第二节　早期秦文化的两类遗存 / 146
　　一、两类遗存 / 146
　　二、两类遗存之间的关系 / 150
　　三、早期秦文化的转型 / 155
第三节　早期秦文化的来源与形成 / 160
　　一、来源于商文化的因素 / 160
　　二、来源于周文化的因素 / 167
　　三、来源于西戎文化的因素 / 175
　　四、早期秦文化的形成 / 190

第五章　早期秦文化都邑 / 193
第一节　西犬丘探寻 / 193
　　一、西汉水上游商周时期遗址分布及文化遗存 / 193
　　二、相关遗址可能性分析 / 204
第二节　西新邑与衙 / 219
　　一、大堡子山遗址的考古发现 / 219
　　二、"秦子"诸器相关问题研究 / 228
　　三、大堡子山遗址乐器坑探讨 / 247
　　四、大堡子山大墓墓主与西新邑 / 262
第三节　秦邑探索 / 271
　　一、牛头河流域周代遗址的分布 / 271
　　二、清水李崖遗址的考古发现 / 277
　　三、李崖遗址西周墓葬探析 / 281
　　四、非子封邑的考古学探索 / 300
第四节　鄜畤、陈宝祠与汧渭之会 / 307
　　一、鄜畤 / 308
　　二、陈宝祠 / 314
　　三、汧渭之会 / 318
第五节　平阳 / 324
　　一、宝鸡太公庙钟、镈与秦武公鼎 / 324
　　二、秦都平阳的微观布局 / 331

第六章　早期秦文化与周边文化的关系 / 341
第一节　早期秦文化与西戎文化的关系 / 341
第二节　早期秦文化与周余民文化的关系 / 349
　　一、周余民墓葬的特征 / 351
　　二、周余民遗存与秦文化的关系 / 364

后记 / 386

第一章　早期秦文化的探索历程

自西周中晚期秦人在陇右崛起,到公元前 207 年秦灭亡,秦人大致经历了早、中、晚三期的发展阶段。早期指西周至春秋早期,即公元前 677 年秦德公居雍之前;中期指春秋中晚期至战国早期,相当于雍城时期;晚期指战国至秦代,即公元前 350 年秦孝公迁都咸阳至秦灭亡。早期秦文化是指西周至春秋早期秦人及相关人群创造并使用的文化遗存,它具有考古学文化的性质,包含一大批遗迹和遗物,有自身的面貌特征,且有一定的时空分布范围。

在从考古学角度探讨早期秦文化之前,史学界就秦人的早期历史已经进行了长期讨论,议题集中于秦人的族源、迁徙路线及早期都邑。

在族源问题上多数学者主张"东来说",即秦人本是东方民族,与殷商关系密切,只是后来才迁徙到甘肃,如卫聚贤[1]、黄文弼、林剑鸣[2]、何汉文、段连勤等。主张"西来说",即秦本是西北土著或戎族的学者相对而言较少,如蒙文通、周谷城[3]、熊铁基。王国维在《秦都邑考》中仅说"秦之祖先,起于戎狄"[4],即秦的祖先发迹于戎狄间,没有确指秦人本属何方民族,把王氏归入西来说学者不妥。1949年以前,蒙文通首倡西来说,依据是中潏之父戎胥轩名曰"戎","自非夏族,此秦之父系为戎也";"申侯之先,骊山之女,亦当为戎,此秦之母系亦为戎也";《商君列传》有云"始秦戎狄之教",《管子》亦云"秦戎始服"[5]。黄文弼特撰文驳议蒙说:秦仲之后,秦人世代与戎为敌,当非同族;秦俗杂有戎风与秦人族属是两个概

---

[1] 卫聚贤:《赵秦楚民族的来源》,《古史研究(第三集)》,上海商务印书馆,1934年。
[2] 林剑鸣:《秦人早期历史探索》,《西北大学学报(哲学社会科学版)》1978年第1期。
[3] 周谷城:《中国通史》,开明书店,1939年,第174页。
[4] 王国维:《观堂集林》,中华书局,1959年。
[5] 蒙文通:《周秦少数民族研究(摘)》,《禹贡半月刊》1936年第7期;又见于《秦西垂文化论集》,文物出版社,2005年。

念,不可混为一谈;《管子》之书多为后人篡乱①。就今天的材料及认识来看,蒙说之误很明显。"戎"字也可释为车,"小戎"是轻型战车,"元戎"是大车,秦、赵祖先世代御车牧马,故多以车、马为名,如大骆、衡父、"戎胥轩"亦当如此。《管子》中的"秦戎"应解为秦国、秦地的戎人,与秦人是两回事。当阳赵家湖楚钟和崇源国际楚豆铭文都提到"秦戎",即被秦人迫逐而迁徙到河南的陆浑戎②。1949 年以后,熊铁基力主西来说,理由是秦祖中潏在商末已经"在西戎,保西垂",即活动在西方,所以秦人不可能等到西周时才自东向西迁徙,商代或商代以前西迁也不可能③。关于这一点,后来有学者指出中潏是保商之西垂,在晋南,那里戎狄众多,也可说"在西戎"④。需要注意的是,西来说把秦人祭祀用马作为理由之一,是不足为据的。殷墟西北岗商王陵区大量的排葬坑也殉马祭祀,但谁也不会就此说殷人是西方民族。

东来说学者还探讨了秦人的迁徙路线。黄文弼、伍仕谦认为秦人第一次西迁在飞廉时,飞廉为纣王出使北方,恰逢周灭商,不得返还,族人遂定居于山西;第二次西迁在周孝王时,非子居犬丘(陕西兴平),养马有功,被孝王封于秦邑⑤。陈秀云、何汉文、尚志儒、何清谷等认为周公二次东征后把大批的嬴姓东夷国族作为战俘强迫西迁至陕西,其中就有秦人⑥;林剑鸣则认为秦人在那次被迁到了更遥远的西垂,即周人的西方边境⑦。段连勤认为嬴秦可能是东夷中畎夷的一支,在夏商之际就已经迁徙到了关中⑧。王玉哲的意见与众不同:秦人第一步大约在戎胥轩、中潏时代从山东西迁至山西,第二步大约在大骆、非子时代从山西西迁至陕西犬丘,第三步在非子时再西迁至甘肃西犬丘⑨。如此,学者们共列举了四种西迁的可能性及时间:夏商之际、商末、周初成王时、西周中期孝王时。

---

① 黄文弼:《嬴秦为东方氏族考》,《史学杂志》1945 年创刊号。
② 吴镇烽:《竞之定铜器群考》,《江汉考古》2008 年第 1 期。
③ 熊铁基:《秦人早期历史的两个问题》,《社会科学战线》1980 年第 2 期。
④ 王玉哲:《秦人的族源及迁徙路线》,《历史研究》1991 年第 3 期。
⑤ 伍仕谦:《读秦本纪札记》,《四川大学学报(哲学社会科学版)》1981 年第 2 期。
⑥ 陈秀云:《秦族考》,(广东省立文理学院)《文理学报》1946 年第 2 期;何汉文:《嬴秦人起源于东方和西迁情况初探》,《求索》1981 年第 4 期;尚志儒:《早期嬴秦西迁史迹的考察》,《中国史研究》1990 年第 1 期;何清谷:《嬴秦族西迁考》,《考古与文物》1991 年第 5 期。
⑦ 林剑鸣:《周公东征和嬴姓西迁》,《文史知识》1982 年第 11 期。
⑧ 段连勤:《关于夷族的西迁和秦嬴的起源地、族属问题》,《人文杂志》1982 年增刊。
⑨ 王玉哲:《秦人的族源及迁徙路线》,《历史研究》1991 年第 3 期。

都邑地望方面，王国维云："曰西垂、曰犬丘、曰秦，其地皆在陇坻以西，此宗周之世秦之本国也。"至于西犬丘（或西垂）的具体地望，有礼县盐官镇附近①、红河镇费家庄②、礼县永兴镇③等说法。秦邑的地望，徐日辉④、徐卫民认为在张家川县瓦泉村。当然，还有学者认为非子所封之秦在汧渭之会⑤，或认为秦人曾居陕西兴平之犬丘⑥。

早期秦文化的发现，以及从考古学角度对相关问题的探讨，前后大致经历了三个阶段。

一、20 世纪 60—70 年代

这时期在灵台洞山、景家庄，宝鸡姜城堡、西高泉村，长武上孟村，陇县边家庄等地陆续发掘到春秋早期的秦墓⑦，出土了铜器、陶器等遗物。这些发现比较零散，在认识上还缺乏归纳总结。

1978 年在宝鸡杨家沟乡太公庙村的一个窖穴内发现铜镈 3 件、甬钟 5 件⑧，上有铭文，提到文公、静公、宪公，学术界普遍认为作器者是春秋早期的秦武公。《史记·秦本纪》载"（武公）二十年，武公卒，葬雍平阳"，学者们几乎一致认为太公庙及其附近的遗址是秦都平阳之所在。

1979 年 9 月在青海省考古学会与历史学会联合举办的学术报告会上，俞伟超作了以"古代'西戎'和'羌''胡'考古学文化归属问题的探讨"为题的讲话，认为秦人也是西戎之一，秦文化至迟在两周之际就受到周文化很大影响，但其西戎

---

① 雍际春：《秦人早期都邑西垂考》，《天水行政学院学报》2000 年第 4 期。
② 康世荣：《秦都邑西垂故址探源》，《礼县史志资料》1985 年第 6 期。
③ 徐卫民：《天水附近秦都城考论》，《天水师专学报》1999 年第 4 期。
④ 徐日辉：《秦建国前活动考察》，《秦俑秦文化研究》，陕西人民出版社，2000 年。
⑤ 徐复：《秦会要订补》，中华书局，1959 年；李零：《〈史记〉中所见秦早期都邑葬地》，《文史（第二十辑）》，中华书局，1983 年。
⑥ 史党社、任建库：《槐里犬丘与秦人早期历史相关的一点线索》，《文博》2002 年第 6 期；王学理：《东西两犬丘与秦人入陇》，《考古与文物》2006 年第 4 期。
⑦ 王光永：《宝鸡市渭滨区姜城堡东周墓葬》，《考古》1979 年第 6 期；甘肃省博物馆文物队、灵台县文化馆：《甘肃灵台县两周墓葬》，《考古》1976 年第 1 期；刘得祯、朱建唐：《甘肃灵台县景家庄春秋墓》，《考古》1981 年第 4 期；宝鸡市博物馆、宝鸡县图博馆：《宝鸡县西高泉村春秋秦墓发掘记》，《文物》1980 年第 9 期；负安志：《陕西长武上孟村秦国墓葬发掘简报》，《考古与文物》1984 年第 3 期；尹盛平、张天恩：《陕西陇县边家庄一号春秋秦墓》，《考古与文物》1986 年第 6 期。
⑧ 卢连成、杨满仓：《陕西宝鸡县太公庙村发现秦公钟、秦公镈》，《文物》1978 年第 11 期。

文化的因素还一直保留：一是蜷曲特甚的屈肢葬，从春秋到秦代都是秦墓的主要葬式，且与辛店文化的葬式很相似，"正表明了族源上的密切关系"；二是秦人使用的铲形袋足鬲，与周式鬲不同，却与卡约、辛店、寺洼文化系统的同类器相似，可命名为"戎式鬲"，表明了秦人与戎人的亲缘关系；三是洞室墓，在甘青地区起源很早，在秦墓中也很流行，正说明了秦与羌戎文化的联系①。这些观点，后来有赞成者，也有反对者。

同年韩伟发表《试论战国秦的屈肢葬仪渊源及其意义》，分析凤翔的春秋秦墓葬，认为当时奴隶主均采用仰身直肢葬，而跽式葬（屈肢葬）是秦国奴隶们的一种固定葬式；独立的屈肢葬墓应是身份得到解放的奴隶的墓，战国时这种墓大量增加，正好说明了奴隶制的崩溃和社会性质的变化②。

二、20 世纪 80—90 年代

在 1980 年出版的《夏商周考古学论文集》中，邹衡把一种带"𦎧"字族徽，年代在商末周初的传世铜广折肩罐，命名为"亚𦎧罐"，认为"𦎧"氏族很可能就是秦的祖先费、蜚、非之类，"不用说，这件亚𦎧罐自然就是先秦器了"。他还根据卜辞中"令𦎧田于京"的记载，认为武丁以来商王常派𦎧族远去陕西或山西开荒，"秦的祖先本来起源于东方，后来为什么又到了西方，在这里似乎已得到了说明"。这件铜罐具有先周文化风格，"因而在商末，陕西的𦎧族使用先周文化也就不足为奇了"③。

1982 年刘庆柱发表《试论秦之渊源》，强调了春秋秦墓中屈肢葬的比例占 85% 以上，其中不乏铜礼器墓，其身份不可能是奴隶；直肢葬者未必是秦奴隶主或宗室贵族，可能是周人后裔或关东徙民；屈肢葬属于秦的自身文化传统，与辛店文化的葬式很相似。马家窑、齐家、辛店文化中鸟纹发达，流行彩陶；秦有鸟图腾崇拜，秦的彩绘陶器及其他文物上的纹饰图案与前者接近，因此秦文化可能是马家窑文化的后裔④。

1986 年韩伟发表《关于秦人族属及文化渊源管见》，指出秦的贵族，尤其是

---

① 俞伟超：《先秦两汉考古学论集》，文物出版社，1985 年。
② 韩伟：《试论战国秦的屈肢葬仪渊源及其意义》，《中国考古学会第一次年会论文集(1979)》，文物出版社，1980 年。
③ 邹衡：《论先周文化》，《夏商周考古学论文集》，文物出版社，1980 年。
④ 刘庆柱：《试论秦之渊源》，《人文杂志》1982 年增刊。

宗室贵族采用直肢葬式，不采用屈肢葬式；辛店文化中屈肢葬发现很少，以之作为秦葬式的渊源欠妥。铲形袋足鬲在秦文化中不是数量很多的典型器物，它在秦墓中的出现，"不会早于战国时代"。陕甘的春秋秦墓中未见洞室墓。因此，屈肢葬、铲足鬲、洞室墓都不是秦人自身的文化传统。嬴秦起源于东方，秦的钟簋彝器、宫寝、宗庙、陵园制度承袭自殷周文化[①]。

这时期在关中地区继续有春秋早期的遗存被发现，如1980—1986年，在长武碾子坡遗址发掘东周时期灰坑26座、墓葬77座、瓮棺葬9座[②]，其中居址和瓮棺葬的某些单位年代可至春秋早期。1986年，在陇县边家庄清理了1座春秋早期秦墓(M5)[③]。1991—1993年，在陇县店子发掘东周秦墓224座，其中2座属春秋早期[④]。1998年，在宝鸡阳平镇南阳村清理了4座春秋秦墓[⑤]。

最重要的发现当属1982—1983年在甘谷毛家坪遗址的发掘。俞伟超在20世纪70年代末就提出"周孝王时代非子前后的秦文化面貌，恐怕就要到类似于周文化的遗存中去寻找"[⑥]，正是顺着这个思路，赵化成赴渭河上游调查，并选定了毛家坪遗址发掘。此次共发掘居址200平方米，有灰坑、残房基地面等，发掘墓葬31座。主要获得三种文化遗存：以彩陶为特征的石岭下类型遗存，以绳纹灰陶为代表的周代秦文化遗存（"A组"遗存），以夹砂红褐陶为特征的西戎文化遗存（"B组"遗存）。发掘报告将秦文化居址分为四大期，认为年代从西周前期延续到战国时期；将墓葬分为五期，认为年代从西周后期延续至战国早期[⑦]。毛家坪西周墓与关中东周秦墓一脉相承，属西周时期秦文化。

这次发掘首次发现了西周时期的秦文化遗存，在学术史上有标杆意义。1987年赵化成发表《寻找秦文化渊源的新线索》，指出毛家坪西周秦文化"除去

---

① 韩伟：《关于秦人族属及文化渊源管见》，《文物》1986年第4期。
② 中国社会科学院考古研究所：《南邠州·碾子坡》，世界图书出版公司，2007年。
③ 陕西省考古研究所宝鸡工作站、宝鸡市考古工作队：《陕西陇县边家庄五号春秋墓发掘简报》，《文物》1988年第11期。
④ 陕西省考古研究所：《陇县店子秦墓》，三秦出版社，1998年。
⑤ 宝鸡市考古工作队、宝鸡县博物馆：《陕西宝鸡县南阳村春秋秦墓的清理》，《考古》2001年第7期。
⑥ 俞伟超：《关于"卡约文化"和"唐汪文化"的新认识》，《先秦两汉考古学论集》，文物出版社，1985年。
⑦ 甘肃省文物工作队、北京大学考古学系：《甘肃甘谷毛家坪遗址发掘报告》，《考古学报》1987年第3期。

自身特点外,总的来说与周文化相似,而与甘青地区其它古代文化相去较远";"辛店文化不会是秦文化的渊源";"屈肢葬应当是秦人特有的葬俗……应是当地土著习俗的承继和发展";毛家坪西周秦文化中不见铲足鬲和洞室墓,二者"与秦文化渊源无关"。并判断毛家坪秦文化的年代上限可至西周早期,文中还提出"今清水县城一带……作为非子封邑似有可能"①。

受邹衡学术思想的影响,刘军社撰文认为商时期分布在陕西周原一带,既含商文化因素又含先周文化因素的壹家堡类型文化,就是秦人的遗存②。牛世山将毛家坪西周秦文化遗存与同时期及此前的周邻诸考古学文化相比较,认为秦文化与西周文化和先周文化的关系最密切,它应源于先周文化;在商代晚期先周文化逐渐强大、商文化向东退缩的背景下,滞留在关中地区的原来为商王朝服务的中潏一族转而投靠了周人,并接受了先周文化;那么在转变前,秦人自然使用的是商文化③。后来张天恩也认为分布在关中西部的商文化"京当型"的使用者中有秦人④。滕铭予认为毛家坪秦文化居址一期的年代可以提前到殷墟四期;其内涵和周原地区的郑家坡文化相似,应是郑家坡文化的一支向西迁徙到甘肃东部而遗留下来的⑤。

另一处重要的,也是被动的发现,是 1992—1993 年礼县大堡子山秦公墓地被严重盗掘,大量文物珍品流失海外。这片墓地传出青铜器百余件,很多铜器铭文中有"秦公"字样。纽约拉利行的一对秦公壶最先被披露⑥;后来,上海博物馆从香港回收了 4 鼎 2 簋⑦;墓地所出一批金箔饰片被收藏在法国⑧。1994 年甘肃省文物考古研究所对中字形大墓 M2 和 M3、车马坑 M1 及周边中小墓葬进行抢救性清理,基本搞清了大墓的形制和葬俗,如二层台上殉人、葬式为头向西的

---

① 赵化成:《寻找秦文化渊源的新线索》,《文博》1987 年第 1 期。
② 刘军社:《壹家堡类型文化与早期秦文化》,《秦文化论丛(第三辑)》,西北大学出版社,1994 年。
③ 牛世山:《秦文化渊源与秦人起源探索》,《考古》1996 年第 3 期。
④ 张天恩:《关中商代文化研究》,文物出版社,2004 年。
⑤ 滕铭予:《秦文化起源及相关问题再探讨》,《中国考古学跨世纪的回顾与前瞻》,科学出版社,2000 年。
⑥ 李学勤、艾兰:《最新出现的秦公壶》,《中国文物报》1994 年 10 月 30 日。
⑦ 李朝远:《上海博物馆新获秦公器研究》,《上海博物馆集刊(第七期)》,上海书画出版社,1996 年。
⑧ 韩伟:《论甘肃礼县出土的秦金箔饰片》,《文物》1995 年第 6 期。

仰身直肢葬、墓底腰坑内殉犬及玉琮①。

学界集中讨论了两座大墓的墓主及遗址性质。陈昭容、王辉、李朝远认为大堡子山是《史记》所载安葬秦襄公和文公的西垂陵地②，陈平认为两墓"更有可能是秦之文公与宪公"③，戴春阳认为两墓是秦襄公夫妇的异穴合葬④。

三、21世纪

大堡子山的发现使早期秦文化成为世纪之交的学术热点，学者们纷纷撰文立说。其中张天恩连续发表多篇论文，认为大堡子山是"西山"陵区，已发现的两墓属襄公和文公，那里还应有静公、宪公之墓⑤；礼县圆顶山（赵坪）遗址可能就是犬丘故地；嬴秦在商代末期已居西汉水上游；礼县古代盐业资源对秦人兴起有重要意义⑥；早期秦文化可分为"大堡子山类型""毛家坪类型"和"边家庄类型"，春秋秦的垂腹鼎继承了西周中晚期之际关中周鼎的样式，秦早期青铜文化的特征是在此后形成的⑦。从而形成了他"关于早期秦文化研究的一个体系"⑧。

客观形势要求专业单位组织起来联合攻关，开展主动性的课题研究。2004年北京大学、西北大学、中国国家博物馆、甘肃省文物考古研究所、陕西省考古研究院五家单位合作的"早期秦文化考古"项目启动，并组建了联合考古队。当年上半年对礼县、西和县所在的西汉水上游地区进行了详细的考古调查，新发现汉以前各类遗址70余处，其中以早期秦文化为主的遗址38处；并发现"六八图—费家庄""大堡子山—圆顶山（赵坪）""西山坪—鸾亭山—石沟坪"三个相对独立又互有联系的大遗址群，也可以说是早期秦文化的三个中心分布区。2008年出版的调查报告指出"（秦人）都邑的具体位置不会超出这三个文化中心区的范围"⑨，后来

---

① 戴春阳：《礼县大堡子山秦公墓地及有关问题》，《文物》2000年第5期。
② 陈昭容：《谈甘肃礼县大堡子山秦公墓地及文物》，《大陆杂志》1997年第5期；王辉：《也谈礼县大堡子山秦公墓地及其铜器》，《考古与文物》1998年第5期。
③ 陈平：《浅谈礼县秦公墓地遗存与相关问题》，《考古与文物》1998年第5期。
④ 戴春阳：《礼县大堡子山秦公墓地及有关问题》，《文物》2000年第5期。
⑤ 张天恩：《试说秦西山陵区的相关问题》，《考古与文物》2003年第3期。
⑥ 张天恩：《礼县等地所见早期秦文化遗存有关问题刍论》，《文博》2001年第3期。
⑦ 张天恩：《早期秦文化特征形成的初步考察》，《秦文化论丛（第十辑）》，三秦出版社，2003年。
⑧ 张天恩：《周秦文化研究论集》（后记），科学出版社，2009年。
⑨ 甘肃省文物考古研究所、中国国家博物馆、北京大学考古文博学院等：《西汉水上游考古调查报告》，文物出版社，2008年。

的田野工作也的确是围绕这三个中心逐一开展的。

2004年下半年至2005年上半年对礼县县城北鸾亭山山顶的祭祀遗址展开了抢救性发掘,清理了祭祀坑、祭坛等遗迹,出土了10套组合完整的汉代玉器,玉器共51件,器类有圭、璧、玉人三种,还出土有"长乐未央"瓦当,为汉代祭天用玉的空前发现①,对研究秦汉郊祀制度有重要意义。发掘者认为该遗址应是历史上西畤的一部分②。

2005年上半年对礼县县城西侧的西山坪遗址进行了较大规模发掘,发掘面积近3 000平方米。西山坪城址面积近10万平方米,城墙的始建年代不晚于春秋早期。发掘地点集中在城内东北部,除史前遗存外,发现了西周时期的墓葬4座和少量灰坑,其中M2003为西周晚期的铜三鼎墓;发现东周时期的灰坑170余座、墓葬28座、动物坑10座、房屋基址5座。此外,在城内还发现夯土基址和陶水管道,因为破坏严重,性质不明③。有研究者认为西山坪城址可能是文献中的"西犬丘"④,但在该遗址未发现西周中期的遗存,与文献中"西犬丘"从西周中期沿用到晚期的情况不甚吻合;目前发现的遗址规模也不够,还需要进一步做工作。

2006年对大堡子山遗址进行了全面调查、钻探和一定规模的发掘。发现面积较大的早期秦文化城址1座、城内夯土建筑基址26处、城内外中小型墓葬400余座⑤。城址坐落在东北—西南走向的山体上,形状很不规则,总面积约55万平方米,城墙的始建年代大致在春秋早期。2006年下半年发掘面积3 000多平方米,发掘大型建筑基址1处(21号建筑基址)、中小型墓葬7座、祭祀遗迹1处(包括"乐器坑"1座、"人祭坑"4座)。21号建筑基址约始建于春秋早期晚段,战国时期废弃,性质为大型府库。乐器坑出土编镈3件、甬钟8件、编磬2组10件,最大的一件镈钟正鼓部有铭文"秦子乍宝龢钟以其三镈……"28字,为判断

---

① 早期秦文化联合考古队:《2004年甘肃礼县鸾亭山遗址发掘主要收获》,《中国历史文物》2005年第5期。

② 梁云:《对鸾亭山祭祀遗址的初步认识》,《中国历史文物》2005年第5期。

③ 赵丛苍、王志友、侯红伟:《甘肃礼县西山遗址发掘取得重要收获》,《中国文物报》2008年4月4日。

④ 郭军涛、刘文科:《西汉水上游地区秦早期都邑考》,《四川文物》2010年第3期。

⑤ 早期秦文化联合考古队:《甘肃礼县三座周代城址调查报告》,《古代文明(第7卷)》,文物出版社,2008年。

附近大墓的墓主以及遗址的性质提供了重要线索①。

此前有"秦子"器传世品被著录,学界已有讨论,观点有襄公(受封为诸侯以前的称呼)②、静公(秦文公太子)③、出子④、宪公⑤等说。大堡子山秦子镈钟出土后,赵化成、陈昭容、吴镇烽认为秦子是静公,大堡子山两座大墓是文公和静公的墓⑥;董珊及笔者认为秦子是出子⑦。

2007年笔者发表《西新邑考》,认为大堡子山遗址是《秦记》中宪公所居的"西新邑",因为在该遗址未发掘到西周时期遗物,其繁荣期在春秋早期⑧。2008年笔者又发文探讨了乐器坑的性质、乐器的组合及定名⑨;还全面统计了春秋至战国早期秦墓的葬俗,发现秦墓上、下阶层葬俗互异的现象,认为它反映了秦文化的地缘性特点⑩。

为了寻找秦祖非子的封邑,2005、2008年早期秦文化联合考古队两次调查清水、张家川县所在的牛头河流域,共调查史前至汉代遗址117处,其中含周代遗存的遗址32处,有13处分布于白沙镇至红堡镇的牛头河中游两岸,是整个流域周代文化最发达的区域⑪。周代遗址中清水县城北侧的李崖遗址面积最大,总面积约100万平方米。在调查资料的基础上,笔者肯定了《汉书·地理志》《水经注·渭水》关于非子封邑在陇山之西的传统说法,认为李崖遗址有可能是秦

---

① 早期秦文化联合考古队:《2006年甘肃礼县大堡子山21号建筑基址发掘简报》,《文物》2008年第11期;《2006年甘肃礼县大堡子山祭祀遗迹发掘简报》,《文物》2008年第11期;《2006年甘肃礼县大堡子山东周墓葬发掘简报》,《文物》2008年第11期。

② 李学勤:《"秦子"新释》,《文博》2003年第5期。

③ 陈平:《秦子戈、矛考》,《考古与文物》1986年第2期;李学勤:《论秦子簋盖及其意义》,《故宫博物院院刊》2005年第6期。

④ 王辉:《关于秦子戈、矛的几个问题》,《考古与文物》1986年第6期;《读〈"秦子戈、矛考"补议〉书后》,《考古与文物》1990年第1期。

⑤ 陈平:《〈秦子戈、矛考〉补议》,《考古与文物》1990年第1期。

⑥ 赵化成、王辉、韦正:《礼县大堡子山秦子"乐器坑"相关问题探讨》,《文物》2008年第11期;陈昭容:《秦公器与秦子器——兼论甘肃礼县大堡子山秦墓的墓主》,《中国古代青铜器国际研讨会论文集》,上海博物馆、香港中文大学文物馆,2010年;吴镇烽:《秦子与秦子墓考辨》,《文博》2012年第1期。

⑦ 董珊:《秦子姬簋盖初探》,《故宫博物院院刊》2005年第6期;梁云:《"秦子"诸器的年代及有关问题》,《古代文明(第5卷)》,文物出版社,2006年。

⑧ 梁云:《西新邑考》,《中国历史文物》2007年第6期。

⑨ 梁云:《甘肃礼县大堡子山青铜乐器坑探讨》,《中国历史文物》2008年第4期。

⑩ 梁云:《从秦墓葬俗看秦文化的形成》,《考古与文物》2008年第1期。

⑪ 早期秦文化联合考古队:《牛头河流域考古调查》,《中国历史文物》2010年第3期。

邑；张家川县及关中汧渭之会的说法都还缺乏考古材料的支持①。

2008年11月至2009年4月，关中秦汉离宫别馆考古队详细调查了关中西部汧河下游，共发现遗址47处，其中春秋时期遗址9处。汧、渭交汇东夹角处的陈家崖（或魏家崖）遗址面积超过20万平方米，发现夯土、筒瓦、陶范，内涵丰富，等级较高②。笔者认为该遗址很可能是秦文公所居"汧渭之会"，文公所祭的鄜畤在孙家南头（蕲年宫）遗址附近，陈宝祠可能在戴家湾北的贾村塬南沿上③。

2011年笔者撰文探讨了早期秦文化的一系列问题，认为商代晚期至西周早期嬴秦的居地在山西中南部；秦人可能在周穆王时西迁陇右，相当于西周中期早段，起因或与穆王征犬戎有关；卜辞中的"㠱"族为子姓商王族的一支，与嬴姓秦人无关；甘谷毛家坪秦文化的年代上限为西周中期④。

2009—2011年早期秦文化联合考古队对李崖遗址进行了钻探和发掘。在遗址的二级台地上发现了北魏时期的清水郡城，解剖了城墙，清理了城内夯土基址和大量灰坑。在一级台地上共发掘西周墓葬19座、灰坑40余座，其中秦文化墓葬15座，头向西（西偏北）、仰身直肢葬式，均有腰坑殉狗，随葬陶器为鬲、簋、盆、罐组合，部分陶器有商式风格，年代属西周中期；另有4墓各出寺洼文化陶罐1件⑤。李崖的西周墓是目前所见年代最早的秦墓，带有浓厚的殷商文化遗风，从考古学的角度证实了秦人东来说。然而，李崖与毛家坪、西山坪遗址秦文化陶器的面貌差异较大，它们之间的关系是摆在发掘者面前需要回答的问题。

2012年8月，"早期丝绸之路暨早期秦文化国际学术研讨会"在兰州召开，赵化成代表课题组回顾了早期秦文化项目的开展情况及收获，认为李崖西周墓"年代集中在西周中期偏早阶段，少数墓葬可早至西周早期偏晚阶段"；"毛家坪

---

① 梁云：《非子封邑的考古学探索》，《中国历史文物》2010年第3期。
② 中国国家博物馆、陕西省考古研究院：《2009年千河下游东周、秦汉遗址调查简报》，《考古与文物》2015年第3期。
③ 梁云：《鄜畤、陈宝祠与汧渭之会考》，《秦始皇帝陵博物院（2011年总壹辑）》，三秦出版社，2011年。
④ 梁云：《论嬴秦西迁及甘肃东部秦文化的年代》，《古代文明研究通讯》2011年总第49期。
⑤ 赵化成、梁云、侯红伟等：《甘肃清水李崖遗址考古发掘获重大突破》，《中国文物报》2012年1月20日。

遗址居址与墓葬的年代最早似不超过西周中期偏晚,即晚于李崖墓葬";两处遗存的差别"当与年代早晚有关,但更可能反映了等级的不同"①。

笔者提交的论文认为早期秦文化大体可分为前、后两个发展阶段,前者主要为西周中期,以清水李崖遗址为代表,其遗存可称为"李崖型";后者为西周晚期至春秋早期,包括礼县西山坪、大堡子山、甘谷毛家坪,以及关中西部的一些春秋早期遗址,其遗存可称为"西山型"。早期秦文化经历了从"李崖型"到"西山型"的转型,这其实是一个向周文化靠拢的"去商化"的过程②。

2011年9月李学勤在《光明日报》发文,披露清华简《系年》中关于早期秦史的记载:"飞厤(廉)东逃于商盍(盖)氏。成王伐商盍(盖),杀飞厤(廉),西迁商盍(盖)之民于邾(朱)虗(圉),以御奴虘之戎,是秦先人。"飞廉即蜚廉,商盖即商奄。李学勤将楚简中的"邾虗"隶定为"朱圉",即《汉书·地理志》天水郡冀县的"朱圉",在今甘肃甘谷县;认为秦人本是来自山东的商奄之民,周初成王时被迫迁徙至甘谷的朱圉山一带,谪戍西方御戎③。

毛家坪遗址是朱圉山附近面积最大、保存最好的秦文化遗址,清华简的记载及释读是否可靠可以通过再次发掘该遗址来验证。2012—2014年早期秦文化联合考古队全面勘探、发掘毛家坪遗址,勘探出墓葬千余座,累计发掘面积约4000平方米,共发掘墓葬199座、灰坑752座、车马坑4座,年代从西周晚期延续至战国中晚期。共出土铜容器51件、陶器约500件、小件千余件(组),极大丰富了周代秦文化的内涵。遗址总面积约60万平方米,可能是古冀县的县治④。M2059为该遗址级别最高的墓,出五鼎四簋,随葬铜戈有"秦公作子车用"铭文,表明遗址沟西墓地为子车氏家族墓地。发掘的车马坑全面展现了春秋秦人车制,对研究秦车马文化有重要意义。然而,毛家坪秦文化基本上没有殷商色彩,与商奄之民扯不上关系,年代上也与周初相距较远,无法支持清华简的说法。清

---

① 早期秦文化考古联合课题组:《2004年早期秦文化考古项目开展以来的主要工作及收获》,《早期丝绸之路暨早期秦文化国际学术研讨会论文集》,文物出版社,2014年。
② 梁云:《论早期秦文化的两类遗存》,《早期丝绸之路暨早期秦文化国际学术研讨会论文集》,文物出版社,2014年。
③ 李学勤:《清华简关于秦人始源的重要发现》,《光明日报》2011年9月8日。
④ 早期秦文化联合考古队:《甘肃甘谷毛家坪遗址2013年考古收获》,《2013中国重要考古发现》,文物出版社,2014年。

华简是战国中期的楚简,距离周初约700年;况且秦、楚敌对,楚人一向鄙视秦人,《系年》所记不一定准确。

2014年12月,早期秦文化项目组在北京大学赛克勒考古与艺术博物馆举办"秦与戎:秦文化与西戎文化十年考古成果展",笔者作了题为"早期秦文化的三个来源"的学术报告,认为早期秦文化的构成因素主要可分三类,分别来源于商文化、周文化和西戎文化。

2016年5—11月,台北故宫博物院举办了"秦·俑——秦文化与兵马俑特展",赵化成在讲座中认为李崖遗址发掘揭示了秦人、秦文化东来;早期秦人西迁后首选的落脚点可能在李崖,之后又迁徙到礼县[①]。同年《(台北)故宫文物月刊》刊登相关文章,其中笔者的文章认为西汉水上游西戎势力根深蒂固,与秦人激烈对抗,以至于西犬丘这一支秦人后来被灭族;而牛头河流域属于西戎分布的空白区或势力薄弱区,使清水秦邑的秦人能从容发展,在周王朝的支持下终于伐破西戎,得以在陇右立国[②]。

自2015年起,田野工作转移到礼县,对圆顶山(赵坪)遗址进行了全面钻探,没有发现大型墓葬、建筑基址或城墙,目前钻探工作已接近尾声,该遗址作为西犬丘的可能微乎其微。红河流域的六八图遗址是下一步的工作目标。

自2016年对礼县红河镇六八图遗址进行复查、勘探,共发现墓葬500余座。2018年发掘了其中的32座,年代为战国晚期至秦。没有发现早期秦文化遗存,也没有发现夯土基址、大型墓葬之类的高等级遗存。

总之,经过多家单位的精诚合作、不懈努力,早期秦文化研究的局面已经大为改观。但在15年的工作之后,我们仿佛绕了一大圈,又回到了问题的起点,最初的学术问题还是没能解决:秦人第一处都邑"西犬丘"具体地望及对应遗址在哪?秦人是在何时西迁的?秦人西迁前居住在哪里?因此,还需要统筹规划、通力合作,在已有成果的基础上继续开展工作,以期把早期秦文化的研究推上一个新的台阶。

[①] 赵化成:《秦人来源与早期秦文化的考古学探索》,《嬴秦溯源:秦文化特展》,台北故宫博物院,2016年。

[②] 梁云:《论早期秦文化与西戎文化的关系》,《(台北)故宫文物月刊(第398期)》,台北故宫博物院,2016年。

第二章 早期秦文化的分期与编年

第一节 学术史的回顾

秦的统一是中国大一统帝国的开始,但秦国、秦文化本身却经历了五百多年的历史进程。"早期秦文化"指西周至春秋早期的秦文化,属于该文化的滥觞期和发展期,秦后来的很多特点是在这个时期形成的,并对中国古代文明产生了深远的影响。目前,这一课题日益受到学术界的关注,并成为秦文化研究领域的热点。

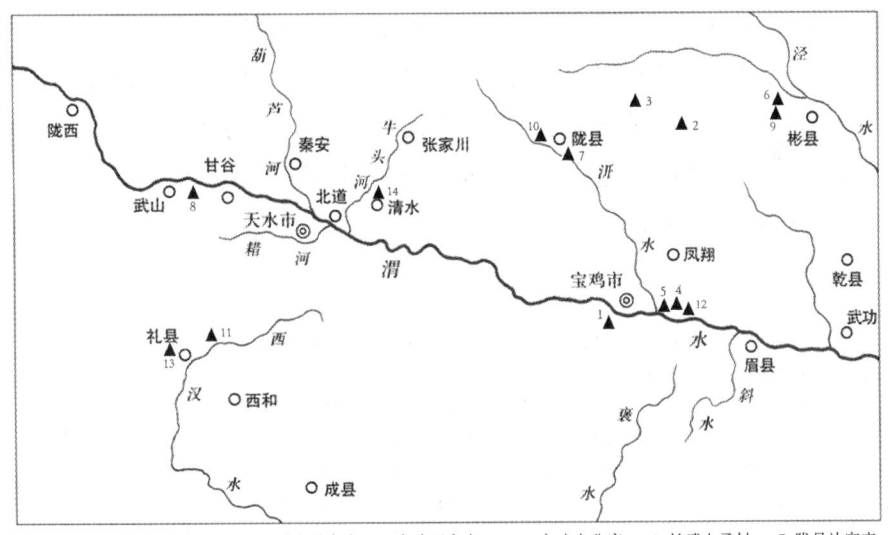

1 宝鸡姜城堡　2 灵台洞山　3 灵台景家庄　4 宝鸡西高泉　5 宝鸡太公庙　6 长武上孟村　7 陇县边家庄
8 甘谷毛家坪　9 长武碾子坡　10 陇县店子　11 礼县大堡子山　12 宝鸡南阳村　13 礼县西山坪　14 清水李崖

图 1　早期秦文化相关遗址分布

早期秦文化主要分布在关中西部和甘肃东部(图1),如果以发现的先后为序,可将相关发现排列如下:

1967年，在宝鸡渭滨区姜城堡发现1座古墓，出铜器、石器、骨器等77件①。

1973年，在灵台洞山发掘了8座东周秦墓，出土器物61件，年代可至春秋早期②。

1977年，在灵台景家庄清理了4座春秋秦墓③。

1978年，在宝鸡杨家沟乡西高泉村清理了1座被盗的春秋残墓(M1)，出土铜器22件④。

1978年，在宝鸡杨家沟乡太公庙村的一个窖穴内发现铜镈3件、甬钟5件⑤，上有铭文，作器者是春秋早期的秦武公。

1978—1979年，在长武上孟村清理了秦墓28座，其中1座属春秋早期⑥。

1979年，在陇县边家庄发现1座春秋秦墓，编号79M1⑦。

1980—1986年，在长武碾子坡遗址发掘东周时期灰坑26座、墓葬77座、瓮棺葬9座⑧，其中居址和瓮棺葬的某些单位年代可至春秋早期。

1982—1983年，在甘谷毛家坪遗址发掘居址面积约200平方米，墓葬20余座⑨，首次发掘到西周时期的秦文化遗存和东周时期的西戎文化遗存。

1986年，在陇县边家庄清理了1座春秋早期秦墓(M5)⑩。

1991—1993年，在陇县店子发掘东周秦墓224座，其中2座属春秋早期⑪。

1992—1993年，礼县大堡子山秦公墓地被盗，珍贵文物流失海外。

1994年，对大堡子山遗址进行了抢救性发掘，发掘了2座中字形大墓、1座瓦刀形车马坑、9座中小型墓葬⑫。

---

① 王光永：《宝鸡市渭滨区姜城堡东周墓葬》，《考古》1979年第6期。
② 甘肃省博物馆文物队、灵台县文化馆：《甘肃灵台县两周墓葬》，《考古》1976年第1期。
③ 刘得祯、朱建唐：《甘肃灵台县景家庄春秋墓》，《考古》1981年第4期。
④ 宝鸡市博物馆、宝鸡县图博馆：《宝鸡县西高泉村春秋秦墓发掘记》，《文物》1980年第9期。
⑤ 卢连成、杨满仓：《陕西宝鸡县太公庙村发现秦公钟、秦公镈》，《文物》1978年第11期。
⑥ 负安志：《陕西长武上孟村秦国墓葬发掘简报》，《考古与文物》1984年第3期。
⑦ 尹盛平、张天恩：《陕西陇县边家庄一号春秋墓葬》，《考古与文物》1986年第6期。
⑧ 中国社会科学院考古研究所：《南邠州·碾子坡》，世界图书出版公司，2007年。
⑨ 甘肃省文物工作队、北京大学考古学系：《甘肃甘谷毛家坪遗址发掘报告》，《考古学报》1987年第3期。
⑩ 陕西省考古研究所宝鸡工作站、宝鸡市考古工作队：《陕西陇县边家庄五号春秋墓发掘简报》，《文物》1988年第11期。
⑪ 陕西省考古研究所：《陇县店子秦墓》，三秦出版社，1998年。
⑫ 戴春阳：《礼县大堡子山秦公墓地及有关问题》，《文物》2000年第5期。

1998年,在宝鸡阳平镇南阳村清理了4座春秋秦墓①。2004年又清理了1座铜三鼎墓②。

2004年,由北京大学、西北大学、中国国家博物馆、甘肃省文物考古研究所、陕西省考古研究所承担的"早期秦文化考古"项目启动,成立"早期秦文化联合考古队",系统调查西汉水上游地区,发掘了礼县鸾亭山祭祀遗址③。

2005年,发掘了礼县西山坪遗址,包括西周时期的4座墓葬、少量灰坑,及东周时期的170余座灰坑、5座房基、10座动物坑、31座墓葬等。同年又对城址的城墙进行了解剖,清理了叠压城墙的灰坑、房址④。

2005、2008年,两次调查甘肃清水、张家川县所在的牛头河流域⑤。

2006年,勘探发现礼县大堡子山遗址的城址、城内26处建筑基址及城外400余座中小型墓葬,并发掘了1座大型建筑基址(21号)、7座中小型墓葬和5座祭祀坑,祭祀坑出土了成套"秦子"铭文的编钟⑥。

2009—2011年,在清水李崖遗址发掘了西周时期灰坑40余座、墓葬19座⑦。

2012—2014年,再次发掘毛家坪遗址,发掘面积约4 000平方米,共发掘墓葬199座、灰坑752座、车马坑5座,共出土铜容器51件、陶器约500件、小件千余件(组)⑧。

以早期秦文化为探索目标的考古工作的开展,应以甘肃甘谷毛家坪遗址的发掘为标志。毛家坪遗址位于磐安镇毛家坪村,东距县城25公里,遗址面积约60万平方米。遗址中部有南北向冲沟,分沟东和沟西两部分,沟西部分的北部

---

① 宝鸡市考古工作队、宝鸡县博物馆:《陕西宝鸡县南阳村春秋秦墓的清理》,《考古》2001年第7期。
② 宝鸡市陈仓区博物馆:《陕西宝鸡市陈仓区南阳村春秋秦墓清理简报》,《考古与文物》2005年第4期。
③ 早期秦文化联合考古队:《2004年甘肃礼县鸾亭山遗址发掘主要收获》,《中国历史文物》2005年第5期。
④ 赵丛苍、王志友、侯红伟:《甘肃礼县西山遗址发掘取得重要收获》,《中国文物报》2008年4月4日。
⑤ 早期秦文化联合考古队:《牛头河流域考古调查》,《中国历史文物》2010年第3期。
⑥ 早期秦文化考古联合课题组:《甘肃礼县大堡子山早期秦文化遗址》,《考古》2007年第7期。
⑦ 赵化成、梁云、侯红伟:《甘肃清水李崖遗址考古发掘获重大突破》,中国文物信息网2012年1月20日。
⑧ 早期秦文化联合考古队:《甘肃甘谷毛家坪遗址2013年考古收获》,《2013中国重要考古发现》,文物出版社,2014年。

及西部为居址区,大部分被村庄叠压,南部为墓葬区;沟东部分主要为墓葬区。1982、1983年甘肃省文物工作队、北京大学考古学系两次发掘了毛家坪遗址,在遗址沟西的墓葬区共发掘土坑墓22座;在沟西的居址区布方发掘200平方米,发掘灰坑37座、房基4座、土坑墓11座、鬲棺葬12组。居址区除农耕土和扰土层外,文化层厚1.5—2米。文化堆积可分5层:第①层为农耕土,第②层为汉唐扰乱层,第③层为东周层,第④层为西周层,第⑤层为史前层。

在该遗址主要发掘到三种文化遗存:以彩陶为特征的石岭下类型遗存,以绳纹灰陶为代表的周代秦文化遗存("A组"遗存),以夹砂红褐陶为特征的西戎文化遗存("B组"遗存)。其中,石岭下类型的遗迹单位有灰坑2座、房基2座,出土陶器有钵、盆、罐、尖底瓶、器盖等。周代秦文化遗迹单位有灰坑37座、房基2座、鬲棺葬4组、土坑墓32座,出土陶器有鬲、甗、盆、甑、豆、罐、瓮等;墓葬为长方形竖穴土坑,死者头向西,绝大多数为屈肢葬,陶器组合为鬲、盆、豆、罐。西戎文化遗迹单位有鬲棺葬8组、灰坑2座,遗物有分档袋足鬲和双耳罐,年代为春秋中晚期至战国时期。此外,在第④层下叠压第⑤层的一座土坑墓TM7,出三角菱格纹的彩陶钵,属于一种新的文化类型。

发掘者将秦文化居址遗存分为四期,认为年代从西周早期延续到战国中晚期;将墓葬分为五期,分别相当于西周中、西周晚、春秋早、春秋中、春秋晚至战国早期。由于发掘的西周墓均西首向、屈肢葬,与关中地区东周秦墓的传统葬式相同,墓内出土的鬲、盆、豆、罐等陶器亦与后者的同类器一脉相承,故赵化成先生判断其为西周时期的秦墓,并把居址的文化遗存("A组"遗存)推定为西周时期的秦文化[①]。

此前学者讨论早期秦文化多囿于文献记载或关中地区东周时期的材料,由于资料的匮乏,对作为秦文化发祥地的甘肃东部无从谈起。毛家坪的发掘把秦文化的编年猛然推进到西周时期,开辟了考古学上探索早期秦文化的先河,在认识上是个很大的飞跃,在学术史上有里程碑的意义,并对相关问题的探讨产生了很大影响。

---

① 赵化成:《甘肃东部秦和羌戎文化的考古学探索》,《考古类型学的理论与实践》,文物出版社,1989年。

可以说在2004年早期秦文化项目启动之前，学术界探讨秦人来源、秦文化渊源、秦人西迁等问题时唯一可以依据的发掘材料就来自毛家坪。毛家坪陶器组合及面貌基本是周式的，以至于在探索秦文化来源时，曾有学者试图到关中地区郑家坡文化那里寻找答案。探讨秦人西迁陇右的年代，自然要以考古材料为依据，因此毛家坪秦文化遗存的断代就很关键。赵化成说："毛家坪西周时期秦文化年代上限可至西周早期，这说明，至少在这一时期秦人已经活动于甘肃东部地区了。再则，西周时期秦人的基本生活用品即陶器已经周式化了，那么，由原来的文化转变为现在这种情况须有一个过程，这个过程的开始自然至迟在商代晚期就应当发生了。……考古发现和文献记载都表明，秦人至迟在商代末年已经活动于甘肃东部，也就是说已经在西方了。"①

滕铭予曾对毛家坪遗址秦文化遗存的绝对年代提出修正意见。与陕西武功郑家坡和扶风壹家堡的材料相比较，她认为毛家坪居址第一期文化遗存的年代应与壹家堡四期或郑家坡晚期相当，"大体在殷墟四期到商周之际"；认为以甘谷毛家坪为代表的早期秦文化应源于郑家坡类型文化，是一支使用郑家坡类型文化的人群从周原向西迁徙到甘肃东部后遗留下来的②。

毛家坪遗址发掘面积较小，遗址等级不够高，由此了解西周时期秦文化特点毕竟不够全面。2004年早期秦文化项目正式启动，此后的数年间除了对西汉水、牛头河流域进行调查外，还发掘了礼县西山坪、大堡子山等遗址，再加上此前甘肃省文物考古研究所对礼县圆顶山墓葬的发掘，大大丰富了甘肃东部秦文化的资料，也为细致的分期断代研究准备了条件。2011年笔者对礼县西山坪和甘谷毛家坪两处遗址的秦文化居址材料进行了系统的分组、分期，通过与关中地区西周遗址材料的对比，推断毛家坪秦文化遗存的年代上限在西周中期③。

2009—2011年早期秦文化联合考古队对甘肃清水李崖遗址进行发掘，发掘西周时期墓葬19座、灰坑数十座，年代大多在西周中期。器物群有浓厚的殷商文化遗风，但这类因素在20世纪80年代发掘的毛家坪秦文化遗物中基

---

① 赵化成：《寻找秦文化渊源的新线索》，《文博》1987年第1期。
② 滕铭予：《秦文化起源及相关问题再探讨》，《中国考古学跨世纪的回顾与前瞻》，科学出版社，2000年。
③ 梁云：《论嬴秦西迁及甘肃东部文化的年代》，《古代文明研究通讯》2011年总第49期。

本不见。李崖与毛家坪两地秦文化遗存之间的关系，是摆在发掘者面前必须要回答的问题。从陶器群的面貌来看，前者较后者明显要早。如果说李崖遗存的年代主要在西周中期，那么毛家坪遗存的年代很可能就没有以前估计得那么早。

2012—2014年再次发掘毛家坪遗址，在80年代居址区发掘点的北侧和西侧再开了10个探方，发掘面积约250平方米。发现80年代发掘所获"居址第一期遗存"在灰坑中与西周晚期的浅盘细柄豆共出，可知其年代也应在西周晚期。而且此类遗存与2005年在礼县西山坪发掘的西周居址遗存面貌相似，年代基本相当。通过对毛家坪、西山坪、李崖三处地点秦文化遗存的对比研究，基本可以梳理出早期秦文化的发展序列[①]。

近三十年以来，通过对陕西周原、丰镐及山西天马—曲村遗址的长期发掘，已经基本建立起西周陶器的详细编年，即三期六段，西周早、中、晚期各包含前、后段。相比较而言，目前早期秦文化的分期编年略显粗略，有必要建立起一个详尽细致的分期编年体系，为探讨秦文化渊源、嬴秦西迁年代、秦文化发展阶段等重大学术问题提供一个坚实的考古学年代框架。

第二节 早期秦文化居址陶器的分期与编年

一、清水李崖

李崖遗址位于天水地区清水县永清镇，遗址位于牛头河北岸，南岸即清水县城。2009年，配合天平铁路的修建，在遗址二级台地的东段清理了一座灰坑（编号2009H1）。2010—2011年又进行了持续发掘，共发掘西周时期墓葬19座、灰坑40余座，获得了大量西周时期陶片。现主要以2009H1和2010H111为例，对居址的陶器作一介绍。

灰坑中可修复的陶器不多，可辨器型有鬲、甗、簋、盆、罐。鬲、甗等炊具主要为夹砂灰陶，还有少量的夹砂灰褐陶及红褐陶；簋、盆、罐均为泥质灰陶。纹饰以绳纹为大宗，还有弦纹、附加堆纹、划纹等。

[①] 梁云：《论早期秦文化的两类遗存》，《西部考古（第七辑）》，三秦出版社，2014年。

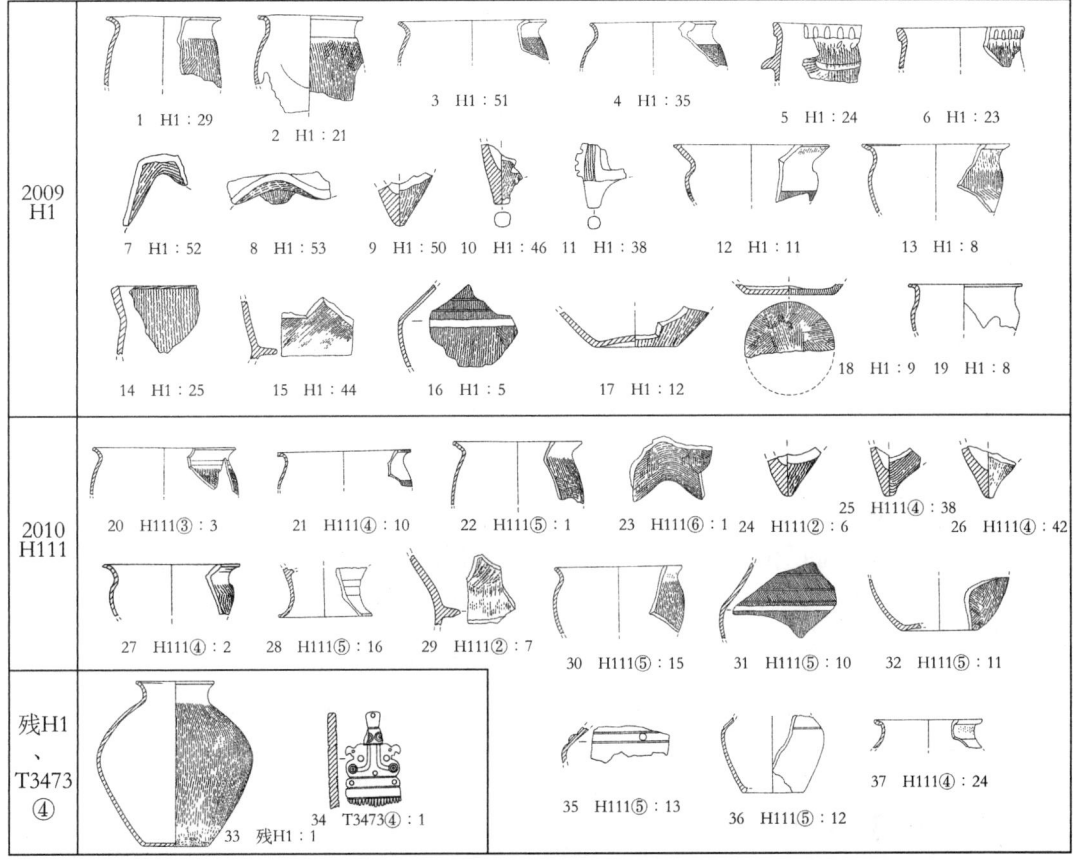

图 2　清水李崖居址出土陶器和骨器

鬲既有商式分裆鬲(图 2:7、23),也有周式联裆鬲(图 2:8),二者的比例大致相当。陶鬲大多侈口,斜沿,方唇或圆唇,短颈或束颈,溜肩或圆肩(图 2:1—4、20—22);有空心圆锥足(图 2:9、24)、尖锥足(图 2:25、26)、柱足(图 2:10、11),柱足截面为圆形,平底。个别柱足鬲的腹外侧附加纵向泥条而成扉棱(图 2:11)。还有一种夹砂红褐陶的分裆袋足鬲,其口沿压印宽厚的波状花边,腹上带鸡冠状横鋬(图 2:5、6),饰疏浅绳纹,数量很少。

甗均为连体,沿外滚压纵向绳纹(图 2:14),沿下角较大,腰内侧有箅隔(图 2:15、29)。

簋敞口,斜沿或卷沿,多为圆唇,鼓肩或圆肩,斜腹(图 2:12、27),高圈足(图 2:28),腹部饰绳纹。

盆敞口或侈口,溜肩或圆肩,深腹,腹外饰绳纹(图2:13、30)。还有一种侈口卷平沿盆,颈部较宽,素面,磨光黑陶(图2:19)。

罐侈口,卷沿束颈(图2:37),折肩深腹(图2:33),肩部广平,其上有多道平行凹弦纹间以绳纹(图2:16、31),腹部饰竖行绳纹,凹圜底(图2:17、32),底部压印绳纹(图2:18)。

素面小罐圆肩,斜腹或鼓腹,肩部饰二或三道凹弦纹,或间以圆点(图2:35、36)。

在灰坑和地层中还出有簪、镞、铲、梳等骨器。镞的截面多为三棱形;骨梳的柄、齿间制成卷翅相背的双鸟,带六个穿孔(图2:34)。

二、甘谷毛家坪

毛家坪居址区位于遗址北部低平处;墓葬区在毛家坪村南约50米的第三级梯田,位于居址发掘点东南100米处。赵化成曾分别对居址和墓葬进行分期,推定其绝对年代,并建立起二者之间的横向对应关系[1],如下表(表1):

表1 20世纪80年代甘谷毛家坪秦文化遗存分期对应表

居址分期(含瓮棺葬)	土坑墓分期	绝对年代
第一期(④B层、H29、H32、H33、H36、F1、F2)	缺	西周前期
第二期(④A层、H30、H31、H35、LM7)	第一期(M6、M1、M2、M4、M10)	西周后期
	第二期(M3、M9、TM5)	
第三期(H19、H21、H27、LM6)	第三期(M8、M12、M14、M11)	春秋时期
	第四期(M5、TM9、TM10)	
第四期(③层、H1、H2、H3、LM10、LM3、82H1)	第五期(M7、M13、M17、M18、M19、M20、TM6)	战国时期

后来滕铭予对表中各期文化遗存的绝对年代提出修正意见。与陕西武功郑家坡和扶风壹家堡的材料相比较,她认为毛家坪居址第一期的长体筒状细绳纹瘪裆鬲(如H29:1和T1④B:1)的形态与扶风壹家堡四期的同类器相似

---

[1] 甘肃省文物工作队、北京大学考古学系:《甘肃甘谷毛家坪遗址发掘报告》,《考古学报》1987年第3期。

(T31③G：59)，在郑家坡早、中期遗存中也有长筒状的瘪裆鬲；此外，毛家坪Ⅰ式深腹盆的形态亦与壹家堡四期的深腹盆(T31③C：49)相近；再根据周式鬲由高到矮、周式盆由深腹到浅腹的演变规律，她认为毛家坪居址第一期文化遗存的年代应与壹家堡四期或郑家坡晚期相当，"大体在殷墟四期到商周之际"①。

由于古代居址所出陶器一般为日常生活用品，墓葬所出多为有意识、有目的制作的随葬品，二者在器类、形态方面均有较大差别，因此在类型学的年代研究中居址和墓葬的陶器应该分开进行。目前学界争议的焦点是毛家坪居址第一期的年代，即秦文化的年代上限问题，因此这里主要探讨居址陶器的编年。

居址陶器有鬲、盆、豆、甗、喇叭口罐、圆腹罐、侈口罐等。

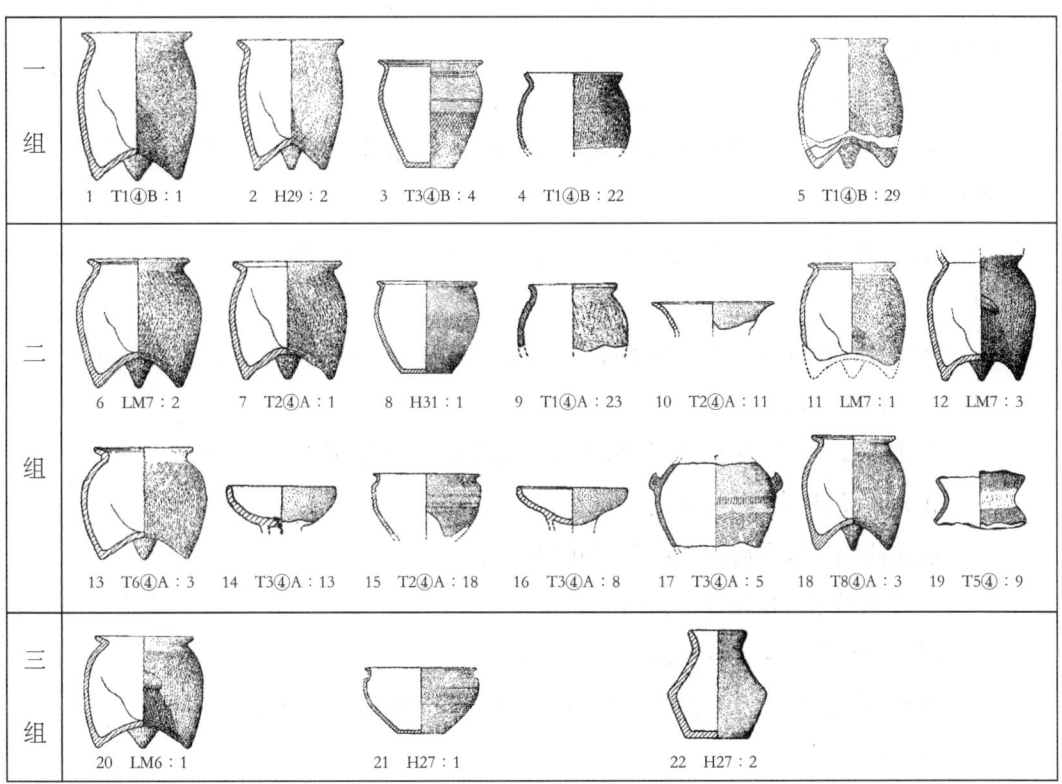

图3　毛家坪居址陶器年代分组

---

① 滕铭予：《秦文化起源及相关问题再探讨》，《中国考古学跨世纪的回顾与前瞻》，科学出版社，2000年。

鬲:锥足,根据颈、肩特征及高宽比可分4型。

A型:缩颈鼓肩。可分4式。

Ⅰ式:高长体,侈口,沿下角大于90°,沿面多有一周弦纹,束颈不明显,溜肩,深腹,瘪裆较高,三足间距较小,足根饰横绳纹。如图3:1。

Ⅱ式:高长体,口沿稍窄,沿下角近90°,束颈明显,肩略鼓,底较高。如图3:6、18。

Ⅲ式:体近方,侈沿近平,缩颈,鼓肩。如图3:13。

Ⅳ式:扁体,侈沿较平,沿下角小于90°,缩颈,鼓肩,裆较低,三足间距较大,底部有少量细麻点纹。如图3:20。

B型:筒状深腹,沿稍窄、内外缘面饰凹弦纹,沿下角近90°,溜肩,瘪裆明显。如图3:11。

C型:侈口圆肩。可分2式。

Ⅰ式:侈口斜沿,沿下角大于90°,口径较大,腹较深,器高大于器宽,三足间距较小。如图3:2。

Ⅱ式:体近方,口沿近平,沿下角近90°,颈部不明显,裆微瘪,底较高。如图3:7。

D型:高长体,最大径在腹下部,斜直沿,沿外饰绳纹,足根肥大。如图3:5。

盆:可分4式。

Ⅰ式:宽沿外侈,深腹,腹下部饰绳纹交错而成的菱格纹。如图3:3。

Ⅱ式:侈沿稍窄,腹部略浅。如图3:8。

Ⅲ式:窄平沿,有肩,腹较深。如图3:15。

Ⅳ式:窄平沿,腹较浅。如图3:21。

豆:弧盘,腹较深,口微敛。如图3:14、16。

喇叭口罐:口径较小,深腹,肩部有两个鸟头形小錾。如图3:10、17。

圆腹罐:可分2式。

Ⅰ式:体较大,口沿外侧及腹部均饰绳纹。如图3:4。

Ⅱ式:体较小,腹部有稀疏划纹。如图3:9。

侈口罐:长束颈,溜肩,折腹。如图3:22。

甗:上部甑残,腰内无箅隔,下部鬲锥足较高,上腹部有横錾。如图3:

12、19。

可将上述陶器的不同型式归入遗址的地层单位中,如下表(表2):

表2　毛家坪居址陶器年代分组

分组	单位	鬲			盆	豆	喇叭口罐	圆腹罐	侈口罐	瓿
一	毛④B层	AⅠ			D	Ⅰ		Ⅰ		
	毛H29		CⅠ							
二	毛H31				Ⅱ					
	毛LM7	AⅡ	B							√
	毛④A层	AⅡ AⅢ	CⅡ		Ⅱ Ⅲ	√	√	Ⅱ		√
三	毛LM6	AⅣ								
	毛H27				Ⅳ				√	

根据发掘报告介绍的地层关系,毛H29、H31、LM7均开口于④A层下,有的打破④B层;毛LM6、H27均开口于③层下,有的打破④A层。器物式别的逻辑变化与地层堆积的早晚次序是完全一致的,再参考陶器型式的重叠现象,可将上述地层单位合并成三组。一至三组衔接紧密,没有缺环。

三、礼县西山坪

居址陶器有鬲、釜、瓮、盆、豆、喇叭口罐、侈口罐等。

鬲:皆锥足。可分3型。

A型:缩颈鼓肩,侈口,深腹,瘪裆。如图4:7、14。

B型:筒状深腹。可分2式。

Ⅰ式:侈口,沿下角大于90°,口沿内外缘各有一道凹弦纹,束颈不明显,溜肩,上腹部瘪裆开始的位置较高且饰鸡冠状錾,裆底部较低,腹部饰纵向中细绳纹,裆底及足部饰横向粗绳纹。如图4:1、8。

Ⅱ式:侈沿较平,沿下角等于或小于90°,口沿内外缘各有一道凹弦纹,肩稍鼓,上腹部瘪裆位置有横錾,裆更低,裆底及足部饰细麻点纹。如图4:15。

C型:方体,侈口,口沿较窄,短颈,圆鼓肩,裆较低,底、足饰麻点纹。如

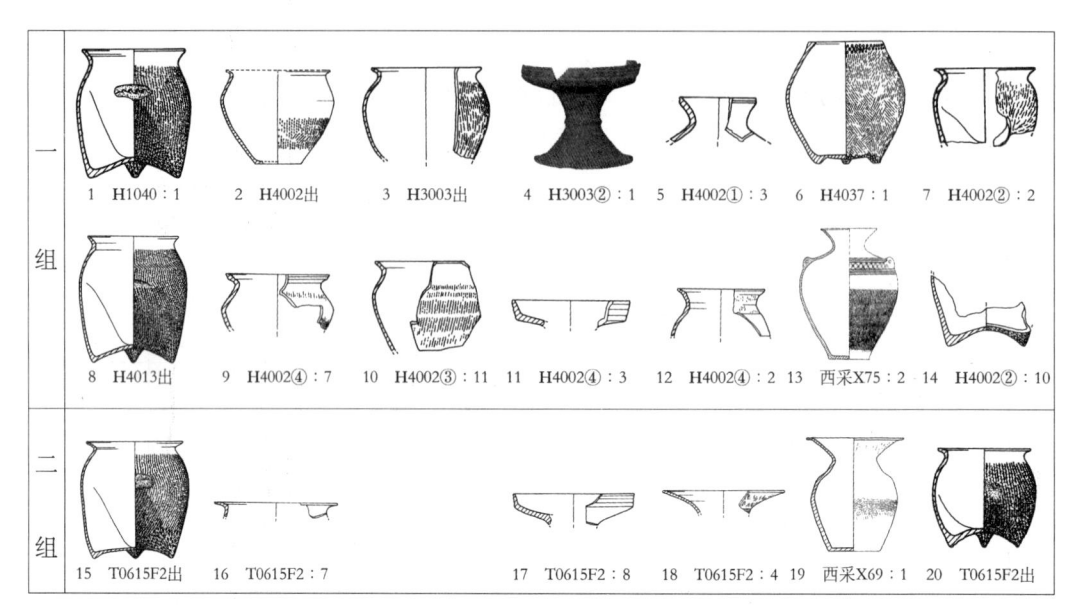

一组／二组

图4　西山坪居址陶器年代分组

图4:20。

盆:可分2型。

A型:宽颈,多折肩。可分3式。

Ⅰ式:侈口,折肩,深腹。如图4:2。

Ⅱ式:侈口,腹较深。如图4:9。

Ⅲ式:宽平沿,沿下角变小。如图4:16。

B型:缩颈,圆肩。可分2式。

Ⅰ式:侈口,宽沿,圆腹。如图4:3。

Ⅱ式:侈口,斜腹。如图4:10。

豆:折盘,尖圆唇,盘外壁有三道凹弦纹,束腰倒喇叭形柄座,柄中部往往带凸棱。如图4:4、11、17。

喇叭口罐:可分2式。

Ⅰ式:口径较小,深腹,肩部有鸟头形双穿。如图4:13。

Ⅱ式:敞口,口径略等于肩径。如图4:18、19。

侈口小罐:侈口,束颈,圆肩。如图4:5、12。

蛋形瓮：敛口，沿下按捺窝点状纹，鼓腹，有三个实足根。如图4:6。

可将上述陶器的不同型式归入遗址的地层单位中，如下表（表3）：

表3　西山坪居址陶器年代分组

分组	单位	鬲			豆	盆		喇叭口罐	侈口小罐	蛋形瓮
		A	B	C		A	B			
一	西H1040		Ⅰ							
	西H4013		Ⅰ							
	西H4054		Ⅰ							
	西H3003				√	Ⅰ	Ⅰ			
	西H4002	√			√	Ⅰ、Ⅱ	Ⅱ		√	
	西H4037						Ⅱ		√	√
	西采集							Ⅰ		
二	西T0615F2	Ⅱ	√	√		Ⅲ		Ⅱ		

按照器物型式的重叠关系，可把上述单位合并成两组，两组陶器形制变化前后衔接紧密，没有缺环。

四、长武碾子坡

1980—1986年对陕西长武碾子坡遗址进行了11次发掘，除了先周时期文化遗存，还发现春秋时期的秦文化遗存。其中，居址位于遗址中部偏南，分布面积较小，单位包括第Ⅰ区的第③层、第Ⅱ区的第②层、第Ⅲ区的第③层、第Ⅷ区的第③层，以及26座灰坑。在Ⅰ区还发掘了9座瓮棺葬，是用大型的鬲、甗、罐作为婴儿的葬具，也可归入居址类。居址年代主要为春秋早中期，其中M1233、M1227、H1136、H161、H1142等单位属春秋早期。

居址出土的陶器有鬲、鬴、甗等炊具，簋、豆、盆、盂、钵、罐等食器。

鬲：侈口，肩部略鼓。可分2式。

Ⅰ式：深腹，瘦裆。如图5:1。

Ⅱ式：沿面变窄，裆上部有附加泥条横錾。如图5:7。

绳纹鬴（或盆）：圆肩。可分2式。

Ⅰ式：侈口，敛颈，深腹，有的唇部压印成花边。如图5:2、3。

Ⅱ式：平折沿，沿面变窄，腹趋浅，器宽大于器高，腹部绳纹被抹。如图5:8、9。

豆：浅折盘，盘壁外饰两道凹弦纹。如图5:10。

喇叭口罐：口颈残，肩上饰弦纹，附双耳。如图5:11。

折腹罐：敛口，斜肩，折腹。如图5:12。

瓮：直领，广圆肩，肩腹部饰绳纹。如图5:5、6。

单耳杯：灰陶，素面，敞口，浅腹，平底残。如图5:4。

根据陶器的形态变化和式别早晚，可将这些春秋早期的单位分为前后两组，第一组包括M1223、M1227、M1233、H161，第二组包括H1142、H1136、T159③层、T1109②层。

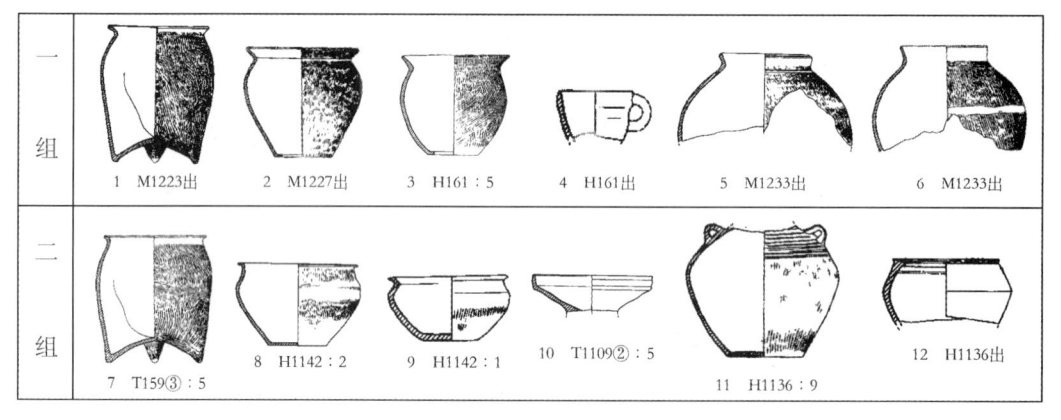

一组	1 M1223出	2 M1227出	3 H161:5	4 H161出	5 M1233出	6 M1233出
二组	7 T159③:5	8 H1142:2	9 H1142:1	10 T1109②:5	11 H1136:9	12 H1136出

图5　长武碾子坡居址陶器年代分组

五、各居址年代的横向对应关系

根据同型同式或形态近同的器物，运用"桥联法"，可把不同遗址的地层组横向对应起来。毛家坪LM7:1(图3:11)为一件筒状深腹瘪裆鬲，形制与西山坪BⅠ式鬲(图4:1、8)雷同；西山坪H4002②:2(图4:7)为一件缩颈鼓肩瘪裆鬲，形态与毛家坪AⅡ式鬲(图3:6、18)接近；毛家坪Ⅱ式盆与西山坪AⅠ式盆酷似。因此，毛家坪第二组的年代相当于西山坪第一组。毛家坪Ⅳ式盆与碾子坡Ⅱ式盆(图5:8)相似；碾子坡的深腹鬲沿下角小于西山坪的BⅠ式鬲，与西山坪BⅡ式鬲相当，只是裆底略高。可知毛家坪第三组、西山坪第二组相当于碾子坡一至二组。

清水李崖的遗存与其他三处区别较大，李崖的方唇分裆鬲、花边口沿鬲、簋、广折肩圜底罐等器类不见于后者，后者带横錾的深腹鬲、浅折盘或弧盘的细柄豆、蛋形瓮、喇叭口罐等器类不见于前者。这种差别代表了较大的阶段性差异，因此李崖与其他三处的西周遗存在年代上基本没有共存关系。李崖陶甗的沿下角较大，腰内侧有箅隔；毛家坪和西山坪甗的沿下角变小，有的腰内侧无箅（图3:12、19）。李崖的素面弦纹小罐多鼓肩或圆肩，最大径位置偏上（图2:36）；西山坪的同类器物最大径偏下（图4:12）。李崖的绳纹盆侈口或敞口，圆肩，深腹（图2:13、30），西山坪的同类器口沿变窄，并有缩颈鼓肩的趋势（图4:3、10）。再参考关中地区西周陶器的演变规律，可知李崖的年代要早于其他三处。

如此可以建立起以上四处遗址地层组之间的横向对应关系，并得到甘肃东部秦文化居址陶器的分期结果，如下表（表4）：

表4 早期秦文化居址年代分组对应表

李 崖	毛家坪	西山坪	碾子坡	分 期
√				第一期
	一			第二期
	二	一		
	三	二	一	第三期
			二	

六、绝对年代的判断

第一期遗存均出自清水李崖。对比关中地区材料，花边口沿的分裆袋足鬲曾在周原遗址商末周初的单位出土过。商式分裆鬲在周原、丰镐等遗址流行于西周早中期，到西周晚期较少。关中地区西周早期陶鬲多为锥足或尖锥足，鲜见柱足；到西周中期柱足鬲大量出现，带扉棱的仿铜联裆柱足鬲更是西周中期的典型标本。李崖敞口、斜腹的陶簋，骨梳上的卷翅双鸟纹也具有西周中期特征。因此，将第一期断在西周中期大体无误。

西山坪的浅折盘豆极具时代特征（图6:7），在关中地区出在西周晚期的单位,如周原ⅠA1M9：63(图 6：10)。其尖圆唇、折盘的特征还沿袭到春秋早期,如三门峡虢国墓地所出,只是豆柄中部的凸棱往往消失。该型豆习见于关中地区西周墓,在西周中、晚期之交为方唇,到西周晚期演化为尖圆唇。浅折盘豆主要出在西山坪第一组单位,在西山坪 H4002 中它与缩颈鼓肩深腹鬲直接共存(图 4：7、11、14),可知西山坪第一组年代为西周晚期。此外,毛家坪 AⅡ式鬲亦可在关中地区找到类似者,如周公庙 03C11：3、沣西 T1(周)：1(图 6：4、5),同样具备缩颈鼓肩、深腹瘪裆的特征,年代为西周晚期。西山坪第一组喇叭口罐的形制与周原凤雏甲组基址 T36③b：7 酷似(图 6：6、9),而凤雏甲组基址的③层为西周晚期地层①。西山坪 H4002 所出绳纹陶盆为斜折沿,颈、腹分界明显,与周原遗址西周晚期绳纹盆较为相似(图 6：8、11)。由此可知,表 4 中的第二期为西周晚期。

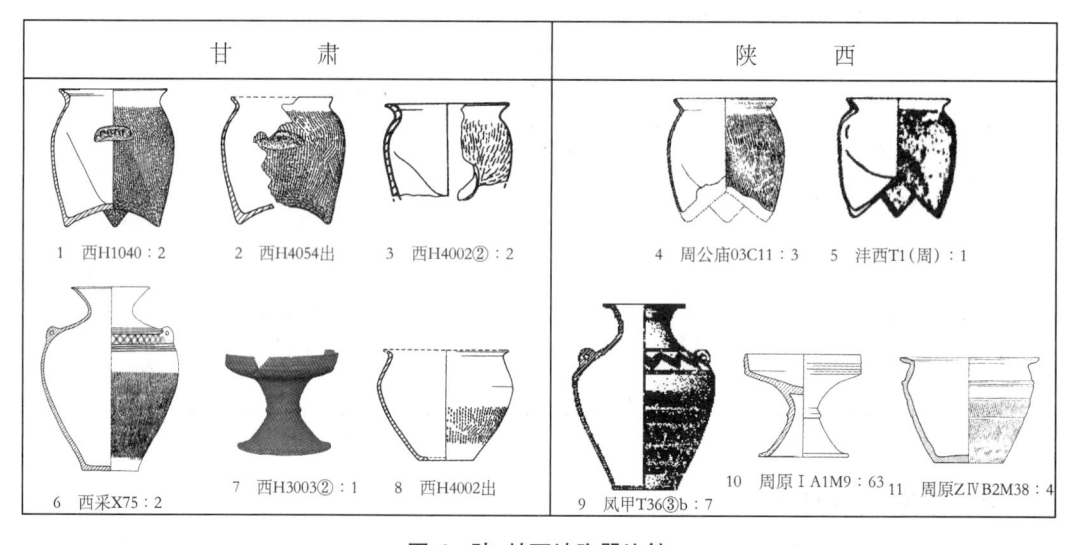

甘 肃				陕 西			
1 西H1040：2	2 西H4054出	3 西H4002②：2		4 周公庙03C11：3	5 沣西T1(周)：1		
6 西采X75：2	7 西H3003②：1	8 西H4002出		9 凤甲T36③b：7	10 周原ⅠA1M9：63	11 周原ZⅣB2M38：4	

图 6 陕、甘两地陶器比较

西山坪第二组还出浅折盘豆,该型豆的使用年代能下延到春秋早期,如甘肃礼县大堡子山 21 号建筑基址属春秋早期,其夯土中夹有此类豆盘。西山坪 T0615F2 所出 C 型鬲与陕西陇县店子 M15：3 酷似,后者年代为春秋早期。第三期陶鬲普遍在裆底部饰麻点纹,这也是秦鬲进入春秋时期的特征。可知第三

---

① 陕西周原考古队：《陕西岐山凤雏村西周建筑基址发掘简报》,《文物》1979 年第 10 期。

期为春秋早期。

西周晚期至春秋早期陶鬲以秦式深腹鬲最具代表性(图6:1—3)，主要包括缩颈鼓肩和筒状深腹两型，从西周至战国的形态演化序列完整。西周晚期的这两型鬲都源自毛家坪④B层的侈口深腹瘪裆鬲（AⅠ式），前后衔接紧密，中间再插不进别的型式。在清水李崖的居址中没有见到这种深腹鬲，可见在秦文化中它是从西周晚期才开始流行的。以前我们曾将毛家坪第一组的年代断在西周中期，现在看来需要修正。而且自2012年起，联合考古队再次发掘毛家坪遗址，在居址单位中获得了一批深腹鬲，其中不乏与毛家坪④B层所出形制近似者，与浅盘豆共出。因此，毛家坪第一组的年代应在西周晚期偏早。

20世纪80年代毛家坪遗址发掘时关中地区西周的材料还不是很丰富，况且周鬲的演变一般遵循从高体到扁体、从深腹到浅腹、从瘪裆明显到不明显的规律，所以以前把毛家坪居址第一期断在西周早期，甚至更早。现在看来，西周陶器的谱系相当复杂，陇右和关中所属文化区不同，陶器的地域性很突出。结合这几年在甘肃礼县的发现，可以说西周晚期至春秋早期秦居址的陶鬲多深腹瘪裆，而且瘪裆开始位置较高，裆底却较低，可视作秦式鬲的自身特点，与同时期乃至更早的周式鬲区别明显，呈现出一定的"文化滞后性"，不能作为类比断代的依据。值得一提的是，陕西周公庙遗址出土一种深腹鬲，斜沿仰角大，沿面有凹弦纹；腹较深，饰交错绳纹；瘪裆位置高，上有凹凸附加泥条，类鋬；但裆部低，裆底及足根饰粗绳纹，绳纹施压方向与腹部绳纹截然不同；根据共存器物其年代被定在西周中晚期。这些特征与礼县西山坪的BⅠ式鬲完全相同，唯秦鬲腹更深，略呈筒状。因为这种器物初看形态近同于西周早中期的卷沿联裆鬲，被周公庙考古队称为"复古式大鬲"（图6:4）①。研究者认为这种鬲裆上部饰粗鋬的作风不见于先周时期关中西部诸考古学文化，"而是来源于甘肃东部地区的因素"②。现在可以明确地说，它是来自甘肃东部的秦文化因素，反映了西周时期周、秦文化的交流。

将毛家坪第一组的年代推后的另一个理由是陶器口沿及器身纹饰的风格。本书所分AⅠ式鬲沿面出现弦纹，AⅡ式、B型鬲口沿内外缘普遍各饰一道凹弦

---

① 种建荣、雷兴山：《周公庙遗址商周时期陶器分期研究》，《西部考古(第三辑)》，三秦出版社，2008年。
② 种建荣、雷兴山：《周公庙遗址商周时期陶器分期研究》，《西部考古(第三辑)》，三秦出版社，2008年。

纹。比较关中地区材料,如周公庙遗址的陶鬲(包括联裆鬲和仿铜柱足鬲),在西周中期沿面开始出现单道弦纹,到了西周晚期普遍饰两道或多道弦纹,时代特征很鲜明。此外,周公庙陶器纹饰在西周早期以中粗绳纹为主,条理清晰,触之有"扎手感";到西周中期中细绳纹有所增加,印痕较浅,无明显扎手感,"开始出现几乎不见于第一、二期的交错绳纹";西周晚期"多折沿器,器身所饰绳纹较细。……鬲、盆、罐等器类沿面内、外缘部均饰以弦纹"[①]。毛家坪第一组陶器绳纹细而零乱,多饰交错绳纹,不符合西周早期的特征。

以前有学者认为毛家坪秦鬲与郑家坡文化的筒状鬲相似,进而认为早期秦文化与郑家坡文化同源。但所举类比材料属郑家坡一期(H2∶5)和二期(H9∶6),年代为二里岗上层和殷墟一期[②],与西周秦文化间隔过大。事实上郑家坡文化一、二期的筒状鬲口沿以下腹部较直,不像秦鬲那样缩颈鼓肩,且裆底足根饰横绳纹,器表的麦粒状绳纹也与秦鬲迥异。况且郑家坡的筒状鬲发展到殷墟四期变得低矮,体近方形,与秦鬲的差别更大。因此,早期秦文化和郑家坡文化无论在地域上还是在年代上都没有关系。

第三节　早期秦文化墓葬陶器的分期与编年

一、清水李崖

（一）陶器分型定式

分裆鬲：可分3型。

A型：方唇。可分4亚型。

Aa型：空心圆锥足,足根不明显。可分2式。

Ⅰ式：侈口,斜沿,方唇,束颈,溜肩,肩、腹饰竖向中绳纹,裆部饰斜行绳纹,肩部饰两道抹光弦纹,颈部绳纹被抹。如图7-1:1。

Ⅱ式：卷平沿,沿外缘起棱,方唇,缩颈,圆肩,下腹部饰交错粗绳纹,肥袋足外撇,足端圆钝。如图7-1:3。

---

① 种建荣、雷兴山：《周公庙遗址商周时期陶器分期研究》,《西部考古(第三辑)》,三秦出版社,2008年。
② 张天恩：《关中商代文化研究》,文物出版社,2004年,第207页。

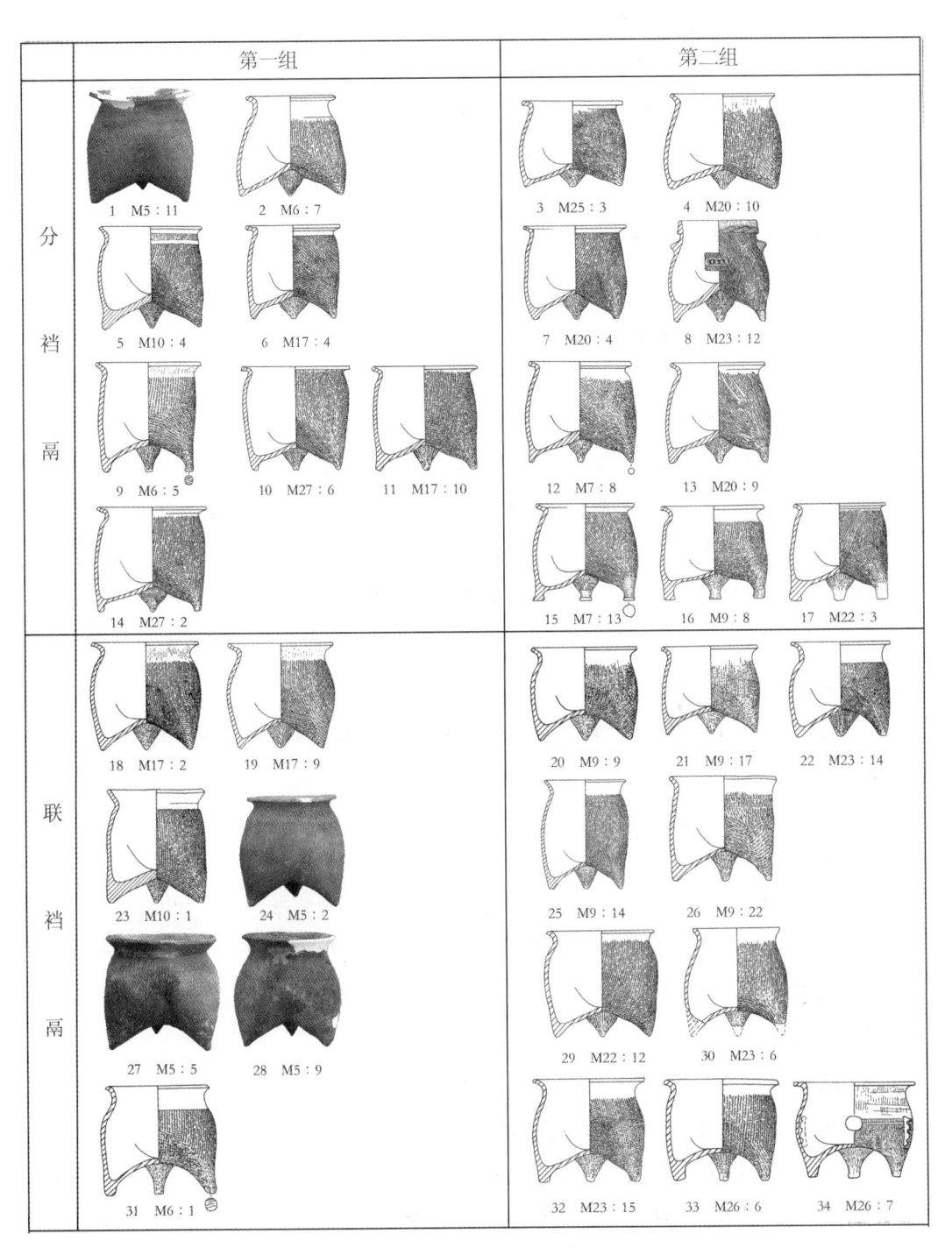

第二章　早期秦文化的分期与编年　31

	第一组	第二组
分档鬲	1 M5:11　2 M6:7 5 M10:4　6 M17:4 9 M6:5　10 M27:6　11 M17:10 14 M27:2	3 M25:3　4 M20:10 7 M20:4　8 M23:12 12 M7:8　13 M20:9 15 M7:13　16 M9:8　17 M22:3
联档鬲	18 M17:2　19 M17:9 23 M10:1　24 M5:2 27 M5:5　28 M5:9 31 M6:1	20 M9:9　21 M9:17　22 M23:14 25 M9:14　26 M9:22 29 M22:12　30 M23:6 32 M23:15　33 M26:6　34 M26:7

图 7-1　李崖墓葬陶器年代分组（一）

Ab型：尖锥足，实足根明显。可分3式。

Ⅰ式：侈口，斜沿内凹，斜方唇，颈、肩分界不明显，直腹，器高大于器宽，形体瘦高，饰斜行中绳纹，颈部绳纹被抹。如图7-1:5。

Ⅱ式：斜沿微凹，沿下角变小，短颈，圆肩，下腹部饰交错中绳纹。如图7-1:6。

Ⅲ式：缩颈，弧腹，器高小于器宽，形体宽矮，三足内敛，饰交错绳纹。如图7-1:7。

Ac型：柱状实足根，实足根较长。可分3式。

Ⅰ式：侈口，斜沿或卷沿，短颈，筒状直腹或圆肩斜腹，器高大于器宽，足间距较小，饰斜行中绳纹。如图7-1:9、10。

Ⅱ式：侈口，斜沿微凹，缩颈，弧腹，足间距稍大。如图7-1:11。

Ⅲ式：侈口，缩颈，三足外撇，足间距较大，器高小于器宽，形体宽矮，饰交错粗绳纹。如图7-1:12、13。

Ad型：疙瘩足，足根上细下粗，足底平展。可分2式。

Ⅰ式：侈口，斜沿近平，方唇，颈、肩分界不明显，直腹，器高大于器宽，形体瘦高，饰粗绳纹。如图7-1:14。

Ⅱ式：卷平沿，方唇，缩颈，器高多小于器宽，饰交错绳纹，疙瘩足粗壮发达。如图7-1:15—17。

B型：圆唇，器身最大径偏下，无实足根。可分2式。

Ⅰ式：侈口，卷沿，束颈，裆较高。如图7-1:2。

Ⅱ式：矮领，短颈，裆变低，三足外撇，足端齐平，绳纹施至足底。如图7-1:4。

C型：花边口沿。红褐色陶，鬲口部有宽厚的波状花边口沿，波间按捺绳纹，上腹部带一对鸡冠状錾，饰浅而散乱的斜行绳纹，分裆，裆内隔较高，扁锥足。如图7-1:8。

联裆鬲：方唇居多，少数为圆唇。可分2型。

A型：方唇，圆锥足。可分3亚型。

Aa型：口径稍大于或等于腹径。可分2式。

Ⅰ式：形体较高，器高大于或等于器宽，裆略瘪，上腹部有的饰一至两道抹光凹弦纹。如图7-1:18、19。

Ⅱ式:形体较矮,器高小于器宽,三足间距较大,弧裆。如图7-1:20—22。

Ab型:口径等于腹径,直腹。可分2式。

Ⅰ式:斜领,束颈,溜肩,深腹,瘪裆,绳纹较浅。如图7-1:23、25。

Ⅱ式:矮领,短颈,足间距稍大,饰麻点状粗绳纹。如图7-1:26。

Ac型:口径小于腹径,形体较高,器高大于或等于器宽。如图7-1:24。

B型:圆唇。可分3亚型。

Ba型:矮领,瘪裆,空心锥足。可分2式。

Ⅰ式:侈口,斜沿,束颈,溜肩,最大径偏下,饰竖行及斜行绳纹。如图7-1:27。

Ⅱ式:缩颈,鼓肩,最大径偏上,饰交错绳纹。如图7-1:29。

Bb型:矮领,联裆,柱足。可分2式。

Ⅰ式:侈口,斜沿,束颈,高裆,实足根较高。如图7-1:31。

Ⅱ式:裆较上式略低,足根略短。如图7-1:32、33。

Bc型:斜领,口径小于腹径。可分2式。

Ⅰ式:侈口,斜沿,长束颈,瘪裆,最大径偏下,饰齐整的竖向绳纹。如图7-1:28。

Ⅱ式:弧裆近平,最大径上移,饰粗绳纹。如图7-1:30。

仿铜鬲:卷沿近平,方唇,宽束颈,圆肩,弧裆近平,柱足,颈、肩各饰一道凹弦纹,肩部饰一对齿状扉棱,腹部饰一对圆饼。如图7-1:34。

簋:可分3型。

A型:敞口,三角缘方唇,矮圈足,斜腹微鼓,腹部多饰绳纹。可分2亚型。

Aa型:折肩。可分3式。

Ⅰ式:唇较厚,器口斜直,折肩,斜腹,圈足低矮,腹部两道凹弦纹间饰三角折线纹,内填绳纹。如图7-2:35。

Ⅱ式:唇变薄,圈足增高,腹部饰绳纹、弦纹及三角折线纹,或在两道凹弦纹间填绳纹。如图7-2:36、37。

Ⅲ式:唇更薄,大敞口,折肩不明显,圈足更高,腹部饰竖行绳纹及两道凹弦纹,颈部绳纹被抹。如图7-2:38。

Ab型:折腹。敞口,宽束颈,斜腹微鼓,矮圈足,腹部两道凹弦纹间饰竖行绳纹。如图7-2:39。

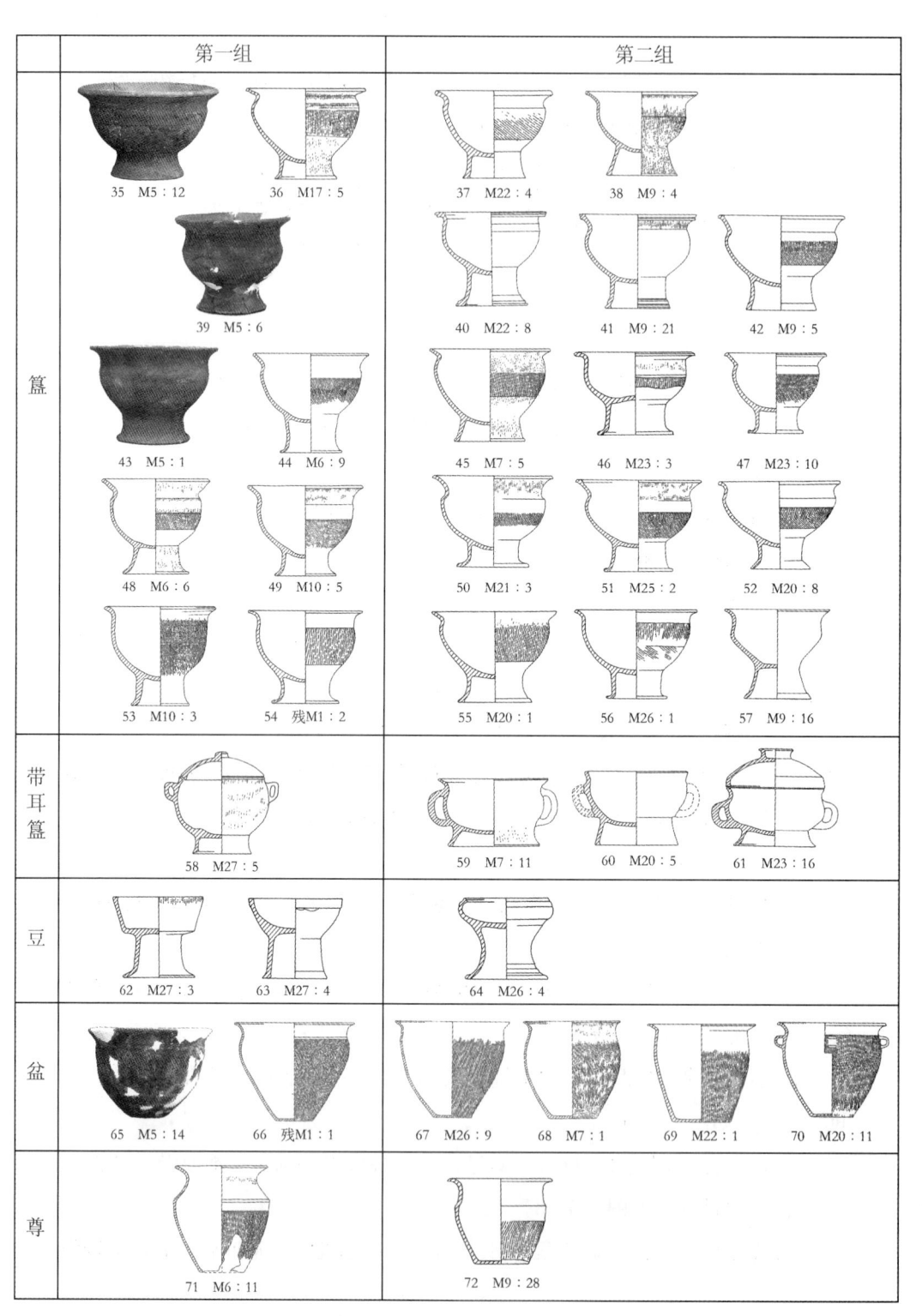

图 7-2　李崖墓葬陶器年代分组(二)

B型：平折沿，厚唇。可分2亚型。

Ba型：方唇，沿内侧、唇外侧各有一道凹槽，鼓腹，素面，铁青色，高圈足。如图7-2:40、41。

Bb型：圆唇，沿内侧有一道凹槽，折肩，鼓腹，高圈足，腹部饰竖行绳纹及凹弦纹。如图7-2:42。

C型：敞口，卷沿，圆唇，高圈足。按肩、腹特征可分为4亚型。

Ca型：圆肩。可分3式。

Ⅰ式：颈较宽，斜腹微鼓，腹较深，圈足较粗，腹部饰绳纹及凹弦纹。如图7-2:43—45。

Ⅱ式：鼓腹，腹部增高，腹略浅，腹部饰弦纹及绳纹。如图7-2:46。

Ⅲ式：大敞口，腹更浅，圈足更高，圈足较细。如图7-2:47。

Cb型：折肩，颈、肩分界明显。可分3式。

Ⅰ式：短颈或缩颈，折肩，斜腹较深，腹部饰绳纹加凹弦纹。如图7-2:48、49。

Ⅱ式：鼓腹，腹较浅。如图7-2:50、51。

Ⅲ式：沿变窄，腹更浅，圈足较细。如图7-2:52。

Cc型：窄沿，溜肩，直腹或斜腹，颈、肩分界不明显。可分2式。

Ⅰ式：深直腹，圈足较直，腹部饰绳纹、凹弦纹及三角折线纹。如图7-2:53、54。

Ⅱ式：斜腹较浅。如图7-2:55、56。

Cd型：折腹，圈足细高且外侈，灰褐色，素面。如图7-2:57。

带耳簋：可分2型。

A型：敛口，深圆腹，口沿下有双环耳，带盖，盖顶有实心捉手，器身绳纹被抹。如图7-2:58。

B型：敞口，素面，抹光，仿铜簋。可分2式。

Ⅰ式：鼓腹，双耳宽大，圈足较粗。如图7-2:59、60。

Ⅱ式：双环耳较小，圈足收束。如图7-2:61。

豆：按盘、足可分3型。

A型：圆盘，圈足为喇叭状，直口微敛，豆盘较深，外饰弦纹，豆柄较高，足底外展,铁青色,素面。如图7-2:64。

B型:斜直口,平沿,深腹折盘,圈足高直,腹部绳纹被抹。如图7-2:62。

C型:敞口,平沿,沿外用薄泥条加厚,斜盘,圈足高、粗、直,红褐色,素面。如图7-2:63。

绳纹盆:可分2型。

A型:敞口,深腹,圜底,似敞口钵。如图7-2:65。

B型:溜肩,深腹,平底,腹部饰竖行绳纹。可分2式。

Ⅰ式:侈口,卷沿,肩略鼓,斜腹内收,小平底。如图7-2:66、67。

Ⅱ式:斜折沿,圆腹,底径略大。如图7-2:68、69。

四系盆:侈口,卷沿,微束颈,圆肩,深腹,颈下有四个对称的系耳。如图7-2:70。

尊:喇叭口,折肩,深腹,平底。可分2式。

Ⅰ式:敞口,斜沿,口径小于肩径,束颈,肩下饰一道凹弦纹,弦纹下为齐整的竖向绳纹。如图7-2:71。

Ⅱ式:沿面收窄,口径大于肩径,颈部收束不明显,底径略大。如图7-2:72。

折肩绳纹大罐:可分3型。

A型:器高大于器宽,侈口,卷沿,圆唇,束颈,深腹,肩部有多道平行凹弦纹,或间以绳纹,腹部饰竖行绳纹,凹圜底。可分2式。

Ⅰ式:颈、肩分界不明显,肩部微鼓,小平底,器形较为瘦高。如图7-3:73—75。

Ⅱ式:颈、肩有明显的分界,肩部斜平微凹,大平底,器形较矮。如图7-3:76。

B型:器高等于或小于器宽,肩部饰平行凹弦纹及绳纹,腹部饰绳纹,凹圜底。可分2亚型。

Ba型:侈口,卷沿。按颈、肩特征可分3式。

Ⅰ式:束颈,颈、肩分界多不明显,斜肩,器身最大径位置居中。如图7-3:77—79。

Ⅱ式:颈、肩往往有明显的分界,器身最大径位置上移,肩部微鼓。如图7-3:80、81。

Ⅲ式:颈较长,肩部斜平微凹。如图7-3:82、83。

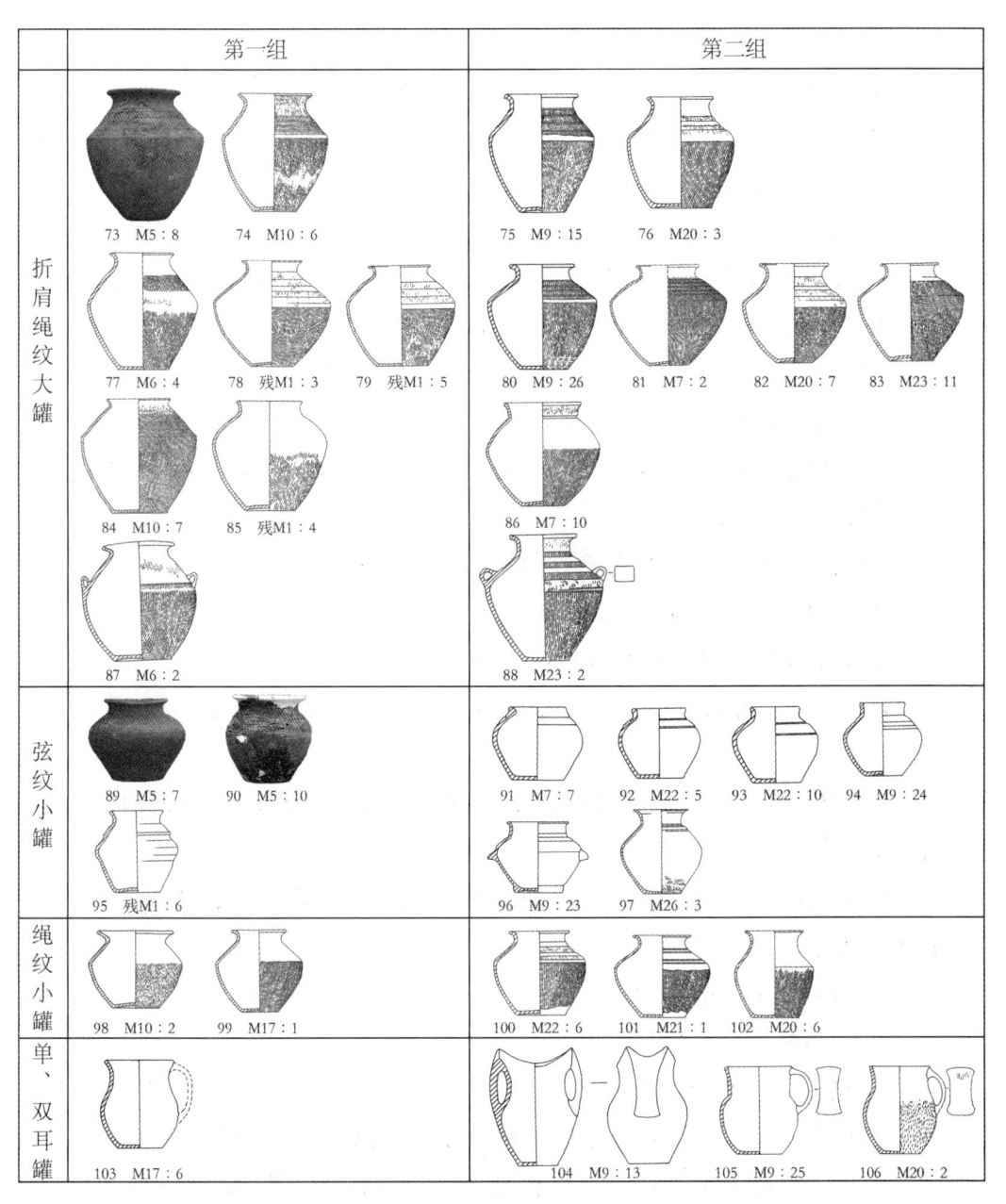

	第一组	第二组
折肩绳纹大罐	73 M5:8　74 M10:6　77 M6:4　78 残M1:3　79 残M1:5　84 M10:7　85 残M1:4　87 M6:2	75 M9:15　76 M20:3　80 M9:26　81 M7:2　82 M20:7　83 M23:11　86 M7:10　88 M23:2
弦纹小罐	89 M5:7　90 M5:10　95 残M1:6	91 M7:7　92 M22:5　93 M22:10　94 M9:24　96 M9:23　97 M26:3
绳纹小罐	98 M10:2　99 M17:1	100 M22:6　101 M21:1　102 M20:6
单、双耳罐	103 M17:6	104 M9:13　105 M9:25　106 M20:2

图 7-3　李崖墓葬陶器年代分组（三）

Bb 型：短直领，口微侈，肩部微鼓。可分 2 式。

Ⅰ式：矮领，短颈，深腹。如图 7-3:84、85。

Ⅱ式：领略高，斜腹。如图 7-3:86。

C型:带双耳。可分2式。

Ⅰ式:侈口,斜沿,圆唇,短颈,肩部微鼓。如图7-3:87。

Ⅱ式:颈部增长,颈、肩分界明显,肩部斜平微凹。如图7-3:88。

弦纹小罐:按口部差异可分6型。

A型:侈口,卷沿,圆唇。按腹部可分2亚型。

Aa型:口沿外卷,颈部较直,圆肩,斜腹,肩部有两道凹弦纹,器高小于器宽,器身最大径在中部,青灰色,素面磨光。如图7-3:89。

Ab型:侈口,卷沿,束颈,鼓腹,器身矮胖,肩部有三道凹弦纹,间饰连续小圆圈纹,灰褐色,素面磨光。如图7-3:90。

B型:窄平沿,矮领,缩颈,圆肩,鼓腹,最大径在器身中部,肩部有两道凹弦纹。如图7-3:91、92。

C型:平沿或内凹,直领,圆肩,肩部饰弦纹。可分2式。

Ⅰ式:圆肩,最大径偏上。如图7-3:93。

Ⅱ式:最大径在器身中部。如图7-3:94。

D型:直领,折肩,矮圈足,肩部有一对錾,颈、肩、圈足均饰弦纹。如图7-3:96。

E型:侈口,束颈,折肩,斜腹,肩部有一道泥条盘成的凸弦纹,褐色,素面。如图7-3:95。

F型:侈口,平沿,尖圆唇,束颈,溜肩,折腹,肩、颈有不规则弦纹,足上部有抹光绳纹残痕。如图7-3:97。

折肩绳纹小罐:可分2型。

A型:短颈。可分2亚型。

Aa型:方唇。可分2式。

Ⅰ式:侈口,斜沿,窄颈,肩部微鼓,斜腹,腹部饰散乱绳纹。如图7-3:98。

Ⅱ式:卷沿,束颈略长,肩部斜平微凹,饰多道凹弦纹,腹部饰竖行绳纹。如图7-3:100。

Ab型:圆唇。可分2式。

Ⅰ式:侈口,卷沿,短颈较粗,肩部微鼓,圆腹。如图7-3:99。

Ⅱ式:束颈略长,较细,肩部斜平微凹,或饰弦纹。如图7-3:101。

B型：长束颈。侈口，卷沿，圆唇，折肩，圆腹，大平底，腹部饰绳纹。如图 7-3：102。

马鞍形口罐：双马鞍形口，鞍桥较低，双大耳，深斜腹，小平底，红褐色，素面。如图 7-3：104。

单耳平口罐：长颈，直口，平沿，单耳上端与口齐平，下端接于腹上部，鼓腹，平底，灰褐色素面，或红褐色饰浅乱绳纹。如图 7-3：103、105、106。

单耳罐：长颈，侈口或直口，单耳上端接于颈或肩部，下端接于腹上部，鼓肩，斜腹，平底，灰褐色或红褐色，素面。如图 105：6。

双耳平口罐：口微侈，直颈，双大耳，耳上端与口齐平，下端接于肩部，鼓肩，圆腹，平底，灰褐色。如图 105：7。

(二) 分组

可将上述型式归入相应的墓葬单位，如下表(表5)。

根据墓葬陶器反复出现的共存关系，以及器物型式的重叠关系，可将上述 14 座墓合并为两组，第一组：残 M1、M5、M6、M10、M17、M27；第二组：M7、M9、M20、M21、M22、M23、M25、M26。已知墓葬打破关系中，均为第二组的墓葬打破第一组的墓葬，即 M7→H222→M6，M26→M27，可知墓葬的年代序列方向是从第一组到第二组，而不是相反。两组就是前、后两段，大致代表了李崖墓地发展的两个小的阶段。当然，这仅仅是从器物型式归纳出的逻辑演变关系；事实上，一、二组的墓葬年代衔接非常紧密，甚至不排除二者之间在年代上有交错和重叠。

二、礼县西山坪

(一) 陶器分型定式

鬲：均为联裆鬲或瘪裆鬲。可分 3 型。

A 型：侈口，斜或平沿。可分 2 式。

Ⅰ式：侈口，斜沿，沿内、外缘各有一周凹弦纹，束颈，圆肩，肩部亦有一周凹弦纹，瘪裆，裆上部有三个圆形小泥饼，圆锥足，颈下饰斜绳纹，裆部饰交错绳纹。如图 8：1。

Ⅱ式：直口，平沿，束颈，鼓肩。如图 8：2、3。

表 5 清水李崖西周墓年代分组序列表

墓号	分档鬲	联档鬲 A型	联档鬲 B型	簋 A型	簋 B型	簋 C型	双耳簋	豆	尊	绳纹盆	折肩绳纹大罐 A型	折肩绳纹大罐 B型	折肩绳纹大罐 C型	折肩绳纹小罐	弦纹小罐	备注
残M1	√ 1					Cc I 2				B I		Ba I 2, Bb I			E	
M5	Aa I	Ac 2	Ba I, Bc I	Aa I, Ab		Ca I				A	I	Ba I			Aa, Ab	Aa 型分档鬲 1
M6	Ac I, B I		Bb I			Ca I 2, Cb I			I			Ba I, Ba II		Aa I		
M10	Ab I	Ab I				Cc I, Cb I					I	Bb I	I			
M27	Ad I, Ac I				Ba, Bb	Cc I, Cb I	A	B, C						Ab I		
M17	Ab II, Ac II 2	Aa I 2	Bb I	Aa II		Ca I 2, Cb II						Ba II		Ab I 2	B	单耳平口罐 1
M7	Ac III, Ad II	Aa I 3, Aa II 5, Ab I, Ab II		Aa III 2	Ba, Bb	Cd 1	B I		II	B II	I 2	Ba II 2, Ba III, Bb II				
M9	Ad II											Ba II 3			D, C II	马鞍形口罐 1, 单耳平口罐 1

续表

墓号	分档鬲	联裆鬲 A型	联裆鬲 B型	簋 A型	簋 B型	簋 C型	双耳簋	豆	尊	绳纹盆	折肩绳纹大罐 A型	折肩绳纹大罐 B型	折肩绳纹大罐 C型	折肩绳纹小罐	弦纹小罐	备注
M21	AbⅡ					CbⅡ								AbⅡ		单耳平口罐1，四系盆1
M20	AbⅢ AcⅢ BⅡ					CcⅡ CbⅢ	BⅠ				Ⅱ	BaⅢ		B		
M22	AdⅡ 2		BaⅡ	AaⅡ	Ba Bb	CaⅡ 2 CaⅢ	BⅡ			BⅡ				AaⅡ		
M23	C	AaⅠ AaⅡ 2	BbⅡ BcⅡ					A				BaⅡ BaⅢ 2	Ⅱ 2			
M25	AaⅡ					CbⅡ								AbⅠ		
M26	AcⅡ		BbⅡ			CaⅡ CcⅡ				BⅠ				AaⅡ	B CⅠ	素面罐1，仿铜鬲1

注：未标明件数的皆为1件。

B型:折沿,肩下饰锯齿状扉棱,裆上部有三个圆形小泥饼。可分2式。

Ⅰ式:沿下角大于或等于90°,折沿,沿内侧起棱,并有一道凹弦纹,束颈,圆肩,裆较高,尖锥足。如图8:4、5。

Ⅱ式:直口,平沿,沿下角小于或等于90°,颈部不明显,裆略低。如图8:6。

C型:折沿,裆上饰鸡冠状横錾。可分2式。

Ⅰ式:斜沿,沿下角大于90°,圆肩,深腹,瘪裆较高。如图8:7。

Ⅱ式:平沿,沿下角小于90°,鼓肩,裆较低。如图8:8。

甗:均为上甑下鬲的连体甗。可分2型。

A型:甑侈口,斜沿,鼓肩,深斜腹;甗腰内有箅隔;鬲鼓肩,弧裆,圆锥足。如图8:9、10。

B型:鬲裆上部有鸡冠状横錾。如图8:11。

豆:均为空心柄豆。根据豆盘可分2型。

A型:浅折盘,尖圆唇,盘壁外往往有三道凹弦纹,细柄中部收束,或带凸棱,下部外展成喇叭座。可分2式。

Ⅰ式:直口,柄下部弧形外展,底缘平展切地。如图8:12、13。

Ⅱ式:敛口,盘腹变浅,柄加长,底缘不切地。如图8:14。

B型:浅弧盘,敛口,圆唇,豆柄较长,中部收束带凸棱,喇叭座。如图8:15。

盆:可分2型。

A型:绳纹盆。可分2式。

Ⅰ式:直口或敛口,宽平折沿,沿内、外缘各有一周凹弦纹,尖唇,折肩或圆肩,斜腹,腹部饰绳纹,平底。如图8:16、17。

Ⅱ式:卷平沿,方唇,腹变浅。如图8:18。

B型:弦纹盆。侈口,斜沿,折肩,肩部饰两道平行凹弦纹。如图8:19。

小罐:均束颈,高领,斜腹,平底。可分2式。

Ⅰ式:侈口,平沿,折肩,器身最大径偏上。如图8:20、21、23。

Ⅱ式:沿面变窄,器身最大径偏下。如图8:22。

喇叭口罐:敞口,口径远小于肩径,平沿,束颈;折肩或圆肩,肩部带扁平穿孔双钮,并饰多道平行弦纹、三角折线纹;深斜腹,腹部饰绳纹;平底。根据口、肩径及高宽比变化可分3式。

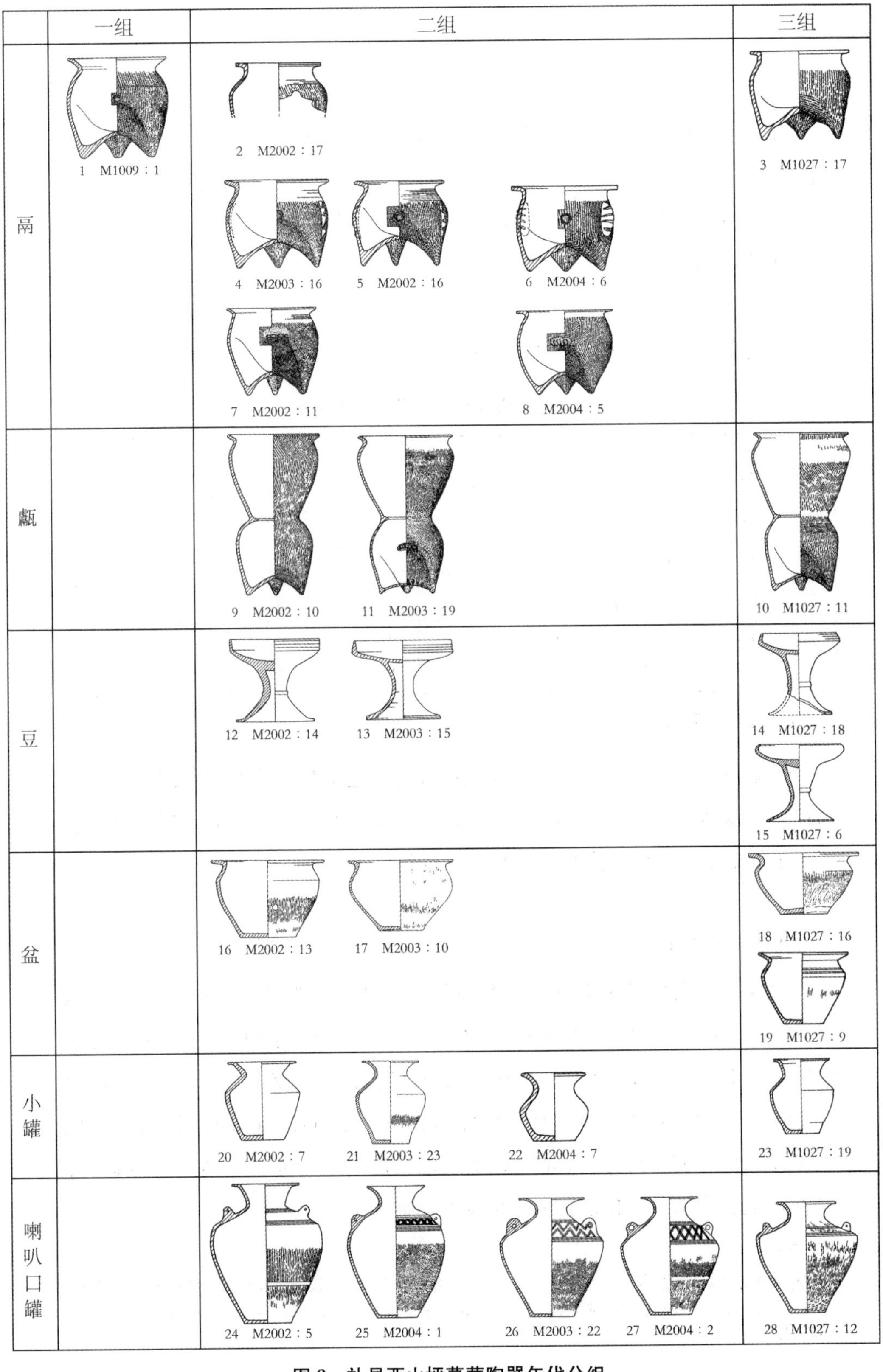

	一组	二组	三组
鬲	1 M1009:1	2 M2002:17　4 M2003:16　5 M2002:16　6 M2004:6　7 M2002:11　8 M2004:5	3 M1027:17
甗		9 M2002:10　11 M2003:19	10 M1027:11
豆		12 M2002:14　13 M2003:15	14 M1027:18　15 M1027:6
盆		16 M2002:13　17 M2003:10	18 M1027:16　19 M1027:9
小罐		20 M2002:7　21 M2003:23　22 M2004:7	23 M1027:19
喇叭口罐		24 M2002:5　25 M2004:1　26 M2003:22　27 M2004:2	28 M1027:12

图 8　礼县西山坪墓葬陶器年代分组

Ⅰ式：侈口，口径较小，肩径较窄，整体瘦高，高宽比约为 1.22。如图 8:24、25。

Ⅱ式：敞口，卷平沿，口径稍大，肩部渐宽，高宽比约为 1.15。如图 8:26、27。

Ⅲ式：广平肩，高宽比约为 1.07。如图 8:28。

(二) 分组

可将上述型式归入相应的墓葬单位，如下表(表 6)：

表 6　西山坪墓葬年代分组序列表

组别	墓号	鬲			甗		豆		盆		小罐	喇叭口罐
		A型	B型	C型	A型	B型	A型	B型	A型	B型		
一	M1009	Ⅰ										
二	M2002	Ⅱ	Ⅰ	Ⅰ	✓		Ⅰ 2		Ⅰ 2		Ⅰ 3	Ⅰ 2
	M2003		Ⅰ			✓	Ⅰ		Ⅰ		Ⅰ	Ⅱ 4
	M2004		Ⅱ	Ⅱ			Ⅰ				Ⅱ	Ⅰ 2、Ⅱ 2
三	M1027	Ⅱ			✓		Ⅱ	✓	Ⅱ	✓	Ⅰ	Ⅲ

注：未标明件数的皆为 1 件。

根据陶器型式的共存和重叠关系，可将上述 5 座墓葬归为三组，第一组：M1009；第二组：M2002、M2003、M2004；第三组：M1027。三组就是三段，代表了西山坪早期秦文化墓葬前后发展的三个小阶段。

三、礼县大堡子山

1994 年在大堡子山遗址抢救性发掘了 9 座中小型墓葬，资料至今尚未公布。2006 年在城址内外发掘 9 座墓葬，报道的ⅠM25、ⅢM1 属春秋中晚期[①]。2015 年在秦公大墓 M3 东墓道外约 2 米处，发掘墓葬 2 座(ⅠM30、ⅠM31)；在秦公大墓 M3 北约 20 米的台地上发掘墓葬 1 座(ⅠM32)；在城址外东北墓地发掘墓葬 1 座(ⅠM33)。2016 年又对ⅠM32 东侧的车马坑 K32 进行了发掘。报道的ⅠM31、ⅠM32、K32 均属早期秦文化遗存[②]。

[①] 早期秦文化联合考古队：《2006 年甘肃礼县大堡子山东周墓葬发掘简报》，《文物》2008 年第 11 期。
[②] 秦文化与西戎文化联合考古队：《甘肃礼县大堡子山秦墓及附葬车马坑发掘简报》，《文物》2018 年第 1 期。

(一)陶器分型定式

鬲：为联裆或瘪裆。可分3型。

A型：侈口，斜沿，束颈，锥足，一般颈部以下饰竖绳纹，裆部饰斜绳纹，裆上部或饰圆饼状乳丁。可分2式。

Ⅰ式：裆部、锥足较高。如图9：1—3。

Ⅱ式：裆部、锥足较矮。如图9：17—21。

B型：带扉棱的仿铜鬲，泥质灰陶，折平沿，束颈，联裆，柱足，腹部饰弦纹、变体兽面纹及乳丁纹。如图9：4—7。

C型：高体深腹瘪裆，裆较低，裆上部带鸡冠状横錾。如图9：22。

甗：为上甑下鬲的连体甗，甑侈口，折肩；鬲弧裆，裆部较低，腹足较肥。如图9：23。

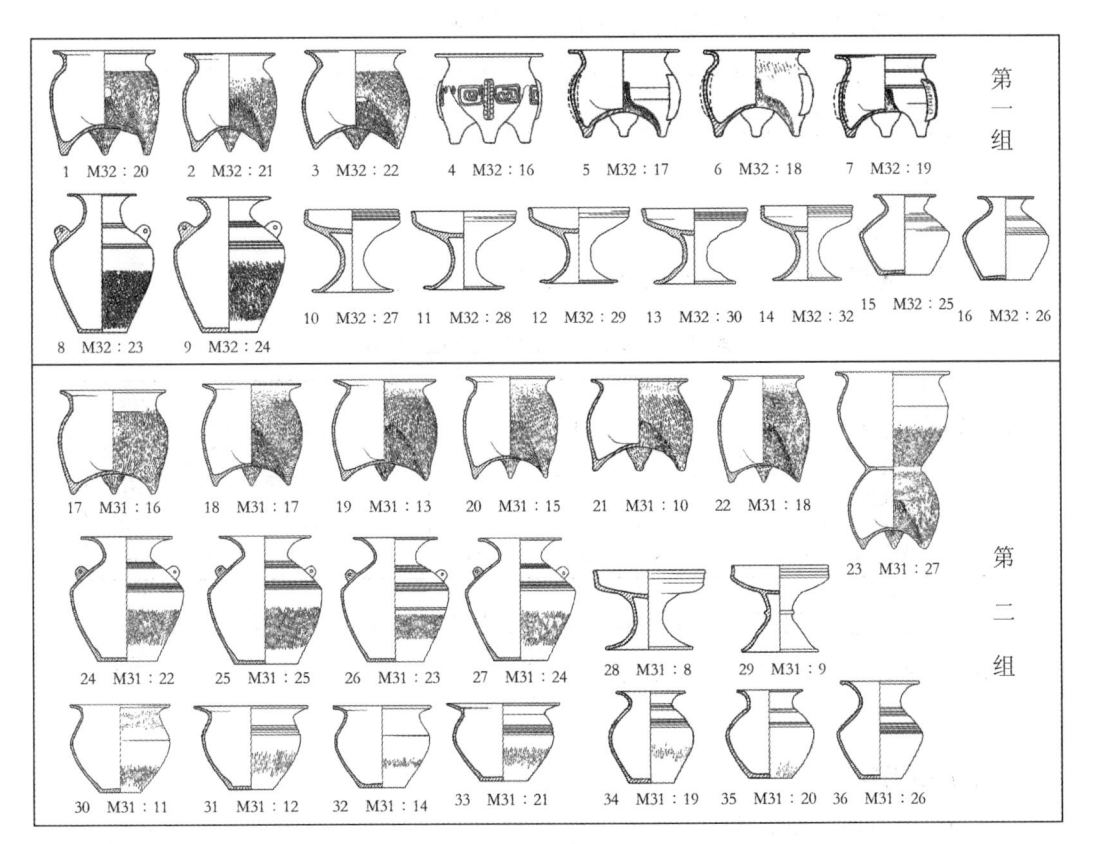

图9 礼县大堡子山墓葬陶器年代分组

豆:均为空心柄浅折盘豆,豆盘外壁带三道凹弦纹,细柄中部收束,个别带凸棱,下部为喇叭状。根据柄下部底座的变化可分3式。

Ⅰ式:柄下部弧形外扩,底缘平展切地。如图9:10—13。

Ⅱ式:底缘不切地。如图9:14、28。

Ⅲ式:底缘不切地,柄下部外壁隆起。如图9:29。

盆:侈口,宽斜沿,沿内、外缘一般各饰一道弦纹,肩部较宽,折或圆肩,或饰弦纹,下腹部饰绳纹。如图9:30—33。

喇叭口罐:可分2型。

A型:形体较大,均喇叭口,束颈,鼓肩,斜腹,肩部有对称双耳,饰上下两组各三道弦纹,腹部饰绳纹。可分2式。

Ⅰ式:腹部较深,平底较小,整体略瘦。如图9:8、9。

Ⅱ式:腹部变浅,平底变大,整体略胖。如图9:24—27。

B型:形体较小,束颈,折肩,肩部饰上下两组各三道弦纹。如图9:36。

弦纹小罐:侈口,束颈,折肩,平底,肩部有上下两组弦纹。如图9:15、16、34、35。

(二) 分组

将上述型式归入相应的墓葬单位,如下表(表7):

表7 大堡子山墓葬年代分组序列表

组别	墓号	鬲			甗	豆	盆	弦纹小罐	喇叭口罐	
		A型	B型	C型					A型	B型
一	ⅠM32	Ⅰ3	√4			Ⅰ4、Ⅱ1			Ⅰ2	
二	ⅠM31	Ⅱ5		√1	√1	Ⅱ1、Ⅲ1	√4	√4	Ⅱ4	√1

由此可见,大堡子山遗址早期秦文化墓葬可分为两组,第一组为ⅠM32(及其车马坑K32),第二组为ⅠM31,代表了前后发展的两个小阶段。

四、甘谷毛家坪

(一) 陶器分型定式

20世纪80年代在毛家坪遗址发掘的早期秦文化墓葬有M1、M4、TM5、

M6、M9、M12、M14,出土器类有鬲、盆、豆、罐、喇叭口罐等。

鬲:均为联裆,锥足。可分3式。

Ⅰ式:侈口,斜沿较宽,整体方形,最大径在口部,饰浅细绳纹。如图10:1。

Ⅱ式:口径变小,最大径下移至腹部,沿稍窄。如图10:2、3。

Ⅲ式:口沿较窄,肩部略鼓,足根部有小麻点。如图10:4。

豆:可分3型。

A型:空柄,折盘。可分2式。

Ⅰ式:盘较深,粗柄略收束,喇叭形座。如图10:5。

Ⅱ式:盘较深,柄粗短。如图10:6。

B型:空柄,弧盘,盘较浅,柄细高,盘壁外饰弦纹。如图10:7。

C型:实柄。可分2式。

Ⅰ式:浅折盘,细柄中部收束,喇叭形座较小,座底内凹。如图10:8。

Ⅱ式:浅折盘,直柄,喇叭形座外展,柄、座上饰多道瓦棱状弦纹。如图10:9。

绳纹盆:可分2型。

A型:圆肩或鼓肩。可分3式。

Ⅰ式:侈口,圆肩,深腹,底较大。如图10:10。

Ⅱ式:侈口,束颈,圆肩,斜腹,底较小。如图10:11。

Ⅲ式:口微侈,沿面略窄,短颈,鼓肩。如图10:12。

B型:斜腹或折腹。可分3式。

Ⅰ式:敞口,宽沿,肩、腹分界不明显。如图10:13。

Ⅱ式:沿稍窄,折腹。如图10:14。

Ⅲ式:沿较窄,浅腹斜收,底略小。如图10:15。

喇叭口罐:可分2型。

A型:肩部无钮。可分4式。

Ⅰ式:口较小,短颈,折肩,大平底。如图10:16。

Ⅱ式:口较小,颈稍长,圆折肩,肩上饰凹弦纹。如图10:17。

Ⅲ式:口径稍大于肩径,折肩,平底较小。如图10:18。

Ⅳ式:口径大于肩径,肩径略下移。如图10:19。

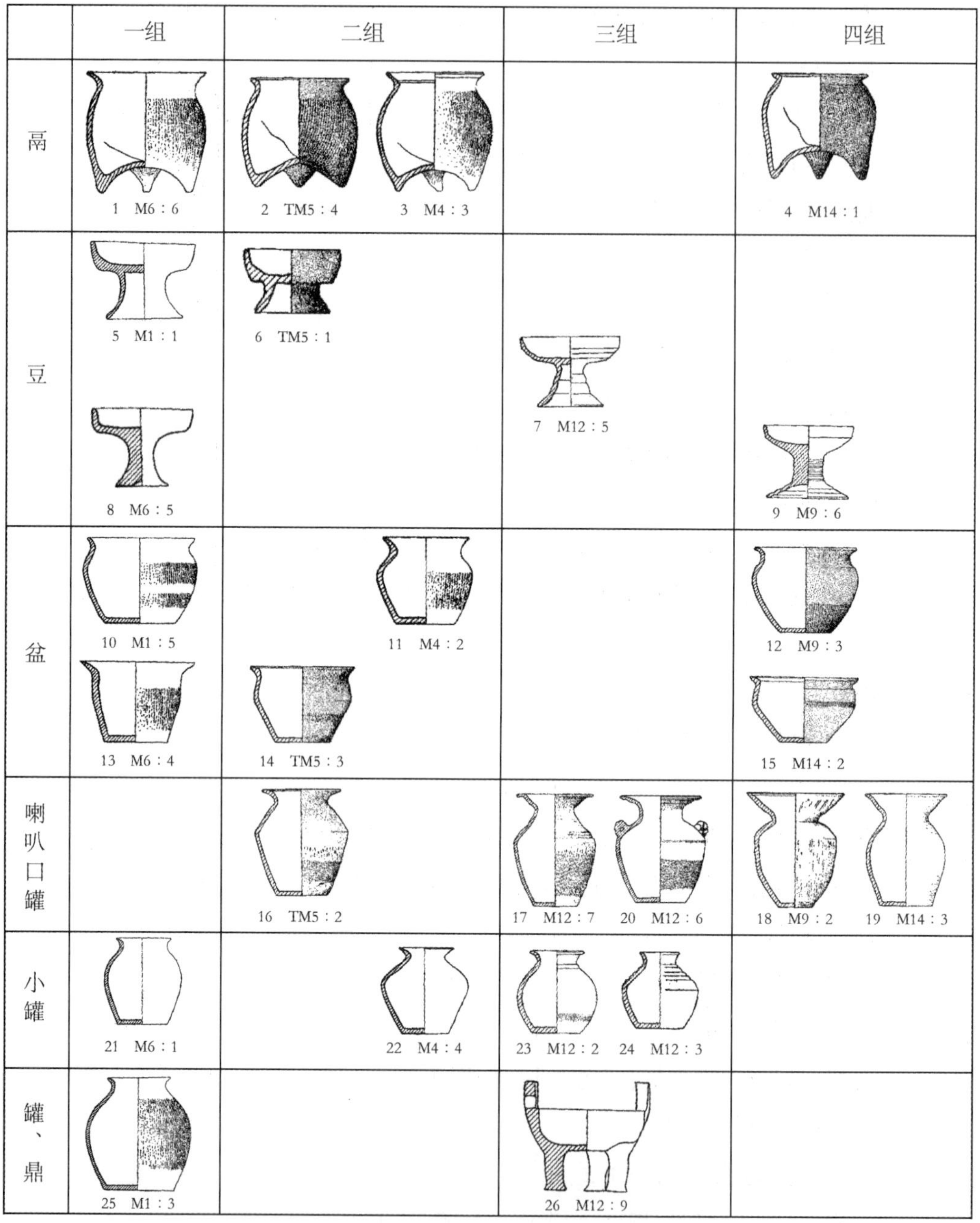

	一组	二组	三组	四组
鬲	1 M6:6	2 TM5:4　3 M4:3		4 M14:1
豆	5 M1:1　8 M6:5	6 TM5:1	7 M12:5	9 M9:6
盆	10 M1:5　13 M6:4	11 M4:2　14 TM5:3		12 M9:3　15 M14:2
喇叭口罐		16 TM5:2	17 M12:7　20 M12:6	18 M9:2　19 M14:3
小罐	21 M6:1	22 M4:4	23 M12:2　24 M12:3	
罐、鼎	25 M1:3		26 M12:9	

图 10　甘谷毛家坪墓葬陶器年代分组

B型：肩部带穿孔双钮。如图 10:20。

小罐：多素面，或饰少许绳纹及弦纹。可分3式。

Ⅰ式:侈口,圆肩,平底较大。如图10:21。
Ⅱ式:侈口,束颈,圆折肩。如图10:22。
Ⅲ式:束颈,垂腹,器身最大径下移。如图10:23、24。
圆肩绳纹罐:侈口,短颈,平底较大。如图10:25。
鼎:立沿耳,浅腹,平底,蹄足。如图10:26。

(二) 分组

可将上述型式归入相应的墓葬单位,如下表(表8):

表8　毛家坪墓葬年代分组序列表

组别	墓号	鬲	豆 A型	豆 B型	豆 C型	绳纹盆 A型	绳纹盆 B型	喇叭口罐 A型	喇叭口罐 B型	小罐	圆肩罐	鼎
一	M1	Ⅰ	Ⅰ			Ⅰ					√	
一	M6	Ⅰ			Ⅰ	Ⅰ				Ⅰ		
二	M4	Ⅱ			√2	Ⅱ				Ⅱ		
二	TM5	Ⅱ	Ⅱ				Ⅱ	Ⅰ				
三	M12			√2				Ⅱ	√	Ⅲ2		√
四	M9	Ⅲ		Ⅱ2	Ⅲ		Ⅲ					
四	M14	Ⅲ				Ⅲ	Ⅳ					

注:未标明件数的皆为1件。

根据陶器型式的共存和重叠关系,可将上述7座墓葬归为四组,第一组:M1、M6,第二组:M4、TM5,第三组:M12,第四组:M9、M14,分别代表毛家坪遗址早期秦文化墓葬前后发展的四个小阶段。

五、陇县店子

20世纪90年代在陇县店子发掘了224座东周至秦代的秦墓,其中属于早期秦文化的墓葬仅2座,即M219、M15,出土器类有鬲、甗、豆、盘、喇叭口罐等。

鬲:可分2型。

A型:夹砂绳纹鬲,侈口,卷沿略窄,弧裆略低,裆上部有两个对称的小泥饼。如图11:4。

B型:泥质灰陶,侈口,斜折沿较宽,折肩,腹壁斜直,腹局部饰绳纹,联裆较高,空心锥足。如图11:1。

甗:甑、鬲连体,甑束颈折肩;甗束腰;鬲鼓肩,弧裆近平,三实足根较高,足上压印麻点纹。如图11:9。

豆:可分2型。

A型:空柄折盘,细柄上部有凸棱,喇叭形座,座外壁微隆。如图11:5、6。

B型:空柄浅弧盘,细柄上部收束,喇叭形座外展,柄及座上有竖行绳纹。如图11:2。

盆:均为弦纹盆,一般肩部饰弦纹,腹下部多有间断绳纹。可分2式。

Ⅰ式:侈口,斜沿较宽,折肩,肩部有五道凹弦纹,斜腹,腹下部有间断绳纹。如图11:3。

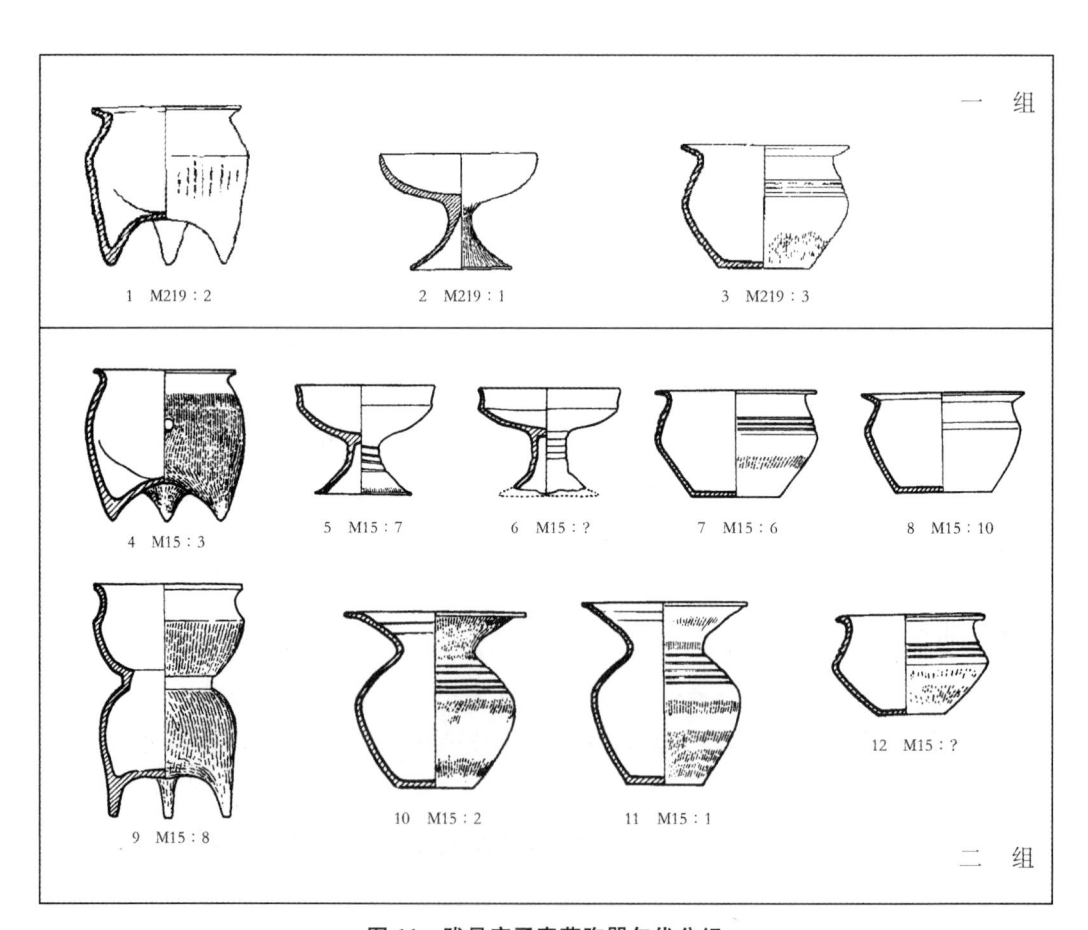

图 11　陇县店子秦墓陶器年代分组

Ⅱ式：卷平沿稍窄，折肩或折腹，整体略矮。如图 11：7、8、12。

喇叭口罐：敞口，口径稍大于肩径，束颈较短，圆折肩，斜腹，整体近方形，肩上饰平行凹弦纹，下腹部饰间断绳纹。如图 11：10、11。

型式共存关系如下表（表 9）：

表 9 店子墓葬年代分组序列表

组别	墓号	鬲		瓿	豆		盆	喇叭口罐
		A 型	B 型		A 型	B 型		
一	M219		✓			✓	Ⅰ	
二	M15	✓		✓	✓2		Ⅱ3	✓2

注：未标明件数的皆为 1 件。

从型式的发展关系来看，这两座墓代表了前后两组，M219 为第一组，在前；M15 为第二组，在后。

六、泾河上游墓葬

20 世纪 70 年代在泾河上游地区发现了零星的早期秦文化墓葬，包括灵台景家庄 M1、长武上孟村 M16。

景家庄 M1 除了出鼎、瓿等铜器外，还共出陶豆 2 件、喇叭口罐 2 件。豆为空柄浅折盘，细柄中部收束，下为喇叭形座（图 12：1）。喇叭口罐口部较小，束颈，折肩，斜腹，平底，肩部饰凹弦纹和两个扁钮（图 12：2）。

1 景家庄 M1：4   2 景家庄 M1：1   3 上孟村 M16：3

图 12 泾河上游秦墓陶器

长武上孟村 M16 公布的材料不全,仅有 1 件喇叭口罐,口径略小于肩颈,肩部饰平行凹弦纹,下腹部饰绳纹(图 12:3)。

此外,20 世纪 80 年代在长武碾子坡遗址还发掘了 77 座东周秦墓,大多数属春秋中晚期,公布的材料中以 M406 年代最早,发掘者认为"可能是属于早期末年或中期偏早的墓葬"①。从喇叭口罐和陶鬲形制看,该墓的年代为春秋中期前段,此处不予分析。

七、宝鸡南阳村

南阳村地处渭河北岸阶地,北依三畤塬,位于阳平镇西约 1.5 公里处。1998 年在此抢救清理了 4 座春秋秦墓,其中 M1 被盗扰,M4 被取土破坏。M2、M3 随葬品保存较为完整,除铜器外,出土的陶器有鼎、簋、豆、壶、盘、盉、甗、小罐。

鼎:敛口,斜沿或平沿,立沿耳,折垂腹较深,蹄足,腹上部饰一至两道弦纹或瓦棱纹。如图 13:1、7。

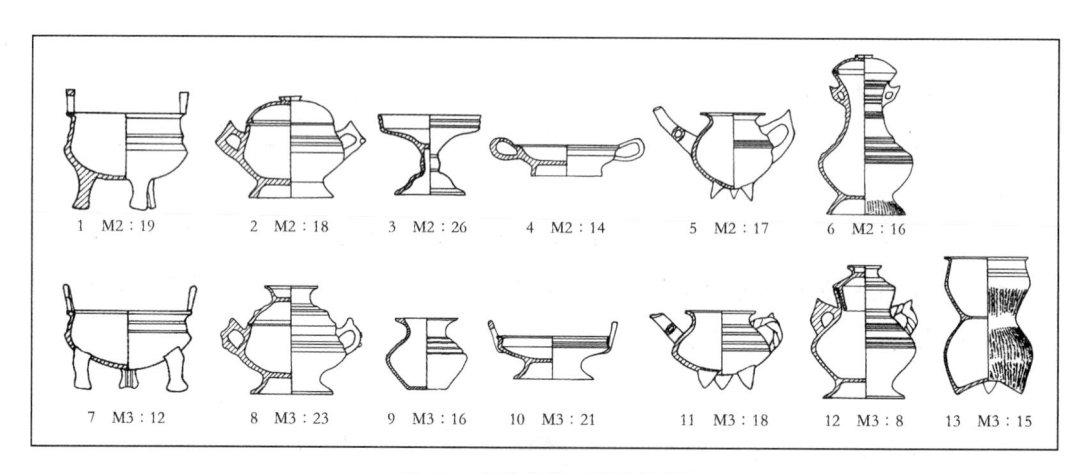

图 13 宝鸡南阳村秦墓陶器

簋:敛口,带双兽耳,垂腹,带圈足,盖面和上腹部均饰瓦纹。如图 13:2、8。

豆:浅折盘,盘壁外有两道弦纹,竹节状柄,喇叭形座。如图 13:3。

壶:均为圆壶,侈口,长颈或粗短颈,双兽耳,斜肩,折垂腹,圈足,有盖,颈、肩部饰多道平行弦纹。如图 13:6、12。

---

① 中国社会科学院考古研究所:《南邠州·碾子坡》,世界图书出版公司,2007 年。

盘：斜平沿，方形或环形附耳，浅腹，平底，大圈足，腹饰弦纹。如图13：4、10。

盉：侈口，束颈，折垂腹，三尖足，带流，鋬上有角，腹饰弦纹。如图 13：5、11。

甗：甑、鬲连体，甑斜平沿，鬲鼓腹、联裆，甑上部饰弦纹，鬲饰绳纹。如图13：13。

小罐：侈口，折平沿，尖唇，束颈，折垂腹，肩部饰平行凹弦纹。如图 13：9。

这两座墓葬陶器的形制、年代比较接近，不宜分组。

八、各墓地年代组的横向对应关系

根据同型同式或形态近同的器物，运用"桥联法"，可把各处墓地的年代组横向对应起来。

西山坪AⅠ式鬲与毛家坪Ⅰ式鬲酷似，后者只是不饰弦纹及泥饼，应属同一时段。因此，西山坪第一组相当于毛家坪第一组。

西山坪Ⅰ式小罐与毛家坪Ⅱ式小罐形态较为接近，均为折肩，且肩径位置偏上。西山坪AⅠ式绳纹盆折肩或鼓肩的特征，也与毛家坪AⅡ式、BⅡ式盆接近。因此，西山坪第二组相当于毛家坪第二组。

大堡子山AⅠ式鬲（如M32：20）与西山坪AⅡ式鬲（如西M1027：17）形态较为相似，只是前者为斜折沿，后者为平折沿，但这并不反映二者有早晚之别，大堡子山B型鬲就全是平折沿。此外，大堡子山AⅠ式喇叭口罐较西山坪第二组喇叭口罐（Ⅰ、Ⅱ式）颈部加长，肩部略下移，底径略大，形态上晚于后者。因此，大堡子山第一组相当于西山坪第三组。西山坪B型盆与店子Ⅰ式盆酷似，店子B型豆与毛家坪B型豆酷似。因此，西山坪第三组相当于毛家坪第三组，又相当于店子第一组。

大堡子山陶甗ⅠM31：27的鬲腹部肥鼓，与南阳村M3：15酷似；喇叭口小罐（M31：26）及弦纹小罐（M31：20）也与南阳村M3：16相似；Ⅲ式陶豆座柄外壁隆起的特征，也见于南阳村M2：26；AⅡ式喇叭口罐与景家庄M1：1相似。因此，大堡子山第二组相当于南阳村组、泾河上游组。毛家坪AⅢ式喇叭口罐与上孟村M16：3相似，AⅣ式喇叭口罐与店子M15：1相似；毛家坪BⅢ式盆与店子Ⅱ式盆接近；店子A型豆与景家庄M1：4、南阳村M2：26酷似。因此,毛家坪第四组相当于店子第二组,又相当于泾河上游组、南阳村组。

李崖墓葬的陶器面貌与其他地点墓葬差别较大,其分裆鬲、簋、广折肩罐、尊、侈口深斜腹盆均不见于后者,后者的横銴鬲、泥质鬲、连体甗、浅盘豆、喇叭口罐等器型也不见于前者。这种差别代表了大的阶段性差异,李崖墓葬和其他地点墓葬在年代上没有共存关系。如果要考察彼此间的年代先后关系,可以从它们共同拥有的器类——联裆鬲入手(图14)。

李崖第二组的仿铜扉棱鬲(M26:7)为卷平沿,沿上无弦纹,颈部较宽;西山坪B型鬲为折沿,沿上饰弦纹,束颈;前者明显要早于后者(图14:1、4)。李崖第二组的AaⅠ式(如M23:9)、AaⅡ式(如M9:18)联裆鬲在整体形态上与西山坪AⅠ式鬲、毛家坪Ⅰ式鬲较为接近。但如果考察细部,前二者沿下角大于或等于90°,沿面无弦纹,溜肩或圆肩,裆部较高(图14:2、3);后二者沿下角约等于90°,肩部略鼓,其中西山坪AⅠ式鬲沿面内、外缘各有一道凹弦纹,毛家坪Ⅰ式鬲裆部略低(图14:5、6)。这都表明李崖第二组要早于西山坪第一组和毛家坪第一组,但年代前后衔接,前、后者之间没有缺环。

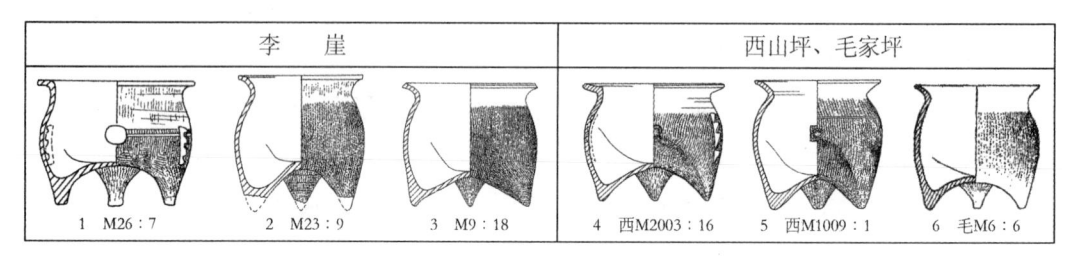

图14 李崖、西山坪、毛家坪墓葬陶鬲比较

如此,可以把早期秦文化墓葬归并为六段,即李崖第一组→李崖第二组→西山坪第一组、毛家坪第一组→西山坪第二组、毛家坪第二组→西山坪第三组、大堡子山第一组、毛家坪第三组、店子第一组→大堡子山第二组、毛家坪第四组、店子第二组、泾河上游组、南阳村组,代表了早期秦文化墓葬前后发展的六个小阶段。

第1、2段的共性显著,属于同一个大的期别,即第一期。

第3、4段的关系比较紧密,可以合并到同一个大的期别,即第二期。

第5、6段共性较多,如弧盘豆、仿铜陶礼器,此前不见,应属于同一个大的期别,即第三期。

各处早期秦文化墓葬年代组的横向对应关系如下表(表10):

表10 早期秦文化墓葬年代分组对应表

李崖	西山坪	大堡子山	毛家坪	店子	泾河上游	南阳村	段	期
第一组							1	一
第二组							2	
	第一组		第一组				3	二
	第二组		第二组				4	
	第三组	第一组	第三组	第一组			5	三
		第二组	第四组	第二组	✓	✓	6	

九、断代

(一) 第一期1、2段的年代

1. 李崖第一组与关中地区西周墓比较

20世纪80年代在沣西张家坡发掘了390座西周墓,发掘者将之分为五期①。黄曲和李茜曾对周原、丰镐墓葬出土陶器作过细致的类型学分析,并进行了分期编年研究②。这些可以作为参照来判断李崖西周墓的年代。李崖AcⅠ式、AcⅡ式分裆鬲(图15:1、2)的形制与周原ⅣA1M28:13、ⅠA1M6:25(图15:9、10)酷似,后二者在周原墓葬编年序列中处于西周中期偏早阶段,或者说穆、共王时期。AaⅠ式联裆鬲与周原99ⅠA1M52:5相似(图15:3、11),后者年代为西周中期偏早。BbⅠ式联裆鬲高裆、高柱足的特征与张家坡M145:2相似(图15:4、12),后者年代被归于昭穆时期。AdⅠ式分裆鬲的鬲足呈不甚明显的圆疙瘩,与张家坡M398:4较为相似(图15:5、13),但口沿较窄,年代应相当或稍晚,后者属昭穆时期。BaⅠ式联裆鬲的整体形制与西周早期偏晚的周原99ⅠA1M55:3接近(图15:6、14),但裆部略低、肩部略鼓,年代稍晚,应为西周中期偏早。BcⅠ式联裆鬲与张家坡M35:3相似(图15:7、15),后者被发掘者

---

① 中国社会科学院考古研究所:《张家坡西周墓地》,中国大百科全书出版社,1999年。
② 黄曲:《周原遗址西周陶器谱系与编年研究》,北京大学硕士学位论文,2003年;李茜:《周原与丰镐》,北京大学硕士学位论文,2006年。

归入西周早期。

李崖								
1 M6:5	2 M17:8	3 M17:2	4 M6:1	5 M27:6	6 M5:5	7 M5:9	8 M27:4

关中								
9 周原Ⅳ A1M28:13	10 周原Ⅰ A1M6:25	11 周原Ⅰ A1M52:1	12 张家坡 M145:2	13 张家坡 M398:4	14 周原Ⅰ A1M55:3	15 张家坡 M35:3	16 张家坡 M455出

李崖							
17 M5:12	18 M5:1	19 M27:5	20 M6:11	21 M10:6	22 M6:2	23 M5:7	24 M10:2

关中							
25 周原Ⅳ A1M19:4	26 张家坡 M76:01	27《沣报》 M448:3	28 张家坡 M197:17	29 周原Ⅰ A1M37:8	30 张家坡 M321:1	31 张家坡 M175:2	32 张家坡 M175:1

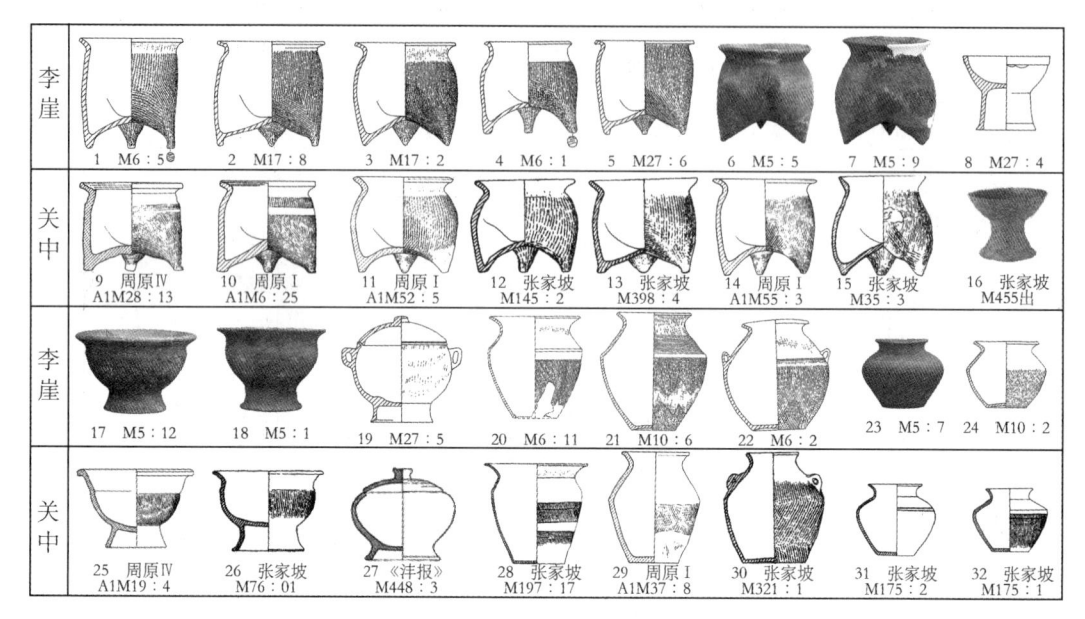

图15　清水李崖与关中地区西周陶器比较（一）

AaⅠ式簋与周原Ⅳ A1M19：4酷似（图15：17、25），后者年代为西周中期偏早。CaⅠ式簋与张家坡M76：01类似（图15：18、26），后者被发掘者断在昭穆时期。A型双耳簋整体形制与《沣报》M448：3相似（图15：19、27），后者无耳，被发掘者定在穆王时期或稍晚①，相当于西周中期偏早。Ⅰ式陶尊的形制、纹饰均与张家坡M197：17相似（图15：20、28），后者亦属昭穆时期。AⅠ式折肩绳纹罐形体瘦高，与周原Ⅰ A1M37：8相似（图15：21、29），后者年代为西周中期偏早。CⅠ式折肩绳纹罐与张家坡M321：1相似（图15：22、30），后者属昭穆时期。C型豆斜盘的特征与张家坡M455所出相同（图15：8、16），但豆柄粗直，不像后者那样座柄外展，年代应略早，约为穆王时期；此外，这种豆的形制与山西洪洞永凝堡NDM14的粗柄豆（图44：10）酷似，后者年代在西周中期偏早②。Aa型弦纹小罐、AaⅠ式折肩绳纹小罐（图15：23、24），分别与张家坡M175：2、M175：1（图15：31、32）类似，只是横径位置略低，年代应与之相当

---

① 中国科学院考古研究所：《沣西发掘报告》，文物出版社，1963年。
② 山西省文物工作委员会、洪洞县文化馆：《山西洪洞永凝堡西周墓葬》，《文物》1987年第2期。

或稍晚,后二者年代为昭穆时期,前二者应属西周中期偏早。

总之,第一组的型式大部分落在关中地区陶器编年的西周中期偏早阶段,个别型式与关中地区西周早期的器形类似。同一组的型式之间有直接(同墓)或间接(同组)的共存关系,这决定了组的年代是由那些偏晚的,且居多数的型式决定的,就好比遗迹单位的年代是由其中最晚的器物来决定。因此,第一组的绝对年代应在西周中期前段,大约相当于穆王时期。

2. 李崖第二组与关中地区西周墓比较

AcⅡ式分裆鬲的腹、足与张家坡M276:4有相似之处(图16:1、8),只是前者方唇,三足外展,间距较大;后者侈口圆唇,足间距较小,后者年代相当于西周中、晚期之交。李崖第二组的M7、M9、M22都出土了AdⅡ式分裆鬲(图16:2—4),足根上细下粗,为粗壮的实心圆疙瘩,是典型的"疙瘩鬲"。这种鬲在张家坡墓地出现于第二期(昭穆时期),但足根不明显(图15:13);集中流行于第四期,即夷、厉、共和时期(图16:9、10),相当于西周中期末至西周晚期偏早;在第五期(宣幽时期)还有延续。研究者认为丰镐遗址西周晚期陶器中最具特征的是

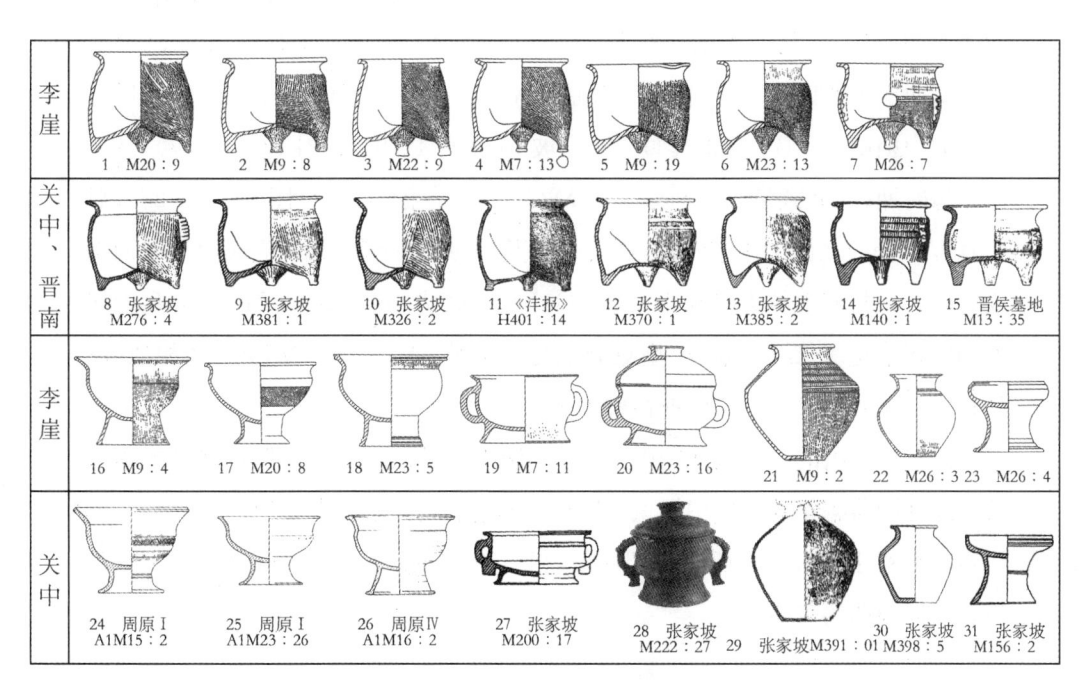

李崖	1 M20:9	2 M9:8	3 M22:9	4 M7:13	5 M9:19	6 M23:13	7 M26:7
关中、晋南	8 张家坡M276:4	9 张家坡M381:1	10 张家坡M326:2	11《沣报》H401:14	12 张家坡M370:1	13 张家坡M385:2	14 张家坡M140:1	15 晋侯墓地M13:35
李崖	16 M9:4	17 M20:8	18 M23:5	19 M7:11	20 M23:16	21 M9:2	22 M26:3	23 M26:4
关中	24 周原ⅠA1M15:2	25 周原ⅠA1M23:26	26 周原ⅣA1M16:3	27 张家坡M200:17	28 张家坡M222:27	29 张家坡M391:01	30 张家坡M398:5	31 张家坡M156:2

图16 清水李崖与关中、晋南地区西周陶器比较(二)

分裆鬲中的"疙瘩鬲"①，如20世纪50年代在沣西发掘的张家坡H401所出（图16：11）。张家坡墓地发掘的此类鬲有30件，远多于李崖，但李崖发掘墓葬数量较少，现在还不确定是谁影响谁。李崖的疙瘩鬲保持了自身方唇的传统特点，不同于沣西鬲的侈口圆唇。AdⅡ式分裆鬲较张家坡墓地第四期及居址西周晚期的同类器裆部略高，腹部略瘦，年代亦应稍早，相当于西周中期偏晚。

AbⅡ式联裆鬲宽裆、肩部饰弦纹的特征与张家坡M370：1相似（图16：5、12），AaⅡ式联裆鬲与张家坡M385：2相似（图16：6、13），张家坡二鬲均被归入昭穆时期。仿铜鬲的腹、足部分与晋侯墓地M13：35相似（图16：7、15），但沿下角变小，卷沿近平，年代应略晚。M9、M13为山西曲村晋侯墓地第2组大墓；第1组大墓M113、M114属晋侯燮父及其夫人，其中M114出有周昭王十八年纪年的铜甗②，可知墓葬的年代很可能已进入穆王时期；M13属晋武侯夫人，年代更晚。仿铜鬲M26：7与张家坡M140：1（图16：14）较为相似，年代亦应相当，即西周中期偏晚。

AaⅢ式簋与周原ⅠA1M15：2相似（图16：16、24），后者属西周中期偏晚。CbⅢ式簋浅腹、圈足较细的特征与周原ⅠA1M23：26相似（图16：17、25），后者亦属西周中期偏晚。Ba型簋与周原ⅣA1M16：2相似（图16：18、26），后者属西周中期偏早。BⅠ式带耳簋与张家坡M200：17相似（图16：19、27），后者属昭穆时期。BⅡ式带耳簋与张家坡M222：27有相似之处（图16：20、28），后者垂腹、圈足外展，年代应略晚，属夷、厉、共和时期；前者稍早，应属西周中期偏晚。BaⅡ式折肩绳纹大罐与张家坡M391：01较为相似（图16：21、29），后者属西周中期偏晚。弦纹小罐、A型豆分别与张家坡M398：5、M156：2相似（图16：22、30、23、31），后二者亦被归入昭穆时期。

虽然第二组的某些型式与关中地区昭穆时期的器形相似，但更多型式落在关中地区陶器编年的西周中期偏晚阶段，个别甚至接近西周晚期偏早。因此，第二组的绝对年代大体在西周中期后段，相当于共、懿、孝、夷时期；其下限不排除进入西周晚期的可能。

---

① 蒋祖棣：《论丰镐周文化遗址陶器分期》，《考古学研究（一）》，文物出版社，1992年。
② 孙庆伟：《从新出鼎甗看昭王南征与晋侯燮父》，《文物》2007年第1期。

(二) 第二期3、4段的年代

如前所述,西山坪AⅠ式鬲的沿下角变小,口沿内外缘各饰一道凹弦纹。口沿沿面普遍饰两道或多道弦纹,是关中地区西周晚期陶鬲的特点,可知西山坪AⅠ式鬲的年代已经进入西周晚期。毛家坪AⅠ式豆的柄部较粗(图17:7),形制与周原ZⅡA3M1:6、张家坡M140:2(图17:10)相似,后二者属于西周中期晚段;但毛家坪AⅠ式豆、CⅠ式豆分别在M1、M6中与毛家坪Ⅰ式鬲共出,可知这两型豆具有间接的共存关系(同组)。如前所述,毛家坪Ⅰ式鬲与西山坪AⅠ式鬲酷似,属同一段;毛家坪CⅠ式豆为浅折盘、细柄中部收束,与周原ⅠA1M9:63整体器形较为相似(图17:8、11),后者属西周晚期前段;而且毛家坪AⅠ式与AⅡ式豆形态演变前后衔接,后者属西周晚期后段。因此,毛家坪第一组和西山坪第一组的年代为西周晚期的前段,这也是第3段的年代。

西山坪B型鬲折沿、肩部带扉棱、弧裆、尖锥足(图17:1—3),特征与山西绛县横水M2015:14、洪洞永凝堡BM6:16、晋侯墓地M8:40(图17:4—6)近似。横水鬲被发掘者断在西周晚期[①];永凝堡鬲与弧柄浅盘豆共出(图44:27、29),年代亦在西周晚期;晋侯墓地M8的墓主是晋侯苏,即文献中的晋献侯,据

甘　肃	关中、晋南
1 西山坪M2002:16　2 西山坪M2003:16　3 西山坪M2004:6	4 横水M2015:14　5 永凝堡BM6:16　6 晋侯墓地M8:40
7 毛家坪M1:1　8 毛家坪M6:5　9 毛家坪TM5:1	10 张家坡M140:2　11 周原ⅠA1M9:63　12 周原ⅣA1M7:2
13 西山坪M2003:10　14 西山坪M2002:8　15 毛家坪M4:4	16 横水M2008:2　17 周原ⅠA1M9:60　18 周原ⅣA1M11:12

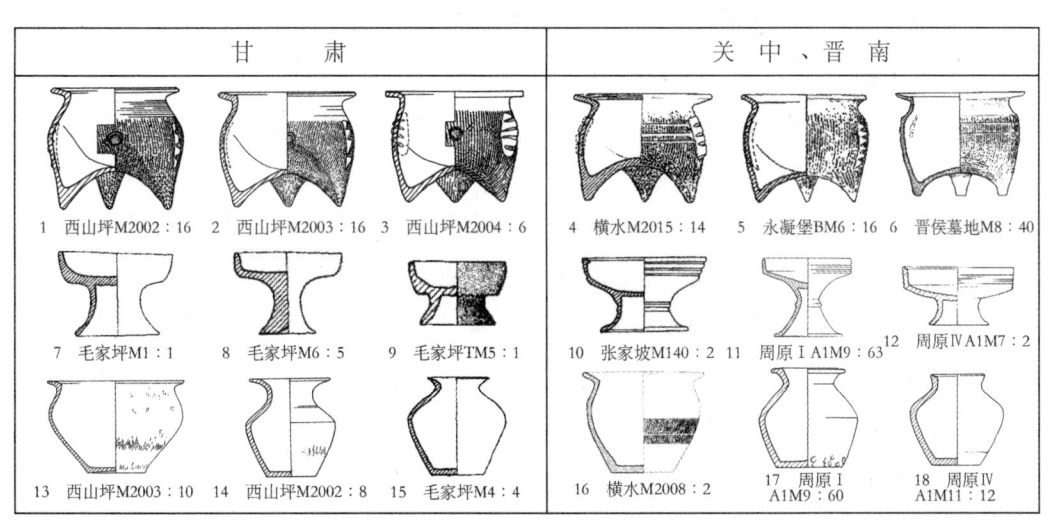

图17　早期秦文化墓葬第二期陶器与关中、晋南西周墓陶器比较

---

① 谢尧亭:《晋南地区西周墓葬研究》,吉林大学博士学位论文,2010年。

晋侯苏钟铭文，晋侯苏在周宣王三十三年随王出征，身份还是晋君①，可知晋侯墓地 M8 的年代已到西周晚期的后段。毛家坪 A Ⅱ 式豆矮柄的特征与周原Ⅳ A1M7∶2 相似(图 17∶9、12)，后者的年代为西周晚期后段。西山坪 A Ⅰ 式盆与横水 M2008∶2 酷似(图 17∶13、16)，后者年代为西周晚期。西山坪Ⅰ式小罐束颈、折肩的特征与周原ⅠA1M9∶60 接近(图 17∶14、17)，后者被研究者断在西周晚期的前段。毛家坪Ⅱ式小罐侈口、圆折肩、最大径偏上的特征与周原Ⅳ A1M11∶12 一致(图 17∶15、18)，后者被研究者断在西周晚期的后段②。与关中和晋南西周墓比较，第 4 段的器型大多数落在了西周晚期的后段。

西山坪第二组墓葬的 A 型豆在关中地区流行于西周晚期至春秋早期。关中地区比如周原的西周墓，在西周中期的后段浅盘豆皆为方唇平沿，至西周晚期前段浅盘豆方唇与尖圆唇并行，到西周晚期后段流行尖圆唇，而且部分豆柄中部不带凸棱。西山坪第二组墓葬的浅盘豆皆为尖圆唇，而且有的柄中部不带凸棱，其年代应在西周晚期的后段。这也是第 4 段的年代。

(三) 第三期 5、6 段的年代

秦人立国之后，其势力才开始翻越陇山进入关中地区，即《秦本纪》所说："(襄公)十二年，伐戎而至岐，卒。"因此，关中及泾河上游地区秦墓的年代早不到西周时期，是从春秋早期开始的。

关于大堡子山遗址两组陶器的年代，可以与 1998 年在礼县圆顶山遗址发掘的春秋墓及车马坑所出陶器比较③。圆顶山遗址位于大堡子山遗址东南，二者隔西汉水相望，实际上属同一遗址群。圆顶山陶鬲下部形态与大堡子山 M31 的鬲几乎相同，仅颈部收缩，口沿变窄，从而使肩部略鼓(图 18∶1、2、8、9)。圆顶山弦纹小罐较大堡子山 M31 的同类器口部略小，腹(或肩)径变大，器形显得矮胖(图 18∶3、4、10、11)。圆顶山连体甗下部鬲的腹径超过了上部甑的肩径(图 18∶12)，而大堡子山 M31∶27 的鬲腹径尚小于甑肩径(图 18∶5)。这些差别表明大堡子山第二组的年代早于圆顶山春秋墓。但后者所出喇叭口罐较 M31 同类

---

① 王世民、李学勤、陈久金等：《晋侯苏钟笔谈》，《文物》1997 年第 3 期。
② 黄曲：《周原遗址西周陶器谱系与编年研究》，北京大学硕士学位论文，2003 年。
③ 甘肃省文物考古研究所、礼县博物馆：《礼县圆顶山春秋秦墓》，《文物》2002 年第 2 期；甘肃省文物考古研究所、礼县博物馆：《甘肃礼县圆顶山 98LDM2、2000LDM4 春秋秦墓》，《文物》2005 年第 2 期。

器底部要小，器形瘦高，形态看起来较 M31 的要早(图 18:6、7、13、14)，甚至与 M32 喇叭口罐相似。这种新、旧器形的交错反复现象，说明大堡子山第二组与圆顶山春秋墓的年代是前后衔接的，二者之间没有缺环。圆顶山春秋墓共出的铜器上装饰细密的勾连蟠虺纹，这种蟠虺纹流行于春秋中晚期；圆顶山 98LDM2 出 7 鼎 6 簋铜礼器，卿或上大夫级别的墓礼制待遇提升一级，开始享用以前国君墓的礼器规格，是春秋中期才开始的现象。将圆顶山春秋墓放在秦铜器编年序列里比较，可以明确其年代属于春秋中期前段。如此，大堡子山第二组就属于春秋早期的后段，大堡子山第一组自然就属于春秋早期的前段。

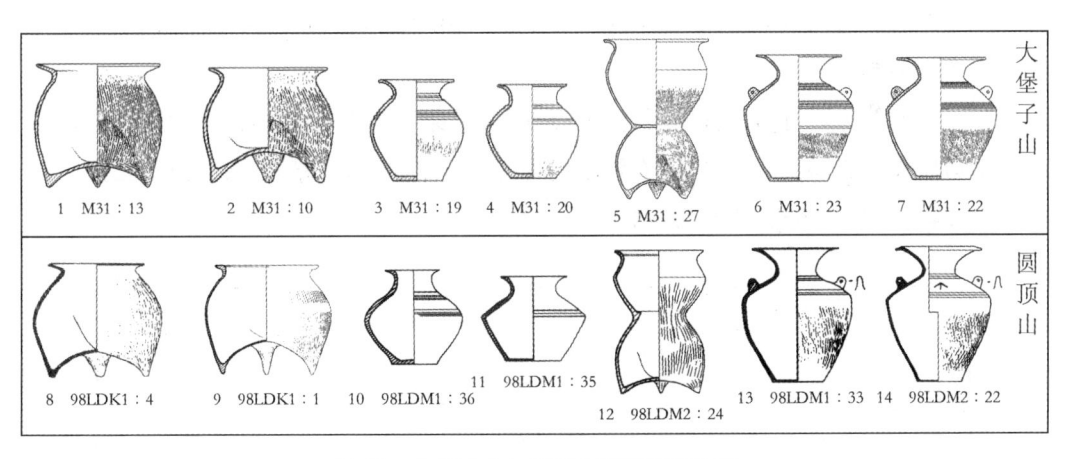

图 18　大堡子山与圆顶山墓葬陶器比较

南阳村组的年代比较明确。南阳村 M3 出铜鼎 5 件，M1、M2 均出铜鼎 3 件，相当于士大夫级别。南阳墓地西边不远就是宝鸡太公庙村，20 世纪 70 年代在那里发现了出秦武公钟、镈的窖藏，证明秦宪公徙居、秦武公沿袭的都邑"平阳"就在阳平镇一带。近年在乐器窖藏的东北又发现了一座中字形大墓及其周围的兆沟，很可能是秦武公墓，进一步证实了这一点。南阳墓地可能属于平阳秦公陵园的陪葬墓区。无论宪公还是武公的在位年代都不超出春秋早期后段的范围，因此，南阳村组的年代为春秋早期后段。

综上所述，第 6 段为春秋早期后段；第 5 段为春秋早期前段，它处在承上启下的位置，不少器型与第 4 段接近，但又出现了一些新因素，如陶礼器。

第四节　早期秦文化铜器的分期与编年

目前在陕、甘两地多处地点都发现了早期秦文化的铜器,包括清水李崖、礼县西山坪、礼县大堡子山、陇县边家庄、宝鸡姜城堡、宝鸡南阳村、灵台景家庄。有必要探讨这些铜器的分期和年代。

一、清水李崖

李崖墓地仅 M22 出土了 1 件铜戈。此外,清水县博物馆还从李崖遗址征集了 1 件铜觯。

铜戈圆锋,长援,援前窄后宽,上刃较直,援身中部脊棱明显,截面为枣核形,下刃后段弯斜与阑呈锐角,已有短胡的雏形;上、下出阑,阑略前倾;阑前有二穿,上穿略方,下穿条形;扁长方形直内。如图 19:2。

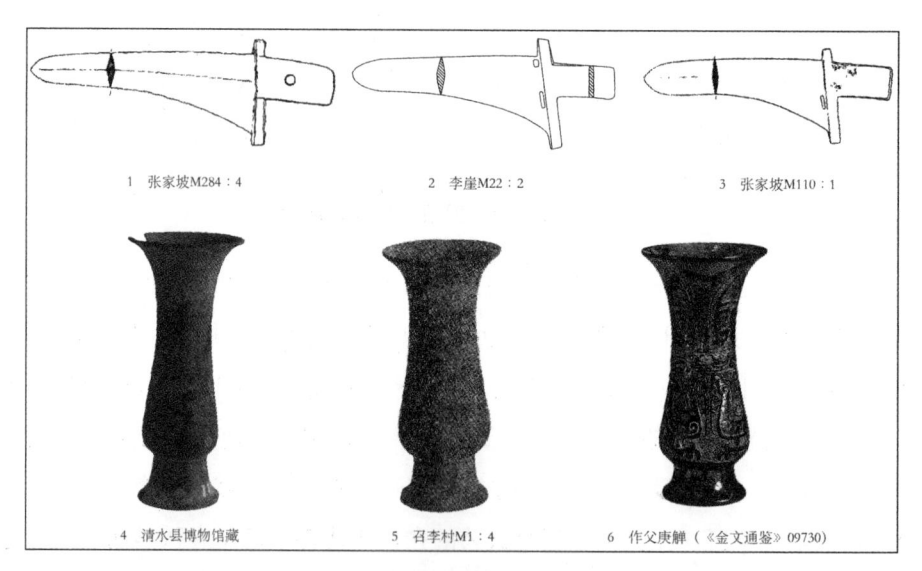

1 张家坡M284∶4　　　2 李崖M22∶2　　　3 张家坡M110∶1

4 清水县博物馆藏　　　5 召李村M1∶4　　　6 作父庚觯(《金文通鉴》09730)

图 19　清水李崖与其他地区铜器比较

20 世纪 80 年代发掘的沣西张家坡西周墓地曾出土了 138 件铜戈,绝大多数为直内戈,发掘者将之分为十式,其中 Vb 式(图 19:1)、Ⅵ式(图 19:3)的形制与李崖戈相似。当然也有细部差别,Vb 式的援部前段较李崖戈更瘦窄,阑部也不如后者前倾；Ⅵ式援部的宽度、阑部均与李崖戈一致，但援下刃的弯曲度超过了李崖戈。总体而言，李崖戈的形制介于张家坡Ⅴb式、Ⅵ式之间。这两式戈在张家坡墓地从西周早期沿用到西周中期，其中，第一期（武、成、康时期）占30.7%，第二期（昭、穆时期）占25%，第三期（共、懿、孝、夷时期）占62.5%，占比有扩大的趋势。李崖M22属墓葬陶器分组的第二组，其年代在西周中期后段。因此，将这件铜戈断在西周中期大体无误。

铜觯窄体素面，敞口，长颈，腹倾垂，圈足下沿外撇。如图19:4。

这件觯的形制与1975年发掘的扶风召李村M1:4（图19:5）几乎相同，后者还共出柱足鼎、椭方体垂腹的提梁卣、长胡三穿戈[①]，均为西周中期典型器物。也与上海博物馆所藏作父庚觯（图19:6）近同，后者颈饰仰叶纹，其下饰一周对称的分尾小鸟纹，再下为一周对称的长冠垂尾大凤鸟纹，均为西周中期的典型纹样。因此，这件觯的年代属西周中期。

二、礼县西山坪

2005年在礼县西山坪发掘的M2003出土了7件铜器，包括3鼎、2簋、1剑、1戈。

鼎：可分3型。

A型：沿耳柱足鼎。敛口，斜折沿，长立耳微撇，耳为圆角方形，上腹部饰一周带目窃曲纹，下腹部倾垂，大圜底近平，三柱足，足内侧有浅凹槽。如图20:1。

B型：沿耳球腹鼎。直口，折平沿，立沿耳为圆角方形，深腹，腹上部有两道平行凸弦纹，圜底略尖，蹄足，足内侧有浅凹槽。如图20:5。

C型：附耳球腹鼎。直口，宽折平沿，双附耳为圆角长方形，沿、耳间有铜梗相连，腹上部有两道平行凸棱，圜底，三蹄足，足根饰简化的兽目和鼻钮。如图20:9。

簋：

西M2003:13 敛口，深腹，腹圆鼓，圜底近平，腹侧有双环状耳，耳上饰半浮雕状兽头，兽头带双角，耳下有近方形小珥；圈足上细下粗，近底部竖直形成小棱台；圈足下接三短足，足上部饰牺首，承接于圈足下口，足底外撇；圆穹形盖顶，顶

[①] 扶风县文化馆、陕西省文管会：《陕西扶风县召李村一号周墓清理简报》，《文物》1976年第6期。

西山坪	其他地区		
1 西M2003：7	2 晋侯墓地M1(盗)：1	3 张家坡M320：3	4 张家坡M304：1
5 西M2003：18	6 晋侯墓地M31：3	7 张家坡M319：1	8 张家坡M374：1
9 西M2003：9	10 晋侯墓地M8：28	11 晋侯墓地M62：79	12 张家坡M311：1
13 西M2003：13	14 西M2003：12	15 晋侯墓地M62：83	16 张家坡M253：3、7
17 西M2003：8	18 晋侯墓地M33：340	19 张家坡M337：1	20 张家坡M319：4
21 西M2003出		22 柴湾M4出	

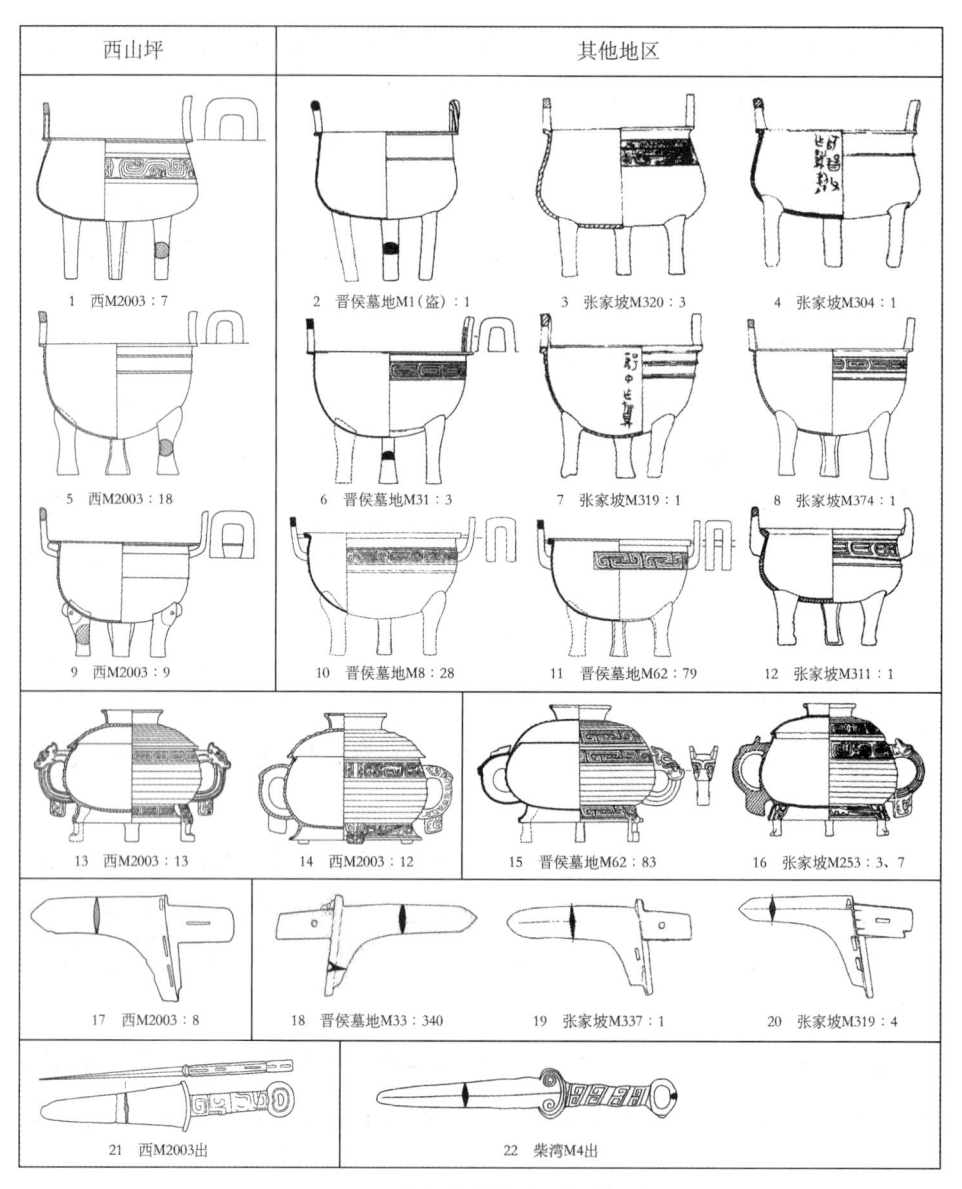

图 20　西山坪与其他地区铜器比较

中央为空心短把捉手。盖顶饰瓦纹，器身口下饰一周重环纹，器腹饰凹纹，耳饰平行弧线纹，圈足上饰一周重环纹。如图 20：13。

西 M2003：12 形制与 M2003：13 基本相同，唯双耳上的兽头无角，耳上饰卷云纹，器口下饰一周变形窃曲纹，圈足上饰一周三角夔纹，三足残缺。如图 20：14。

戈：三角锋，援上刃较直，下刃弯曲，有棱脊，截面呈枣核形；阑略前倾，中胡三穿，扁长方形内，中有一横穿；下阑与内相交呈锐角。如图20:17。

短剑：环首，内圈较小，首上饰下端内勾的口唇纹，茎截面为椭圆形，分三节，正面有卷曲的勾连纹残痕，侧缘有条形孔，弧形弯格，剑身柱脊。如图20:21。

A型鼎较晋侯墓地M1(盗)：1(图20:2)腹部更膨鼓，口、腹径比例更小；M1的墓主为晋侯对，年代为西周晚期前段。A型鼎的口、腹径比例与张家坡M320：3、M304：1(图20:3、4)一致，年代亦应相当，后二者被发掘者断在西周宣、幽时期[1]。

B型鼎口沿下仅饰两道凸弦纹，风格简素。这种鼎在西周晚期开始流行，如厉王时期的多友鼎；亦为宣、幽时期的常见器形；春秋以后口径变大，腹部趋浅。B型鼎的形制与晋侯墓地M31：3(图20:6)、张家坡M319：1(图20:7)、张家坡M374：1(图20:8)相似，晋侯墓地M31为晋侯苏夫人之墓，年代在西周晚期后段；张家坡M319、M374被发掘者断在西周宣、幽时期。

附耳的半球腹蹄足鼎在西周晚期已经出现，但数量较少，至春秋时期广泛流行。器形上口径由小变大，腹部由深趋浅。C型鼎的形制与晋侯墓地M8：28、M62：79(图20:10、11)酷似，年代亦应相当，后二者的年代为西周晚期后段。

M2003的铜簋盖顶扁圆，腹圆鼓，耳上兽首无卷舌，饰瓦棱纹、重环纹、窃曲纹、三角夔纹，形制与晋侯墓地M62：83，张家坡M253：3、7(图20:15、16)相同。

与晋侯墓地M33：340、张家坡M337：1(图20:18、19)相比，M2003铜戈已变为三角锋，锋、刃交接处有折角，胡部加长，年代明显要晚。在张家坡西周墓地中，仅Ⅹ式戈(张家坡M319：4)为三角锋的中胡三穿戈(图20:20)，其长方形内中部带条形穿的样式也与西山坪戈完全相同，年代属西周宣、幽时期。

M2003的环首剑他处未见，形制近似的剑在甘肃中部沙井文化墓葬中却有发现。永昌柴湾M4出土的一把铜剑(图20:22)，环首，茎亦分节，上饰四条斜方格勾连纹，弧形弯格，格下附两端内卷的勾云纹，剑身截面为菱形[2]，与西山坪剑

---

[1] 中国科学院考古研究所：《沣西发掘报告》，文物出版社，1963年。
[2] 甘肃省文物考古研究所：《永昌西岗柴湾岗——沙井文化墓葬发掘报告》，甘肃人民出版社，2001年。

的共性显而易见。沙井文化的年代大体在公元前9—前5世纪，但具体单位的断代还有困难。

综上所述，与关中及晋南西周墓相比，M2003铜器的器型基本上落在了西周晚期的后段，或者说宣、幽时期。在组合上沿耳鼎与附耳鼎共出，三角锋中胡三穿戈的出现，都是这个阶段的特征。

三、礼县大堡子山

（一）大堡子山秦公器与秦子器组合的复原

20世纪90年代初，礼县大堡子山秦公大墓惨遭盗掘，国宝重器流失海外。一些学者撰文披露了流失到海外的部分"秦公"铭文铜器[①]。1994年，甘肃省文物考古研究所对两座大墓M2、M3进行了抢救性发掘[②]。2006年早期秦文化联合考古队又在M2西南发掘了一座乐器坑K5[③]；此后，对流散到海内外的大堡子山铜器的资料进行了收集和整理[④]。随着国家对非法出境文物的追索，部分大堡子山文物开始回归，如法国私人收藏的秦金箔饰片。目前所见大堡子山遗址出土的早期秦文化铜器有鼎、簋、壶、盉、镈、钟等器类，皆为实用器。

鼎：根据已刊布资料，出自大堡子山的秦公鼎有14件，其中上海博物馆藏4件[⑤]，首阳斋原藏3件[⑥]，甘肃省博物馆藏公安部门移交的铜鼎7件[⑦]。根据鼎腹部的主体纹饰，可分2型。

A型：窃曲纹鼎，共7件，包括上博鼎一至四、首阳斋鼎一至三（图21）。均为宽体；直口，折平沿，沿上立两宽厚大耳，耳上厚下薄，微外撇；下腹部倾垂，平底或圜底近平；三蹄足较高，使腹部显得较浅，蹄足内侧为凹弧形。耳外侧饰大

---

① 李学勤、艾兰：《最新出现的秦公壶》，《中国文物报》1994年10月30日；韩伟：《论甘肃礼县出土的秦金箔饰片》，《文物》1995年第6期。
② 戴春阳：《礼县大堡子山秦公墓地及有关问题》，《文物》2000年第5期。
③ 早期秦文化联合考古队：《2006年甘肃礼县大堡子山祭祀遗迹发掘简报》，《文物》2008年第11期。
④ 王辉、赵化成：《甘肃省礼县大堡子山遗址流散文物调查研究》，《秦时期冶金考古国际学术研讨会论文集》，科学出版社，2014年；顾王乐：《秦公、秦子有铭器整理与研究》，吉林大学硕士学位论文，2015年。
⑤ 李朝远：《上海博物馆新获秦公器研究》，《上海博物馆集刊（第七期）》，上海书画出版社，1996年。
⑥ 首阳斋、上海博物馆、香港中文大学文物馆：《首阳吉金——胡盈莹、范季融藏中国古代青铜器》，上海古籍出版社，2008年。
⑦ 礼县博物馆、礼县秦西垂文化研究会：《秦西垂陵区》，文物出版社，2004年；甘肃省博物馆：《甘肃省博物馆文物精品图集》，三秦出版社，2006年。

小相间的重环纹，口沿下饰一周中部带目（个别不带目）的反 S 形窃曲纹；腹部饰带首、目的变形大窃曲纹，其中首阳斋的三件鼎腹部主纹中间以简化的云雷纹填地。蹄足根部有以扉棱为鼻脊的兽面，兽面的口、角、牙俱全。其尺寸、铭文格式及字体统计如下表（表 11）：

表 11　大堡子山窃曲纹秦公鼎统计表

来　源	尺寸（厘米）	铭　文	"秦"字字体	腹部纹饰	足根扉棱
上博鼎一	高 47，口径 42.3	秦公作铸用鼎	不带"白"	反 S 形窃曲纹	歧齿状
上博鼎二	高 38.5，口径 37.8	秦公作铸用鼎	不带"白"	反 S 形窃曲纹	歧齿状
首阳斋鼎一	高 35.2，口径 35.5	秦公作宝用鼎	带"白"	S 形窃曲纹	歧齿状
首阳斋鼎二	高 32.4，口径 33	秦公作宝用鼎	带"白"	S 形窃曲纹	歧齿状
首阳斋鼎三	高 30.5，口径 31	秦公作宝用鼎	带"白"	S 形窃曲纹	歧齿状
上博鼎三	高 25.9，口径 26	秦公作宝用鼎	带"白"	反 S 形窃曲纹	波浪状
上博鼎四	高 24.2，口径 24.2	秦公作宝用鼎	带"白"	反 S 形窃曲纹	简化弧形

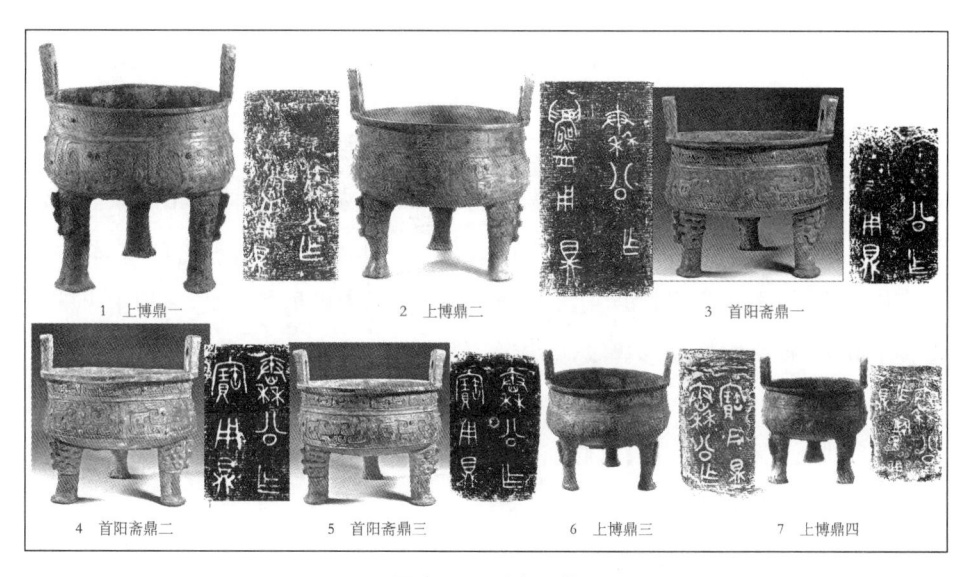

1　上博鼎一　　2　上博鼎二　　3　首阳斋鼎一
4　首阳斋鼎二　　5　首阳斋鼎三　　6　上博鼎三　　7　上博鼎四

图 21　A 型秦公鼎

B 型：垂鳞纹鼎，共 7 件，全部藏于甘肃省博物馆，其中 3 件已修复（图 22）。形制与 A 型鼎基本相同，颈部饰一周带目的反 S 形窃曲纹，腹部饰三周垂鳞纹，与颈部纹饰以宽条带相隔；足根兽面的鼻脊为歧齿状（或曰"山"字形）扉棱，兽面纹下有一道箍棱。其尺寸、铭文格式及字体统计如下表（表 12）：

表 12　大堡子山垂鳞纹秦公鼎统计表

来　源	尺寸(厘米)	铭　文	"秦"字字体
甘博鼎一	高 41，口径 40	秦公作铸用鼎	不带"白"
甘博鼎二	高 37.5，口径 38.5	秦公作铸用鼎	不带"白"
甘博鼎三	高 31.5，口径 31	秦公作铸用鼎	不带"白"

1　甘博鼎一　　　2　甘博鼎二　　　3　甘博鼎三

图 22　B 型秦公鼎

簋：目前确认出自大堡子山的秦公簋有 8 件，其中上海博物馆藏 2 件，甘肃省博物馆藏 4 件，首阳斋原藏 2 件。根据簋腹部的主体纹饰，可分 2 型。

A 型：瓦棱纹簋，共 6 件，包括上博簋一、二，以及甘肃省博物馆所藏公安部门追缴的 4 件，其中 1 件的资料有介绍(图 23)。均敛口，鼓腹；龙首形双耳，龙首带内卷舌，耳下有小珥；圈足上有三兽头，下连三个虎爪形短足；盖顶中央的圈形捉手高大，捉手内饰变形兽纹，盖顶饰瓦棱纹；上博簋盖沿、器沿均饰成组的中部带目的反 S 形窃曲纹，并间以八或六个上下相对的浮雕状牺首；甘博簋器沿仅饰同类窃曲纹，无牺首相间；簋腹饰瓦棱纹；圈足上饰垂鳞纹。其尺寸、铭文格式及字体统计如下表(表 13)：

表 13　大堡子山瓦棱纹秦公簋统计表

来　源	尺寸(厘米)	铭　文	"秦"字字体
上博簋一	高 23.5，口径 18.6	秦公作宝簋	带"白"
上博簋二	高 23.9，口径 18.6	秦公作宝簋	带"白"
甘博簋	残高 10.4，口径 20，腹径 26.8	秦公作铸用簋	不带"白"

1 上博簋一　　　　　2 上博簋二　　　　　3 甘博簋

图23　A型秦公簋

B型：垂鳞纹簋，2件，均为首阳斋原藏品，缺盖（图24）。器形与A型簋基本相同，唯口沿下饰一周中部带目的S形窃曲纹，腹饰三层垂鳞纹。铭文均为"秦公作铸用簋"，"秦"字不带"白"。首阳斋簋一高16.4、口径18.7、腹径24.5厘米；簋二高16.2、口径18.9、腹径22.8厘米。

1 首阳斋簋一　　　　　　　2 首阳斋簋二

图24　B型秦公簋

方壶：3件（图25）。2件为美国纽约古董店拉利行收藏，均高52厘米，椭方体，盖上有方圈形提手，长颈，颈侧有一对螺旋角的兽首耳，耳衔扁圆环，鼓腹下垂，低圈足略外侈；盖沿饰吐舌虺龙纹，捉手壁及圈足饰带目窃曲纹，颈饰大波曲纹，间以虺龙构成的"公"字形纹，腹饰一头双身的交龙纹，龙身与蛇蟠曲纠结，颈、腹以宽带弦纹为界；两壶铭文均为"秦公作铸尊壶"，"秦"字不带"白"。另1件藏于香港御雅居[①]，高42.3、腹径29.3厘米，器形、纹饰、铭文与拉利壶全同，缺盖。

---

① 御雅居：《吉金御赏——御雅居中国古代精品文物展》，日动艺术印刷有限公司（香港），2014年。

| 1 拉利壶一 | 2 拉利壶二 | 3 御雅居壶 |

图 25　秦公方壶

圆壶：2 件（图 26）。1 件原藏于伦敦佳士得拍卖行①，高 48.2、口径 13.6、腹径 23.9、足径 20.2 厘米；盖上有圈足状捉手，直口，细长颈，颈侧有一对带螺旋角的衔环兽耳，鼓腹下垂，圈足底沿有折棱；盖沿饰一周带目窃曲纹，颈饰波曲纹，下为一周窃曲纹，腹饰四周瓦棱纹，间以三周重环纹，圈足饰垂鳞纹；铭文为"秦公作铸尊壶"，"秦"字不带"白"。另 1 件藏于香港②，器形、纹饰、铭文与佳士得

| 1 佳士得壶 | 2 香港壶 |

图 26　秦公圆壶

---

①　李朝远：《伦敦新见秦公壶》，《中国文物报》2004 年 2 月 27 日。
②　陈昭容：《秦公器与秦子器——兼论甘肃礼县大堡子山秦墓的墓主》，《中国古代青铜器国际研讨会论文集》，上海博物馆、香港中文大学文物馆，2010 年。

壶全同,失盖。

镈:6 件,大堡子山 K5 出土 3 件,上海博物馆藏 1 件①,现藏美国 1 件,日本 MIHO 博物馆藏 1 件②。均为椭方体,带华丽的四出扉棱,可分 2 式。

Ⅰ式:2 件,有美国藏秦公镈、上博藏秦公镈(图 27:2、3)。平于,椭圆口,口沿内折,舞面中央有长方形孔。镈身上下各有一周袢带,上缀八个菱形枚,并间以变形三角蝉纹。袢带之间的主纹被四出扉棱分隔成四区,每区又分上下两层,上层为长冠吐舌的双头龙,下层或为卷身单首龙纹和变形兽目交连纹(美国镈),或为两形体各异的单首龙纹(上博镈)。舞面亦被扉棱分成四区,各饰一曲体龙纹。两侧扉棱上延舞部,连接成透雕扁蟠龙纹繁钮;每侧自下而上由七条龙纹(按龙头数量)蟠曲而成。前后扉棱各有四条龙纹,顶端饰一小鸟。整体器形矮宽,镈身外鼓不明显;舞横较长,连接扉棱和钮的回首龙龙身贴伏于舞面。上博镈鼓部中央有 2 行 7 字:"秦公作铸镈□钟。""秦"字不带"曰"(图 27:8)。美国镈的铭文未经刊布。

Ⅱ式:4 件,K5 出 3 件、MIHO 博物馆藏 1 件(图 27:1、4—6)。造型与Ⅰ式基本相同,但较Ⅰ式瘦高,镈身略外鼓,舞横稍短,连接扉棱和钮的回首龙龙身高于舞面。K5 的 3 件镈为一组,1 号镈最大,两侧扉棱由七龙组成,前后扉棱由四龙组成,袢带之间的主纹被扉棱分为四区,每区又分上、下层,上层为长冠吐舌的双头龙,下层为卷身单首龙纹和变形兽目交连纹。3、5 号镈较小,其前后扉棱都由三龙组成;5 号的两侧棱钮由六龙构成,3 号的由五龙构成。3、5 号镈的主纹亦分四区,每区上层近前后扉棱的地方为长冠吐舌龙纹,身躯向上后卷成为侧旁一龙的吻鼻,该龙顶立弯角冠,其身躯继续下卷成另一细长吻的长须夔龙,如此呈三龙共一躯的图案;下层近前后扉棱的地方为长冠吐舌的单体龙。MIHO 镈的形制、纹饰构图与 K5 的 1 号镈完全相同。K5:1 的正鼓部有铭文 28 字(加重文),共 6 行:"秦子乍(作)宝鎘钟,以其三镈,毕(厥)音铗=雍=,秦子畯黓才(在)立(位),眉寿万人(年)无疆。""秦"字不带"曰"(图 27:7)。

---

① 李朝远:《上海博物馆新藏秦器研究》,《上海博物馆集刊(第九期)》,上海书画出版社,2002 年。
② 日本 MIHO 博物馆:《特别陈列:中国战国时期的灵兽》,MIHO MUSEUM,SPRING,2000 年。

1　MIHO镈　　2　美国镈　　3　上博镈

4　K5:1　　5　K5:3　　6　K5:5

7　K5:1正鼓部铭文　　8　上博镈正鼓部铭文

图27　秦镈及铭文

甬钟：16件，包括大堡子山 K5 出土的 8 件（图 28:1—8）；MIHO 博物馆藏的 4 件秦公钟（图 28:9—13）和 4 件秦子钟（图 28:14—19）①。均为合瓦形，长甬，旋上干近方，平舞；钲间为长梯形，其两侧各饰长枚 3 组，每组 3 枚，前后共 12 组 36 枚；钲部远大于鼓部，铣间距大于舞宽；弧于。钲、篆间以凸弦纹为界格，旋饰兽目交连纹或重环纹，舞面饰回首夔纹，篆间饰 S 形双头夔纹，仅 K5：14 饰兽目交连纹；正鼓部饰相背成对的顾首卷体夔纹；K5：9、10、11、12、13，MIHO 秦公钟的 3、4 号钟，右鼓部有阴线刻小鸟纹，K5：14 右鼓部为倒夔纹，MIHO 秦子钟的右鼓部均饰卷体小龙纹。MIHO 秦公钟在钲间右侧铸 1 行 6 字："秦公乍（作）铸龢钟。"MIHO 秦子钟在钲间和左栾、左鼓部共铸铭文 24 字："秦子乍（作）宝龢钟，毕（厥）音钦= 雍= ，秦子畯騣才（在）立（位），眉寿万年无疆。"（图 28:18、19）

上述型式划分并不能穷尽器形、纹饰及铭文上的细部差别，比如 A 型鼎其实还可以分成 3 个小组：上博鼎一、二为一组，鼎三、四为一组，首阳斋的三鼎为一组。A 型簋中，甘博簋口沿下的窃曲纹带无牺首间隔，铭文的字体、格式都与上博簋不同。如前述，Ⅰ、Ⅱ式镈各自都还有内部差别。由于这些铜器大多被盗掘而流散各地，已经丧失了出土单位的记录，对复原它们在墓葬中原本的组合关系造成了极大的困难。

在大堡子山秦公器陆续被披露、报道之后，一些学者也尝试着探讨铜器的组合。李朝远认为"秦公墓随葬的青铜器是一个内容极其丰富的体系……上海博物馆新获的四件鼎，从铭文上看，恐也不是一套器"②。戴春阳认为"（甘博）这批秦公鼎和秦公簋出自 M3 应该是没有问题的……上博收藏的秦公诸器可能就出自大堡子山 M2"③。由于秦公器铭中"秦"字的写法有带"曰"和不带"曰"的，所以不少学者以此为标准将秦公器分为两组，并分别归入两座大墓。如陈平说："我倾向于'蠡组秦公器'在年代上要略晚于'森组秦公器'……如果大堡子山有两座秦公墓，则森组器应为秦文公所作，而蠡组器应为秦宪公所作。"④王辉说：

---

① 日本 MIHO 博物馆：《中国战国时期的灵兽》，2000 年；高西省：《秦子、秦公编钟初论》，《金玉交辉——商周考古、艺术与文化论文集》，中研院史语所，2013 年。
② 李朝远：《上海博物馆新获秦公器研究》，《上海博物馆集刊（第七期）》，上海书画出版社，1996 年。
③ 戴春阳：《礼县大堡子山秦公墓地及有关问题》，《文物》2000 年第 5 期。
④ 陈平：《浅谈礼县秦公墓地遗存与相关问题》，《考古与文物》1998 年第 5 期。

| 1 K5:6 | 2 K5:8 | 3 K5:9 | 4 K5:10 |

| 5 K5:11 | 6 K5:12 | 7 K5:13 | 8 K5:14 |

（一）大堡子山 K5 编甬钟

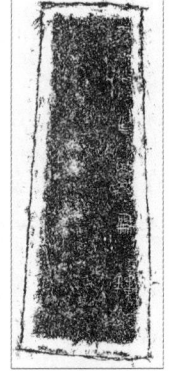

| 9 MIHO秦公钟一 | 10 MIHO秦公钟二 | 11 MIHO秦公钟三 | 12 MIHO秦公钟四 | 13 秦公钟一铭文 |

| 14 MIHO秦子钟一 | 15 MIHO秦子钟二 | 16 MIHO秦子钟三 | 17 MIHO秦子钟四 | 18 秦子钟二铭文 | 19 秦子钟三铭文 |

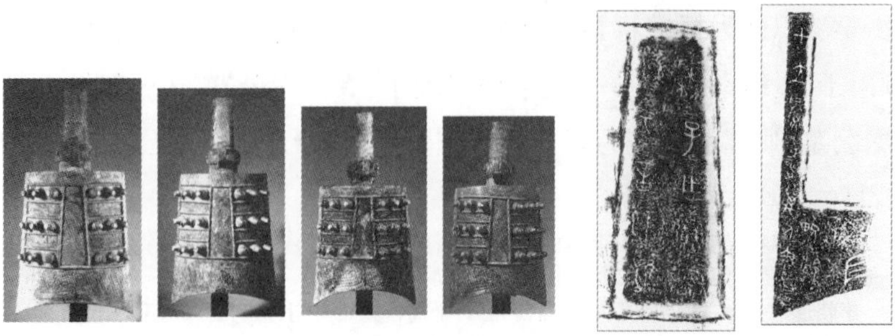

（二）MIHO 甬钟

图 28　秦公钟、秦子钟及铭文

"铭文秦字作龢的一组秦公器时代较早,为秦襄公器;秦字作𥠺的一组秦公器时代较晚,为秦文公器。"①陈昭容也说:"(上海博物馆四鼎)其中鼎一、鼎二铭文'𥠺公乍铸用鼎'与鼎三、鼎四'𥠺公乍宝用鼎'铭文内容不一,字体风格亦异,应该不是一套列鼎。"②张天恩说:"有'作铸'字样铭文的铜器,均应出自 M3……则'𥠺'组器当出自 M2。"③《首阳吉金》说:"从(首阳斋)这三件鼎的形制、纹饰、铭文看,属同一套列鼎……(上海博物馆)鼎 3 的行款为左行,鼎 4 的行款为右行,却呈三行排列。因此,这五件铭文相同的秦公鼎,当分属三套列鼎。"④李峰注意到在铭文中凡"𥠺"字均与"作宝","𥠺"字均与"作铸"搭配用辞,并将大堡子山秦公器分为相应的两组,认为"两墓随葬器群的原始面貌可能相当庞大,很可能两墓都有两套甚至更多套的列鼎"⑤。

如上所述,A 型鼎还可分成 3 个小组,如果每个小组代表一套列鼎,那么 A 型鼎包含了三套列鼎的成员?《首阳吉金》的作者认为上博鼎三、四也不属于同一套。B 型鼎 7 件,系 1993 年甘肃西和县公安局缴获后入藏甘肃省博物馆的,"其中铜鼎可辨识出个体的有 7 件,虽大小有别,但形制相同"⑥,显然属于同一套列鼎,这一点后来的研究者均无异议。如此,大堡子山曾出土了四套或四套以上的秦公鼎?如果把 A 型簋中的上博簋、甘博簋分为 2 个小组,每个小组代表一套列簋,再加上首阳斋的那套 B 型簋,那么大堡子山曾出土了三套或三套以上的秦公簋?

讨论这个问题之前,先要搞清楚大堡子山遗址有几座秦公或秦公级别的墓葬。20 世纪 90 年代初大堡子山遗址被疯狂盗掘,盗掘者曾达 2 000 之众,留下了遍地坑洞。如果在大堡子山还有 M2、M3 之外的秦公大墓,是不可能幸免于难的。1994 年甘肃省文物考古研究所进行抢救性发掘,钻探了秦公大墓所在台地,没有发现其他的大型墓葬。发掘者说:"现在从最终发掘结果来看,此(大堡子山秦公墓地)为一座秦公陵园,园内有 2 座中字形大墓和 2 座瓦刀形车马

---

① 王辉:《也谈礼县大堡子山秦公墓地及其铜器》,《考古与文物》1998 年第 5 期。
② 陈昭容:《秦系文字研究——从汉字史的角度考察》,中研院史语所,2003 年,第 163 页。
③ 张天恩:《试说秦西山陵区的相关问题》,《考古与文物》2003 年第 3 期。
④ 首阳斋、上海博物馆、香港中文大学文物馆:《首阳吉金——胡盈莹、范季融藏中国古代青铜器》,上海古籍出版社,2008 年。
⑤ 李峰:《礼县出土秦国早期铜器及祭祀遗址论纲》,《文物》2011 年第 5 期。
⑥ 戴春阳:《礼县大堡子山秦公墓地及有关问题》,《文物》2000 年第 5 期。

坑。"①2006 年早期秦文化联合考古队又对大堡子山遗址进行了全面勘探,发现城址 1 座,城内建筑基址 26 处,以及城外墓地,依然没有发现新的大型墓葬②。2015 年再对大堡子山遗址进行了补充钻探,情况基本如故。综合历年工作来看,大堡子山遗址只有两座秦公或秦公级别的大型墓葬,是可以断言的。

大堡子山秦公墓的年代为春秋早期,墓主为秦国君主,即一方诸侯。那么,这个时期这个级别的单座墓葬有没有可能随葬两套甚至更多套的列鼎呢? 回答这个问题之前,需要考察周代用鼎制度的演变情况。

商代铜礼器流行"重酒的组合",以觚、爵为核心;周代流行"重食的组合",以鼎、簋为核心。西周前期是从殷制到周制的过渡阶段,鼎、簋等炊食器的地位升高,在墓葬中与酒器共出。西周中期个别墓葬中形制相同、大小相次的列鼎,与列簋搭配共出,如宝鸡茹家庄 M1,随葬 5 鼎 4 簋。到了西周晚期这种列鼎制度已较为普遍,尤其在高等级贵族墓中,比如晋侯墓地 M91 出 7 鼎 5 簋,墓主为晋侯喜父③;M31 出沿耳球腹列鼎 3 件、瓦纹簋 2 件,墓主为晋侯夫人④;M64 出沿耳垂腹鼎 5 件、竖棱纹方座簋 4 件,墓主为晋侯邦父;M62 出附耳球腹鼎 3 件、瓦纹簋 4 件,墓主为晋侯夫人⑤。所出鼎、簋均为一套。在其他地区同时期墓葬中,也未见到单座墓出土两套或多套列鼎的。

需要注意的是,2003 年发现的眉县杨家村铜器窖藏⑥,出土了四十二年逨鼎 2 件,四十三年逨鼎 10 件,这些鼎形制、纹饰相同,大小相次,为研究西周鼎制提供了新资料。王世民先生认为四十三年鼎的第 6、7 件落差较大,可分为甲、乙组,甲组 6 件、乙组 4 件。李伯谦先生认为四十三年鼎可能是 5 件一套的两组,这与逨所任的虞官职位较相称。高明先生认为四十三年鼎属于"大牢九鼎"规

---

① 戴春阳:《礼县大堡子山秦公墓地及有关问题》,《文物》2000 年第 5 期。
② 早期秦文化联合考古队:《甘肃礼县三座周代城址调查报告》,《古代文明(第 7 卷)》,文物出版社,2008 年。
③ 北京大学考古学系、山西省考古研究所:《天马—曲村遗址北赵晋侯墓地第五次发掘》,《文物》1995 年第 7 期。
④ 山西省考古研究所、北京大学考古学系:《天马—曲村遗址北赵晋侯墓地第三次发掘》,《文物》1994 年第 8 期。
⑤ 山西省考古研究所、北京大学考古学系:《天马—曲村遗址北赵晋侯墓地第四次发掘》,《文物》1994 年第 8 期。
⑥ 陕西省考古研究所、宝鸡市考古工作队、眉县文化馆杨家村联合考古队:《陕西眉县杨家村西周青铜器窖藏发掘简报》,《文物》2003 年第 6 期。

格,多铸1件是为了容纳铭文;四十二年鼎则属羞鼎①。诸家认识上还有分歧。不管怎样,逨鼎出自窖藏,而非墓葬,不能代表当时的随葬礼制。

春秋早期的诸侯或接近诸侯级别的墓,沿袭了西周旧制,皆随葬一套列鼎或正鼎,如下表(表14)②:

表14 春秋早期诸侯级墓葬铜礼乐器组合表

墓　号	铜礼乐器组合	墓　主
晋侯墓地 M93	实用器:列鼎5、列簋6、方壶2、盘1、匜1、甗1、编甬钟大小两套共16枚 明器:鼎、簋、尊、卣、爵、觯、盘、方彝各1	晋文侯或殇叔
晋侯墓地 M102	实用器:列鼎3、列簋4、方壶1、盘1、匜1 明器:鼎、簋、盉、爵、觯、方彝各1	晋侯夫人
三门峡 M2001	实用器:列鼎7、列簋6、盨4、瑚2、铺1、圆壶2、方壶2、盘1、盉1、甗8、甗1、编甬钟一套8枚、钲1 明器:重环纹鼎3、重环纹簋1、素面簋2、盘3、盉2、方彝3、尊3、爵3、觯2	虢季
三门峡 M2012	实用器:列鼎5、列簋4、瑚2、铺2、方壶2、小罐2、甗8、甗1、盘1、盉1 明器:重环纹鼎1、凸弦纹鼎1、素面鼎4、瓦垅纹簋5、素面簋1、重环纹盘1、素面盘5、匜1、重环纹盉3、素面盉2、方彝5、爵4、觚1、觯6	虢季夫人
三门峡 M2011	波曲纹列鼎7、缠体龙纹鼎1、重环纹鼎1、窃曲纹簋8、铺1、盆1、圆壶2、方壶2、甗8、甗1、盘1、匜1、钲1	虢太子
三门峡 M1052	列鼎7、列簋6、铺1、方壶2、盘1、盉1、甗6、甗1、小罐1、钲1、编钮钟9	虢太子
梁带村 M27	列鼎7、列簋6、簋1、方壶2、甗1、盉1、盖盆1、提梁卣1、盖尊1、觚1、角1、编甬钟8、钲1、镈于1	芮公
梁带村 M26	礼器:列鼎5、列簋4、方壶2、甗1、甗5、盉1、瑚2、盖盆2 弄器:方鼎1、罐1、盒、单把罐、匜、钺等	芮公夫人（仲姜）
梁带村 M19	列鼎3、垂腹鼎1、列簋4、方壶2、甗1、甗4、盉1、盖盆1	芮公(次)夫人
梁带村 M28	列鼎5、列簋4、甗4、方壶2、盉1、甗1、编甬钟8	芮公
平顶山 M8	实用器:垂鳞纹应公鼎1、窃曲纹鼎3、素面鼎1、窃曲纹簋4、方壶2、盘1、匜1、尊1、爵1、方彝1 明器:凸弦纹簋1、盘1、盉1、尊1、方彝1	应侯

---

① 马承源、王世民、王占奎等:《陕西眉县出土窖藏青铜器笔谈》,《文物》2003年第6期。
② 文献依次出自:《文物》1995年第7期,《三门峡虢国墓》1999年,《文物》2007年第6期,《文物》2008年第1期,《考古与文物》2007年第2期,《考古》2009年第4期,《华夏考古》2007年第1期。

上表的晋侯及其夫人墓、虢季及其夫人墓、应侯墓除了随葬一套实用铜礼器外，还各随葬一套明器，多为尊、爵、觯、方彝等酒器，形体较小，制作粗糙，可能是早期器用习俗的孑遗或回光返照，与当时列鼎的意义迥异。

自春秋中期以后，晋、楚、郑等东方国家的高等级贵族墓开始随葬两套以上的铜列鼎或正鼎。如辉县琉璃阁墓甲出Ⅰ式镬鼎1件、Ⅱ式环钮盖鼎一套9件、Ⅲ式无盖附耳鼎一套5件、Ⅳ式环形捉手盖鼎2件、匜鼎1件①；琉璃阁M60出镬鼎1件、有盖列鼎5件、有盖列鼎9件、无盖列鼎9件、不成列小鼎5件②。新郑李家楼郑伯墓出曲耳无盖列鼎9件、有盖鼎7件、沿耳鼎6件③。太原金胜村M251出大鼎1件、有盖列鼎7件、有盖列鼎6件、无盖列鼎5件、联裆列鼎5件、小鼎3件④。淅川下寺M2出王子午升鼎7件、于鼎6件、䤷鼎4件、食鼎1件、汤鼎1件⑤。类似的例子还有很多，代表了鼎制的复杂化和繁缛化倾向。至于两套正鼎的含义，有学者认为是礼书中所说的人器和鬼器⑥，笔者认为它可能反映了《仪礼·聘礼》记载的大夫以上所享受的饪、腥两种牢鼎的待遇⑦。

春秋早期秦公墓的用鼎不应游离于这个规律之外。换言之，大堡子山秦公墓应与春秋早期晋、虢、芮、应等国的国君墓一样，单座墓仅随葬一套列鼎或正鼎。大堡子山只有两座秦公或秦公级别的大墓，那么这两座墓只可能出两套列鼎。流散各地的大堡子山秦公鼎，只有两套；对应的秦公簋，也只有两套。

上述东方国家高级贵族墓自春秋中期开始随葬多套列鼎的现象，在秦国反倒没有发现。如春秋中期的礼县圆顶山98M2随葬沿耳列鼎7、盖鼎1、簋6，98M1出沿耳列鼎5、盖鼎1、簋2，2000M4出列鼎5、簋4；春秋中晚期的凤翔孙家南头M191出A型沿耳鼎1、B型沿耳列鼎5、簋4，孙家南头M126出列鼎5、簋4⑧。这

---

① 河南博物院、台北历史博物馆：《辉县琉璃阁甲乙二墓》，大象出版社，2003年。
② 郭宝钧：《山彪镇与琉璃阁》，科学出版社，1959年。
③ 河南博物院、台北历史博物馆：《新郑郑公大墓青铜器》，大象出版社，2001年。
④ 山西省考古研究所、太原市文物管理委员会：《太原晋国赵卿墓》，文物出版社，1996年。
⑤ 河南省文物研究所、河南省丹江库区考古发掘队、淅川县博物馆：《淅川下寺春秋楚墓》，文物出版社，1991年。
⑥ 王红星、胡雅丽：《由包山二号楚墓看楚系高级贵族墓的用鼎制度》，《包山楚墓》，文物出版社，1991年。
⑦ 梁云：《战国时代的东西差别——考古学的视野》，文物出版社，2008年。
⑧ 甘肃省文物考古研究所、礼县博物馆：《甘肃礼县圆顶山98LDM2、2000LDM4春秋秦墓》，《文物》2005年第2期；陕西省考古研究院、宝鸡市考古工作队、凤翔县博物馆：《陕西凤翔孙家南头春秋秦墓发掘简报》，《考古与文物》2013年第4期。

些墓殉人多达5—7具,身份相当于卿大夫,放在东方国家完全有资格随葬多套列鼎,却没有使用。这说明发生在东方的这种礼俗,在其流传过程中并没有影响到西方的秦国,或者说不被秦人接受;也反过来证明大堡子山的单座秦公墓不可能随葬两套或多套列鼎。

春秋早期秦公墓的用鼎规格,应不低于同时期的芮公墓,因为芮为小邦,秦为大国,况且秦襄公送周平王东迁,有功于王室,芮所不及。但又不能高过同时期的虢君墓,因为虢为周室老牌宗亲贵族,平王时虢君曾任王朝卿士,即《左传·隐公八年》所云"夏,虢公忌父始作卿士于周",非新兴之秦能及。王恩田先生认为三门峡M2001的墓主就是虢公忌父,因为墓中出有"小子吉父"方甗,"忌""吉"属名、字的对文①。如此看来,大堡子山秦公墓使用了大牢七鼎配六簋。春秋中期以后贵族礼制普遍提升一级:诸侯使用九鼎,卿用七鼎,大夫用五鼎。春秋中期的礼县圆顶山98M2随葬七鼎六簋,地位相当于卿或上大夫,可以前推春秋早期的秦公墓使用了七鼎之制。

据戴春阳披露,7件B型鼎和4件甘博的A型簋,经在押的盗墓分子现场指认,均出自M3②。戴先生曾主持大墓发掘,其言可信。上博2件A型簋虽与甘博簋在纹饰细部上有别,但形制、主体纹饰近同,应属一套,亦为M3所出。

7件A型鼎只能归入M2,它们造型和主体纹饰相同,而且大小相次,属于同一套正鼎。这些鼎在铭文字体、格式、纹饰细部、扉棱形态上有所区别,可能是分批、多次铸造的,铭文也经不同的人手书,但这并不妨碍在下葬时把它们凑成一套,只要符合"形制相若,大小相次"的列鼎制度的要求即可。考古发现的"列器"有的形制、纹饰并不完全相同,如上述大堡子山K5的3件镈,在扉棱构造和鼓部纹饰上就不尽相同;8件甬钟中最小的一件,篆间和右鼓部纹饰也与其他钟不同。2件B型簋只能归入M2,M2尚缺4件垂鳞纹秦公簋。

根据晋、虢、芮等国的发现,方壶、圆壶均成对出土,且一墓只出一对(除了晋侯墓地M102);晋侯、芮公墓内不见圆壶,虢君墓内方、圆壶俱全;秦公墓可能与虢君墓一样。目前已见3件秦公方壶,显然属两对,分属两座大墓。2件拉利壶

---

① 王恩田:《"二王并立"与虢国墓地年代上限——兼论一号、九号大墓即虢公忌墓与虢仲林父墓》,《华夏考古》2012年第4期。
② 戴春阳:《礼县大堡子山秦公墓地及有关问题》,《文物》2000年第5期。

锈色一致，为一对；御雅居壶锈色不同且缺盖，属另一对；它们与两座大墓的对应关系尚难判断。两件圆壶锈色不同，可能分属两对，至于各归入哪座大墓同样难以判断。总之，目前还缺1件方壶和2件圆壶。

MIHO 的4件秦子钟属于一套编甬钟，按照西周晚期至春秋早期编甬钟8件一套的通例，尚缺4件。可参考大堡子山 K5 秦子钟的出土情况复原其编次。K5 的8件甬钟从大到小的次序是 K5：9、K5：10、K5：6、K5：8、K5：11、K5：12、K5：13、K5：14，自西向东按"中间大、两边小"的方式编悬，西起第一钟（K5：6）、第二钟（K5：8）右侧鼓均无第二基音标志，第三钟（K5：9）至第八钟（K5：14）右侧鼓均有第二基音标志。MIHO 的4件秦子钟右侧鼓均有第二基音标志的卷体小夔纹，钟二、三之间高度落差过大，其间有缺。如果 MIHO 钟的铸造、编悬方式与 K5 钟不同，从大到小依次编悬，首钟和次钟无第二基音标志，那么其钟一、钟二既是编次上的第三钟和第四钟，也是大小上的第三钟和第四钟；钟三、钟四为编次的第六钟和第七钟；目前尚缺第一、二、五、八4钟。如下表（表15）：

表15　秦子钟编次序列表

编次	第一	第二	第三	第四	第五	第六	第七	第八
K5钟	K5：6	K5：8	K5：9	K5：10	K5：11	K5：12	K5：13	K5：14
高度（厘米）	43.7	41.2	53.71	48.4	39.2	34.1	26.9	23.4
MIHO钟			钟一	钟二		钟三	钟四	
高度（厘米）			47.4	42.2		30.0	26.0	

与 K5 秦子镈铭文相比，MIHO 秦子钟铭少了"以其三镈"4字，其余字体、格式全同，尤其"秦"字都从"三禾"。MIHO 秦子钟的形制也与 K5 钟一样，只是右侧鼓饰卷体小夔纹，而非 K5 钟的小鸟纹和倒夔纹。这些异同表明二者不是同次、同批铸造的，但器铭出自同一人手书。K5 虽然距离 M2 较近（20米处），但其性质是开辟陵园的"奠基礼"遗存（详见第五章第二节），与 M3 同时，器主是M3墓主。MIHO 秦子钟则可能出自 M2。

MIHO 的4件秦公钟通高分别是 75.7、72.7、71.2、66.7厘米，最小的钟四都比 K5 甬钟最大的 K5：9 要大。这4件钟属于同一套，尚缺4件。相邻两钟

(按大小)的高差很小,为3、1.5、4.5厘米;钟三、钟四右侧鼓有阴线小鸟纹,而钟一、钟二无。如果整套的MIHO秦公钟是按大小依次编悬的,那么钟一、二、三、四无论在编次上,还是在大小上,都分别是整套编钟的第一、二、三、四,目前尚缺第五至第八钟。这样的话,MIHO秦公钟的铸造和编悬方式较K5秦子钟就有了明显改进,已经准确掌握了甬钟形体大小与音阶高低的关系,并领会了第二基音标志的含义。这套钟铭文"龢"字的写法与秦子镈不同,"铸"字的写法与上博鼎、拉利壶相同。目前还难以判断这套钟出自哪座大墓,出自M3的可能性略大。

MIHO的无铭镈与美国镈、上博镈的形制差别明显,不属同一套。秦公墓有钟必有镈,而且镈为3件一套的定制。MIHO镈与K5∶1-1形制、纹饰、大小全同,也应为一套编镈的首镈,尚缺2件;这套镈应与MIHO秦子钟配套。美国镈高47.3厘米,上博镈高38.5厘米,形制、纹饰近同,属同一套,尚缺1件;此二镈铭文均云"秦公作铸镈龢钟",与甬钟相配,可知它们与MIHO秦公钟配套。

大堡子山秦公器、秦子器的组合复原情况如下表(表16):

表16 大堡子山秦公器、秦子器组合复原表

组 合	缺 失	出土单位
A型鼎7件+B型簋2件	缺4件B型簋	M2
B型鼎7件+A型簋6件		M3
MIHO无铭镈1件+MIHO秦子钟4件	缺2镈、4钟	M2的可能性较大
美国镈1件+上博镈1件+MIHO秦公钟4件	缺1镈、4钟	M3的可能性略大
拉利行方壶2件		待定
御雅居方壶1件	缺1方壶	待定
佳士得圆壶1件	缺1圆壶	待定
香港圆壶1件	缺1圆壶	待定

参考虢君、芮公墓,大堡子山秦公墓还缺盨、瑚、铺、鬲、甗、盉、盘等器类。

(二) 大堡子山秦公器与秦子器的年代

大堡子山两座大墓所出鼎、簋样式相同,只是纹饰有异;两墓所出的方壶(拉利壶与御雅居壶)、圆壶(佳士得壶与香港壶)形制、纹饰、器铭全同,恰似出自同范;只是编镈的形制略有差异。说明两墓的年代非常接近,甚至相当,它们之间虽然有相对年代上的早、晚之别,但在绝对年代上属于考古学编年的同一期段。

秦公鼎为立沿耳、倾垂腹的蹄足鼎(图 29:6)。这类鼎从西周晚期开始流行,并延续至春秋早期,如西周晚期的晋侯墓地 M64:130(图 29:1)、四十二年逨鼎(图 29:4)、四十三年逨鼎(图 29:5),春秋早期的平顶山 M8:33(图 29:2)、梁带村 M19:187(图 29:3)。其演变规律是口部由大变小,腹壁由竖直变为外倾,腹径由小变大,腹部由深变浅,底部由圜趋平。可以将上图中的鼎排一个前后发展的序列:晋侯鼎→逨鼎→平顶山鼎、梁带村鼎→秦公鼎。大部分秦公鼎口沿下器壁较直,至下腹部器壁始向外倾斜,较平顶山鼎、梁带村鼎显得口部略小,下腹外倾更甚。晋侯墓地 M64 的墓主为晋穆侯,年代为西周晚期后段。逨鼎属周宣王末年。平顶山 M8 的年代为春秋早期前段[①]。梁带村 M19 的年代与 M26 相当或稍晚,后者墓主为芮桓公夫人仲姜,即文献中的"芮姜"。《左传·桓公三年》:"芮伯万之母芮姜恶芮伯之多宠人也,故逐之,出居于魏。"事在公元前 709 年。可知芮姜墓、梁带村 M19 的年代已属春秋早期后段,这也是秦公鼎的

| 1 晋侯墓地M64:130 | 2 平顶山M8:33 | 3 梁带村M19:187 |
| 4 四十二年逨鼎乙 | 5 四十三年逨鼎辛 | 6 大堡子山M3采:8 |

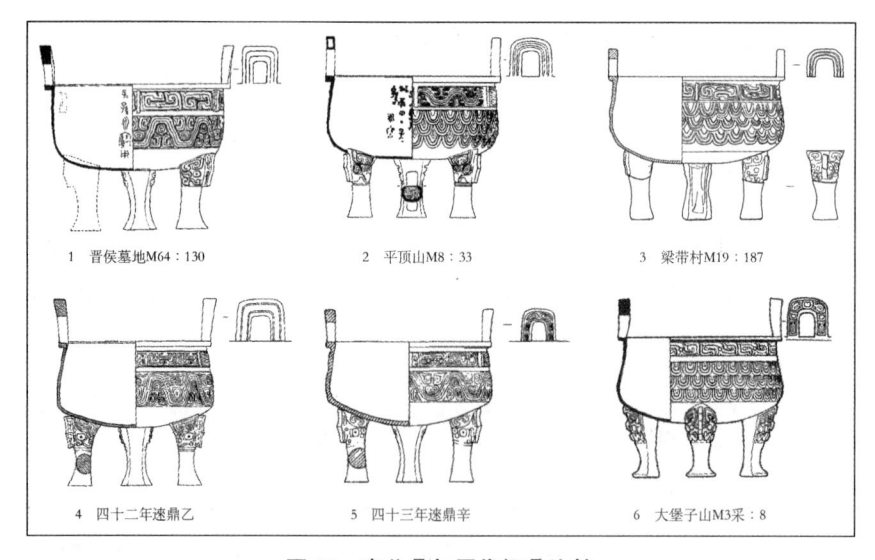

图 29 秦公鼎与周代铜鼎比较

---

① 河南省文物考古研究所、平顶山市文物管理局:《河南平顶山应国墓地八号墓发掘简报》,《华夏考古》2007 年第 1 期。

年代。此外，A型秦公鼎与秦武公鼎酷似（详见第五章第五节），其中上博鼎仅蹄足略高，首阳斋鼎在器形，甚至纹饰细节上与后者都一模一样，完全可以说同型同式，当然属同一时段。

秦公簋为两周之际流行的敛口、鼓腹、圈足下接三个小兽足的双耳簋（图30:6），近似晋侯墓地M102:17（图30:1）、平顶山M8:3（图30:2）、长清仙人台M6:B27（图30:3）[①]、三门峡M2001:146（图30:4）、梁带村M26:154（图30:5）。整体形制似乎没有什么不同，但细节上从早到晚仍有变化，主要体现在盖、腹上：盖顶由扁变高，顶面由弧变折，盖顶的圈形捉手由小变大，腹径位置上移。秦公簋盖顶的圈形捉手高大，盖顶与沿出现明显的折棱分界，盖沿较宽，腹径位置偏上，与长清仙人台M6:B27、三门峡M2001:146、梁带村M26:154近似，而晚于平顶山M8:3，以及晋侯墓地M102:17。长清仙人台M6的年代为春秋早期的后段[②]。三门峡M2001的墓主是虢公忌父，文献记载他在公元前715年为王朝卿士，则其墓亦属春秋早期后段。这也是秦公簋的年代。

1 晋侯墓地M102:17　　2 平顶山M8:3　　3 长清仙人台M6:B27
4 三门峡M2001:146　　5 梁带村M26:154　　6 上博秦公簋一

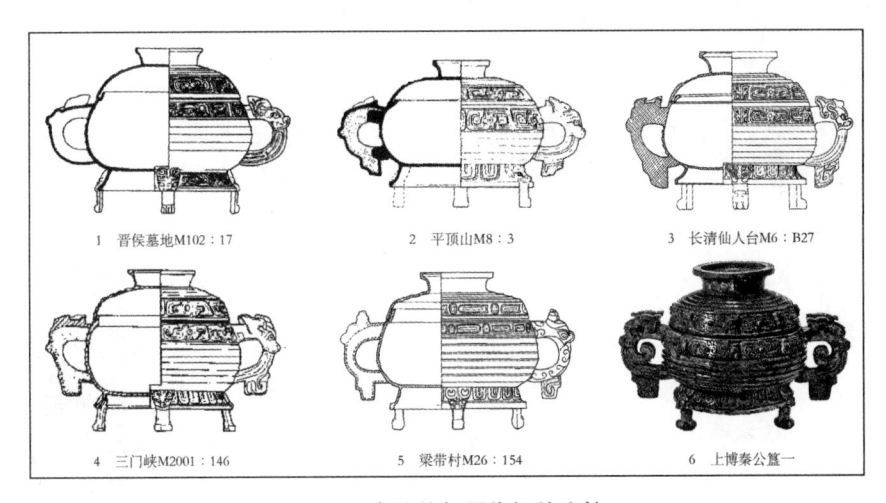

图30　秦公簋与周代铜簋比较

秦公方壶为西周晚期至春秋时期流行的长颈双耳垂腹壶，以腹部的一首双身交龙纹最具特色（图31:6）。自1994年被李学勤、艾兰报道后，陈昭容、白光

[①] 山东大学考古系：《山东长清县仙人台周代墓地》，《考古》1998年第9期。
[②] 任相宏：《山东长清县仙人台周代墓地及相关问题初探》，《考古》1998年第9期。

琦、李朝远等学者都作过研究①,普遍认为它与西周晚期的晋侯壶(图 31:1)、颂壶(图 31:2)较为相似;但同中有异,秦公壶的腹径略小,颈部曲率较小,而西周晚期壶腹部膨大,颈部内缩。因此,秦公壶早不到西周,应属春秋早期。陈昭容

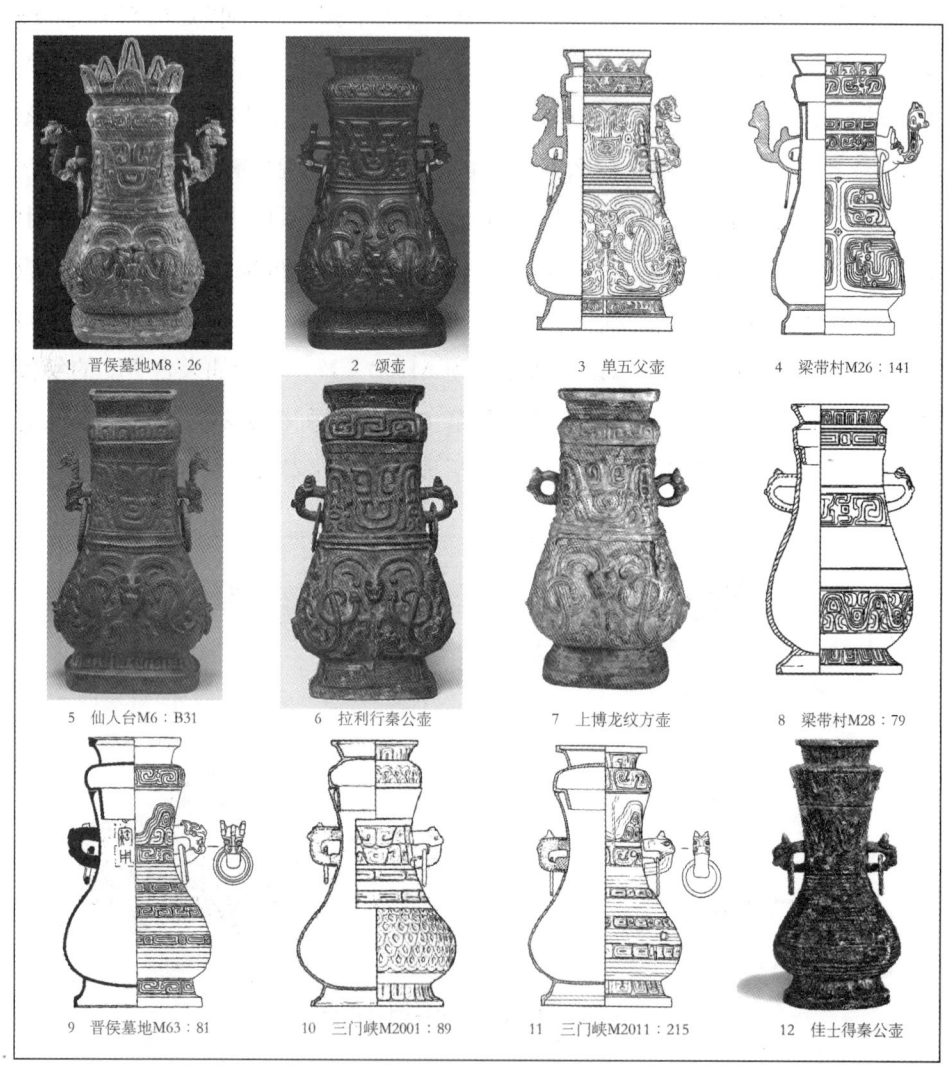

1 晋侯墓地M8:26	2 颂壶	3 单五父壶	4 梁带村M26:141
5 仙人台M6:B31	6 拉利行秦公壶	7 上博龙纹方壶	8 梁带村M28:79
9 晋侯墓地M63:81	10 三门峡M2001:89	11 三门峡M2011:215	12 佳士得秦公壶

图 31　秦公壶与周代铜壶比较

---

① 陈昭容:《谈新出秦公壶的时代》,《考古与文物》1995 年第 4 期;白光琦:《秦公壶应为东周初期器》,《考古与文物》1995 年第 4 期;李朝远:《上海博物馆新获秦公器研究》,《上海博物馆集刊(第七期)》,上海书画出版社,1996 年。

将拉利壶与户县宋村方壶比较后进一步指出,"类似秦公壶这样的形制与花纹的铜壶,也有可能出现于春秋早期的稍晚阶段"。随着两周考古资料的不断丰富,现在对这类壶的演变有了更为全面的认识:壶盖的方圈形捉手由小变大,腹、颈径的比例由大变小,腹径的位置由低升高,圈足由矮变高。如眉县杨家村窖藏的单五父壶(图31:3)、长清仙人台壶(图31:5),下腹外倾膨鼓,颈部稍细,与晋侯壶、颂壶一致;而秦公壶腹径稍小,其位置略高,圈足增高,显得较为挺拔;梁带村壶同样腹径位置上移,而且盖顶捉手已大过盖沿(图31:4、8)。上博的龙纹方壶形制与秦公壶基本一致,前者带圆环形兽耳(图31:7),后者带扁环形兽耳,李朝远认为前者可能早于后者。细审之,前者盖顶捉手更大,颈部曲率更小,腹径位置靠上,应晚于秦公壶,非大堡子山秦公墓所出。

秦公圆壶为两周之际流行的长颈垂腹样式,近似西周晚期的杨姞壶(图31:9),春秋早期虢国墓地所出圆壶(图31:10、11)。此类壶的演变规律是盖部由小变大,盖顶曲线由弧变折,盖沿由窄变宽,腹部横径由大变小,腹径位置上移,圈足由矮变高。与杨姞壶相比,虢国壶的盖顶已出现折棱,腹径位置偏上,有起翘感;秦公壶的盖部硕大,盖顶内折出棱,沿面宽博,有大帽压顶之势,腹横径略小,圈足增高,整体清瘦挺拔(图31:12)。秦公壶的年代不能早于虢国壶,后者的年代为春秋早期的后段。

关中地区出土的西周镈有眉县镈和克镈(图32:1、2)。眉县镈舞上有双凤鸟桥形钮,两侧各饰由两只透雕下行虎构成的扁翼,前后设扁鸟云翼,钲面饰一对浅浮雕象鼻夔纹,上、下各一周弦纹袢带,年代属西周中晚期。克镈的两侧出

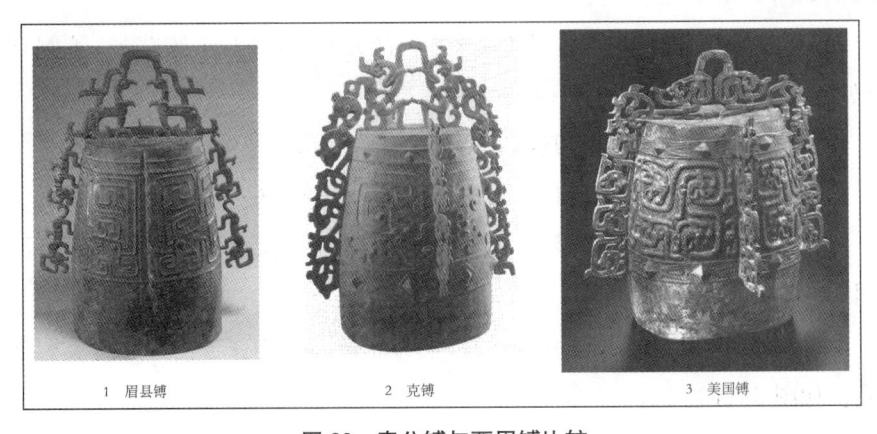

| 1 眉县镈 | 2 克镈 | 3 美国镈 |

图32 秦公镈与西周镈比较

现透雕纠结龙纹扉棱,上延至舞部构成繁钮,袢带出现菱形枚;但主纹和眉县镈一样,都是浅浮雕的对夔纹,整体器形瘦高,器壁弧度较小。克镈的年代为西周晚期后段,当宣王之世,它与上海镈、美国镈(图 32:3)的差别一望即知,之间还有缺环,西周末至春秋初年的秦镈还有待发现。大堡子山秦镈,尤其是秦子镈与宝鸡太公庙秦武公镈更为接近,后者的年代为春秋早期后段,前者应与之接近或相当。

综上所述,大堡子山秦公器与秦子器属春秋早期后段,这也是两座大墓的年代。春秋早期为公元前 770—前 670 年,其中前 720—前 670 年属后段,这期间在位的秦君有文公、宪公、出子、武公、德公、宣公。

(三)大堡子山ⅠM32、ⅠK32 出土铜器及其年代

大堡子山ⅠM32 位于秦公大墓 M3 北侧 20 米处的台地,其东侧 2 米处的车马坑编号ⅠK32。ⅠM32 出土铜器 14 件,包括鼎 3、簋 2、壶 2、盘 1、匜 1、铃 4、戈 1。铜容器形体较小,腹、底粘有铜渣,器表有砂眼,范线明显未经打磨,都属于明器。ⅠK32 出土 32 件(组)铜器,多为车马器和兵器,包括马镳、铜泡、节约、辖、兽面饰、牛头饰、镞、戈、矛等。

鼎:3 件列鼎,形制相同,大小相次。敛口,平沿,方形立沿耳,倾垂腹,圜底近平或大平底,三蹄足粗壮,蹄足内侧为凹弧形,肩部饰一周窃曲纹,耳部饰重环纹。如图 33:1—3。

簋:形制、大小基本相同,无盖。簋身敛口,双耳,鼓腹,平底,圈足,腹部饰瓦棱纹。如图 33:7、8。

壶:一件带方形捉手盖,盖身连铸;另一件无盖。长颈,垂腹略鼓,颈侧有方形双耳,圈足起棱台。如图 33:4、5。

盘:直口,双立沿耳,腹略鼓,平底,腹上部饰一道凸弦纹。如图 33:6。

匜:流敞口,口沿微敛,后有半圆形鋬,平底,腹饰瓦棱纹。如图 33:9。

铃:合瓦形铃体,带半环形钮,钮下有孔以悬铃舌,弧形于口,器表饰卷云纹。如图 33:10。

戈:三角锋,援身较长,援上刃平直,下刃曲弧,短胡三穿,长方形内上有条状穿孔。如图 33:13、14。

矛:柳叶形,圆脊,脊上不起棱刃,銎孔延伸至矛身前端,骹部饰云雷纹和三

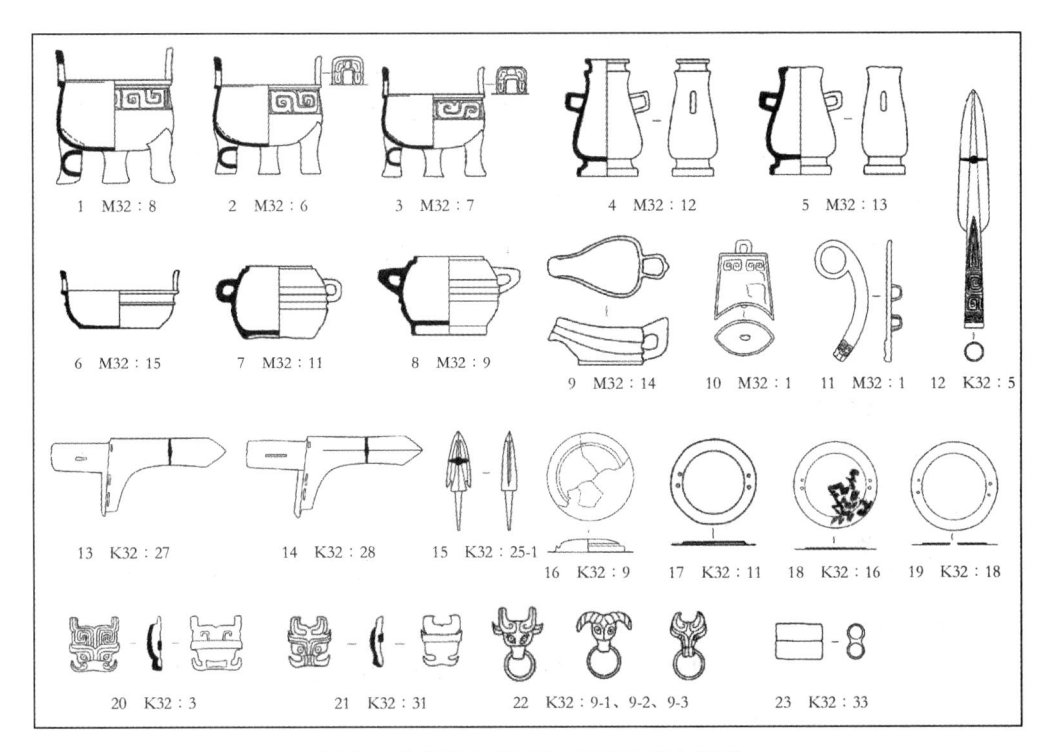

图 33　大堡子山ⅠM32、ⅠK32 出土铜器

角形几何纹。如图 33:12。

镞：双翼带铤式，尖锋，翼尾较短，带圆脊，圆柱状铤。如图 33:15。

马镳：侧视为"6"字形，有马鞍形凸起绳穿，尾端有虎头纹装饰。如图 33:11。

铜泡：圆形，正面鼓起或凸出，背面凹陷，外缘多有两对小孔，或带凸棱呈阶梯状。如图 33:16—19。

兽面饰："凹"字形，正面浅浮雕兽面，上立双角，下有獠牙，双目镂空，背面凹陷有横栏。如图 33:20、21。

牛头饰：正面牛头有活动鼻环，双角向上或向下弯曲，背面凹陷有竖或横梁。如图 33:22。

节约："H"形，由两个空管连接而成。如图 33:23。

ⅠM32 的垂腹鼎较大堡子山秦公鼎腹部较深，蹄足较矮，年代应较后者略早；但与礼县西山坪垂腹鼎（西 M2003:7）相比，其蹄足根位置外移，足间距变大,又较之略晚。方壶颈部收缩,腹径位置偏下,形态上略早于秦公方壶。ⅠM32随葬成组的三件列鼎,表明其礼器的使用更加规范,不像西山坪M2003用3件不同形制的铜鼎拼凑成三鼎;此外,随葬成套铜质明器的现象也不见于后者。铜戈形制整体与秦子戈相似,只是援上刃不像后者内凹。双窄叶圆脊铜矛也是目前所见同类秦矛中年代最早的。因此,ⅠM32、ⅠK32的年代应在春秋早期前段。

四、陇县边家庄

在陕西陇县边家庄墓地发掘的M5、M1均出五鼎四簋及成套的铜礼器,器类有鼎、簋、甗、方壶、盉、盘等。

鼎:11件。均为沿耳圆腹蹄足鼎,形体较小,口径绝大多数在20厘米以下。根据腹、足的变化可分2式。

Ⅰ式:5件。圆腹微外鼓,圜底,蹄足根位于腹、底结合处,足内侧有凹槽。上腹部饰一周大窃曲纹或兽目交连纹带。如图34:1。

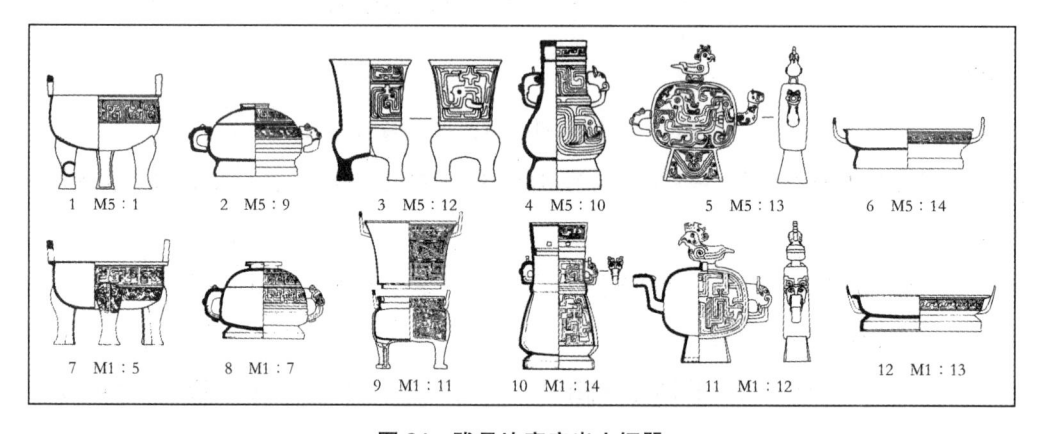

图34 陇县边家庄出土铜器

Ⅱ式:6件。腹变浅,平底,蹄足根位置上移。腹部纹饰分上、下两层,上层饰方折、线条化的勾连虺龙纹,下层饰虺龙纹或波曲纹带;足上部亦饰虺龙纹,蹄足中部或带凸箍。如图34:7。

簋:8件。均为圈足双耳簋,耳上部为螺旋角兽首,形体较小,口径均小于15厘米。根据盖、腹及纹饰变化,可分2式。

Ⅰ式:4件。盖扁圆,顶部圈形捉手矮小,敛口,腹径位置偏下,整体器形低矮。盖及上腹部饰窃曲纹带,下腹部饰三道瓦纹。如图34:2。

Ⅱ式:4件。盖隆起,顶部捉手变大,口微敛,双兽耳下带小珥,腹径位置略上移,整体器形略高。盖及上腹部饰简化的勾连纹,下腹部饰两道瓦纹。如图34:8。

方甗:2件。根据上甑、下鬲的形态及纹饰可分2式。

Ⅰ式:甑、鬲连体浑铸。甑侈口,腹壁斜直;鬲直口,鼓肩,肩径远大于甑底,弧裆,四蹄足较粗矮。甑沿下饰"C"形窃曲纹,腹部饰成对的象鼻向上内卷的夔龙纹。如图34:3。

Ⅱ式:甑、鬲分铸。甑敞口,附耳,沿下器壁弧曲,甑底有连体箅;鬲直领,直口,附耳,肩径稍大于甑底,平裆,四蹄足瘦高。甑、鬲的沿下及腹部均饰勾连虺龙纹。如图34:9。

方壶:4件。根据形态及纹饰可分2式。

Ⅰ式:2件。直口,方盖,盖、口齐沿对直,长颈,腹膨鼓,高圈足。颈侧一对空心兽耳,颈、腹以一周宽凸棱相间,盖、颈饰大窃曲纹,腹部饰吐舌交龙纹。如图34:4。

Ⅱ式:2件。盖上大下小如帽,直口,腹下垂,腹横径略小,从而使颈部显得略粗。颈、腹均饰勾连虺龙纹。如图34:10。

盉:2件。均为小口的圆角方形扁体盉,凤鸟形盖,前有曲流,后有鋬,流、鋬均饰兽头,方圈足。根据纹饰可分2式。

Ⅰ式:腹饰一凤鸟纹和一夔纹,周缘饰一圈不规则窃曲纹,足饰波曲纹。如图34:5。

Ⅱ式:腹饰一对相背的勾连虺龙纹。如图34:11。

盘:2件。均为折沿,浅盘,平底,圈足,双附耳接于下腹部。可分2式。

Ⅰ式:直口,腹饰一周简化窃曲纹。如图34:6。

Ⅱ式:侈口,腹饰一周简化勾连纹。如图34:12。

以上各类器型的Ⅰ式均出自M5,Ⅱ式均出自M1。可知这两墓年代上有差别,代表了墓地的前、后两组。

M5的鼎由西周晚期的沿耳球腹蹄足鼎演化而来,但与西周晚期后段的西

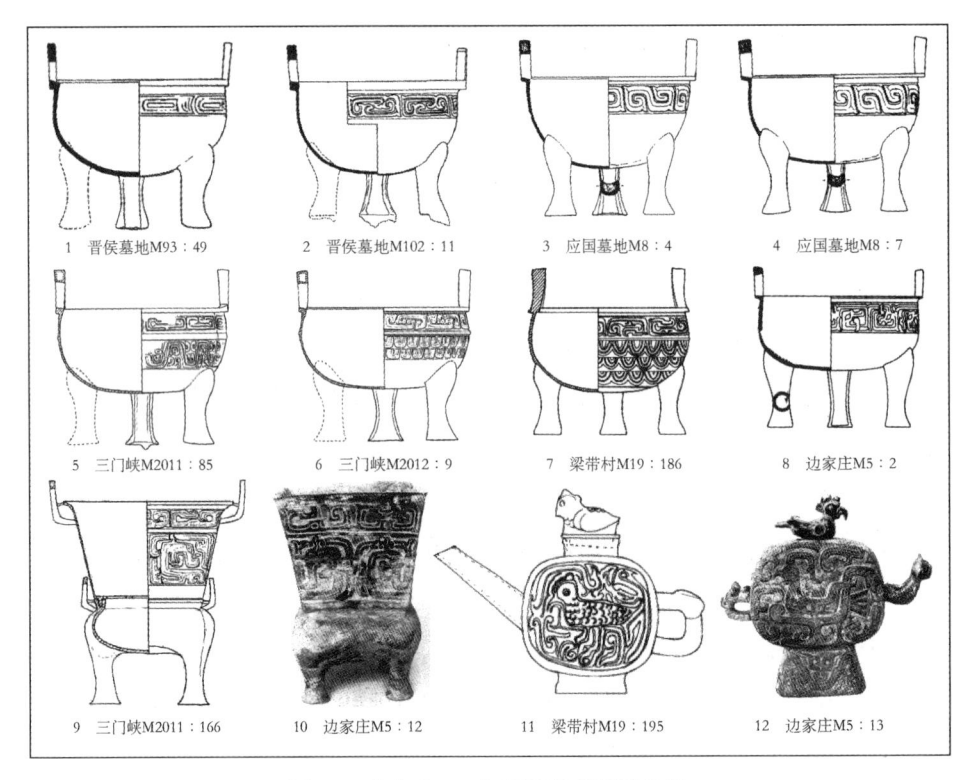

图 35　边家庄 M5 与周代墓葬铜器比较

山坪 M2003：18 相比，之间还有缺环。此类鼎在春秋早期前段，如晋侯墓地 M93：49（图 35：1）、M102：11（图 35：2），应国墓地 M8：4、7（图 35：3、4），与西周鼎差别不大，只是腹部更为浑圆。到了春秋早期后段，如三门峡 M2011：85（图 35：5）、M2012：9（图 35：6），梁带村 M19：186（图 35：7），腹部变浅，圜底趋平，蹄足根部偏上靠外，足间距加大。边家庄 M5 鼎（图 35：8）的形制与它们如出一辙。此外，M5 甗上的窃曲纹和夔龙纹（图 35：10），盉上的鸟纹（图 35：12），也与三门峡 M2011：166（图 35：9）、梁带村 M19：195（图 35：11）上的纹饰颇为相似。因此，M5 的年代属春秋早期后段。

　　M1 铜器与礼县圆顶山 M2、M4 所出较为相似（图 36：1—4），如鼎腹较浅，蹄足外移开张；圆顶山鼎腹上层饰"S"形兽目交连纹，下层饰波曲纹的构图，也与 M1 列鼎一致。M1 方甗、方壶的器形与圆顶山同类器近似。此外，M1 铜器上流行的吻、舌、冠齐全的勾连虺龙纹（图 36：6），其实是春秋中晚期勾连蟠虺纹的前身,这种纹饰最早出现在大堡子山 M2 漆匣上(图 36:5);又见于宋村墓铜矛的骹部(图 142:12);在圆顶山铜器上也有遗留,如方甗的鬲腹(图 36:7)、方壶的腹部、簋盖捉手内。说明 M1 的年代与圆顶山秦墓已经相当接近,属春秋早、中期之交,或春秋中期偏早。

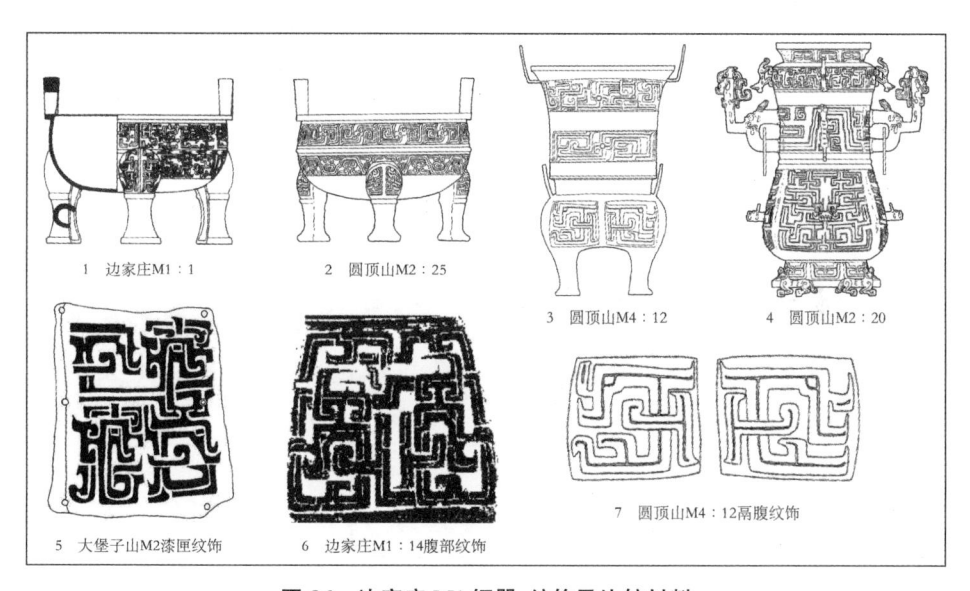

1　边家庄M1:1
2　圆顶山M2:25
3　圆顶山M4:12
4　圆顶山M2:20
5　大堡子山M2漆匣纹饰
6　边家庄M1:14腹部纹饰
7　圆顶山M4:12鬲腹纹饰

图 36　边家庄 M1 铜器、纹饰及比较材料

五、宝鸡太公庙、西高泉、南阳村

(一) 太公庙

杨家沟乡太公庙村位于宝鸡市陈仓区虢镇以东 5 公里处,渭河北岸的二级台地之上,1978 年在那里的一个窖穴内发现 8 件铜器,计有镈 3 件、甬钟 5 件。甬钟从大到小一字排列,3 镈半圆状围绕甬钟。5 件甬钟大小相次,但形制、花纹一致(图 37):圆柱甬,平顶,侈铣,凹口,铣长大于铣间,枚呈二叠圆台状;甬上端饰四条小龙,龙体缠绕,干上饰目云纹,旋虫重环纹,舞部饰变体夔纹,钲、篆间以凸弦纹为界格,篆间饰双夔纹,正鼓部饰一对顾首象鼻夔纹,丙、丁、戊钟右侧鼓有小鸟纹,甲、乙钟无。5 钟皆有铭文,甲、乙钟合成一篇,丙、丁、戊钟亦可连读,戊钟铭文未完。一篇铭文 135 字(重文 4),铭文皆起自钲间,继以左鼓,终于左栾。5 钟尺寸、重量及铭文如下表(表 17):

表 17　太公庙甬钟统计表

	通高(厘米)	甬高(厘米)	舞宽(厘米)	鼓间(厘米)	铣间(厘米)	重(千克)	铭　　文
甲	48	17	18×22	20.4	27	24	秦公曰……公及（钲部）王姬曰……鳌（左鼓）龢胤士……翼受（顶篆）德明……具即其（左篆）
乙	47	17	16×22	16.5	26.4	21.5	服……以受大（钲部）福……膺（左鼓）受大命……其康宝（左篆）
丙	45.7	16	16×21.5	17.5	25.4	24	秦公曰……卲文（钲部）公静公宪公……卲合皇天（左鼓）以虩事蛮方……余夙夕虔（左篆）
丁	38.5	14.2	14×19.6	15.2	21	16.25	敬朕祀……鳌龢胤（钲部）士咸蓄左右……翼受明德（左鼓）康奠协朕国……具即其服乍（左篆）
戊	27.6	10.2	10.2×12.8	10.5	15.2	6	毕龢钟……以宴皇（钲部）公，以受大福屯鲁多釐大寿万年秦（左鼓）

　　丁、戊钟通高、重量落差较大，李纯一先生认为"参照耳测结果……因可判知第四钟后应缺二件，第五钟后应缺一件，全组应为八件"①。后来通过机测发现5件钟的发音是按四声羽调式组合在一起的，第五钟的发音与第四钟相衔接。因此，方建军先生认为太公庙编钟的固有组合是6件而不是8件，尚缺1件尾钟②。

　　3件镈大小有别，形制略同。镈身上下一周各有一条由三角蝉纹、窃曲纹、菱形枚构成的祥带，祥带之间的主纹被四出扉棱分隔成纹饰相同的四组，每组又分上下两层：上层为长冠吐舌的双头龙，龙头朝向前后扉棱；下层为两个卷身单首龙，龙头朝向两侧扉棱。舞面亦被扉棱分成四组，各饰一双头曲体龙纹。素鼓。两侧扉棱上延舞部，每侧自下而上由六条龙（按龙头数量）和一只凤鸟蟠曲而成；前后扉棱各由五龙一凤蟠曲而成（图38）。一、二号镈鼓下沿内侧有4个缺口，三号有2个。3镈鼓部皆有铭文，独立成篇，与甲、乙钟合铭全同。尺寸、重量如下表（表18）：

---

① 李纯一：《中国上古出土乐器综论》，文物出版社，1996年，第199页。
② 方建军：《续论秦公编钟的音阶与组合》，《交响（西安音乐学院学报）》1992年第3期。

图 37　太公庙甬钟

表 18　太公庙镈钟统计表

编次	通高(厘米)	身高(厘米)	舞宽(厘米)	鼓间(厘米)	铣间(厘米)	重(千克)
一号	75.1	53	30.4×26	35	40.6	62.5
二号	69.6	50.8	28.4×24	31.5	37	56.25
三号	64.2	46	26.6×22.4	30	35.3	46.5

1　一号镈　　　2　二号镈　　　3　三号镈

图 38　太公庙秦公镈

太公庙钟属西周晚期至春秋早期流行的样式。镈钟整体上与大堡子山秦子镈很相似，但也有细部上的差别，如其顶部钮桥的下端有吻吞，两侧各有弯出的歧齿，两侧扉棱最下端的二龙长吻外扬，器身中部外鼓，下鼓部内收，舞横显得较短,舞上的回首龙昂扬,都与后者有所不同。铭文提到文公、静公、宪公,学术界普遍认为作器者是秦武公,属春秋早期后段。

（二）西高泉

1978年还在杨家沟乡西高泉村清理了一座残墓M1,"葬式不明,据称骨架屈肢"①,出土铜器22件,有甬钟1、壶1、豆1、斧2、剑1、戈7、削1、尖角状器1、鱼2、车马器5。

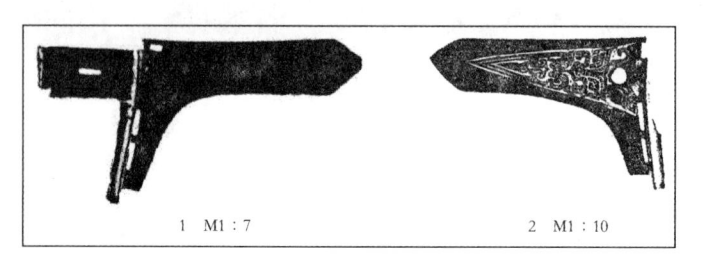

图39　西高泉秦墓铜戈

其中铜戈属秦文化样式,均为三角锋的中胡三穿戈,其中M1：10的援基上还有圆孔,援正、背面饰对称的三角蝉纹兽面(图39：2)。戈援的上刃微凹(图39：1),与秦子戈一致,是春秋早期秦戈的独有特征,不见于其他国家。

墓葬的年代应由随葬品中最晚者来判定,况且西高泉秦墓位于秦都平阳,可能属于平阳秦公陵园的陪葬墓,其年代不能早于秦宪公二年(公元前714年)徙居平阳,自然属于春秋早期的后段。

（三）南阳村

南阳村地处渭河北岸二级阶地上,位于虢镇东约7公里,阳平镇西1公里处。1998年在此清理了4座春秋秦墓。除陶器外,M1出铜鼎3、簋2、壶2、盘1、匜1,M2出铜鼎3、戈1、铃1、环1,M3出铜鼎5、铃1。铜容器形体很小,铜鼎口径9.8—12.8、高8.9—12厘米,均为明器。2004年又抢救性清理1座铜器墓(2004M1)。

鼎：均立沿耳,耳微外撇,折沿,方唇,浅腹,三蹄足粗大,足内侧有凹槽。口径9.8—12.8厘米。可分2型。

---

① 宝鸡市博物馆、宝鸡县图博馆：《宝鸡县西高泉村春秋秦墓发掘记》,《文物》1980年第9期。

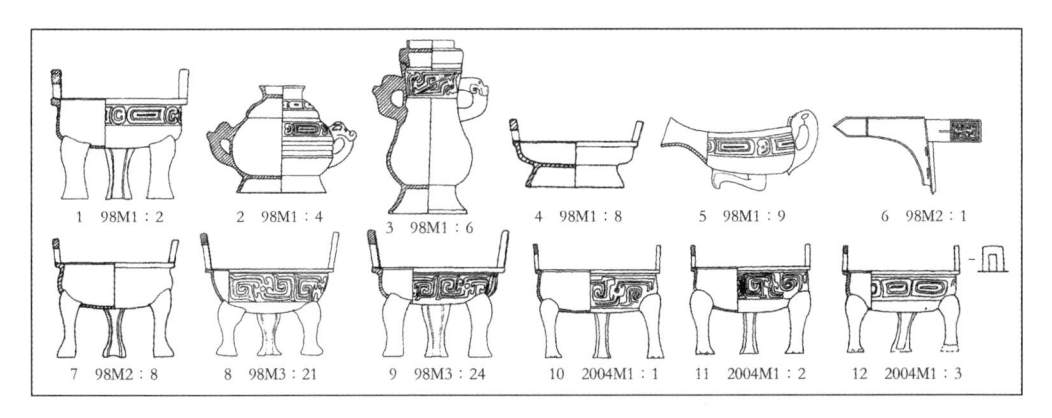

图 40　宝鸡南阳村秦墓铜器

A型:鼓腹或微鼓腹,平底,有的沿下饰重环纹或窃曲纹。如图40:1、7、9—12。

B型:浅半球形腹,圜底,沿下饰大窃曲纹。如图40:8。

簋:敛口,鼓腹,双兽形耳,圈足,盖隆起较高,有圈形捉手,盖顶、器沿下均饰一周重环纹,腹身有两道瓦棱纹。口径6厘米。如图40:2。

方壶:长颈,垂腹,直口,方盖,盖略宽于口径,颈侧有双兽耳,颈饰一周回首龙纹。高13.8厘米。如图40:3。

盘:口微侈,斜沿,立沿耳,浅腹,平底,圈足。口径8.3厘米。如图40:4。

匜:敞口流,半圆形鋬,鋬上有两乳突状目,跪卧状兽形足,沿下饰重环纹。长10.2、高5厘米。如图40:5。

戈:三角锋,中胡两穿,内上饰变体龙纹。如图40:6。

南阳村铜鼎腹浅、平底较大,簋盖隆起,方壶腹横径位置靠上、圈足较高,应早不过大堡子山秦公器以及边家庄M5铜器,但又没有出现春秋中期流行的勾连蟠虺纹,其年代应属春秋早期的后段。

六、宝鸡姜城堡

1967年在宝鸡渭滨区姜城堡发掘一座秦墓,出列鼎3、簋2、方壶2、盉1、盘1、戈2、矛1、车軎2、车辖2、衔2、兽面饰2、铃8、泡6、翣饰6、铜鱼11。铜器形体很小,均为明器。

鼎:沿耳,浅腹微鼓,三蹄足,沿下饰重环纹。口径约10厘米。如图41:1。

簋：敛口，鼓腹，双环耳，圈足，盖顶隆起，上有捉手，沿下饰重环纹及瓦纹。口径 6.9 厘米。如图 41:2。

方壶：长颈，鼓腹，附耳，有盖，沿下及腹部均饰重环纹。通高 13 厘米。如图 41:3。

盉：扁体方口，鸟形盖，短直流，环形鋬，下有四足，通体素面。通高 9.4 厘米。如图 41:4。

盘：直腹，附耳，矮圈足。口径 10.4 厘米。如图 41:5。

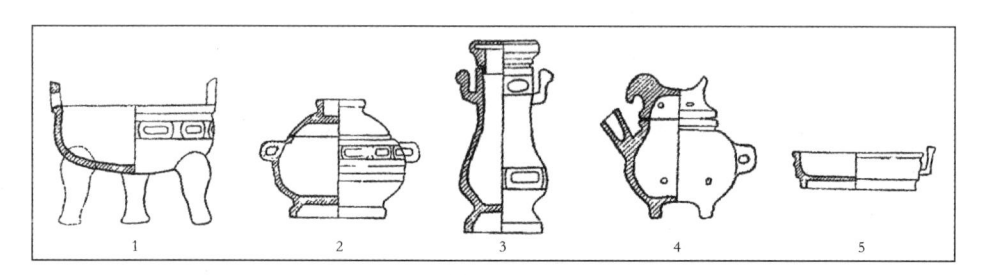

图 41　宝鸡姜城堡铜器

姜城堡鼎、簋、壶的形态及纹饰均与南阳村铜器近似，年代应相当。

七、灵台景家庄

1977 年在甘肃梁原乡景家庄清理了一座春秋秦墓 M1，一座车马坑 M2，一座马坑 M3 及一座殉人坑 M4。M1 出土铜器有列鼎 3、甗 1、戈 1、短剑 1、铃 3，M2 出有铜矛 1、镢 1、斧 1、车饰 2、车軎 1、马衔 2。

鼎：立沿耳，浅鼓腹，平底，三蹄足较高，沿下饰一周带目的大窃曲纹。口径 9.1—15.1 厘米。如图 42:1—3。

甗：连体，甑侈口，双附耳，鬲四蹄足较高。如图 42:4。

戈：三角锋，援上、下刃微凹，阑侧或有翼，短胡三穿，近胡部或有"□元用戈"残铭。如图 42:6、12。

铜柄铁剑：曲腰喇叭形剑茎，正、背面均有八处长方形镂空，兽面格，兽面带目，格后角圆折，铁质剑身残，无棱脊。通长 37 厘米。如图 42:5。

矛：矛叶截面呈"十"字形，或称之为"四翼矛"。叶刃锐利，锋后渐宽，叶身最大径在底部，銎孔延伸至矛身中部。如图 42:11。

斧：两面开刃，空首方銎，近銎处都有一周凸箍，其下正、背面均饰两道阳线纹，背面中部有一方形小孔。如图42：8。

镈：带长方形銎柄，柄中部有一对钉孔，镈身为牛舌形，尖部稍内弯，正中有一方形长脊。镈的銎、身夹角约95°，可知它们或装有头端弯曲的木柄；或像斧柯那样，在柄与銎之间还插有连杆，使手柄和镈身的夹角小于90°。如图42：7。

车饰：环形钮，带双系衔环，下为长方形銎座，四面饰勾连虺龙纹，正、背面有一对穿孔。如图42：9。

车害：圆筒形，顶端封口略细，中部带箍，有辖孔，饰勾连虺龙纹。如图42：10。

景家庄鼎、甗与边家庄M5鼎、甗相似，戈、矛与秦子戈、矛几乎完全一致，其年代应属春秋早期后段。

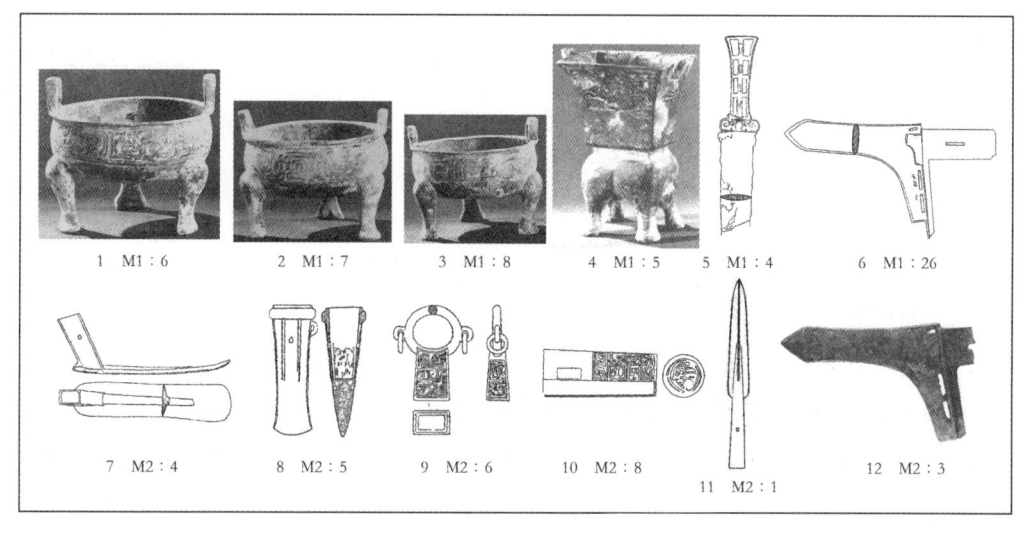

图 42　灵台景家庄秦墓铜器

八、分期与断代

综上所述，早期秦文化铜器可分三期。

第一期：西周中期，清水李崖。

第二期：西周晚期（后段），礼县西山坪 M2003。

第三期：前段：春秋早期（前段），礼县大堡子山ⅠM32、ⅠK32。

后段：春秋早期（后段），包括礼县大堡子山秦公器与秦子器、陇县边家庄M5、太公庙窖藏、宝鸡西高泉村 M1、南阳村秦墓、姜城堡秦墓、灵台景家庄秦墓及车马坑。

这个序列还有缺环,即缺西周晚期前段的铜器及单位,有待日后发现。

第五节　早期秦文化的总体分期与编年

通过上面的分析,可知早期秦文化的居址陶器、墓葬陶器、铜器均可分为三期,分别相当于西周中期、西周晚期、春秋早期。各期对应情况如下表(表19):

表19　早期秦文化总体分期序列表

居址陶器分期	墓葬陶器分期分段		铜器分期	总体分期	历史时期
一	一	1	一	第一期	西周中期
		2			
二	二	3	二	第二期	西周晚期
		4			
三	三	5	三	第三期	春秋早期
		6			

各期遗存的特征总结如下。

第一期:居址遗迹以灰坑为主,多为圆形或椭圆形的圜底坑,还发现个别圆形的马坑。陶器以夹砂或泥质灰陶为主,还有少量的夹砂红褐陶;除绳纹外,还有弦纹、附加堆纹、划纹等。可辨器型有鬲、甗、簋、盆、罐。商式分裆鬲与周式联裆鬲的比例大致相当。甗连体,腰内侧有箅隔。簋敞口,高圈足。盆侈口,深腹。罐肩部广平,其上有多道平行弦纹,间以绳纹,凹圜底。

墓葬均为窄长型的竖穴土坑墓,墓向西(偏北)。大多数棺、椁齐备,椁与墓壁之间有熟土二层台。绝大多数墓带有腰坑。流行殉狗,包括填土内殉狗、椁盖板上殉狗和腰坑殉狗。个别墓带有头龛。死者绝大多数为头向西的仰身直肢葬。随葬品主要是陶器,习惯放置在西端棺、椁之间的位置,在死者腰部位置的棺上往往摆放一件深腹盆。

单座墓葬所出陶器的种类多、数量大,平均每座达10件。陶器的种类、器形与居址所出基本相同,有鬲、簋、盆、罐、小罐、豆、尊,还偶尔共出红褐陶或灰褐陶的马鞍形口罐、单耳罐。方唇分裆鬲带锥足或柱足根；联（瘪）裆鬲为方唇或圆唇，领、肩、腹、足的形态多样；还有带扉棱的弧裆仿铜鬲。簋有三角缘斜腹簋、平折沿厚唇簋、敞口高圈足簋、双耳仿铜簋。盆、尊均深腹，敞口或喇叭口，圜底或平底。折肩绳纹大罐颇具特色，广平肩上饰多道平行弦纹，间以绳纹。还有弦纹小罐、素面小罐、折肩绳纹小罐等。

铜器仅发现了戈、觯。戈出自墓葬，为长援直内斜阑戈。觯采自遗址，为长颈垂腹窄体觯。均为这一时期的典型样式。

第二期：居址遗迹有灰坑、窖穴、房址、建筑基址、城址等。灰坑中出现口小底大的袋形坑，平底或圜底。平面呈方形的窖穴四壁经过修整，四角栽有角柱，上设横梁支架，坑内出土大量炭化的谷物种子。房址有浅半地穴式，平面呈椭圆形，周缘有柱洞，中部偏前有火膛；还发现木骨泥墙的地面式房子。建筑基址夯筑而成，残缺不全，下埋陶质排水管道，管道上有牛角状把手。礼县西山坪城址面积约10万平方米，城墙沿山脊修建，夯层厚薄不均，是名副其实的"山城"，有很强的军事防御性质。

居址陶器有鬲、甗、盆、豆、喇叭口罐、侈口小罐、瓮等。鬲多高体瘪裆，或缩颈鼓肩，或筒形深腹；侈口，折平沿，沿面内、外缘各饰一道弦纹，裆上部常有横錾，裆底较低，锥足。甗腰内无箅隔，下部的鬲裆上或有横錾。盆沿较宽，腹较深。豆有浅弧盘和浅折盘束柄豆两种。喇叭口罐的口径远小于肩径，肩部往往有鸟头形双穿。蛋形瓮敛口，深鼓腹，底有三个实足。

墓葬均为窄长型的竖穴土坑墓，墓向西（多偏北）。大多数棺、椁齐备，椁与墓壁之间有熟土二层台。中小型贵族墓往往在墓壁上掏挖壁龛，放置殉人，殉人带棺；椁底往往有腰坑；流行殉狗，既有椁盖板上殉狗，也有腰坑内殉狗；死者为头向西的仰身直肢葬。平民墓无壁龛，无殉人，少见腰坑殉狗，死者为头向西的仰身屈肢葬。

随葬陶器习惯放置在西端棺、椁之间的位置，陶器种类多，有鬲、甗、盆、豆、喇叭口罐、侈口小罐，往往成对呈偶数出土。鬲均侈口、联裆、锥足，多为折平沿，沿面饰弦纹，裆上部有小圆饼或横錾，肩部或有扉棱；还有少量的泥质素面小鬲。甗连体，腰内有箅隔。盆宽折平沿，折肩，平底。豆浅盘细柄，柄中部或带凸棱。喇叭口罐的口径小于肩径，肩部带双穿，饰三角折线纹。侈口小罐束颈，高领，斜腹,平底。

随葬铜礼器出现三鼎二簋的组合,鼎包括沿耳垂腹柱足鼎、沿耳球腹鼎、附耳球腹鼎三种;簋敛口,鼓腹,圈足下接三短足,盖上有圈形捉手,饰瓦纹。戈为三角锋、中胡三穿的样式。新出现了环首弯格剑。

第三期:居址遗迹有灰坑、房址、建筑基址、城址。灰坑、房址形制与前期基本相同。在大堡子山发掘的21号建筑基址呈南北向纵长方形,南北长103米,东西宽16.4米,进深约11.4米,四周有围墙,围墙夯筑,其下有基槽。东、西墙间正中位置南北向一线排列18个柱础石,室内有活动硬面,应是一处大型府库。大堡子山城址平面呈东北—西南向的长方形,东、西墙断续长约1 000米,南、北墙断续长约250米,面积约25万平方米。城墙夯筑,依山梁而建,从城外看很陡峭,从城内看却较低矮,充分利用了自然地势以加强其防御功能。居址陶器有鬲、盆(或甑)、豆、喇叭口罐、瓮。鬲多深腹瘦裆,沿面变窄,裆底较低,足、底饰细麻点纹。盆腹略浅。豆浅盘细柄。喇叭口罐的口径接近肩径。瓮直领,广圆肩。

这时期各级别的墓葬齐备,既有中字形的秦公大墓,也有出1—5鼎的贵族墓,还有平民小墓。墓葬多为东西向,秦公大墓全长88—115米,东墓道为主墓道,墓室呈斗形,二层台上殉人,葬具为木椁漆棺,墓主人为头向西的仰身直肢葬,墓底有腰坑,内置玉琮并殉犬。贵族墓皆为长方形竖穴土坑,墓室面积在20平方米以下,棺、椁齐备,墓主直肢葬与屈肢葬的比例大体相当,多带腰坑、殉狗。平民墓的长度多在3米以下,墓主均为头向西的屈肢葬,一般无腰坑、无殉狗。

随葬陶器有鬲、甗、盆、豆、喇叭口罐、小罐等日用器,及鼎、簋、壶、盘、盉(或匜)等陶礼器。鬲有绳纹鬲和泥质鬲两种,沿面较窄。甗的裆部较低。盆腹较浅。豆浅盘细柄,柄中部多不带凸棱。喇叭口罐的口径多接近或等于肩径。鼎沿耳、蹄足,簋敛口、垂腹,壶双兽耳、折垂腹,盘附耳、圈足,盉束颈、垂腹、直流,显然模仿了同时期的铜器。

随葬铜礼器有鼎、簋、甗、方壶、圆壶、盘、扁体盉。铜乐器有编甬钟、编镈。铜兵器有戈、矛、剑。鼎有沿耳浅半球腹和沿耳垂腹两种。簋敛口,垂或鼓腹。方甗分体,下部的鬲平裆、带四蹄足。方壶长颈垂腹,圆壶清瘦挺拔。盉前流后鋬,下有方圈足。盘附耳,矮圈足。戈为三角锋、长援、中胡三穿的样式,矛叶截面呈十字形,剑带兽面格。镈有华丽的四出扉棱。

第三章　嬴秦西迁探讨

第一节　商代晚期至西周早期嬴秦的居地

《史记·秦本纪》中秦的早期世系如下：

颛顼—女修—大费(伯翳)┬大廉(鸟俗氏)……孟戏、中衍……中潏—
　　　　　　　　　　└若木(费氏)……费昌

—蜚廉┬恶来—女防—旁皋—太几—大骆┬成
　　　└季胜—孟增—衡父—造父　　　└非子—秦侯—公伯—

—秦仲—庄公┬世父
　　　　　　└襄公—文公—(静公)—宪公

这个世系的可靠性，已经得到民国年间天水地区出土的秦公簋铭文的证实。《史记·秦本纪》云费昌为汤御，孟戏、中衍为太戊御，年代为商代早期；中潏之子蜚廉、之孙恶来"俱以材力事殷纣"，可知中潏的年代已经到了商代末期。换言之，在孟戏、中衍和中潏之间的世系还有很大的缺环。中潏以后的世系却很完整，没有失载的现象。

秦人究竟何时西迁到甘肃东部，首先需要斟酌《秦本纪》中潏到大骆的那段记载。《秦本纪》云中潏"在西戎，保西垂"，对这句话学术界有截然不同的理解，或以为是保周人之西垂，在甘肃东部；或以为是保商王室之西垂，在山西南部，此事姑且不论。《秦本纪》接着讲蜚廉、恶来父子俱事殷纣，周武王伐商时杀恶来，蜚廉当时为纣王使北方，死葬于霍太山[①]。后来蜚廉另一子季胜一支得周王信

[①] 《水经注·汾水》："汾水又南，与歕水合。水出东北太岳山，《禹贡》所谓'岳阳'也，即霍太山矣。上有飞廉墓。飞廉以善走事纣；恶来多力见知。周武王伐纣，兼杀恶来。飞廉先为纣使北方，还，(转下页)

任,至造父时被封以赵城,"由此为赵氏";恶来这一支则没有那么幸运,直到大骆生非子的时候,还"以造父之宠,皆蒙赵城,姓赵氏",也就是说失去了原先的嬴姓,沦为别人的附庸。如果我们认为秦人在中潏时已经去商归周,并迁徙到甘肃东部为周人保"西垂",势必不能前后通顺地理解这段记载。

首先,周人从太王时开始剪商,商王文丁曾杀季历(《竹书纪年》),到文王时商、周之间的敌对已经尖锐到了不可调和的地步。在血缘政治占统治地位的商代,个人离开了亲族不会有任何保障或作为,因此很难想象中潏投靠了周人后,其子蜚廉、其孙恶来会继续为纣王卖命,与乃父乃祖作对。然而,蜚廉、恶来事纣王的历史不容置疑,这不仅《秦本纪》有载,在《史记》的其他篇章也有记载:

> 《史记·殷本纪》:"用费中为政。费中善谀,好利,殷人弗亲。纣又用恶来。恶来善毁谗,诸侯以此益疏。"
>
> 《史记·赵世家》:"赵氏之先与秦共祖。至中衍,为帝大戊御。其后世蜚廉有子二人,而命其一子曰恶来,事纣,为周所杀,其后为秦。恶来弟曰季胜,其后为赵。"

如此看来,中潏为商王室"保西垂"才合理。主张中潏曾去商归周,并为周人保西垂的学者多根据《秦本纪》中申侯对周孝王的一段话立论:

> 申侯乃言孝王曰:"昔我先郦山之女,为戎胥轩妻,生中潏,以亲故归周,保西垂,西垂以其故和睦。今我复与大骆妻,生嫡子成。申骆重婚,西戎皆服,所以为王。"

(接上页)无所报,乃坛于霍太山而致命焉。得石棺,铭曰:'帝令处父不与殷乱,赐汝石棺以葬!'死,遂以葬焉。"相同内容亦见《史记》,但今本《史记》(百衲本)中"使"作"石","葬"作"华氏",系传抄讹误。《孟子·滕文公下》:"周公相武王,诛纣伐奄,三年讨其君,驱飞廉于海隅而戮之,灭国五十,驱虎豹犀象而远之,天下大悦。"所记与《史记》《水经注》不同。清梁玉绳《史记志疑·秦本纪》曰:"孟子言'飞廉戮于海隅',而此言天赐石棺以葬于霍太山,妄也。"天赐石棺之事纯属虚妄,但不宜把蜚廉死葬霍太山的可能性也一起否定掉。《孟子》成书较《史记》早,但司马迁撰《秦本纪》参考了汉宫中保存的秦人国史,其真实性不容轻易怀疑。从蜚廉后人(孟增、造父等)主要活动在晋南汾河流域的史实看,那里是秦、赵先民的传统居住区。因此,蜚廉死葬霍太山较凶死于东海之隅的说法更可靠。

为了达到立成为嫡嗣的目的,申侯故意拉长周、秦交好的历史,并渲染秦和西戎的关系,实乃溢美之辞。这段话和《史记·秦本纪》关于中潏到大骆的那段记载有明显的矛盾,已故史学家林剑鸣先生辨之甚明①。

其次,从世系上说,如果中潏曾率领他的一支族人远赴甘肃东部为周人效力,那么他在甘肃的这支后代在文献中就变得全无下落了。这支后代应与大骆一支在西周早中期平行共存,但二者的关系却变得晦暗不明;大骆这一支秦人如何取代前者成为周王室在陇右的代表也毫无踪迹可寻。事实上,把秦的世系从大骆往上追是清楚的;但如果相信申侯的那段话,把秦的世系从中潏往下追,将会变成一笔糊涂账②。

最后,秦、赵共祖,蜚廉之前是一家,蜚廉之后两族才分开。如果说蜚廉之父中潏在商代晚期曾举族远徙陇右,那么后来赵人又是如何从甘肃迁到山西的?这个问题无法回答。因为山西中南部一直是赵人的老家,在文献中没有他们来自甘肃的说法,甚至野史中也没有一点传闻。

从地理上说,西周早中期季胜的后人居住在山西汾河流域,那里本是蜚廉的活动地域。《路史·国名纪》:"非,蜚也,蜚廉国。龙门县南七里有蜚廉故城,非子祖也。"《史记正义》引刘伯庄云:"霍太山,纣都之北也。霍太山在晋州霍邑县。"霍邑县即今霍县,霍太山即今霍山(岳)。孟增所居皋狼即《赵世家》中"郭狼",在山西离石县西北③。造父的封地赵城,《史记集解》说在河东永安县,《史记正义》引《括地志》云:"赵城,今晋州赵城县是。本彘县地,后改曰永安,即造父之邑也。"今赵城县和洪洞县在 20 世纪 70 年代以前合为洪赵县,正当霍山西

---

① 林剑鸣:《秦史稿》,上海人民出版社,1981 年。
② 顾颉刚先生云:"又按《秦本纪》于蜚廉之父中潏下云:'在西戎,保西陲',似乎商的末年中潏已受封西土。但细想起来,这句话是不可信的。首先是和商纣交战的对象只有东夷,在经典和金文中,纣并没有跟西戎作过交涉;而且那时周人已很强大,不会允许商王朝在西垂拓土。第二个理由是中潏的子蜚廉和孙恶来都留在纣的身边,做纣的股肱心腹之臣,所以都给周人杀死在东方,和西戎不生毫末的关系。若说中潏另有儿子袭封西垂,那是谁呢? 所以这如果不是司马迁的错记,就应该是秦人西迁之后,为了掩盖他们被迫移徙的耻辱,进一步表示自己和西戎的历史渊源,是由于夸耀门第的需要而杜撰出来的故事。"(《鸟夷族的图腾崇拜及其氏族集团的兴亡——周公东征史事考证四之七》,《史前研究》,三秦出版社,2000 年,第 202—203 页)笔者按:中潏所保之西垂,可理解为商之西垂或西土,包括晋南在内,如王玉哲、何清谷先生所言;商晚期亦曾伐戎,甲骨文中有伐羌之事。但说中潏或他别的儿子曾去商初周,远徙陇右,为周王室保西垂,则在事理逻辑上不通。顾颉刚先生显然已经注意到了文献记载本身的矛盾之处。
③ 钱穆:《史记地名考》,商务印书馆,2001 年,第 745—746 页。

南麓。

　　霍太山在后世赵人心目中的地位很重要,据《史记·赵世家》,三晋灭智伯前,霍太山之神赐书赵襄子,预言智氏的覆灭以及武灵王胡服改制;赵襄子并智氏后,祠霍太山神,《括地志》云:"三神祠今名原过祠,今在霍山侧也。"

　　那么,西周早中期女防至大骆这支秦人居住在哪里? 史迁没有明言,但有所暗示。《秦本纪》云:"女防生旁皋,旁皋生太几,太几生大骆,大骆生非子。以造父之宠,皆蒙赵城,姓赵氏。"秦人曾改姓赵确属事实,始皇嬴政亦名赵政,《史记·秦始皇本纪》:"及生,名为政,姓赵氏。"《索隐》曰:"又生于赵,故曰赵政。一曰秦与赵同祖,以赵城为荣,故姓赵氏。"两说之中,后说更合情理。在古代改易姓氏不是个简单的事情,由于恶来助纣为虐,被武王所诛,其后代的地位很低贱,沦为造父族的附庸,并改姓造父族的赵氏。先秦时期的姓氏制度相当完备,有一定的命赐方法,一般说来,有以祖父的字为氏的,有以官为氏的,也有以封邑为氏的,这就是《左传·隐公八年》所说的"天子建德,因生以赐姓,胙之土而命之氏。诸侯以字为谥,因以为族。官有世功,则有官族。邑亦如之。"造父姓赵,就是以封邑为氏。在这种情况下,族的居住地和族氏是一致的。大骆一族既然也姓赵,说明他们当时也居住在赵城附近。

　　秦先祖蜚廉在商代晚期活动在霍山附近,而且可能主要在霍山以南、汾水以东的临汾地区。就蜚廉、恶来父子与纣的密切关系而论,他们也可以说是那个地方商王朝势力的代表。武王灭商,恶来被诛,那里的政治力量也自然转换,于是文王之子叔处就被封到了"霍",是谓霍叔①。霍叔曾参与管蔡之乱,但霍国一直延续到了春秋早期,最后被晋献公所灭。《史记索隐》引《地理志》云:"河东彘县,霍太山在东北,是霍叔之所封。"又云:"永安县西南汾水西有霍城,古霍国;有霍水,出霍太山。"换言之,霍山以南②、乔山以北方圆数十里范围内西周文化的族

---

①《左传·僖公二十四年》:"昔周公吊二叔之不咸,故封建亲戚以蕃屏周。管、蔡、郕、霍、鲁、卫、毛、聃、郜、雍、曹、滕、毕、原、酆、郇,文之昭也。邘、晋、应、韩,武之穆也。凡、蒋、邢、茅、胙、祭,周公之胤也。"《书序》:"康王命作册毕分居里成周郊,作《毕命》。"郑玄注:"今其逸篇有册命霍侯之事,不同与此序相应。"唐兰先生认为武王已把霍侯封在霍;管、蔡反周,霍叔亦有罪;成王时封建诸侯,蔡叔子蔡仲复封为蔡侯,霍叔自然也应当复封;"那末,此逸篇封霍侯是成王时事,错简在康王时的《毕命》下了"(《西周青铜器铭文分代史征》,中华书局,1986年,第59页)。

② 顾炎武《日知录》卷三十一"唐"条:"霍山以北,自悼公以后,始开县邑,而前此不见于传。"

属,应该包括霍国在内①,当然也不排除秦、赵的先祖。然而,霍国的政治地位在当时远远高于秦、赵,况且后者是否形成了自身的文化特点都不好说。

目前在临汾发现的比较重要的西周遗址,是洪洞县的坊堆—永凝堡遗址。这个遗址东至坊堆村,西至永凝堡村,南至南秦村,北至磨河及北秦村,东西长约2公里,南北宽约1.5公里,总面积不少于300万平方米。文化遗存主要属于西周至春秋时期,还发现有商代晚期的遗存。1954年在坊堆村曾发掘灰坑2座、西周墓葬18座。发掘到带字的卜骨,为两块牛肩胛骨,带成排的圆钻及刻辞8字②。18座墓皆东西向,头向在82°—102°之间;形制残,但也可看出是竖穴土坑墓。"仅在一个墓底发现长方形的坑痕",可能是腰坑。葬式分仰身直肢葬、屈肢葬、俯身葬,其中仰身直肢葬12座,屈肢葬4座,俯身葬1座。屈肢葬人骨的股骨和胫骨夹角小于90°,为蜷曲特甚式。出土陶鬲7件、中胡二穿直内戈1件,以及玉瑗、玉璜、海贝等装饰品③。鬲的形态具有西周早中期的特征,既有侈口的

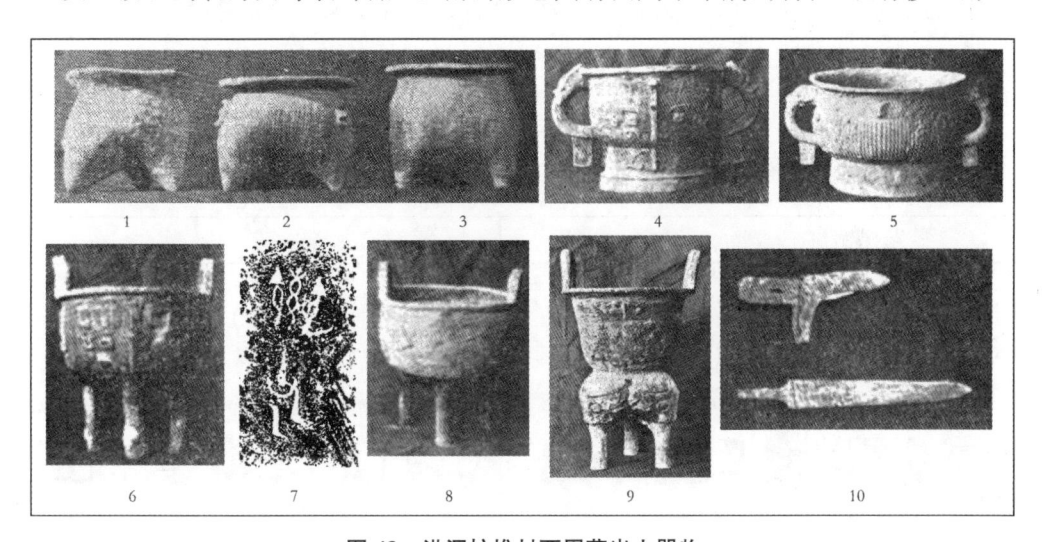

图43　洪洞坊堆村西周墓出土器物

---

① 邹衡先生认为:"在襄汾县乔山以北和霍州市霍山以南的临汾盆地,虽亦分布有西周时代的晋文化遗址,但多属西周中晚期,而缺乏西周初年者。尤其是在洪洞县境内还有相当于殷墟四期遗址的分布,绝对年代约在商周之际,文化面貌亦似殷墟文化,而与早期晋文化绝然不同。所以,这一地区应该排除在晋始封地之外。""临汾盆地既有霍、杨、贾等小国存在,所以不可能属于晋始封范围。"[《夏商周考古学论文集(续集)》,科学出版社,1998年,第310—311页]

② 畅文斋、顾铁符:《山西洪赵县坊堆村出土的卜骨》,《文物参考资料》1956年第7期。

③ 山西省文物管理委员会:《山西洪赵县坊堆村古遗址墓群清理简报》,《文物参考资料》1955年第4期。

分裆鬲(图43:1),还有带扉棱的联裆鬲(图43:2),或柱足联裆鬲(图43:3)。值得注意的是,在遗址中西部还出有铜器8件,包括铜鼎、簋、甗、戈、剑(图43:10),鼎直耳柱足,有圆鼎和分裆鼎两种(图43:6、8);甗分裆(图43:9);簋圈足,耳下有小珥(图43:4、5)。铜器的形态有商末周初的特点。一件分裆鼎的唇下有"嶽父乙"铭文(图43:7)。

1980年在遗址西部的永凝堡发掘了56座墓葬,大多为西周墓。公布的12座墓均为长方形竖穴土坑,无腰坑。除SHYNM3仰身屈肢外,余皆仰身直肢葬;除NM9头东脚西外,余皆头北脚南。级别较高的如BM5出鼎、簋、甗、镰、戈等铜器(图44:20—24),年代为西周晚期;NM9出鼎1、簋1、壶1,及马冠、当卢等铜器(图44:1—5),年代为西周早期;NDM14和NDM11出有鼎、鬲、簋(图44:11—14),墓葬年代为西周中期。NM9和NDM14的铜簋上都有"恒父作宝彝"的铭文(图44:2、12)。发掘者认为,"或许这一片是恒父家族墓地"[①]。

陶器面貌与坊堆村类似,呈现出比较典型的周文化特征,如侈口联裆鬲,肩部或带扉棱(图44:16、17、26、27);及弦纹小罐、弦纹盆、敛口簋(图44:7、9、28)。还有少量商文化因素,如宽折沿分裆的锥或柱足鬲(图44:6、15)、大口尊

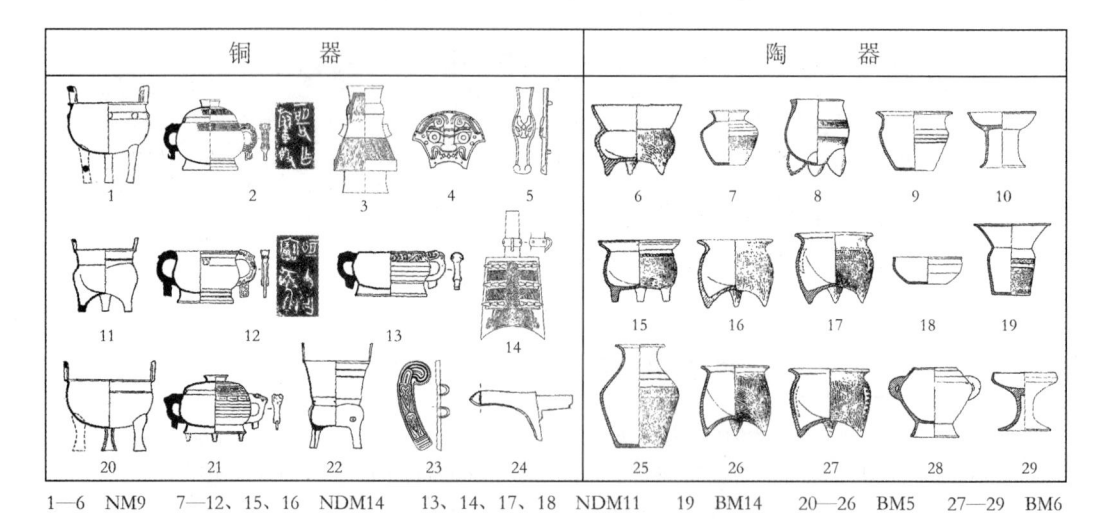

图44 洪洞永凝堡西周墓地出土器物

1—6 NM9 7—12、15、16 NDM14 13、14、17、18 NDM11 19 BM14 20—26 BM5 27—29 BM6

---

① 山西省文物工作委员会、洪洞县文化馆:《山西洪洞永凝堡西周墓葬》,《文物》1987年第2期。

（图44:19）。以及零星北方因素，如蛋形三足瓮（图44:8）。

坊堆村和永凝堡的墓葬所出器物均以周式风格为主，但二者在葬式上有一定差别，前者皆为头东足西的东西向墓，后者除一座外皆头北足南；而且前者屈肢葬的比例要超过后者。众所周知，典型的姬姓周人墓葬绝大多数采用头北足南的葬式，如天马—曲村晋侯墓地。因此，永凝堡的西周墓应与姬姓周人有关。

就目前发现的东周时期材料而言，高规格的赵墓多为东西向，如在邯郸、永年二县发现的赵王陵呈东西向的中字形；发掘的周窑M1东墓道内有车马坑，西墓道内有殉葬坑。1988年发掘的太原金胜村M251被认为是晋卿赵鞅之墓，亦为东西向，无腰坑；墓主为头东足西的仰身直肢葬式。东西向墓型可以说是赵墓的传统特点，坊堆村的西周墓与封于赵城的造父族有何关系，值得探讨。

东周秦墓绝大多数为坐西向东的东西向，如礼县大堡子山秦公墓、凤翔雍城秦公墓、芷阳秦东陵等都是坐西向东的中字形。数量众多的中小型秦墓也以头西足东的葬式为主，如陇县店子、凤翔高庄、凤翔八旗屯、咸阳塔儿坡等处的秦墓。此外，高规格的秦墓多腰坑、殉狗现象，直肢葬的比例也很高。从清水李崖的发掘看，秦墓头西足东的传统可以追溯到西周中期；能否上溯到西周早期，还缺乏相应的资料。就这个传统而言，坊堆村和永凝堡的西周墓均与女防至大骆这支秦人无涉。目前在山西霍山附近地区还没有头向西的直肢葬式或屈肢葬式西周墓的报道，当然，那个地区考古工作比较薄弱，没有发现不等于不存在。

如果把视野放得更宽广一些，整个晋南地区西周时期墓葬从葬俗看主要有两类。一类是比较典型的周人墓，竖穴墓室为南北向，基本不见殉人、殉狗及腰坑，与关中地区的姬周墓葬一致，如天马—曲村晋侯墓地及晋国邦墓地、洪洞永凝堡西周墓。另一类保留了强烈的殷商文化遗风，多有殉人、殉狗、腰坑，墓向上主要为东西向，如绛县横水西周墓地、翼城大河口墓地。横水的倗国墓地已被全面揭露，绝大多数墓主头向西，葬式以仰身直肢为主，俯身葬约占三分之一①。其中M1为倗伯夫人墓，墓主人头向西，仰身直肢葬，棺椁之间发现3个殉人，以苇席包裹埋葬；M2为倗伯墓，头向西，俯身直肢葬，棺椁之间葬有4个殉人②。

---

① 宋建中、谢尧亭等：《山西绛县横水墓地二期考古发掘新收获》，《中国文物报》2007年9月14日。
② 山西省考古研究所、运城市文物工作站、绛县文化局：《山西绛县横水西周墓发掘简报》，《文物》2006年第8期。

二墓年代均在西周中期,整个墓地则可早到西周早期。大河口绝大多数墓葬为东西向,以头向西的仰身直肢葬式为主,带腰坑、殉狗的墓较多。其中 M1 二层台上的四壁发现 11 个壁龛,出土了大量青铜器及其他种类随葬品,根据出土铜器铭文,该墓地属西周时期霸国[①]。

据王国维以及后来学者的研究,倗为媿姓;大河口墓地的葬俗与横水墓地接近,比如它们在墓穴四角外都挖有下棺穿绳用的孔洞,以及东西向的墓型、殉人风俗等等。因此,他们可能原本是商王朝的臣属,周灭商后臣服于周王朝。这个经历和秦、赵先祖有一定的相似性。

此外,天马—曲村晋国邦墓地 K4 区的西部多腰坑殉狗墓,17 座墓均头向西,其中 9 座有腰坑、8 座无腰坑,均殉狗。这一小片墓葬的葬俗与代表邦墓地主流的南北向无腰坑墓截然不同,其族属应是与姬姓周人不同的人群,发掘者认为它们可能是与姬晋联姻的他族墓葬[②]。

总之,绛县横水和翼城大河口墓地的发现说明东西向墓型、西首葬、殉人、腰坑、殉狗是西周早中期晋南地区殷遗民的流行葬俗,它又与甘肃东部发现的西周中晚期秦墓以及关中地区春秋时期高等级秦贵族墓的葬俗极为相似。这种相似性不是偶然的,既说明商末周初嬴秦先祖与倗、霸等原殷商方国遗民由于地域邻近、身份经历类似而采用了相似的葬俗,也反映了嬴秦西迁之后文化承袭的历史脉络。晋南的殷商方国遗民肯定不止倗、霸,联系秦、赵先民活动于晋南的文献记载,如果把秦人也算作广义上"殷遗民"一支的话,这些发现为我们在那里寻找更早阶段的秦文化遗存提供了借鉴和参考。

第二节 嬴秦西迁的年代及原因

秦人什么时候从晋南迁到陇右呢?何清谷认为"他们(大骆族)可能一度避居赵城,不久就被周朝把他们从赵城强迫西迁,可能安置在甘肃东部一带";"毛

---

① 山西省考古研究所大河口墓地联合考古队:《山西翼城县大河口西周墓地》,《考古》2011 年第 7 期。

② 刘绪、徐天进:《关于天马—曲村遗址晋国墓葬的几个问题》,《晋侯墓地出土青铜器国际学术研讨会论文集》,上海书画出版社,2002 年。

家坪、董家坪秦文化遗址很可能是女防、旁皋、太几数代秦人居住过的聚落,后来大骆虽然迁走了,留下的秦人还继续居住在那里";"穆王西征犬戎,把犬戎迁出故地犬丘,迁往太原,当今甘肃庆阳一带,此时大骆乘隙进住犬丘"①。从文意理解,他认为西周早期大骆族从赵城迁出,被安置在天水毛家坪、董家坪一带;穆王西征犬戎后,大骆又率领族人离开毛家坪,进驻今甘肃礼县的犬丘。

秦人进驻甘肃礼县的犬丘在大骆时当无疑义。《史记·秦本纪》明言:"其先大骆地犬丘。"《秦本纪》又说大骆族"以造父之宠,皆蒙赵城,姓赵氏","造父之宠"指造父被周穆王封于赵城,秦人这一支中太几与造父同辈,太几、大骆、非子三代大致与周穆王、共王、懿王、孝王相当。秦人西迁不能早于造父封于赵城(详后),又不能晚于大骆,则最有可能是在太几时西迁。太几应率领族人先迁至陇山西麓的清水,至大骆时才又向西南迁至礼县的犬丘。

何先生认为"西犬丘初为犬戎所居,原是周人西面犬戎活动的中心"②,很有启发性。文献记载犬戎自商末就成为周室西面的大患,并最终导致了西周王朝的覆灭:

《史记·匈奴列传》:"其后百有余岁,周西伯昌伐畎夷氏。"《索隐》曰:韦昭云:"《春秋》以为犬戎。"按:畎,音犬。大颜云:"即昆夷也。"

《汉书·匈奴传》:"其后百有余岁,周西伯昌伐畎夷。"师古曰:"西伯昌即文王也。畎,音工犬反。畎夷即畎戎也,又曰昆夷。昆字或作混,又作绲,二字并音工本反。昆、绲、畎,声相近耳。亦曰犬戎也……"

《诗·小雅·采薇序》:"文王之时,西有昆夷之患,北有玁狁之难。"

《史记·齐太公世家》:"周西伯政平,及断虞芮之讼,而诗人称西伯受命曰文王。伐崇、密须、犬夷,大作丰邑。"

《国语·周语上》:"穆王将征犬戎,祭公谋父谏曰:'不可……今自大毕、伯士之终也,犬戎氏以其职来王,天子曰:"予必以不享征之,且观之兵。"其无乃废先王之训而王几顿乎!吾闻夫犬戎树惇,帅旧德而守

---

① 何清谷:《嬴秦族西迁考》,《秦文化论丛(第一集)》,西北大学出版社,1993年。
② 何清谷:《嬴秦族西迁考》,《秦文化论丛(第一集)》,西北大学出版社,1993年,第151页。

终纯固,其有以御我矣!'王不听,遂征之,得四白狼,四白鹿以归。自是荒服者不至。"韦昭注:"犬戎,西戎之别名也,在荒服之中。"

《后汉书·西羌传》:"王乃西征犬戎,获其五王……遂迁戎于太原。"

《史记·周本纪》:"西夷犬戎攻幽王。幽王举烽火征兵,兵莫至。遂杀幽王骊山下。"

戎人种姓繁多,"西戎"是对我国西北方羌、戎等民族的总称或泛称,"犬戎"却是戎人中的一支,如《史记·匈奴列传》:"秦穆公得由余,西戎八国服于秦,故自陇以西有绵诸、绲戎、翟、獂之戎,岐、梁山、泾、漆之北有义渠、大荔、乌氏、朐衍之戎。"据《正义》,绲戎即犬戎。然而,犬戎在西周时期为祸甚烈,是周王朝重点征讨的对象,所以有时候它又是"西戎"的代指。《国语·周语上》韦昭注就说:"犬戎,西戎之别名也。"《国语·晋语》:"太子出奔申,申人、鄫人召西戎以伐周,周于是乎亡。"《史记·匈奴列传》:"申侯怒而与犬戎共攻杀周幽王于骊山之下。""西戎"和"犬戎"可以互用,说明二者往往被认为是一回事。经文王征伐后,犬戎的势力被大大削弱了,在西周早期与周王朝基本上相安无事,成王时还曾进贡文马①。穆王以后其势力又开始抬头,周人征讨之事亦史不绝书,如《今本竹书纪年》有"(穆王)十二年,毛公班、井公利、逢公固帅师从王伐犬戎";"(懿王)二十一年,虢公帅师北伐犬戎,败逋";"(孝王)元年……命申侯伐西戎";"(宣王)三年,王命大夫仲伐西戎"等。《今本竹书纪年》所记年代不尽可靠,但其中的历史事件也非空穴来风。申侯、秦仲所伐"西戎",从西周晚期的民族关系和政治形势发展来看,应该就是"犬戎"。因此,准确一点说,西周时期与秦人长期敌对斗争的戎人可能就是犬戎。犬戎主要活动于商代、西周时期,今甘肃礼县一带本就属于犬戎的势力范围,那里有"犬丘"地名是不足为奇的;而且"犬丘"的得名应当早于秦人西迁陇右的时间。

在秦庄公受封为西垂大夫之前,代表周王室主管西戎事务的大臣其实是申

---

① 《逸周书·王会解》:"犬戎文马,文马赤鬣缟身,目若黄金,名吉黄之乘。"《汉书·王莽传》:"皇帝谦让,以摄居之,未当天意,故其秋七月,天重以三能文马。"晋灼曰:"许慎说,文马缟身金精,周成王时犬戎献之。"

侯。齐、许、申、吕皆为姜姓，亦为周母舅之国。《诗·大雅·崧高》就记述了周宣王褒赏申伯之事。申的地望，《史记正义》引《括地志》云："故申城在邓州南阳县北三十里。《晋太康地志》云周宣王舅所封。"如此看来，南阳的申是在宣王时始封的，这个"申"可以叫作"南申"①，以相对于"西申"而言。《古本竹书纪年》云："平王奔西申，而立伯盘以为太子。"这个"西申"就是申侯的封邑，它不在今天的淮河流域；就申侯与西戎的密切关系而言，可能在今陕、甘一带。申侯世袭，职务亦然，故孝王时的申侯能使"西戎皆服"（《史记·秦本纪》）；幽王时的申侯在其外甥宜臼被废后，能招来犬戎攻杀幽王。申侯家族从何时开始经营西戎不得而知，姬、姜联姻的历史悠久，开始于周文王伐畎夷时也不是不可能的。秦人西迁陇右后，"申侯之女为大骆妻，生子成为嫡"（《史记·秦本纪》）。申、骆联姻的政治意图很明显：大骆借申侯之力以立足于西土，申侯借大骆之力以羁縻西戎。

探讨秦人来源的学者多通过类同或类似的地名来论证秦人的西迁路线，如天水西南、陕西兴平、山东曹县在文献中都有地名"犬丘"。《今本竹书纪年》记载"畎夷"为东夷的一支，与"白""赤""风""阳"等夷并列②，于是就有学者认为秦人本是夏代东方九夷之一的"畎夷"，在今山东的居地名"犬丘"，西迁的过程中居住地名随族迁徙，就有了陕、甘的"犬丘"；商周时期为祸周人的"犬戎"就是作为东夷之一的"畎夷"的后裔，是从遥远的东方迁徙过去的③。这个说法在今天的史学界还很流行。

就大前提而言，笔者同意秦人是从东方迁徙到陇右一带的，甚至同意秦先祖本是东夷的一支；但秦人是否即《今本竹书纪年》所载东夷之一的"畎夷"，还有很大的讨论余地，目前也没有过硬的证据表明商周时期的"犬戎"本是东夷的一支。"犬丘"地名仅仅为研究秦人西迁提供了一个思考的角度或者说线索，还远远达不到定论的程度。甘肃天水的"西犬丘""秦"至迟西周孝王时已有其名；陕西兴

---

① 《国语·郑语》："史伯对曰：'王室将卑，戎、狄必昌，不可偪也。当成周者，南有荆蛮、申、吕、应、邓、陈、蔡、随、唐……'"

② 《竹书纪年》曰："（槐）三年，九夷来御……（后泄）二十一年，命畎夷、白夷、赤夷、玄夷、风夷、阳夷。"《后汉书·东夷列传》："《王制》云：'东方曰夷。'夷者，柢也，言仁而好生，万物柢地而出。故天性柔顺，易以道御，至有君子、不死之国焉。夷有九种，曰畎夷、于夷、方夷、黄夷、白夷、赤夷、玄夷、风夷、阳夷。故孔子欲居九夷也。"

③ 段连勤：《关于夷族的西迁和秦嬴的起源地、族属问题》，《秦文化论丛（第一集）》，西北大学出版社，1993年。

平"犬丘"之名亦存于西周懿王时,较天水之犬丘早不了多长时间;河南、山东的"犬丘""垂"见于《左传》所记春秋时期的史实。因此,西方陕、甘之"犬丘"并不见得比东方鲁、豫之"犬丘"得名晚,至少在文献中出现的时间要比后者早。段连勤认为东方地名多"丘"者,如葵丘、商丘、楚丘等;西方地名多"原"者,如周原、太原等,由此论证陕、甘之犬丘来源于东方之豫、鲁①。殊不知"丘"可以"墟"当之,《说文》:"虚,大丘也;昆仑丘谓之昆仑虚。"王国维云:"邢邱即邢虚,犹言商邱殷虚,祖乙所迁,当即此地。"②"宋之称商邱,犹洹水南之称殷墟。"③可见"丘"有废墟、故址的意思。关中槐里之犬丘,传为懿王所都,其得名可能与殷卜辞中的"犬侯"有关,"犬侯"曾奉商王命伐周。天水之犬丘,得名于那里的犬戎。二地可能是犬侯或犬戎的故址,其得名不一定与西迁的秦人有关。《水经注·漾水》记载今红河流域有地名"戎邱"者,"戎邱"即"戎墟",乃戎人活动过的地方,与"犬丘"之得名同理。

"畎夷"之名,首见于《古本竹书纪年》:"后桀之乱,畎夷入居豳、岐之间。"《后汉书·西羌传》亦云:"后桀之乱,畎夷入居邠岐之间。"很难说这个"畎夷"就是《今本竹书纪年》中的东方九夷之一;从《西羌传》后文"及武乙暴虐,犬戎寇边""及文王为西伯,西有昆夷之患,北有猃狁之难"来看,毋宁说它是文王所伐的昆夷,也就是西周时期为祸西方的犬戎的前身。有学者根据这条记载认为东夷部落在夏代晚期曾大规模西迁关中,并引申为秦人的第一次西迁是不足为凭的。先秦时期戎、夷的称呼并非泾渭分明,也没有严格的方位限定,不可望文生义,据此以为西方之犬戎来源于东方之夷族。

此外,"犬戎"乃华夏族所加之名,非该族自名④。王国维云:"戎与狄皆中国语,非外族之本名。戎者兵也……引申之,则凡持兵器以侵盗者,亦谓之戎。狄者,远也,字本作逖……后乃引申之为驱除之于远方之义。《鲁颂》之'狄彼东

---

① 段连勤:《关于夷族的西迁和秦嬴的起源地、族属问题》,《秦文化论丛(第一集)》,西北大学出版社,1993年。
② 王国维:《说耿》,《观堂集林》,中华书局,1959年,第523页。
③ 王国维:《说商》,《观堂集林》,中华书局,1959年,第516页。
④ 《后汉书·南蛮西南夷列传》:"昔高辛氏有犬戎之寇,帝患其侵暴,而征伐不克。乃访募天下,有能得犬戎之将吴将军头者,购黄金千镒,邑万家,又妻以少女。""畎夷"和"犬戎"之名散见于《后汉书》的《东夷列传》《西羌传》和此传,可见其乃对周边外族之称呼,亦难以将三传中的"畎夷"和"犬戎"统统划归一个民族。

南',敦狄钟之'敦狄不龚',曾伯霥簠之'克狄淮夷',皆是也。因之凡种族之本居远方而当驱除者,亦谓之狄。且其字从犬,中含贱恶之意,故《说文》有犬种之说,其非外族所自名而为中国人所加之名,甚为明白。"①王氏之说很精彩,由此可知,戎族(或其他少数民族)迁徙至一处新地点后,不可能以"犬"命名之,"犬丘"之名源于华夏族对戎族居地的称呼。通过"犬丘"地名来考察某一民族的迁徙路线,在方法论上有缺陷。

从考古发现来看,关中地区相当于夏代的考古学文化遗存还很稀少。20世纪50年代以来在关中东部陆续发现了少量与二里头文化相似的墓葬,如华县元君庙、华县南沙村、华阴横阵村、大荔赵庄、蓝田泄湖等地②。关中西部是否存在相当于夏代的文化遗存,还很不清楚。有学者将以麟游蔡家河H29、宝鸡石嘴头M2为代表的遗存归入客省庄二期文化的双庵类型,认为年代已相当于夏代早期;将千阳望鲁台采集的花边鬲和花边罐、千阳乔家堡采集的折肩或圆肩罐归入"望鲁台—乔家堡"类型,年代相当于夏代中晚期,甚至晚到商代初年。后者可能对京当型商文化和郑家坡文化产生过少量影响③。无论是客省庄二期文化还是"望鲁台—乔家堡"类型,与鲁、豫一带的岳石文化都没有什么联系,而岳石文化被学术界公认为是夏商时期的东夷族文化。从2001年发掘的岐山王家嘴遗址的地层来看,在陕西龙山文化(客省庄二期文化)层之上,叠压着相当于殷墟一、二期的商文化,商文化层之上又叠压着相当于殷墟三、四期的以高领袋足鬲为代表的遗存。由此可见,关于夏末商初东夷部落曾大规模迁入关中郊岐之间的说法得不到任何考古材料的支持。

商代、西周时期在甘肃东部主要分布着寺洼文化,其范围西起洮河流域,东至庆阳地区,南达白龙江流域,北抵泾渭。从合水九站的发掘来看,其年代下限或可晚至春秋初年。自1923年安特生在临洮寺洼山发掘了8座墓葬,并将其命名为甘肃史前文化的"寺洼期"以来,对寺洼文化的考古工作持续了超过半个世纪。现已基本搞清它是继齐家文化之后的一支青铜文化,经济类型以畜牧为主;墓葬绝大多数为竖穴土坑,流行单人仰身直肢葬和二次葬;陶器质地粗糙,颜色

---

① 王国维:《观堂集林》,中华书局,1959年,第603—604页。
② 张天恩:《关中西部夏代文化遗存的探索》,《考古与文物》2000年第3期。
③ 张天恩:《关中西部夏代文化遗存的探索》,《考古与文物》2000年第3期。

驳杂不匀,多马鞍形口罐、簋、豆、鬲等器类。目前所知在甘肃东部直接与周文化接触的西戎文化是寺洼文化,赵化成推测它是"犬戎"的遗存①。寺洼文化的年代、分布、文化内涵与文献中的"犬戎"较为吻合②,这个推断较为合理。很多学者认为寺洼文化来源于齐家文化③,甚至认为卓尼县纳浪乡的材料表明了这种渊源关系④。这个意见得到了发掘材料的证实,在甘肃临潭县磨沟发掘了齐家文化墓地,其中既有出齐家文化陶器的墓葬,也有出寺洼文化风格陶器的墓葬,两类陶器在一些墓葬中还有共存现象⑤。只有处在齐家向寺洼过渡阶段的遗存才会出现这种现象。

寺洼文化包含的古族可能不止犬戎一支,但其族属的主体可能与犬戎有关。从文化内涵的各个方面看,该文化与豫、鲁一带的岳石文化都没有什么联系;相反,它的很多因素如二次葬、火葬等却可追溯到甘青地区的史前文化。大规模的民族迁徙不会在考古资料里无任何踪迹可寻,因此,认为犬戎是西迁的东夷部落后裔的说法同样得不到考古材料的支持。事实上,"就是岳石文化,其分布及其影响最西亦未越过太行山"⑥。

那么,秦人为什么会从晋南远徙至陇右?有内、外二因。

先说外因,此事与周穆王伐犬戎有很大关系。《今本竹书纪年》:"(穆王)十二年,毛公班、井公利、逢公固帅师从王伐犬戎。冬十月,王北巡狩,遂征犬戎。"可见此次远征穆王躬行亲为。作战的主力是西六师,《穆天子传》:"命毛班、逢固先至于周。""乃命井利、梁固聿将六师。"《日知录·卷三·大原》:"吾读《竹书纪年》,而知周之世有戎祸也,盖始于穆王之征犬戎。六师西指,无不率服,于是迁戎于太原。"

这次征伐的结果是将犬戎五王及其一部分属下东徙至太原。太原的地望,

---

① 赵化成:《甘肃东部秦和羌戎文化的考古学探索》,《考古类型学的理论与实践》,文物出版社,1989年。

② "犬戎"之名,在文献中主要见于商末、西周的史实;春秋以后仅见于《史记·匈奴列传》"西戎八国服于秦"之条,为"绲戎"。

③ 南玉泉:《辛店文化序列及其与卡约、寺洼文化的关系》,《考古类型学的理论与实践》,文物出版社,1989年。

④ 甘南藏族自治州文化局:《甘肃卓尼县纳浪乡考古调查简报》,《考古》1994年第7期。

⑤ 甘肃省文物考古研究所、西北大学文化遗产与考古学研究中心:《甘肃临潭磨沟齐家文化墓地发掘简报》,《文物》2009年第10期。

⑥ 邹衡:《夏商周考古学论文集(续集)》,科学出版社,1998年,第78页。

顾炎武认为在今甘肃平凉①,胡渭《禹贡锥指》及戴震《毛郑诗考正》亦从此说。顾炎武由汉安定郡之泾阳县求《诗·小雅·六月》之"泾阳""太原",王国维已驳其谬,指出周之泾阳即秦之泾阳,在泾河下游,非泾河上游汉之泾阳;又云:

> 太原一地,当在河东。《禹贡》:"既载壶口,治梁及岐;既修太原,至于岳阳。"郑注孔传均以太原为汉太原郡。然禹治冀州,水实自西而东,疑壶口梁岐而往,至霍太山;其地皆谓之太原。《左昭元年传》:"宣汾洮,障大泽,以处太原。"则太原之地,奄有汾、洮二水,其地当即汉之河东郡,非汉太原郡矣。疑太原之名,古代盖兼汉太原、西河、河东三郡地;而秦人置郡,晋阳诸县遂专其名。以古书所记太原地望证之,亦无不合。《后汉书·西羌传》:"穆王西伐犬戎,取其五王;王遂迁戎于太原。"此事当出真本《竹书纪年》。穆王所迁者,盖即五王之众。郭璞引《纪年》云"取其五王以东",则所迁之地亦当在东。《穆天子传》:"天子至于雷首,犬戎胡觞天子于雷水之阿。"此亦犬戎既迁后事。案雷首山在河东蒲坂县,《纪年》与《穆传》所记若果不谬,则太原在河东可知,后人或东傅之于晋阳,西傅之于平凉,皆与史事及地理不合者也。②

蒲坂县即今山西蒲县,在汾河之西,与汾河东岸的洪洞县相邻,距造父所封的赵城很近。穆王东迁戎王的目的是使其远离戎人的势力范围,并置之于周人的控制下。这种民族策略,古今同理。在平凉安国镇、庄浪徐家碾、合水九站等地都曾发掘到特征鲜明的寺洼文化墓葬。平凉安国镇出土的陶器在发现之初被命名为"安国式"陶器,随着资料的积累,才认识到它是寺洼文化的典型器类。可见平凉及其东面的合水、西面的庄浪,都属于寺洼文化的分布范围;从九站的资料看,其年代可到商代晚期。《史记·周本纪》:"(西伯)明年,伐犬戎;明年,伐密须。"应劭曰:"密须氏,姞姓之国。"瓒曰:"安定阴密县是。"《后汉书·郡国志》李贤引杜预注:"定安阴密县,古密须国。"文王连伐犬戎、密须,皆因二者地域毗邻,

---

① 黄汝成:《日知录集释》卷三,岳麓书社,1994年,第94页。
② 王国维:《观堂集林》,中华书局,1959年,第599—600页。

密须既然在安定,犬戎当距之不远。《汉书·杨恽传》:"顷者,足下离旧土,临安定,安定山谷之间,昆戎旧壤……"昆戎即犬戎。无论从考古资料还是文献记载来说,平凉及其周边地区都是犬戎的传统活动区域,周穆王伐犬戎后又将戎王迁到那里显然有悖情理。这也反过来证明王氏之说无误。

穆王西征,造父为之御。《今本竹书纪年》:"十六年……王命造父封于赵。""十七年……秋八月,迁戎于太原。"西征、迁戎、封赵三事的年岁即便不会如《纪年》所载那么准确,彼此也不会相隔久远,三者之间当有内在联系。造父受封,可能因为在伐戎战斗中立有功勋;穆王迁戎于河东太原,亦因为那里有众多的姬姓封国,自西周早期以来逐渐成为周人稳固的地盘;所迁之戎邻近赵城,同时有命造父之族督导镇抚的用意。

民族迁徙的策略有两面:一方面是对迁入民族的监管;另一方面是对民族迁出地的巡视,并增派武力,强化那里的防备。穆王所迁仅仅是戎人首脑及其部分下属,不可能把犬戎完全迁至河东,犬戎的大部分应还在原住地,否则它在西周末年就不会酿成巨变。穆王西巡之事,见于《古本竹书纪年》①《今本竹书纪年》②《史记》《左传》③《穆天子传》等文献,应有其事,但穆王巡狩向西具体到了哪些地方,则还可以讨论④。从后代帝王出巡的事例看,出巡的主要目的是镇抚周边异族,穆王西巡亦如此;若再与伐犬戎之事相联系,则其意图更为明了。以造父与穆王关系之密切,以及新封赵城之荣宠,举荐与己同祖的太几、大骆族远赴陇右,为周王室保西垂,防范犬戎之变,是再合理不过的事情。犬戎(部分)和嬴秦在迁徙的位置方向上对调,不过乃古代帝王民族羁縻之策。

再说内因,这涉及西周早中期秦、赵宗族结构的变动。先摘录《秦本纪》中相关记载:

---

① 《史记·秦本纪》集解引郭璞曰:"《纪年》云:穆王十七年,西征于昆仑丘,(遂)见西王母。"《穆天子传》注引《纪年》:"穆王十七年,西征昆仑丘,见西王母。其年来见,宾于昭宫。"
② "十七年,王西征昆仑丘,见西王母。其年,西王母来朝,宾于昭宫。"
③ 《左传·昭公十二年》:"昔穆王欲肆其心,周行天下,将皆必有车辙马迹焉。祭公谋父作《祈招》之诗,以止王心,王是以获没于祗宫。"
④ 《穆天子传》:"曹奴之人戏觞天子于洋水之上。"《水经注·漾水》云此"洋水"即为今礼县西河一带的漾水。如此,穆王曾西巡至今西汉水上游一带?

> 蜚廉生恶来。恶来有力，蜚廉善走，父子俱以材力事殷纣……蜚廉复有子曰季胜，季胜生孟增。孟增幸于周成王，是为宅皋狼。皋狼生衡父，衡父生造父。造父以善御幸于周缪王，得骥、温骊、骅骝、騄耳之驷，西巡狩，乐而忘归。徐偃王作乱，造父为缪王御，长驱归周，一日千里以救乱。缪王以赵城封造父，造父族由此为赵氏。自蜚廉生季胜已下五世至造父，别居赵。赵衰其后也。恶来革者，蜚廉子也，蚤死。有子曰女防。女防生旁皋，旁皋生太几，太几生大骆，大骆生非子。以造父之宠，皆蒙赵城，姓赵氏。

太史公在这里并述秦、赵两支族人历史繁衍。秦、赵共祖，以蜚廉为祖，之后分开。蜚廉之子中，恶来为兄，且有官爵在身①，与乃父共事纣王，应是嫡长子，也就是宗子，他的直系自然是蜚廉后代的大宗。季胜为弟，且可能是四弟，《赵世家》云："恶来弟曰季胜。"因此，季胜的支系为小宗。

关于周代卿大夫家族的宗法制度，《礼记·大传》云："别子为祖，继别为宗，继祢者为小宗。有百世不迁之宗，有五世则迁之宗。百世不迁者，别子之后也；宗其继别子之所自出者，百世不迁者也。宗其继高祖者，五世则迁者也。"大宗统领小宗，百世不迁，万世一系，被尊奉为家族的正体，是维系同一血缘集团的核心，也是衡量亲疏远近关系的标准。同宗以追认、祭祀同一高祖为标准；到了第五代之后（第六代）就不同宗了，亲属关系淡薄，小宗可以分化出去另立宗室，有新的氏号，相当于自立门户。小宗分支的氏号与大宗本家的氏号有所区别，但也有关联，以表示对大宗的服属。如西周王畿内有井氏，为大宗；各地小宗分支有"奠（郑）井氏""咸井氏""丰井氏"等。还有小宗分支兼用或沿用大宗本家的氏号，如晋国赵同、赵括、赵婴齐虽然以各自采邑为氏称原同、屏括、楼婴，但他们还依然称本家赵氏②。当然，周代宗族的分化并未严格如礼书所说"五世而迁"，春秋中晚期小宗分支隔二世甚至一世就另立氏号的情况很多，反映了当时宗法观念的淡化和宗族内部离心力的增强。

---

① 路国权：《说"恶来"——秦族起源再探》，《咸阳师范学院学报》2011年第5期。
② 张淑一：《周代天子诸侯、卿大夫阶层的姓氏特征》，《求是学刊》2000年第6期。

造父这一代与秦人拥有共同的高祖蜚廉,这时秦、赵尚属同一宗族。按照宗法制度,到造父下一代,赵人小宗就该分化出去。造父因被封赵城而另立新的氏号"赵氏",提前了一代,也属正常。恶来至大骆这支大宗的氏号文献无载,《秦本纪》末太史公曰:"秦之先为嬴姓。其后分封,以国为姓,有徐氏、郯氏……蜚廉氏、秦氏。"其中蜚廉氏是否为这支秦人大宗的氏号值得考虑,因为能以"蜚廉"为氏号的只能是蜚廉的直系后代,不是赵人就是秦人。反常之处在于,造父族的新氏号非但与大宗本家(秦人)看不出任何关联,而且后者反倒就此改从前者的氏号,即太史公所云"然秦以其先造父封赵城,为赵氏"(《秦本纪》)。大宗改从小宗的氏号,岂非咄咄怪事? 这其实说明二者的宗族地位发生了升降对换:赵人从小宗升格为大宗,秦人从大宗沦落为小宗。这在宗法观念尚强,宗法制度备受重视的西周时期是相当罕见的。征诸史籍,最有名的类似事件是"曲沃代晋"。晋文侯弟成师被封在曲沃,是为桓叔,后经庄伯、武公,终于取代了位于晋都翼城的大宗。"曲沃武公伐晋侯缗,灭之,尽以其宝器赂献于周釐王。釐王命曲沃武公为晋君,列为诸侯,于是尽并晋地而有之"(《晋世家》),前后经67年,过程曲折而血腥。其间翼城晋人多次拥立大宗之后,并击退曲沃小宗的围攻;周王还先后两次命虢公、虢仲伐曲沃。最后曲沃武公将翼城大宗灭掉,并贿赂周王,周王不得已才承认了既成事实。可见小宗篡夺大宗之位在当时很不得人心。然而,造父系取代大骆系的大宗地位风平浪静,而且充满了"喜庆"色彩,似乎后者"姓赵氏"是一件很荣幸的事情。

之所以如此,是因为恶来事纣,"为周所杀"(《赵世家》),虽然不至于灭族绝祀,但政治地位肯定大不如前。季胜这一支却能很快地与周王搭上关系,成为王之近臣和御手,在周室的政治地位不断上升,势力也不断发展,甚至在外地领有采邑,如孟增之皋狼。赵人地位到造父时终于发生了质的变化,造父被赐封赵城,相当于王朝大夫,一方诸侯。相比之下,恶来这一支默默无闻,仅宗子之名得以保留。在周穆王力挺之下,造父系取代大骆系成为大宗也就一帆风顺;甚至因为周王对造父的宠信,后者"姓赵氏"看起来还"与有荣焉"。然而,小宗替代大宗毕竟为世人所忌,大骆系族人内心未必不引以为耻。在这种"尴尬"的氛围下,太几率族人迁出祖辈世居的故地,远徙陇右,就成为对彼此最好的选择。

第三节 "辠"族相关问题考辨

邹衡曾把一种带"辠"字族徽的传世铜广折肩罐命名为"亚辠罐";还收集了带相同族徽的传世铜器,共9件,有爵、尊、簋、斝、觯、卣等,年代相当于商末周初。邹先生认为亚辠罐的族徽代表了一个善于捕鸟的氏族,文献记载秦的祖先善驯鸟兽,而且"辠"字的声符"匕"可以和费、蜚、非等通假,因而卜辞中的氏族和金文中的氏族"很可能就是秦的祖先费、蜚、非之类了","既然此族徽代表秦的祖先氏族,不用说,这件亚辠罐自然就是先秦器了"。卜辞中辠率众去"京"地从事农业活动,他认为"京"或为周人的旧居,这件铜罐具有先周文化风格,"因而在商末,陕西的辠族使用先周文化也就不足为奇了"①。

邹先生的意见在考古界影响很大,尤其在探讨秦文化渊源和秦人来源的领域。刘军社就据以指证商时期周原一带的"壹家堡类型文化"最有可能是秦族文化②。牛世山也认为在商代晚期中潏一族曾服务于商王朝,使用商文化,去商归周、投靠周人后接受了先周文化③。鉴于该问题的重要性,笔者查阅了相关卜辞以及一些前贤的著作,觉得对"辠"族的族属判断似有讨论的余地。

据白川静的研究,甲骨卜辞中的辠族与商王室关系密切,可能是出自商王室而外封的雄族。商代是否分封在学界尚有争议,姑且不论;但就辠族与商王室关系之密切而言,却无疑义。卜辞中有辠族祭祀商先公先王的记载:

(1) 丙辰卜,宾贞,叀辠令燎于夔。(《合》14370 丁)

(2) 甲午卜,㱿贞呼辠先御燎于河。(《合》177)

(3) 呼辠酌河。(《英》794)

(4) 丙申卜,贞翌丁酉辠侑于丁一牛。(《合》04048)

(5) 辠御于父丁。(《明后》B2534)

(6) 癸巳卜,贞,翌丁酉莫,辠桒于丁?(《合》4061)

---

① 邹衡:《夏商周考古学论文集》,文物出版社,1980年,第326—329页。
② 刘军社:《壹家堡类型文化与早期秦文化》,《秦文化论丛(第三辑)》,西北大学出版社,1994年。
③ 牛世山:《秦文化渊源与秦人起源探索》,《考古》1996年第3期。

(7) 贞呼皋酚岳。(《合》14469 反)

(8) 贞惟皋乎侑上甲。(《合》04047 反)

(9) 丁未贞皋以牛其用自上甲鼍大示。(《屯南》9)

(10) □戌卜,贞皋见百牛,汛用自上示。(《合》102)

  类似的记载还有很多。例(1)中的"夒"或释读为"夋",又称高祖,如《合》30398、30399、33227,《屯南》4528等;卜辞中的高祖"夋"被王国维以声类读为"喾",即帝喾①。例(2)(3)中的"河",非河水之河,乃商祖先神之名,郭沫若在《卜辞通纂》中有论证;如"辛未贞棄禾于高祖河,辛巳酒賓"(《殷契摭佚续编一》),又如"贞于南方□河宗"(《续一》38,3)等;"河"与高祖或祖庙相联系,为商祖先神,已被学界公认。例(4)(6)中的"丁"和(5)中的"父丁"应是祖丁或武丁。例(7)中的"岳"也是商人祖先神,如"辛亥卜又燎于岳"(《续一》50,1),从卜辞体例看必为商人远祖。例(8)(9)中的"上甲"为上甲微。杨升南认为卜辞称"示"一般是在对多个祖先神集体祭祀的场合,"大示"指直系先王,"小示"指旁系先王②。陈梦家《殷虚卜辞综述》称"上下示与大小示是相当的"③。例(10)中皋献百牛以用于对上示的祭祀,有助祭的性质;类似的例子如"甲戌卜,贞,翌乙亥侑于祖乙三牛皋献"(《合》1520)。

  商王还曾为皋族求佑而祭祀先王,如:

(11) 甲子卜,争,贞来乙亥告皋,其西于六元示。(《合》14829)

  在古代只有同姓族人才能祭祀本族的先祖,祭祀也才被鬼神享用,这在文献中有明确的记载,如《左传·僖公十年》:"神不歆非类,民不祀非族。"《左传·僖公三十一年》:"鬼神非其族类,不歆其祀。"祭祀异姓的鬼神被认为是"淫祀",如《论语·为政》:"子曰:'非其鬼而祭之,谄也!'"郑玄注:"人神曰鬼,非其祖考而祭之者是谄求福。"《礼记·曲礼》:"非其所祭而祭之,名曰淫

---

① 王国维:《殷卜辞中所见先公先王考》,《观堂集林》,中华书局,1959年。
② 杨升南:《从殷墟卜辞中的"示""宗"说到商代的宗法制度》,《中国史研究》1985年第3期。
③ 陈梦家:《殷虚卜辞综述》,中华书局,1988年,第467页。

祀,淫祀无福。"因此,很难想象嬴姓秦人会去长期、频繁地祭祀子姓商人的祖先。皋族既然经常祭祀商先公先王,自然为子姓商人的一支,与嬴姓秦人(或其祖先)无涉。

皋族是子姓商人的一支并非笔者的发明。朱凤瀚在《商周家族形态研究》一书中已指出武丁时期卜辞中皋、爰、雀、壹、酋等族未见称"子某",他们较称"子某"的同姓商族有着与时王不同的亲疏远近关系。简言之,"子某"所祭主要是祖丁、丁(应是祖丁,少数可能是武丁)、父乙,即时王上二代以内的直系先王;非"子某"者不祭祀时王(武丁)的嫡父(父乙),所祭范围也不限于时王上二代以内的直系先王。王为"子某"求佑所祭也主要是上二代以内的直系,王为非"子某"求佑所祭主要是祖丁以上先王以及旁系先王,可见"子某"较非"子某"与时王的关系要密切得多。"子某"族是由先王的部分未即位的王子在其父王卒后从王族中分化出去所建立的家族,从武丁时的卜辞看,分化出去的时间大多在时王上二代以内(祖丁至小乙辈)。非"子某"族也是商先王的王子从王族中分化出去而建立的,但分化出去的时间要早得多,应该多在祖丁辈以前[①]。皋族显然属于后者。

卜辞中皋族曾率领族人在"京"从事农业活动。由于《毛诗·大雅·大明》云"挚仲氏任,自彼殷商。来嫁于周,曰嫔于京";《大雅·思齐》云"思媚周姜,京室之妇";《大雅·下武》云"三后在天,王配于京";《大雅·公刘》云"乃觏于京""于京斯依"等,所以很多学者认为殷墟卜辞中的"京"即《大雅》中的周人旧居,即周人所迁的岐下周原,况且在今周原遗址附近有地名"京当"者。

这个意见同样值得商榷。《诗·大雅》主要歌颂周先祖功烈,其中的"京"自然指周人旧都,或为公刘所居之豳,或为太王所居之岐下。但殷墟卜辞属商人记载,所记的"京"不见得和周人有什么关系,反倒与商人旧都有关。现将相关卜辞摘录如下:

(12) 癸亥卜宁贞令皋……京。(《合》5715 一期)
(13) 贞勿令皋田于京 二告。(《合》10919 一期)
(14) 丙戌卜贞令犬延于京。(《合》4630 一期)

[①] 朱凤瀚:《商周家族形态研究》,天津古籍出版社,1990年,第48—67页。

(15) 贞勿令犬延田于京。(《英》834 一期)

(16) 贞呼犬𢼊于京。(《合》5667 一期)

(17) 贞王勿往于京。(《合》5667 一期)

(18) 京受黍年。(《合》9980 一期)

(19) ……卯贞王令皋田于京。(《合》33220 四期)

(20) 贞今日皋步自京。(《合》32864 四期)

(21) 乙丑贞王令衺田于京。(《合》33209 四期)

(22) ……卜王令……田于京。(《合》33221 四期)

(23) 癸丑卜王令介田于京。(《屯》232 四期)

有理由说例(12)至(23)的"京"是指一个地方。《甲骨文合集》卜辞的一期为盘庚、小辛、小乙、武丁，相当于邹衡先生殷墟文化分期的一至二期；四期为帝乙、帝辛，相当于殷墟文化分期的四期。由上述卜辞记载可知，"京"这个地方到帝乙、帝辛时期还处在商人有效控制的势力范围之内，考古学上也应处在商文化的分布范围内。但我们知道商文化在关中地区的年代下限为殷墟二期，大致在殷墟二、三期之交就已经完全撤离，周原遗址在帝乙、帝辛时根本不属于商人的势力范围(详后)，卜辞中的"京"自然也就不在那里，当然也不在关中地区。

从卜辞中可知，商王经常往来于"京"这个地方，从事田猎或农业生产，因此这个"京"应在商王朝畿内或其附近。朱凤瀚认为其可能在今郑州西部，即《左传·隐公元年》所载"京城大叔"之"京"，在今河南荥阳东[①]。郑州有早商文化的都城，为商王朝前期的政治中心；虽然盘庚之后迁殷，但作为故都旧地，仍处在商王朝有效控制之下，与卜辞吻合。因此，这个意见可以信从。

西周金文中也提到"京"或"京师"，如多友鼎："惟十月，用玁狁方兴，广伐京师，告追于王。命武公：'遣乃元士，羞追于京。'武公命多友率公车羞追于京师。癸未，戎伐筍，衣俘，多友西追。甲申之晨，搏于萚……衣复筍人俘。或搏于龏……追搏于世……至于杨冢……"又如克镈："王亲令克遹泾东，至于京

[①] 朱凤瀚：《商周家族形态研究》，天津古籍出版社，1990 年，第 208、217 页。

师……"李学勤认为这里的"京师"即公刘所居豳地,"筍"即旬邑,"黍"即漆,"龚"即共,均在泾河中上游①。可见西周金文与《诗·大雅》中的"京"是一致的,也是题中应有之意。

羋族为商王族的一支,以及殷墟卜辞中的"京"在今河南的认识,从文字学的角度否定了商代晚期嬴秦曾活动于甘、陕一带的可能性。下面从考古学的角度申论之。

假如中潏曾去商归周,在考古学上就得回答中潏及其族人在归周前使用何种考古学文化,在归周后又使用何种考古学文化;如果前、后不同的话,这个转变发生于何时、何地?

刘军社认为转变发生在周原,那里的壹家堡第一期文化和第二期文化"是早期秦族文化或其中的一支文化"②。由于壹家堡第一期文化中折裆鬲、假腹豆等商文化典型器物的数量占全部陶器的半数以上,所以其性质为商文化,当然也包括少量的郑家坡文化及北方古文化的因素;壹家堡第二期遗存以联裆鬲为主,因此可以归入先周文化的范畴(或郑家坡文化)。换言之,他认为秦人在壹家堡第一期时还主要使用商文化,到第二期时,则基本改用先周文化了③。牛世山认为"中潏之子蜚廉与商王帝辛同时,中潏应与商王帝乙同时,或可早至文丁之时,即其时代大致在殷墟文化三、四期之交前后……中潏既然归周,就应使用先周文化了",而中潏以前秦先公使用的文化,"应是关中地区的商文化了"④。张天恩也认为"关中西部的商文化中确应该包含有嬴秦氏族了……嬴秦族在关中西部的京当型商文化中,不可能是主体,所占的比例便必然很有限"⑤。

这个问题涉及关中地区商时期考古学文化的变迁,因此这里参考相关研究意见⑥,把关中地区含商文化因素遗址的分期情况及各期文化属性制成下表(表20):

---

① 李学勤:《论多友鼎的时代及意义》,《新出青铜器研究》,文物出版社,1990年。
② 刘军社:《从考古遗存看早期周秦文化的关系》,《考古与文物》2000年第5期。
③ 刘军社:《从考古遗存看早期周秦文化的关系》,《考古与文物》2000年第5期。
④ 牛世山:《秦文化渊源与秦人起源探索》,《考古》1996年第3期。
⑤ 张天恩:《关中西部商文化的族属讨论》,《考古与文物》2002年增刊(先秦考古)。
⑥ 雷兴山:《对关中地区商文化的几点认识》,《考古与文物》2000年第2期。

表 20　关中商代遗址分期序列表

时期＼遗址	二里岗下层时期	二里岗上层时期	殷墟一期	殷墟二期	殷墟三期	殷墟四期
西安老牛坡	1期（商文化）	2期（商文化）	3期（土著文化）	4期（土著文化）	5期（土著文化）	6期（土著文化）
耀县北村	1期（商文化）	2期（商文化）	3期（商文化）			
华县南沙村、蓝田怀珍坊	商文化					
扶风壹家堡			1期（商文化）	2期（非商文化）	3期（刘家文化）	4期（郑家坡文化）
周原王家嘴			1期（商文化）		2期（碾子坡文化）	
礼泉朱马嘴		1期（商文化）	2期（商文化）	3期（商文化?）		

　　由上表可知，从殷墟三期开始，无论是关中西部，还是关中东部，均无商文化的分布。换言之，在殷墟三期，商人已经撤出了关中地区，那里也不再是商人经营的范围。壹家堡遗址商代文化的地层序列具有普遍意义，并被新的发掘所证实。根据 2001 年对周原王家嘴的发掘，其考古学文化的年代序列为：第一期为商文化"京当型"，年代相当于殷墟文化一至二期；第二期为"碾子坡文化"，年代相当于殷墟文化三至四期，下限不晚于商、周之际[①]。关于"碾子坡文化"的族属在学界尚有争议，但不是商人的遗存则无疑义。王家嘴的发掘同时也使壹家堡遗址第四期文化的年代上限有修正的必要。

　　诚如牛世山所言，中潏的年代在殷墟文化第三、四期之间。如果中潏"去商归周"的说法成立，那么他及族人在"归周"后使用的考古学文化的年代自然就落在了殷墟四期，扶风壹家堡的层位关系显示它是郑家坡文化，而郑家坡文化被很多学者归为先周文化。这个考古学现象和上述先生们的观点并不矛盾。同理，中潏及其族人在"归周"前使用的考古学文化自然应在殷墟三期的文化中去寻

[①] 周原考古队：《2001 年度周原遗址（王家嘴、贺家地点）发掘简报》，《古代文明（第 2 卷）》，文物出版社，2003 年。

找，扶风壹家堡和周原王家嘴的层位关系显示它是刘家文化或"碾子坡文化"，但刘家文化和"碾子坡文化"都不是商文化，这便和上述的观点发生了明显的矛盾。又因为到了殷墟三期关中地区已经没有商文化的分布点，于是中潏的年代（殷墟三、四期之间）和他及族人曾使用商文化的假说便有了不可调和的冲突。

刘军社把中潏的年代提前到殷墟二、三期之间，他说："可知恶来与纣同时，约当殷墟四期偏晚，其父蜚廉大致相当于殷墟三、四期之交，其祖中潏大致是殷墟三期时候的人。又据文献记载，文王大致相当于殷墟四期，与秦人先祖恶来同时。王季约当殷墟三期偏晚，与秦祖蜚廉同时。太王约当殷墟二、三期之交，或与秦祖中潏的时代相当。秦先祖与周先祖以及与殷墟文化时间上的对应关系的基本被确定，就为我们将其联系起来而加以分析提供了方便。"此说不确，《史记·秦本纪》讲蜚廉、恶来"俱以材力事殷纣"，则他们与纣同时，相当于殷墟四期偏晚；中潏的年代可提前至帝乙，最多也只能跨一王提前至文丁，而文丁与王季同时，《竹书纪年》云："文丁杀季历。"

总之，关于秦先祖中潏曾"去商归周"，并由此推导出嬴秦此前使用商文化、此后使用先周文化的说法目前还得不到考古学材料的支持。

第四节 嬴秦西迁三说平议

秦人是陇右土著，还是本为东方民族，只是后来才西迁过去的？这个问题在以前颇有争议，即所谓的"西来说"和"东来说"之争。参与的学者多据文献立论，比较而言，"东来说"较系统，理由也更为充分。事实上，考古学中不乏证据表明秦人本是东方民族的一员，包括墓葬的腰坑、殉狗、殉人习俗，与周人不同的车马殉葬特点，以及出土的商式风格陶器等等。

嬴秦应属东方民族，与殷商关系密切。秦人东来在学术界已逐渐达成共识。然而，秦人是何时从何地西迁至陇右？在这个问题上学界却是众说纷纭，莫衷一是。举其大者，有商代晚期自关中西迁、西周早期自山东西迁、西周中期自山西西迁三种说法。这里有必要总结三说的主要内容，并评述其立论的依据及得失。

一、商代晚期自关中西迁说

这个说法曾长期流行，不同学者曾分别从文献记载、古文字材料和考古学的角度进行论证，主张该说。

文献方面，《史记·秦本纪》记载申侯反对周孝王立非子为大骆之嫡，反对的理由是申、骆通婚的历史由来已久，其先人郦山之女曾为戎胥轩妻，生中潏，中潏因此归顺周人，并保卫西垂。很多学者据此认为商代晚期中潏已经为周人保西垂。

如前所述，申侯之言与《史记》其他记载相抵牾。《秦本纪》云中潏之子蜚廉、之孙恶来为殷纣王心腹大臣，周武王伐商时杀恶来，蜚廉为纣王使北方，死葬于霍太山。当时殷、周尖锐对立，周人积极筹划剪商，在血缘政治的时代背景下，如果中潏已经归顺周人，其子、其孙不可能为纣王卖命，与乃父、乃祖作对。但蜚廉、恶来事纣的历史不容否定，不仅《秦本纪》，在《殷本纪》《赵世家》也有记载。此外，秦、赵共祖，本为一家，在蜚廉之后才分开，如果中潏曾远徙陇右，保周人之西垂，那么后来赵人又是如何从甘肃迁徙到山西的？这个问题无解，因为山西中南部一直是赵人的传统居住地。由此可知，中潏"归周"的说法不可信，且为单文孤证，不足为凭。

商代晚期西迁说在文献上的依据并不可靠。为了达到立成为嫡嗣的目的，申侯故意拉长周、秦交好的历史，并渲染秦和姜姓申国的通婚关系，实乃溢美之辞。顾颉刚曾说："这如果不是司马迁的错记，就应该是秦人西迁之后，为了掩盖他们被迫移徙的耻辱，进一步表示自己和西戎的历史渊源，是由于夸耀门第的需要而杜撰出来的故事。"[①]

古文字材料方面，20 世纪 80 年代邹衡认为商末周初一种铜折肩罐上的"辜"字族徽很可能代表了秦的祖先氏族。卜辞中辜率众去"京"地从事农业活动，他认为"京"或为周人的旧居，在陕西周原，铜罐又具有先周文化风格，因而辜族曾使用先周文化。

如前所述，卜辞中辜长期、频繁祭祀商先公先王，因此是子姓商人的一支，与

[①] 顾颉刚：《鸟夷族的图腾崇拜及其氏族集团的兴亡——周公东征史事考证四之七》，《史前研究》，三秦出版社，2000 年，第 202—203 页。

嬴姓秦人无关。卜辞中"京"在商王朝核心统治区域,也不该是周人都邑。

考古学方面,有学者提出商时期周原一带的"壹家堡类型文化"最有可能是秦族文化。或认为晚商时期关中地区的中潏一族原本使用商文化,去商归周后接受了先周文化。还有学者认为甘肃东部的秦文化源于商代晚期分布在关中西部的郑家坡文化①。

如前所述,从目前考古工作揭示的关中地区商时期考古学文化的发展序列来看,殷墟二期之后至少在关中西部已经没有商文化遗址点分布,商人可能已经撤离关中地区。中潏的年代相当于殷墟三、四期之交,但殷墟三期在关中地区已无商文化分布,因此中潏曾"去商归周"且其族人之前使用商文化的说法,得不到考古学材料的支持。

总之,嬴秦商代晚期自关中西迁说在文献记载、卜辞金文、考古发现等方面都还缺乏足够的说服力。

二、西周早期自山东西迁说

秦人嬴姓,"自以为主少昊之神"(《史记·封禅书》),秦襄公立国就作西畤祭白帝少昊。嬴姓是一个很大的人群,其中部族林立,包括徐、奄、郯、江、黄、弦等,分布范围很大,多居东方。少昊之墟在山东曲阜。秦人是嬴姓族群的一员,所以很多学者认为秦人的祖先最初居住在山东。

秦有玄鸟降生的传说。20世纪60年代顾颉刚曾撰长文总结鸟夷族的兴亡,其中就有秦、赵。他认为秦人未西迁时的居地在少昊之墟附近。《孟子·滕文公下》:"周公相武王,诛纣伐奄,三年讨其君,驱飞廉于海隅而戮之。"飞廉既被驱、戮,他的子孙可能也被赶走。因此顾先生说:"为了武王伐纣和周公东征,在这两大战役间,飞廉、恶来父子先后惨死,逼得他们整个氏族不得不从山东搬到山西,更从山西渡过黄河,搬到陕西去了。"②

周公东征后曾把大批的嬴姓东夷国族作为战俘强迫西迁。《逸周书·作雒

---

① 滕铭予:《秦文化起源及相关问题再探讨》,《中国考古学跨世纪的回顾与前瞻》,科学出版社,2000年。

② 顾颉刚:《鸟夷族的图腾崇拜及其氏族集团的兴亡——周公东征史事考证四之七》,《史前研究》,三秦出版社,2000年,第203页。

解》:"周公立,相天子,三叔及殷、东、徐、奄及熊盈以略……元年夏六月,葬武王于毕。二年,又作师旅,临卫政殷,殷大震溃。降辟三叔,王子禄父北奔,管叔经而卒,乃囚蔡叔于郭凌。凡所征熊盈族十有七国,俘维九邑。俘殷献民,迁于九毕。"毕是镐京附近地名,为文王、武王、周公葬地,在长安区韦曲镇西北,宣王时吴虎鼎铭文中"毕人"可资为证。"九毕"可能是丰镐附近殷遗民安置点。何汉文、尚志儒、何清谷等学者都认为被迁的殷遗民中包括秦人①。林剑鸣则认为秦人在那次被迁到了更遥远的西垂,即周人的西方边境②。

西周镐京遗址因为汉武帝凿昆明池而被严重破坏,丰京尚存。20世纪50年代以来在沣西遗址发掘了大量西周墓葬,在张家坡村西的"郿坞岭"岗地累计发掘了393座墓葬,属周人墓葬,包括井叔家族墓地;在张家坡村东、南累计发掘了394座墓葬,为殷遗民墓地③。在沣河东岸花园村、普渡村附近也发掘了一批殷遗民墓。不仅丰镐,历年来在周原齐家、李家、王家嘴、云塘等地点也发掘了不少殷遗民墓。这表明周初统治者确曾把大量殷遗民迁入关中,集中在周原、丰镐等中心都邑监管起来。但这些殷遗民中是否包含秦人,至少在文献记载中没有任何线索。

清华简《系年》云:"飞曆(廉)东逃于商盍(盖)氏。成王伐商盍(盖),杀飞曆(廉),西迁商盍(盖)之民于邾(朱)虐(圉),以御奴叡之戎,是秦先人。"飞廉即蜚廉,商盖即商奄。李学勤将楚简中的"邾虐"隶定为"朱圉",即《汉书·地理志》天水郡冀县的"朱圄",在今甘肃甘谷县境内南山;认为秦人本是来自东方的商奄之民,周初成王时被迫迁徙至甘谷的朱圉山一带,谪戍西方御戎④。

《系年》所记与《孟子》略同,但更具体。二者都是战国中期文献,一为出土,一为传世,上距周初已近七百年。二者所言与《史记》迥异,与《秦本纪》抵牾之处有三:①《系年》等云蜚廉被戮,死于山东海隅;《秦本纪》云蜚廉"死葬霍太山"。②《系年》云商奄之民是秦先人,则世居山东;《秦本纪》却说蜚廉之父中潏"在西戎,保西垂"。③《系年》云蜚廉后人在成王时被迫西迁至甘谷朱圉;《秦本纪》记

---

① 何汉文:《嬴秦人起源于东方和西迁情况初探》,《求索》1981年第4期;尚志儒:《早期嬴秦西迁史迹的考察》,《中国史研究》1990年第1期;何清谷:《嬴秦族西迁考》,《考古与文物》1991年第5期。
② 林剑鸣:《秦人早期历史探索》,《西北大学学报(哲学社会科学版)》1978年第1期。
③ 张礼艳:《丰镐地区西周墓葬研究》,吉林大学博士学位论文,2009年,第178—181页。
④ 李学勤:《清华简关于秦人始源的重要发现》,《光明日报》2011年9月8日。

"自蜚廉生季胜已下五世至造父,别居赵",蜚廉之孙孟增,"幸于周成王,是为宅皋狼",已居山西。

战国秦汉间关于蜚廉的传说应有多个版本,蜚廉死于山东的说法可能流传于当地。太史公曾"北涉汶、泗,讲业齐、鲁之都,观孔子之遗风"(《史记·太史公自序》),凭其广闻博识,理应知道这个说法,但未加采信,《秦本纪》中只字未提,有违其拾遗补阙的宗旨,恐有缘由。太史公撰《史记》参考了汉宫中的石室金匮之书,包括秦人自己的国史《秦记》①,可信度较高。目前不宜据《系年》《孟子》而将《秦本纪》中的相关记载全盘否定。

商奄之民的遗存自然应有东方色彩,带商文化遗韵。朱圉山附近保存最好、面积最大的秦文化遗址是甘谷毛家坪遗址。20世纪80年代在该遗址发掘出了西周时期的秦文化遗存,包括居址和墓葬两部分。居址包含侈口深腹瘪裆鬲、连体甗、深腹盆、喇叭口罐、弧盘豆、圆腹罐、蛋形瓮等器类,发掘报告认为年代可到西周早期②。墓葬有8座属西周时期,死者皆为头西足东的屈肢葬,不殉狗,仅M4一座墓墓底有腰坑,坑内无遗物;陶器组合为鬲、豆、盆、罐,鬲为联裆鬲,豆为实柄豆,发掘者认为年代可到西周中期。毛家坪遗址位于甘谷朱圉山西约20公里,遗存的年代若按原报告可到西周早期,则其地望、年代均与《系年》中西迁的商奄之民吻合。但遗存中基本不见殷商文化因素,出土的陶器已经基本周式化,死者葬式为甘青地区古文化曾经流行的屈肢葬,更与商人无缘;况且近年的发掘表明毛家坪秦文化的年代上限为西周晚期偏早,与周初相距尚远,还难以和商奄之民扯上关系。

清水县李崖遗址的秦文化面貌有浓厚的殷商遗风,在文化特点上倒与商奄之民相似,但地理位置已超出朱圉山范围,年代也早不到成王时期。

《左传·定公四年》记载成王时"因商奄之民,命以伯禽,而封于少皞之虚"。张学海先生曾认为曲阜鲁故城内发掘的甲组墓葬是"商奄"之类的夷人墓③。甲组墓从西周中期延续到春、战之交,陶器组合多为成偶数的鬲、簋、豆、罐,鬲为绳

---

① 《史记·六国年表》云:"太史公读《秦记》,至犬戎败幽王,周东徙洛邑,秦襄公始封为诸侯,作西畤用事上帝,僭端见矣。""《诗》《书》所以复见者,多藏人家,而史记独藏周室,以故灭,惜哉,惜哉! 独有《秦记》,又不载日月,其文略不具。"
② 甘肃省文物工作队、北京大学考古学系:《甘肃甘谷毛家坪遗址发掘报告》,《考古学报》1987年第3期。
③ 张学海:《浅谈曲阜鲁城的年代和基本格局》,《文物》1982年第12期。

纹鬲和素面小鬲;流行腰坑殉狗;死者头向有15座南向,7座北向,2座东向,无一座西向,墓向与秦墓流行的西首向完全不同。

总之,嬴秦西周早期自山东西迁说在文献上的依据与《史记·秦本纪》抵牾,考古学上有待相关材料的支持。

三、西周中期自山西西迁说

山西说晚出,但论证较为周详①。

《秦本纪》里商晚期至西周前期秦、赵先民的活动地点有西垂、霍太山、皋狼、赵城。中潏所保"西垂",王玉哲认为是指商的西垂,位于殷都之西,在今山西境内②。商周时那里散居着大量种姓不同的戎狄,也可说是"在西戎"。霍太山即今霍山,在山西霍州市东南,在后世赵人心目中有崇高地位,为常祭对象。皋狼在山西离石西北。造父的封地赵城,在今洪洞县。由此看来,秦、赵先祖世居山西中南部,主要活动于霍山附近的临汾盆地。

如前所述,西周早中期女防至大骆这支秦人,从《秦本纪》中女防至大骆、非子"以造父之宠,皆蒙赵城,姓赵氏"的记载来看,也曾居住在赵城或其附近。《秦本纪》中西犬丘为大骆故地,在甘肃礼县。造父是大骆的远房叔伯,活动于穆王时期,大骆则生存于穆王至孝王时③。秦人西迁不能晚于大骆,但又不能早到造父封赵城之前。因为秦人如果在造父之前的西周早期已经西迁陇右,经长期繁衍发展,与山西赵人已成各自独立的两支族群,且隔千里之远,无由因造父封赵城而姓赵氏。西周诸王在位年数以穆王最长,达55年之久④,秦人最有可能在穆王时西迁,年代相当于西周中期偏早⑤。

---

① 王玉哲:《秦人的族源及迁徙路线》,《历史研究》1991年第3期;梁云:《论嬴秦西迁及甘肃东部秦文化的年代》,《古代文明研究通讯》2011年总第49期。
② 这个说法不无道理,因为甲骨文、金文中"西""卤"为同一字,晋南盐池在商周时期已被开发利用,因此晚商时期有可能把位于殷都之西、包括盐池在内的晋南称为"西垂"。
③ 《史记·三代世表》将大骆与共王对应,共王在位仅12年(《夏商周断代工程1996—2000年阶段成果报告·简本》),则大骆应生于穆王时。《秦本纪》记载"申侯之女为大骆妻,生子成为嫡";"孝王欲以(非子)为大骆嫡嗣",大骆似乎至迟在孝王时已殁。
④ 夏商周断代工程专家组:《夏商周断代工程1996—2000年阶段成果报告·简本》,世界图书出版公司,2000年。
⑤ 学界一般将西周年代分三期,武、成、康、昭为早期,穆、共、懿、孝、夷为中期,厉、宣、幽为晚期。按"断代工程"成果,早期70年,中期100年,晚期108年。

探讨秦人西迁陇右的年代,自然要以考古材料为准,因此甘肃东部秦文化年代上限的判断就很关键。甘谷毛家坪居址遗存的上限原报告断在西周早期,后来又有学者提前至商末。通过对礼县西山坪和甘谷毛家坪两处秦文化居址陶器系统的分组、分期,并与关中地区西周遗址材料比较,现在看来毛家坪居址一期的年代应晚至西周晚期偏早。李崖墓葬大多属西周中期,个别或可晚至西周晚期偏早。这与穆王时西迁的说法较为吻合。

除了山东之外,商周时嬴姓人群在汾河流域也有分布。《左传·昭公元年》载子产云金天氏之孙台骀为汾神,其后人有沈、姒、蓐、黄等族,最后被晋所灭①。金天氏即少昊②,嬴姓。殷墟卜辞中有"蓐",为商王田猎地,蓐地设有粮仓,以及"南牧""北牧"。卜辞中"黄"或"璜"亦为田猎地,与"长""羽""戈方"有涉,与"吾方"共版。卜辞中有"令黄""执黄""取黄丁人"等,黄族还参与了王族的军事行动。唐叔虞封地在夏墟,为唐国故地,史载唐侯刘累"封于大夏,因实沉(沈)之国,子孙服事夏商也"(《史记集解》)。林欢认为嬴姓台骀族世居汾、洮间临汾盆地,为商人臣属国族,与先、吾方、马方邻近,除农业外畜牧业也很发达;霍山南北分布着一批以牧马为业的国族,商代蜚廉族为其中之一③。

李崖遗址西周墓出土的商式器物以方唇分裆鬲为代表,可作为探索秦文化来源的重要线索。关中沣西及长安神禾塬西周墓也出过分裆鬲,领外卷,圆唇或尖圆唇,裆隔不尖锐,多带柱足根,又名"侈口分裆鬲",被认为是迁居丰镐地区的殷遗民创造的一种器类④,其形制与李崖陶鬲有别。绛县横水和翼城大河口墓地出土陶器已经周式化,不见分裆鬲。山西浮山桥北墓地为殷商方国"先"氏遗存,年代为商末周初,南北向墓型,多带腰坑、殉狗、殉人,出有方唇分裆鬲(M22:1)⑤。在桥北遗址采集到的这种鬲,与李崖鬲酷似。山西汾阳杏花村墓地年代为殷墟三、四期,南北向墓型,出土陶鬲中亦有方唇分裆鬲(M1:1、采:0031)⑥,只是

---

① 《左传·昭公元年》:"昔金天氏有裔子曰昧,为玄冥师,生允格、台骀。台骀能业其官,宣汾、洮,障大泽,以处大原。帝用嘉之,封诸汾川。沈、姒、蓐、黄,实守其祀。今晋主汾而灭之矣。由是观之,则台骀,汾神也。"
② 《汉书·律历志》引《世经》:"少昊帝……土生金,故为金德,天下号曰金天氏。"
③ 林欢:《晚商地理论纲》,中国社会科学院研究生院博士学位论文,2002年,第63—68页。
④ 雷兴山:《先周文化探索》,科学出版社,2010年,第233—236页。
⑤ 桥北考古队:《山西浮山桥北商周墓》,《古代文明(第5卷)》,文物出版社,2006年。
⑥ 国家文物局、山西省考古研究所、吉林大学考古学系:《晋中考古》,文物出版社,1999年,第174—175页。

足根为素面。殷墟四期以后,乃至西周前期,在安阳、洛阳等商人(或殷遗民)集中地流行宽折沿大袋足无实足根鬲,柱足或锥足的方唇分裆鬲罕见,但在晋中南似有较多保留。如果以后在晋中南地区发现成片的商末周初带腰坑、殉狗的西首向墓,且随葬方唇分裆鬲,就与我们寻找的目标非常接近了。

总之,嬴秦西周中期自山西西迁说在文献上能自圆其说,考古学上也有若干线索,是目前最为合理的说法。

第四章　早期秦文化的形成

第一节　秦墓葬俗所见秦文化结构特点

　　文化因素分析法原本是考古类型学的一部分内容,后来随着类型学方法的成熟,以及对晋文化和楚文化研究的深入,它作为一个独立的方法论被提出①,并对后来的考古学研究和实践产生了极大的推动作用。

　　一支考古学文化在发展过程中一定会与其他文化有接触和相互影响,因此,在它内部包含有除本身传统文化特点之外的其他文化特点,所有这些文化特点都被称为"文化因素"。文化因素分析法就是通过定量、定性的方法甄别出本身的、或外来的,主体的、或次要的文化因素。一般说来,在数量上占优势的因素就是主体因素,自然也就是文化的本身传统,从而直接界定了整个考古学文化遗存的性质。

　　文化因素的外延包括了人类物质遗存的很多方面,"诸如居住址的位置选择、聚落的规划、建筑物的营造技术和形式、生产的内容和手段、墓葬的形制、葬式、随葬品组合以及各种器物的形态和纹饰的特征等等"②,考古学文化的这些方面当然各有其主、次因素。一支考古学文化的性质既然通过它的主体因素来界定,那么其主体因素出现之际,也就是文化形成之时。主体因素既然体现在很多方面,那么考古学文化的形成就是各方面主体因素有机结合在一起,并达到一种稳定状态,在后来延续相当长的时间。

　　严格意义上说,探讨某支考古学文化的渊源就是追寻其各方面主体因素的来源。考古学家分析最多的是陶器,因为在史前时期乃至青铜时代,陶器被大量

---

　① 李伯谦:《论文化因素分析方法》,《中国文物报》1988年11月4日。
　② 俞伟超:《考古学是什么》,中国社会科学出版社,1996年,第125—126页。

使用,容易破碎,而且变化敏感,对把握文化特征以及建立文化谱系具有其他人类遗存无法替代的作用。近些年对聚落、房屋越来越重视,但如何把聚落形态的研究和考古学文化的研究结合起来,至今还是个问题。又因为目前发掘的周代尤其是东周时期的墓葬远远超过居址或聚落,所以对周代考古学文化的分析主要是从墓葬的形制、葬式、随葬品等方面来进行的。

如果考古学文化各方面的主体因素有不同的来源,那么整个文化自然有多个源头。这种情况相当多见,比如周文化的铜器无论器类还是形态都主要来源于商文化,但它的陶器却与后者没有继承关系。如果把文化某一方面主体因素的来源当成整个文化的来源,就有以偏概全之嫌。比如秦文化墓葬中屈肢葬占总数的90%左右,是葬式的主体因素,虽然甘青地区的史前文化流行这种葬式,但不能仅根据此而推断秦文化来源于甘青古文化。同理,秦文化铜、陶器物主要来源于周文化,也不能仅根据此而推断整个秦文化来源于周文化。毋宁说秦文化有多个源头。

考古学意义上的秦文化渊源与历史上的秦人族属或者说来源更是两个不同层次的问题,不可混为一谈。二者之间也有联系,但从前一问题向后一问题过渡是有其中间环节的,不可一步跨过。这其实是完成从考古学到史学的过渡,非单独某个学科所能胜任。就前者而言,考古学要回答文化哪个方面的主体因素较其他方面最能代表创造或使用文化的人群共同体的族属,这当然涉及标准和方法的问题。就后者而言,史学要回答文献中古代民族的构成、时间、分布地域及其变化。最后,过渡的完成在于二者的契合。

然而问题不止于此。在史前社会,阶层的分化尚不明显,社会成员之间的血缘联系很紧密,社会的"同质性"很强,因此用数量统计方法识别出的文化某方面的主体因素往往就能代表社会成员的整体倾向。进入等级社会后,阶层分化明显,社会成员之间的地缘关系加强,社会的"异质性"很强,如果统治阶层使用的文化因素和广大中下层社会成员一致,用数量统计确定主体因素的方法也还有效;但如果不一致的话,问题就出来了。统治者的数量肯定比被统治者少,但我们显然不能把统治者使用的因素排除在全社会的文化的主体因素之外。简言之,一座高等级贵族墓不可与一座平民小墓等量齐观。

有人会说,高等级墓葬包含的文化因素自然比低等级墓葬复杂,其中肯定掺杂了外来因素,而且这些外来因素是可以被——甄别出来的,不至于把它们误认为文化的本来传统。这无疑是正确的。比如李斯的《谏逐客书》说秦王佩带"随、和之宝,垂明月之珠,服太阿之剑",这些东西都不是秦本土的产品,如果它们在秦王陵中出现,我们也不会认为它们是秦文化的传统因素。然而本书之意不在此,本书所指非舶来品或奢侈品,乃统治阶层所偏好的、经长期历史积淀而形成的一种固有传统因素,它与统治者的族属紧密相关。当统治者的族属和被统治者不一致,或者被统治者在被征服后依然顽固地保持着他们原来的文化特点,征服者又没有彻底进行移风易俗,大量的不同来源的文化因素就会在不同阶层的墓葬中不均匀分布。在这种情况下,把墓葬(或遗迹单位)等级分类导入文化因素分析法,或者说在等级分类的框架内进行文化因素分析就很有必要。

周代社会大致可分为国君、大夫、士、庶民等几个等级,可以按照墓葬形制、墓室大小、棺椁层数、礼器隆杀、金石之乐、车马随葬等方面把墓葬自上而下划分为相应的级别。等级分类固然不能单从某一项出发,需要综合各个标准;但是,其中某些标准总比其他标准更具可信度,如用鼎的数量。然后分析各级别墓葬文化因素的构成,区分出主、次;再比较不同级别墓葬文化因素构成情况的差异。这对了解文化的"异质性"和当时的社会结构大有裨益。

秦墓亦可分为四个等级:①国君墓;②用铜5—7鼎的大夫墓[①];③用铜1—3鼎或有其他铜容器的士级墓;④仅随葬陶器或无陶器的庶民墓。由于秦墓铜、陶器物风格上至国君,下至黎民都保持很强的一致性,故对其来源另作讨论,现主要分析葬俗。又因为秦文化的总体面貌在战国早、中期发生巨变,故这里主要分析春秋早期(或西周)至战国早期的墓葬。

根据礼县大堡子山和凤翔秦公墓的资料,可知秦国君墓葬俗有以下几个特点:①头西足东的仰身直肢葬;②腰坑;③殉狗;④殉人。

二级墓葬的情况如下表(表21)[②]:

[①] 西周时期铜三鼎墓也可定为大夫级别,如礼县西山坪M2003。
[②] 凤翔八旗屯76BM32和凤翔西道沟M3被盗,铜器无存,根据墓室长度超过5米,可推定为大夫级别。

表 21 秦二级墓葬统计表

墓　号	头向	葬式	腰坑	殉狗	殉人	年代	资料出处
礼县西山坪 M2003	西	直肢	有	有	有	西周晚期	早期秦文化考古队资料
陇县边家庄 M1	?	?	无	无	无	春秋早期	《考古与文物》1986.6
陇县边家庄 M5	北	直肢	无	无	无	春秋早期	《文物》1988.11
宝鸡南阳村 M3	西	直肢	有	有	无	春秋早期	《考古》2001.7
礼县圆顶山 98LDM1	西	?	有	有	有 3 个	春秋中期	《文物》2002.1
礼县圆顶山 98LDM2	西	?	有	有	有 7 个	春秋中期	《文物》2005.2
礼县圆顶山 2000LDM4	西	?	?	?	?	春秋中期	《文物》2005.2
甘谷毛家坪 M2059	西	微屈	有	有	有 6 个	春秋中期	早期秦文化考古队资料
凤翔孙家南头 M191	西	直肢	有	有	有 6 个	春秋中期	《考古与文物》2013.4
凤翔孙家南头 M126	西	?	无	无	有 6 个	春秋晚期	《考古与文物》2013.4
凤翔西道沟 M3(盗)	西	?	无	无	有 5 个	春秋晚期	《文博》1986.3
凤翔八旗屯 76BM32(盗)	西	?	有	有	有 5 个	春秋中期	《文物资料丛刊》3

在这 12 座墓中,西首向 10 座,占 83.3%;北首向 1 座,占 8.3%;头向不明的 1 座,占 8.3%。葬式清楚的 5 座墓中 4 座为直肢葬,1 座为微屈葬式。有腰坑的墓 7 座,占 58.3%;无腰坑的墓 4 座,占 33.3%;不明者 1 座,占 8.3%。有殉狗的墓 7 座,占 58.3%;无殉狗的墓 4 座,占 33.3%;不明者 1 座,占 8.3%。有殉人的墓 8 座,占 66.7%;无殉人的墓 3 座,占 25%;不明者 1 座,占 8.3%。可见,西首向、仰身直肢葬、腰坑、殉狗、殉人是这类墓在葬俗方面的主体因素。

三级墓葬的情况如下表(表 22)①:

---

① 凤翔八旗屯 76 CM3、BM102、BM104、BM2、BM9、BM10,以及高庄 M26 均被盗,未出铜器,但这些墓椁室长度均在 3 米以上,根据规模可推定为士一级别。

表 22　秦三级墓葬统计表

墓　号	头向	葬式	腰坑	殉狗	殉人	年　代	资料出处
礼县大堡子山ⅠM32	西	直肢	有	有	有2个	春秋早期	《文物》2018.1
礼县大堡子山ⅠM25	西	屈肢	有	有	无	春秋中期	《文物》2008.11
礼县大堡子山ⅢM1	南	直肢	有	有	无	春秋晚期	《文物》2008.11
礼县圆顶山 98LDM3	西	?	无	无	有1个	春秋中期	《文物》2002.2
灵台景家庄 M1	南	?	有	有	无	春秋早期	《考古》1981.1
宝鸡南阳村 M1（被破坏）	北	?	?	?	?	春秋早期	《考古》2001.7
宝鸡南阳村 M2	西	直肢	有	有	无	春秋早期	《考古》2001.7
阳平秦家沟 M1	南	屈肢	无	有	无	春秋晚期	《考古》1965.7
阳平秦家沟 M2	南	屈肢	无	有	无	春秋晚期	《考古》1965.7
宝鸡福临堡 M1	西	?	无	无	无	春秋中期	《考古》1963.10
宝鸡洪塬村 M1	南	屈肢	无	无	无	春秋晚期	《考古》2008.4
凤翔八旗屯 76BM27	西	仰直	无	无	无	春秋中期	《文物资料丛刊》3
凤翔八旗屯 76CM2	西	仰直	无	无	有2个	春秋早期	《文物资料丛刊》3
凤翔八旗屯 76AM9（盗）	西	仰直	无	无	有1个	春秋早中期	《文物资料丛刊》3
凤翔八旗屯 76CM9（盗）	西	?	无	无	无	战国早期	《文物资料丛刊》3
凤翔八旗屯 76CM3（盗）	西	仰直	无	无	有2个	春秋早中期	《文物资料丛刊》3
凤翔八旗屯 76BM102（盗）	西	仰直	无	无	有3个	春秋早中期	《文物资料丛刊》3
凤翔八旗屯 76BM104（盗）	西	?	无	无	有5个	春秋早中期	《文物资料丛刊》3
凤翔八旗屯 76BM2（盗）	西	?	无	无	无	春秋中期	《文物资料丛刊》3
凤翔八旗屯 76BM9（盗）	西	?	有	无	有1个	春秋中期	《文物资料丛刊》3
凤翔八旗屯 76BM10（盗）	西	?	无	无	无	春秋中期	《文物资料丛刊》3

续表

墓　　号	头向	葬式	腰坑	殉狗	殉人	年　代	资料出处
凤翔八旗屯 81M14	西	屈肢	无	无	无	战国早期	《考古与文物》1986.5
凤翔高庄 M10	西	屈肢	无	无	有 2 个	战国早期	《考古与文物》1981.1
凤翔高庄 M49	西	？	无	无	无	战国早期	《考古与文物》1981.1
凤翔高庄 M48	西	屈肢	无	无	无	战国早期	《考古与文物》1981.1
凤翔高庄 M18	西	屈肢	无	无	有 2 个	战国早期	《考古与文物》1981.1
凤翔高庄 M26（盗）	西	？	无	无	有 1 个	战国早期	《考古与文物》1981.1
凤翔西道沟 M26	西	屈肢	无	无	无	战国早中期	《文博》1986.3
凤翔孙家南头 M160	西	直肢	无	无	有 2 个	春秋晚期	《考古与文物》2013.4
凤翔孙家南头 M161	南	屈肢	无	有	有 1 个	春秋晚期	《考古与文物》2013.4
长武上孟村 M27	西	仰直	有	有	无	春战之际	《考古与文物》1984.3
长安客省庄 M202	西	屈肢	无	无	无	战国早期	《沣西发掘报告》
武功赵家来 M1	东	屈肢	无	无	无	战国早期	《考古》1996.12
凤翔邓家崖 M4	西	仰直	无	无	无	战国早中期	《考古与文物》1991.2
凤翔邓家崖 M7	西	仰直	无	无	无	战国早中期	《考古与文物》1991.2
咸阳任家嘴殉人墓	西	？	无	无	有 2 个	战国早中期	《考古与文物》1986.6

在这 36 座墓中，北首向 1 座，占 2.8%；西首向 28 座，占 77.8%；南首向 6 座，占 16.6%；东首向 1 座，占 2.8%。屈肢葬 12 座，占 33.3%；直肢葬 12 座，占 33.3%；葬式不明者 12 座，占 33.3%。7 座墓有腰坑，占 19.4%。9 座墓有殉狗，占 25%。14 座墓有殉人，占 38.9%。

西首向、无腰坑、不殉狗显然是这类墓的主要特点。屈肢葬式和直肢葬式对半。无殉人的墓较有殉人的墓略多,如果考虑到统计概率上的偶然性,这两种墓在这一级别很有可能平分秋色。

四级墓葬的情况如下表(表 23,表中阿拉伯数字为墓葬数)①:

表 23　秦四级墓葬统计表

墓　地	总数	头　　向					葬　式			腰坑	殉狗	殉人	资料出处
		西	北	东	南	不明	屈肢	直肢	不明				
甘谷毛家坪	32	32					32			1		1	《考古学报》1987.3
灵台洞山	8	6	2				8						《考古》1976.1
陇县店子	66	64		2			60	2	4				《陇县店子秦墓》
陇县韦家庄	8	6	2				7		1				《考古与文物》2001.4
76 凤翔八旗屯	13	11				2	5	1	7				《文物资料丛刊》3
81 凤翔八旗屯	9	9					6		3				《考古与文物》1986.5
凤翔西道沟	10	9				1	8		2		2?		《文博》1986.3
77 凤翔高庄	14	14					8		6			2	《考古与文物》1981.1
凤翔邓家崖	5	5						5					《考古与文物》1991.2
宝鸡谭家村	13	10	3?				13						《考古》1991.5
宝鸡茹家庄	7	4?			3?		4		3				《考古》1979.5
宝鸡福临堡	7	7					6	1			1		《考古》1963.10

① 墓葬年代限于西周至战国早期。前表中的墓葬不计入本表。

续表

墓地	总数	头向					葬式			腰坑	殉狗	殉人	资料出处
		西	北	东	南	不明	屈肢	直肢	不明				
宝鸡晁峪	6	1	5				6						《考古与文物》2001.4
长安客省庄	71	42	19	6	4		60	5	6	3	4		《沣西发掘报告》
阳平秦家沟	3	3					3						《考古》1965.7
咸阳任家嘴	24	21	3				23	1					《考古与文物》1993.3
铜川枣庙	25	23	2?				22		3				《考古与文物》1986.2
长武上孟村	27	16	7	3	1		25	1	1	1			《考古与文物》1984.3
合　计	348	283	43	11	5	6	296	15	37	4	8	3	

西首葬占 81.3%，北首葬占 12.4%，东首葬占 3.2%，南首葬占 1.4%，头向不明的占 1.7%。屈肢葬占 85.1%，直肢葬占 4.3%，葬式不明的占 10.6%。腰坑墓占 1.1%。殉狗墓占 2.3%。殉人墓占 0.9%。由此可见，西首向的屈肢葬，不带腰坑，无殉狗，无殉人，是这类墓的主体因素。

比较国君墓至庶民墓葬俗方面文化因素的构成，就会发现一个规律：直肢葬、腰坑、殉狗、殉人现象自上而下减少；相反，屈肢葬、无腰坑、无殉狗、无殉人的现象自上而下增多。西首葬则是各阶层共有的主体因素。

葬式或有无腰坑、殉狗都是比较纯粹的文化因素，其本身不具有等级的意义，因为无论等级高下如何、墓葬规模如何都不妨碍采用这些葬俗。殉人却具有等级和文化方面的双重意义，如上所述，士级别的墓往往殉人 1—3 个，大夫级别的墓殉人 3—7 个，国君墓的殉人更多，雍城秦公一号大墓殉人有 186 个，可见秦公墓殉人数量之巨。殉人的文化意义则是通过和其他文化的墓葬比较得来的，考古所见的姬姓周人的贵族墓葬中就很少有，或基本没有殉人。

庶民墓的数量远远超过其他三个等级，如果把屈肢葬式作为秦文化葬俗方面的主体因素,就会抹杀国君和士大夫级别墓葬的特点,以此为出发点去探讨整个文化的渊源,其谬误不言自明。反之,如果因为国君墓采用直肢葬式,而这种葬式在士大夫级别的墓中占有很大的比例,认为它才是秦文化的传统,就没有顾及数量众多的平民墓葬,同样失之偏颇。

秦文化的这个特点可以命名为结构上的"异质性",即统治阶层和被统治阶层在文化某一方面的主体因素互异。从目前的考古发现来看,可以说这个特点在两周之际已经形成了。比较东方的列国文化,就会发现秦文化的这个结构现象相当独特。以晋文化为例,在天马—曲村遗址发现的9组19座晋侯及其夫人的墓除了M91、M92皆为头北足南的仰身直肢葬式,在该遗址还发掘了六百多座同时期的中小贵族和平民墓,大多数也都是头北足南的仰身直肢葬式①,这说明在晋文化中,统治阶层在葬俗方面和广大的中下阶层保持着很强的一致性。换言之,其文化的"异质性"远远弱于秦文化,而其文化的"同质性"远远强于秦文化。

俞伟超先生曾说先秦时期的考古学文化具有很强的血缘特点,因为当时创造和使用考古学文化的大多是血缘集团,如商人或周人。在这种情况下,统治者使用的文化往往就是全社会的主流文化。到了汉代,统治地域扩大,文化包容性超过了以前任何时期,考古学文化完成了从血缘性向地缘性的转变,人群共同体内部成员之间的关系也以地缘为主了。与之相伴,"中国"和"中国人"的观念越来越流行,虽然在西汉前期"秦人""楚人"等概念依然存在②。这个概括无疑是正确的。如果把西周时期的周文化和汉文化分别作为血缘性考古学文化和地缘性考古学文化的代表,那么东周时期恰好为二者之间的过渡。但是,在这个转变中列国文化并非齐头并进,而是有着很严重的地域不平衡性。以常理度之,"异质性"越强的文化,人群的结构成分也就越复杂,文化的地缘性也就越强。上述秦文化和晋文化在这方面的差异,似乎说明在向地缘性转化的历史进程中,秦人走到了前面。

秦葬俗方面的"异质性"特点当然是通过对各阶层墓葬的统计得来的,但这样会把墓葬和它所处的墓地人为割裂开来。事实上,同一片墓地的墓葬之间往

---

① 北京大学考古学系商周组、山西省考古研究所:《天马—曲村(1980—1989)》,科学出版社,2000年。
② 俞伟超:《考古学中的汉文化问题》,《古史的考古学探索》,文物出版社,2002年。

往也有很强的共性。比如凤翔邓家崖的7座墓皆为西首向的仰身直肢葬,发掘者认为"邓家崖秦墓地,是迄今为止,在秦都雍城的南郊地区又发现一处新的大型秦国国人埋葬地……此次发掘出的七座墓葬,只是该墓地其中很小一部分"①。如果这七座墓能代表该墓地的葬俗的话,那么在雍城南郊应该还有直肢葬人群的专有墓地。而在雍城南郊,与邓家崖隔雍水相望的八旗屯和高庄,屈肢葬式却是平民墓的主流。同理,北首向虽然是庶民墓中的次要因素,但它在某个墓地中却是流行的主要葬俗,比如宝鸡晁峪墓地,6座墓中有5座为北首向,仅1座西首向。墓地间的这些差别能否构成"族"之间的差别,另作讨论;但可以肯定,某一阶层墓葬的次要因素,在某个具体的墓地中却能成为主体因素。需要注意的是,不能因为这一点把某一阶层墓葬主体因素的认识推翻,除非有大批新资料涌现,使统计结果发生变化。

西首向埋葬被秦社会各阶层广泛使用,其重要性不言而喻。王仁湘先生曾探讨中国史前墓葬的头向,认为在有些墓地,死者的头向或者墓向受到地形的限制,但有时候又代表了特定的丧葬或宗教观念。西首向在秦墓中被采用的广泛程度,决定了它代表了秦社会成员普遍认同的一种关于生死的方向观念。《礼记·檀弓下》说:"葬于北方北首,三代之达礼也,之幽之故也。"周人认为北方代表了冥界的方向,所以死者须北首,考古发掘的大多数周人墓葬也是如此。秦人的看法显然与此不同,虽然文献中没有记载,但秦墓坐西向东的传统是被汉帝陵继承的,因此它背后隐藏的观念亦应流传。《汉书·郊祀志》云:"或曰东北神明之舍,西方神明之墓也。"张晏曰:"神明,日也。日出东北,舍谓阳谷。日没于西,故曰墓。墓,濛谷也。"师古曰:"此说非也。灵总言凡神明以东北为居,西方为冢墓之所……"折中二家之说,西方是日落的地方,同时也代表了灵魂的归宿。以前有学者援引现代羌人的丧葬观念——"日落归西,人也随着太阳走",来证明秦人的这种葬俗来自羌戎。然而统计发掘的甘青地区青铜时代卡约、辛店和寺洼文化墓葬,西首葬在数量上并不占优势,所以这个说法还有待验证。《汉书·郊祀志》及其注解所说的观念不一定为羌戎所专有,在探讨秦文化渊源时尤其要注意。

---

① 陕西省考古研究所雍城工作站:《凤翔邓家崖秦墓发掘简报》,《考古与文物》1991年第2期。

葬式是一种尸体的处理方式,反映了特定的丧葬观念。秦墓的直肢和屈肢葬式具有强烈的等级高下含义。一、二级墓绝大多数为直肢葬,三级墓直肢、屈肢对半,四级墓绝大多数为屈肢葬。这种社会上、下层葬式泾渭分明的现象,或者是出于法令形式的强制规定,即统治者要求社会中下层成员必须采用屈肢葬的丧葬方式,但在历史上对葬俗的管制还相当罕见。当然也可能是因为屈肢葬的观念虽然在下层及部分中层社会成员中间广泛流行,成为约定俗成的传统,但并没有被社会上层接受。

以前有学者把秦屈肢葬定为奴隶的葬式①,这个意见没有被学界认可,因为大量第四级墓墓主的主要身份肯定是庶民而非奴隶②。但是,直肢葬墓的地位总体上比屈肢葬墓高,这不仅体现在各级别墓的数量统计上,还体现在单个墓地中。比如陕西长武上孟村墓地,共有 28 座墓,年代从春秋早期延续到春战之际(图 45)。出铜礼器的墓仅 M27 一座(图 46),年代为春秋晚期,在墓地的位置居中,它的东面有车马坑,殉一车二马(图 47);其墓室规模也是最大的,为 4.02×2.50 米;墓主人骨为西首向的仰身直肢葬式,墓底有腰坑,坑内殉狗。殉狗的墓还有 M16,无独有偶,此墓亦为西首向的仰身直肢葬式,但年代为春秋早期,且位于墓地的南端。这个墓地的其他墓皆为屈肢葬式,且无腰坑,无殉狗。直肢葬和屈肢葬墓应该有姻亲关系,M27、M16 的墓主为男性,与 M16 并穴合葬的 M5 为女性墓,与 M27 紧邻并有打破关系的 M28 亦为女性墓,它们都代表了夫妇合葬。这个墓地中的屈肢葬墓头向不一,除了 M28 打破 M27 外,还有 M22 打破 M21,M24 打破 M23,墓地显然没有经过统一规划。总之,长武上孟村墓地反映了秦人社会里士以上级别的人采用直肢葬的比例较大,葬式所具有的等级意义是毋庸置疑的。

1976 年发掘的凤翔八旗屯墓地与上孟村墓地的类型相似。除此之外,还有比较单纯的屈肢葬墓地,如甘谷毛家坪、陇县店子、阳平秦家沟、凤翔高庄等。亦有比较单纯的直肢葬墓地,如宝鸡南阳村、凤翔邓家崖等。对不同类型墓地的讨论必将深化对秦文化人群构成的认识。

---

① 韩伟:《试论战国秦的屈肢葬仪渊源及其意义》,《中国考古学会第一次年会论文集(1979)》,文物出版社,1980 年。
② 赵化成:《寻找秦文化渊源的新线索》,《文博》1987 年第 1 期。

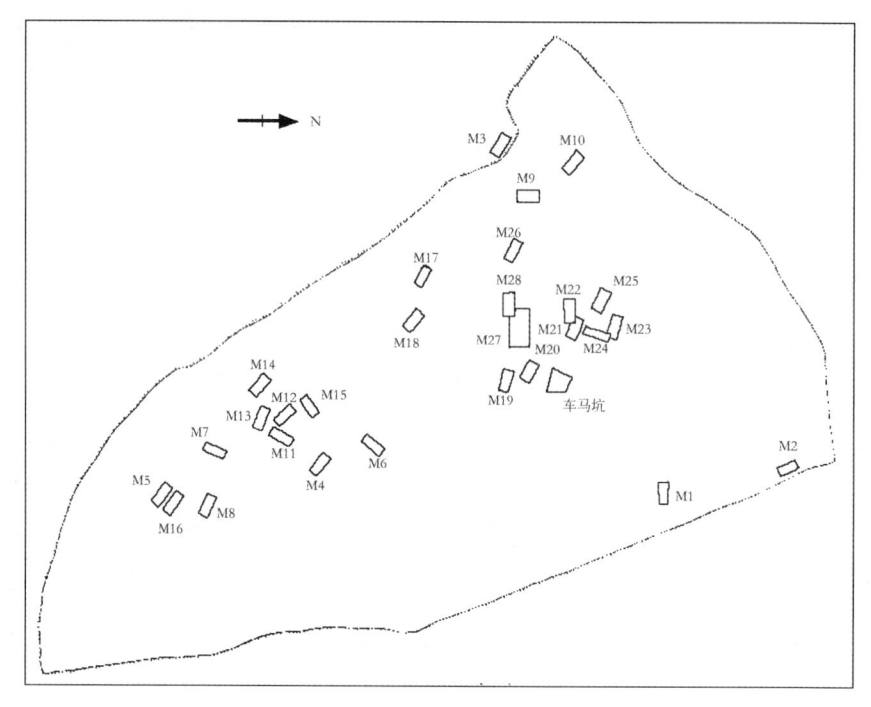

图 45　陕西长武上孟村秦墓地分布图

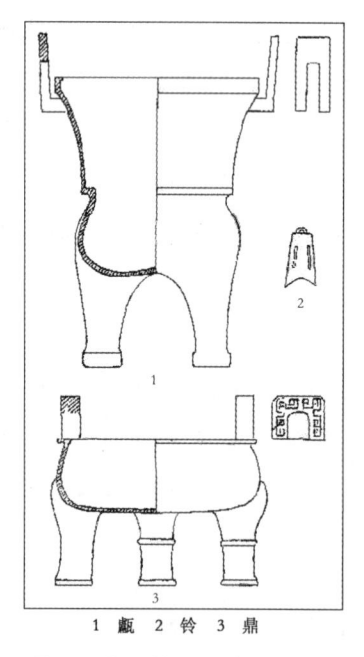

1 甗　2 铃　3 鼎

图 46　上孟村 M27 出土的铜器

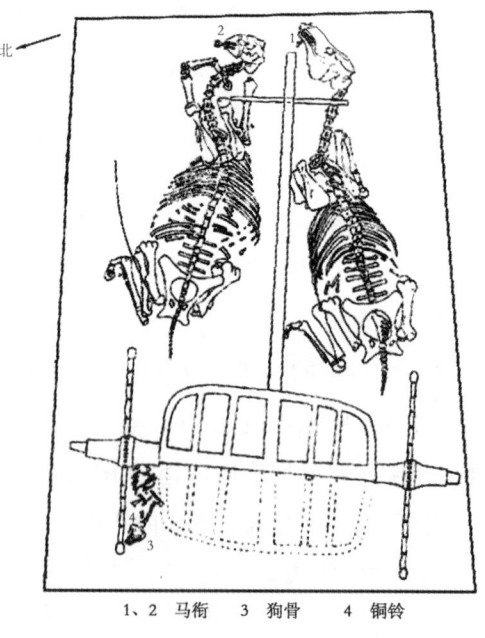

1、2 马衔　3 狗骨　4 铜铃

图 47　上孟村 M27 的车马坑

秦文化的人群构成有一个发展变化的过程。嬴秦西迁之初本族的人群数量肯定不多，但在陇右的发展过程中吸收了大量的本地居民和周遗民，于是像滚雪球般地越滚越大，致使外来人口的数量最后超过嬴秦本族，"秦人"的成分也发生了巨大变化。像宣王赠庄公的"七千兵"，后来文公所收的"周余民"，由余之类投奔秦国的戎人等皆是。这个过程甚至一直持续到战国时期，云梦秦简提到的"故秦"和"新民"，就是对秦本来居民和外来者的区分。

以前我们曾怀疑直肢葬和屈肢葬有族群方面的含义，二者或代表来源不同的人群①。从近年来的考古发现看，这个认识未免失之简单。清水李崖西周中期的秦墓表明，嬴姓秦人当时流行仰身直肢的葬式。西周晚期以后，随着社会阶层的分化，嬴姓秦人的上层依然保持着直肢葬的传统，但其中下层开始流行屈肢葬。

屈肢葬者包含嬴姓秦人，目前有两个实例或证据。一是甘谷毛家坪遗址，2012—2014年在该遗址清理了199座东周秦墓，级别最高的是一座铜五鼎墓M2059，墓主为微屈葬式，股骨与胫骨夹角为115°。M2059位于遗址沟西的北部墓区，该墓区周边有围沟环绕，是一处家族墓地。M2059随葬"秦公作子车用"铭文铜戈，可知墓主为子车氏家族成员，可能是"三良"的子侄辈。子车氏"三良"是秦穆公的武官侍从，统领禁卫亲军，当时国君的禁卫军由"公族之良"组成；"子车"的氏号符合秦人先祖取名于车马的习惯，因此，子车氏也应该是嬴姓，属于嬴秦的公族②。该墓区除了M2059和一座采用直肢葬的小型陶器墓M2017，其他墓皆为下肢蜷曲甚特的屈肢葬，包括3座铜三鼎墓。该墓区既然为子车氏家族墓地，就足以说明嬴秦的氏族也流行屈肢葬式。

二是近年在凤翔雍城秦公陵园附近勘探、发掘的陪葬墓区。在一号陵园外东北发现面积约24万平方米的陪葬墓区，钻探出446座中小型墓葬及车马坑；在六号陵园外西南也发现面积约16万平方米的陪葬墓区，钻探出703座中小型墓及车马坑③。墓葬大多数为东西向，既有带车马坑的贵族墓，也有平民小墓。

---

① 梁云：《从秦墓葬俗看秦文化的形成》，《考古与文物》2008年第1期。
② 梁云：《西垂有声：〈史记·秦本纪〉的考古学解读》，生活·读书·新知三联书店，2020年。
③ 陕西省考古研究院、宝鸡市考古研究所、宝鸡先秦陵园博物馆：《雍城一、六号秦公陵园第三次勘探简报》，《考古与文物》2015年第4期。

发掘的 M598 为头向西的屈肢葬式①。各陵园的陪葬墓区均位于陵园外东北，因此六号陵园西南的陪葬墓区应属于十号陵园。循此规律，1979—1980 年发掘的凤翔西村战国秦墓地②，为九号陵园的陪葬墓区，葬式清楚的皆为屈肢葬，大多数头向西。陪葬墓墓主的身份应是某一代秦公的未继位公子及其后代家族的成员，其墓地被安排在所出自秦公的陵园附近③。换言之，陪葬墓区的主人是秦公后裔，同样流行屈肢葬。

直肢葬者除了嬴秦公族的上层贵族，当然还包括周余民，如陇县边家庄墓地。某些归顺秦人的周余民，尤其是其中下层，作为秦国的臣民，受秦文化强烈影响，也会采用屈肢葬，如宝鸡西高泉墓地，但在墓向上还保留了自身特点（详见第六章第二节）。这反映了周余民逐渐融合到"秦人"这一人群共同体的历史过程。

第二节 早期秦文化的两类遗存

一、两类遗存

目前发掘的遗存年代可到西周时期的早期秦文化遗址有礼县西山坪、甘谷毛家坪、清水李崖三处。这三处遗址中，西山坪与毛家坪的面貌接近，能划归一类，可称之为"西山型"；李崖的面貌与它们区别明显，属于另一类，可称之为"李崖型"。

西山坪遗址位于礼县县城西侧，北以刘家沟与鸾亭山相隔，地形西高东低。2005 年发掘了遗址东北部、"雷神庙"以西的台地，包括西周时期 4 座墓葬和少量灰坑，及东周时期 170 余座灰坑、5 座房基、10 座动物坑、31 座墓葬等④。同年又对城址的城墙进行了解剖，清理了叠压城墙的灰坑、房址。

居址陶器有鬲、釜、瓮、盆、豆、喇叭口罐、侈口罐等。鬲大多筒形深腹，口

---

① 陕西省考古研究院、宝鸡市考古研究所、宝鸡先秦陵园博物馆：《雍城六号秦公陵园兆沟西南侧中小型墓葬与车马坑发掘简报》，《考古与文物》2015 年第 4 期。
② 雍城考古队：《陕西凤翔西村战国秦墓发掘简报》，《考古与文物》1986 年第 1 期。
③ 梁云、田亚岐：《试论雍城秦公陵园的墓主及葬制》，《考古与文物》2015 年第 4 期。
④ 赵丛苍、王志友、侯红伟：《甘肃礼县西山遗址发掘取得重要收获》，《中国文物报》2008 年 4 月 4 日。

沿由宽变窄、由侈变平,裆部由高变低,足部粗绳纹演变为麻点纹。盆口沿由宽变窄,腹部由深变浅。豆浅盘、细柄。喇叭口罐的口部由小变大。周代居址前后可分为五期,分别相当于西周晚期、春秋早期、春秋中期、春秋晚期、战国早期①。

墓葬绝大多数为东西向,头向西;仅3座为南北向,头向北。4座仰身直肢葬,余皆屈肢葬。西周墓中3座的墓主人为仰身直肢葬,带腰坑殉狗,级别较高,有殉人。其中M2003出三鼎二簋铜礼器;陶器组合为鬲、盆、豆、罐、甗,鬲联裆锥足,或带扉棱,盆折肩宽沿,豆浅盘、折腹、细柄,罐有喇叭口罐和折腹罐两种,甗连体。仅一座(M1009)为屈肢葬,随葬1件陶鬲。周代墓葬前后可分七期,分别相当于西周晚期偏早(或西周中、晚期之交)、西周晚期偏晚、春秋早期、春秋中期、春秋晚期、战国早期、战国中期。

20世纪80年代在毛家坪遗址发掘居址200平方米,有灰坑、残房基地面等,发掘者将之分为四期,认为年代从西周早期延续到战国中晚期;墓葬31座,发掘者将之分为五期,分别相当于西周中期、西周晚期、春秋早期、春秋中期、春秋晚及战国早期②。后来有学者将居址的年代上限提前至殷墟四期到商周之际③。2012—2014年又对该遗址进行发掘,资料尚在整理之中。

居址陶器有鬲、盆、豆、甗、喇叭口罐、圆腹罐、侈口罐、瓮等。鬲多缩颈鼓肩,由高体变为扁体;盆沿由宽变窄;豆为折腹或弧腹的浅盘细柄豆;甗连体;喇叭口罐口部由小变大,颈部由短变长。通过2012—2014年的发掘可知,居址陶器大致分为五期,分别相当于西周晚期偏早、西周晚期偏晚、春秋早期、春秋中晚期、战国早期④。

20世纪发掘的31座墓均为东西向,墓主头向西;除1座乱骨葬外,余皆屈肢葬。8座西周时期墓葬的陶器组合为鬲、盆、豆、罐,鬲联裆,豆浅盘细柄,罐有

---

① 梁云:《论嬴秦西迁及甘肃东部秦文化的年代》,《古代文明研究通讯》2011年总第49期。
② 甘肃省文物工作队、北京大学考古学系:《甘肃甘谷毛家坪遗址发掘报告》,《考古学报》1987年第3期。
③ 滕铭予:《秦文化起源及相关问题再探讨》,《中国考古学跨世纪的回顾与前瞻》,科学出版社,2000年。
④ 20世纪80年代发掘的毛家坪居址第一期原被断在西周早期,后来笔者撰文认为其年代应为西周中期。2012—2014年再次发掘该遗址,获得的此类标本与西周晚期浅盘豆共出,可知其年代在西周晚期。80年代所获标本较少,资料不够丰富,致使年代判断上有偏差,这在学术发展史上是很正常的现象。

喇叭口罐和圆肩罐。

西山坪和毛家坪两地西周时的秦文化遗存有共性也有差异,总体而言共性大于个性。首先,出土的器类相同,器形一致。居址的陶器以秦式深腹鬲为代表,以前在西山坪灰坑中出了多件,口沿有两道凹弦纹,高瘪裆,裆上部带横錾,腹底及足部饰横向粗绳纹。这种鬲在关中也出现过,被命名为"复古式大鬲",年代相当于西周晚期。近年在毛家坪居址单位中又发掘到了一批,裆上部普遍带錾,年代属西周晚期,使我们认识到它是西周晚期秦文化的一种典型器物。与之共出的往往有浅盘细柄豆、宽折沿盆、喇叭口罐等。两地墓葬的陶器组合也基本一致,以鬲、盆、豆、罐为主,鬲均联裆。其次,两地葬俗基本相同,都以头向西的屈肢葬为主。

两地的差异主要表现在墓葬方面:①西山坪西周墓的陶器质地较好,火候较高,形体较大;往往随葬陶甗;绳纹陶鬲的裆上部有圆泥饼或横錾,有的肩部带扉棱。毛家坪西周墓的陶器形体较小,有的墓出火候很低的泥质红陶器,为纯粹的明器;组合中未见陶甗,但在春秋墓中常见;陶鬲裆上部未见泥饼或横錾,偶见泥质素面扉棱鬲。②西山坪4座西周墓中有3座为头向西的仰身直肢葬式,且有殉人;1座为头向北的屈肢葬,无殉人。毛家坪西周墓均为头向西的屈肢葬式,无殉人。导致这种差别的原因可能是等级上的,而非地域传统的不同。

西山坪有城址、建筑基址、高等级铜器墓,位于秦人统治的中心区,遗址级别较高,既有贵族墓,也有平民墓,文化内涵丰富,更具有代表性。毛家坪至今未发现城址,遗址级别较低,西周时期主要为随葬陶器的平民墓。这两地西周遗存的面貌大同小异,属于早期秦文化的同一类遗存,即"西山型"。

2009—2011年在李崖遗址发掘了西周时期灰坑40余座,墓葬19座[①]。灰坑中可辨器型有鬲、甗、簋、盆、罐。鬲一般为夹砂灰陶,很多为方唇分裆的商式鬲,锥足或柱足;还有部分联裆鬲,或带扉棱;偶尔出夹砂红褐陶的寺洼鬲残片。甗侈口方唇,唇上、沿外饰绳纹。簋多敞口,高圈足,腹部饰绳纹,其上或有三角划纹;还有不少厚唇簋。盆侈口,圆唇,深腹。罐包括弦纹小罐和折肩绳纹大罐,

---

① 赵化成、梁云、侯红伟:《甘肃清水李崖遗址考古发掘获重大突破》,中国文物信息网2012年1月20日。

后者多带凹圜底。灰坑绝大多数属西周中期。

墓葬中4座属寺洼文化，15座属秦文化，它们绝大多数为头向西（西偏北）的仰身直肢葬式，带腰坑殉狗。墓坑窄长，大多数棺、椁齐备，个别有壁龛。秦文化墓葬陶器基本组合为鬲、簋、盆、罐。鬲包括方唇分裆的商式鬲、联裆鬲，以及1件寺洼文化的花边口沿分裆鬲。簋包括三角缘方唇的"商式簋"、厚唇簋、敞口高圈足的"周式簋"、双耳仿铜簋等。盆敞口、深腹、平底或圜底，饰绳纹，下葬时常置于棺上相当于死者腰部位置，性质类似于今天的"孝子盆"。罐包括折肩绳纹大罐、弦纹小罐、素面罐等。墓葬可分前、后两组，第一组为西周中期偏早，相当于穆王时期；第二组为西周中期偏晚，相当于共懿孝夷时期，其下限不排除进入西周晚期的可能。

"李崖型"与"西山型"的区别明显：①陶器组合及器形均不相同。前者的组合为鬲、簋、盆、罐。鬲以商式方唇分裆鬲最具特色，未见裆上部带横錾的；簋的种类较多，既有商式簋，又有周式簋；基本不见陶豆，仅M26、M27出土了3件豆，所占比例很低；罐有折肩绳纹罐和弦纹罐，不见喇叭口罐。后者的组合为鬲、豆、盆、罐。鬲联裆，裆上部多带横錾，不见方唇分裆鬲；豆浅盘细柄，柄中部或带凸棱；不见陶簋；盆宽平沿，折肩深腹；流行喇叭口罐，其口径小于肩径，还有一定数量的折腹罐。②葬式、葬俗有所不同。前者绝大多数为仰身直肢葬式；仅M6一座为仰身屈肢葬，双腿微屈，股骨、胫骨夹角大于90°。后者大多数为蜷曲特甚的屈肢葬式，仅西山坪等级较高的3座墓为直肢葬式。前者绝大多数墓有腰坑、殉狗；后者带腰坑殉狗的墓属于少数，且级别较高。

二者当然存在共性：墓向均为西首向；墓室均为窄长型，长度在宽度的2倍以上；"西山型"中的高等级墓和"李崖型"墓均为仰身直肢葬式，带腰坑殉狗；随葬品均习惯于摆放在西端棺、椁之间的位置；陶器中均有相当数量的联裆鬲。这些共性决定了它们都属于秦文化的范畴。

两类遗存之间的差异，主要体现在陶器风格上。"李崖型"陶器还保留了浓厚的殷商文化遗风，如方唇分裆鬲、三角缘方唇簋、折肩尊，以及三角划纹等。"西山型"陶器却已经周式化了，基本不见商文化的因素，大多数器型在关中地区都可以找到；秦式深腹鬲和喇叭口罐代表了西周晚期秦文化的特点。

二、两类遗存之间的关系

两类遗存之间的关系如何？一支考古学文化会经历很长时间的发展历程，从早到晚面貌会发生变化。同时又有自己的分布空间，在其范围内也不是铁板一块，受周边文化以及当地历史传统影响，文化面貌存在区域性差异。学术界通常把同一文化因时间早晚造成的阶段性不同叫作"期"，把同一文化内并存的区域性差别叫作"类型"。那么，两类遗存之间是时间上"期"的差别，还是空间上"类型"的不同？

上述三处遗址中早期秦文化遗存年代的横向对应关系如下表（表24）：

表24 两类遗存分期对应表

"李崖型"	"西山型"		年 代
李崖遗址	西山坪遗址	毛家坪遗址	
一组			西周中期偏早
二组			西周中期偏晚
	一期	一期	西周晚期偏早
	二期	二期	西周晚期偏晚
	三期	三期	春秋早期

"李崖型"主要存在于西周中期，其年代下限或可进入西周晚期。"西山型"主要存在于西周晚期和春秋早期。换言之，两类遗存在西周中晚期之际有一个交替。由于尚未发现年代明确的西周晚期至春秋早期"李崖型"遗存，也没有发现西周中期的"西山型"遗存，就不能说二者有平行共存关系。相反，单纯从年代关系考虑，两类遗存可能分别代表了早期秦文化发展的前、后两个阶段。

"李崖型"主要发现于清水、张家川县，除了李崖，在牛头河流域的多个遗址都发现了类似遗存，如永清堡、蔡湾、祝英台等。"西山型"主要发现于礼县、甘谷，这类遗存在西汉水上游及相邻的渭河谷地普遍分布。目前的资料给人一种印象，两类遗存似乎各有自己的分布范围。如果说它们代表了早期秦文化发展的前、后阶段，那么在礼县应当有"李崖型"遗存，在清水也应当有"西山型"遗存，因为礼县和清水是早期秦文化的两个中心分布区，否则这个说法就难以成立了。

2004 年的西汉水上游调查报道了 11 处含西周早期遗存的遗址,采集的标本主要为鬲足,多饰细绳纹;还有豆、折肩弦纹小罐①。后来在西山坪遗址发掘的多座灰坑中有细绳纹锥状鬲足,与浅盘细柄豆共出,年代为西周晚期,才知道调查报告将其年代判断得过早,现在看来有修正的必要。西汉水上游可能仅个别遗址包含西周早期的周文化遗存,如蒙张遗址的陶豆(图 48:3),敞口,浅弧盘,圆腹,粗柄,与关中地区的浅盘粗把豆无异。

调查采集的标本大多残破不全,难以准确反映文化的年代及特征。礼县博物馆藏的两件完整的陶器却说明周文化在西周初年已经进入那里。一件是陶鬲,侈口圆唇,斜领较矮,体瘦长,瘪裆较高,有较长的圆锥状实足根(图 48:1)。另一件是高领彩绘折肩罐,侈口,斜折肩,平底,颈、肩、腹部饰红色宽带(图 48:2);相同的

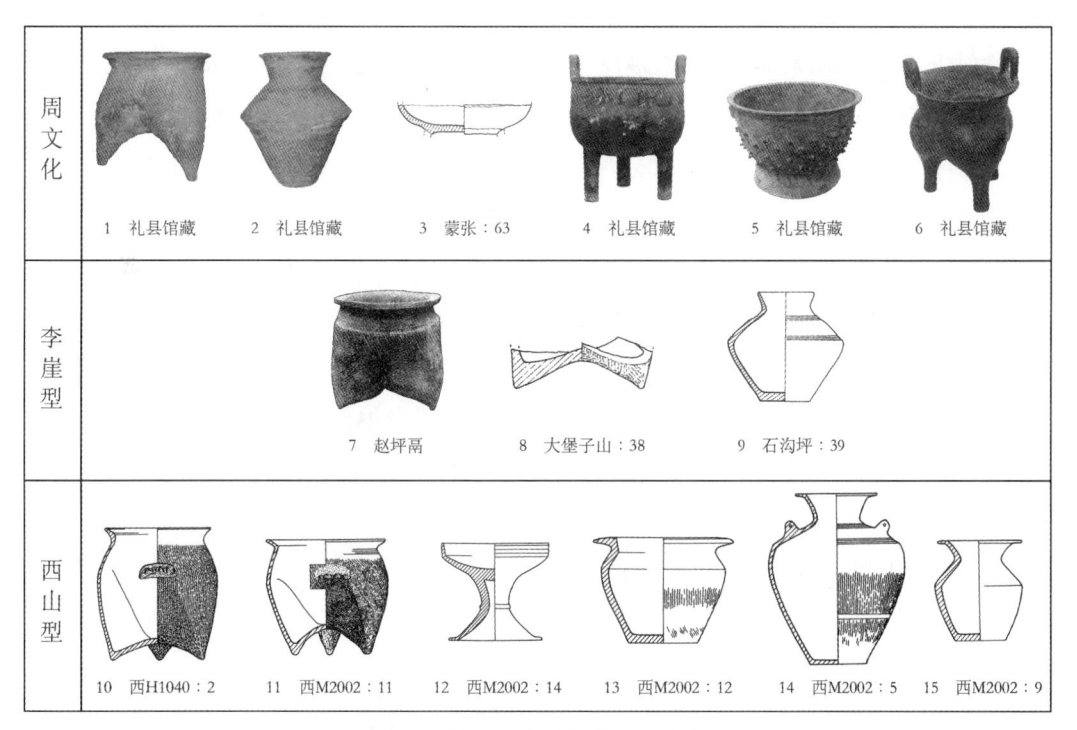

周文化	1 礼县馆藏	2 礼县馆藏	3 蒙张:63	4 礼县馆藏	5 礼县馆藏	6 礼县馆藏
李崖型			7 赵坪鬲	8 大堡子山:38	9 石沟坪:39	
西山型	10 西H1040:2	11 西M2002:11	12 西M2002:14	13 西M2002:12	14 西M2002:5	15 西M2002:9

图 48　礼县西周时期的三类遗存

---

① 甘肃省文物考古研究所、中国国家博物馆、北京大学考古文博学院等:《西汉水上游考古调查报告》,文物出版社,2008 年。

器型亦见于1999周原ⅠA1M17、合水兔儿沟M5①，为商末周初的典型器物。此外，礼县博物馆藏的一件传出雷神庙的铜鼎（图48：4），立沿耳，深圆腹，柱足，腹上部饰圆泡纹及涡纹，腹壁的亚形框内有"保父辛□"四字，末字似为族徽，"保"可能是一种职官②。另藏一件传出盐官镇的乳丁纹铜簋（图48：5），敞口平沿，弧腹，斜圈足，所饰乳丁尖细。还有一件立沿耳铜鬲（图48：6），弧裆，高柱足，束颈。鼎、簋属商末，鬲属西周早期。这些商末周初的铜器出现在礼县，与周人西进有关，显然是周人携带过去的。

礼县目前缺乏西周中期的标本，能明确断代的很少，在2004年调查及博物馆藏品中几乎不见。我们曾推测该地政治局势在西周中期动荡不安，遂造成了文化的中衰③。当然还存在另外一种可能：由于考古工作做得不够，致使该期遗存尚未发现。2012年礼县秦文化研讨会上，有当地收藏者披露了得自赵坪遗址的方唇鬲（图48：7），我们有幸观摩了实物，该鬲侈口，斜沿，方唇，宽短颈，颈部绳纹被抹，颈、肩分界明显，直腹，腹部饰斜行交错绳纹，分裆，尖锥足，器高略大于器宽。该器一望即知是商式分裆鬲，器形与清水李崖西周墓所出近同或一致，如李崖M5：11、M10：4、M17：4，属于"李崖型"，年代为西周中期。"李崖型"的商式鬲在礼县并非只有这一件，2004年在大堡子山遗址采集到一件鬲裆（足），灰陶，呈分裆袋足状，裆脊线明显，尖锥状实足根，饰规整的细绳纹，绳纹直通足端（图48：8）。此外，当年在石沟坪遗址采集的一件弦纹折肩小罐，侈口，圆唇，短颈，颈下及肩端各有两道凹弦纹，最大径居器身中部，形态与李崖M9：24酷似，年代亦相同（图48：9）。总之，这几件标本说明"李崖型"遗存在礼县确实存在。

"西山型"遗存在礼县广泛分布，经发掘的年代可至西周的有西山坪遗址（图

---

① 许俊臣、刘得祯：《甘肃合水、庆阳县出土早周陶器》，《考古》1987年第7期。
② 周初金文中的"保"一般指太保，如保卣，也就是召公。《尚书序》："召公为保，周公为师，相成王为左右。"但召公之器不应出在礼县，而且年代也不合。陈梦家先生说："西周之初另有一种职事，其官称也是保。师保之保最早是以女子担任的保姆，渐发展而为王室公子的师傅，至周初而为执上国大权的三公。"（《西周铜器断代》，中华书局，2004年，第47页）第二种含义见于西周康王时期的保侃母簋盖（《三代》7.23.2）。礼县这件鼎铭含义可能接近后者。
③ 张天恩：《周王朝对陇右的经营与秦人的兴起》，《周秦社会与文化研究》，陕西师范大学出版社，2003年；甘肃省文物考古研究所、中国国家博物馆、北京大学考古文博学院等：《西汉水上游考古调查报告》，文物出版社，2008年。

48:10—15），可至春秋早期的有大堡子山遗址；还有 2004 年调查的包含西周晚期至春秋早期遗存的 21 处遗址。器型如前文所述。

由此可知，礼县境内属于周、秦文化范畴的西周时期遗存有三类（图 48）：一类为周文化，存在于西周早期；一类为早期秦文化"李崖型"，主要存在于西周中期；还有一类为早期秦文化"西山型"，主要存在于西周晚期至春秋早期。

清水的"李崖型"遗存如前所述，分布在牛头河两岸的若干遗址，陶器组合为鬲、甗、簋、盆、罐，包含浓厚的殷商文化因素，主要存在于西周中期（图 49:1—9）。

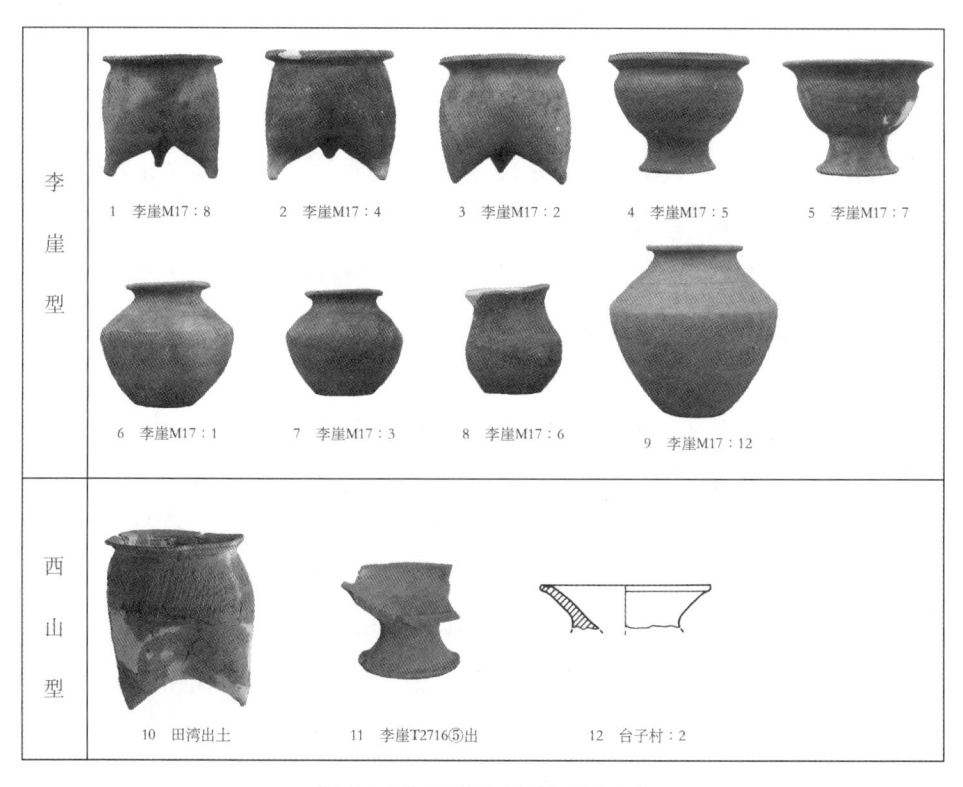

李崖型	1 李崖M17：8	2 李崖M17：4	3 李崖M17：2	4 李崖M17：5	5 李崖M17：7
	6 李崖M17：1	7 李崖M17：3	8 李崖M17：6	9 李崖M17：12	
西山型	10 田湾出土	11 李崖T2716⑤出	12 台子村：2		

图 49　清水西周时期的两类遗存

虽然李崖墓葬的 C14 数据提醒我们其年代可能下延至西周晚期，但随葬陶器在器形上缺乏相应的标本。值得注意的是，2010 年在该遗址 G 发掘点的 T2716⑤层出土了一件陶豆，浅盘，平沿，折腹，豆柄中部收束，喇叭形座（图 49:11），与关中同类器比较，其年代相当于西周晚期偏早。T2716⑤层为汉代以后扰乱层，出大量西周陶片，也有少量晚期瓷片，系后代人类平整土地、从事耕作而形成的,在形成过程中破坏了大量西周单位。这件标本暗示李崖遗址也有西周晚期单位。2005年调查时我们在台子村遗址采集到喇叭口罐的口部(图49:12),口径较小,属西周晚期遗物。在牛头河流域还采集到一些折平沿陶鬲口沿,沿面饰一或两道弦纹,亦属这个时期(详见第五章第三节)。此外,清水县博物馆藏有一件征自田湾遗址的陶鬲,侈口、折平沿,鼓肩,深腹,瘪裆,裆部较低,三锥状足;裆上部带横錾,肩部饰竖行绳纹,腹部饰交错绳纹,裆底及足部饰麻点纹,属于典型的秦式深腹鬲,年代为春秋早期(图49:10)。上述豆、喇叭口罐、鬲均属"西山型",表明清水也有这类遗存。目前发现较少,可能是因为工作做得不够。

礼县和清水都既有"李崖型",又有"西山型"遗存,说明两类遗存在甘肃东部是普遍存在的,二者年代上又前后衔接,因此,它们代表了早期秦文化发展的两个阶段。目前发现的"李崖型"遗址较少,所获标本不够丰富;"西山型"遗址较多,所获标本相对丰富。这固然与以往工作有关,但可能还存在另一原因:早期秦文化在"李崖型"阶段势力较弱,规模尚小;到了"西山型"阶段已发展壮大,势力较强。

既然两类遗存代表了同一支文化的前、后发展阶段,为什么不干脆将之命名为"李崖期"和"西山期",却要沿用"型"这种反映事物不同类别及演变轨道的概念?

一支考古学文化在发展过程中,典型器物的形态会逐步改变,也会有旧、新器物的此消彼长,这种变化就其性质而言属于事物的量变。当然,量变也有阶段性差异,根据这种差异可把文化分为若干期段。"大体说来,年代相衔接的同一文化各期,各种型式的交替常常是缓慢进行的,也可说是一个渐变的过程;即旧的较早的型式逐渐消失和新的较晚的型式不断产生,从而形成较多的交错现象……年代相接而文化不同的各期,则各种型式的交替往往出现突变的现象,即相邻的两期型式全变,或是大部分、或是主要部分的型式已经替换。"①

"李崖型"器物的大部分型式不见于"西山型",如方唇分裆鬲、簋、折肩尊、折肩绳纹大罐、弦纹小罐等;后者的主要型式也不见于前者,如带横錾的瘪裆鬲、折

---

① 邹衡:《夏商周考古学论文集(续集)》,科学出版社,1998年。

盘豆、喇叭口罐等。"李崖型"墓葬绝大多数为仰身直肢葬式;"西山型"墓葬大部分为屈肢葬,只有少数高等级墓为仰身直肢葬式。虽然二者在年代上前后衔接,但总体面貌发生了很大改变,这个改变属于跳跃式的突变,已经超出了"分期"所限定的范畴。

秦文化的突变发生了不止一次。我们曾把春秋至秦代前后的秦器物群分为"春秋型"和"战国型"两大器群,前者的年代范围为春秋早期至战国早期,后者的年代范围为战国中晚期至秦代前后,二者在年代上前后衔接,但彼此面貌迥异,没有发展演变关系,存在很大的跳跃性。突变反映了一个古代人群先后创造或使用两类面貌差异很大的文化遗存,其差异之大如果放在史前时期,会被划归不同的考古学文化。突变的原因或者是巨大的社会变动,或者是剧烈的社会变革①。

早期秦文化两类遗存在西周中晚期之际的交替,与秦"春秋型"和"战国型"两大器群在战国早中期之际的转变性质相同,道理相通,因此将它们命名为"型"而非"期"。早期秦文化从"李崖型"转变为"西山型",是一次文化转型,而这个转型其实是一个"去商化"的过程。即舍弃了原先殷商文化的因素和影响,在器用方面向周文化靠拢。

三、早期秦文化的转型

秦先祖与殷商关系密切。秦、殷都有玄鸟降生的传说。秦祖费昌曾为商汤御车,孟戏、中衍曾为太戊御,"自太戊以下,中衍之后,遂世有功,以佐殷国,故嬴姓多显,遂为诸侯"(《秦本纪》)。蜚廉、恶来父子都是纣王的心腹大臣,蜚廉为纣出使北方,恰逢武王克商,不得返还,"遂葬于霍太山"(《秦本纪》)。

秦、赵共祖,蜚廉之前为一家,之后才分为两支。赵人这一支后来出了个有名的御手叫造父,为周穆王驾车,有功被封于赵城,即今山西洪洞县,赵人由此姓赵氏。当时秦人蒙荫亦姓赵氏,也居住在赵城或其附近。秦、赵先祖世居山西中南部,为商人臣属国族,其文化有浓厚的殷商因素就不足为奇了。事实上,目前在晋南发现的一些西周时的殷商方国遗民墓地,如浮山桥北、绛县横水、翼城大

---

① 梁云:《从秦文化的转型看考古学文化的突变现象》,《华夏考古》2007年第3期。

河口，均流行腰坑、殉狗、殉人，前者出类似李崖的方唇分裆鬲，后二者流行头向西的墓型，有很强的殷商遗风，与"李崖型"墓葬有一定相似性。

秦人大约在周穆王时西迁陇右，年代相当于西周中期偏早。"李崖型"的年代与之吻合，为甘肃东部年代最早的秦文化遗存，也代表了西迁之初秦文化的特点。这些特点很多应来自晋中南，如李崖的方唇分裆鬲，不同于周原、丰镐所出卷沿、圆唇的侈口分裆鬲，也不同于洛阳等地的宽折沿、大袋足、无实足根鬲，类似器型却在山西汾阳杏花村、浮山桥北墓地出土过（图50）。至于头向西的仰身直肢葬式，更是嬴秦本族的传统。

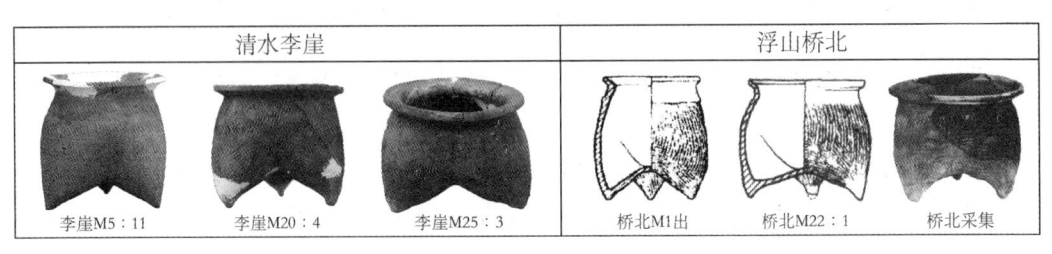

清水李崖	浮山桥北
李崖M5:11　　李崖M20:4　　李崖M25:3	桥北M1出　　桥北M22:1　　桥北采集

图50　晋、甘两地陶器比较

当然，秦人在西迁之后就与关中建立了联系，并与当地戎人有了接触和交往。李崖出土的小口、圆肩、圆腹的弦纹或素面罐，本是周文化的传统器物，商末就出现在周原礼村、凤翔西村、沣西的先周文化单位中，西周时期在周原和丰镐遗址中很常见，且自成序列。关中之外的西周遗址中几乎不见这种弦纹小罐，李崖的这类器型显然来自关中。

由于恶来助纣为虐，被武王所诛，其后代的地位很低贱，沦为造父族的附庸，并改姓造父族的赵氏。直到非子为孝王养马有功，才又恢复了原来的嬴姓，"号曰秦嬴"。可以想见在西迁前后秦人的部族规模、人口数量都还很有限。正因为部族小、人口少、地位低、势力弱，所以当时秦人社会财富还不够集中，一定程度保留了以前氏族社会的平等特征，墓葬的等级分化不明显。李崖遗址的面积有上百万平方米，但钻探出的西周墓葬不过60余座，分布相当稀疏。发掘的墓葬长2—4米，有棺有椁，出土陶器均在10件左右，看不出等级上的差别。

在陇山东西两侧广泛分布着寺洼文化，其族属应包括"犬戎"在内，是当地的土著。秦人西迁后,大骆所居的犬丘,原先可能是犬戎的居地,得名要早于秦人西迁的时间。西迁之初秦人的势力弱小,以保证族群的存续为第一要务,采用联姻的手段维系与当地及周边势力的关系,李崖遗址秦文化墓与寺洼文化墓的并穴合葬反映了这种关系。《秦本纪》记载申侯嫁女为大骆妻,目的是使"西戎皆服"。秦与申国联姻的政治意图也很明显,就是借之以立足于西土。

李崖的秦文化墓葬中有4座间出1—2件寺洼陶器,器型有鬲、马鞍形口罐、单耳或双耳罐。其中带錾的花边口沿分裆陶鬲、双马鞍形口罐均见于庄浪徐家碾寺洼文化墓地,应为来自水洛河流域的寺洼文化因素。在李崖遗址还发掘了4座仅出1件素面夹砂带耳罐的寺洼文化墓葬,与秦文化墓葬交错分布,其中1座与秦墓并穴合葬,可能为夫妇关系,表明当时可能有少数戎人融入秦人的群体中。

然而,秦人的西迁并没有立刻改变西土的局势,只是为后来的演变添加了一个变数。到了西周中晚期之际,陇右的民族关系恶化,局面动荡不安。《汉书·匈奴传》说:"至穆王之孙懿王时,王室遂衰,戎狄交侵,暴虐中国。"《古本竹书纪年》说"夷王衰弱,荒服不朝",以及"厉王无道,戎狄寇掠,乃入犬丘,杀秦仲之族"。这里的"秦仲之族"应即《秦本纪》中"犬丘大骆之族"。《今本竹书纪年》把这件事记在厉王十一年,但按《秦本纪》在秦仲三年,即周厉王在位最后一年。从穆王前期嬴秦西迁礼县,到厉王时期犬丘的嫡系宗室被灭,前后大约百年,可见秦人作为外来户毕竟根基不稳,一遇大风浪便有灭顶之灾。幸亏孝王把非子别封于清水的秦亭,为秦人保留了一脉香火,并埋下了日后东山再起的伏笔。

与犬丘所在的西汉水上游寺洼文化密集分布、戎人势力根深蒂固不同,秦邑所在的牛头河流域基本是寺洼文化分布的空白区,戎人势力相对薄弱,这就为清水的秦人赢得了起码的生存空间,可以从容发展。从李崖西周遗存的年代可知,在非子受封之前,清水就已是秦人的地盘,甚至可能是秦人西迁甘肃的第一站。非子受封后,凭借自身才艺,充分利用当地资源,大力发展养马业。到非子的玄孙秦仲,开始拥有车马礼乐。《诗序》云:"《车邻》,美秦仲也。秦仲始大,有车马礼乐侍御之好焉。"《诗·车邻》描绘辚辚车声、白额头的马、传令的寺人,以及瑟、簧的演奏,一副贵族闲暇生活的派头。孔《疏》云:"秦自非子以来,世为附庸,其国仍小,至今秦仲而国土大矣。由国始大,而得有此车马礼乐。"这标志着贵族身份的获得和对周礼的全面吸收。器用方面自不待言，秦器物群的全面周式化可能是从秦仲在位时期开始的。

《秦本纪》记秦仲三年（公元前842年），西戎灭犬丘大骆之族；十八年（公元前827年），"周宣王即位，乃以秦仲为大夫，诛西戎"；二十三年（公元前822年）秦仲死于戎难。在犬丘陷落20年之后，清水这一支秦人才积聚力量，受王命伐戎，目的是光复旧都，所伐之戎应在礼县一带。但那里西戎的强大显然超出预计，秦仲兵败身死，事在周宣王六年（《史记·十二诸侯年表》）。值此危难之际，宣王予秦仲的长子庄公七千兵，一举扭转形势，伐破西戎，收复了失地。庄公于是拥有从清水至礼县的连绵土地，几乎囊括陇右的大部分区域，并获得"西垂大夫"的封号，代表周王室在那里行使军政管辖权。庄公在位44年之久，秦人真正的崛起始于庄公。

在这个过程中，秦与周的关系至为关键。与周王室交往，清水较礼县更为便捷，纵贯南北的陇山没有阻隔东、西两侧的交流。西周时秦与关中的联系，在金文材料中有所反映。师酉簋铭文云："王乎（呼）史墙册令（命）师酉，司乃祖啻官邑人、虎臣：西门尸（夷）、𢈗尸（夷）、秦尸（夷）、京尸（夷）、𢆉身尸（夷）。"询簋铭文云："今余命汝啻官司邑人，先虎臣、后庸：西门夷、秦夷、京夷、𢈗夷、师笭侧新，□华夷、𢆉身夷、匶尸，成周走亚、戍秦人、降人、服夷。"朱凤瀚先生将师酉簋断在孝王元年，询簋断在厉王十七年，并认为询是师酉的后辈，子承父业①。在师酉和询统领的王宫卫队（虎臣）中有"秦夷"。除了清水，西周时期在今山东还有"秦"的地名，然而从"京""𢈗"均位于西土来看，铭文中与之相连的"秦"很可能指陇山西侧非子的封地。此说不误的话，那么在非子受封前至秦仲即位后，清水就持续不断地派人前往周都，加入王朝禁军，以捍卫王身。清水秦人与周王室关系之密切，可见一斑。

犬丘的沦陷使清水这支秦人成为"孤军"，形单影只。巨大的生存压力和危机感迫使清水的统治者寻求外援，陇山东侧的周王室是不二选择，后者不仅在大义名分上有号召力，还能提供实际的军事支持。秦仲在位期间系统地学习、吸收、享用宗周礼乐制度，与关中周文化的联系空前强化，放弃本族源自殷商的某

---

① 朱凤瀚：《师酉鼎与师酉簋》，《中国历史文物》2004年第1期。

些不合时宜的旧传统,向周文化靠拢,正是出于一种转换身份识别标志、跻身周人上流社会的强烈愿望。这一愿望最终得以实现,宣王即位后便命其为大夫,主持伐戎。大夫有相应的车服、礼器规定,所谓"唯器与名,不可以假人"(《左传·成公二年》)。秦仲的年代已进入西周晚期,西周晚期的秦贵族墓亦有发现。礼县西山坪M2003出铜三鼎二簋,鼎有球腹蹄足和垂腹柱足两种;簋带瓦纹、重环纹、窃曲纹,耳下有小珥,圈足下有三小足,一望即知来源于关中同类器型。其礼器组合已经接近西周时大夫的级别,要知道在山西曲村发掘的某些晋侯和晋侯夫人墓也不过随葬铜三鼎。该墓随葬青铜短剑,墓主人颅骨上插有铜镞,系受创伤而死,反映了当时秦与西戎惨烈的战况。有学者指出春秋秦鼎敛口、垂鼓腹的样式主要继承了关中西周晚期偏早阶段铜器的组合和特征[①],与上述时代背景的分析吻合。

上有所好,下必甚焉。在统治者学习、吸收周礼的时候,一般民众普遍使用的日用陶器风格也随之转变。"西山型"的主要器型源自关中。秦式深腹鬲侈口、深腹、高瘪裆的样式其实沿袭了关中西周早中期瘪裆鬲的形制,只是在细部上有所改变,反映出晚期的特征,如口沿内外缘的凹弦纹、腹上部饰横錾、裆足饰粗绳纹等。浅折盘细柄豆与关中同类器无别。秦的喇叭口罐亦源自周式折肩罐。西山坪喇叭口罐肩部有双钮,饰折线纹,形制与周原凤雏甲组基址西周晚期地层所出折肩罐酷似(图6:6、9),而折肩罐在关中周文化中自成序列。

秦仲虽然战死,但文化的转型过程并未中断。《秦本纪》云:"周宣王乃召庄公昆弟五人,与兵七千人,使伐西戎,破之。"七千兵在当时不是一个小数目,西周王朝在西土驻有六师,一师(军)也不过12 500人[②]。我们不知道这批来自关中的周兵参加秦人的靖难之役后,是留在当地,还是返回故地。不管怎样,如此多的周人进入陇右,客观上加速了文化转型。到庄公被封为"西垂大夫",取得了周天子认可的在陇右的最高统治地位,秦器物群"去商化"和"周式化"的进程也基本完成。

[①] 张天恩:《早期秦文化特征形成的初步考察》,《周秦文化研究论集》,科学出版社,2009年。
[②] 李学勤:《论西周金文的六师、八师》,《华夏考古》1987年第2期。

庄公被封为西垂大夫后,管辖的领土不再限于清水县境内,而是兼有渭河上游和西汉水上游,面积远远超过了"公侯田方百里"的范围①,实际上相当于一个大诸侯国。辖区内臣民也不再限于嬴秦宗族,还包括大大小小被征服的西戎部族,甚至可能还有一些周人,人口规模扩大的同时其结构也变得复杂化,而所有人都得被纳入秦的统治框架内。伴随征战、掠夺及人群规模的扩大,社会财富向上层集中,社会逐渐分化出不同的阶层,原先嬴秦本族小群体内的平等关系一去不复返了。这些都是秦人从附庸走向封国过程中必然会发生的现象。

综上所述,嬴秦先祖与殷商关系密切,世居山西中南部,大约在西周穆王时西迁陇右。西迁之初部族小、人口少,社会分化不明显,其文化面貌有浓厚的殷商遗风。西周中晚期之际西戎肆虐,陇右板荡,犬丘沦陷,迫使清水的秦人强化了与周王室的联系,系统学习、吸收周礼,舍弃了某些不合时宜的殷商因素,文化上向周人靠拢。从秦仲在位到庄公被封为"西垂大夫"的二十余年间,秦人完成了器物群风格的转型。

第三节 早期秦文化的来源与形成

秦文化来源的问题在学术界长期引人关注,从 20 世纪 30 年代至今已有八十余年的探索历程。从目前发现的考古材料来看,早期秦文化大体可分为前、后两个发展阶段,前者主要为西周中期,以清水李崖遗址为代表,其遗存可称为李崖型;后者为西周晚期至春秋早期,包括礼县西山坪、礼县大堡子山、甘谷毛家坪,以及关中西部的一些春秋早期遗址,其遗存可称为西山型。早期秦文化经历了从李崖型到西山型的转型。如果把秦文化作为一支考古学文化来对待,其早期遗存的文化构成主要有三个来源,即商文化、周文化和西戎文化。

一、来源于商文化的因素

据《史记·秦本纪》,嬴秦先祖与殷商关系密切,周代秦文化在某些方面依然

---

① 《礼记·王制》:"天子之田方千里,公侯田方百里,伯七十里,子男五十里,不能五十里者,不合于天子,附于诸侯,曰附庸。"

保留着浓厚的殷商遗风。

(一) 腰坑和殉狗习俗

在春秋至战国早期秦墓中,等级越高,带腰坑、殉狗的比例就越高。秦公大墓如礼县大堡子山 M2、M3,在墓底中部均设腰坑,坑内均有殉狗 1 只、黄玉琮 1 件。西周秦墓中腰坑、殉狗之风更盛,礼县西山坪 4 座西周秦墓中有 3 座带腰坑殉狗;在清水李崖发掘的 20 座西周墓中,有 19 座带腰坑殉狗,很多墓在填土内有殉狗[①]。众所周知,商系墓葬流行腰坑殉狗,除了商王陵,在安阳大司空村超过六成[②]、殷墟西区约一半的商墓带腰坑[③],"殷墓中数量最多的是狗,埋狗的殷墓约占殷墓总数的三分之一"[④]。春秋晚期的东夷族邿国和莒国墓葬也流行腰坑殉狗。相反,西周时期周人墓罕见腰坑,殉狗少见,如曲村晋侯墓地、上村岭虢国墓地、北京琉璃河燕侯墓等。甘青本地古文化墓葬中也未见腰坑殉狗的报道。西北地区流行畜牧业,牧羊犬是主人的伴侣,那里的墓葬虽多殉牛、羊,但罕见殉狗。秦墓的这种习俗显然源自商文化。

与殉狗相关的犬祭,也是秦文化的传统之一。《史记·秦本纪》:"(德公)二年初伏,以狗御蛊。"《集解》引徐广曰:"年表云初作伏,祠社,磔狗邑四门也。"1980 年在陕西凤翔大辛村发掘了两座春秋时期的祭祀坑,坑呈圆袋状,坑底撒草木灰和红烧土,坑内牺牲骨骼可分四层,共出羊 15、狗 11、猪 7 只,出土的完整动物骨架中有狗骨架 3 副[⑤]。大辛村位于秦都雍城西郊,北依雍水,祭祀坑正对雍城西墙南起第二门,据发掘此门宽 10 米,路土向东延伸至城内的姚家岗宫殿区。这两个坑可能就是磔狗禳祭的遗留。秦邑门磔犬之俗应承袭自殷人,殷墟卜辞屡见犬祭[⑥],在郑州和殷墟的建筑基址也常见犬祭遗存。

(二) 殉人及人牲习俗

公元前 621 年秦穆公葬于雍,有 177 人从死殉葬,包括当时的良臣奄息、仲

---

① 赵化成:《甘肃清水李崖遗址》,《2011 中国重要考古发现》,文物出版社,2012 年。
② 中国科学院考古研究所:《一九五三年安阳大司空村发掘报告》,《考古学报》1955 年第 1 期。
③ 中国社会科学院考古研究所安阳工作队:《1969—1977 年殷墟西区墓葬发掘报告》,《考古学报》1979 年第 1 期。
④ 黄展岳:《殷商墓葬中人殉人牲的再考察——附论殉牲祭牲》,《考古》1983 年第 10 期。
⑤ 雍城考古队:《陕西凤翔县大辛村遗址发掘简报》,《考古与文物》1985 年第 1 期。
⑥ 肖春林:《殷代的四方崇拜及相关问题》,《考古与文物》1995 年第 1 期。

行、针虎。秦民哀伤,赋《黄鸟》之诗。凤翔秦公一号大墓椁室外的二层台上摆放166具殉人,其中"箱殉"72人,"匣殉"94人,在一些殉人的棺椁盖板上还有朱砂书写的文字、编号,说明当时等级森严,入葬时次序井然。大墓主人为秦景公。文献与考古对照,可知秦公大墓殉人数量之巨。春秋时秦的高等级铜器墓也流行殉人,目前发掘的5—7鼎大夫级别的墓60%以上都有殉人,每墓殉3—7人。《史记·秦本纪》:"武公卒,葬雍平阳。初以人从死,从死者六十六人。"其实秦殉葬之风较此要早得多,礼县大堡子山M2的二层台上殉7人,有的带漆棺,西墓道填土内殉12人。M3的东、南二层台经盗扰,北二层台尚存1人,西墓道填土内殉7人①。西周秦墓亦已殉人,礼县西山坪4座西周墓中有3座殉人,其中M2003为铜三鼎墓,其南、北壁龛内各有1具殉人。可见秦高级贵族杀殉之风由来已久。

《史记·秦本纪》讲秦、晋韩之战,"于是缪公虏晋君以归,令于国:'齐宿,吾将以晋君祠上帝。'"后来因为周天子和缪公夫人的请求,晋惠公才被赦免。这条记载说明秦国祭天用人牲。秦宗庙祭祀亦用人牲,在秦雍城马家庄宗庙发现的181座祭祀坑中,人坑8座,人羊同坑1座②。2006年在大堡子山乐器坑周围还发掘了人祭坑4座(K1—K4),坑内出人骨1或2具,均为屈肢状态,大多为儿童,成年仅1具。这些坑环绕乐器坑分布,其中K1还轻微打破乐器坑,说明当时是先埋乐器,再杀人祭祀③。乐器坑和人祭坑位于大墓M2西南约20米处,应属墓地祭祀遗存。

商墓盛行人殉是学界所熟知的,在郑州商城、安阳小屯、殷墟西北岗商王陵发现的人祭坑也比比皆是。相比之下,西周时周人墓葬很少,或基本不用人殉葬。周克殷后,经周公制礼作乐,周人逐渐摒弃了以人为牲的恶习④。西周早期以后,姬周贵族的墓葬基本不见殉人了。说明人殉、人祭不符合周礼的根本精神。

---

① 戴春阳:《礼县大堡子山秦公墓地及有关问题》,《文物》2000年第5期。
② 陕西省雍城考古队:《秦都雍城钻探试掘简报》,《考古与文物》1985年第2期。
③ 早期秦文化联合考古队:《2006年甘肃礼县大堡子山祭祀遗迹发掘简报》,《文物》2008年第11期。
④ 王晖:《商周文化比较研究》,人民出版社,2000年。

值得注意的是，东夷古文化区内却长期流行人祭和人殉。如江苏铜山丘湾商代社祀遗址，是以四块大石为中心，周围掩埋人骨 20 具、人头骨 2 个、狗骨架 12 具，人骨俯身屈膝、双手反缚，以中心大石为神祇而杀人祭祀①。春秋时期东夷古国墓葬，如山东临沂凤凰岭东周墓殉人多达 14 具，墓主可能是郯国国君②；在莒南大店发掘的 2 座莒国墓葬，各有 10 具殉人③；1978 年在藤县薛国故城发掘的 9 座薛国贵族墓葬，其中 5 座有殉人④。秦文化的人殉、人祭习俗反映了它与商文化及东夷古文化深远的历史联系。

(三) 车马埋葬方式

商周时期高等级贵族在主墓外多设有车马坑。目前发掘的秦人车马坑年代从春秋早期延续至战国早期，包括礼县大堡子山、礼县圆顶山、甘谷毛家坪、灵台景家庄、长武上孟村、凤翔孙家南头、凤翔西村等地的车马坑，最多的殉埋 12 乘车，最少的殉 1 乘车。坑内的车马埋葬形成了一套固定方式，马皆呈跪伏姿态，系杀死后摆放的，有时会在坑底挖浅槽放置马匹。马东车西，车辀向东，马位于车辀南北两侧，马与车放置成驾乘状，即完全按照使用时的状态来埋葬。多辆马车则呈东西向前后一字纵队，车马器均出土于使用时的位置，如衡饰、軎、辖、马衔、马镳、络饰，有时辀马身上蒙裹皮质甲胄。车舆内外常出车战兵器和修车工具，有矛、戈、弓、矢、斧、锛、铲、钳、镢、凿等。坑壁有时挖有壁龛以放置马头或轴头，车轮有时也会置于坑底的轮槽内，坑底往往殉御奴(图 51∶6)。

周人流行"拆车葬"和车、马分离的埋葬方式。前者把车拆散后置于墓道及墓室内，如张家坡 M157 是一座双墓道大墓，在墓道和椁盖板上摆放了车轮 30 个、车厢 12 个，及轴、辀、衡、轭等，以显示墓主的财富地位；驾车的马则被活埋或杀死后置于独立的马坑中⑤。后者在车马坑中"马下车上"，或左右分置，如三门峡虢国墓地的车马坑，先将马匹杀死后置入坑底，再将车放置在马身上⑥。山西曲村晋侯墓地一号车马坑为东西向长方形，坑内一道南北向夯土隔墙将之分为

---

① 俞伟超：《连云港将军崖东夷社祀遗迹的推定》，《先秦两汉考古学论集》，文物出版社，1985 年。
② 山东省兖石铁路文物考古工作队：《临沂凤凰岭东周墓》，齐鲁书社，1988 年。
③ 山东省博物馆、临沂地区文物组、莒南县文化馆：《莒南大店春秋时期莒国殉人墓》，《考古学报》1978 年第 3 期。
④ 山东省济宁市文物管理局：《薛国故城勘查和墓葬发掘报告》，《考古学报》1991 年第 4 期。
⑤ 中国社会科学院考古研究所：《张家坡西周墓地》，中国大百科全书出版社，1999 年。
⑥ 河南省文物考古研究所、三门峡市文物工作队：《三门峡虢国墓(第一卷)》，文物出版社，1999 年。

东、西两部分,东部葬有至少105匹马,西部埋六排48辆车①。东周晋系墓葬的车马坑沿袭了这个特点,由隔梁分为东部的马坑和西部的车坑,如太原赵卿墓、上马墓地、临猗程村墓地的车马坑,性质类似于马厩坑。此外,周人往往将青铜车马器置于墓室内,车马坑内极少见殉人。总之,周人车马按闲置状态,或者说非使用状态来埋葬,与秦人大不相同。

殷墟和西周时殷遗民的车马坑内车、马常放置成驾乘状,而且经常伴出车马器、兵器、工具和殉人,与秦人的车马埋葬有很大的相似性。如小屯、大司空村、孝民屯、白家坟、郭家庄、梅园庄的晚商车马坑,均殉一车二马,马在辀两侧侧卧或俯卧,舆外大多殉人,有的车轮置于轮槽内,舆内出戈、弓、矢等兵器,和弓形器、刀、锛、凿、策柄等工具②(图51:1—3)。有学者指出,礼县圆顶山秦车马坑与殷墟车马坑颇为相似,表现出浓郁的商文化风格③。至于西周时殷遗民的车马坑,如长安花园庄M3,三乘车自南向北纵向排列,马分置于辀侧,车马器及工具、兵器齐全④(图51:5)。又如洛阳林校⑤、张家坡M168⑥车马坑,驷马置于辀两侧的土槽内,呈跪伏姿态,还掏有壁龛放置马头(图51:4)。一望即知与殷墟、秦人车马坑同属一个大系,前后的渊源发展关系一目了然。

如前所述,秦先祖曾为商王驾车,且擅长养马,对商人的车马埋葬方式一定熟悉而且认同。西周时期秦人重新获得贵族身份后,在车马殉葬方面采用了商人及殷遗民的,而非周人的方式,就很容易理解了。2005年在礼县西山坪发掘了4座西周时期马坑(K404—K407)⑦,马头向东置于龛内,驷马南北并列,嘴内衔环,中间二马间有辀痕,可能是一座一车驷马的车马坑。该车马坑的主墓或为西北方的M2003,为西周晚期的铜三鼎墓,也是目前所知年代最早的秦高等级

---

① 山西省考古研究所、北京大学考古文博学院:《山西北赵晋侯墓地一号车马坑发掘简报》,《文物》2010年第2期。
② 杨宝成:《殷墟文化研究》,武汉大学出版社,2002年。
③ 印群:《论圆顶山秦早期墓地车马坑之殷文化因素》,《苏州大学学报(哲学社会科学版)》2012年第2期。
④ 陕西省文物管理委员会:《西周镐京附近部分墓葬发掘简报》,《文物》1986年第1期。
⑤ 洛阳市文物工作队:《洛阳林校西周车马坑》,《文物》1999年第3期。
⑥ 中国科学院考古研究所:《沣西发掘报告》,文物出版社,1963年。
⑦ 赵丛苍、王志友、侯红伟:《甘肃礼县西山遗址发掘取得重要收获》,《中国文物报》2008年4月4日。

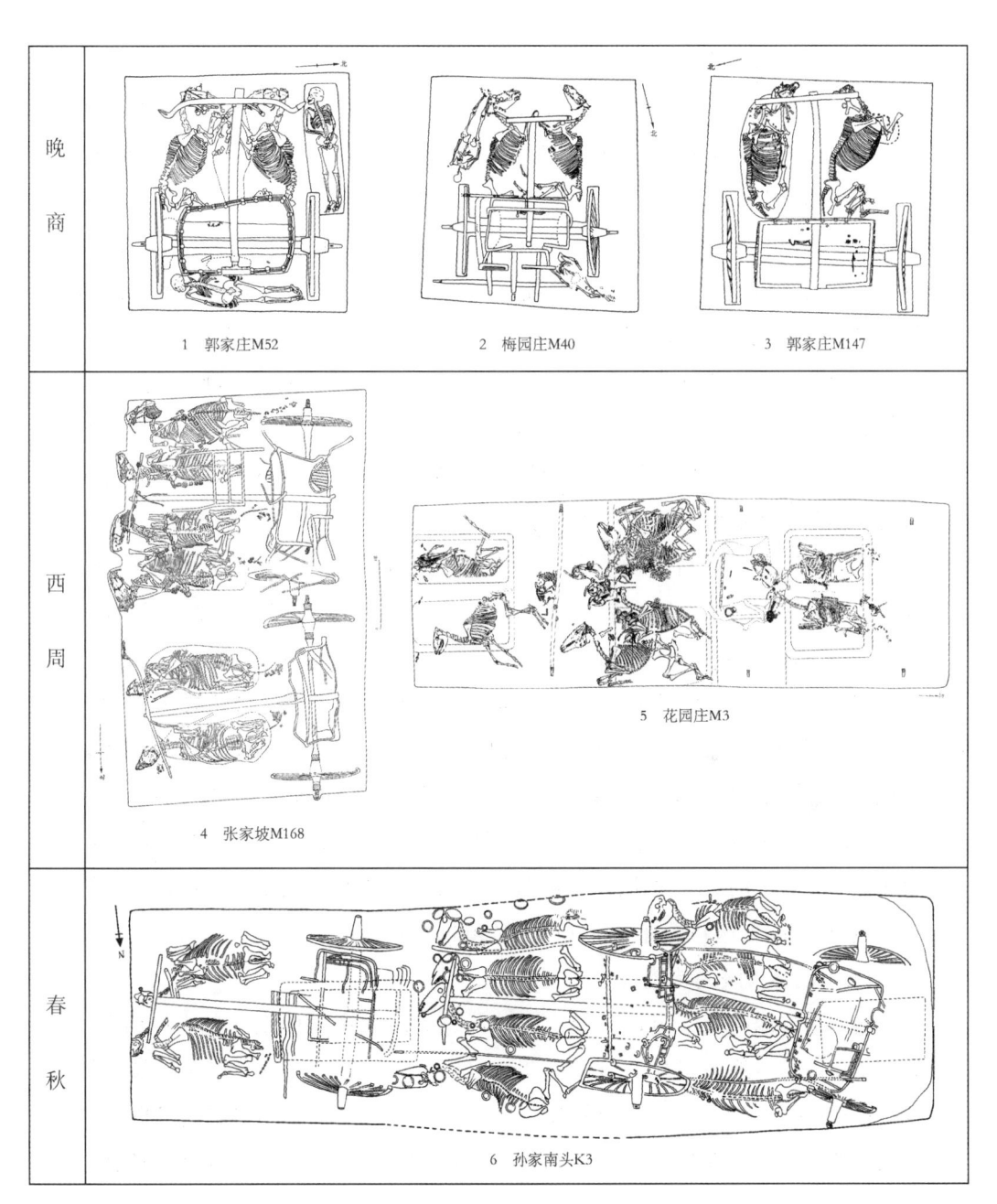

晚商	1 郭家庄M52	2 梅园庄M40	3 郭家庄M147
西周	4 张家坡M168	5 花园庄M3	
春秋	6 孙家南头K3		

图 51 商、殷遗民、秦车马坑比较

贵族墓。该坑的驷马呈驾乘状卧伏在土槽内，与春秋秦人车马坑完全一致，也与丰镐、洛阳的殷遗民车马坑如出一辙。

（四）商式风格的陶器

对早期秦文化陶器面貌的认识，随着考古发现而逐步深入。20世纪80年代在甘谷毛家坪遗址首次发掘到西周时期的秦文化遗存，其面貌呈现出较纯粹的周式风格，如居址的侈口深腹瘪裆绳纹鬲；墓葬的陶器组合为鬲、盆、豆、罐，鬲均为联裆。以至于发掘者认为"毛家坪西周时期秦文化除去自身特点外，总的来说与周文化相似"[①]。后来有学者将毛家坪西周秦文化遗存与同时期及此前的周邻考古学文化，如寺洼文化、辛店文化、刘家文化、西周和先周文化相比较，认为秦文化与西周文化和先周文化的关系最密切，它应源于先周文化[②]。又有学者撰文将毛家坪秦文化居址一期遗存的年代提前至商代晚期，认为以甘谷毛家坪为代表的早期秦文化应源于郑家坡类型文化，是一支使用郑家坡类型文化的人群从周原向西迁徙到甘肃东部后遗留下来的[③]。

2006年，在礼县西山坪发掘的西周秦文化陶器与毛家坪的大同小异。2009—2011年，在清水李崖遗址发掘到30多座西周灰坑和19座西周墓葬，灰坑与墓葬所出陶器一致，如商式方唇分裆鬲、厚方唇簋、三角划纹簋、大口尊等，这些器型在商系墓葬中常见，显然源自商文化。墓葬的陶器组合主要为鬲、簋、盆、罐，陶器种类丰富、数量较多，平均每墓达10件以上。与周人陶器随葬以单鬲或鬲、罐为主，种类、数量较少，风格简约的特点大不相同，与西周时某些殷遗民墓葬的陶器组合相似。李崖西周遗存的年代早于毛家坪和西山坪，是目前甘肃东部年代最早的秦文化遗存，说明秦人在西迁之初的文化面貌还具有浓厚的殷商色彩，王朝更迭并没有中断其世代沿袭的传统。

（五）巨墓大陵的传统

秦国君好修巨墓大陵，"规模宏阔的巨墓大陵是秦陵体系的基本风格"[④]。凤翔秦公陵园占地面积有21平方公里。以单座墓葬论，已发掘的秦公一号大墓墓坑面积（包括墓道）有5 334平方米，墓室容积54 888立方米，是目前发掘的规模最大的先秦时期古墓。秦巨墓大陵的传统到秦代发展到了登峰造极的地步，

[①] 赵化成：《寻找秦文化渊源的新线索》，《文博》1987年第1期。
[②] 牛世山：《秦文化渊源与秦人起源探索》，《考古》1996年第3期。
[③] 滕铭予：《秦文化起源及相关问题再探讨》，《中国考古学跨世纪的回顾与前瞻》，科学出版社，2000年。
[④] 韩伟、程学华：《秦陵概论》，《考古学研究》，三秦出版社，1993年。

秦始皇陵举全国之力修建,修陵工程到高潮时,动员的劳力约七十万人。陵园面积约 2.1 平方公里,冢高约 43 米,"树草木以象山"(《秦始皇本纪》),充分体现了秦文化唯大、尚多的审美观①。

这个传统在春秋早期已露端倪。大堡子山秦公墓长 88—115 米,墓室面积 141.6—241.7 平方米,远远超过同时期的虢国国君墓(18.8 平方米)、晋侯墓(约 20 平方米),以及东周王室陵墓。东周王室陵墓如 2001 年发掘的洛阳体育场路 C1M10122,为四条墓道的亚字形墓,墓室面积约 50.25 平方米,年代为春秋早期,被认为可能是周平王之墓②。秦因襄公护送周平王东迁,勤王有功才被封为诸侯,为周之藩臣,地位低于虢、晋,但墓葬规模远超,王者之气显露无遗。

礼县秦公墓的规模相当于商代方伯级大墓。商代大墓与小墓面积相差悬殊,殷墟西北岗商王陵墓室面积 314—359 平方米;较大型墓如武官村大墓和山东益都苏埠屯一号墓,墓室面积分别为 168 和 160 平方米;中型墓墓室面积 10—30 平方米,如妇好墓;小型墓面积约 3 平方米。礼县秦公墓稍逊于商王陵,与苏埠屯 M1 这类方伯级大墓相当,远远大于姬周诸侯墓,说明秦巨墓大陵的传统来源于商文化。

商墓等级分化严重,"商代的帝王显然高踞于包括'王族'在内的所有贵族之上,已经成为唯我独尊的专制主义的君主了"③。比较而言,姬周国君墓与卿大夫墓在规模上差距不大,呈多阶层、小间隔的特点,反映出其社会资源层层下分,分化不明显。秦墓两极分化严重,国君墓和卿大夫以下级别的墓葬差距巨大,君主权力高度集中,社会结构具有上下悬隔的特征。秦人社会结构与殷人有相通之处。秦在战国时正是凭其君主权威才能彻底推行变法,一跃成为头号强国,进而扫平天下。从这个角度说,战国时秦与东方的差别,不过是殷、周差别的曲折反复,只是地理空间上对调了位置。

二、来源于周文化的因素

据《史记·秦本纪》,恶来助纣为虐被诛,直到非子牧马受到孝王赏识,被封

---

① 林剑鸣:《秦赵同源新证》,《河北学刊》1988 年第 3 期。
② 洛阳市文物工作队:《洛阳体育场路东周墓发掘简报》,《文物》2011 年第 5 期。
③ 北京大学历史系考古教研室商周组:《商周考古》,文物出版社,1979 年,第 94 页。

于清水的秦邑，才恢复了原来的嬴姓，"号曰秦嬴"。到非子的玄孙秦仲，被宣王命为大夫，开始拥有车马礼乐。庄公依靠七千周王朝兵马，一举伐破西戎，获得"西垂大夫"的封号。襄公送平王东归，得以立国，"与诸侯通使聘享之礼"。文公入主关中，"收周余民有之，地至岐，岐以东献之周"。武公夫人为周王室之女。王子带之乱，周襄王出居郑，求助于晋、秦，"穆公将兵助晋文公入襄王，杀王弟带"。秦景公大墓石磬铭文曰："天子匽（燕）喜，龏（共）桓是嗣。"《石鼓文·而师》："天子□来，嗣王始□。"周天子曾到秦地，与景公宴乐、游猎。凡此种种，都说明西周至春秋时秦与周保持着密切的联系。周王室为天下共主，代表了名分正统和文化主流，秦在早期发展过程中向周人靠拢，为周人所用，学习周礼，吸收周制，与周联姻，襄助周室，都是很自然的事。秦又居宗周故地，文化上多仍周旧，许多方面都承袭了周文化的特点。

（一）宗庙、朝寝建制

20世纪70年代发掘的雍城马家庄一号建筑为宗庙遗址，由祖庙、昭庙、穆庙、中庭、围墙及门塾围成一个全封闭式的空间（图52:2）。三庙呈"品"字形分布，祖庙居中偏北，平面为"凹"字形，面阔三间，由前堂、主室、后室及东西夹室组成。昭、穆庙在祖庙南，东西左右对称，平面形制及尺寸与祖庙相同。祖庙之北有一亭台式建筑，有角柱、无檐墙，或以为是亳社遗址。院落的南大门有门塾，大门散水以北有一东西长约10米的"屏"。大门门道在散水处左右分开，有通往昭、穆庙及东西围墙两门的踩踏路面。中庭为一中间凹下，四周稍高的空场。在中庭和祖、昭庙内发现各类祭祀坑181座，各类坑三两成排，分布有一定规律[1]。打破建筑地面的祭祀坑出有春秋晚期至战国早期的陶器，表明了建筑的使用年代下限。宗庙可能始建于德公，祖庙祀始封君秦襄公，静公受享于穆庙，文公和宪公是祖孙俱为昭，但又相继为国君，可能被合于同一昭庙。武公、出子为德公的兄弟，没有立庙。

马家庄宗庙的形制与经学家对周代宗庙的复原吻合[2]，也与考古发掘的周原云塘西周宫室建筑[3]（图52:1），以及晋都新田的东周建筑基址[4]（图52:3）有

---

[1] 陕西省雍城考古队：《凤翔马家庄一号建筑群遗址发掘简报》，《文物》1985年第2期。
[2] 韩伟：《马家庄秦宗庙建筑制度研究》，《文物》1985年第2期。
[3] 周原考古队：《陕西扶风县云塘、齐镇西周建筑基址1999—2000年度发掘简报》，《考古》2002年第9期。
[4] 山西省考古研究所侯马工作站：《侯马呈王路建筑群遗址发掘简报》，《考古》1987年第12期。

诸多相似性，如主殿与东、西厢房之间不相联属，三者呈"品"字形分布，外围有专门的围墙，单体建筑的结构多呈"凹"字形，庭院的南部居中有门塾等（图52）。有学者认为秦宗庙继承了西土周人建筑的风格特点①，是很对的。

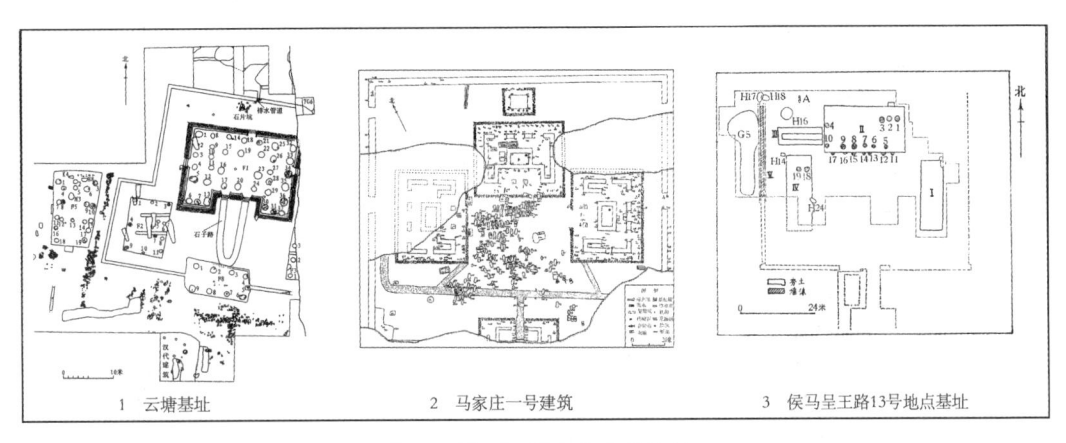

图52 周、秦、晋宗庙建筑比较

1 云塘基址　　2 马家庄一号建筑　　3 侯马呈王路13号地点基址

勘探的马家庄三号建筑位于一号建筑西南约500米处，南北全长326.5、北端宽86、南端宽59.6米，面积21 849平方米。由南向北可分五进院落、五个门庭，是一个五门三朝结构的朝寝建筑遗址。第一院落南门外有"屏"，第二院落中部偏北两侧各有一长方形建筑，第三院落正中有一座面积约586平方米的横长方形建筑，第四院落内有三处小型基址，第五院落正中偏北及前方两侧各有一座建筑呈"品"字形布列②（图53:1）。

雍城朝寝建筑或者说明当时的诸侯可以使用五门三朝之制，或者说明秦僭越使用了周天子之礼。不管怎样，秦人的门朝制度继承了周制。西周时的小盂鼎铭文记载了盂向周康王献俘并庆赏的经过，从中可以复原西周的门朝制度③（图53:2）。盂"入南门"，即进入皋门；后"兽进即大廷"，即把原来在皋门里、库门外的酋长带进库门，可见"大廷"在库门里、雉门外；然后"入三门，即中廷，北向"，"三门"就是雉门，"中廷"在雉门内。对照雍城朝寝遗址，第二院落是外朝，

---

① 徐良高、王巍：《陕西扶风云塘西周建筑基址的初步认识》，《考古》2002年第9期；杜金鹏：《周原宫殿建筑类型及相关问题探讨》，《考古学报》2009年第4期。
② 陕西省雍城考古队：《秦都雍城钻探试掘简报》，《考古与文物》1985年第2期。
③ 李学勤：《小盂鼎与西周制度》，《历史研究》1987年第5期。

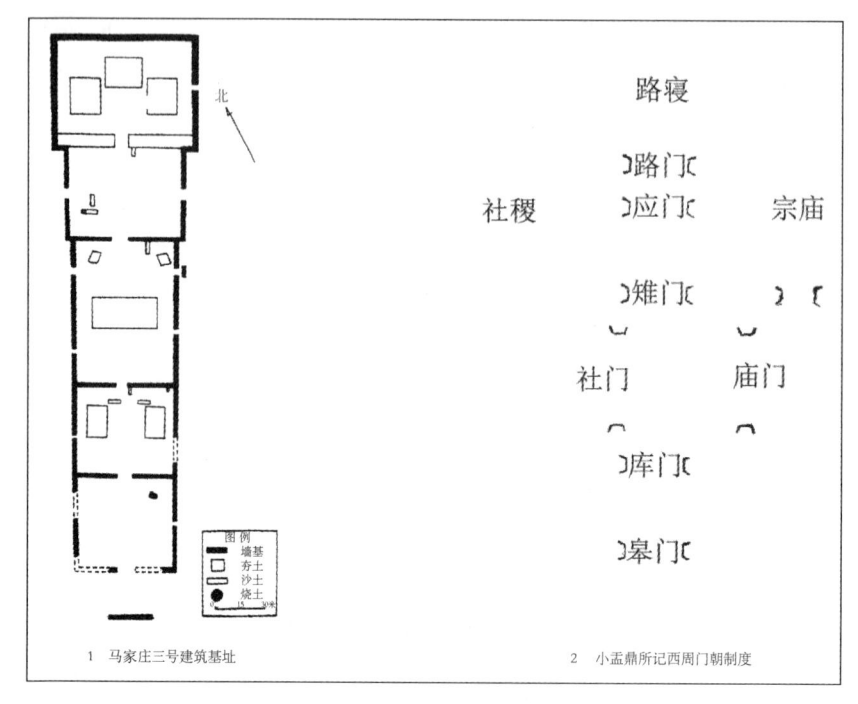

图 53　秦朝寝建筑与西周门朝制度

第三院落是治朝。广义的内朝包括应门以内的部分，也就是遗址的第四、第五院落。

（二）用鼎制度

殷人的礼器为"重酒的组合"①，殷墟贵族墓随葬的铜器多以觚、爵、觯等酒器为核心。周人的礼器则为"重食的组合"，以鼎、簋为核心。当然，从殷礼到周礼有一个并行交错阶段。西周前期器用制度的基本框架是以一组酒器和一组炊食器为核心，而且酒器普遍为实用器。西周后期以鼎、簋为标志的列鼎制度出现，形成了新的器用制度，并开始取代前者②。据俞伟超、高明对周代用鼎制度的研究，西周时如《公羊传·桓公二年》何休注云"天子九鼎、诸侯七、卿大夫五、元士三"；东周时发生礼制僭越现象，如《仪礼》等书所载，诸侯用大牢九鼎、卿或上大夫用大牢七鼎、下大夫用少牢五鼎、士用牲三鼎或特一鼎。在这个过程中，

---

① 郭宝钧：《商周铜器群综合研究》，文物出版社，1981年。
② 曹玮：《试论茹家庄西周墓地的器用制度——兼论西周后期器用制度的源流》，《中国考古学跨世纪的回顾与前瞻》，科学出版社，2000年。

不排除卿用九鼎和庶人用陶鼎的现象①。

春秋至战国早期的秦墓，比同时期东方姬姓国家的墓葬还要遵循西周时形成的用鼎制度，主要表现在两个方面。

一是西周至春秋早期单座墓葬所出的列鼎均为一套，但自春秋中期以后，晋、楚等东方国家的贵族墓普遍出两套以上的铜列鼎（或正鼎），对照《仪礼·聘礼》，多套正鼎可能分为饪、腥两种，标志着礼制的繁缛化。迄今发现的秦墓尚无一例用两套以上铜正鼎者，始终保持着简约的特点，与西周一致。

二是春秋中期以后，除了簋之外，东方国家墓葬中还流行盖豆、瑚、敦等新的盛食器，种类较西周时大为增加，并有取代铜簋的趋势。这些新的变化在秦基本没有发生②，同时期秦墓依然恪守着鼎、簋相配的西周旧制，并保持着七鼎配六簋、五鼎配四簋、三鼎配二簋的齐整形式。当东方国家的鼎制在推陈出新的时候，秦人还沉浸在周人旧习之中，并引以为荣。

目前所见年代最早的秦鼎出自礼县西山坪 M2003，该墓为三鼎二簋组合。铜鼎中一件为沿耳球腹蹄足鼎，素面，口沿下有两周凸弦纹，形制与厉王时期的多友鼎相似。一件为附耳球腹蹄足鼎，素面，形制与晋侯苏鼎相似。一件为沿耳垂腹柱足鼎，平底，沿下有窃曲纹带。垂腹柱足鼎常见于西周中期，并延续至西周晚期，春秋秦鼎敛口、垂腹的形态主要承袭了这种鼎的样式，只是由柱足变为蹄足。至于该墓所出铜簋，盖、腹均饰瓦纹，沿下有窃曲纹或重环纹带，耳下有小珥，圈足下有三小足，与关中周墓的同类器完全一致。可见秦铜礼器的组合、形制均来源于周文化（图 20）。

（三）悬乐制度

殷墟发现的商人铜制击奏乐器为"庸"，也就是一般所谓的铙，大多为三件一组，个别为五件（殷墟妇好墓）一组。庸体为合瓦形，带管状柄，柄中空与体腔相通，可插在架或座上植鸣，用于求雨或祭祀。西周时周人首先发明了钟，并采用编悬方式进行演奏。西周早期的甬钟为三枚一组（宝鸡竹园沟 M7）；西周中期的甬钟有三枚（长安普渡村长囟墓）、四枚（晋侯墓地 M9）或五枚（绛县横水 M1

---

① 俞伟超：《周代用鼎制度研究》，《先秦两汉考古学论集》，文物出版社，1985 年。
② 仅仅在个别墓葬中出土了铜敦，如毛家坪 M1048，但与列鼎搭配的依然是列簋。

及 M2)一组的；西周晚期的甬钟均为八枚一组，如陕西扶风齐家窖藏出土的八件中义编钟、晋侯墓地 M8 出土的两组十六件编甬钟，发展成为定制①。西周镈不常见，目前仅见随州叶家山镈、克镈、眉县杨家村镈三例。叶家山镈属西周早期；克镈在清末出自扶风任村西周窖藏，共出甬钟若干枚；眉县镈亦出自窖藏，三件一组，还共出甬钟十件②，可能为两组有缺失，年代均属宣王时期（图 54）。周代钟、磬往往合用，西周编磬出土不多，在张家坡井叔墓、晋侯墓地 M8、宝鸡贾村塬矢国墓、周原召陈基址都有发现，但往往散佚缺失，一组不少于五件③。

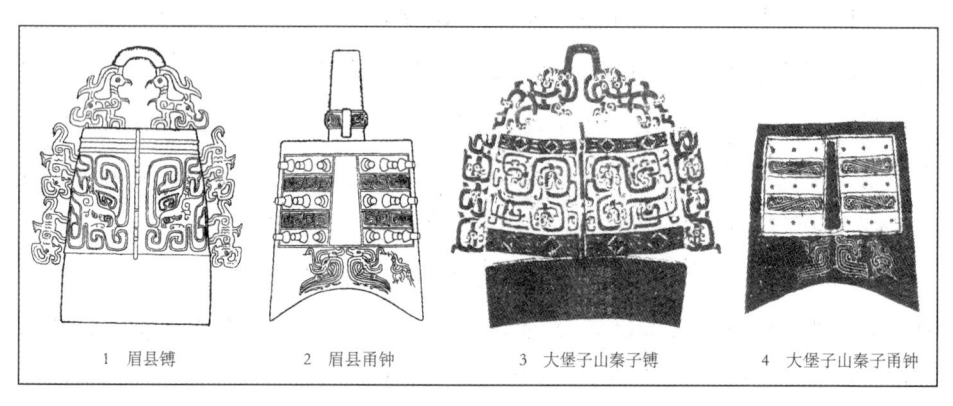

| 1 眉县镈 | 2 眉县甬钟 | 3 大堡子山秦子镈 | 4 大堡子山秦子甬钟 |

图 54　周、秦悬乐比较

秦人偏好镈这种乐器，在悬乐中镈与甬钟一样不可或缺。已知的秦国君带铭乐器，均为有钟必有镈，如大堡子山秦子钟镈、宝鸡太公庙秦武公钟镈、北宋内府藏的秦公镈和秦公钟。从形态看，秦镈顽固坚持了西周镈的椭方体样式，没有像东方国家的镈那样演变成合瓦体；而且带华丽的四出扉棱，只是钲部主体纹饰随时代有所变化，在列国中独树一帜。西周镈均带四出扉棱，如眉县镈两侧设透雕扁虎翼，前后设扁鸟云翼；克镈的钲部四出透雕扁连环夔纹翼，它们与秦镈的前后发展关系清楚明了。秦甬钟与西周晚期甬钟的形制几乎一样，礼县和宝鸡秦公钟鼓部的顾首对夔纹和小鸟纹在西周晚期的钟上常见，如眉县钟、中义钟、南宫乎钟。从组合看，编镈三件一组、编甬钟八件一组也直承西周晚期之制。太

---

① 李纯一：《中国上古出土乐器综论》，文物出版社，1996 年。
② 刘怀君：《眉县出土一批西周窖藏青铜乐器》，《文博》1987 年第 2 期。
③ 李纯一：《中国上古出土乐器综论》，文物出版社，1996 年，第 48 页。

公庙的五件甬钟花纹一致,铭文可连读但不完整,尚缺三件。大堡子山秦子乐器坑出两组十枚编磬,每组五件,分置左右。磬分两组的现象在周代比较普遍,如晋侯墓地M8的八件磬分两堆搁置,该墓被盗,可能缺失两件①；上村岭M2011(虢太子墓)②、侯马上马村M13③、长治分水岭M269④的石磬均分两组,每组五至十件。秦人的悬乐制度袭自周人,殆无可疑。

大堡子山乐器坑内三件镈钟在西,八件甬钟在东,一字排列。与周代甬钟按大小依次编悬的规律不同,该坑八件甬钟按中间大、两边小的方式悬挂排列。西起第一、二钟的右侧鼓部都没有第二基音标志,应是整组的首钟和次钟,但又不是最大者和次大者；西起第三、四钟为形体最大和次大者,右侧鼓部反倒有第二基音标志(小鸟纹),位置居中,不符合周代甬钟的制作、编悬通则。这或许说明当时秦人更看重编钟的礼仪象征意义,不太在乎其实际演奏功能；或许说明当时秦人尚未准确掌握编钟制作、使用的精义,还处于初学阶段。到了秦武公钟,这个错误便得以纠正。太公庙窖坑内编钟按大小一字排列,甲、乙钟为最大和次大者,均无第二基音标志,其余三钟右侧鼓均有小鸟纹。秦人对周乐的学习,也有一个从稚嫩到成熟的过程。到了春秋晚期,如秦景公大墓石磬铭文所云,已能做到"百乐咸奏,允乐孔煌",即各种乐器一起合奏,气氛热烈,乐声洪亮、和谐。

(四) 周式风格陶器

秦人在西迁之后就与关中建立了联系。大致孝王时期的师酉簋铭文说师酉职掌邑人、虎臣,其构成中有秦夷。清水的秦人可能在非子受封前就已派人前往周都,加入王宫卫队,以捍卫王身。清水李崖遗址的西周陶器中,除了前述商式风格的,周文化因素也占相当大的比重,如联裆鬲、仿铜扉棱鬲、周式簋、双耳仿铜簋、绳纹平底盆、弦纹小罐、素面罐等。虽然说周灭商后,周文化陶器随着周人的武装殖民扩散到全国,难以指证李崖这类周式器的具体来源地,但其中弦纹小罐和素面罐

---

① 北京大学考古学系、山西省考古研究所：《天马—曲村遗址北赵晋侯墓地第二次发掘》,《文物》1994年第1期。
② 河南省文物考古研究所、三门峡市文物工作队：《三门峡虢国墓(第一卷)》,文物出版社,1999年,第369页。
③ 山西省文物管理委员会侯马工作站：《山西侯马上马村东周墓葬》,《考古》1963年第5期。
④ 山西省文物管理委员会、山西省考古研究所：《山西长治分水岭战国墓第二次发掘》,《考古》1964年第3期。

却肯定来自关中。此类器物商末就出现在周原礼村、凤翔西村、沣西的先周文化单位中,西周时期在周原和丰镐遗址中很常见,且自成序列。关中之外的西周遗址中几乎不见这种弦纹罐,比如在天马—曲村的晋国都城遗址就没有发现。

西周中晚期之际,早期秦文化转型,陶器群面貌大变,西山型陶器中商式因素消失殆尽,呈现出比较纯粹的周式风格。西山坪和毛家坪居址出土的西周联裆鬲,有深腹筒形瘪裆的,有缩颈鼓肩的,显系模仿关中周鬲。此外,联裆甗和蛋形瓮也是关中周文化中的常见器类。墓葬的陶器组合以鬲、盆、豆、罐为主。鬲有侈口瘪裆的,有圆腹带錾的,有平折沿带扉棱的,均为联裆锥足。盆宽折平沿,深腹。豆多数为浅盘折腹,细柄收束,中空。罐有喇叭口罐和折肩罐,前者口径尚小,肩部多带双钮。类似器型在关中周文化中基本都可以看到。早期秦文化的转型,实质是一个"去商化"的过程,即在器用方面向周文化靠拢。

(五) 文字特点

对秦文字特点的总结,首推王国维。他在《史籀篇疏证序》和《战国时秦用籀文六国用古文说》中提出了有名的"古籀东西说"。①篆文多出于籀文,"则李斯以前秦之文字,谓之用篆文可也,谓之用籀文亦可也,则《史籀篇》文字,秦之文字,即周秦间西土之文字也……壁中古文者,周秦间东土之文字也"。②战国时秦用籀文,六国用古文。③"古文、籀文者,乃战国时东、西二土文字之异名,其源皆出于殷周古文,而秦居宗周故地,其文字犹有丰镐之遗,故籀文与自籀文出之篆文,其去殷周古文反较东方文字为近"①。这些观点,影响极大,赞成者不少,反对者亦众。

随着新的文字资料的出土或披露,一些学者开始重新分析、检讨王氏之说。趞鼎铭文云"史留受王命书",使学界认识到史留即史籀,确有其人,为周宣王时太史,《史籀篇》成书于彼时,而非王氏所说"春秋战国之间秦人作之以教学童"。陈昭容先生将秦系文字、东土文字与《说文》的古、籀文全面勘合比对,发现春秋时秦文字与籀文相同者占半数以上,战国时降至半数以下,时代越早,籀文对秦文字的影响越大。个别文字资料与籀文的对比反映了这个情况,如秦武公钟铭文中可资与籀文对比的字形全同。秦文字中与古文相同的很少,所占比例极低,

---

① 王国维:《观堂集林》,中华书局,1959年。

几乎可以忽略不计。古文确行于战国时的东土地区,但东土文字也有合于籀文的,说明《史籀篇》文字对东、西二土均有影响①。这些研究是对王氏之说的有益修正,也说明秦系文字源于西周王官采纳当时通行文字所编撰的字书,简言之,源于西周晚期文字。

有学者认为不其簋是秦器,铭文中的伯氏和不其就是《秦本纪》中的庄公昆弟②。此说疑点甚多,拟另文讨论,此处不作深究。《秦本纪》云:"(文公)十三年,初有史以纪事,民多化者。"西周金文中的"史",为文职书记类职官,在政府中行使书记职能,包括制作和保存文字记录③,也可说是文字的使用者和传承者,在金文中出现的频率很高,地位最高的被称为太史。秦人世代牧马御车,质朴无文,至文公初期才有史官记事,因此秦文字的出现和形成时间可能不会像我们想的那么早。如果将来未能发现西周时期的秦文字,也在情理之中。

目前可确认的年代最早的秦文字资料是大堡子山秦公器、秦子器及太公庙秦武公钟镈,均属春秋早期。其铭文修长秀美,已有一定的篆意,是秦篆的先行形态。至于民国时出土的天水秦公簋,王国维指出"字迹雅近石鼓文,金文中与石鼓相似者,惟虢季子白盘及此敦耳"④。其实上述春秋早期秦铭与白盘更近,共性明显,如字体瘦高,均匀规整,四言韵语等。文公四年(公元前762年)居汧渭之会,在今汧河、渭河交汇处的东夹角一带。武公十一年(公元前687年)灭小虢。小虢可能是西虢余部,在虢镇附近,与秦毗邻而居约74年。白盘传出于宝鸡虢镇,有学者认为其年代在幽王至携王时⑤。如此,秦可能会与虢发生交集,西虢文字对秦文字的影响,或许也值得注意。

三、来源于西戎文化的因素

据《史记·秦本纪》,周厉王时,西戎寇掠,"灭犬丘大骆之族"。周宣王即位,

---

① 陈昭容:《秦系文字研究》,中研院史语所,2003年。
② 陈梦家:《西周铜器断代》,中华书局,2004年;李学勤:《秦国文物的新认识》,《文物》1980年第9期。
③ 李峰:《西周的政体:中国早期的官僚制度和国家》,生活·读书·新知三联书店,2010年,第60—62页。
④ 王国维:《观堂集林》,中华书局,1959年,第902页。
⑤ 陈梦家认为虢季子白是辅佐携王政权的虢公翰。参见《西周铜器断代》,中华书局,2004年。

"乃以秦仲为大夫,诛西戎。西戎杀秦仲"。宣王使庄公伐西戎,破之。襄公二年,"戎围犬丘,世父击之,为戎人所虏"。襄公十二年,"伐戎而至岐"。文公十六年,"以兵伐戎,戎败走"。武公十年,"伐邽、冀戎,初县之"。秦穆公用由余伐戎,"益国十二,开地千里,遂霸西戎"。通观这些记载,秦与戎世代为敌,攻伐不休,在言谈中也清楚地将自己置于戎狄之外,以"中国"自居。当然,有战争就有妥协,秦武公钟铭云"虩事蛮方",即小心翼翼地处理戎狄事务,说明秦与戎也有睦邻共处的时候。秦兴起于西戎之地,其文化不可避免地带有一定程度的"戎狄性"。战争必然带来文化交流,早期秦文化的某些因素,或者来自西戎文化,或者因西戎为媒介而来[①]。

(一) 屈肢葬

清水李崖19座西周墓仅1座为仰身屈肢葬,双腿微屈,股骨、胫骨夹角大于90°;另一座人骨凌乱,可能经扰动或水浸;其余17座均为直肢葬。西山坪的4座西周墓中,3座相当于士级别的墓皆直肢葬,1座庶民级别的墓为屈肢葬。毛家坪的西周墓皆屈肢葬,都相当于庶民级别。春秋至战国早期,秦公墓知道墓主葬式的为直肢葬(大堡子山M2、M3),五至七鼎墓葬式清楚的皆为直肢葬,一至三鼎墓直肢葬和屈肢葬的比例大体相当,庶民陶器墓中屈肢葬占85%,直肢葬占4.4%。西周晚期以后中低级别秦墓中开始流行屈肢葬,从而形成了少数直肢葬人群对占人口多数的屈肢葬人群的统治模式。

屈肢葬不是嬴秦本族的传统,与嬴秦族源无关。秦文化这种蜷曲特甚的葬式在商文化和周文化中很少见到,它是秦人在陇右的发展过程中,随着人口结构的复杂化,在当地受到某种影响而出现的。

有学者曾统计甘青地区史前墓葬中的葬式,发现在马家窑类型时期主要流行俯身葬和仰身直肢葬。到了半山—马厂时期,则有三种葬式的分布区:侧身屈肢葬分布在甘肃东部,俯身葬分布在甘肃西部的黄河流域,仰身直肢葬分布在河西及湟水中游地区。齐家文化时期连单纯的屈肢葬或以屈肢葬为主的墓地都消失了,除了青海海南州流行俯身葬外,其他地区都流行仰身直肢葬。齐家之后的

[①] "西戎"泛指子午岭以西的古代少数民族,种姓繁多,占据了长城沿线的西段,是中国北方乃至欧亚草原地带的组成部分。因此,这些因素,可能来自甘青地区的古文化,也可能源自欧亚草原。

青铜时代,俯身葬区亦告消失,代之以统一的仰身直肢葬区①。以前有学者把秦墓的屈肢葬和甘青地区古文化中的屈肢葬相联系,但二者之间至少间隔了一个齐家文化时期,因此就缺乏足够的说服力。

齐家文化以后的青铜时代,卡约、辛店、寺洼文化都流行仰身直肢葬和二次葬,仅在个别墓地有零星的屈肢葬存在,如甘肃合水九站的4例、青海民和核桃庄的4例、甘肃临夏莲花台的2例。20世纪80年代在毛家坪西周地层下发掘到一座墓(TM7),为人骨头向东的仰身屈肢葬,股骨、胫骨夹角小于90°,随葬一件彩陶双耳圜底钵,属夏商时期。总之,秦屈肢葬可能如有的学者所说,"是当地土著习俗的承继和发展"②,其直接渊源目前还没有找到。

西周时期与秦文化直接接触的西戎文化是寺洼文化。在礼县调查发现了20余处该文化的遗址,与秦文化遗址交错分布。遗址至今没有发掘,其葬式不得而知。如果将来在礼县发掘的寺洼文化墓葬流行屈肢葬,才算找到了秦屈肢葬式的源头。当然,在其他地点如合水九站、庄浪徐家碾、西和栏桥,经发掘的寺洼文化墓葬绝大多数为仰身直肢葬和二次葬,礼县如果与它们一致也不奇怪。倘若如此,就需要换个角度考虑秦屈肢葬仪的来源问题。

中国境内早于秦屈肢葬,年代与之接续,空间距离又不算太过遥远的屈肢葬文化是新疆哈密的焉不拉克文化。1986年发掘了76座墓葬,墓葬营建使用土坯,葬式多为侧身屈肢葬,代表器型有单耳钵、单耳豆、腹耳壶、单耳杯,彩陶较多,主要为红底黑彩,年代大致从西周早期延续至春秋中晚期③。从彩陶的器型及纹样看该文化与辛店文化和四坝文化有较密切的联系,其前身可能是哈密本地的天山北路文化,后者被认为是甘青地区马厂类型晚期遗存从河西走廊进入哈密盆地,再结合了部分东进的西方人群而形成的④。除了屈肢葬外,焉不拉克文化与秦文化几乎没有共同点,很难说彼此之间有什么渊源关系。

如果把眼光放得再广阔一些,会发现欧亚草原地带很早就流行屈肢葬。公

---

① 陈洪海:《甘青地区史前墓葬中的葬式分析》,《古代文明(第2卷)》,文物出版社,2003年。
② 赵化成:《寻找秦文化渊源的新线索》,《文博》1987年第1期。
③ 新疆维吾尔自治区文化厅文物处、新疆大学历史系文博干部专修班:《新疆哈密焉不拉克墓地》,《考古学报》1989年第3期。
④ 邵会秋:《东西方文化早期的碰撞与融合——从新疆史前时期文化格局的演进谈起》,《社会科学战线》2009年第9期。

元前20世纪黑海北岸的洞室墓文化就盛行屈肢葬。公元前2000—前1000年，乌拉尔以东至叶尼塞河的安德罗诺沃文化，米努辛斯克盆地的卡拉苏克文化均有一定比例的屈肢葬。公元前8—前3世纪欧亚东部草原的阿尔泰、图瓦、蒙古乌兰固木等地游牧民更是广泛流行头向西的侧身屈肢葬。乌兰固木的墓葬以石材或原木为葬具，墓内实行多人侧身屈肢葬。图瓦地区分布着乌尤克文化，早期以阿尔然王陵为代表，在大石块构筑的巨冢下搭建多个椁室，主人及陪葬者均为屈肢，其中阿尔然一号冢的年代在公元前9世纪末到公元前8世纪初①。阿尔泰地区早期的墓葬有木椁和石穴两种，墓主均为头向西的侧身屈肢，且流行人、马合葬。马健注意到萨彦—阿尔泰地区古代游牧民葬式与秦屈肢葬的相似性，认为秦文化的西首屈肢葬式、金器、冶铁术、铁剑等都是通过邻近西戎部落从前者那里学到的②。

公元前10—前9世纪，萨彦—阿尔泰地区的游牧民逐渐形成；公元前8—前7世纪其文化趋于鼎盛，向外扩张，并对周边地区产生了广泛影响。但那里与甘肃东部的秦文化距离遥远，二者之间的交流还缺少中间环节的证明。即便欧亚草原游牧文化对秦的葬式有影响，也不会是通过大规模的人口迁徙和融合实现的，更大的可能是宗教信仰和丧葬观念的传播，这种传播有时仅靠少数神职人员的流动就可以完成。

考古资料表明西周时期关中附近的居民与欧亚草原及近东有一定程度的文化联系和人员往来③。甘肃灵台白草坡M2出土的一件铜勾戟，长胡三穿，斜援，直内，人头形䍿。人头高鼻深目，下颌有短须，眉毛较粗，有明显的欧罗巴人种特征。最典型的是周原召陈宫室建筑出土的两件蚌雕人头像，头像为长脸、高鼻深目、窄面薄唇，戴尖顶筒形帽，帽尖被截掉。其中一件截面上刻一"巫"字，被作为骨笄帽使用，年代为西周晚期，发现者认为头像人种为西域的塞种④。还有学者认为头像具有写实风格，应出自中亚欧罗巴人群中的某一支，表现的可能是

---

① 杨建华、张盟：《阿尔然大墓在欧亚草原早期铁器时代的作用——兼论中东部文化的分界》，《边疆考古研究（第12辑）》，科学出版社，2013年。
② 马健：《公元前8—前3世纪的萨彦—阿尔泰——早期铁器时代欧亚东部草原文化交流》，《欧亚学刊（第八辑）》，中华书局，2008年。
③ 王辉：《甘肃发现的两周时期的"胡人"形象》，《考古与文物》2013年第6期。
④ 尹盛平：《西周蚌雕人头像种族探索》，《文物》1986年第1期。

占卜者或魔术师的形象,周人将之改制后还刻字标识其身份①。头像说明当时周人与欧亚草原的西方人种已有接触,并了解其生活习俗。秦与周交往密切,且为周人守西垂,其辖区内有来自远方的异族人活动,就不足为怪了。从这个角度思考秦屈肢葬的来源或许可行。

(二) 金器

中国先秦时期黄金制品可分为北方地区和中原地区两个系统②。前者用黄金制成人体装饰品,即耳环、手镯、臂钏、项圈等物,在夏商时期的遗址中已有发现,如酒泉干骨崖、朱开沟、平谷刘家河遗址,以及山西保德、永和等地的殷代墓葬,范围从长城沿线的西端绵延至东端。后者主要用金箔来装饰器物,如殷墟、琉璃阁、苏埠屯商墓出土的金叶、金箔饰片,往往贴附在漆木器和铜器的表面。中原商周贵族习惯以铜器、玉器作为身份地位的象征,不喜用金;西周晚期以后,可能受到北方的影响,一些贵族开始制作具有传统纹饰风格的金带饰,如晋侯墓地、虢国墓地、梁带村芮国墓地所出。但这只是少数现象,中原地区用金以器物为主的习惯没有改变,春秋以后甚至出现金质容器,如曾侯乙墓的金盏、金杯、金勺。

从公元前三千纪起,欧亚草原的古代部族就开始有意识地开采金矿,制作黄金制品。青铜时代的阿凡纳谢沃文化、安德罗诺沃文化亦用黄金打制耳环、手镯。到了早期铁器时代,中亚草原游牧文化形成,金器成为部落首领炫耀地位和财富的标志,黄金的开采、冶炼、制作技术长足发展,金器的品种、造型也较以前大为丰富。代表性的如图瓦地区的阿尔然二号冢,出土金器 5 700 多件,重 20 公斤,装饰丰富的动物图案。又如伊塞克湖附近的塞人金武士墓,墓主头戴金冠,衣服上装饰 4 000 多件金箔片,腰佩金柄铁剑。欧亚草原游牧文化的金器主要包括三类:①人体装饰品;②马具,如当卢、马镳等;③兵器装饰,如短剑、箭箙、箭镞的贴或包金。有学者认为欧亚草原的金器文化影响了中国北方地区,并波及中原③。

春秋时秦的金器主要包括四类:①人体服饰及护甲。如宝鸡益门村 M2 出

---

① 水涛:《从周原出土蚌雕人头像看塞人东进诸问题》,《远望集——陕西省考古研究所华诞四十周年纪念文集》,陕西人民美术出版社,1998 年。
② 张天恩:《秦器三论——益门春秋墓几个问题浅谈》,《文物》1993 年第 10 期。
③ 马健:《黄金制品所见中亚草原与中国早期文化交流》,《西域研究》2009 年第 3 期。

土的金带钩、带扣、圆泡、串珠①；凤翔高庄 M10 的金襟钩②；大堡子山出土的口唇纹鳞形、对角云纹金箔饰片，与韩城梁带村芮国墓地所出铜饰片形制相同，被认为是用于防护人体不同部位的铠甲片③。②车器马具。如益门村 M2 出土的金络饰，马家庄宗庙遗址车坑 K17、K121 出土的鸭头形金圆策、蟠虺纹金圆泡、兽头纹金方泡、金节约、金异兽等④。大堡子山出土的 8 件鸱枭形金饰片，两两成对，左右对称，恰好可以装在一车驷马的马胄两颊上，为马胄的护颊片。③兵器和工具的组装部分。如益门村 M2 出土的金柄铁剑、金首铁刀或铜刀，高庄 M10 的金首铜削。④宴乐玩好之物。如大堡子山、宝鸡魏家崖出土的金虎。秦金器应用范围之广在列国中首屈一指，充分说明秦国统治者对黄金的喜好。虽然这些金器的形制、纹饰大多为中原传统样式，但其品种范围和使用习惯却与北方地区乃至欧亚草原接近，应在一定程度上受到后者的影响。

秦人用黄金装饰车马的做法与西戎一致。张家川马家塬战国西戎贵族墓的墓道内一般放置 3—4 乘车，为髹漆彩绘或纯木质的素车，有的轮面外侧装饰成组的镂空铜片；墓室的前室内还有一乘以错金银铁条为车厢骨干，再用金银箔花饰和动物饰、包金铜泡、金银帽等物装饰车厢和车轮的车⑤，异常豪华珍贵。这种做法发展到最后，就是秦代乘舆中的"金根车"。《后汉书·舆服志》："秦并天下，阅三代之礼，或曰殷瑞山车，金根之色。"刘昭注曰："殷人以为大路，于是始皇作金根之车。殷曰桑根，秦改曰金根。"《乘舆马赋》注曰："金根，以金为饰。"晚商马车未见装饰金银的，金根车是秦汉规格最高的乘舆车辆，帝王座驾，应是在秦车的传统基础上，参考周代乘舆制度，杂糅西戎车制而创制的车种，与殷车关系不大。

（三）铁器

公元前 14 世纪以前甚至更早，西亚已经掌握了冶铁术，并逐步向周围地区

---

① 宝鸡市考古工作队：《宝鸡市益门村二号春秋墓发掘简报》，《文物》1993 年第 10 期。
② 雍城考古队：《陕西凤翔高庄秦墓地发掘简报》，《考古与文物》1981 年第 1 期。
③ 张天恩：《礼县秦早期金饰片的再认识》，《秦始皇帝陵博物院（2011 年总壹辑）》，三秦出版社，2011 年。
④ 陕西省雍城考古队：《凤翔马家庄一号建筑群遗址发掘简报》，《文物》1985 年第 2 期。
⑤ 甘肃省文物考古研究所、张家川回族自治县博物馆：《2006 年度甘肃张家川回族自治县马家塬战国墓地发掘简报》，《文物》2008 年第 9 期。

传播。中国境内新疆地区至迟在公元前 1000 年以前就开始人工冶铁,到公元前 8—前 6 世纪,铁器的应用已相当普遍。很多学者认为新疆的铁器是由西亚传入的,而中原内地的冶铁术是从新疆经河西走廊传入的①。

中原地区春秋中期之前的人工冶铁制品主要出土于甘肃东部、关中和豫西。包括礼县大堡子山 1 号车马坑内"锈蚀严重的铁制品",甘肃灵台景家庄 M1 的 1 件铜柄铁剑②,陇县边家庄春秋早期墓的 1 件铜柄铁剑③,陕西长武碾子坡春秋早期灰坑(H314)的 1 把铁刀④,陕西韩城梁带村 M27 的 1 件铁刃铜削和 1 件铁刃铜戈⑤,三门峡虢国墓地 M2001 的 1 件玉柄铁剑、1 件铜内铁援戈和 M2009 的 1 件铁叶矛。除了虢国墓地年代有争议,其他均属春秋早期。三门峡 M2001 出"小子吉父"甗,王恩田先生认为墓主是虢公忌父,虢国墓地年代在公元前 760—前 655 年,亦属春秋早期⑥,不是以前认为的西周晚期。

以上数例中,甘肃和关中西部的属秦,韩城的属芮,三门峡的属虢。芮、虢的铁器仅见于国君级别的墓,可见其数量稀少,很受珍视。秦国的铁器不仅见于秦公大墓的车马坑,还见于五鼎墓(边家庄)和三鼎墓(景家庄),拥有者的范围要广得多。春秋中晚期秦国铁器屡有发现,如礼县圆顶山 98LDM2 出土的鎏金镂空铜柄铁剑⑦,凤翔秦公一号大墓的铁铲、铁锸、铁斧,孙家南头墓地出土的铁剑、铁刀、铁刃削⑧,雍城马家庄宗庙遗址出土的铁锸⑨,宝鸡益门村二号墓出土的包括铁剑、铁刀在内的 20 件铁器,无论种类和数量都居列国之冠。因此,秦国的铁

---

① 唐际根:《中国冶铁术的起源问题》,《考古》1993 年第 6 期;赵化成:《公元前 5 世纪中叶以前中国人工铁器的发现及其相关问题》,《考古文物研究——纪念西北大学考古专业成立四十周年文集(1956—1996)》,三秦出版社,1996 年。

② 刘得祯、朱建唐:《甘肃灵台县景家庄春秋墓》,《考古》1981 年第 4 期。

③ 张天恩:《秦器三论——益门春秋墓几个问题浅谈》,《文物》1993 年第 10 期。

④ 中国社会科学院考古研究所:《南邠州·碾子坡》,世界图书出版公司,2007 年。

⑤ 陕西省考古研究院、渭南市文物保护考古研究所、韩城市景区管理委员会:《梁带村芮国墓地——二〇〇七年度发掘报告》,文物出版社,2010 年。

⑥ 王恩田:《"二王并立"与虢国墓地年代上限——兼论一号、九号大墓即虢公忌墓与虢仲林父墓》,《华夏考古》2012 年第 4 期。

⑦ 甘肃省文物考古研究所、礼县博物馆:《甘肃礼县圆顶山 98LDM2、2000LDM4 春秋秦墓》,《文物》2005 年第 2 期。

⑧ 陕西省考古研究院、宝鸡市考古工作队、凤翔县博物馆:《陕西凤翔孙家南头春秋秦墓发掘简报》,《考古与文物》2013 年第 4 期。

⑨ 陕西省雍城考古队:《凤翔马家庄一号建筑群遗址发掘简报》,《文物》1985 年第 2 期。

器不会源自东方国家,更有可能是从西方传入的。

在冶铁术自西向东传入中原的过程中,偏处西北的秦国最先接触。当然在新疆和陇东之间还需要寻找传播的中间环节。河西走廊东端沙井文化的居址和墓葬中发现多件铁器,种类有锸、锛、刀、剑、锥形器等,具体出土单位的分期断代还有困难,年代为公元前9—前5世纪①。在甘肃临潭陈旗磨沟遗址M444和M633出土2节铁条和1件铁锈块,铁条经检测为块炼渗碳钢锻打而成,墓葬测年为公元前1430—前1260年,这就将中国境内人工冶铁制品出现的年代提前到公元前14世纪②。磨沟铁器是舶来品还是当地制作的尚不清楚,但它出在寺洼文化早期单位,寺洼文化属历史上的西戎,说明当地戎人很早就开始接触人工冶铁制品或冶铁术。秦国经由西戎而学得冶铁术,是大概率事件。

(四) 动物造型及纹样

西周至春秋秦的装饰艺术母题可分为两大类,一类承袭了西周中晚期青铜器的传统纹样,并有所变化,如窃曲纹、垂鳞纹、重环纹、波曲纹、鸟纹、吐舌龙纹等。春秋中期以后由虺龙纹演变来的勾连蟠虺纹最流行,风格细密繁缛,遍布于铜器、玉器、陶器和漆器上。另一类为写实风格的动物形象,造型活泼生动,拙朴可爱,包括铜器上的附件和漆皮彩绘。如春秋早期的秦子盉,除了盖顶的卧鸟外,盖、耳连接部及肩部附铸上行回首卷尾虎及公牛,流嘴亦铸卧虎③(图55:1)。春秋中期的礼县圆顶山铜器,在方壶、盉、盨、方盒的盖上、沿下、肩部、底座均铸接多只圆雕的小动物,有虎、鸟、公熊等④(图55:2、3),在西周铜器上从未见到,给人耳目一新的感觉。甘谷毛家坪K201车舆板外侧彩绘有豹、虎、马、兔、鹿等动物,用粗线条勾画出轮廓,内填细小圆点,虎、豹呲牙咧嘴,憨态可掬(图55:4);兔、鹿奔跑,自由奔放⑤。这些动物形象取材于现实生活,秦人擅长畜牧,频于田猎,粗犷尚武,戎风犹存,不满足于商周青铜器谨严庄重的传统风格,而将他们喜闻

---

① 甘肃省文物考古研究所:《永昌西岗柴湾岗——沙井文化墓葬发掘报告》,甘肃人民出版社,2001年。
② 陈建立、毛瑞林、王辉等:《甘肃临潭磨沟寺洼文化墓葬出土铁器与中国冶铁技术起源》,《文物》2012年第8期。
③ 梁云:《"秦子"诸器的年代及有关问题》,《古代文明(第5卷)》,文物出版社,2006年。
④ 甘肃省文物考古研究所、礼县博物馆:《甘肃礼县圆顶山98LDM2、2000LDM4春秋秦墓》,《文物》2005年第2期。
⑤ 早期秦文化联合考古队:《甘肃甘谷毛家坪遗址2013年考古收获》,《2013中国重要考古发现》,文物出版社,2014年。

1 秦子盉　　2 圆顶山簋　　3 圆顶山壶

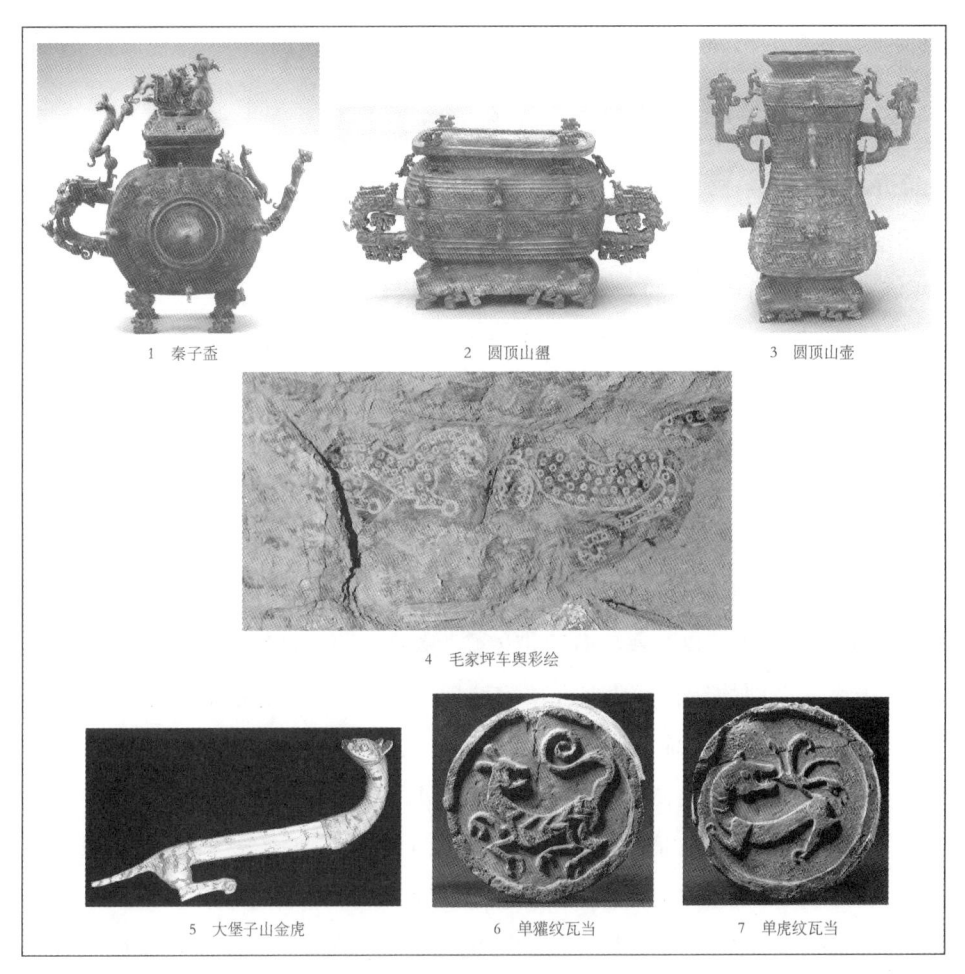

4 毛家坪车舆彩绘

5 大堡子山金虎　　6 单獾纹瓦当　　7 单虎纹瓦当

图 55　秦动物纹

乐见的动物点缀其上,获得了别开生面的艺术效果。

战国以后社会风气日趋开放,秦艺术中的自然主义倾向进一步发展,集中体现在雍城遗址出土的动物纹瓦当上(图 55:6、7),种类有凤鸟纹、单(双)獾纹、单虎纹、鹿纹、虎鹿兽纹、鹿蛇纹、虎雁纹、鹿蟾狗雁纹、豹鹿鱼纹、猎人刺虎纹等[①]。这些瓦当纹饰或者为单体动物,或者为多个动物,或者为人与野兽搏斗,构图均衡,洋溢着草原生活的气息,既不同于燕齐等地拘谨的对称式动物纹瓦当,也不

---

① 陕西省考古研究院、宝鸡市考古研究所、凤翔县博物馆:《秦雍城豆腐村战国制陶作坊遗址》,科学出版社,2013 年。

同于晋楚等地的素面瓦当。将之成排装在宫殿建筑的檐前檩端,赏心悦目,清新自然,审美旨趣与东方诸国迥异。

刘莉女士曾指出雍城瓦当的动物纹与甘肃、内蒙古地区岩画及北方动物纹饰的相似性,如单耳双腿的侧面像、虎身的"V"形纹、环勾形爪、虎与禽兽相斗、双兽交颈构图等,并认为秦瓦的动物纹可追溯到羌、胡等民族的艺术传统[①]。其中"V"形纹常见于獾、虎的身躯、颈部,亦见于大堡子山木芯金虎的身上,系用朱彩绘成(图 55:5),秦的动物纹艺术前后贯通,未曾中断。各类动物形象是北方文化最主要的装饰母题,从长城沿线东端的夏家店上层文化,到西端的卡约文化,均流行在兵器和工具上装饰或镂刻动物;更靠北的斯基泰式艺术,也以丰富的动物纹著称。秦国位于农、牧交汇地带,吸收周边戎狄部落的动物纹艺术为自己所用,是很自然的事。

(五) 墓室的壁龛和围墓沟

清水李崖西周墓仅一座(M17)带壁龛,龛内随葬一件绳纹罐。西周晚期以后,秦士大夫级别的贵族墓普遍在墓室坑壁上掏挖壁龛,龛为弧顶长方形,用于放置殉人,一龛内一般殉一人,个别殉二至三人。如西山坪 M2003(三鼎墓)南、北壁的壁龛内各殉一人。礼县圆顶山 98LDM2(七鼎墓)的北、东、南三龛中共殉七人,殉人有髹漆木棺;98LDM1(五鼎墓)南、北壁的三龛中各殉一人[②]。凤翔孙家南头 M191(五鼎墓)的四壁六个壁龛内各殉一人;M126(五鼎墓)的五个壁龛内各殉一人[③]。毛家坪 M2111(三鼎墓)的南、北龛各殉一人。在雍城近郊贵族墓中壁龛殉人的现象也很突出。需要注意的是,秦公大墓在二层台上和墓道填土内殉人,不挖壁龛;数量众多的庶民墓,由于没有殉人,也不挖壁龛。

商墓很少带壁龛,殉人多置于二层台上,如殷墟西区发掘的 939 座墓中仅 17 座掏有小龛,放置随葬品[④],比例极低。周墓亦罕见壁龛,20 世纪 80 年代在沣西张

---

① 刘莉:《战国秦动物纹瓦当的艺术源流》,《陕西省考古学会第一届年会论文集》,《考古与文物》编辑部,1983 年。
② 甘肃省文物考古研究所、礼县博物馆:《礼县圆顶山春秋秦墓》,《文物》2002 年第 2 期。
③ 陕西省考古研究院、宝鸡市考古工作队、凤翔县博物馆:《陕西凤翔孙家南头春秋秦墓发掘简报》,《考古与文物》2013 年第 4 期。
④ 中国社会科学院考古研究所安阳工作队:《1969—1977 年殷墟西区墓葬发掘报告》,《考古学报》1979 年第 1 期。

家坡发掘的340座西周竖穴墓均无壁龛①。商周时期,陇山东、西两侧的羌戎文化墓葬流行壁龛。如长武碾子坡相当于先周晚期的墓约半数带壁龛,龛内放置陶鬲②。宝鸡高家村19座刘家文化墓有14座带头龛,内置陶器③。宝鸡石鼓山西周墓东、南、西三壁的六个龛内出土了大量青铜器,墓主可能为姜姓贵族④。合水九站79座寺洼文化的竖穴墓中,带头龛的有61座,比例很高,龛内放置成组的陶器⑤。此外,庄浪徐家碾寺洼文化墓葬有6座掏有脚龛,龛内多殉未成年孩童,殉人微屈或平卧,系被杀死后塞进龛内⑥。秦贵族墓掏挖壁龛之风显然为羌戎文化影响所致,只是将壁龛的主要用途由存储器物改为摆放殉人。

围墓沟是用于标识茔域范围的界沟,为东周秦国陵区的传统设施,在雍城秦公陵园、芷阳秦东陵、咸阳塬战国秦陵均可见到。此外,在山西侯马乔村、河南三门峡的战国秦墓地也有发现。2013年在宝鸡太公庙钟镈坑的东北钻探出一座秦公大墓和一座车马坑,在其附近亦发现了陵园的兆沟。大墓的主人应是秦武公,可知秦陵开挖兆沟的习惯从春秋早期就开始了⑦。可能受到秦的影响,东周时其他国家的一些墓葬也有开挖围沟的,如浙江绍兴印山越王陵,其四面有形状规整的隍壕,每面中段留有通道,年代属战国早期⑧。又如侯马乔村那些带有殉人的围沟墓,年代为战国中期,国别属魏⑨。1981年曾在青海循化县苏志村发掘了两座卡约文化中晚期的坟丘墓,在坟丘两侧各有一条弧形弯曲的围沟,在沟内和坟丘顶上埋棺,年代大致在西周时期。俞伟超先生认为坟丘和围墓沟都是西北青铜文化带给中原的影响,秦的围墓沟正是来自西北羌戎文化的因素之一⑩。

---

① 中国社会科学院考古研究所:《张家坡西周墓地》,中国大百科全书出版社,1999年。
② 中国社会科学院考古研究所:《南邠州·碾子坡》,世界图书出版公司,2007年。
③ 高次若、刘明科、李新秦:《宝鸡高家村发现刘家文化陶器》,《考古与文物》1998年第4期。
④ 石鼓山考古队:《陕西宝鸡石鼓山西周墓葬发掘简报》,《文物》2013年第2期。
⑤ 北京大学考古学系、甘肃省文物考古研究所:《甘肃合水九站遗址发掘报告》,《考古学研究(三)》,科学出版社,1997年。
⑥ 中国社会科学院考古研究所:《徐家碾寺洼文化墓地——1980年甘肃庄浪徐家碾考古发掘报告》,科学出版社,2006年,第160页。
⑦ 陈黎:《宝鸡虢镇发现一座秦公大墓,秦都平阳城显露端倪》,《西安晚报》2014年8月21日。
⑧ 浙江省文物考古研究所、绍兴县文物保护管理所:《印山越王陵》,文物出版社,2002年。
⑨ 梁云:《从乔村殉人墓的文化归属看战国时代的奴隶制》,《鹿鸣集——李济先生发掘西阴遗址八十周年、山西省考古研究所侯马工作站五十周年纪念文集》,科学出版社,2009年。
⑩ 俞伟超:《日本方形周沟墓与秦文化的关系》,《古史的考古学探索》,文物出版社,2002年。

（六）铜鍑和短剑的使用

铜鍑是一种双立耳、深腹、圈足或三足的炊食具，在中国北方及欧亚草原的游牧民中广泛流行。近年各地收藏的春秋早期秦鍑被披露，包括上博的 2 件、加拿大的 1 件、美国的 1 件、甘博的 1 件（图 56:3），引起了学界的关注。它们均有索状立耳，立于沿上，或耳根部呈蛇头状贴于器口的外沿；沿下饰兽目交连纹；深直腹，腹部饰波曲纹或双层垂鳞纹；宽纹带之间隔以凸起类绳纹；倒喇叭状圈足。装饰风格与大堡子山秦公器一致，普遍被认为是秦器①。1979 年宝鸡甘峪一座秦墓出土的铜鍑，耳上有圆柱状凸起，素面②，通高 21—24、口径 18—22 厘米（图 56:4）。随着秦迁都雍城并向东发展，在凤翔附近发现铜鍑，如凤翔东社③（图 56:5）、东指挥村④、侯家庄⑤的出土物，多形体较小，通高约 7 厘米，腹趋浅，圈足变矮，年代为春秋中晚期。可能受到秦的影响，山西的晋墓也出土了类似的铜鍑，如侯马上马、临猗程村、太原金胜村墓葬所出，通高 5—7 厘米，年代主要在春秋晚期至战国早期。

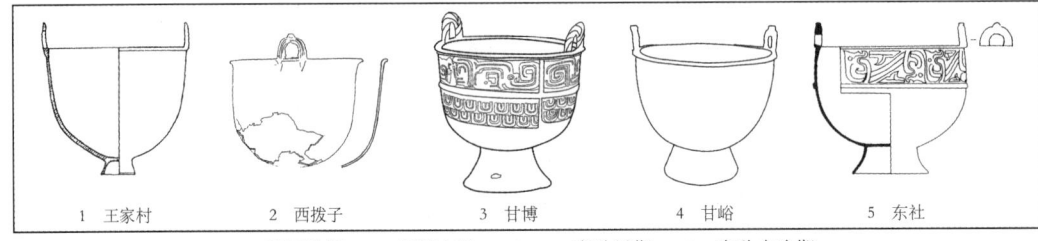

| 1 王家村 | 2 西拨子 | 3 甘博 | 4 甘峪 | 5 东社 |

1 西周晚期　2 两周之际　3、4 春秋早期　5 春秋中晚期

图 56　铜鍑

中原地区早于秦鍑的是岐山王家村出土的铜鍑，立耳顶端有乳突，深腹圜底，细矮圈足，耳部饰回纹，通高 39.5、口径 37.6 厘米（图 56:1）；鍑内放置 1 把銎柄直刃剑和 1 件铜凿⑥，年代为西周晚期。中国北方的銎柄双刃器流行于夏家

---

① 李朝远：《新见秦式青铜鍑研究》，《文物》2004 年第 1 期。
② 高次若、王桂枝：《宝鸡县甘峪发现一座春秋早期墓葬》，《文博》1988 年第 4 期。
③ 陕西省雍城考古队：《一九八二年凤翔雍城秦汉遗址调查简报》，《考古与文物》1984 年第 2 期。
④ 刘莉：《铜鍑考》，《考古与文物》1987 年第 3 期。
⑤ 赵丛苍：《凤翔出土一批春秋战国文物》，《考古与文物》1991 年第 2 期。
⑥ 庞文龙、崔玫英：《岐山王家村出土青铜器》，《文博》1989 年第 1 期。

店上层文化,从西周初期延续至春秋①。王家村剑(图57:7)两端弯卷的横栏式格与辽西剑不同,但其喇叭形銎柄、柄上钉孔、直刃的形态却与之相似,同为装有长柲的刺兵,类似于后代的"铍",不见于周文化,有北方草原风格。此外,北京延庆西拨子村夏家店上层文化窖藏也出铜鍑,侈口,深腹,圜底残,耳部有凸棱纹,通高27、口径38厘米(图56:2);鍑内出三足圜底铜鼎、柄部有三角齿状纹的铜匙、边缘有放射线纹的铜泡等②,年代在两周之际。这两件铜鍑均有显著的北方风格特点,因此有学者认为秦鍑应是受北方文化的影响而出现的,与秦、戎交流有关③。王家村和西拨子村铜鍑均为实用器,形体较大,经长期使用,有修补痕迹和烟炱。秦的春秋早期铜鍑无烟炱,加饰中原传统纹样,已改制成礼器;春秋中晚期又变为小型化的明器。其间的发展演变比较清楚。

扶风下务子村出土的西周晚期师同鼎铭文说"孚(俘)戎金胄卅、戎鼎廿、铺五十、鐱(剑)廿",有学者认为"铺"即"鍑"④。王家村和西拨子窖藏的鍑与戎式鼎、剑共出,恐非偶然。

目前有明确出土地点的秦短剑近30件。张天恩曾系统梳理了秦国境内所见春秋时期短剑,可分三型。A型:格、茎、首均饰镂空的蟠螭或蟠虺纹(图57:2)。B型:兽面格,首饰蟠虺纹,茎部多无纹饰(图57:3)。C型:兽面格,首与茎柄无明确分界,呈曲腰喇叭形(图57:4)。并总结它们自早到晚的演变规律,如兽面纹轮廓线由浑圆变得方正,格部装饰由单层发展为双层。将其看作秦文化的一个基本因素,称之为秦式短剑,认为它来源于西周时柳叶形短剑,具体到A型剑,则直接来源于甘肃宁县宇村的那把西周晚期兽纹柄短剑⑤(图57:6)。当然在学界也有不同意见,陈平认为这类剑应属于北方草原直刃匕首式短剑的大系,不过采用了中原传统纹样和工艺,是由北方戎狄部落直接传入秦国的⑥。杨建华将秦的这类兽面格剑称为花格剑,认为其来源与北方文化有关,甚至可以追溯到

---

① 李刚:《中国北方青铜器的欧亚草原文化因素》,文物出版社,2011年,第62—81页。
② 北京市文物管理处:《北京市延庆县西拨子村窖藏铜器》,《考古》1979年第3期。
③ 滕铭予:《中国北方地区两周时期铜鍑的再探讨——兼论秦文化中所见铜鍑》,《边疆考古研究(第1辑)》,科学出版社,2002年。
④ 李学勤:《师同鼎试探》,《文物》1983年第6期。
⑤ 张天恩:《再论秦式短剑》,《考古》1995年第9期。
⑥ 陈平:《试论宝鸡益门二号墓短剑及有关问题》,《考古》1995年第4期。

欧亚草原①。

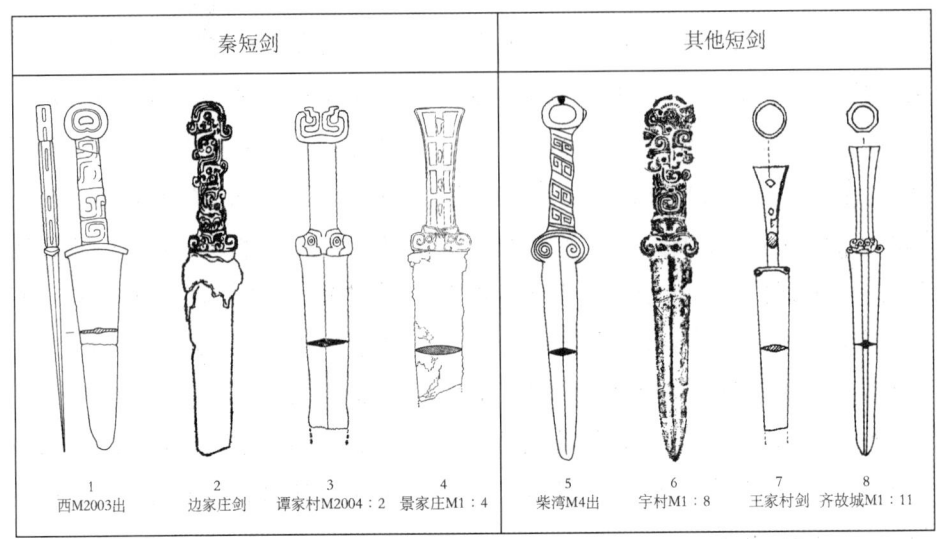

秦短剑	其他短剑
1 西M2003出　2 边家庄剑　3 谭家村M2004:2　4 景家庄M1:4	5 柴湾M4出　6 宇村M1:8　7 王家村剑　8 齐故城M1:11

1、6、7 西周晚期　　2、4 春秋早期　　3 春秋中期　　5 西周　　8 两周之际

图 57　短剑

研究秦短剑来源时或应注意三个现象：①扁茎柳叶形剑在西亚分布甚广，年代不晚于公元前2千年上半叶，早于中国境内的柳叶形剑，且与其形制近似，不排除从西亚到中国内陆的传播通道②。以前曾有学者指出周剑"轻吕"之名为匈奴"径路刀"的转音，认为周人短剑来自北方游牧民族③。即便说秦短剑来源于西周柳叶形剑，从根源上讲，也不能排除它与北方草原部落的关系。②秦式短剑中的C型剑，茎、首连为一体，喇叭形剑柄，柄中空。单就剑柄的形制而言，与上述岐山王家村剑和辽西剑（双刃器）的銎柄非常相似，渊源关系十分明显，应是吸收了后者銎柄的形制特点，再加上兽面格改制而成的。类似者如临淄齐故城M1出土的一把兽面格剑，筒柄中空，内圆，外呈八菱形，近首部渐粗呈喇叭形（图57:8），年代在两周之际，发掘者称之为矛④。③目前所知年代最早的秦短剑为礼县西山坪M2003所出，该剑为环首，内圈较小，首上饰下端内勾的口唇纹，

---

① 杨建华：《略论秦文化与北方文化的关系》，《考古与文物》2013年第1期。
② 李刚：《中国北方青铜器的欧亚草原文化因素》，文物出版社，2011年，第60页。
③ 俞伟超：《西周铜剑的渊源》，《古史的考古学探索》，文物出版社，2002年。
④ 齐国故城遗址博物馆、临淄区文物管理所：《山东临淄齐国故城西周墓》，《考古》1988年第1期。

茎截面为椭圆形，分三节，正面有卷曲的勾连纹残痕，侧缘有条形孔，弧形弯格，剑身柱脊（图57：1）。这把剑与春秋时的秦式短剑没有发展关系，在中原西周剑中也找不到源头，在西周秦贵族墓中出现颇为突兀。与之形制近似的剑在甘肃中部沙井文化墓葬中却有发现。永昌柴湾M4出土的一把铜剑，环首，茎亦分节，上饰四条斜方格勾连纹，弧形弯格，格下附两端内卷的勾云纹，剑身截面为菱形①（图57：5），与西山坪剑的共性显而易见，后者很可能来源于沙井文化。中国境内环首剑发现很少，朱开沟遗址曾出土1件（M1040：2），年代大致为商代中晚期，此后罕见。但在俄国境内米努辛斯克盆地环首剑却多有发现，有的茎部饰横箍分节、带条形孔②，与西山坪剑有相似之处。因此，中国周代环首剑与境外的联系值得考虑。从这三方面来看，说秦短剑完全自成系统，源自中原周剑，恐怕不够妥帖；把秦短剑归入北方短剑系统，也忽视了它自身的特点。毋宁说它是北方草原文化与中原传统相结合的产物，或者说是戎华合璧的结果。

除了北方草原、西南夷地区，秦国境内是又一个出土短剑比较集中的区域。西周时期中原地区出土的短剑约40件③，略多于秦剑，但其分布范围西起陇东，东至燕山，密度远低于秦短剑。横向比较，秦国出土短剑的频率和概率也远高于东方列国。如天马—曲村晋国墓地迄今已发掘墓葬约600座，仅一座晋侯墓（M33）出土了短剑1件。在侯马上马墓地发掘的1373座东周晋墓中未出短剑1件。三门峡虢国墓地仅M2001出土玉柄铁剑1件，M2011出土圆首铜剑1件。春秋时秦三至七鼎的贵族墓约半数出土短剑，排除其中的女性墓，则元士以上级别的男性贵族几乎人人佩剑；甚至一些铜一鼎或陶三鼎的中下士级别墓也随葬短剑，如礼县圆顶山98LDM3④、甘谷毛家坪M1045⑤。这些现象在东方国家很难看到，说明秦贵族佩剑之风相当流行。

西周至春秋时中原地区战争以车战为主，戈、矛及弓、矢被广泛使用，短剑只有在贴身肉搏的情况下才能发挥作用，使用机会不多，因此并不流行。然而这一

---

① 甘肃省文物考古研究所：《永昌西岗柴湾岗——沙井文化墓葬发掘报告》，甘肃人民出版社，2001年。
② 李刚：《中国北方青铜器的欧亚草原文化因素》，文物出版社，2011年，第55页。
③ 张天恩：《中原地区西周青铜短剑简论》，《文物》2001年第4期。
④ 甘肃省文物考古研究所、礼县博物馆：《礼县圆顶山春秋秦墓》，《文物》2002年第2期。
⑤ 早期秦文化联合考古队：《甘肃甘谷毛家坪遗址2013年考古收获》，《2013中国重要考古发现》，文物出版社，2014年。

时期,在从东北至西南的农、牧交汇地带,短剑却一直是常见的器物。童恩正曾指出中国从东北至西南的边地存在一个半月形文化传播带,列举的若干共同因素中就有青铜短剑,传播带产生的前提是相似的生态环境和半农半牧的经济特点[1]。需要注意的是,秦国恰好位于这个传播带的中腰位置。秦人的畜牧业发达,根据对礼县西山坪秦墓人骨牙齿磨耗及龋齿的分析,早期秦人的食谱为杂食并以食肉为主,经济形态为农牧兼营的混合模式[2]。短剑不仅是贴身护体的兵器,在日常生活中又是剥皮、食肉的工具,可随身佩带。秦人生业经济与西北戎狄相近,用剑习俗乃生活习性使然。

四、早期秦文化的形成

史学界关于秦人的族源,长期以来有东来说和西来说的争论。前者认为秦人本是东方民族,只是后来才西迁到甘肃的,理由如秦先祖玄鸟降生的传说,嬴姓部族历史上多居东方,秦人自称为帝高阳颛顼之后,并祭祀少昊等。后者认为秦人本是陇右的土著,或者说西戎的一支,理由如秦先祖"在西戎,保西垂",秦与西戎通婚,秦的洞室墓和屈肢葬等。参与的学者多据文献立论,比较而言,东来说较系统,理由也更充分。

秦人有一个从小到大的发展过程,最初人群较小,可能仅限于嬴姓宗族,后来不同地域、文化背景有别的各类人等加入其中,滚雪球般越滚越大,一起构成了秦人这一共同体。秦人的族源在学术界一般指作为统治阶层的嬴秦宗族的来源。

需要指出的是,考古学上秦文化的来源与历史学上秦人的族源是两个既有联系,又有区别的问题。一个民族的来历及其固有传统自然会在文化遗存上留下鲜明的烙印,但文化遗存各方面特征、所含各类因素出现的原因却很复杂,可能与人群的构成有关,也可能是不同人群之间交往及文化交流的结果,并不都与族源问题存在必然联系。考古学文化以物质遗存的形式而存在,包含各类因素,

---

[1] 童恩正:《试论我国从东北至西南的边地半月形文化传播带》,《文物与考古论集》,文物出版社,1986年。
[2] 尉苗、王涛、赵丛苍等:《甘肃西山遗址早期秦人的饮食与口腔健康》,《人类学学报》2009年第1期。

这些因素各有其源头，其中只是某些因素与人群共同体的族源有关。

上述三类因素中，哪一类最能代表秦人的族源？

第一类因素，即源于商文化的因素最具代表性，反映出嬴秦宗族来自东方，与商王朝关系密切，受商文化影响很深。这类因素大多属于丧葬习俗，葬俗浓缩了一个民族的丧葬观念，现实功利色彩最少，具有很强的顽固性，即便经历王朝更替、社会动荡也很难改变，往往是判断族属、探索族源的有效指标。而且这类因素在西山型阶段集中出现于高等级墓葬，与嬴秦的社会地位相吻合。

李崖型为目前发现的甘肃东部年代最早的秦文化遗存，反映了嬴秦在西迁之初，在葬俗和器用方面还保留着浓厚的殷商遗风。可以说，李崖遗址的发掘，从考古学的角度证实了秦人东来说。墓葬里腰坑、殉狗所占比例之大，商式陶器所占比例之重，在西周遗址中罕见，为同时期周人墓葬远远不及，这些因素不可能是嬴秦在西周时期受他人影响所致。西周时周人为统治阶层，代表了文化正统和主流，如果嬴秦本为西土民族，不该舍周文化而去学习弱势的殷遗民的旧习。从这个角度说，嬴秦属于广义上的殷遗民，早期秦文化李崖型其实是一支殷遗民文化。

第二类因素，即源于周文化的因素，反映了秦人对宗周礼乐文明的继承和学习。嬴秦本为殷商臣属，由于恶来助纣为虐，被武王所诛，其后代的地位很低贱，沦为造父族的附庸，甚至失去了原来的嬴姓，改姓造父族的赵氏。西迁陇右后，面临恶劣的生存环境，要想发展壮大，谋得周王朝的认可和支持至关重要。秦仲被周宣王封为大夫，开始跻身周人上流社会。秦庄公正是依靠宣王援助的七千兵马，才能一举伐破西戎，代表周王室在陇右行使军政管辖权。秦襄公因护送平王东迁有功，被封为诸侯，得以立国。在这个过程中，秦人经历了自下而上从附庸到大夫，再到诸侯的身份转变，而转变身份需要有相应的识别标志，即车服、礼器、宗庙、宫室等方面的待遇规制，如此才能进入周王朝的政治圈子，获得王室的倚重，以及与其他诸侯国对话交往的资格。因此，秦人系统地学习、吸收、使用宗周礼乐制度，关乎其生存发展、地位脸面，有很强的现实政治意义。

在学习周礼的同时，秦人在器用方面也舍弃了那些源自殷商的不合时宜的旧传统，向周文化靠拢，实现了从李崖型到西山型的文化转型。

第三类因素，屈肢葬式属葬俗，壁龛、围沟属墓型，金器属奢侈品，铁器为舶来品,动物纹属于装饰风格,铜镞、短剑最初可能也是从外部传入的。其中屈肢葬流行于社会中下层,其他因素主要见于社会中上层。秦在建国的过程中,一方面嬴秦贵族上升为统治阶层,另一方面其辖区的臣民也越来越复杂,既有形形色色的戎人,也有周人,这些人与嬴秦共同构成了"秦人"这一人群共同体。秦贵族墓直肢葬和平民墓屈肢葬的差异,反映了早期秦文化的地缘性特点。秦国地处西北边陲,同时又在古丝绸之路的东段,那里农、牧经济并重,古代民族混杂,使其文化不可避免地包含了西戎以及欧亚草原的因素。一方水土养一方人,嬴秦虽然来自东方,但在陇右二百多年的经营中已深深扎根于这方土地,日积月累、耳闻目睹,在生活习性、审美趣味等方面与当地西戎已很接近,比如对黄金、动物纹的喜爱,佩剑习俗表现出的尚武之风等。

在西周中期的秦文化中,第一类因素还占优势。到了西周晚期至春秋早期,第二、三类因素明显占优,第一类因素仅在贵族的丧葬活动中有所体现。至此,三类因素水乳交融,有机结合,形成了一种稳定的文化结构,一种面貌全新的秦文化终于形成了。早期秦文化其实是在一种殷遗民文化的基础上,大量吸收周文化和西戎文化的因素而形成的。

第五章　早期秦文化都邑

著名学者王国维在《秦都邑考》中说:"然则有周一代,秦之都邑分三处,与宗周、春秋、战国三期相当。曰西垂、曰犬丘、曰秦,其地皆在陇坻以西,此宗周之世秦之本国也;曰汧渭之会、曰平阳、曰雍,皆在汉右扶风境,此周室东迁、秦得岐西地后之都邑也;曰泾阳、曰栎阳、曰咸阳,皆在泾、渭下游,此战国以后秦东略时之都邑也。观其都邑,而其国势从可知矣。"①犬丘、西垂本为一地②,再加上宪公所居"西新邑"(《史记·秦始皇本纪》后附《秦记》),则迁雍之前的秦都邑共有五处:西犬丘、秦邑、西新邑、汧渭之会、平阳。

西周末期秦人崛起于陇右,周室东迁后入主渭河平原,再经若干世代发展成为泱泱大国,最终统一天下。由近及远追溯秦的早期历史,不得不把目光投向陇山东、西两侧的河谷台地,包括西汉水上游、渭河上游和汧河中下游。这些年来在甘肃礼县、清水县、张家川县和陕西宝鸡地区的一系列发现,表明王氏之言不虚。

第一节　西犬丘探寻

一、西汉水上游商周时期遗址分布及文化遗存

秦人崛起于甘肃东部,甘肃东部指兰州以东的甘肃省部分,包括定西、庆阳、平凉、天水、陇南、甘南、临夏等地区和自治州。其中,周秦文化遗址的分布以平凉、天水、陇南地区最集中。这一地区是周文化分布的西界,同时又是秦文化的发祥地,对探索秦文化起源、秦人早期都邑、周秦文化与西戎文化的关系问题具有重要的学术意义。

---

① 王国维:《观堂集林》,中华书局,1959年,第532—533页。
② 王国维:《观堂集林》,中华书局,1959年,第530页。

西汉水发源于蟠冢山,沿途有红河、永坪河、漾水、燕子河等大的支流注入,在礼县县城附近折向西南流,最后汇入嘉陵江。在礼县江口镇以上的河段长60余公里,地跨天水市、礼县、西和县三个县市的辖区。早在20世纪40年代裴文中先生做渭河上游的调查时,就曾到过这里①。20世纪50年代,甘肃省博物馆曾组织力量对这一流域进行考古调查,共发现各类遗址24处,主要包含仰韶文化、齐家文化和周代文化;并对这里的史前文化提出了一些初步的看法②。80年代初,赵化成曾考察过这里的周代遗址③。此后近20年的时间里,尚未进行大规模的、系统的调查及后继的发掘工作。

20世纪末,礼县大堡子山秦公墓惨遭盗掘,国宝重器流失海外,引起学界的广泛关注。1998年,甘肃省文物考古研究所抢救发掘大堡子山墓地,共清理中字形大墓2座、小墓9座④。礼县秦公墓的发现,使早期秦文化相关问题再度成为学术界讨论的热点。而要使这些问题得到解决,首先要组织各方面的力量,对这一流域的各时期遗址点分布进行摸底调查。2004年3月28日至4月20日,早期秦文化联合考古队对西汉水干流东起天水市天水镇,西至礼县江口镇的地段,以及4条主要支流流域进行全面调查,收获甚丰。

考古队员对河道两岸几乎每个山前台地都逐一踏查,共调查各类遗址98处,与50年代相比新发现70余处。由于一个遗址往往包含两种以上的文化遗存,所以如果按文化性质来统计,则包含仰韶文化的遗址78处,包含石岭下类型的遗址2处,包含马家窑文化类型的遗址4处,包含庙底沟二期文化的遗址6处,包含常山下层文化的遗址16处,包含齐家文化的遗址34处,包含刘家文化的遗址5处,包含周秦文化的遗址38处,包含寺洼文化的遗址26处,包含汉代遗存的遗址27处。

西汉水上游商周时期的文化遗存主要有三类:刘家文化、寺洼文化、秦文化。刘家文化的标本是高领袋足鬲的鬲足、鬲裆和鬲銎,在草坝乡周家坪、盐官镇高楼子、永兴镇赵坪、永兴镇蒙张、城关镇鸾亭山遗址均有发现。夹砂红褐陶或灰

---

① 裴文中:《甘肃史前考古报告》,油印本,1947年。
② 甘肃省博物馆:《甘肃西汉水流域考古调查简报》,《考古》1959年第3期。
③ 赵化成:《甘肃东部秦和羌戎文化的考古学探索》,《考古类型学的理论与实践》,文物出版社,1989年。
④ 戴春阳:《礼县大堡子山秦公墓地及有关问题》,《文物》2000年第5期。

褐陶,足尖为扁锥状,足端截面为椭圆形,上饰浅细绳纹(图 58:2、4、6)。鬲裆内隔尖锐,裆底按捺泥条,再压细绳纹(图 58:1、3)。还有鬲鍪,夹砂灰陶,耳形(图 58:5)。该文化的标本仅 6 件,数量不多,尚未发现成片的遗址,却提出了一些饶有兴趣的问题。

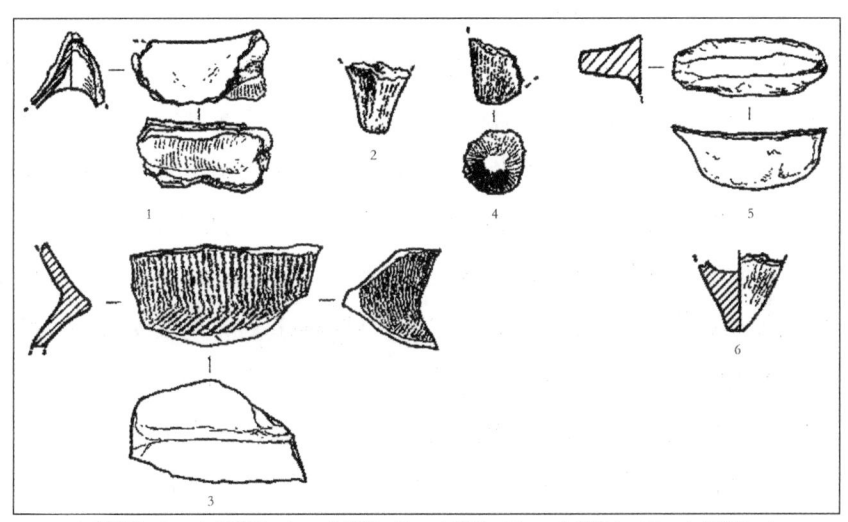

1 高楼子:3　2 高楼子:6　3 赵坪:59　4 蒙张:26　5 鸢亭山:22　6 周家坪:2

图 58　西汉水上游采集刘家文化陶片标本

刘家文化的发现和研究始终和先周文化密切相关。这种遗存因 1981 年陕西扶风刘家村墓地的发掘而得名,它以高领袋足鬲为代表性器物,还有双耳罐、单耳罐、腹耳罐、折肩罐等器类,多灰陶或灰褐陶,流行偏洞室墓,年代不晚于商周之际[1]。后来,这类遗存在陕西长武碾子坡[2]、麟游蔡家河[3]、周原王家嘴[4]均有发现,由于它们和刘家村墓地的内涵还略有区别,所以有人又提出了"碾子坡文化"的概念。高领袋足鬲的分期在学术界一直是个不易解决的问题,直到张天恩根据宝鸡纸坊头的地层关系,归纳出扁锥状足尖、椭圆形袋足的早于圆锥状足

---

[1] 陕西周原考古队:《扶风刘家姜戎墓葬发掘简报》,《文物》1984 年第 7 期。
[2] 中国社会科学院考古研究所泾渭工作队:《陕西长武碾子坡先周文化遗址发掘记略》,《考古学集刊(6)》,中国社会科学出版社,1989 年。
[3] 雷兴山:《蔡家河、园子坪等遗址发掘与碾子坡类型遗存分析》,北京大学硕士学位论文,1993 年。
[4] 周原考古队:《1999 年度周原遗址ⅠA1 区及ⅣA1 区发掘简报》,《古代文明(第 2 卷)》,文物出版社,2003 年。

尖、圆形袋足的①,这个认识后来被周原王家嘴的发掘所证实。当然,除了足根外还有其他一些变化,如器表绳纹由浅细变得粗深,领部绳纹由直行变为斜行,晚期鬲裆多加指窝纹等。

按照这个标准,在礼县采集的标本属于该器类的早期形态,年代大约相当于殷墟一、二期。今礼县博物馆藏有一件完整的袋足鬲,夹砂灰褐陶,矮领,器表绳纹较细,椭圆形袋足,宽裆,足尖略外撇,扁锥状足根。西汉水上游分布有这种文化遗存是以前不知道的,事实上,除了关中西部,在甘肃东部已经多次发现以高领袋足鬲为代表的遗存,如合水兔儿沟、庆阳巴家嘴、崇信于家湾的先周文化墓葬②。秦安县博物馆藏有一件斜领乳状袋足绳纹鬲,足端呈尖锥状,年代已到先周晚期。清水县博物馆所藏的高领袋足鬲,既有高斜领、领上有錾有耳、扁锥状实足根的较早形式,又有饰粗深绳纹、乳头状足根的这种鬲的最晚形态。可见陇山的东、西两侧,都属于刘家文化的分布范围③。

刘家文化的渊源目前还不是很清楚,但它与甘青地区古文化的联系比较紧密是大家公认的。有学者认为它源自渭河上游的"董家台类型文化"④。在甘谷县毛家坪遗址西周地层下压有一座墓葬,屈肢葬式,伴出一件锯齿状三角纹的彩陶钵,特征不同于以往在甘青地区发现的古文化⑤,也被归入这种类型。礼县博物馆藏有一件双耳罐,红褐色夹砂陶,陶质不均,上有大块的黑斑,高直领,平沿,双宽耳上端接于沿下,下端接于肩上,鼓肩,长圆腹,圜底,器身纵剖面呈橄榄形,符合"董家台类型"的特征。"董家台类型"和刘家文化的确有一些共性,礼县的这件双耳罐就和扶风刘家村墓地简报的Ⅱ式双耳罐相似,只不过前者鼓肩,后者溜肩,前者矮胖,后者瘦长。由此看来,刘家文化在西汉水流域可能自有其前身,并不纯粹是"外来户"。

---

① 张天恩:《高领袋足鬲的研究》,《文物》1989年第6期。
② 甘肃省文物工作队:《甘肃崇信于家湾周墓发掘简报》,《考古与文物》1986年第1期;许俊臣、刘得祯:《甘肃合水、庆阳县出土早周陶器》,《考古》1987年第7期。
③ 标本系2005年秋季参观时所见。
④ 李水城:《刘家文化来源的新线索》,《远望集——陕西省考古研究所华诞四十周年纪念文集》,陕西人民美术出版社,1998年。
⑤ 甘肃省文物工作队、北京大学考古学系:《甘肃甘谷毛家坪遗址发掘报告》,《考古学报》1987年第3期。

寺洼文化的标本比较丰富,在山脚、新田、二土等遗址都可见到被盗掘的墓葬,陶器被弃置在盗坑边。陶色驳杂不一,有红褐色、灰褐色、黄褐色、黑灰色等,往往一件陶器上有好几种颜色。烧造的火候低,陶质软,比较粗糙。夹砂陶的比例大,有的含粗砂或羼有陶片碎末。可辨器型有素面鬲、浅盘粗把豆(图59:3)、马鞍形口罐(图59:1)、簋形豆、斜腹豆(图59:5)、圆肩深腹罐(图59:2)、平底小罐、盆、筒形杯(图59:8)、喇叭口杯(图59:9)。在礼县博物馆还见到了马鞍形口的双耳深腹盆、敞口鼓腹小平底罐等。鬲足为圆锥状,鬲裆内底圆缓,不见裆脊线(图59:4)。马鞍形口罐一般都带有双耳,耳上端凹弧。簋形豆凹颈圆腹,带倒喇叭形底座,口沿外或底座边多贴一道泥条(图59:7),豆座上还会有纵向的刮修痕迹。有的深腹罐底部中心内凹(图59:10)。绝大多数器表素面,个别盆的肩部有三角折线纹,罐的颈部有戳点纹(图59:6)。

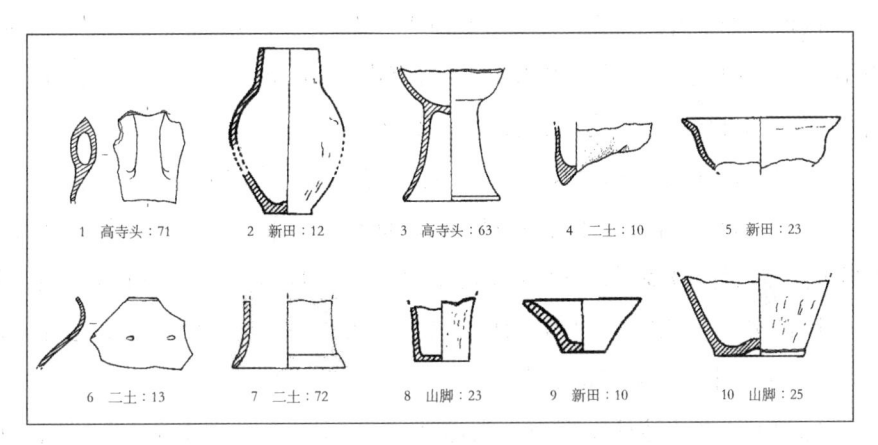

图 59　西汉水上游采集寺洼文化标本

商至西周时期,甘肃东部大致以临洮县城为界,以东分布着寺洼文化,以西分布着辛店文化,二者基本不重叠①。因此,在西汉水流域发现寺洼文化属于情理之中。但是,该文化大批的遗址及其内涵长期未见报道,不能说不是一个遗憾。自1923年安特生在临洮寺洼山发掘了8座墓葬,并命名为甘肃史前文化的"寺洼期"以来,对寺洼文化的考古工作延续了超过半个世纪,现已基本搞清它是

---

① 南玉泉:《辛店文化序列及其与卡约、寺洼文化的关系》,《考古类型学的理论与实践》,文物出版社,1989年。

继齐家文化之后的一支青铜文化,然而文化的分期问题一直没有很好地解决。根据合水九站的发掘,寺洼文化的早期与先周遗物共存,故其年代可以到商代晚期;其年代的下限为两周之际。发掘者同时总结了一些器形演变的规律:整体风格由瘦长向矮粗发展,马鞍形口罐的凹槽由深变浅、平底由小变大等[1]。后来,南玉泉又撰文分析了寺洼—安国系统陶鬲的演变序列[2],为该类器物的分期断代提供了一些依据。参考这些意见,可知西汉水寺洼文化遗存既有比较早的,如礼县博物馆所藏的马鞍形口罐凹槽极深,深腹,小平底,体态瘦高;又有较晚的形制,如南文所举的在礼县城关采集的素面无耳鬲,年代已到西周晚期。虽然现在还无法对采集的陶片进行排队分期,但也能知道这里的寺洼文化应该经历了它发展的各个阶段。

寺洼文化遗址按面积大小可分成三个级别:①面积在30万平方米以上者,仅二土遗址一处。②面积在10万—30万平方米之间者,有新田、高寺头、石坝1号等遗址。③面积在10万平方米以下者,有山脚、赤土山、马沟、干沟、庙嘴子、庄窠地、李家房背后、石碱沟、瑶沟、小田、罗家坪等遗址。

二土遗址位于石桥镇西汉水东岸,石碱沟与二土沟之间的台塬上,面积约32万平方米。断崖上暴露有较多的灰坑、房址和寺洼墓葬,可采集到寺洼的罐、豆、簋等陶器残片,及少量周代的鬲、罐等,也有少量仰韶、齐家文化的盆、罐等陶片。与周秦文化不同的是,目前在西汉水上游地区仅见这一处寺洼文化的大遗址,应该是该文化在甘肃东部的中心之一。

其他的寺洼文化遗址以墓地为主,如山脚、新田、小田遗址等。新田遗址位于西汉水南岸永兴镇新田村西南的台地上,东西约250米,南北约350米,面积约8万平方米;在遗址西侧、南侧台地断崖上暴露有墓葬、灰坑,采集到簋形豆、罐的残片。山脚遗址位于永兴镇山脚村南,西汉水南岸的山峁台地上,面积约3万平方米;遗址的南部发现有较多的寺洼文化墓葬,采集有马鞍形双耳罐、豆等。

寺洼文化在西汉水流域的分布可用"一个中心"(二土遗址)、"两大区块"(南与北)来概括。南方区块指漾水与西汉水交汇处以西、以南的地区,上述二土、山

---

[1] 北京大学考古学系、甘肃省文物考古研究所:《甘肃合水九站遗址发掘报告》,《考古学研究(三)》,科学出版社,1997年。

[2] 南玉泉、郭晨辉:《寺洼—安国系统陶鬲的序列》,《文物》1987年第2期。

脚、新田、赤土山遗址皆属之。北方区块指红河流域,在红河流域的石家窑、罗家坪、唐河口、庄窠等遗址也发现有该文化的遗存。至于这两个分布区块之间的关系,现在还不太明了;它们是否分别属于该文化的两个地方类型,现在也还不清楚。

20世纪80年代,赵化成曾把甘肃东部的寺洼文化分为临洮寺洼山、西和栏桥、合水九站三个类型①。从总体面貌上看,西汉水的该类遗存与临洮寺洼山的差别较大,而与栏桥和九站的接近。比如目前在礼县所见的寺洼鬲均裆底圆缓,俯视不见裆脊线,属于南文所说寺洼—安国系统第二类型中的无耳鬲;绝不见临洮那种高分裆、裆内隔尖锐、脊线清晰的第一类型鬲。南玉泉说"(第一类型)双耳鬲Ⅰ、Ⅱ、Ⅲ式主要分布在临洮、康乐一带,庄浪也有,而在东南部地区的天水、礼县、秦安、合水、清水等县则不见"②,是很对的。如果再往细里分,上述南方区块的特征显然和西和栏桥类型比较接近,比如它们都多簋形豆、双马鞍形口罐等器类。北方区块的文化特征还不清楚,从它与南方区块在空间上有永兴镇至盐官镇这么长一段分布空白来看,是否属于同一类型值得怀疑。

秦文化的标本比较丰富,盆、豆、罐多为泥质,鬲、甗、瓮夹砂。陶色为比较纯正的灰陶,当然细分之还有青灰、浅灰、黑灰的差别。陶鬲属于联裆鬲的大系统,制法亦相同,即将一个泥筒三等分后分别捏合形成腹足,相邻足壁重叠后再上下用力捏合,故裆底圆缓。其余盆、罐类先用泥条盘筑成型,再修整口沿等处,大约到了战国以后的器物才出现了快轮拉坯成型技术。

目前仅在个别遗址采集到可能属于西周早期的标本,如在蒙张遗址采集的浅弧盘粗柄陶豆。联系到礼县博物馆收藏的侈口瘪裆鬲、高领彩绘折肩陶罐、"保父辛"铜鼎、乳丁纹铜簋,可知西周初年周文化向西扩张到西汉水流域,这些西周早期遗物属周文化遗存,是周人携带过去的。

大多数秦文化遗址都包含西周晚期至春秋早期的遗物,器型有鬲足(图60:17—21)、鬲口沿(图60:14—16、27)、盆(图60:1、2)、豆盘(图60:6—8)、豆柄(图60:9—12)、喇叭口罐的口部(图60:3、13)、罐肩部及錾钮(图60:4、5、29)、

---

① 赵化成:《甘肃东部秦和羌戎文化的考古学探索》,《考古类型学的理论与实践》,文物出版社,1989年。
② 南玉泉、郭晨辉:《寺洼—安国系统陶鬲的序列》,《文物》1987年第2期。

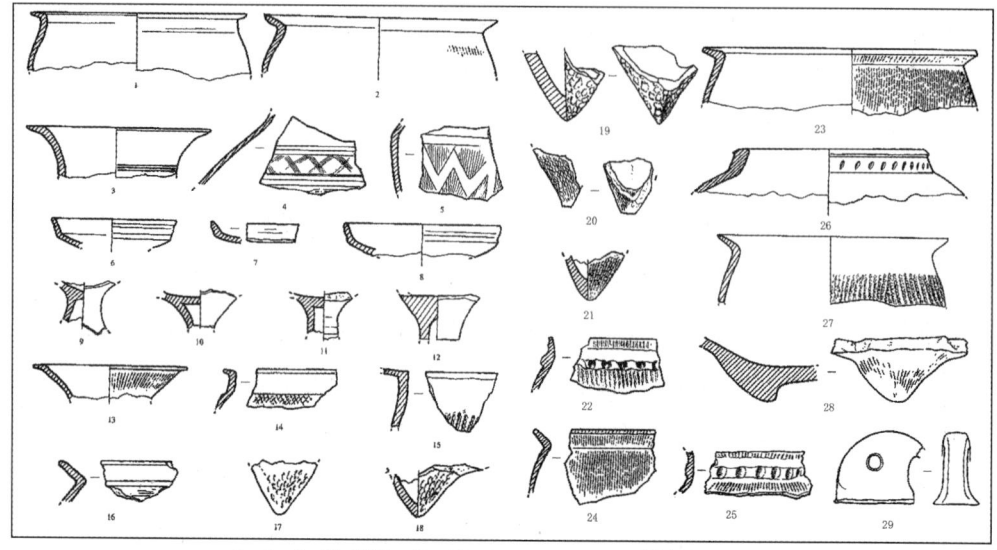

1、6、9、17 赵坪：39、10、34、11   2、19 雷神庙：9、23
3、7、8、10—15、18、22 蒙张：46、9、18、44、54、68、48、7、69、1、52   4、23、24 鸾亭山：6、5、8
5、16、27、29 石沟坪：4、2、48、8   20、21 六八图：16、11   25 蹇家坪：28   26、28 古泉寺：4、6

图 60　西汉水上游采集秦文化陶片标本

瓿（图 60:22—25）、蛋形三足瓮（图 60:26、28）。鬲足呈圆锥形，柱状实足根，有的截面略呈三角形，上装饰粗绳纹或麻点纹。鬲口沿宽平硬折，仰角在 90°以下，沿面的内、外缘一般各有一道凹弦纹。豆盘浅腹，平底，外壁竖直，多有三道凹弦纹。豆柄中空，弧形收束，中部有凸箍，喇叭形座。喇叭口罐斜平沿，圆唇，口部尚小。罐的折肩部位有细凹弦纹组成的三角折线纹，有的在三角内还填并行线纹，有的肩部有鸟首状钮。瓿的口沿宽平，外壁绳纹施至口沿顶端，有的在颈部还有波浪状附加堆纹。三足瓮的颈部有的饰锁眼状堆纹。这些遗存应属秦文化，在性质上与西周早期的周文化有所区别。

西周时期秦文化的材料原来仅限于毛家坪一处，这次调查在一定程度上丰富了以前的认识。毛家坪西周墓葬流行实柄豆[①]，但这次采集到的数量众多的陶豆皆为空柄，而且其形制和关中西周晚期的浅盘豆无别。调查采集的陶片大多残缺不全，毕竟难以反映全貌，礼县博物馆所藏完整器物，使我们对这个阶段

---

① 甘肃省文物工作队、北京大学考古学系：《甘肃甘谷毛家坪遗址发掘报告》，《考古学报》1987 年第 3 期。

的秦文化面貌有了很大改观。除了毛家坪的那种高体瘪裆秦式鬲外,还有横长方形的宽平沿扉棱鬲,其中既有夹砂带绳纹的,又有泥质通体素面的;还有宽平折沿的低裆鬲,形态宽矮,与西周晚期关中地区的同类器无别。由此可见,西周晚期秦文化的陶器群其实可以分出两组因素:一组如扉棱鬲、低裆鬲、浅盘空柄豆、带堆纹的甗、蛋形三足瓮等,与关中地区的几乎没有差别,可称之为周文化因素;另一组如足部饰麻点纹的高体瘪裆秦式鬲、实柄豆、喇叭口罐等,可算作秦文化的自身因素。把这两组因素区分开来,能使我们更深刻地认识到虽然在西周晚期秦自身的特点已经形成,但还受到周文化的强烈影响,不可避免地带有来自后者的烙印。

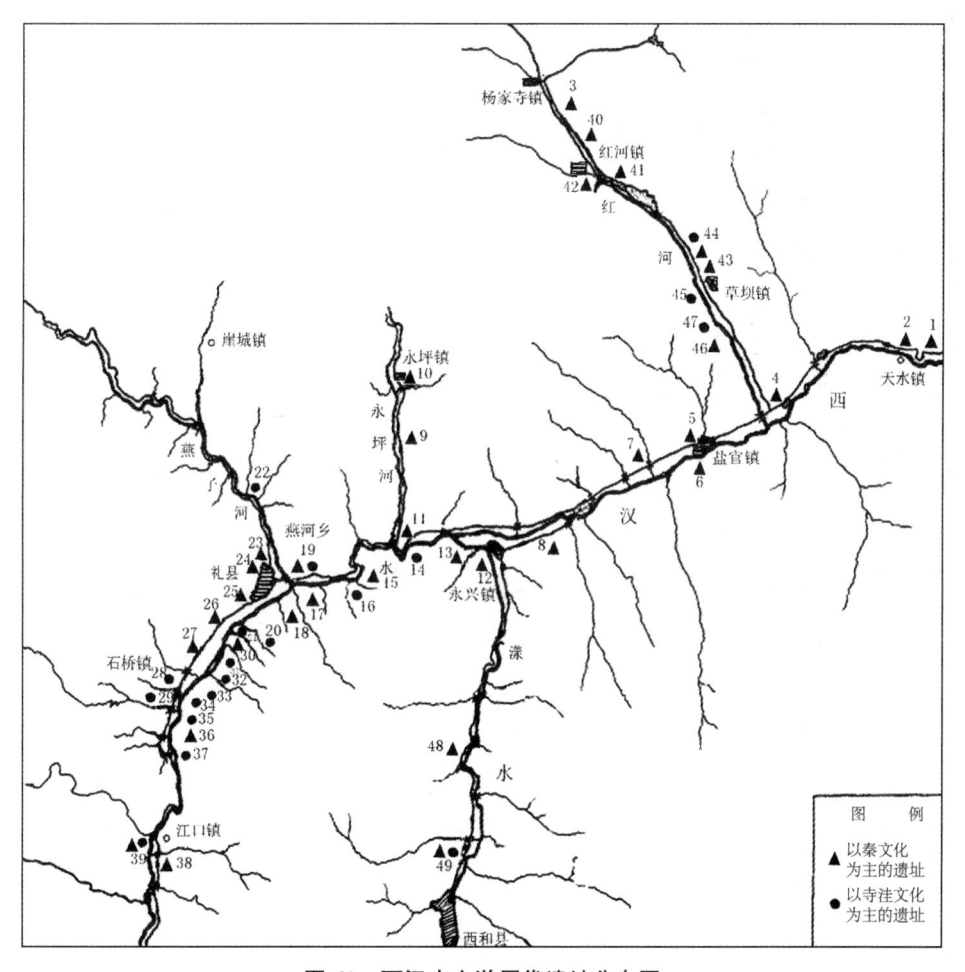

图 61 西汉水上游周代遗址分布图

西周晚期秦文化已成气候,西汉水流域聚落的总体格局亦告形成(图61)。周秦文化遗址按面积大小可分为三个级别:①面积在30万平方米以上的遗址,有六八图、赵坪、石沟坪三处。②面积在10万—30万平方米的遗址,有龙八村、大堡子山、蒙张等。③面积在10万平方米以下的遗址,有费家庄、焦家沟、周家坪、高楼子、沙沟口、王磨、雷神庙、古泉、彭崖等。周代遗址情况如下表(表25):

表25 西汉水上游周代遗址统计表

名称	位置	面积（平方米）	遗迹	秦文化	寺洼文化	汉	图中编号
盘头山	天水镇石滩子村	?	灰坑、灰层、墓葬	√		√	1
庙坪	天水市天水镇	?	墓葬	√		√	2
王家磨	天水市杨家寺镇	50×30		√		√	3
高楼子	礼县盐官镇	?		√			4
盐官镇	礼县盐官镇	?	灰层、红烧土	√			5
沙沟口	礼县盐官镇	?	灰坑、灰层	√			6
王磨	礼县盐官镇	200×100	灰坑、房子、灰层、夯土	√			7
龙八	西和县长道镇	250×80	灰层、灰坑、墓葬	√		√	8
蹇家坪	永坪镇下石嘴北	300×800	灰坑、灰层	√			9
焦家坪	永坪镇永坪村	?	灰层、灰坑	√		√	10
大堡子山	永坪镇赵坪村东	800×300	墓葬、灰坑、夯土、散水	√		√	11
赵坪	永兴镇赵坪村西	1000×400	墓葬、灰层、灰坑、夯土	√	√		12
蒙张	永兴镇龙槐村西	500×400	灰坑、灰层	√		√	13
山脚	永兴镇	300×100	灰坑、墓葬		√	√	14
新田东源	燕河乡	?		√			15
新田	燕河乡	350×250	墓葬、灰层		√		16
马连坝	燕河乡	200×150	墓葬	√			17
指甲沟	燕河乡东台村	150×50	灰坑	√			18
赤土山	燕河乡旧城村东	50×60	墓葬	√		√	19
马沟	燕河乡东台村东	100×100		√			20
干沟	燕河乡	200×100	灰坑	√		√	21
庙嘴子	燕河乡油坊村	100×50			√		22

续表

名　称	位　置	面积（平方米）	遗　迹	秦文化	寺洼文化	汉	图中编号
鸾亭山	城关镇	30 000	墓葬、夯土、祭坑	✓	✓	✓	23
雷神庙	城关镇	150×300	灰层、灰坑、墓葬、夯土	✓	✓		24
西山	城关镇	800×300	墓葬、夯土、灰坑	✓	✓	✓	25
庄窠地	城关镇石碑村东	300×100	灰层	✓	✓		26
汉阳山	石桥镇	?	灰层	✓			27
高寺头	石桥镇	300×300	灰坑	✓	✓		28
李家房背后	石桥镇瑶峪村东	200×400	墓葬	✓	✓	✓	29
石沟坪	石桥镇圣泉村	1 000×300	灰坑、灰层	✓	✓		30
石碱沟	石桥镇柳树村	100×50			✓		31
二土	石桥镇二土坪	800×400	灰坑、墓葬	✓	✓		32
古泉	石桥镇	?		✓	✓		33
石坝1号	石桥镇石坝村	800×250	灰坑、灰层、墓葬	✓	✓		34
瑶沟	石桥镇刘坪村	200×100	灰层、灰坑		✓		35
杨坪	石桥镇	50×50		✓			36
小田	石桥镇	200×100	墓葬、灰坑		✓		37
鲍家庄	江口镇	100×200	灰坑	✓			38
彭崖	江口镇	250×300	灰层、灰坑、墓葬	✓	✓		39
焦家沟	红河镇	80×50		✓			40
六八图	红河镇	500×400	灰层、灰坑、陶窑	✓		✓	41
费家庄	红河镇	200×100	灰层	✓			42
罗家坪	草坝乡石嘴村	100×50	墓葬		✓		43
周家坪	草坝乡石嘴村	50×100		✓	✓		44
唐河口	草坝乡	500×250	灰坑、灰层		✓		45
马家台子	草坝乡青龙村	?		✓			46
庄窠	草坝乡	?			✓		47
苏家团村	西和县石堡镇	8 000	灰坑、墓葬	✓	✓		48
西峪坪	西和县西峪镇	1 000×300	灰层、灰坑	✓	✓		49

注：表中大多数遗址都包含史前文化遗存，现略去。

大、中、小不同规模的遗址错落有致，占据了流域中的不同位置。三个第一级别的大遗址，与次一级别以及更低级别的小遗址相结合，构成了"六八图—费家庄""大堡子山—赵坪""西山—石沟坪"三个相对独立又互有联系的遗址群，也可以说是秦文化的三个活动中心区。

二、相关遗址可能性分析

西垂或西犬丘是秦人历史上第一处都邑，在探讨其地望之前，有必要梳理相关文献记载。

> 《史记·秦本纪》："其玄孙曰中潏，在西戎，保西垂。"

如第三章所述，中潏所保西垂在晋南，此处"西垂"指商王朝西部边陲或边界。

> 《秦本纪》："非子居犬丘，好马及畜，善养息之。犬丘人言之周孝王，孝王召使主马于汧渭之间，马大蕃息。"《集解》徐广曰："今槐里也。"《正义》引《括地志》云："犬丘故城一名槐里，亦曰废丘，在雍州始平县东南十里。《地理志》云扶风槐里县，周曰犬丘，懿王都之，秦更名废丘，高祖三年更名槐里也。"

《集解》《正义》均认为非子所居犬丘在关中兴平县，即秦废丘、汉槐里。很多学者还据此认为秦人西迁过程中先入居关中的"东犬丘"，再向西迁徙到甘肃东部的"西犬丘"。然而，非子为大骆之子，他在犬丘牧马尚在受封秦邑之前，彼时尚未自立门户，因此非子所居犬丘即《秦本纪》后文中的"大骆地犬丘"，后者又被明确称为"西犬丘"，在甘肃东部。王国维《秦都邑考》不同意非子所居犬丘在关中的说法：

> 案：槐里之名犬丘，班固《汉书·地理志》、宋衷《世本注》均有此说，此乃周地之犬丘，非秦大骆非子所居之犬丘也。《本纪》云非子居犬丘，

又云大骆地犬丘。夫槐里之犬丘为懿王所都，而大骆与孝王同时，仅更一传，不容为大骆所有，此可疑者一也。又云宣公子庄公以其先大骆地犬丘为西垂大夫。若西垂泛指西界，则槐里尚在雍岐之东，不得云西垂。若以西垂为汉之西县，则槐里与西县相距甚远，此可疑者二也。且秦自襄公后始有岐西之地，厥后文公居汧、渭之会，宁公居平阳，德公居雍，皆在槐里以西，无缘大骆、庄公之时已居槐里，此可疑者三也。案：《本纪》又云"庄公居其故西犬丘"，此西犬丘实对东犬丘之槐里言。《史记》之文，本自明白，但其余犬丘字上均略去西字。余疑犬丘、西垂本一地，自庄公居犬丘，号西垂大夫，后人因名西犬丘为西垂耳。

大半个世纪以来王说几乎成为定论。陇山以东的犬丘和早期秦人有无关系另当别论，《史记·秦本纪》所记大骆地犬丘在陇西则无疑义。

《秦本纪》："秦仲立三年，周厉王无道，诸侯或叛之。西戎反王室，灭犬丘大骆之族。周宣王即位，乃以秦仲为大夫，诛西戎。西戎杀秦仲。秦仲立二十三年，死于戎。有子五人，其长者曰庄公。周宣王乃召庄公昆弟五人，与兵七千人，使伐西戎，破之。于是复予秦仲后，及其先大骆地犬丘并有之，为西垂大夫。庄公居其故西犬丘，生子三人，其长男世父。世父曰：'戎杀我大父仲，我非杀戎王则不敢入邑。'遂将击戎，让其弟襄公……襄公二年，戎围犬丘，世父击之，为戎人所虏。"

这段记载中的"犬丘""大骆地犬丘""西垂""西犬丘"指同一处地方。"西犬丘"是大骆故地，又简称为"犬丘"。王国维关于西垂是具体地名，犬丘、西垂本一地的论证也很精当。此处的"西垂"不同于中潏所保晋南之"西垂"，应是庄公封邑西犬丘的别名，理由如下：

先秦文献如《左传》中某大夫，往往在大夫前冠其封邑名，亦即具体地名，如甘大夫（《左传·昭公九年》）、邢大夫（《左传·成公二年》）、祁大夫（《左传·昭公二十八年》）、原大夫（《左传·僖公二十五年》）、逢大夫（《左传·宣公十二年》）、温大夫（《左传·僖公二十五年》）等。同理，"西垂大夫"之"西垂"，亦应指庄公的封邑西犬丘。

太史公言秦先公居地，皆为具体地名，如武公居平阳封宫，德公居雍大郑宫，宣公居阳宫，成公居雍之宫，康公居雍高寝，躁公居受寝，肃灵公居泾阳等。《史记·封禅书》云"秦襄公既侯，居西垂"，《史记·秦本纪》云"文公元年，居西垂宫"，这两处记载中的西垂，同理也应是具体地名。

《史记·秦始皇本纪》附《秦记》记载秦先公先王葬地，皆为具体地名，如宪公葬衙、武公葬宣阳聚东南、德公葬阳、缪公葬雍等。《秦记》又云襄公、文公葬西垂，此处之西垂，同理也应指具体地名。

庄公封邑西垂或者说西犬丘具体位置在哪？它最有可能位于秦汉时期西县，亦今甘肃礼县境内。通过对西汉水上游的系统调查，发现了"大堡子山—赵坪""六八图—费家庄""西山—石沟坪"三个周代中心遗址群。现逐一分析它们作为西犬丘的可能性。

（一）大堡子山—赵坪遗址群

大堡子山—赵坪遗址群规模较大，在西汉水上游位置居中。除了大堡子山和赵坪外，赵坪以西的蒙张遗址，蒙张西的山脚遗址都应该包括在内。如果视野放得再开阔些，大堡子山北、永坪河东岸的塞家坪遗址，以及2006年新发现的位于永坪河西岸的王家庄遗址和盐土崖周代墓地，也都应该划归该遗址群（图62）。

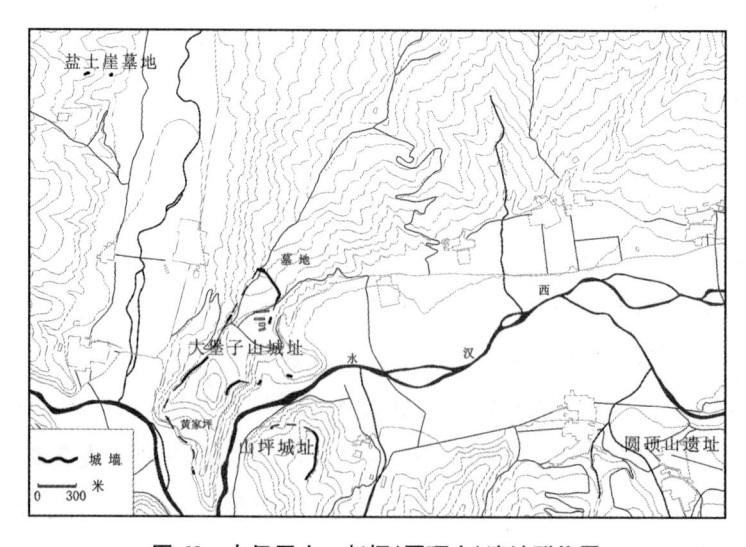

图62　大堡子山—赵坪（圆顶山）遗址群位置

大堡子山遗址位于西汉水与永坪河交汇处的黄土山峁上。在该遗址发现面积较大的早期秦文化城址1座、城内夯土建筑基址26处、城内外中小墓葬400余座。城址坐落在东北—西南走向的山体上，形状很不规则，总面积约55万平方米，城墙的始建年代大致在春秋早期。城内有2座秦公大墓（M2、M3）及车马坑。1994年清理了2座被盗的中字形大墓、1座车马坑和9座小墓。2006年发掘了城址南部的21号建筑基址，中字形大墓M2南侧的1个乐器坑和4个人祭坑，以及城内外的7座中小型墓葬。

赵坪（圆顶山）遗址位于礼县永兴镇赵坪村以西，龙槐沟以东，漾水河以西、以南的台地上，东西长近1 000米，南北宽300—400米，面积在30万平方米以上。西北方向与大堡子山遗址隔西汉水相望。该遗址包含多种文化遗存，台地东侧爷池村附近有仰韶晚期的文化遗存，在赵坪村以西的第一、二级台地上分布着大面积的春秋墓葬。1998年在遗址东北部一级阶地发掘出春秋秦贵族墓和车马坑，包括春秋中期的铜七鼎墓和五鼎墓，及殉埋5辆车的车马坑。

赵坪西隔龙槐沟为蒙张遗址，北以西汉水为界，地势较赵坪高，面积约20万平方米。采集到周代鬲足、鬲口沿、豆柄、豆盘、喇叭口罐口沿，以及零星的高领袋足鬲残片。

在蒙张遗址之西还发现了山坪城址，城址位于西汉水南岸，与大堡子山城址隔河相对。目前只发现了城址的东墙、南墙各一段，尚不能闭合。东墙位于山顶平地的边缘，依陡坡而建，长约390米；南墙位于半山腰居址的边缘，长8米；二者连线复原长度约720米。墙体多以黄色生土夯筑，包含物较少，夯层厚约10—14.5厘米，夯窝直径3—4厘米。

山坪城址内山顶的地形平坦开阔，面积有8万多平方米，但地表只见零星陶片。遗存相对丰富的区域位于城内西北部半山腰的一块箕形坡地，面积约5万平方米，因盗掘暴露出一些灰坑和墓葬，采集到陶鬲、盆、豆、罐及石刀残片（图63）。在城外东侧山腰，还有一处遍布盗洞的寺洼文化墓地，即山脚墓地。山坪遗址只有齐家文化和周代两个时期的遗存，城址的始建年代尚无确切证据，城外的寺洼文化墓地与城址的关系还有待解决，但推测为周代城址当不会有大的偏差。城内遗址区采集的陶器标本按其特征大约属春秋早中期。

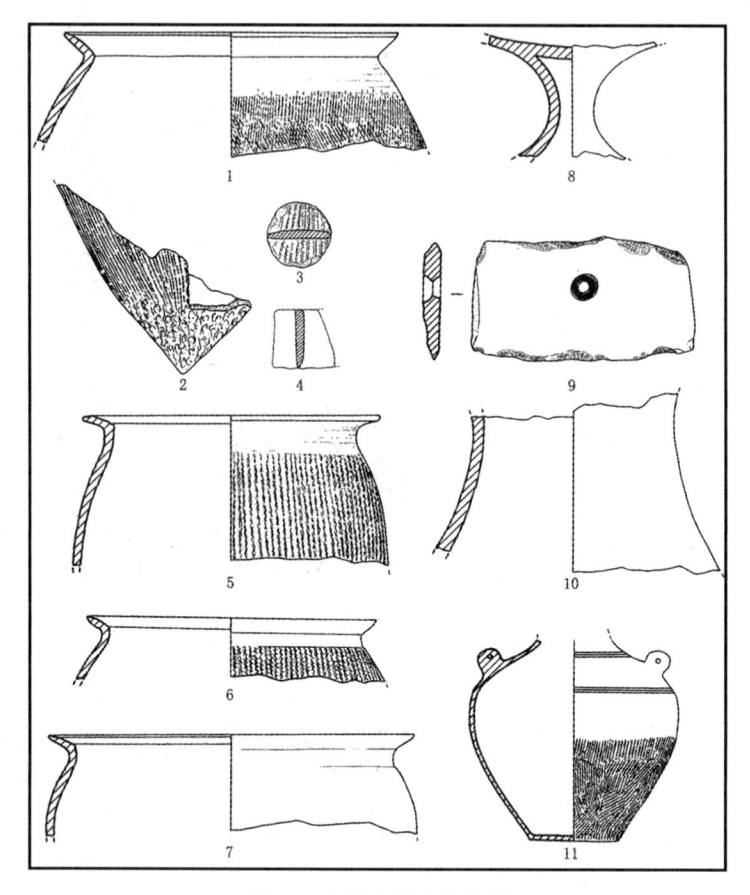

图 63　山坪遗址采集陶器

在大堡子山遗址发现有城址、大型墓葬、建筑基址，这些高规格的遗迹说明遗址级别很高，它还与周边相关遗址共同构成了一个大型遗址群，因此，大堡子山遗址应是一处早期秦文化都邑。在大堡子山秦公墓地发现之后，很多学者认为该墓地就是《秦记》中埋葬秦襄公和秦文公的"西垂"陵区，如陈昭容、王辉、李朝远①。张天恩认为赵坪（圆顶山）遗址是西犬丘；大堡子山墓地位于它的北面，应是文献中的"西山"陵区②。目前为止，将大堡子山遗址定为文献中秦人的都邑"西垂"或"西犬丘"，似乎是学界的主流意见。

---

① 陈昭容：《谈甘肃礼县大堡子山秦公墓地及文物》，《大陆杂志》1997 年第 5 期；王辉：《也谈礼县大堡子山秦公墓地及其铜器》，《考古与文物》1998 年第 5 期。
② 张天恩：《礼县等地所见早期秦文化遗存有关问题刍论》，《文博》2001 年第 3 期。

自大骆、非子时期,犬丘(或西犬丘)就成为秦人的中心都邑,并沿用到春秋早期。非子与周孝王同时,大骆为造父的子侄辈,主要生活在周穆王及其以后,相当于西周中期。可见西犬丘作为都邑前后跨越了西周中期、西周晚期、春秋早期三个时期,秦人至少在此经营了二百余年。与之相对应的遗址应包含大量西周中晚期遗存。当我们考察秦文化的某处重要遗址,并试图判断其性质的时候,这是一个首先要考虑的标准。

大堡子山城址虽然级别够高,但建造和使用年代偏晚,显然不符合这个标准。城墙的始建年代不早于西周晚期,至迟春秋晚期已经废弃①。21号建筑基址建造于春秋早期晚段或春秋中期早段,至迟战国时期已经废弃②。祭祀坑K5的年代从出土的镈钟看为春秋早期,与大墓的年代相当。发掘的中小型墓葬亦属春秋时期。因此,大堡子山城址作为高级别的政治中心,应建造于春秋早期,繁荣期也在春秋早期,沿用到春秋中期,到春秋晚期可能已经基本废弃了。城址内经多次发掘,竟然没有发现一处年代明确属于西周时期的遗迹,采集的标本"春秋至战国早期的遗物数量最多,只有很少的标本可以早到西周晚期"③。如果是西犬丘的话,遗址区西周中晚期的陶片应该大量分布才对,但事实恰恰相反。

那么,有没有可能大堡子山遗址的性质是秦公墓地,与之相关的居址(西犬丘)在附近其他遗址？以前有学者认为是大堡子山东南的赵坪遗址。2016—2017年全面勘探了赵坪(圆顶山)遗址,发现该遗址为春秋时期墓地,墓地占据了遗址大部分面积,墓葬年代大多在春秋中晚期;没有发现城墙、夯土建筑基址,也没有发现高等级大型墓葬。目前在赵坪遗址发现的等级最高的墓葬就是1998年发掘的春秋中期铜七鼎墓(98LDM2)。这基本上排除了赵坪遗址作为西犬丘的可能性。

总之,大堡子山及其附近的赵坪(圆顶山)遗址年代偏晚,与文献中西犬丘的

---

① 早期秦文化联合考古队:《甘肃礼县三座周代城址调查报告》,《古代文明(第7卷)》,文物出版社,2008年。
② 早期秦文化联合考古队:《2006年甘肃礼县大堡子山21号建筑基址发掘简报》,《文物》2008年第11期。
③ 早期秦文化联合考古队:《甘肃礼县三座周代城址调查报告》,《古代文明(第7卷)》,文物出版社,2008年。

年代不符，目前的考古资料不支持将前者的性质比定为后者。但是，还不能彻底排除"大堡子山—赵坪"整个遗址群与西犬丘的联系，因为在大堡子山西北、永坪河西岸的盐土崖发现有周代墓地，附近还钻探出夯土遗迹，其性质尚不明了，还需要进一步做工作予以确认。

（二）六八图—费家庄遗址群

六八图遗址位于礼县红河镇六八图村西北、红河东北岸的黄土台地上，面积约32万平方米（图64）。在断面上暴露出厚2米左右的文化层及灰坑、陶窑等，还发现有夯土遗迹。采集到周代的细绳纹尖锥状鬲足、罐或簋的三角划纹残片、喇叭口罐残片等。费家庄遗址位于该遗址西南方向的红河对岸，海拔偏低，处在河边的一级阶地上，在那里采集到周代的绳纹盆和陶鬲口沿等。这两处遗址南、北呼应，正好扼守在上寺河、下寺河汇流成红河的三角地带的两岸，地理位置非常重要。沿红河、上寺河溯流而上可至天水，进入渭河河谷；顺流而下可到盐官镇，这是一条历史悠久的古道。"六八图—费家庄"遗址群的重要性

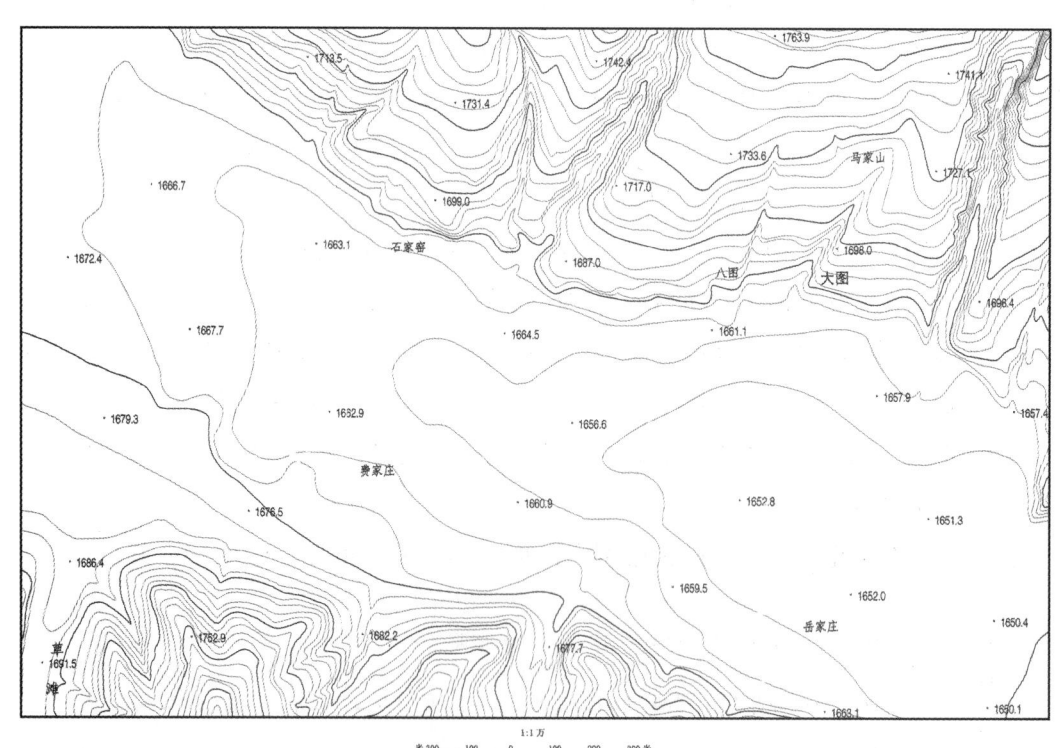

图64 六八图遗址地形图

不言而喻。

关于西垂或西犬丘的地望,《史记正义》引《括地志》云:"秦州上邽县西南九十里,汉陇西西县是也。"上邽县即今甘肃天水市。秦汉一里相当于今天 423 米,九十里约合 38 公里,以之为半径在天水市西南方向划一道弧线,基本落在礼县红河镇附近。可见唐代文献认为西犬丘及汉代西县在今红河镇一带。《水经注·漾水》曰:

> 西汉水又西南,合杨廉川水,水出西谷,众川泻流,合成一川。东南流,迳<u>西县故城</u>北。秦庄公伐西戎,破之。周宣王与其先<u>大骆犬丘之地</u>,为<u>西垂</u>大夫,亦<u>西垂宫</u>也,王莽之西治矣……西汉水又西南,迳宕备戍南,左则宕备水自东南,西北注之。右则盐官水南入焉。水北有盐官。

"盐官"在今礼县盐官镇,内有盐井祠,保存有明代嘉靖年间《重修盐官镇盐井碑记》和 1924 年《建修盐官盐神庙碑记》碑刻。关于当地历史上煮盐的盛况,杜甫的《盐井》诗有描述。盐官镇以东第一条东南向注入西汉水的大河流就是红河,它汇集多条支流,有"小秦川"之称,与《水经注·漾水》中"众川泻流,合成一川"的杨廉川水较为吻合。北魏郦道元认为西垂(犬丘)及汉西县故城在杨廉川水(红河)南。

此外,1919 年发现于天水的秦公簋相传出土于天水市西南乡或礼县红河镇,具体地点有说在"庙山",有说在"王家东台"或"天台山"。"庙山"就位于六八图遗址的后山。该簋最初被当作废铜卖给横河(即今红河镇)一个叫"聚缘当"的当铺,后流至兰州商肆中作为厨具,被有识者高价收购,名声大噪;紧接着被甘肃省长兼督军张广建据为己有,并带至天津;几经周折流传至京城。1926 年,受聘于清华国学研究院担任导师的王国维因一个偶然的机会见到了面世 6 年之久的秦公簋,目鉴触摸之下,立即被它蕴含的历史信息和艺术风韵所震撼,为其跋文,公之于世。1935 年大兴人冯恕将簋捐献给北京故宫博物院;1949 年后又被移交到新建成的中国历史博物馆通史馆陈列。

秦公簋盖、身均饰勾连蟠虺纹,花纹繁缛细密,双耳作兽首。器铭 54 字,盖铭 51 字,二者连读如下(图 65):

图 65　天水秦公簋及其铭文

秦公曰：不（丕）显朕皇且（祖）受天命，鼐宅禹责（迹）。十又二公，在帝之坏。严龏夤天命，保业厥秦，虩事蛮獶（夏）。余虽小子，穆穆帅秉明德，剌剌（烈）桓桓，万民是敕。咸畜胤士，蔼蔼文武，镇静不廷。虔敬朕祀，作□宗彝，以邵（昭）皇且（祖）其严征各（格），以受屯（纯）鲁多釐，眉寿无疆。畯（俊）疐在天（位），高弘有麐（庆），竃有四方。宜。

铭文以作器秦公的口吻讲述其先祖受命建国，十二位先公在天有灵，他自己遵循天命，慎守基业，奉行善政，推崇美德；文武齐心，镇抚外邦；早晚虔诚祭祀，铸此宗庙彝器，祈求祖先赐福；并接受隆重庆贺，拥有四方领土。作器秦公在学界有争议，可能是秦景公（公元前 576—前 537 年在位）或秦哀公（公元前 536—前 501 年在位）。

秦公簋盖和器内均有秦汉时刻辞一行各九、十字。器云："西元器一斗七升八奉，敦。"盖云："西一斗七升大半升，盖。"这里"西"就是秦汉西县的简称，说明铜器在秦汉时还被继续使用。王国维在《秦公敦跋》中说："秦自非子至文公，陵庙皆在西垂。此敦之作，虽在徙雍以后，然实以奉西垂陵庙，直至秦汉犹为西县官物。"又说："盖西者，汉陇西县名，即《史记·秦本纪》之西垂及西犬丘。"[①]他认为秦公簋是秦西垂陵庙的礼器，还在秦汉官署中使用；并认为其出土地是秦人的兴起之地"西垂"及"西犬丘"。在古代有宗庙的城市才能被称为都邑，凡都邑皆有宗庙。

---

① 王国维：《观堂集林》，中华书局，1959 年，第 902 页。

如果王说不误,秦公簋又确实出自红河镇一带,那里就可能有秦国的都邑。

考古调查发现有大遗址,传世的秦公簋铭提到"西",文献记载说在上邽西南九十里,三者好像完全契合,都指向了红河流域。因此有学者认为西犬丘就在红河镇附近,"六八图—费家庄遗址群最有可能是西犬丘的所在地"[①]。

但是,这些仅仅提示了某种可能性的存在,还只是逻辑上的推测,最终还得看勘探和发掘工作,看在那里能否找到城址、宫殿之类的大型建筑和高等级墓葬,它们才是判断遗址性质的决定性证据。自2016年起,对六八图遗址进行复查、勘探,勘探面积达35万平方米,共发现各类遗迹744处,其中墓葬538座。2018年发掘了32座小型秦墓,年代在战国晚期至秦代。从目前披露的资料来看,该遗址主要为墓地,年代偏晚,且为中小型墓葬,不见高等级贵族大墓,也没发现城墙、宫殿类建筑遗迹。西犬丘在红河流域的说法似乎言之过早,目前还没有考古学方面的直接证据。

(三) 西山—石沟坪遗址群

西山坪遗址位于礼县县城西侧,西汉水西北岸,遗址包括城址及城外南、北的居址和墓地。依地貌单元及当地习惯,城内东部较平缓的台地被称为雷神庙,城南为小雪坪、大雪坪(以一道冲沟相隔),城北为刘家沟。

城址坐落在东西走向的山体上,依山势呈不规则的长条形,西、北两面边长约180、1000米,东、南两面残长约100、600米,面积约8.7万平方米。城址内部西高东低,西部为陡峻的山梁,东部随着高程降低地势逐渐平缓,是遗存的主要分布区。按城墙上的最大和最小高程计算,城址总落差达150米(图66)。

城的北墙和东墙保存较好(图67:左),夯土厚度达3米以上(包括基槽部分),宽度一般为5—6米;西墙和南墙则只保存断续的残迹。建造方法为夯土版筑,夯筑前先在山坡上切削、整平,形成半个基槽,这种方法屡见于背依陡坡的东墙、北墙和南墙;建于山顶的西墙则向下开挖了完整的基槽。墙体夯土多用当地黄色及黑灰色生土筑成,结构致密坚硬。夯层一般厚7—8厘米,最厚约10厘米,夯窝为直径4.5—5厘米的浅圆形。由于城墙夯土内的包含物罕见,其建造年代的上限还不能确认;根据春秋早期的小房址(F2)叠压城墙夯土的迹象,可以说城墙的建造不晚于春秋早期,或者说到那时已经废弃。

---

① 田有前:《西犬丘地望考》,《考古与文物》2007年增刊(先秦考古)。

城内的雷神庙台地是文化堆积最丰富的区域之一,面积约4万平方米。那里比较重要的遗迹有夯土建筑遗迹、陶排水管道和马坑。

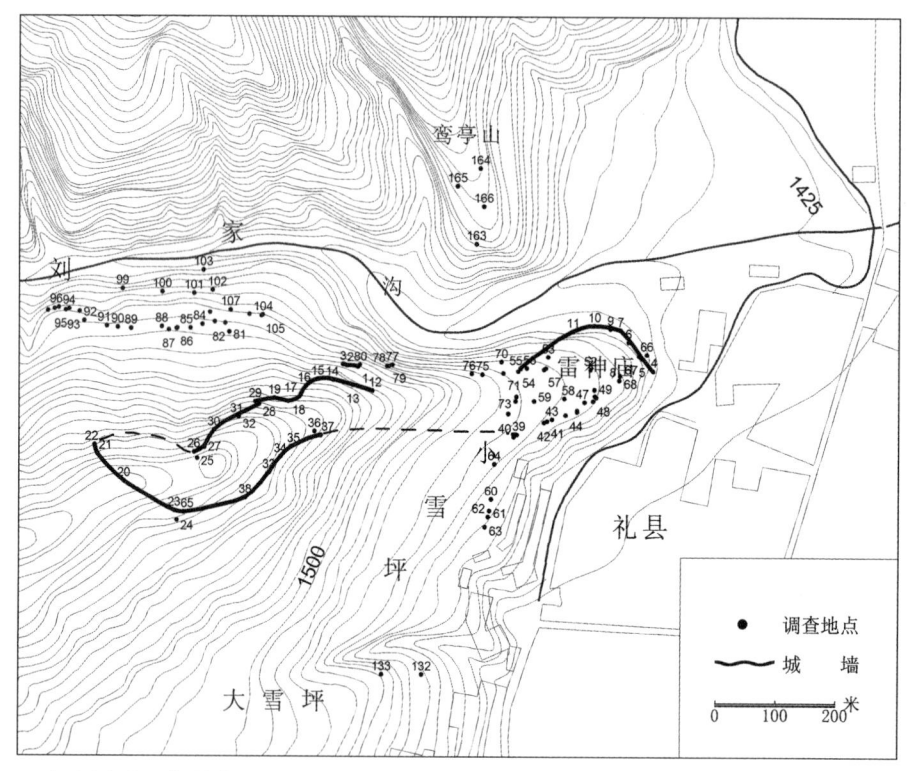

图66　西山城址及城内外遗迹分布图

注:图中的阿拉伯数字为遗迹点的调查编号

夯土建筑基址(49、50号)仅存地下基础部分(图67:中)。陶水管道(40号)呈西北—东南走向,其上叠压着城墙夯土,管道经过盗掘,未被扰动的只保存了一节多。单节管道长80厘米,口径一端粗、一端细,近细端有一圈凸棱,左右有两个角状横突(图67:右)。连接时粗端在上,细端套入下一节的粗端,凸棱抵住套口,角状横突插入土中固定。复原的两节管道上都发现有刻画记号。此管道应是从城内向城外排水的设施。车马坑(71号)已遭盗掘,残存四马,均为单纯的完整马,无车痕,有衔环等马饰①。

---

① 括号内为遗迹调查号。

图 67　西山坪遗址城墙、建筑基址、陶水管道

2005年在城内的雷神庙台地发掘了50余座墓葬,除了近现代和宋明墓外,都是长方形竖穴土坑墓,深1—12米,宽1.05—2.8米,长1.8—4.9米,多为东西向,包括齐家文化墓葬和秦文化墓葬两类。后者有生土或垫土二层台,葬式多为仰身屈肢葬,随葬品以罐、鬲居多。秦墓的年代最早到西周晚期偏早,最晚到战国中晚期,其中西周时期墓葬4座。M2003规模最大,长4.9米,宽2.6米,深12米,有生土二层台、殉人和腰坑,头箱及椁棺内出有铜器三鼎二簋、戈、剑,还有陶罐、鬲、豆和玉玦、璧、戈等21件,时代为西周晚期,是目前国内西周时期秦贵族墓葬的首次发现(图68)。

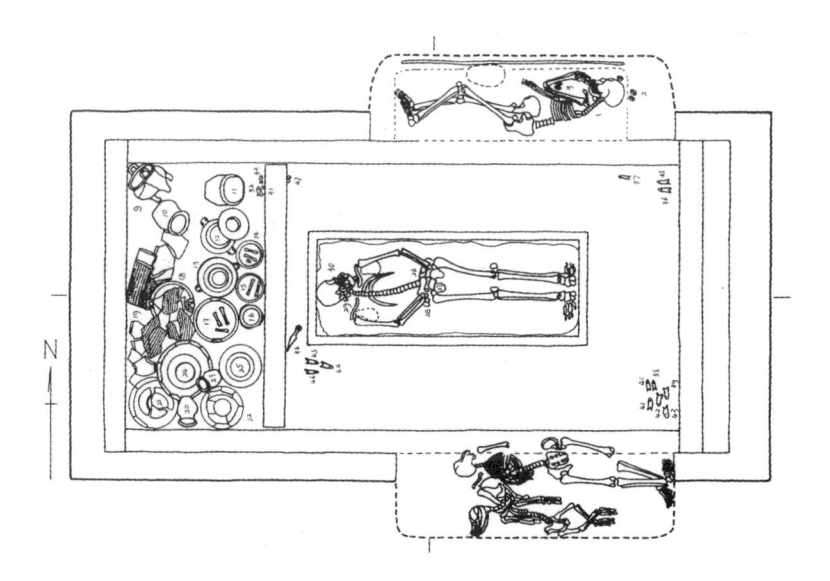

图 68　西山坪 M2003 平面图

刘家沟是西山城址北面一条东西走向大沟，沟底有季节性水流。在刘家沟南岸、城外西北有一片东西狭长，面积约 4 万平方米的遗址区，文化层厚度超过了 1.5 米，灰坑比比皆是，还发现竖穴土坑小墓及陶水管道。采集到大量寺洼文化陶器，有鬲足、双耳罐、马鞍形口罐、簋等（图 69）。

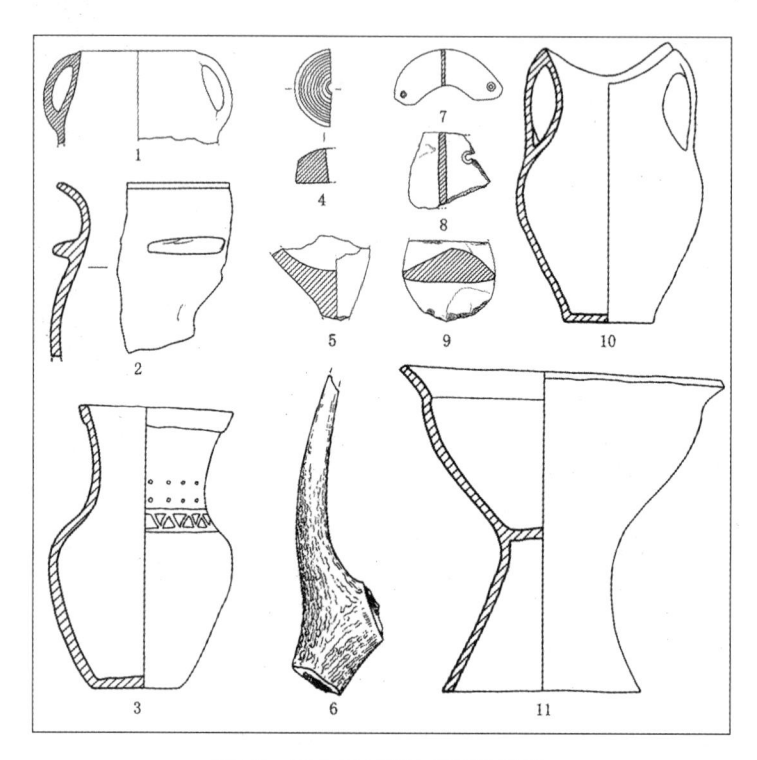

图 69 西山坪刘家沟南采集陶器

西山坪遗址所在台地北邻刘家沟，与鸾亭山相望。在鸾亭山的顶部有汉代皇家祭天遗址，有祭坛及其上的围墙、房址、祭坑、灰坑等遗迹，出土 50 余件圭、璧、玉人等祭祀用玉以及"长乐未央"瓦当等，应为汉代的西畤①。在刘家沟北岸、鸾亭山南侧山腰原有面积约 2 万平方米的狭长缓坡，现改造成多级台地，台地上密布盗洞，有墓葬、车马坑和夯土台基②。

---

① 早期秦文化联合考古队:《2004 年甘肃礼县鸾亭山遗址发掘主要收获》,《中国历史文物》2005 年第 5 期。

② 梁云:《对鸾亭山祭祀遗址的初步认识》,《中国历史文物》2005 年第 5 期。

在西山东南、西汉水对岸有石沟坪遗址,位于礼县石桥镇圣泉村北侧、干沟南侧、西汉水东岸的山前黄土台地上,面积约30万平方米。遗址所处的台地向前凸出,西汉水河道至此变窄,地理形势险要。断面上暴露出大量灰坑和厚2—3米的灰层。除了仰韶文化的遗物外,在文化层和地面上还采集到大量的周代鬲、罐、盆陶器残片,包括鬲足(图70:1、2、6、7、11、12)、鬲口沿(图70:3—5、8、9)、罐(图70:10),还有少量寺洼文化的豆、罐(图70:13、14)。

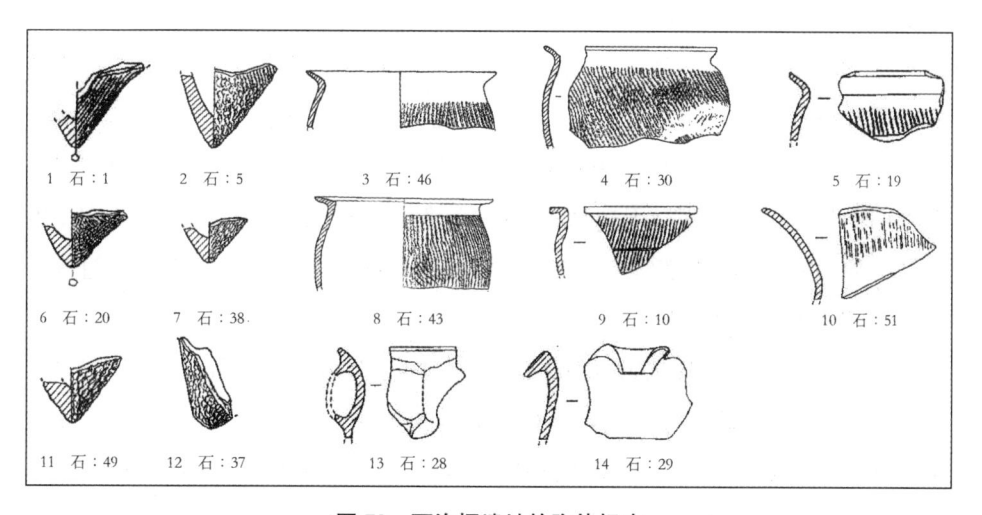

图70 石沟坪遗址的陶片标本

有研究者认为西山坪遗址是文献中秦人的早期都邑"犬丘"[①],还有学者甚至认为西山坪M2003可能是秦仲之墓。从年代上讲,西山城址可能始建于西周晚期,发现的基址和贵族墓葬也属这个时期,目前还没见到西周中期遗存,这与西犬丘自西周中期就成为秦人统治中心的情况在时间上略有差距。从规模上讲,西山城址面积仅8.7万平方米,与西犬丘作为中心都邑的地位也不太相称。M2003是城内最高级别的墓葬,该墓出三鼎二簋,接近西周时期大夫级别;但三鼎形制各异,拼凑而成,不是列鼎,铜礼器的组合、件数恐怕够不上秦仲、庄公这种王朝大夫的级别。更重要的是,《秦记》云襄公、文公皆"葬西垂",但在西山城址内外没有发现诸侯级别的带墓道大墓。因此,将西山坪遗址定为西犬丘的观点目前在证据方面还不够充分。

---

① 郭军涛、刘文科:《西汉水上游地区秦早期都邑考》,《四川文物》2010年第3期。

但是，西山城址作为西周晚期秦都邑西犬丘的可能性不仅存在，还不容忽视，值得重视起来，理由有四：

1. 在西山坪仅 2005 年开展了一季田野工作，此后基本处于停顿状态，目前所获的资料还远远不足以判明遗址性质。比如说发掘的西周时期遗迹单位过少，除了夯土台基和陶水管道外，仅发现 4 座墓葬和少量灰坑。但西周晚期铜三鼎墓、夯土台基、城墙等高级别遗迹提示那里应有大量、丰富的同时期遗存，还需要扩大勘探范围，进一步寻找。

2. 西山城址东南角尚未发现，西墙、南墙只保存断续的残迹，平面图上南墙的中段和东段并不可靠，不排除南墙中东段位置更靠南，城址面积更大的可能。

3. 在刘家沟对岸鸾亭山山腰有夯土台基，并钻探发现较多马坑或车马坑；鸾亭山山顶为汉代皇家祭天遗址——西畤，我们曾推测春秋时秦国西畤在山腰位置。如果此说不误的话，在国都附近郊祀祭天是春秋秦国的传统，这反过来有助于判断西山城址的性质。

4. 西山城址把陡峻的西山山梁包括进去，易守难攻；北靠刘家沟，用水不乏，可能是西周时期秦人建立的一处重要军事据点。该城址位于西汉水上游秦文化和寺洼文化的交汇地带，勘察和发掘也可见到两种文化的遗物往往共存于一个地点，甚至一个单位。历史上秦人与戎人攻伐不休，西犬丘可能本来就属于犬戎的地盘，后来被外来的秦人占据，到周厉王时西戎灭大骆犬丘之族，秦仲奋起伐戎，庄公借助宣王七千兵马才收复西犬丘，到襄公在位初期戎人又围犬丘。可见犬丘被秦、戎反复争夺，来回易手。文献这些记载与西山城址所在位置及遗址包含两类文化因素的现象相应和。

鸾亭山和雷神庙所在的山脉位于今礼县县城西北部和西部，当地人统称之为"西山"，甚至上推到民国时期也是这么称呼的，如 1933 年《重纂礼县县志》（卷二）云："县西里许西山为县之镇山，上多古陵墓。"那么这个"西山"和《史记·秦本纪》中的"西山"是否是一回事呢？此问题确实难以回答，但北魏郦道元《水经注·漾水》提到了"西山"：

  汉水西南迳武植戍南……汉水又西南迳平夷戍南。又西南夷水注之，水出北山，南迳其戍，西南入汉水。汉水又西迳兰仓城南，又南右会两溪,俱出西山,东流注于汉水。张华《博物志》云温水出鸟鼠山,下注汉水,疑是此水而非所详也。汉水又南入嘉陵道而为嘉陵水……①

由上文可知,西汉水在"西山"附近折向南流;又据赵永复《水经注通检今释》,武植戍水即今甘肃礼县东固城河,夷水即今礼县北燕子河。《水经注·漾水》之"西山"与今之"西山"地理位置吻合,当为一地。

北魏去汉未远,这个地名也可以追溯到汉代——《后汉书·段颎传》:

> 二年,诏遣谒者冯禅说降汉阳散羌……颎规一举灭之,不欲复令散走,乃遣千人于西县结木为栅,广二十步,长四十里,遮之。分遣晏、育等将七千人,衔枚夜上西山,结营穿堑,去虏一里许……冯禅等所招降四千人,分置安定、汉阳、陇西三郡,于是东羌悉平。

"西山"与"西县"并举,二者相距仅一里。"西县"秦、汉沿袭,"西山"亦应相传。很多学者认为《史记·秦本纪》中的"西山"就是"西垂之山"的简称,是很有道理的,它反过来又为我们确定"西垂"的地望提供了佐证。当然,这个问题的最终解决,还有待将来的考古工作。

第二节 西新邑与䙁

一、大堡子山遗址的考古发现

大堡子山遗址位于甘肃礼县永坪河与西汉水交汇处的峡口地带,地势十分险要。1994年甘肃省文物考古研究所曾清理了被盗的2座中字形大墓、1座车马坑和9座小墓,从出土的铜器铭文可判断是秦公墓地之所在,但发掘资料迄今未正式发表。2004年的调查也发现在遗址中有断续的夯土墙遗迹,曾被认为是秦公陵园的园墙。2006年上半年再次深入勘察,终于确定那是一个近乎闭合的完整城址②。

---

① 王先谦:《合校水经注》影印本,巴蜀书社,1985年,第351页。
② 早期秦文化联合考古队:《甘肃礼县三座周代城址调查报告》,《古代文明(第7卷)》,文物出版社,2008年。

城址坐落在东北—西南走向的山体上,形状很不规则(图71)。北城墙长约250米;西城墙复原长度1 300米;南城墙和东城墙只发现了数段,均位于山体边缘紧邻断崖的地方,估计原长度分别为870和2 600米。

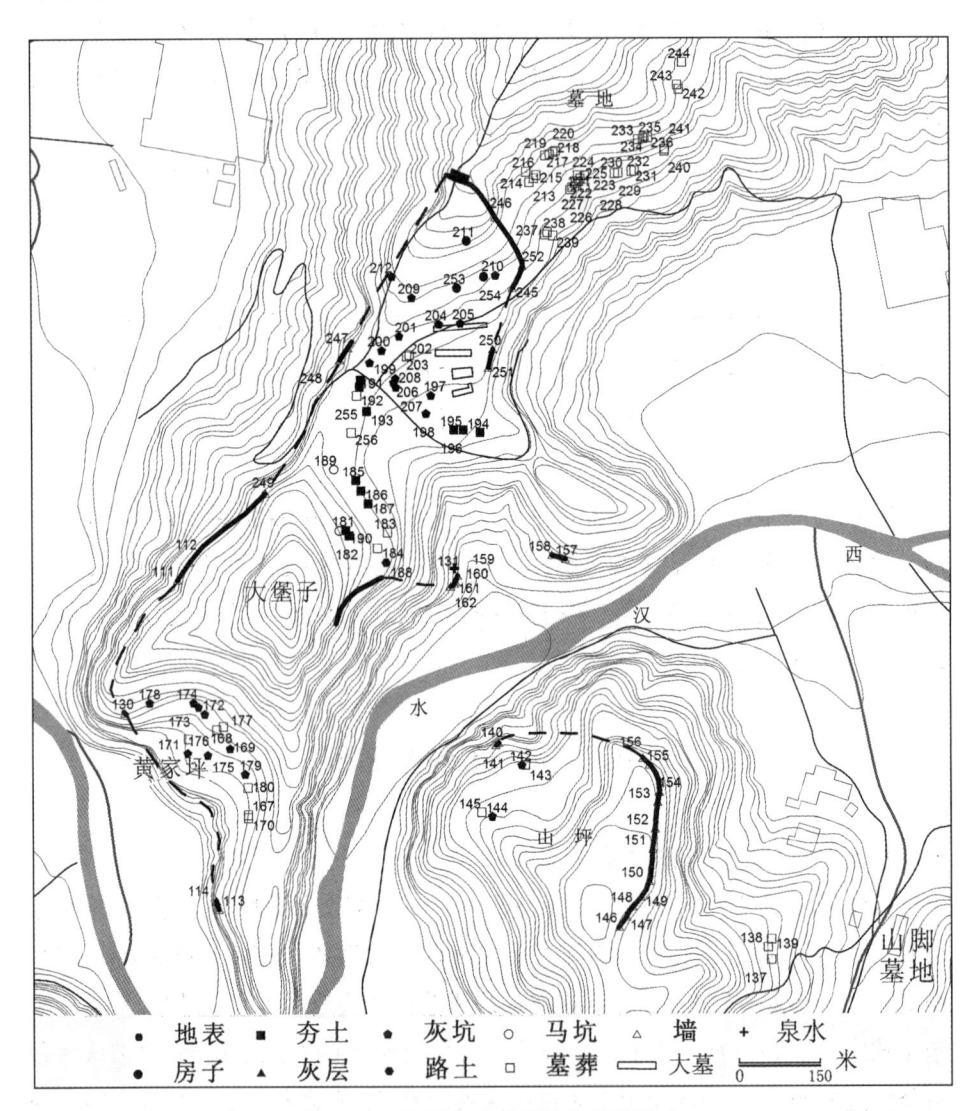

图 71　大堡子山和山坪城址调查遗迹

城址总面积约55万平方米。大堡子山所在高地将城址分隔为两部分。高地东北至城址西北角之间的鞍部为城内面积最大的平缓区域;高地西南三面环山的箕形地带为较平缓的坡地,当地人称黄家坪。自大堡子山顶降至最低处的城墙,落差达 165 米。

城址的北墙保存最为完整,其西北、东北两个转角尚存;西北转角的宽度远远超过与之连接的城墙,形成一个东西宽 20、南北长 40、现存高度 5—6 米的长方形大夯土台。西城墙的状况仅次于北墙。南城墙和东城墙的保存状况最差。南墙只发现了两段。东墙发现了五段,是目前所见高程最低的城墙,仅比西汉水河床高出 20 米,它直接建在基岩上面,上方的山势坡度很大。

城墙为夯土版筑,与西山城址类似,宽度亦由三版组成。一般开挖阶梯状的半基槽,所不同者是有的地段直接起建于基岩之上。多用黄色生土筑成,少数地段破坏取用了原有的齐家文化地层,结构均致密坚硬。夯层厚 4.5—7 厘米,夯窝为直径 3.2—4、深 0.5—0.8 厘米的圆形。从多处剖面可以见到墙根内侧有较厚的路土;有的墙体上还叠压着一层更厚的路土,应该是墙体废弃以后形成的。

目前所见城墙下的少数遗迹单位均属齐家文化时期;在夯土内包含的少量陶片中,可辨识者有约属西周晚期的陶盆口沿、粗绳纹鬲足,可知城墙的始建年代不早于西周晚期。一个春秋晚期的灰坑打破了叠压在西墙之上的文化层,可知城墙在春秋晚期之前一段时间已经废弃。

城内东北部分的平缓地带面积约 23 万平方米,老公路在正中南北穿过。老公路北有 2 座中字形大墓和 2 座车马坑,在它们的附近有一些灰坑和小型墓葬。

在城内钻探出 26 处夯土建筑基址。例如未发掘车马坑以南一道东西向矮坎上暴露出两块夯土(194—196 号),分别长 10、28 米,似为两座面向南的建筑。老公路以南的一道陡坎上暴露出一座尚存地面的房子(191、192 号),似为一座面向东南的建筑。同一道陡坎向南 190 米处又暴露出一座南北总长 54 米的建筑基址(185—187 号),其中夯土露出两段,夯层清晰,中间没有夯土的段落为人工铺垫的石片、石块层。夯土建筑中有的年代明显偏晚,如 M3 以北的一些小型基址(211、253、254 号),211 号附近地表发现大量瓦砾,见葵纹瓦当、菱形纹地砖等,约属秦汉时期[①]。

2006 年发掘了 21 号建筑基址(调查号 181)。基址位于大堡子山城内南缘,山顶堡子东北向下第四、第五两个相邻台地,西侧背靠黄土断崖,东面俯视河川。

[①] 括号内为图中的遗迹调查号。

基址四周为夯土墙,呈南北纵长方形,南北长103米、东西宽16.4米、进深11.4米,方向为北偏西16°(图72)。西墙地面以上残高30—60厘米,宽约1.5米,地下墙基宽约3米。东墙北半部、北墙以及南墙东半部只剩基槽部分,宽3米左右。东、西墙之间的正中发现17个大型柱础石(间隔约5米),与东、西墙"一"字平行排列。该建筑基址保存状况较差,但结构大体清楚,房址内没有发现隔墙之类的遗迹,似为大型宫殿或府库类建筑。由于墙体夯土中包含两周之际浅盘豆的豆盘残片,墙基的西北转角又打破一座春秋早期偏早的屈肢葬墓,基址的始建年代应为春秋早期晚段或春秋中期早段。建筑内地面被战国时期的屈肢葬墓打破,可知该建筑在战国时期已经废弃。

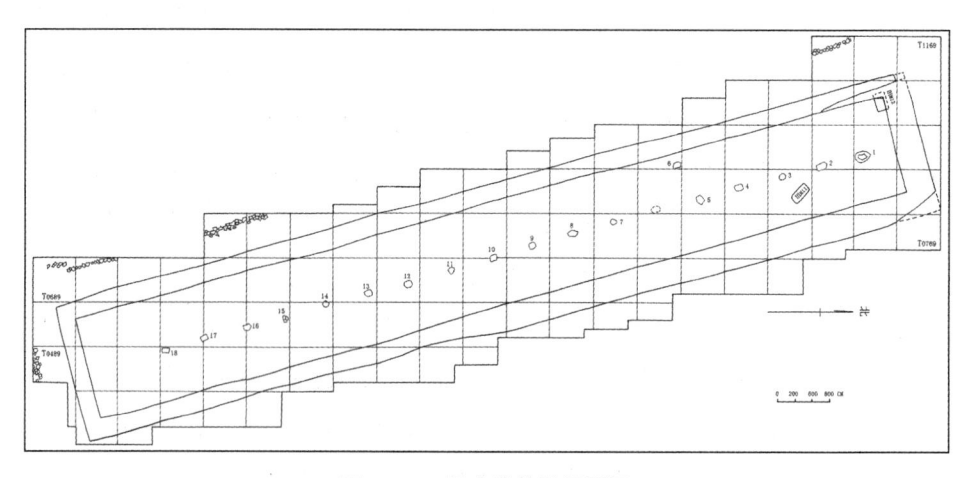

图 72　21号建筑基址平面图

与此同时还发掘了中字形大墓M2南侧的1个乐器坑和4个人祭坑。2006年上半年钻探时在M2西南部20多米处发现被盗的"中型残墓"一座,并钻探出铜锈,估计盗掘不彻底,有进一步进行发掘的必要。下半年在此布方,下挖的过程中清理了几个盗坑,同时也否定了墓葬存在的可能。随后扩方,在平面上确认了乐器坑K5的坑口边线以及周围的4个人祭坑(K1—K4)。

祭祀坑均开口在第⑥层(战国秦汉层)之下,并打破⑥层下的五花土。这种五花土比较纯净,范围较广,大体呈水平分布,估计发掘区原地面凹凸不平,在人工填平冲沟和平整地面之后,再开挖铜器坑(K5),做好器物坑之后再进行人祭活动。

K5 是一近东西向的长方形坑,宽 2.1 米,长 8.8 米,深 1.1—1.6 米,距地表深 1.92—2.06 米。坑内填土为较为松软的黄褐色土,偶夹木炭颗粒和少量的小陶片。坑内乐器可分为两排,南侧为编钟与钟架,北侧为编磬与磬架。南侧紧贴坑壁处为一字排开的 11 件青铜钟,西部是 3 件镈钟,其东是 8 件甬钟。镈钟由西向东呈由大到小排列,甬钟则大小相杂。11 件钟的北侧为钟架,地面上留有明显的钟架的痕迹,从部分保留的漆皮来看,钟架为木质,外表髹漆,花纹已不易辨别,似乎为抽象的几何纹。钟架长 8.8、宽 1.97 米,钟架木质部分大致宽 13 厘米。磬架的规模和用料都不及钟架,磬放置在架子的正下方,编磬 5 个一组,共两组,按照由东到西、由小到大的方式排列。磬架长 2.5、宽 0.8 米。在编钟和编磬之间发现螺丝状骨质物 15 件,可能是乐器上的构件(图 73)。

镈钟和甬钟的表面都残留有布纹,入放时当包以布囊。3 件青铜镈的形制、花纹相似(图 27)。最大的一件通高 66 厘米,舞长径 29.4、短径 23.7 厘米,铣距 37.2 厘米,鼓间距 31.3 厘米。其鼓部有铭文 6 行 28 字(加重文)。每件镈钟都配有挂钩和虎形器,虎形器中空,回首蹲踞,耳较大,向前上方张开,宽鼻阔嘴,卷尾。

甬钟 8 件,形状相似,大小有别,纹饰雷同(图 28)。最大的一件通高 53.71 厘米,体高 39.3 厘米,甬高 14.41 厘米,舞长径 14.41、短径 20.8 厘米,铣距 33.2 厘米,鼓间距 22.1 厘米。每件都附有钟钩。

编磬最大者通长 64.2 厘米,通高 20.9 厘米。10 件磬皆用青灰石打磨而成,素面。

在乐器坑的附近分布有 4 座人祭坑,北部 2 座、东部 1 座、东南部 1 座(图 74:1)。口径 1 米左右,深 45—70 厘米。坑内有成人或儿童骨架,或一人一坑,或两人一坑,皆采用俯身或侧身的屈肢葬式(图 74:2)。坑内有的还出零星碎陶片。

由于乐器坑的级别非常高,它和人祭坑位于大墓 M2 南侧,所代表的祭祀活动应该与大墓有着密切的联系,对判断大墓的年代及墓主有重要的参考价值。

墓葬分布在城址内外,城内的包括 20 世纪 90 年代发掘的 2 座大墓及其周边零散分布的中小型墓葬。2006 年在北城墙所在山坡上还钻探出了大片的城外墓地,占地面积约 9 万平方米,墓葬分布密集有序,总数不下三四百座,绝大多

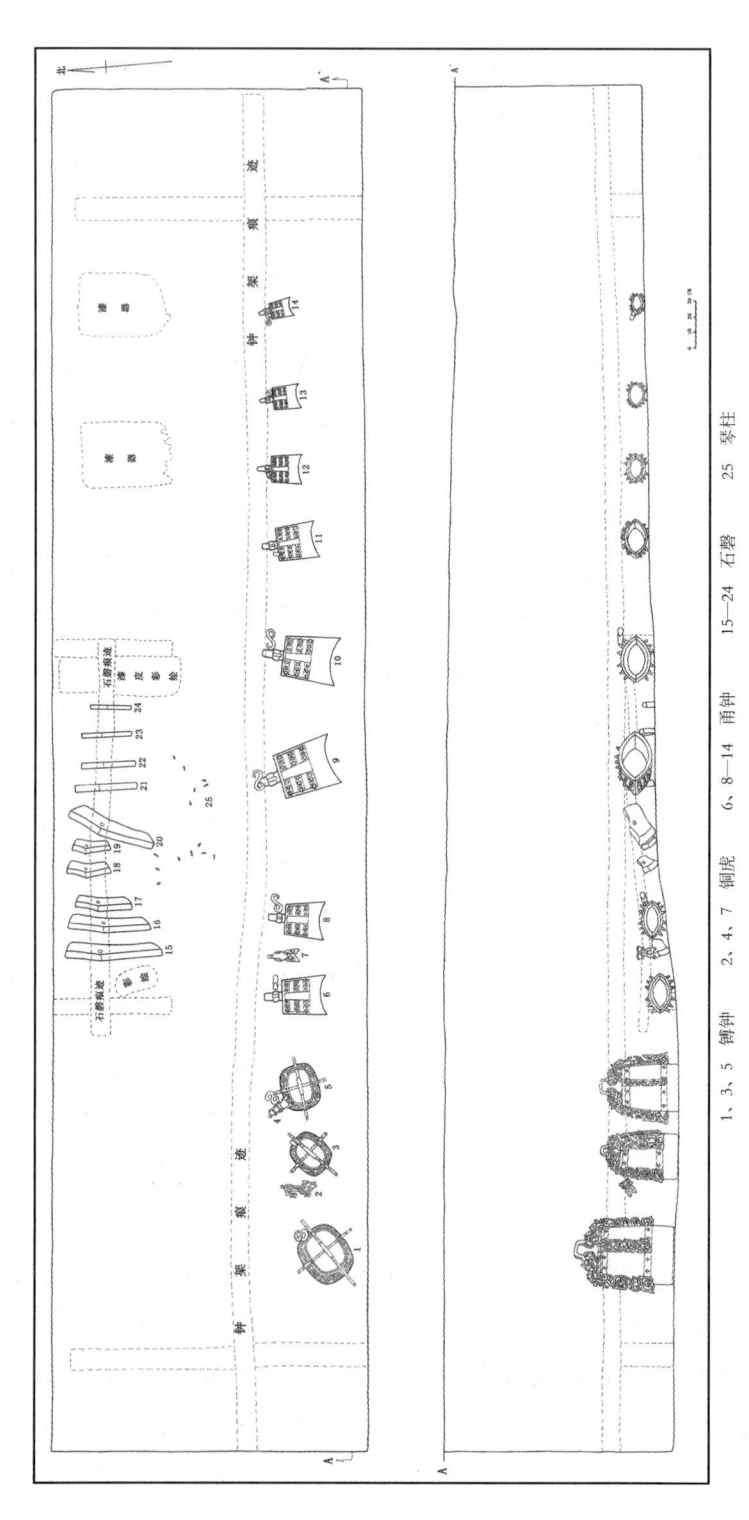

图 73 06LDⅣA1K5(乐器坑)平剖面图

1、3、5 镈钟 2、4、7 铜虎 6、8—14 甬钟 15—24 石磬 25 琴柱

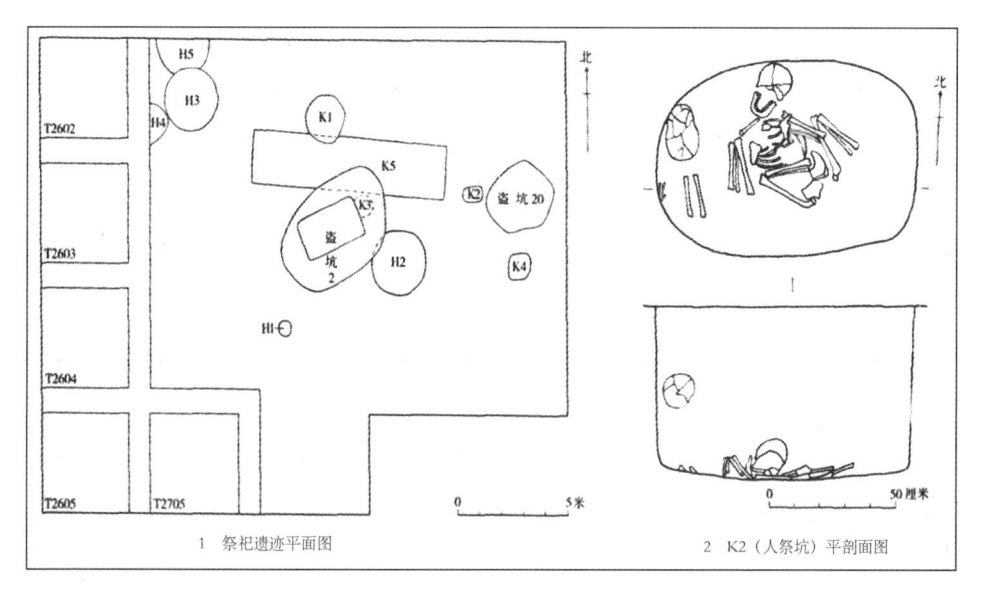

1 祭祀遗迹平面图　　　　　2 K2（人祭坑）平剖面图

图 74　大堡子山祭祀遗迹及人祭坑平面图

数为 3—5 米长的中小型墓葬。

2006 年下半年在城外墓地发掘了 5 座墓葬和 1 座车马坑，属于遗址第一象限；在城内老公路以南、21 号建筑基址以北约 100 米的位置发掘了 2 座墓葬，属于遗址第三象限。共计 7 墓 1 坑。

除了ⅠM22 为南北向，其余均为东西向的竖穴土坑墓。墓口长 2.8—4.8 米。除了ⅢM2 盗扰严重、形制不清外，其余 6 座墓葬皆一棺一椁，木椁长 2.36—4 米，有的椁板发现有彩绘和朱砂痕迹。ⅠM25、ⅢM1、ⅢM2 均用横板将椁室隔出头箱，以放置器物。ⅠM23 有壁龛，龛内有一殉人，带棺，仰身屈肢葬式；ⅠM25 的壁龛内则有少量动物骨骼。ⅠM21、ⅠM23、ⅠM25、ⅢM1 的椁盖板上都有一只殉狗，其中ⅢM1 的椁盖板上还放置一辆木车，单辕双轮，车辕向北，车轮直径 1.66 米，车辕长 2.12 米。木棺长 1.7—2 米。ⅠM21、ⅠM25 和ⅢM2 在椁底板下都有腰坑，前二者在坑内殉狗，后者内出动物骨骼。墓主葬式清楚的，ⅠM25 为头向西的仰身屈肢葬（图 75：1），ⅢM2 为头向西的侧身屈肢葬，ⅢM1 为头向西的仰身直肢葬。人骨的耳部有玉玦，有的口内含玉蝉。

随葬器物以铜、陶容器为主，铜器组合为鼎、甗，或鼎、盂、甗（图 75：2—4）。所出铜鼎皆为立沿耳，盆形浅腹，蹄足粗壮，是典型的秦鼎样式。ⅠM25 的铜鼎腹部以一道凸弦纹分隔上下,上部饰蟠虺纹,下部饰波带纹。铜甗方体,上甑下鬲,皆附耳,甑阔口长身,身饰三道蟠虺纹。鬲小口,平底,四足。鼎、甗的形制和花纹均与陕西宝鸡福临堡 M1 所出类似,年代亦应相同。ⅠM25 和 ⅢM1 的人骨身侧随葬铜短剑,ⅠM25 的柱脊,兽面格,茎部两侧有 6 对对称的凸齿,茎部和首部皆为缠绕的蟠螭纹(图 75:5);ⅢM1 的三叉格,喇叭首,茎部有斜格螺旋纹(图 75:6)。

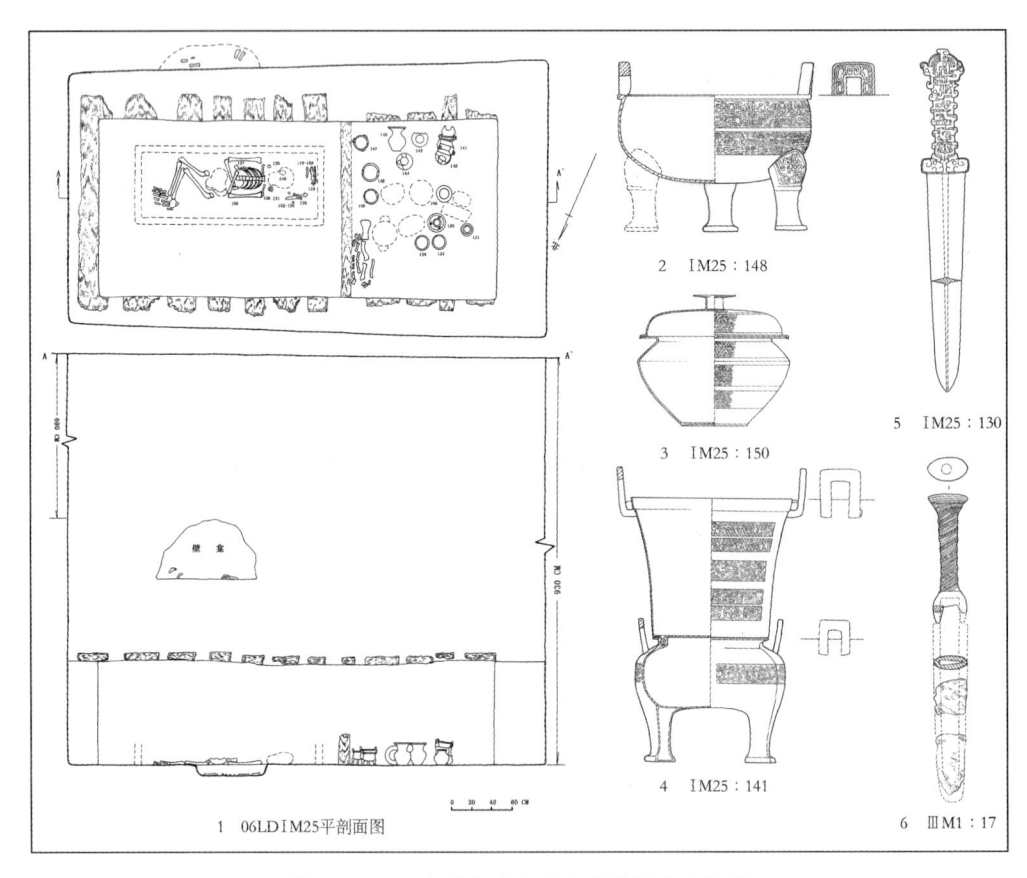

图 75　2006 年发掘大堡子山墓葬及出土铜器

陶器组合为鼎、罐,鼎、壶、罐,盆、豆、罐。鼎为立沿耳的仿铜陶器,罐包括秦墓中常见的喇叭口罐,还有折肩罐和双耳罐。出土的喇叭口罐的口径尚小于肩径;壶小口细颈;铜鼎的底部近平,但还没有到春秋晚期浅腹盆形的样式。与关中地区同类材料对比,这批墓葬年代大体在春秋中期。

从等级上看，ⅠM25 和ⅢM1 都出 3 件铜鼎，木椁长度接近 4 米，ⅢM1 的椁盖板上还殉木车一辆，墓主应属于元士一级。其他的可能属于中下士至庶人。

2015—2016 年，在秦公大墓 M3 东北、东墓道外 2 米处发掘了ⅠM30、ⅠM31，在 M3 北侧 20 米处发掘了ⅠM32 及其东侧的车马坑（图 76∶1）。此外，在大堡子山城址外东北、2006 年发掘的ⅠM25 东南 30 米处，发掘了ⅠM33。共计 4 墓 1 坑。

除了ⅠM33 为南北向外，余皆东西向。报道的ⅠM31、ⅠM32 墓主均为头向西的仰身直肢葬（图 76∶3、4）。两墓均为长方形竖穴土坑，ⅠM31 南壁开有 1 个壁龛，ⅠM32 南、北壁各开 1 个壁龛；龛内各有 1 具殉人，为头向西的屈肢葬式。两墓坑底均有圆角长方形腰坑，坑内殉狗。两墓均一棺一椁，椁室长 3.55—3.85 米。ⅠM31 椁盖板上有殉狗；ⅠM32 二层台西北角有殉狗，椁盖板上有玉

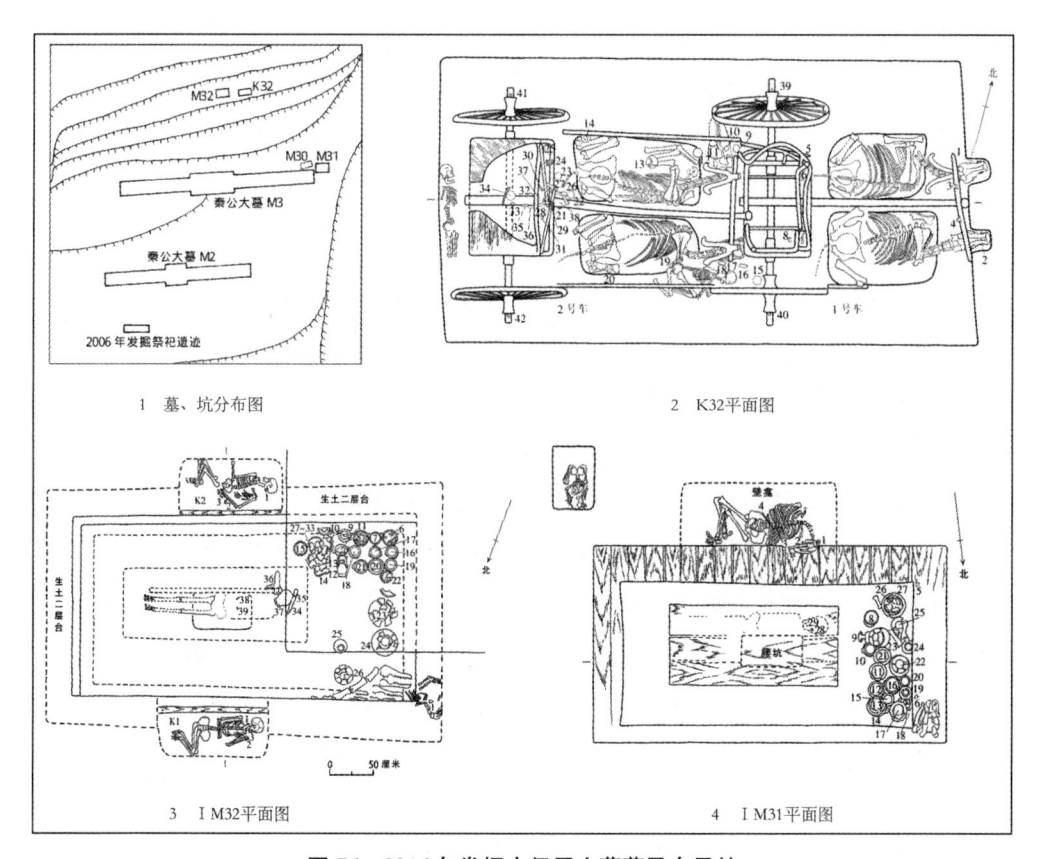

图 76　2016 年发掘大堡子山墓葬及车马坑

圭。ⅠM31二层台上殉埋2个牛头，ⅠM32棺、椁间西端有马骨。随葬品集中放置在西端棺、椁之间，ⅠM31有陶器20件，ⅠM32有铜器10件、陶器18件。

K32为东西向竖穴土坑，长约6米，宽约3米，深3米（图76:2）。坑内放置两辆车（自东向西编为1、2号），均独辀双轮，一车双马，马东车西放置。以1号车为例，车轮直径约130厘米，轮辐26根，轨距175厘米，轴、辀、衡、轭俱全。横长方形车舆，四角有立柱。服马为俯卧姿态，1号车两马的马头置于坑东壁浅龛内。车轮置于轮槽内。两车车舆后均有1具殉人。出土37件（组）铜器，为车马器和兵器；还有骨角器7件（组），有骨管、角马镳、骨饰、骨镞。

从出土物形制特征来看，ⅠM32及K32属春秋早期前段，墓主身份相当于元士；ⅠM31属春秋早期后段，墓主身份相当于中下士至庶民。

从目前的发掘资料来看，大堡子山城址内外墓葬的葬式有所不同：城内墓葬绝大多数为直肢葬式，城外墓皆屈肢葬式。2004年戴春阳带队在秦公大墓附近清理了9座中小型墓，据他介绍葬式都是头向西的直肢葬。2006年发掘的ⅢM1，2015—2016年发掘的ⅠM31、ⅠM32均属这种葬式；仅ⅢM2为屈肢葬。可能因为这里是都城，城内的空间比城外庄严、神圣，当时对城内的活动——包括丧葬，应该有管理和限制。城内的墓葬距离秦公大墓更近，墓主人应与秦公有血缘关系，或属嬴秦宗族成员；城外墓葬与秦公大墓的关系相对疏远。

二、"秦子"诸器相关问题研究

目前带"秦子"铭的铜器有兵器、容器、乐器三类。

兵器包括4戈1矛：①广州博物馆藏"公族"戈，铭2行15字，为"䅣（秦）子乍（作）䈞（造），公族元用，左右市（师）鮁（旅），用逸宜"，铸于胡部（《集成》11353，图77:1）。②故宫博物院藏"中辟"戈（《集成》11352，图77:2），胡部铭文为"䅣（秦）子乍（作）䈞（造），中辟元用，左右市（师）鮁（旅），用逸宜"。③1994年西安市公安局缴获的"元用"戈（图77:3）①，胡部铭文为"䅣（秦）子元用"。④澳门珍秦斋藏"左辟"戈（图77:4）②，胡部铭文为"䅣（秦）子乍（作）䈞（造），左辟元用，左

---

① 吴镇烽：《秦兵新发现》，《容庚先生百年诞辰纪念文集》，广东人民出版社，1998年。
② 王辉、萧春源：《新见铜器铭文考跋二则》，《考古与文物》2003年第2期。

右币（师）鈦（旅），用逸宜"。⑤《三代》20·40·3 著录的一件秦子矛，铭文与"公族"戈相同（又见于《集成》11547，图77:5）。

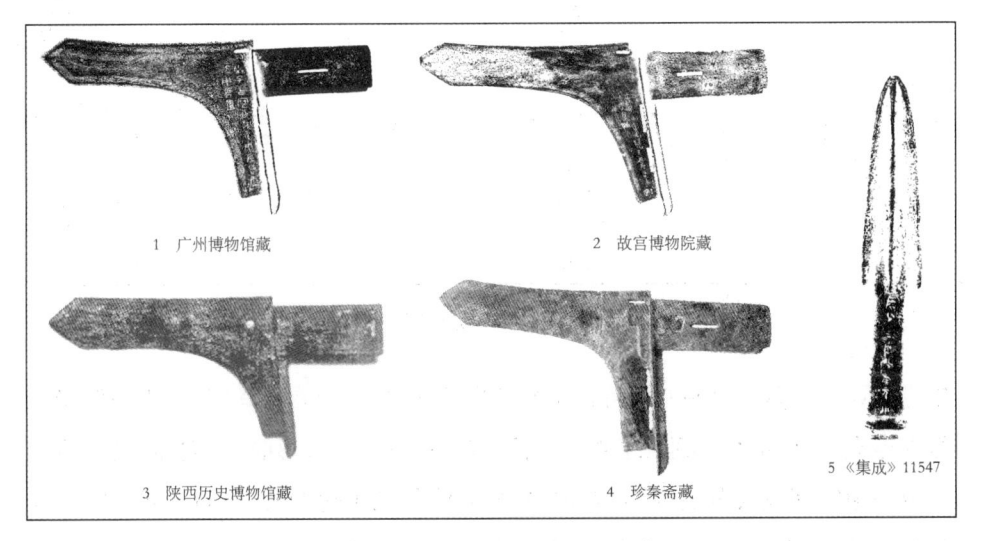

图77　秦子戈、矛

1　广州博物馆藏
2　故宫博物院藏
3　陕西历史博物馆藏
4　珍秦斋藏
5　《集成》11547

秦子戈皆为三角锋、中胡二穿的形制，在援上刃近阑处及内上有圆形或长条形穿，内的下端末一般有缺口。秦子矛矛叶狭长，銎孔仅到矛身中部。关于它们的年代，陈平先生已作了很好的研究，认为其形制与宝鸡姜城堡、灵台景家庄、户县宋村所出酷似，"它们当造于春秋早期偏早到春秋早、中期之交这个时间区间内"①。需要注意的是，秦子戈的援上刃微内曲，这个特点流行于春秋早期，在相当于春秋中期偏早的礼县圆顶山铜器墓中还能见到，如98LDM2：13，此后不见。另外，春秋早期的秦戈援下刃与胡过渡处曲度较大，从而使援部显得略长，胡部显得略窄（图78:1—4）；春秋中晚期的秦戈援下刃与胡部过渡处曲度较小，从而使援部显得宽短（图78:5—8）。总之，秦子戈、矛的年代应属春秋早期，不会晚至中期以后。

容器有盉、簋。盉现藏于美国，为小口扁体式；四阿顶式盖，盖的前后坡面开有小窗，窗中有十字形棂格，盖脊带扉棱，顶部为方形圈足状捉手，捉手正中有一蹲踞状大鸟，大鸟背上伏一小鸟；盖后铸一公熊，熊后连一回首虎，虎的前爪与熊

---

① 陈平：《秦子戈、矛考》，《考古与文物》1986年第2期。

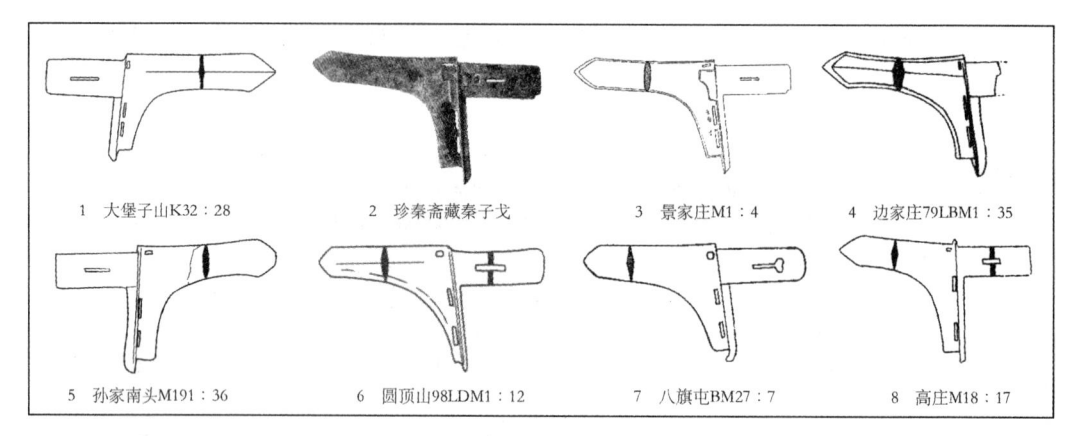

1 大堡子山K32:28	2 珍秦斋藏秦子戈	3 景家庄M1:4	4 边家庄79LBM1:35
5 孙家南头M191:36	6 圆顶山98LDM1:12	7 八旗屯BM27:7	8 高庄M18:17

图78　春秋秦戈形制演变

尾、后爪与耳部各共用一轴，可连接并开启盉盖；镂空兽首形耳，其下爬一仰身上行卷尾虎；盖前的肩部卧二公牛，其下又有一回首虎，兽形曲流；盉体的前、后面各以一道宽凹弦纹分成内、外圈纹饰，外圈饰斜三角夔龙纹，内圈饰间以重环纹的横鳞纹，内圈中心尖状凸出；底有四个兽形支足；盉体后缘铸2行14字(重文2字)："秦子乍铸用盉万寿子=孙=永宝。"器形华美繁缛，极尽巧思，代表了当时秦国青铜艺术的最高水平(图79:3)。

秦子盉的形制可以追溯到西周晚期的小口扁体盉，如保利博物馆所藏铜盉(图79:1)及周原齐家村窖藏出土的它盉(图79:2)。二者覆斗形盖上均有卧鸟，鸟后有回首虎与兽首銴相连，盉体亦有内、外圈纹饰，内圈重环纹、外圈三角夔纹的构图也与秦子盉相同，它们之间的发展演变关系是一目了然的。当然，秦子盉较西周晚期盉更复杂，如后者为直流，前者微曲，而且附铸了更多的小鸟和动物等。

秦子盉的发展去向是礼县圆顶山贵族墓所出扁体盉(图79:4)，它们在造型的复杂程度方面差不多：前者盖脊的扉棱变为后者的上行虎；后者增加了公熊，但没有前者的卧牛；后者的内、外圈纹饰已成单一的勾连蟠虺纹。总体感觉前者较轻灵，后者较浑厚。另外，圆顶山盉内圈中心的兽形饰显然继承了它盉相同部位那种盘绕的蛇纹。可以把上述4盉排出一个序列：保利盉→它盉→秦子盉→圆顶山盉。圆顶山盉根据共出的其他器物可以断在春秋中期偏早，则秦子盉的年代只能落在春秋早期。秦子盉的形制与圆顶山盉较接近，可说前后衔接，与西

1　保利博物馆藏盉　　　　　　　　2　它盉

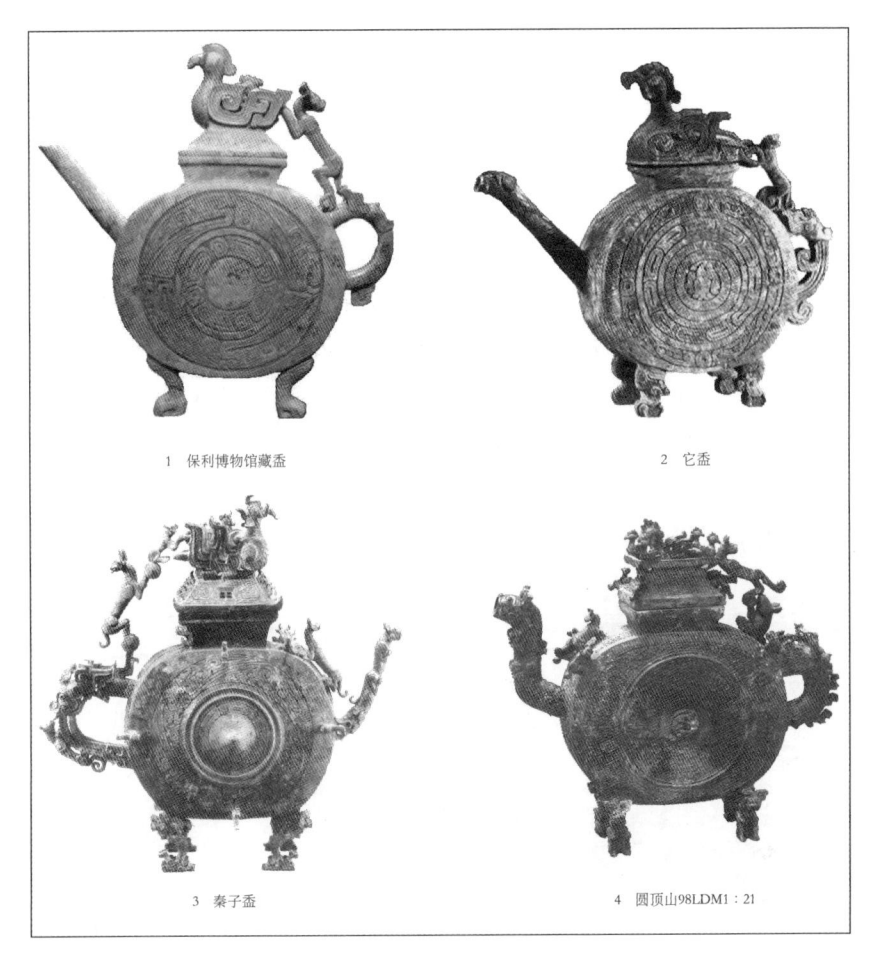

3　秦子盉　　　　　　　　4　圆顶山98LDM1∶21

图 79　西周及春秋扁体铜盉

周二盉却有一定距离,因此,秦子盉的具体年代应在春秋早期偏晚。

　　澳门珍秦斋藏秦子姬簠盖已残损,仅存提手及其周围的盖面。盖面饰瓦纹,提手内饰方折的虺龙纹,簠铭的前半段应铸于器身,已佚,后半段铸于盖内面,共 8 行,前六行每行 5 字,第七行 7 字,末行 3 字:"……時。又(有)夒(柔)孔嘉,保其宫外。昷(温)共(恭)□秉□,受命□鲁,义(宜)其士女。秦子之光,邵(昭)于□(夏?)四方,子=孙=,秦子姬□享。"①李学勤和董珊均对铭文进行了隶定和研究②。

　　李学勤云"秦子簠盖纹饰的特色,在于提手内的相对夔纹。这一图案突出的

---

① 按董珊先生隶定。
② 李学勤:《论秦子簠盖及其意义》;董珊:《秦子姬簠盖初探》,《故宫博物院院刊》2005 年第 6 期。

地方是几何线条化,夔体表现为细长的线条,与传统的丰满圆转形态有明显差别"①;并认为它可能是大堡子山秦公墓中最晚的随葬品。簋盖捉手内纹饰和秦春秋中晚期典型的勾连蟠虺纹有直接的渊源关系,故可称之为勾连虺龙纹。它由上、下两个单元组成,每个单元为一躯体方折的双头龙,龙首相对;龙吻部前伸,上弯或下卷;吐舌;T形冠,冠的前端逗点状上翘(图 80:1)。陇县边家庄 M1 所出铜盉腹部虺龙的吻、冠、舌与之相同,只是构图方式不同,为倒凹形相背的双头龙(图 80:2)。这种龙纹在已知的大堡子山秦公器上还没有出现。边家庄 M1 的年代为春秋早期之末或春秋早、中期之交,秦子姬簋应与之相同。如李先生所言,礼县圆顶山青铜器纹饰的线条化又超过了秦子姬簋,如前者铜簋的腹部往往装饰细密的勾连蟠虺纹,但在个别簋盖的捉手内还有前一阶段纹饰的遗风(图 80:3)。

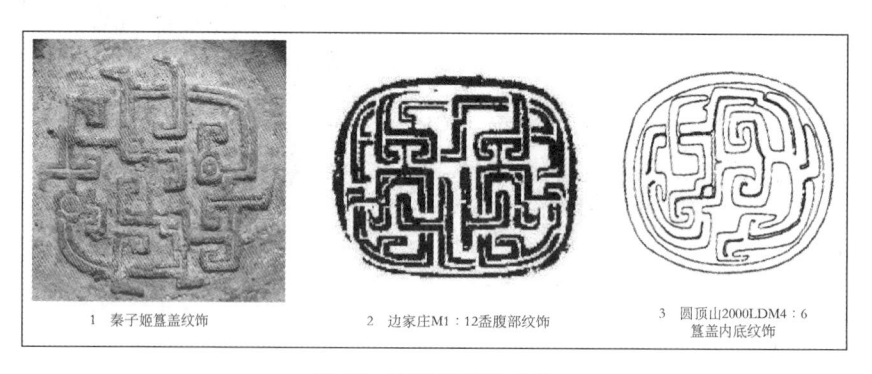

1 秦子姬簋盖纹饰　　2 边家庄M1:12盉腹部纹饰　　3 圆顶山2000LDM4:6簋盖内底纹饰

图 80　秦铜器的虺龙纹

乐器有镈、甬钟。如第二章所述,包括大堡子山 K5 所出秦子镈及甬钟、日本美秀(MIHO)博物馆所藏秦子甬钟。

考察铭文的字体,如果把礼县大堡子山秦公鼎、簋,秦子戈、矛、镈,太公庙秦武公镈的铭文加以对比(图 81),就会发现秦子诸器恰好处于前、后之间,而且与武公镈有更多的共性,表现在以下几个方面:①大堡子山秦公鼎、簋上的"秦"字有从双禾省春和从双禾不省春两种,二者可能同时并存;秦子器以后,从双禾不省春的被淘汰,从双禾省春者成为定式,一直到天水秦公簋、《诅楚文》都是这样,

---

① 李学勤:《论秦子簋盖及其意义》;董珊:《秦子姬簋盖初探》,《故宫博物院院刊》2005 年第 6 期。

可见秦子器较大堡子山秦公器稍晚。当然秦子器中有从三禾的写法,仅见于秦子镈、钟,较为特别。②礼县秦公器的"公"字写法也有两种,一种"公"字的"八"上口聚得不紧,下口张得不开(秦公鼎);另一种"公"字的"八"上口两笔竖直,聚得紧而齐,下口开张(秦公簋)。两种写法应该同时,而且也有共性,"公"字的口部都比较圆正。到了秦武公镈,第一种写法被淘汰,只剩下第二种,而且口部扁圆。传世秦子戈的"公"字写法与秦武公镈相同。③秦子姬簋盖"于"字竖笔向右弯弧的形态与秦武公镈绝似;此外,"其""萬""壽""右"等字也有很大相似性。但其

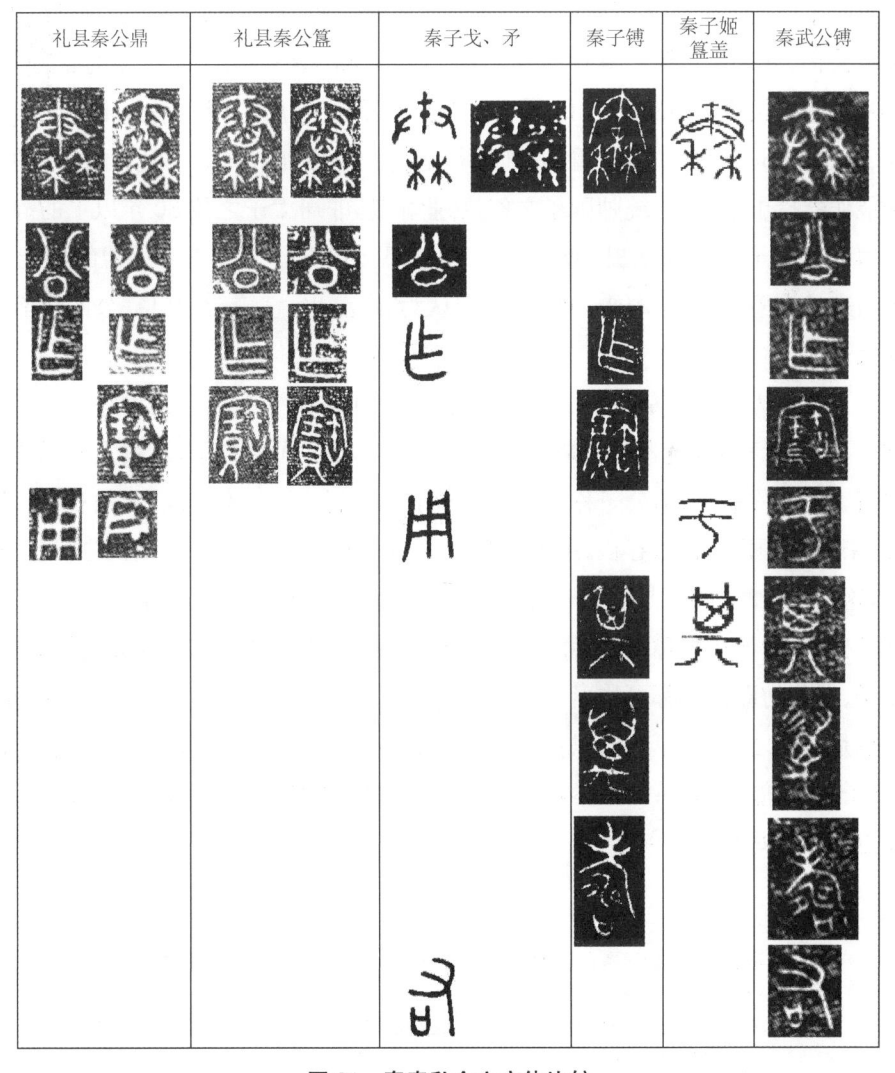

图81　秦春秋金文字体比较

"秦"字较为宽扁,不排除秦子姬簋盖晚于武公镈的可能。当然,春秋秦金文有从瘦高向方正演变的趋势,秦子器铭文既有字体宽正的,如"公族"戈的"秦"字;也有瘦高的,如珍秦斋戈的"秦"字,以及秦子镈的"壽"字,正好说明了其过渡性特征。

总之,从器形和铭文字体看,"秦子"诸器大多属春秋早期,具体把它们置于春秋早期偏晚阶段是比较合适的。个别器物属于春秋早、中期之交,如秦子姬簋盖,不排除其年代进入春秋中期的可能。

关于"秦子"的身份,在学界争议较大,聚讼难决。

陈平曾论证秦子为秦文公太子静公。其理由是:①从太公庙秦公钟、镈和传世秦公钟、簋来看,秦之国君多称公而不称子,故秦子不应是在位的秦国君。②从戈铭直接署为"秦子",而不像《左传·定公五年》所载秦之诸公子中的秦子蒲、秦子虎那样后缀私名来看,其地位较诸公子应更加显要。③戈、矛铭中的秦子能作器授予公族,并统帅国子之倅,功业显赫,非居太子之位 30 年以上的静公莫属。④出子乃无知孩提,傀儡之君,生前恐无以秦子名义作造兵器的可能①。他后来又同意秦子是秦国君的意见,但认为在宪、出、宣三者中以宣公的可能性最大②。

王辉认为秦子就是宪公之后即位的出子,因为第一,"秦子"的称呼是子上加国名,子后无私名,这表示的是国君。若非国君,则太子称大子,如虢太子元徒戈之虢太子不称虢子;诸公子称公子某或秦子某,如公子鍼、秦子虎,皆加私名。第二,宋、卫等国嗣君在《春秋》中被称为宋子、卫子,都是在其父死后居丧期间的称呼,这种称子的习惯,是新君表示不忘父亲,是他幼小的儿子;同理,"秦子"之"子"也是"诸侯在丧称子"的意思,应是秦国春秋早期某位初即位的幼君,宪公、出子、宣公初即位时都可称秦子,又以出子的可能性最大。第三,出子虽是孩童,但也是一国之君,并不妨碍以他的名义制造兵器③。后来他又认为秦子戈、矛的"秦子"仍可能是出子;其余秦器的"秦子"最可能是宪公,但文、武、德、宣公的可能也无法绝对排除④。

---

① 陈平:《秦子戈、矛考》,《考古与文物》1986 年第 2 期。
② 陈平:《〈秦子戈、矛考〉补议》,《考古与文物》1990 年第 1 期。
③ 王辉:《关于秦子戈、矛的几个问题》,《考古与文物》1986 年第 6 期;《读〈"秦子戈、矛考"补议〉书后》,《考古与文物》1990 年第 1 期。
④ 王辉:《秦子簋盖补释》,《高山鼓乘集——王辉学术文存二》,中华书局,2008 年。

李学勤曾认为秦子是襄公受封为诸侯以前的称呼①。秦子姬簋盖面世后，他改易旧说，认为秦子乃太子静公，"子"就是太子的意思。簋盖器主为秦子、姬，也就是秦子和他的姬姓夫人，铭文主要颂扬了秦子的威仪德行②。

董珊同意秦子是出子的意见，参考秦武公钟、镈铭文，认为簋盖的器主"秦子姬"是一个专有名词，专指出子的生母鲁姬子，这种称谓方式是母以子贵的产物；铭文主要记述了鲁姬子的操守事迹；可知武公、德公生母王姬与鲁姬在宪公末年有"并后"现象，引起后来的乱政。他还推测"这件器物是秦子为其母秦子姬所作的一件祭器……鲁姬子在秦子在位时就死去"③。

赵化成、吴镇烽、陈昭容等主张秦子的身份是太子，应为静公④。主要理由是《左传》等文献记载中"秦子""秦子蒲"等应指秦太子或公子；秦子器包括贵重的礼乐器，还有供公族、左辟、右辟使用的兵戈，作器者非年长权重的太子不能胜任。持相同观点的还有张天恩、王伟等⑤。近年来"静公说"渐成学界的主流意见。

程平山认为"秦子器的时代处于春秋早中期之际，秦子器主人应是秦德公太子宣公"⑥。李峰认为大堡子山 K5 的年代晚于太公庙秦武公钟，在秦武公设邽、冀县之后，与宣公在位时期非常相符⑦。

王占奎全盘检索了《春秋》中公侯"称国与子"的实例，发现它是继任者在位初期的特有称谓，时间大致有 5—9 个月，其身份均为新君，与太子的称谓不同；"称国与子"者不必是先君的儿子或太子；《春秋》中过了初期在位的国君，一律"称国与爵"。他认为秦子不是秦国太子，而是包括宪公、出子和武公在内的二或三代秦新君⑧。

朱凤瀚系统收集相关资料，认为春秋金文中冠以国名的"子"带有一定的亲

---

① 李学勤：《"秦子"新释》，《文博》2003 年第 5 期。
② 李学勤：《论秦子簋盖及其意义》，《故宫博物院院刊》2005 年第 6 期。
③ 董珊：《秦子姬簋盖初探》，《故宫博物院院刊》2005 年第 6 期。
④ 赵化成、王辉、韦正：《礼县大堡子山秦子"乐器坑"相关问题探讨》，《文物》2008 年第 11 期；吴镇烽：《秦子与秦子墓考辨》，《文博》2012 年第 1 期；陈昭容：《秦公器与秦子器——兼论甘肃礼县大堡子山秦墓的墓主》，《中国古代青铜器国际研讨会论文集》，上海博物馆、香港中文大学文物馆，2010 年。
⑤ 张天恩：《试说秦西山陵区的相关问题》，《考古与文物》2003 年第 3 期；王伟：《从秦子簋盖词语说到秦子诸器——兼与董珊先生商榷》，《宁夏大学学报（人文社会科学版）》2008 年第 3 期。
⑥ 程平山：《秦子器主考》，《文物》2014 年第 10 期。
⑦ 李峰：《青铜器和金文书体研究》，上海古籍出版社，2018 年。
⑧ 王占奎：《秦子与大堡子山秦墓墓主》，待刊。

属称谓性质,使用者为列国公族成员中的国君与诸公子;已知秦国青铜器铭文中"秦子"均为在位秦公,大堡子山 K5 镈铭"秦子"是宪公或武公①。

"秦子"的称谓方式是"称国与子",后不缀私名。判断秦子是谁,需要回答三个问题。第一,秦子是秦国的国君还是太子?

考察文献记载,如王占奎先生所言,《春秋》经中"称国与子"者,均为即位初期的新君;《春秋》中太子均称"世子",而且前加国名,后缀私名,如曹世子射姑、郑世子忽、晋世子申生、陈世子款、楚世子商臣、卫世子臧、齐世子光、蔡世子般、宋世子佐等,二者截然不同。"秦子"是秦国太子的说法,不仅于经文无据,而且遇到了太子称"世子"的反证。

《左传·庄公九年》有"秦子、梁子",杜预注曰:"二子,公御及戎右也。"王占奎认为"此秦子更有可能是鲁国的一名军人而不是秦太子……大凡御戎和右多数都记有私名。所以秦子、梁子极有可能是私名而非秦太子、梁公子"。山东春秋时有"秦"地名,此说可信。

考察金文资料,春秋时期的金文中,太子称"大子",前或加国名,后或缀私名:

  虢大子元徒戈(三门峡 M1052:53、54)

  大子车斧(三门峡 M2011:183)

  上曾大子般殷,乃择吉金,自作□彝……(山东临朐泉头村 M 乙:1,《文物》1983.12)

  内(芮)大子白作为万宝盨=子=孙=永宝用享(梁带村 M26:150)

  内(芮)大子作铸盨子=孙=永宝用享(梁带村 M19:260)

  惟王正月初吉丁亥,黄大子白克作仲嬴□媵盘,用蕲眉寿,万年无疆,子=孙=永宝用之。(《两周金文辞大系》文 172 页,图 187 页)

  齐侯命大子乘遽来句(敂)宗伯,听命于天子(洹子孟姜壶,《集成》9729)

---

① 朱凤瀚:《关于春秋金文中冠以国名的"子"的身份》,《古文字与古代史(第五辑)》,中研院史语所,2017 年。

可见"秦子"是太子的说法,不仅在春秋金文中找不到例证,还遇到了太子称"大子"的反证。

李峰收集了东周时期称"子"的铭文,涵盖了秦国之外的 12 个国家,除个别(单子伯盨)属个人称谓,其他均为国君的称谓,属国君自称或臣民尊称①。现将"称国与子"且无私名的铭文摘录如下(表26):

表 26　东周"称国与子"(无私名)铭文

国别	器　名	称谓	铭　　文	资料来源
陈	陈子匜	陈子	唯正月初吉丁亥,陈子子作□孟妫□女媵匜。用祈眉寿万年无疆,永寿用之。	《集成》10279
邾	寻伯匜	邾子	寻伯作邾子□□媵匜,子=孙=永宝用。	《集成》10221
黄	黄子鼎	黄子	黄子作黄甫(夫)人孟姬器则永宝霝(灵)冬(终)。	《考古》1984.4

需要注意陈子匜,"陈子"为陈国国君,其子称"陈子子",需要加一个"子"字以表明身份。1983 年在河南光山县宝相寺发掘的黄君孟墓有双椁,南椁 G2 铜器多有"黄子作黄甫(夫)人行器"的铭文②,器类有鼎、豆、鬲、壶、盘、方座等。此"黄子"一定是黄国国君,因为黄国太子在金文中称"黄大子"。李学勤认为"黄子"就是北椁 G1 铜器铭文中的"黄君孟",《太平寰宇记》引《十三州志》载黄国子爵,与器铭合③。周代是否存在五等爵制本来就很可疑④,黄国是否为子爵姑且不论,"黄子"器铭说明春秋金文中确有"称国与子"者为国君的实例。

应该说,"静公说"学者充分注意到秦国历史上文公在位 50 年之久,静公长期为太子,可能辅佐其父治国,并考虑到秦子器铸造精良、种类齐全,从而推断秦子为静公,不能说没有道理。但此说无论在时代最接近的文献(《春秋》)中,还是在金文中,都找不到相应例证,且遇到反证,不可避免地陷入"有理无据"的境地。相反,"国君说"在文献中有理,在文献、金文中有据(例证),可谓"有理有据",显然比前者优胜。

---

① 李峰:《青铜器和金文书体研究》,上海古籍出版社,2018 年,第 157 页。
② 河南信阳地区文管会、光山县文管会:《春秋早期黄君孟夫妇墓发掘报告》,《考古》1984 年第 4 期。
③ 李学勤:《光山黄国墓的几个问题》,《考古与文物》1985 年第 2 期。
④ 王世民:《西周春秋金文中的诸侯爵称》,《历史研究》1983 年第 3 期。

具体分析秦金文,秦子姬簋盖铭文说秦子"受命□鲁,乂(宜)其士女。秦子之光,邵(昭)于□(夏?)四方",显示这位秦子是国君。秦金文中有"受天命"或"受大命"之说:

  太公庙秦公钟:"秦公曰:我先祖受天命,商(赏)宅受或(国)……秦公其峻龏在位,膺受大命,眉寿无疆,匍有四方,其康宝。"
  天水秦公簋:"秦公曰:不(丕)显朕皇祖,受天命,鼏宅禹迹……严龏夤天命,保业厥秦,虩事蛮夏……"
  宋著录盄和钟:"秦公曰:不(丕)显朕皇祖,受天命,竃有下国……严龏夤天命,保业厥秦,虩事蛮夏……"

陈昭容曾详加论证,上面三例中"受天命"专指秦开国之君襄公,并说"先秦'受天命'一词通常指国祚、帝位而言,尤其特指开国之君"①。西周金文中"受大命"者还特指文王、武王,如大盂鼎、毛公鼎、师克盨;到太公庙秦公钟,开国之君"受天命",作器的秦公"受大命",二者的区分很清楚。秦子姬簋盖铭文中的"受命"与太公庙钟的"受大命"是一回事,都说的是践祚登基。

周克殷后,周人把天命的选择和认可作为其政权合法性的神圣依据,在金文中也频繁地出现文王、武王"受天有大命""膺受天命""膺受大命"的字眼,后来被封的诸侯国袭用了这个说法,始封之君称"受天命",如秦公钟。上天的认可是通过很隆重的祭天仪式来实现的,秦襄公被封为诸侯后,"乃用骝驹、黄牛、羝羊各三,祠上帝西畤"(《史记·秦本纪》)②。始封君之后的秦君要谨遵天命,即"严龏夤天命";祭天的活动也要世世代代进行下去,如文公作鄜畤祭白帝,宣公作密畤祭青帝,灵公作吴阳上畤、下畤分别祭黄帝、炎帝,献公作畦畤祭白帝等。每一位秦君即位后通过祭天来获得上帝及祖先的认可,恐怕是一件大事③,而这件事有

---

  ① 陈昭容:《秦公簋的时代问题》,《中研院史语所集刊》第64本第4分。
  ② 事实上,秦为诸侯是出于周王的册封,与天命无关;从礼制上讲,秦为周之藩臣却宣称自己"受天命",并郊祀上帝,属于很严重的僭越。《史记·六国年表》说:"太史公读《秦记》,至犬戎败幽王,周东徙洛邑,秦襄公始封为诸侯,作西畤用事上帝,僭端见矣。《礼》曰:'天子祭天地,诸侯祭其域内名山大川。'今秦杂戎翟之俗,先暴戾,后仁义,位在藩臣而胪于郊祀,君子惧焉。"
  ③ 祖先的神灵常伴上帝左右,如天水秦公簋:"十又二公,在帝之坏。"

可能琢之盘盂、勒于金石。秦祭天场所称为"畤",秦子姬簋铭的上半段在器身,下半段转读到器盖,盖铭的首字为"畤",说明其上半段内容与祭天有关,这与下半段的"受命"吻合。总之,秦子即位后在某处的畤举行了祭天大典,以求得上帝和祖先的认可及佑护,宣扬自己的威仪和德行,宣称自己合乎法统,应受大命,并铸造了铜簋来纪念这件事,或者这件铜簋就是为祭天而铸造的。

论者认为簋盖"受命□(屯?)鲁"不同于"受天(大)命",是祈求上天或祖先赐予嘉命厚福,属于周代金文中常见的嘏辞套话。如此解释忽略了盖铭中"受命"与"畤"的内在联系,郊礼祭天乃国之大事,非国君不能主持。况且铭文还说"秦子之光,邵(昭)于□(夏?)四方",完全是一国之君的口气。类似的例子如《尚书·泰誓》:"惟我文考若日月之照临,光于四方,显于西土。"《诗·大雅·文王》:"文王在上,于昭于天。"《诗·大雅·崧高》:"申伯之德,柔惠且直。揉此万邦,闻于四国。"朱凤瀚也认为盖铭反映秦子的地位像是秦国在位之君,显然有君临天下的语气①。

大堡子山 K5 和 MIHO 秦子钟均说"秦子盹(峻)黎才(在)立(位)"。"盹"通"峻",在西周金文中已经出现,或解作"大",如大盂鼎:"盹正厥民。"《尔雅·释诂》:"大也。"或解作"长",如默钟:"默其万年,盹保四方。"颂壶:"盹臣天子。"或解作"高",如默簋:"盹才(在)立(位),乍(作)霍才(在)下。"王辉认为"霍"通"蒂",意为根本②。"盹""霍"在秦器铭文中常见,如凤翔秦公一号大墓磬铭:"乍霍配天。"③天水秦公簋:"盹霍在天,高弘有庆。"宋代著录秦公钟:"盹霍在位,高弘又(有)庆。"徐中舒认为金文中的"盹霍"相当于《诗·崧高》中的"骏极"④,晋姜鼎中有"乍霍为亟"。李零同意徐说,认为"盹"是"高"的意思,晋姜鼎中"乍霍"与"为极"互文,"霍乃假为至字,是为民立极的意思,与《尚书·洪范》'皇建其有极''惟皇作极'用法相同,这里霍字的用法读法与之相同",并认为天水秦公簋的"在天"的"天"字,是"立"字的讹写⑤。这个说法很有道理。"盹黎"或与"盹霍"同义,秦武公镈中"秦公其盹黎在位,膺受天命"有高高在上的意思。不管怎样,

---

① 朱凤瀚:《中国青铜器综论》,上海古籍出版社,2009年。
② 王辉:《商周金文》,文物出版社,2006年,第210页。
③ 王辉、焦南峰、马振智:《秦公大墓石磬残铭考释》,《中研院史语所集刊》第67本第2分。
④ 转引自王辉、焦南峰、马振智:《秦公大墓石磬残铭考释》,《中研院史语所集刊》第67本第2分。
⑤ 李零:《春秋秦器试探》,《考古》1979年第6期。

都是一国之君的口吻。

金文中"在位"一般指在天子位或诸侯位。毛公鼎:"王若曰……余一人在位。"趩簋:"王曰……畯才(在)立(位)。"上举秦金文诸例皆秦公自称,可知是秦国君的惯用语。吕大临《考古图》、薛尚功《历代钟鼎彝器款识法帖》著录有"逌磬",铭文云"□之配……以虔夙夕才(在)立(位),天君赐之厘。"有学者认为"逌磬"主人是春秋时期一代秦公的夫人①。王辉认为该磬不合古器铭通例,生搬已著录彝铭加以拼凑,错字很多,因此是伪刻②。

论者认为"在位"泛指担任各种职位,除国君外一般人也经常使用,如大家熟悉的"不在其位,不谋其政"(语出《论语·泰伯》)。这其实是套用文献语句解释金文辞例。具体到秦金文的语言环境,凡"眔黎在位"(秦武公镈)、"眔夐在天"(天水秦公簋)、"眔夐在位"(宋代著录秦公钟)之类用语,均为秦君自述。从已知推未知,可知"秦子"也是秦国国君。

目前著录的"秦子"兵器铭文说是用于"左右币(师)鮱(旅)"。"币鮱"二字虽然在学界有师旅、贲旅、士伍、被甲等不同解释,但都认为与军队有关,指军队的组织或编制。由此可见"秦子"是军队的统帅,统领由公族之良组成的精锐师旅。这一点持"静公说"的学者也不否认。但是,太子掌兵不合先秦制度,《史记·晋世家》记载晋献公作二军,命太子申生将下军,伐东山赤狄。里克谏曰:

> 太子奉冢祀社稷之粢盛,以朝夕视君膳者也,故曰冢子。君行则守,有守则从,从曰抚军,守曰监国,古之制也。夫率师,专行谋也;誓军旅,君与国政之所图也:非太子之事也。师在制命而已,禀命则不威,专命则不孝,故君之嗣适不可以帅师。君失其官,率师不威,将安用之?

大意是太子负责宗庙、社稷的祭品,并检查国君膳食;国君出行则留守,有人代守则随行抚军,留守叫监国,是自古以来的制度。军队统帅须谋划专断,发号施令,这是国君和正卿的职责,不是太子的事情。统领军队关键在上令下

---

① 李学勤:《秦怀后磬研究》,《文物》2001年第1期。
② 王辉:《"逌磬"辨伪》,《古文字研究(第十九辑)》,中华书局,1992年。

行,太子请命于国君,则没有威严;如独断专行,又会不孝。所以国君的继位嫡子不可以统帅军队。以太子为军队统帅是错误的任命,统帅没有威严,又怎么可以呢?

正因为晋献公之举太过反常,所以太子申生会问里克:"吾其废乎?"献公命太子帅师出征,并将故都曲沃封给他,遂使举国皆知申生将被废黜。《史记·十二诸侯年表》云:"申生将军,君子知其废。"我们当然不能说"秦子"也属于这种反常的特例。里克说这番话的时间在公元前660年,与秦子戈、矛的年代很接近。太子监国而不掌兵既是当时通行的制度,也是由来已久的传统。因此,"秦子"不可能是秦国太子,而应是秦君。

第二,秦子是秦国历史上某个人的专称,还是多个人共用的泛称?

"静公说"的前提是认为"秦子"是秦国太子,但在春秋早期秦国前后有多位太子,除了静公外,文公、宪公①、武公、宣公都曾经为太子,从逻辑上讲他们皆可称"秦子"。因此,即便认为"秦子"是秦国太子,也不能说它是某位太子的专称。

历史时期考古学分期中一期约百年,一段约50年。秦子器年代主要集中在春秋早期后段,即公元前720—前670年,这期间在位的秦君有文公、宪公、出子、武公、德公、宣公。秦子器虽然大部分属于同一期段,但内部还有早晚差别,甚至不排除个别器物晚至春秋中期的可能。关于秦子器的年代,学界的认识并不一致。秦子簋盖捉手内饰方折细长的勾连虺龙纹,朱凤瀚先生认为其年代不早于春秋中期,并认为簋铭字体与凤翔秦公一号大墓石磬铭文接近,因此将此簋年代归入春秋中晚期②。李峰先生通过比较大堡子山 K5 与太公庙镈、甬钟的高宽比,认为前者的年代晚于后者③。可见秦子器形制和纹饰表现出的时代特征虽然相对集中,但远未到出自一人之手的程度。从这个角度说,"秦子"也应是历史上多人共用的泛称,而非某个人的专称。换言之,历史上有多个秦子,目前所见秦子器有多个器主,非一人之物。

第三,"秦子"的含义是什么?

---

① 宪公为静公长子,《秦本纪》云:"四十八年,文公太子卒,赐谥为竫公。竫公之长子为太子,是文公孙也。"
② 朱凤瀚:《中国青铜器综论》,上海古籍出版社,2009年。
③ 李峰:《礼县出土秦国早期铜器及祭祀遗址论纲》,《文物》2011年第5期。

如前所述,"秦子"不是太子,其身份应是秦国国君。"秦"自然是国名或以国为氏,"子"的含义是什么?是否如《左传》所言是新君居丧时称谓?《左传·僖公九年》云:"凡在丧,王曰小童,公侯曰子。"《礼记·杂记》:"君薨,太子号称子,待犹君也。"杨伯峻先生《春秋左传注》又总结为:"《春秋》之例,旧君死,新君立……当年称子,逾年称爵。"①"新君说"和"太子说"并无本质区别,太子居丧期间其实是代君身份。《春秋》中确将旧君去世当年的嗣君称为"子",但第二年正月后皆改称爵(公、侯),未见一例逾年仍然称"子"的。可见太子正式获得国君身份是在丧期结束之后。金文中"国名+子+私名"比较多见,已有学者认为不宜归为新君居丧期间作器。李学勤早就认为《春秋》中"称国与子"属于经学范围,不宜移用到青铜器铭文上②。朱凤瀚指出《春秋》中"某(国名)子"均为他称,不同于金文中自称;它出于史书自身体例要求,带有作者(孔子)主观上褒贬倾向,不合乎历史实情③。这个判断无疑是正确的,比如秦君被《春秋》称为"伯",但金文中只见"秦公""秦子",不见"秦伯"。

虽然《春秋》有把个别在旧君葬后的新君仍称为"某(国名)子"的,如(僖)二十五年的卫子,但大多数例子中新君称子的时间和居丧期间大体重合。《左传》言公侯在丧称子,可能因为居丧期间新君仍是嗣子身份。

先秦时丧礼备受重视,有一些禁忌不得不遵守,如居丧期间不言乐,不作乐,不得擅动兵戈。礼书明确规定丧中禁乐,《礼记·曲礼下》:"居丧不言乐。"《礼记·丧大记》:"九月之丧,食饮犹期之丧也,食肉饮酒,不与人乐之;五月、三月之丧,壹不食,再不食可也,比葬,食肉饮酒,不与人乐之。"《礼记·杂记下》:"父有服,宫中子不与于乐。母有服,声闻焉,不举乐。"在文献中也有具体实例,如《左传·襄公二十九年》记载季札如晋,正值晋君丧期,听到钟声,说:"君又在殡,而可以乐乎?"《左传·定公九年》记载宋国子明叫乐大心(桐门右师)去迎乐祁的灵柩,说:"吾犹衰绖,而子击钟,何也?"居丧期间不言乐、不举乐,自然不需要也不能制作乐器。但秦子钟铭文却说"秦子作宝龢钟",而且钟声悠扬,显然不是居丧

---

① 这一概括基本准确,但《春秋》还有个别新君当年称爵的例子,如鲁宣公十年的"齐侯"和鲁成公四年的"郑伯"(王占奎:《秦子与大堡子山秦墓墓主》,待刊)。
② 李学勤:《"秦子"新释》,《文博》2003年第5期。
③ 朱凤瀚:《关于春秋金文中冠以国名的"子"的身份》,《古文字与古代史(第五辑)》,中研院史语所,2017年。

新君该做的事情。

龚自珍曾说:"古无因讣丧而受嘉命者,乐舞是吉祭,亦无以丧人时而匄眉寿者。"①居丧时主人不为自己祈求眉寿,这很合乎人情常理,无须礼制规定。但秦子钟铭文却说"眉寿万人(年)无疆",秦子盉铭文说"其万寿",很难想象这些器物作于居丧之时。

《春秋》有不伐丧之义。《春秋·襄公十九年》:"秋七月辛卯,齐侯环卒。晋士匄帅师侵齐,至谷,闻齐侯卒,乃还。"《左传》云:"闻丧而还,礼也。"《公羊传》云:"还者何?善辞也。何善尔?大其不伐丧也。"先秦因伐丧而起的最有名的战事是殽之战,秦国乘晋文公卒而未葬,袭郑灭滑,晋大夫先轸说:"秦不哀吾丧而伐吾同姓,秦则无礼,何施之为?"于是决定遮击秦军,"子墨衰绖,梁弘御戎,莱驹为右……遂墨以葬文公,晋于是始墨"(《左传·僖公三十三年》)。正因为有不伐丧之义,国有丧事就不必兴作兵戈,更不宜擅启战事,况且穿着丧服出征很不吉利,这也是晋襄公要把丧服染成黑色的原因。秦子戈、矛铭文中秦子为公族、中辟、左辟作造兵器,用于左右师旅等军队,与居丧氛围太不协调。

由此可见,金文中"秦子"绝不是居丧新君,而是正常在位国君。那么,正常在位国君为什么不称"公"而称"子"呢?以往研究正因为没想通其中关节,才认为"秦子"是秦君称"公"之前的称谓。"秦子"与"秦公"其实是在位国君同时并用的称谓,二者并不矛盾。朱凤瀚认为器铭称"秦公"还是"秦子",似乎依据器用不同而有所选择,称"秦公"的多为政治性礼器,称"秦子"的多为家族内所用祭器②,很有启发性,令人豁然开朗。

朱先生在分析春秋时邓、楚、曾、许、黄、秦等国自称"某(国名)子"金文资料的基础上,认为这种称谓与爵位(子爵)无关,也不属于新君在丧称子的情况,而带有一定亲属称谓的性质,使用者仅限于国君及其近亲,不出国君与群公子的范围。这个概括来自大量实例,可信而全面。所举例证除了个别为"国名+子"不缀私名(黄子、秦子),其他均为"国名+子+私名"的格式。后者身份分几种情况:一是明确为在位国君,如曾子斿(鼎)、许子妝自(鎛)、许子妝(簠盖);二是确

---

① 龚自珍:《两齐侯壶释文》,《金文文献集成》第16册,线装书局,2005年,第618页。
② 朱凤瀚:《关于春秋金文中冠以国名的"子"的身份》,《古文字与古代史(第五辑)》,中研院史语所,2017年。

定为国君那个人,但不确定他是否已经即位,如曾子與(瑚、缶);三是可能为国君但尚未确认,如楚子弃疾(器)、楚大师邓子(钟);四是群公子,但不排除其中有国君自称的,如曾子单(鬲)、曾子白皮(鼎)、曾子伯㝬(盘)、曾子仲宣(鼎)、曾子寿(鼎)、曾子南(戈)、曾子义行(瑚)、薛子仲安(瑚)、内(芮)子仲殿(鼎)、奠(郑)子石(鼎)等。朱先生说,"此种自称,就'子'的本来意义而言,可以理解为具有该国氏之公子身份者所用称谓",其说可从。

我们认为"国名+子"的本义就是"国君之子",时君和先君之子皆可用此称谓。国君之子同辈有排行,所以又有"国名+子+排行(伯、仲、叔、季)+私名"的区分,如曾子伯㝬(盘)、曾子仲宣(鼎)、曾子季类臣(簠);此种称谓等同于"国名+排行(伯、仲、叔、季)+私名",如曾伯文(簠)、曾仲大父虫(簋)、曾叔旋(鼎)。国君之孙称"某(国名)孙",不得称"某(国名)子",如曾孙定(鼎)、曾孙史夷(瑚)。太子当然是国君之子,能否称"某(国名)子"? 逻辑上当然可以,但金文反映的实际情况恰恰不行。如前所述,金文中太子皆自称"大子"。已知称"某(国名)子"的金文资料中无一例身份可确认是太子。比如称"曾子+私名"者有18位,身份为国君或群公子,没有可确定为太子者;相反,山东的曾国太子称"上曾大子"。出现这种现象,可能是因为太子是法定继承人,身份特殊,需要在称谓中特别标明,即加一"大"字,以与其他公子相区分。文献中也有类似表述,如《礼记·王制》:"乐正崇四术,立四教,顺先王诗书礼乐以造士,春秋教以礼乐,冬夏教以诗书,王大(太)子、王子、群后之大子、卿大夫元士之适子、国之俊选皆造焉。"

太子之子继位为君的,比如秦宪公,能否称"秦子"? 其父静公不享国,但死后谥号称公,被作为国君对待,宪公自然可以称"秦子"。

金文中"国名+子"有广义和狭义两种含义,前者指时君和太子之外的国君之子,称谓采用"国名+子+私名"的格式;后者专指时君,称谓采用"国名+子"(无私名)的格式,意即公族大宗宗子。国君是当然的大宗宗子,是谁当时人尽皆知,称谓无须加私名。"秦子"意即秦国嬴姓氏族大宗宗子,强调其族内的宗子身份,以此称谓作器多用于宗族内活动,所作兵戈亦用于公族之良组成的近卫亲军。宗子统领公族,秦子戈、矛铭文从这个角度理解就很妥帖。"秦公"则强调其国君身份,以此称谓作器多为鼎、簋、壶等成套礼器,铭文或回顾开国历程,或宣扬建功立业,或祈求国泰民安,政治性较强。

以前我们根据《秦记》中记为"子"的国君仅(前)出子一位,出子即位属于废长立幼,不合秦的继统法,认为"秦子"专指出子①,现在看来有误。诚如赵化成所言,出子为谥号,"出"即"黜",不是在位时称呼,出子即位是否合法属于后人认识,不影响他成为国君后称公②。《汉书·古今人表》中"秦出公曼"和"秦武公、出公兄",就是证据。学者们将秦子簋盖铭文中"秦子、姬"释为秦子及其姬姓夫人,也是很对的。将秦武公钟铭的"公及王姬"和秦子簋铭的"秦子、姬"都定为母子关系,在金文中没有例证,也不符合对母称谓的方式,因而不能成立。

那么,秦子姬簋铭的"秦子"是谁?《秦本纪》说:"武公弟德公,同母,鲁姬子生出子。"鲁姬子应是宪公的庶妾,宪公夫人另有其人,是否姬姓不得而知。宪公"生十岁立",他即位之初年龄尚幼,不可能娶妻,因此可以排除在外。"出子生五岁立,立六年卒",也不可能娶妻,也应排除在外。武公在位20年,即位时年龄不详。周代贵族早婚,《左传·襄公九年》记载晋悼公对鲁襄公说的话:"国君十五而生子,冠而生子,礼也,君可以冠矣!"当时鲁襄公12岁,听了这番话回国途经卫国时,在那里行了冠礼,不久便成婚了。这个例子说明先秦贵族男子12岁可行冠礼成婚,15岁可生子。《淮南子·泛论训》高诱注云:"国君十二岁而冠,冠而娶,十五生子,重国嗣也。"《尚书·金縢》郑玄注亦云:"天子、诸侯十二而冠。"如果宪公15岁时(公元前710年)生武公,那么武公即位时14岁,完全可以娶妻,而且秦武公钟、鼎铭文均言武公夫人为姬姓(王姬)。如此,武公很可能是秦子姬簋铭的"秦子"。王占奎亦认为武公是最合适人选。德公、宣公年龄也合适,但是否有姬姓夫人,文献失载。穆公有姬姓夫人,娶自晋国,《史记·秦本纪》:"(缪公)四年,迎妇于晋,晋太子申生姊也。"李峰力主这位"秦子姬"是穆姬,即晋献公之女,该器可能是秦康公为其母穆姬所作③。如果秦子姬簋盖确实晚至春秋中期,那么穆公就是最佳人选。

秦子姬簋铭中的"秦子"不一定是大堡子山K5和MIHO秦子钟的器主,因为历史上有多位秦子。根据前文对大堡子山秦公大墓器物组合的复原,MIHO秦子钟应出自大墓M2。德公、宣公所作之器无由埋入大堡子山秦公墓,他二人

---

① 梁云:《"秦子"诸器的年代及有关问题》,《古代文明(第5卷)》,文物出版社,2006年。
② 赵化成、王辉、韦正:《礼县大堡子山秦子"乐器坑"相关问题探讨》,《文物》2008年第11期。
③ 李峰:《青铜器和金文书体研究》,上海古籍出版社,2018年,第151—152页。

可以被排除。如此，剩下文公、宪公、出子、武公，都是 K5 和 MIHO 钟铭"秦子"的候选人。

K5 镈铭除了多"以其三镈"四字，内容与 MIHO 钟铭完全相同；语句格式、字体写法也完全一样，宛如同一人的"签名"。说明两套秦子钟的铭文由同一人手书，两套钟的"秦子"即便不是一个人，也是前后继位的秦公。因为先秦乐钟的制作者是镈师，同一位镈师先后为两代国君做事还算正常，若经历三代就少见了。

K5 镈和 MIHO 钟铭"秦"均作"䅺"，上部从春省臼，下部从三禾（图 82:1、2）。这种写法十分特别。大堡子山秦公器铭文"秦"字有从春省臼的，也有不省臼的，但均从双禾。此后秦武公钟鼎、天水秦公簋铭文的"秦"均从春省臼，从双禾（图 82:4、5），成为定式。传世或收藏的秦子戈、秦子矛、秦子盉、秦子姬簋盖铭文的"秦"也是从春省臼从双禾的写法。"秦"字省臼从三禾的写法，应是大堡子山秦公器至秦武公器过渡期间特有的书法现象，有鲜明的时代特征。值得注意的是，珍秦斋藏秦政伯丧戈"秦"字也是从春省臼从三禾（图 82:3）。该戈形制（图 83）与秦子戈几乎一样，也是援上刃微凹，属春秋早期偏晚。器主伯丧被董珊考订为大庶长弗忌，伯丧、弗忌为名、字对应[①]，有理有据，可以信从。结合文献与金文可知，大庶长弗忌为宪公、出子时期正卿，执掌国政，故能操纵出子、武公的废立。有理由说，这种从三禾的"秦"字写法在秦金文历史上曾短暂流行，是宪公、出子时期特有的现象。从这个角度说，K5 和 MIHO 的钟、镈属于这一时期的可能性较大。

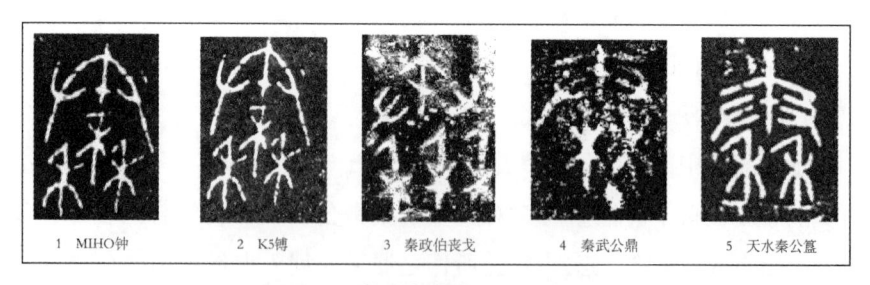

1 MIHO钟　2 K5镈　3 秦政伯丧戈　4 秦武公鼎　5 天水秦公簋

图 82　春秋秦器铭文中"秦"字

---

① 董珊：《珍秦斋藏秦伯丧戈、矛考释》，《故宫博物院院刊》2006 年第 6 期。

第五章　早期秦文化都邑　247

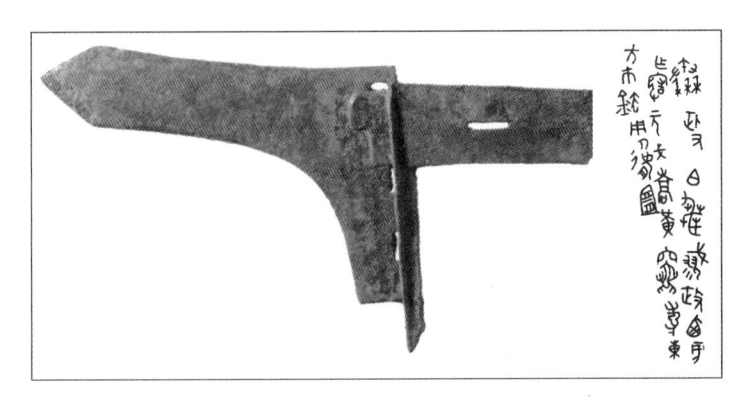

图 83　秦政伯丧戈及铭文

传世秦子戈、矛及海外收藏秦子盉出土地点不明,难以考证器主,只能根据年代范围宽泛地归于文公、宪公、出子、武公、德公。秦子戈、矛铭文多有"乍(作)窖(造)",这种用语还见于珍秦斋秦政伯丧戈和秦武公鼎,但不见于其他时期器铭,从这个角度说目前著录的秦子戈、矛似乎属于宪公至武公时期。

三、大堡子山遗址乐器坑探讨

2006 年下半年早期秦文化联合考古队在大堡子山大墓 M2 西南发掘了青铜乐器坑 K5 及其周围的 4 个人祭坑(K1—K4)。出土的编钟体量高大,铸造精良,堪称当时秦国青铜艺术的典范之作,镈钟上的铭文更是不可多得的金文史料。但乐器坑的性质、坑内乐器的排列和定名还值得进一步探讨。

(一) 乐器坑性质

乐器坑位于大墓西南 20 米处,肯定和大墓的关系密切(图 84)。它是大墓的陪葬坑,还是祭祀坑? 如果是后者,它是对墓主的祭祀,还是对地神后土或山川之神的祭祀?

商周时期的贵族墓葬在主墓的墓圹外多有陪葬坑,有一个数量上由少到多、内容上由简单到复杂的变化过程。简言之,西周至春秋,陪葬清一色的车马,一般来说一墓一坑,埋葬方式有车马合葬、车马分葬以及单纯的车坑或马坑几类[1];战国时期以平山中山王墓 M1 为代表,除了两座车马坑之外,还出现了杂

---

[1] 吴晓筠:《商周时期车马埋葬制度研究》,北京大学博士学位论文,2003 年。

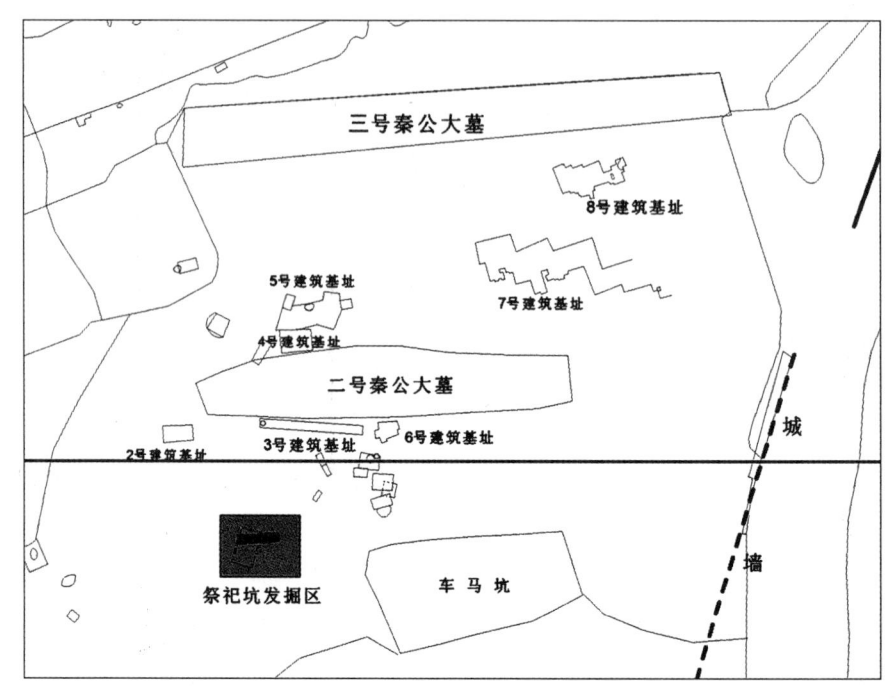

图 84　大堡子山乐器坑与大墓位置关系

殉坑和船坑，杂殉坑内有狩猎车和猎犬骨架，与田猎有关①。陪葬内容进一步扩大，就发展成为秦始皇陵园那种完备的"外藏"制度，包括车马坑、百戏俑坑、珍禽异兽坑、兵马俑坑等，种类庞杂，大有把地上生活全部搬入地下的意图。这种"外藏"制度，在《汉书·霍光传》服虔注里被解释为"在正藏外，婢妾藏也；或曰厨、厩之属也"。

秦公墓的陪葬也没有游离于这个规则之外。在大堡子山中字形大墓之南钻探出两座车马坑，其中一座经过发掘，殉 12 乘车。与晋侯墓地仅晋侯墓才有车马坑的情况略有不同，秦公夫人墓也有自己的车马坑，比如凤翔秦公陵园 M1 是秦景公墓，其东北方向斜线排列 M3、M5，是夫人和次夫人之墓，三墓的东南方向各有一座自己的车马坑。这种状况到了秦芷阳陵区依然没有改变，如一号陵园两座亚字形大墓为昭襄王与唐太后的并穴合葬墓，其东南方向各有一目字形车马坑。

---

① 河北省文物管理处：《河北省平山县战国时期中山国墓葬发掘简报》，《文物》1979 年第 1 期。

乐器坑位于大墓西南,方位上与陪葬坑置于主墓东南的传统不一样,内容上也与清一色的车马殉葬不同。既然商周陪葬坑广义上属于"外藏"部分,那么"正藏"就在墓室之内。青铜乐器作为"正藏"的主要内容,在贵族墓的发掘中已经屡见不鲜,但作为独立的陪葬坑以前尚未见到。大堡子山青铜乐器坑的性质显然很特殊,不能简单作为陪葬坑来对待。

目前考古发现的青铜礼乐器坑主要有两类,一类是祭祀坑。如湖南湘江流域的28处,多为一器一坑,有鼎、簋等礼器,也有钟、铙等乐器。发现地点位于河畔山坡,距离遗址较远①。又如辽宁喀左铜器群,位于大凌河两岸的山岗上,坑口盖有石板,坑壁和铜器间隙填塞石块,有专门的用意。此外还有四川广汉三星堆、彭县竹瓦街和陕西城固铜器坑。它们都应是祭祀天、地、山、川等自然神仪式后,用以享神献神的活动②。另一类是应付突发事件而埋的铜器窖藏。如陕西周原和丰镐遗址的几十处,被认为是西周末年犬戎入侵、周室贵族仓促东逃前挖埋的③。无论哪一类,附近都没有对应的贵族墓,与陪葬坑无关。

春秋时期在中原地区发现的青铜礼乐器坑有两处。一处位于郑韩故城东城内小高庄附近,遗址面积约22 000平方米,发掘铜礼乐器坑18座(礼器坑7座、乐器坑11座)、殉马坑5座。遗迹分布比较有规律,在其东部发现春秋时期郑国祭祀遗址夯土墙基一段。礼器坑出九鼎八簋;乐器坑往往出镈钟一套4件、钮钟两套20件。从铜器形制看"其年代上限不会早于春秋早期,而下限不会晚于郑伯墓"④,属春秋中期,发掘者推断该遗址为郑国的社稷。由于没发现任何房屋建筑遗迹,符合社稷露天的特征;发现墙基又与文献中的"社壝"吻合,这个意见无疑是正确的。乐器坑大多3坑一组,其附近有1—2个礼器坑相配,有明显的组合关系,是郑国公室多次祭社活动的遗留。

另一处是陕西宝鸡杨家村太公庙秦武公钟、镈窖藏⑤。太公庙南临渭水,发现之初有学者认为它是秦都平阳西郊外秦公室望祭山川的地点,当时的秦公望

---

① 傅聚良:《湘江流域西周时期的铜器窖藏》,《华夏考古》2007年第3期。
② 王睿:《关于青铜器窖藏性质的反思》,《中国历史博物馆考古部纪念文集》,科学出版社,2000年。
③ 中国社会科学院考古研究所沣西发掘队:《陕西长安县新旺村新出西周铜鼎》,《考古》1983年第3期。
④ 河南省文物考古研究所:《河南新郑市郑韩故城郑国祭祀遗址发掘简报》,《考古》2000年第2期。
⑤ 卢连成、杨满仓:《陕西宝鸡县太公庙村发现秦公钟、秦公镈》,《文物》1978年第11期。

祭渭水和南山后将钟、镈瘗埋①。窖藏坑的性质与大堡子山乐器坑类似,后者位于大墓的西南,这不能不让人怀疑太公庙窖藏坑的东北可能也有秦公大墓。2013年果然在坑东北100米的村子里勘探发现了一座中字形大墓(M1),总长约106米,在这个大墓的东南方向,又勘探出一座大型车马坑(K1),东西北三面都发现有围沟,构成了一个相对独立的陵园。太公庙乐器坑与大墓的位置关系与大堡子山几乎一样,其性质也应相同。

大堡子山发掘的4座人祭坑环绕乐器坑,其中K1轻微打破乐器坑,表明是先埋藏乐器,再杀人祭祀,它们都属于一次完整的祭祀活动的遗留。乐器坑也是祭祀坑,而且是这次祭祀活动的主体。

乐器坑的祭祀对象是否为M2?要解决这个问题,得先探讨M2和K5的相对年代早晚关系。5个祭祀坑均开口于第⑥层下,打破⑥层下的五花土。这种五花土较纯净,呈水平分布,当是翻动生土后填埋形成的。五花土还叠压一条自然冲沟,可见在举行祭祀前先平整土地,填平沟渠,做出一个大体水平的活动面。2006年发掘区北缘的探方壁上还挂有五花土,说明它向北延伸出去了,范围很大。戴春阳回忆1994年发掘大墓时的情况说:

> 尽管在这里布了10×10米的大探方四个,10×2米的探沟两条,在发掘半月有余,下挖深达2—3米后,无论是探方还是探沟内,漫无边际的全是非常纯匀的五花土……根据发现的先后,遂依次给墓葬编号为M1、M2、M3。同时发现五花土完全覆盖着这三座大墓。显然,大堡子山墓地中心区的这种大范围覆盖大型墓葬的五花土的做法,应是肇始的墓上封土之滥觞②。

2006年第⑥层距地表深1—2米,其下五花土深度与戴文所说"2—3米"吻合,两次发掘中的五花土应当是一回事。戴文又说五花土覆盖着大墓,此说若属实,则地层关系为:祭祀坑→五花土层→大墓(箭头指向被打破或被叠压的单

---

① 陈平:《〈秦子戈、矛考〉补议》,《考古与文物》1990年第1期。
② 戴春阳:《礼县大堡子山秦国墓地发掘散记》,《秦西垂文化论集》,文物出版社,2005年。

位)。但戴文有前后矛盾之处,这种大范围分布的五花土如果覆盖大墓,在平面上就无法铲刮出大墓的坑口线。既然大墓墓口的平面形状得以确认,那么墓室填土和其外的五花土一定有区别,尽管这种区别可能不明显。2006年发掘时,乐器坑"坑内、外堆积的土质、土色十分接近,所以确认坑口范围十分困难"①,经反复铲刮后才得到确认,1994年的情况应与之类似。因此,客观现象是:大墓和祭祀坑打破同一层五花土,二者的层位关系相同。

《礼记·王制》云:"天子七日而殡,七月而葬;诸侯五日而殡,五月而葬。"耗时良久,是因为要准备随葬器物,还要规划陵园,营造墓穴。在开挖大墓和祭祀坑之前,先在墓地区域统一平整土地,做出一个水平的五花土活动面,是陵园建造的应有程序。事实上,商周宫殿在建造前都要先处理地面,陵园这么做也不奇怪。这也说明祭祀坑的年代不能早于陵园的规划和建造。

自汉儒以来,商周时是否有墓祭便是一个争议很大的问题。《周礼·春官·小宗伯》:"王崩大肆……既葬,诏相丧祭之礼。成葬而祭墓,为位。"《冢人》:"及葬……凡祭墓,为尸。"汉儒郑众认为在开始挖墓穴时举行祭祀,郑玄认为是墓成之后举行祭祀;但他们都认为祭祀对象是后土之神,以保墓穴建造顺利或墓主平安。今人杨宽亦持此说②。杨鸿勋则举殷墟西北岗王陵区成排的祭祀坑作为商代已有对墓主祭祀的例证③。

从考古资料来看,殷墟商王室大型祭祀遗迹主要有两处:一处在小屯东北地乙组宗庙基址附近,在乙七基址的南面,成排分布着上百座祭祀坑,是宗庙祭祀的遗留;另一处在武官村北地的王陵区东区,数量达2 000多座,埋有人及马、牛、羊等动物,呈30多排集中分布,杨锡璋等先生认为这里是商王室用于祭祀祖先的一个公共祭祀场所,商王祭祀他们的先公先王是在这一特定的场所进行,而不是在每个祭祀对象的墓旁进行④。王陵区的祭祀坑分南北向和东西向两种,以南北向的居多;东西向的被他认为属于殷墟第二期(祖庚、祖甲、廪辛时期),南

---

① 早期秦文化考古联合课题组:《甘肃礼县大堡子山早期秦文化遗址》,《考古》2007年第7期。
② 杨宽:《先秦墓上建筑问题的再探讨》,《考古》1983年第7期。
③ 杨鸿勋:《关于秦代以前墓上建筑的问题》,《考古》1982年第4期。
④ 杨锡璋、杨宝成:《从商代祭祀坑看商代奴隶社会的人牲》,《考古》1977年第1期;杨宝成:《殷墓享堂疑析》,《江汉考古》1992年第2期。

北向的被推断在殷墟第一期(武丁时期)①。就目前的材料而言,商代还没有在某个祖先墓旁专门祭祀的例子,原来认为的妇好墓上"享堂"建筑,后来证明与妇好墓无关②。

西周时期确实存在墓祭,而且是专门针对某一特定墓主举行的活动。在曲村晋侯墓地 M13、M8、M64、M62、M63、M93 的墓室前、墓道及其附近都发现有祭祀坑,坑内或埋人,或埋牛,或埋马,或埋狗;还伴出玉石器和髹饰。晋侯墓祭祀坑的数量多于夫人墓,其中 M64 的祭祀坑成排分布,打破墓道,是多次祭祀活动的遗留③。需要注意的是,上面所举墓葬中,M13 年代偏早,其祭坑打破墓道,内埋一犬;其余墓葬的年代均属西周晚期至春秋早期,属于晋侯墓地分期的后段。严格意义上的墓祭活动可能滥觞于那个时候。同时期的上村岭虢国墓地也发现有祭祀坑,分布在国君墓及高等级贵族墓的周围④,可资佐证。此外,2006 年在曲村晋侯墓地东南 4.5 公里的滏河南侧羊舌村,又发现一处两周之际或稍晚的晋侯墓地,其中 M1、M2 为两座南北向并穴合葬的中字形大墓,据发掘者介绍,"墓室南部和南墓道上及两侧至少发现了 227 座祭祀坑,用以祭祀的牺牲种属有人、马、牛、羊和狗,祭祀坑之间有多处叠压和打破关系,说明是多次祭祀的结果,反映了祭祀规模宏大和频繁"⑤。

但仔细比较的话,大堡子山 K5 与晋侯墓地、虢国墓地这些针对特定墓主的祭祀坑有很大不同。前者只有一个长条状大坑,内埋成套的铸造精良的乐钟;后者数量较多,是多次祭祀的结果,但多为圆形小坑,内埋牛、马、羊、狗等牺牲,从来不见青铜礼乐器。在大堡子山也没见到后者那种打破墓道的祭祀坑。可见二者性质有别,K5 不是针对墓主的祭祀。

赵化成认为乐器坑是祭祀地神后土之类的祭祀遗迹⑥,很有道理。目前已

---

① 杨锡璋、杨宝成:《从商代祭祀坑看商代奴隶社会的人牲》,《考古》1977 年第 1 期。
② 杨宝成:《殷墓享堂疑析》,《江汉考古》1992 年第 2 期。
③ 李伯谦:《从晋侯墓地看西周公墓地制度的几个问题》,《考古》1997 年第 11 期。
④ 河南省文物考古研究所、三门峡市文物工作队:《三门峡虢国墓(第一卷)》,文物出版社,1999 年,第 5 页。
⑤ 吉琨璋:《曲沃羊舌晋侯墓地 1 号墓墓主初论——兼论北赵晋侯墓地 93 号墓主》,《中国文物报》2006 年 9 月 29 日。
⑥ 赵化成、王辉、韦正:《礼县大堡子山秦子"乐器坑"相关问题探讨》,《文物》2008 年第 11 期。

发现商周时期用青铜乐器进行祭祀的遗迹，均与祭祀土地神或其他自然神有关，如上述郑韩故城的社祭遗存；还有湘江流域的祭祀坑常出镈钟或大铙，应为祭祀山川的遗留。在春秋金文中也有用乐钟祭神的记载，如洹子孟姜壶甲铭云："齐侯拜嘉命。（于）上天子用璧、玉备（佩）一司，于大无（巫）、司折、于大司命用璧、两壶八鼎，于南宫子用璧二、备（佩）玉二司、鼓钟一铧（肆）。"讲齐侯拜受周天子的指示，对上天子、大巫、司折、司命、南宫子等神祇献祭，祭品有玉璧、玉佩、壶、鼎和成套乐钟。其中乐钟用于祭祀南宫子，可能属齐国地方神。

但需要补充的是，乐器坑不是单纯的地神祭祀，与都城内社祭还有区别，因为它位于陵墓附近，应与陵墓的建造有关。古代陵墓的修建除了平整土地，"除地为墠"，还需要祭奠土地神，以祈求施工顺利，类似郑众、郑玄所说施工前或墓成后的祭祀，属于广义上的"墓祭"。大堡子山秦公墓墓底腰坑内殉狗，并出黄玉琮，就是这类祭祀活动的明证。因此，乐器坑是陵区形成的一个组成部分，相当于"奠基礼"遗迹。

祭祀活动应由墓主的继任者亦即新君来主持。那么，乐器的器主是墓主还是新君？先秦对天地神祇的祭祀"贵诚"，对祭品非常讲究。《礼记·郊特牲》云："贵诚之义也，故天子牲孕弗食也，祭帝弗用也。""用犊，贵诚也。"祭祀目的是祈求开辟陵区顺利，墓主得到佑护，那么祭品一定得是墓主之器。如果换成新君之器，有偷梁换柱之嫌，有违"贵诚"的宗旨。况且如前所述，新君也不可能在居丧期间作乐。因此，K5秦子器的器主一定是大墓的墓主。

同类例证是宝鸡太公庙村乐器坑及其东北新发现的大墓。太公庙村钟、镈的器主是秦武公，大墓墓主是秦武公或其夫人，器主与墓主为同一人或夫妇关系（详见本章第五节）。

大堡子山有两座大墓，K5秦子钟的器主是哪座大墓的墓主？以前由于K5与M2距离较近而与M3距离较远，认为K5与M2的关系更密切，现在看来不然。2006年发现K5后，以为它附属于M2，那么按照同样的逻辑，M3西南也应有这样的乐器坑，就对相应位置进行细密勘探，结果一无所获。可见K5不是附属于特定大墓的陪葬坑或外藏坑，它是服务于整个陵区（园）的祭祀坑，是因为要开辟新陵区（园）而祭祀土地神的遗迹，它当然与陵区第一座大墓同时，因为第一座大墓标志着陵区的形成。开挖第二座大墓时陵区早已投入使用，没有必要再为之祭祀土地了,这样就出现了"两墓一坑"的现象。当然,也有服务于单座大墓的祭祀坑,那就是大墓墓底的腰坑,相当于大墓自己的奠基坑,也是祭祀土地神,但祭祀目的及受佑者与陵园的乐器坑略有不同。学界普遍认为在相对年代关系上 M3 早于 M2,那么 K5 秦子钟的器主就是大墓 M3 的墓主。

无论大堡子山 K5,还是宝鸡太公庙乐器坑,都位于所在陵区(园)的西南部,这恐怕不是偶然现象。我们曾总结雍城秦公陵园及其陪葬墓区的布局规律:秦公墓在陵园内西南,秦公夫人、次夫人在陵园内东北,陪葬墓区在陵园外东北,在方位上以西南为尊的思想很明显。古人宫室之西南隅被称为"奥"①,是设神主祭祀或尊长居坐之处。又因为"奥(隩)"代指尊处,它又引申为神灵所居之地,如《史记·封禅书》:"自古以雍州积高,神明之隩,故立畤郊上帝,诸神祠皆聚云。"因此,在陵区西南部祭祀神灵,无论在文献记载还是考古资料中都能得到充分的印证和解释。

(二) 乐器的组合与定名

镈平于、弇铣、带钮,钟弯于、侈铣、带甬,形制差异很大,但文献中却没有镈的描述,而是把它归入大钟之类。如《说文·金部》:"镈,大钟,淳于之属,所以应钟磬也。堵以二,金乐则鼓镈应之。"《周礼·春官·镈师》贾疏:"镈与钟同类,大小异耳。"然而甬钟本身也有大小之别,《周礼·考工记·凫氏》讲述的是甬钟的制作规则,说:"是故大钟十分其鼓间,以其一为之厚;小钟十分其钲间,以其一为之厚。"单从文献而言看不出镈与钟的形态差别。

西周至春秋时期铜镈往往自名为"钟",如陕西扶风县任村出土的克镈与克钟铭文字数、内容全同,均自名为"宝林钟"。太公庙秦武公镈与钟铭文相同,自名为"龢钟"。金文材料说明上述文献把镈归入钟之大类的习惯在当时确实存在,但这并不代表古人对镈与钟没有区分,春秋晚期的䣄镈、郘公孙班镈已经自名为"宝镈"。秦子镈铭文的"宝龢钟"指乐器坑中的 3 件镈和 8 件甬钟,它们是同时一次铸造的;"宝龢钟"与"三镈"是包含和被包含的关系。"钟"是通名,"镈"是专名,这也代表了当时人们对镈、钟关系的一般性看法。

在周人心目中镈的地位远不如甬钟,目前发现的西周镈仅眉县镈和克镈两

---

① 《说文》:"奥,宛也。室之西南隅。"《尔雅》:"西南隅谓之奥。"

例,远不如甬钟数量多,说明镈在宴乐及葬礼中并不是不可缺少的。山西曲村晋侯墓地的 8 座晋侯墓中没出一件镈,但 M8 和 M6 都出编甬钟;陕县上村岭 M2001 是虢季之墓,出了 8 件甬钟而没有镈,就很说明问题。西周时期镈在礼乐生活中尚未流行,可能因为它较甬钟从南方传入中原晚了一个阶段。我们知道西周前期的甬钟都是三件一组,如宝鸡竹园沟 M7 出土的 3 件,宝鸡茹家庄 M1 乙室出土的 3 件,陕西长安普渡村长囟墓的 3 件,河南平顶山市魏庄窖藏的 3 件。到了西周后期,甬钟发展成为八件一组,如陕西扶风齐家窖藏出土的 8 件中义编钟,晋侯墓地 M8 出土的两组 16 件编甬钟。这当然与西周音律的发展有关。一般认为西周镈来源于湖南,湘系特镈都是一次出土一件,可见是单独使用的。无独有偶,经学家也认为镈不成编次,如《周礼·春官·小胥》贾疏:"周人悬鼓与镈之大钟,惟悬一而已,不编悬。"眉县镈、克镈三件一组的形式,与西周前期的编甬钟类似,较原始的特镈有所发展,而落后于同时期的甬钟。

秦人却偏爱镈这种乐器,目前所知的秦国君带铭乐器都是有钟必有镈,如秦子镈和日本美秀(MIHO)博物馆藏的秦子钟,太公庙出土的武公镈和武公钟,北宋内府藏的秦公镈和秦公钟。镈几乎和甬钟一样不可或缺。春秋秦镈顽固坚持了西周镈椭方体的样式,四出扉棱更加繁缛华丽,只是钲部主体纹饰随时代有所变化,其风格在列国中可谓独树一帜。秦人偏爱青铜镈的原因还不好解释,或许可以从文献中找到若干线索。《周礼·春官·镈师》:

镈师掌金奏之鼓。凡祭祀,鼓其金奏之乐。飨食、宾射亦如之。军大献,则鼓其恺乐。凡军之夜三鼜皆鼓之。守鼜,亦如之。

"金奏之鼓"就是《周礼·地官·鼓人》中的"晋鼓"[1]。郑注:"谓主击晋鼓以奏其钟镈也。"镈师掌领鼓、镈,并在军队献捷和行军守夜中当值,可见镈原本具有强烈的军乐色彩。古代军队闻鼓而进,鸣金而退,鼓、金都是指挥军队的信号系统。镈本来可能和錞于、铙、铎等一样都是军乐,这也可以解释它最初为什么是单独使

---

[1] 《周礼·地官·鼓人》:"鼓人掌教六鼓、四金之音声,以节声乐,以和军旅,以正田役……以晋鼓鼓金奏。以金錞和鼓,以金镯节鼓,以金铙止鼓,以金铎通鼓。"

用的。秦人尚武,先公先祖多死于戎难,其开国历程就是一部与西戎血战的历史,军事化生活浸染了礼仪文化的各个方面,喜好这种乐器就不足为奇了。

秦子镈于口沿内折,在正鼓及铣部有四个对称凹槽缺口(图85:1),这种缺口亦见于武公镈。有学者认为它是铸造形成的,非调音槽[1],这个说法很有道理。秦镈的内壁无隧,其椭方体能加强体腔的交混回响效果,但振动模式只有一种,只能发出一种频率音,即单音,铸成之后没有微调挫磨的必要。太公庙出土的3件武公镈经测试都是单音钟[2]。春秋中期以后东方列国出现的平口平于的青铜镈与秦镈有很大不同,除了没有扉棱外,合瓦形形体与甬钟一样能发双音,内壁也有挫磨调音的隧,编次数量增加,形体趋小,演奏功能增强,与甬钟或钮钟非常近似,有的甚至自名为"歌钟",如安徽寿县出土的4件春秋晚期蔡侯镈。这恐怕是战国以后文献把镈归入钟的原因之一。

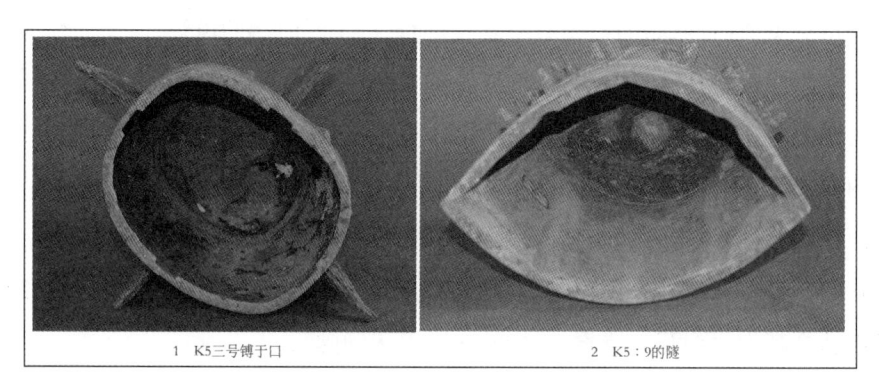

1　K5三号镈于口　　　　2　K5:9的隧

图85　大堡子山K5钟、镈于口

目前所知周代编钟出土状态清楚的都按大小依次悬挂排列,如春秋中期郑韩故城乐器坑K16,坑北部有5根木横梁,东西两侧各有1根长木撑,在第3、4根横梁下都有10件钮钟自西向东、从大到小排列;第5根横梁下自西向东、从大到小挂4件镈[3]。当时是将钟架与钟按本身悬挂方式侧卧埋于坑内的。又如春秋晚期的淅川下寺M2出土的26件甬钟,是分上、下层悬挂于墓北壁的,最大的8枚悬于钟架下层,从西向东、由大到小依次一字排列;18件小钟则从西向东、从

---

[1] 李朝远:《上海博物馆新藏秦器研究》,《上海博物馆集刊(第九期)》,上海书画出版社,2002年。
[2] 李纯一:《中国上古出土乐器综论》,文物出版社,1996年,第173页。
[3] 河南省文物考古研究所:《河南新郑郑韩故城东周祭祀遗址》,《文物》2005年第10期。

小到大悬于上层①,方向与下层相反。曾侯乙墓64件编钟可分若干组,每一组在钟架上也都是按大小依次一字悬挂的。编钟这种悬挂方式在金文和文献中也有反映,如洹子孟姜壶:"鼓钟一肆。"《左传·襄公十一年》:"郑人赂晋侯……歌钟二肆,及其镈磬,女乐二八。"杜注:"肆,列也。"周代一组形制相同、大小相次的礼器也可称为"肆"②。一组编钟内部有固定的音阶关系,大小依次编悬符合音律学的基本要求,也方便乐师演奏。然而,大堡子山乐器坑的甬钟却按中间大、两边小的方式悬挂。乐器坑8件甬钟按大小其出土号分别是K5:9、K5:10、K5:6、K5:8、K5:11、K5:12、K5:13、K5:14。最大的K5:9为西起第三件,次大的K5:10为西起第四件,再次大的K5:6反倒在西起第一件的位置。8件钟的甬部一律朝北,而且齐齐压在钟架的长横梁下,各钟之间基本等距离,不会是钟架倒塌脱落才形成这种状态,应是其本来的悬挂方式(图86:1)。这种编悬方式前所未见。

西周晚期至春秋早期甬钟发展为八件一组的定制,根据测音,第一、二钟只能发单音,即第一基音或正鼓音;第三至第八钟发双音,正鼓音与侧鼓音相谐构成音阶,并在右侧鼓铸小鸟或倒夔纹作为第二基音标志。全组编钟的音序为羽、宫、(角、徵)、(羽、宫)、(角、徵)、(羽、宫)、(角、徵)、(羽、宫)③,即起于羽音,止于宫音,音域达到三个八度的宽度,被称为"四声羽调模式"④。已发现的这时期编甬钟,如中义编钟、虢季编钟、晋侯苏钟,莫不如此。太公庙秦武公钟,从大到小为甲、乙、丙、丁、戊5件,音序为羽、宫、(角、徵)、(羽、宫)、(角、徵),"第四钟后应缺二件,第五钟后应缺一件,全组应为八件"⑤,完全沿袭了周制;而且甲、乙钟无第二基音标志,其余三钟右侧鼓有小鸟纹的情况也完全相同。

有意思的是,大堡子山乐器坑的甬钟西起第一件K5:6、第二件K5:8的右侧鼓部都没有第二基音标志;其余六钟,K5:9、K5:10、K5:11、K5:12、K5:13右鼓部有小鸟纹(图86:2),K5:14右鼓部有倒立夔纹(图86:3)。以第

---

① 河南省文物研究所、河南省丹江库区考古发掘队、淅川县博物馆:《淅川下寺春秋楚墓》,文物出版社,1991年,第426—429页。
② 陈梦家:《西周铜器断代(三)》,《考古学报》1956年第1期。
③ 括号内前者表示正鼓音,后者表示侧鼓音。
④ 李纯一:《中国上古出土乐器综论》,文物出版社,1996年,第242页。
⑤ 李纯一:《中国上古出土乐器综论》,文物出版社,1996年,第199页。

1　俯视

2　K5∶9侧鼓部鸟纹　　　3　K5∶14侧鼓部夔纹

图 86　大堡子山 K5 及其甬钟纹饰

二基音标志的有无作为标准,K5∶6、K5∶8 无疑是整组中的首钟和次钟,但又不是最大和次大者。

有学者认为周代一组甬钟中最大和次大的没有第二基音标志,是因为那时准确掌握低音钟的形制数据与音高的关系较中、高音钟困难,调音挫磨的工作量也很大(图 85:2);形体较大的钟音区很低,已经处在人耳听觉较为迟钝的区域,没有必要花大力气去挫磨调试;况且西周编钟的音阶仅羽、宫、角、徵四声,构成音阶的音已经足够,用不着去调准两个大钟的侧鼓音[①]。这个解释相当合理。

[①] 河南省文物考古研究所、三门峡市文物工作队:《三门峡虢国墓(第一卷)》,文物出版社,1999 年,第 567 页。

大堡子山甬钟显然是一个特例,由于尚未测音,具体的音序还不知道,自西向东可能和周钟一样是羽、宫、角、羽、角、羽、角、羽(正鼓音),也可能是角、羽、羽、宫、角、羽、角、羽(正鼓音)。前一种可能性说明那时的秦人还没准确掌握甬钟形体大小与音阶高低的关系;后一种违背了当时音律的通则,没有领会第二基音标志的基本含义,制作、悬挂的编甬钟徒具摆设的意义。

文献中有"五声"的说法,《周礼·春官·大师》:"皆文之以五声:宫、商、角、徵、羽。"前举周人编甬钟四声缺"商"。研究者认为青铜乐钟结构庞大,发音绵长,连续敲击会造成不同音频的干扰,出现"混响"现象,当时演奏旋律的主要是丝竹类乐器,编钟主要用来演奏骨干音,加强节奏,烘托庄严、肃穆的气氛,其礼仪政治需要超过了对音乐性能的要求;而且周钟不用"商"音,反映了周人对商王朝的敌视态度①。此说可以得到文献的印证,《周礼·春官·大司乐》讲在地上圜丘祭天神,在泽中方丘祭地示,在宗庙之中祭人鬼,演奏的都只有宫、角、徵、羽四声,唯独缺"商"②。从这个角度说,大堡子山甬钟的悬挂方式说明秦人将编钟的礼仪功能发展至极端,把它作为象征国君身份地位的重要摆设,甚至不太在乎乐钟的音阶关系和编悬次序,进一步弱化了其声乐学上的意义。

春秋早期秦武公钟的音阶也缺"商",还因袭了周人旧制,但春秋晚期秦景公大墓的石磬铭文却表现出对"商"声异乎寻常的重视。凤翔秦公一号大墓的石磬至少有三套,带铭的多枚,其中85凤南M1:300、M1:299、M1:253的铭文重复,应分属三套,都说:"瀧₌阝商。百乐咸奏,允乐子(孔)煌……""商"为音阶名,"瀧₌"即汤汤,原指流水连绵浩荡,这里形容商音高亢洪亮③。磬铭描述了景公行冠礼祭祀宗庙的场景,当时各种乐器或独奏或合奏,气氛热烈,商音是主声调。《玉篇》:"商……五音金音也。"秦居西方,祭白帝,主金瑞,秦襄公开国后"作西畤,祠白帝"(《史记·秦本纪》);秦献公都栎阳后,"栎阳雨金,秦献公自以为得金瑞,故作畦畤栎阳而祀白帝"(《史记·封禅书》)。按照五方、五帝、五行、五声

---

① 王子初:《晋侯苏钟的音乐学研究》,《文物》1998年第5期。
② 《周礼·春官·大司乐》:"凡乐,圜钟为宫,黄钟为角,大蔟为徵、姑洗为羽……冬日至,于地上之圜丘奏之,若乐六变,则天神皆降,可得而礼矣。凡乐,函钟为宫,大蔟为角,姑洗为徵、南吕为羽……夏日至,于泽中之方丘奏之,若乐八变,则地示皆出,可得而礼矣。凡乐,黄钟为宫,大吕为角,大蔟为徵、应钟为羽……于宗庙之中奏之,若乐九变,则人鬼可得而礼矣。"
③ 王辉、焦南峰、马振智:《秦公大墓石磬残铭考释》,《中研院史语所集刊》第67本第2分。

相配的观念,秦重商音有很强的政治象征意义,磬铭中的多次强调,可视作一种关乎统治合法性的隐喻。

周取代商为天下共主,在标榜身份地位的青铜悬乐上,在重大的祭祀场合中不用"商"音可以理解。相反,秦人本是东方古民族的一支,与殷商关系密切,只是后来迁徙到了甘肃东部。秦人先祖与商王朝关系密切,费昌、孟戏、仲衍、蜚廉、恶来都曾为商臣,"自太戊以下,中衍之后,遂世有功,以佐殷国,故嬴姓多显,遂为诸侯"(《史记·秦本纪》);周克商后,秦人地位大大下降了,西周末年再度崛起,春秋时发展成泱泱大国。从其历史渊源看,秦对"商"音不会像周人那样忌讳。春秋中期以后,为了满足演奏和娱乐的需要,东方列国的悬乐增加了商、徵两个正音而变得五音俱全,甚至较多地使用徵调式和商调式[1],但还没有秦人那种堂而皇之题于磬石上的记事铭功类刻辞。

乐器坑北部磬架横梁下压两组编磬,每组5件(图87)。磬的股、鼓两边都呈微凹的弧线形,与凤翔秦公一号大墓和大堡子山秦公墓所出形制相同,乃秦磬的特色。磬分两组的现象在周代比较普遍,如西周晚期晋侯墓地M8的8件磬分两堆搁置[2],该墓被盗,可能缺失2件。上村岭M2011(虢太子墓)出编磬18件,按形态及大小可分两组,每组9件[3]。春秋中期的山西侯马上马村M13出石磬10件,大小相次分两组叠置,每组5件[4]。战国早期的山西长治分水岭M269也是石磬10件分两组依次摆放[5]。北京故宫博物院藏东周编磬上有铭文"右六""右八""左七"等,"可见其分为左右两组,每组至少有八枚"[6]。两组编磬根据演奏的需要可分可合。《仪礼·大射仪》说在阼阶东设"笙磬",在西阶西设"颂磬"。《周礼·春官·视瞭》:"掌凡乐事……击颂磬、笙磬,掌大师之县。"郑注:"在东方曰笙;笙,生也。在西方曰颂,颂或作庸;庸功也。"贾疏:"东方之磬为笙,

---

[1] 李纯一:《中国上古出土乐器综论》,文物出版社,1996年,第242页。
[2] 北京大学考古学系、山西省考古研究所:《天马—曲村遗址北赵晋侯墓地第二次发掘》,《文物》1994年第1期。
[3] 河南省文物考古研究所、三门峡市文物工作队:《三门峡虢国墓(第一卷)》,文物出版社,1999年,第369页。
[4] 山西省文物管理委员会侯马工作站:《山西侯马上马村东周墓葬》,《考古》1963年第5期。
[5] 山西省文物管理委员会、山西省考古研究所:《山西长治分水岭战国墓第二次发掘》,《考古》1964年第3期。
[6] 王辉、焦南峰、马振智:《秦公大墓石磬残铭考释》,《中研院史语所集刊》第67本第2分。

西方之磬为颂。"大堡子山的两组磬是否分别是"笙磬"和"颂磬",值得考虑。

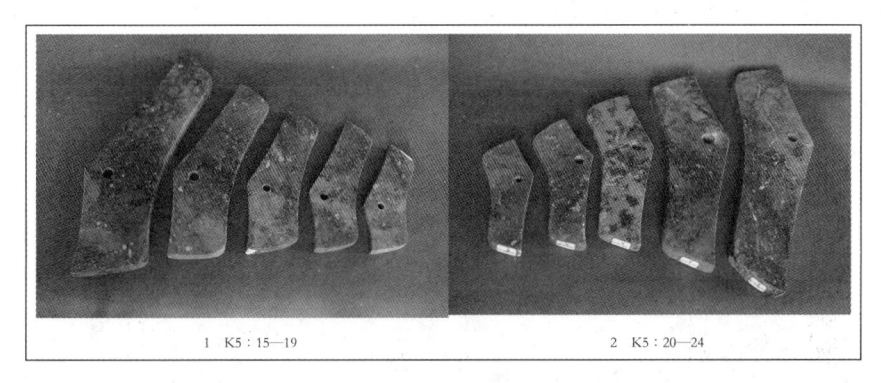

1 K5:15—19   2 K5:20—24

图 87　K5 石磬

乐器坑出土的三件铜虎长 21.7—22.6、宽 7.9—11.1、高 8—11.3 厘米。体中空,呈回首蹲踞状,前后双腿之间各有一道平撑,四足足底基本在一个平面(图 88:2、3)。铜虎轻小,单手可持握,应是用于止乐的"𢒈虎"。秦景公墓石磬铭文云:"𢒈虎飤(戠)入,又(有)巤(豩)飤(戠)羕(漾)。"王辉引孙常叙说,认为𢒈虎音假为"钼铻",是一种节齿状物,可以止乐①。《吕氏春秋·仲夏纪》:"饬钟磬柷敔。"高诱注:"柷如漆桶,中有木椎,左右击以节乐;敔,木虎,脊上有钼铻,以杖擽之以止乐。"虎形的敔可以用木制,也可以用铜制,看来这三件铜虎又叫"敔"。孙常叙也认为"柷虎"是"敔"的最初书写形式②。平顶山应国墓地出土的柞白(伯)簠铭文说:"惟八月辰在庚申,王大射于周……遂易(锡)柷虎。"李学勤先生认为"柷虎"就是"柷敔"③。柷、敔文献中常见④,《尚书·益稷》:"下管鼗鼓,合止柷敔。"郑注:"敔,状如伏虎。"大堡子山出土的恰好是"伏虎"。

铜敔背部圆滑,没有文献所说的节齿,其使用方法也应不同。笔者做过试验,握铜虎之背,按其四足于镈的鼓部,镈声戛然而止。三件铜敔是为三件铜镈专门配置的(图 88:1),其中一件出土时位于两甬钟之间,应是埋葬过程中或坑坍塌后脱落滚动造成的,已经离开了它原来的位置。换言之,八件甬钟可能用不着它

---

① 王辉、焦南峰、马振智:《秦公大墓石磬残铭考释》,《中研院史语所集刊》第 67 本第 2 分。
② 转引自王辉、焦南峰、马振智:《秦公大墓石磬残铭考释》,《中研院史语所集刊》第 67 本第 2 分。
③ 李学勤:《柞伯簠铭考释》,《文物》1998 年第 11 期。
④ 《周礼·春官·小师》:"掌教鼓鼗、柷、敔、埙、箫、管、弦歌。"

来止乐。这个说法除了出土状态的支持，还可以在甬钟与镈构造的差异上找到理由。合瓦形甬钟钟体两侧有棱，会对敲击正鼓部产生的振动起阻尼作用，减短钟的尾音；甬及其内的泥芯会对敲击侧鼓部产生的振动起阻尼作用；钲部的枚则对高频振动起加速衰减作用①。椭方体的青铜镈既无棱②，又无枚、甬，本身部件没有节音功能，受振动后延续音（尾音）会拉得很长，这就需要专门的节余音之物。

图 88　K5 出土铜虎

总的说来，秦人基本承袭了周人的悬乐制度，但又有变异，如对青铜镈的偏爱，大、小钟混杂的编悬方式，不忌商音等，表明春秋时秦对周制的继承往往流于形式，而非根植于血脉深处的文化规范。

四、大堡子山大墓墓主与西新邑

关于大堡子山两座中字形大墓（M2、M3）的墓主，学界争议很大。如果两座中字形墓代表两位秦公，李朝远③、王辉④、祝中熹⑤、张天恩⑥认为是襄公、文公，陈平⑦、松丸道雄⑧认为是文公、宪公，杨惠福、侯红伟认为是襄公、出子⑨，王

---

① 朱凤瀚：《古代中国青铜器》，南开大学出版社，1995 年，第 241—242 页。
② 镈的四出扉棱不同于合瓦形钟体两侧的棱，是否有节音作用不得而知。
③ 李朝远：《上海博物馆新获秦公器研究》，《上海博物馆集刊（第七期）》，上海书画出版社，1996 年。
④ 王辉：《也谈礼县大堡子山秦公墓地及其铜器》，《考古与文物》1998 年第 5 期。
⑤ 祝中熹：《礼县大堡子山秦陵墓主再探》，《文物》2004 年第 8 期。
⑥ 张天恩：《试说秦西山陵区的相关问题》，《考古与文物》2003 年第 3 期。
⑦ 陈平：《浅谈礼县秦公墓地遗存与相关问题》，《考古与文物》1998 年第 5 期。
⑧ 转引自陈昭容：《秦公器与秦子器——兼论甘肃礼县大堡子山秦墓的墓主》，《中国古代青铜器国际研讨会论文集》，上海博物馆、香港中文大学文物馆，2010 年。
⑨ 杨惠福、侯红伟：《礼县大堡子山秦公墓主之管见》，《考古与文物》2007 年第 6 期。王

占奎认为是宪公、出子①。如果两座大墓分属一位秦公、一位太子，赵化成、李学勤、张文江、吴镇烽、陈昭容认为是文公、静公②。如果两座大墓属一位秦公及其夫人，戴春阳认为是襄公及其夫人③，马振智认为属襄公或文公夫妇④，笔者以前曾怀疑是宪公夫妇⑤。

《史记·秦本纪》和《史记·秦始皇本纪》后附《秦记》记载襄公至出子的葬地如下（表27）：

表27 《秦本纪》《秦记》中葬地与居地列表

		襄 公	文 公	宪（宁）公	出 子
《秦本纪》	葬地		西 山	西 山	
	居地		西垂宫	徙居平阳	
《秦记》	葬地	西 垂	西 垂	衙	衙
	居地		西垂宫	西新邑	西 陵

现再将《史记》三家注对上表中地名的解读列表如下（表28）：

表28 《史记》三家注地名解读列表

	西 垂	西垂宫	西 山	西新邑	西 陵	衙
集解			今陇西之西县			引《地理志》云冯翊有衙县
索隐					一云居西陂	
正义	汉陇西郡西县也。今在秦州上邽县西南九十里也。	汉陇西西县	引《括地志》云秦宁公墓在岐州陈仓县西北三十七里秦陵山。又引《帝王世纪》云秦宁公葬西山大麓。按：文公亦葬西山，盖秦陵山也。			

---

① 王占奎：《秦子与大堡子山秦墓墓主》，待刊。
② 陈昭容：《谈新出秦公壶的时代》，《考古与文物》1995年第4期；李学勤：《论秦子簋盖及其意义》，《故宫博物院院刊》2005年第6期；田亚岐、张文江：《礼县大堡子山秦陵墓主考辨》，《唐都学刊》2007年第3期；赵化成、王辉、韦正：《礼县大堡子山秦子"乐器坑"相关问题探讨》，《文物》2008年第11期；吴镇烽：《秦子与秦子墓考辨》，《文博》2012年第1期。
③ 戴春阳：《礼县大堡子山秦公墓地及有关问题》，《文物》2000年第5期。
④ 马振智：《关于甘肃礼县大堡子山秦公墓地的几个问题》，《陕西历史博物馆馆刊（第10辑）》，三秦出版社，2003年。
⑤ 梁云：《西新邑考》，《中国历史文物》2007年第6期。

在《秦记》中襄公、文公皆葬"西垂",宪公、出子皆葬"衙"。在《秦本纪》中文公、宪公皆葬"西山"。《括地志》关于宪(宁)公葬于陈仓西北秦陵山的说法,陈平先生已有详论驳议①。20世纪70年代韩伟先生带队寻找秦公大墓,怀疑《括地志》的"秦陵山"就是今凤翔西北的灵山,上山调查勘探后一无所获;结果在凤翔南边南指挥镇一带发现13座秦公陵园。因此,今灵山上没有秦公大墓,《括地志》的说法已被考古工作证伪。若以今陈仓区太公庙村为基点,按周秦时1里415米,西北37里合15.355公里,正好在凤翔南指挥镇一带。《括地志》可能是把雍城秦公陵区误记作秦宪公的葬地。

对大堡子山大墓墓主的推论,直接关系到墓地乃至整个遗址的性质及定名。如前所述,城址西南部为大堡子所在高地,东北部相对平缓,分布着秦公大墓和中小墓群。通过1994年的初步勘探,2006年的全面勘探和2015年的补充勘探,可以确定该遗址只有两座大墓。那么,这两座大墓属于"两公(秦公)",还是"一公一母(秦公夫人)",抑或"一公一子(太子)"?

根据我们对大堡子山遗址秦公器与秦子器墓内组合的复原研究(详见第二章第四节),可知两座大墓各随葬大牢七鼎配六簋一套,均为列鼎列簋,鼎、簋上均有"秦公作铸(宝)"字样。两墓均随葬成套的镈钟和甬钟,完整组合应为镈钟3件、甬钟8件,目前尚有缺失。M2可能随葬MIHO秦子钟,M3可能随葬MIHO秦公钟。两墓均随葬成对的方壶和圆壶,目前尚有缺失,壶上均有"秦公作"字样。海外收藏的秦子盉是否为大堡子山所出不得而知,此外还缺簋、瑚、铺、鬲、甗、盘等器类。

这个复原有助于认识大堡子山大墓墓主的身份。同时期晋、虢、芮等国的墓地,国君夫人墓较国君墓普遍"礼降一等"。如在天马—曲村晋侯墓地,晋侯墓用五鼎六簋,晋侯夫人墓用三鼎四簋。在上村岭虢国墓地,虢季墓用七鼎六簋,虢季夫人墓用五鼎四簋。在梁带村芮国墓地,芮公墓用七鼎六簋,芮公夫人墓用五鼎四簋。而且在这些墓地,国君夫人墓内皆不随葬钟、磬之类的乐悬。大堡子山两座大墓礼器规格相当,没有哪一座"礼降一等",而且两墓都随葬编镈、编甬钟。如果说秦人的用鼎制度袭自周人,并严格遵循,那么大堡子山两座大墓里就没有

---

① 陈平:《浅谈礼县秦公墓地遗存与相关问题》,《考古与文物》1998年第5期。

秦公夫人墓。我们以前认为M2、M3是一代秦公及其夫人的并穴合葬，现在看来有误，需要改正。

应该说自西周开始，高等级贵族阶层就流行夫妇并穴合葬。年代在礼县秦公墓之前的天马—曲村晋侯墓地，就是夫妇两两并穴合葬的。年代在其后的雍城秦公陵园，在同一分陵园内的两座或多座大墓，也是一代秦公与其夫人、次夫人的并穴合葬；其中秦公墓、秦公夫人墓为中字形，次夫人墓为甲字形、刀把形或长方形；但夫人墓及其车马坑的规模要小于秦公墓（主墓），表现出"礼降一等"①。雍城秦公夫人、次夫人墓均有自己的车马坑，以前因为大堡子山有两座车马坑而认为没有秦公夫人墓，理由本身不充分。雍城之后的战国秦王陵，如咸阳塬上严家沟秦陵、周陵镇秦陵、芷阳东陵一号陵园，同一陵园内的两座亚字形大墓，也是一代秦王及其王后的并穴合葬。可见夫妇并穴合葬是周代诸侯及秦国陵墓的通行做法，如果根据墓内礼乐器组合复原推断大堡子山葬了两位秦公而无秦公夫人，就属于比较特殊的情况，在推论墓主时需解释其原因。

大堡子山两座大墓中是否有太子墓？参考同时期其他国家材料，比如在虢国墓地发掘了两座太子墓：一座是50年代发掘的M1052，一座是90年代发掘的M2011②。这两墓均随葬7件一套列鼎，与虢季墓相当。但细审之，其礼乐器与虢季墓还有差别。首先，两墓的鼎、簋等礼器上均无铭文，之所以能辨识出墓主的身份，是因为M1052出土的"虢太子元徒戈"，和M2011出土的"太子车斧"；但虢季墓的列鼎、列簋上均有"虢季作宝鼎（旅簋）"的铭文。类似者如梁带村M27，列簋上有"内（芮）公作为旅簋"。当然，有的国君墓的鼎、簋上也无铭文，如晋侯墓地M93、梁带村M28。其次，在乐器方面，M1052出钲1件、编钮钟9件，钮钟似铃，高13.4—23.5厘米，形体较小；M2011出钲1件、石编磬两套18件。这两墓均不出编甬钟，所出乐器组合不全，档次较低。大堡子山两座大墓的鼎、簋、壶等礼器上均有"秦公作"之类铭文，并共出编镈、编甬钟等成套的乐悬，乐器制作精良、考究，与已知的同时期太子墓差别太大，认为大堡子山两墓中有太子墓的意见，显然不妥。

---

① 梁云、田亚岐：《试论雍城秦公陵园的墓主及葬制》，《考古与文物》2015年第4期。
② 中国科学院考古研究所：《上村岭虢国墓地》，科学出版社，1959年；河南省文物考古研究所、三门峡市文物工作队：《三门峡虢国墓（第一卷）》，文物出版社，1999年。

考古材料中一墓出土带不同作器者铭文铜器的现象并不罕见，这种情况下一般依据大多数铜器，或标志身份的礼器的铭文来判断墓主。大堡子山两座大墓中的一座，肯定兼出秦公器和秦子器，M2 的可能性较大。这座墓所出"秦公器"的数量超过了"秦子器"，而且标志身份的列鼎、列簋均属"秦公器"；在器铭"秦公"与"秦子"关系不明的情况下，"秦公"自然是墓主的首选，作为墓主要比"秦子"合理。

退一步说，假如这座墓的主人是"秦子"，为什么没有"秦子"铭文的列鼎，却随葬"秦公"的列鼎？目前所知这时期国君所铸（带国君名号）成套的列鼎、列簋，都只出在国君墓中，如虢季墓、芮公墓，既不见于太子墓，也不见于国君夫人墓。如上述虢国两座太子墓均不见虢君所作列鼎列簋。国君夫人墓如三门峡 M2012 中仅一件小铜罐上有"梁姬作"铭文，梁带村 M26 的列鼎、列簋、方壶上有"仲姜作为桓公尊鼎（或簋、壶）"。充分说明国君自铸的列鼎有特殊意义，不会送人，哪怕是妻儿至亲，大概就是所谓的"唯器与名，不可以假人"（《左传·成公二年》）。"静公说"学者认为大堡子山 M2 墓主是文公的太子静公，并认为 M2 内"秦公"铭的列鼎列簋是文公赠送的，纯属主观推测，没有考古学资料上的任何例证。

当然，从逻辑上来说这座墓器铭上的"秦公""秦子"可能是一个人的不同称谓，也可能是两个人；如果是两个人，秦子器就可能是送葬或赗赠之物。我们已经论证了"秦子"既不是太子，也不可能是居丧期间的新君，而应是秦国嬴姓公族大宗的宗子，当然同时也是秦国国君；秦国国君既可称"秦公"，又可同时称"秦子"。乐器坑 K5 与 MIHO 秦子钟的铭文出自同一人手书，二者年代衔接或相当。K5 是因为陵区开辟而祭祀地神的遗迹，其乐钟器主与 M3 墓主为同一位秦公。M2 器铭的"秦公""秦子"自然就是另一位秦公。武公以后秦君都葬于关中，从器物的年代范围看襄公可以出局，那么秦子钟铭的两位"秦子"，可能是文公、宪公，也可能是宪公、出子。

综上所述，礼县大堡子山的两座大墓，既不是一代秦公及其夫人的并穴合葬墓，也不是一位秦公和一位秦国太子的墓，而是两位秦国国君的墓葬。既然墓主是两位秦公，那么墓地性质是《秦记》的"西垂"，还是《秦本纪》的"西山"，或者是《秦记》的"衙"？

先说"西垂"。首先如上节所述，西垂即西犬丘，是秦人的第一处都邑，前后跨西周中期、西周晚期和春秋早期，其对应遗址应该包含大量西周中晚期文化遗存。但大堡子山城址始建于春秋早期，繁荣期也在春秋早期，延续至春秋晚期；经过多次发掘，竟然没有发掘到一处年代明确属西周时期的遗迹。该遗址虽然等级够高，但年代与西垂（西犬丘）不符。其次，秦襄公葬于公元前766年，文公葬于公元前716年，前后相差50年，考古学上相当于跨了期段，这两位秦公的墓随葬器物应有明显的年代早晚之别。但如第二章第四节分析，大堡子山两墓铜器年代相当，虽然有相对年代上的早晚，但在绝对年代上属于考古学编年的同一期段，即春秋早期后段。襄公卒年超出了这个年代范围，襄公作为墓主自然应被排除在外。最后，秦庄公在位44年，秦襄公作为太子即位时（公元前778年）已经成年，否则无法护送周平王东迁洛邑；这从襄公元年就嫁妹缪嬴为丰王妻也看得出来。襄公虽然在位仅12年，但他应有夫人。文公在位时间更长，达50年之久，他肯定有夫人，而且可能不止一位，即有前、后夫人。比如雍城秦公陵区一号、十四号陵园就各有两座正夫人墓（中字形），一号陵园的秦景公在位40年，十四号陵园的秦穆公在位39年，他们在位时间较长，有前、后两任夫人完全可能[①]。秦公夫人墓也采用中字形墓形，只是规模小于秦公墓，很好辨识。但是大堡子山墓地没有一座秦公夫人墓，它作为"西垂"在这一点上很难理解，也很难解释[②]。因此，大堡子山墓地不是《秦记》的"西垂"。

再说"西山"。宪公葬于公元前704年，在文公卒后12年，前后属于同一期段，倒是与大堡子山两墓年代相当的现象不矛盾。文公太子静公卒于公元前718年，也属这一时段。《秦记》《秦本纪》没有记载静公的葬地，但《史记集解》引徐广云文公葬地："皇甫谧云葬于西山，在今陇西之西县。"静公应被文公葬在为自己预选的"西山"陵区。如"静公说"学者所言，静公为成年太子，可能辅佐文公理国，在秦国地位不低，死后谥号称"公"，墓葬应采用中字形。秦国世系中还有两位身份与静公相似的太子。一位是哀公太子夷公，"早死，不得立"，由夷公子

---

① 梁云、田亚岐：《试论雍城秦公陵园的墓主及葬制》，《考古与文物》2015年第4期。
② 或有学者认为秦承商制，殷墟西北岗王陵区内没有安排商王配偶，如妇好墓便不在其中；那么大堡子山只有秦公父、子合葬，而无秦公夫人墓就可以理解了。殊不知西北岗王陵分东、西区，西区的年代早于东区，在东区出现了商王配偶墓，如出司母戊方鼎的武官大墓。可见到了殷墟晚期其埋葬制度已经发生变化，商王夫、妇的并穴合葬出现并流行。由殷墟早期之商制推论300多年后的秦制显然不妥。况且秦人自秦仲始有车马礼乐，在这方面应主要接受了周文化的影响。

惠公继位。夷公可能葬于雍城七号陵园，主墓 M39 为中字形。另一位是怀公太子昭子，"早死，大臣乃立太子昭子之子，是为灵公"（《秦本纪》）。可能因为其谥号不称"公"，其墓没有采用中字形；雍城十三号陵园可能属昭子，主墓为一座带单墓道的甲字形墓。可见春秋秦国太子墓为中字形（谥号称公）或甲字形（谥号不称公）。无论中字、甲字形墓，在大堡子山遗址都很容易辨认，但该遗址除了两座秦公墓，再无太子墓，大墓的数量不够，不足以支持"西山说"。其次，文公在位时间过长，很可能有前、后两任夫人，静公成年也应有夫人，但大堡子山不见秦公夫人墓。因此，大堡子山墓地作为《秦本纪》中"西山"的可能性也不大。

最后说"衙"。出子葬于公元前 698 年，在宪公卒后 6 年，前后属于同一期段。出子被权臣所弑，《秦本纪》云"三父等复共令人贼杀出子"，《秦记》云"庶长弗忌、威累、三父三人，率贼贼出子鄑衍，葬衙"。庶长弗忌等废太子武公而拥立出子篡位，在秦国历史上属于罕见的废长立幼；6 年后又弑出子而复立武公，反复无常。出子乃无知孩童，这场宫廷政变由权臣一手操纵，罪责不在于他。这从三年后武公"诛三父等而夷三族，以其杀出子也"（《秦本纪》），"三庶长伏其罪"（《秦记》），就可以看得出来。三庶长之罪，自然是弑君之罪。出子虽然非正常死亡，但既然《秦记》记载他"葬衙"，那么他该按国君之礼下葬。太公庙秦武公钟铭里说"剌剌邵文公、静公、宪公不坠于上"，没提到出子，不是不承认出子的国君地位，而是铭文按"世"计算先君，没将时君（武公）之弟出子计算在内。天水秦公簋云"十又二公，在帝之坏"，却是按"公"计算先君①，无论生时称公还是死后谥号称公都包括在内，自文公起算，包括静公、出子，学界普遍认为作器者是秦景公。可见出子作为国君的历史地位是被后世认可的，《史记·十二诸侯年表》的"秦出公（子）"，《汉书·古今人表》的"秦出公曼"和"秦武公、出公兄"，就是证明。因此，出子（公）之墓也是中字形秦公墓。出子虽是儿童，但也是一国之君，不妨碍以"秦公"的名义制作成套礼器，并用以随葬。

出子卒时仅 11 岁，不到先秦婚姻年龄，自然没有夫人。关于《秦本纪》中秦宪公妻妾的记载，大家比较一致认为应断读为"生子三人，长男武公为太子。武

---

① 孙常叙先生认为先秦有"论公"记"公谱"和"论世"记"世系"两个系统，前者是称公者必录，后者是在位国君才算数。参见《秦公及王姬钟、镈铭文考释》，《吉林师大学报》1978 年第 4 期。

公弟德公,同母。鲁姬子生出子"。意即武公、德公的母亲是宪公正夫人,因而武公得为太子,但她姓氏不明;出子之母是鲁姬子,身份是次夫人或媵妾。武公与出子肯定不同母,否则废长立幼无法解释。秦国君位传承有父死子继,有兄终弟及,还有季父继位的,但废长立幼仅此一例,可见不合秦国继统法。武公太子身份堂堂正正,庶长弗忌等虽然大权在握,但若宪公卒时武公之母仍然在世,他们恐难行此逆举。武公母应卒于宪公之前,遂成母亡子弱局面,弗忌等在鲁姬子拉拢下扶立出子;但毕竟名不正言不顺,在内外压力下又弑出子,鲁姬子卷入政变太深,很可能同时被杀。这与战国早期(后)出子的遭遇很相似,(后)出子为惠公之子,继位时才1岁,2年后庶长改迎立献公,"杀出子及其母,沈之渊旁"(《秦本纪》)。正因为遭遇相似,他俩谥号相同,都为"出"(黜)。鲁姬子身份既低,又死于非命,自然没有资格与宪公合葬。武公母先于宪公而卒,当时可能宪公葬地尚未规划,也无法合葬。这就形成了宪公、出子前后两代秦公均无夫人与之合葬的情况,与大堡子山有两座秦公墓而无夫人墓的现象完全吻合。因此,大堡子山墓地很可能是《秦记》的"衙"。大堡子山两座大墓的相对早晚关系,学界一般认为M3早于M2,且M3长115米,M2长88米。如此,M3为宪公墓,M2为出子墓。如上节所述,K5为开辟陵园的"奠基礼"遗迹,K5镈铭文的"秦子"为宪公。MIHO钟铭的"秦子"应是出子。

大堡子山秦公墓发现以后,宪公作为墓主的可能性长期被忽视,只有个别学者如陈平、松丸道雄认为墓主包含宪公。主要原因是从秦文公三年(公元前763年)东猎到秦宪公卒时,秦人已经在关中西部经营了近六十载,似无返葬陇右故地的必要。宪公、出子返葬陇右其实有现实和礼俗两方面原因。现实原因如陈平所言,宪公时关中形势还不稳定,还存在大量戎夷势力,秦人根基还不牢固,这种状况至武公在郑、杜设县才得以扭转,文、宪二公当然不放心将自己的陵墓置于新都附近,返葬陇右才是明智之举①。礼俗原因是先秦流行"返葬"习俗,就是说虽然已经迁都,但头一或几位国君会返葬于故都、故里,比如周初齐国被封在山东,但姜太公以后的五世齐君都返葬于周②。又比如秦德公已从平阳迁都雍城,但德公、宣公、成公都葬在"阳"(《秦记》),也就是平阳。这既是叶落归根的心

---

① 陈平:《浅谈礼县秦公墓地遗存与相关问题》,《考古与文物》1998年第5期。
② 《礼记·檀弓上》:"大公封于营丘,比及五世,皆反葬于周。"

理,也出于追随祖、父等先人埋葬的习惯,这种心理和习惯在后世也相当普遍。

大堡子山墓地被称为"衙",可能和当地地形有关。《水经注·漾水》在叙述西汉水流经祁山之南后云:"汉水又西,迳南岈、北岈之中,上下有二城相对,左右坟垅低昂,亘山被阜,古谚云:南岈北岈,万有余家。"会贞按:"《集韵》,岈、虚加切,同谺。谽谺,谷中大空貌。岑参文云,剑山巉巉,天凿之门,二壁谽谺,高崖嶙峋。则此南岈、北岈,谓南北二壁间之大空也。《方舆纪要》:今祁山西南有二岈。"《水经注·漾水》所叙述的方位,正好在今大堡子山。西汉水流到这里,河道收紧迂曲,两岸山体变得陡峭,在大堡子山顶有夯土建筑,在它南面西汉水对岸的山体向前凸出,两岸山体恰好构成"南北二壁间之大空也"。《汉书·地理志》如淳曰:"衙,音牙。""岈""牙""衙"音同,可以通用。古代军营的辕门立有牙旗,故辕门又称牙门,如《三国志·典韦传》:"牙门旗长大,人莫能胜,韦一手建之。"唐兰先生说:"牙与衙音同,所以后世把官署称为衙门。"①《水经注》"南岈""北岈"之"岈",或许就是《秦记》之"衙"。

王辉认为宪公所居西新邑是一处新都,衙就在它附近,很有道理②。我们认为,"西新邑""西陵"与"衙"都在一个地点,前二者是就这个地点的居邑而言,后者是就这个地点的墓葬区而言。出子所居"西陵"与宪公所居"西新邑"其实是一回事,只是叫法略有差别。一个重要的理由,出子是幼君,在位时间又短,实无开辟另一个都邑的实力,从乃父之居是最大的可能,况且他与宪公又葬在同一片墓地。在先秦时期,诸侯的葬地往往在居邑附近,或者就在其中。

大堡子山遗址地理位置险要,正好扼守在永坪河与西汉水的交汇处,西汉水河道正好在这里收缩迂曲。低平开阔的遗址虽然能容纳大量的人口,但不利于军事守备,也易遭洪涝灾害。相反,高亢的地形却是防御上的天然屏障,况且古代凿井技术和山泉也能保障用水供应。大堡子山城址类似"台城",即在紧贴台地的崖边夯筑城墙,从城外看陡峭,在城内看却很低矮,这种筑城方法既节省了人力,又充分利用了自然地形。先秦时期"陵"的本义指高亢险要的地形,因此,

---

① 唐兰:《西周青铜器铭文分代史征》,中华书局,1986年,第185页。
② "至于'衙',恐非汉左冯翊衙县,衙县即今白水县,其地当时尚不属秦,秦公无法葬于其地。通例,诸侯死后或归葬于旧都附近,或在新都附近,都与白水县不相干。出子是被庶长弗忌、威累、参父杀害的,更无必要远葬于白水,所以此'衙'只能在新都西新邑附近,只是具体地点今已无法确知。"(王辉:《也谈礼县大堡子山秦公墓地及其铜器》,《考古与文物》1998年第5期)

出子所居的"西陵",也指的是大堡子山遗址,它也是宪公所居的西新邑。

"西新邑""西陵""西陂"名前均冠一"西"字,绝非偶然,说明它们与"西垂""西犬丘"处于同一个地理范围内,不会相隔甘肃礼县到陕西宝鸡那样远的距离。这个地理范围,其实就是西周时期秦人在礼县的活动区域,也就是秦汉西县的范围。秦人故地被称为"西",地名前冠以"西"字,除了位于王朝西境,还缘于当地的食盐资源。秦代在西县设有盐官,西安秦封泥中有"西盐"戳印。金文中"西""卤"为同一字,礼县在古代为出产盐卤之地,所以被称为"卤",记作"西",是很自然的事。

"西垂"和"西犬丘"在文献中被称为秦人的故都,如《秦本纪》云:"于是复予秦仲后,及其先大骆地犬丘并有之,为西垂大夫。庄公居其故西犬丘……"相映成趣的是,宪公所居为"西新邑"。既然称"新邑",自然和旧都有别,不在同一地点,但又不会距离太远。

2006年发现的大堡子山城址,应是宪公所居"西新邑"。它是秦人在陇右故地所建一处新的都邑,建造者可能是宪公,也不排除是文公。城内有宪公、出子之墓。将陵墓安置在都城内是先秦时期常有的现象。随着秦人东进步伐的加快,武公入主关中之后,它也很快丧失了一处都邑应该具有的军事政治地位。

第三节 秦邑探索

一、牛头河流域周代遗址的分布

牛头河发源于陇山西南麓,其干流自东向西穿过甘肃省清水县境,在红堡镇附近折向西南流,最后注入渭水。牛头河上、下游多深沟峡谷,唯白沙镇至红堡镇的40多公里的中游川道宽阔,其自东向西在干流北岸有四条大的支流注入,分别是汤峪河、樊河、后川河、白驼河。后川河为其中最大的一条支流,由其上游的北川河、南川河、杨川河在张家川县城附近汇聚而成,并宛转西南流,在清水县红堡镇附近注入牛头河。牛头河整个流域面积超过2 000平方公里,地势东北高、西南低,地形多黄土梁峁台塬,沟壑纵横,年降雨量在300—500毫米。

牛头河在北魏郦道元的《水经注》中名"东亭水"或"东亭川水",《水经注·渭水》对其流经地望多有描述。流域地跨张家川、清水两县。张家川县乃20世纪50年代从清水县分出,与秦安、庄浪及陕西陇县的一部分合并而成。这两县古时本一地,统归清水县,北魏至隋唐属秦州,西汉后期属天水郡,西汉武帝以前至秦属陇西郡。牛头河干、支流是翻逾陇坂、沟通关中的重要通道,两岸台地古文化遗址较为丰富。

秦人崛起于陇右,唐《括地志》云秦祖非子的封地"秦"邑就在清水县[①]。20世纪80年代赵化成先生曾调查过牛头河,否定了今上游秦亭镇一带作为非子始封地的可能性[②]。为了摸清这一地区的古文化发展序列及分布范围,进一步探索秦早期都邑及秦人迁徙路线,2005年10月20日至11月12日,早期秦文化联合考古队调查了东起秦亭镇,西至白驼镇,北至黄门镇,南至红堡镇的牛头河干、支流两岸,共发现遗址55处。2008年4月20日至5月20日,联合考古队又调查了南起清水县黄门镇,北至张家川县刘堡镇,东至张家川县马鹿镇的后川河干支流以及樊河和汤峪河上游两岸,共发现遗址62处。两次共调查各类遗址117处,其中含周代(西周至春秋)遗存的遗址32处(图89、表29)[③]:

表29　牛头河流域周代遗址统计表

序号	名称	缩写	位置	面积(平方米)	遗迹	标本年代
1	秦子铺	QZP	清水县秦亭镇	5 000	无	齐家、周
2	程沟西	CGX	清水县白沙镇	10 000	灰层	仰晚、常下、齐家、周
3	杜沟坪	DGP	清水县白沙镇	不详	灰坑、房址、灰层	仰韶、常下、周
4	李沟坪	LGP	清水县白沙镇	100 000	文化层	仰晚、齐家、周、汉
5	武坪	WP	清水县白沙镇	12 000	无	齐家、周、汉
6	太平寺	TPS	清水县白沙镇	50 000	灰层	常下、周
7	后四湾	HSW	清水县白沙镇	不详	无	常下、齐家、周
8	祝英台	ZYT	清水县城关镇	不详	灰层、红烧土面	仰中、常下、齐家、周
9	泰山庙	TSM	清水县城关镇	100 000	灰层、陶窑	仰中、仰晚、常下、齐家、周
10	柳树塬	LSY	清水县永清镇	不详	灰层、灰坑	仰韶、周
11	李崖	LA	清水县永清镇	>100 000	灰层	仰晚、齐家、周、汉

---

① 《史记正义》引《括地志》云:"秦州清水县本名秦,嬴姓邑。《十三州志》云秦亭,秦谷是也。"
② 赵化成:《寻找秦文化渊源的新线索》,《文博》1987年第1期。
③ 图中的遗址号即表中序号。

续表

序号	名　称	缩写	位　置	面积（平方米）	遗　迹	标本年代
12	孟家山	MJS	清水县永清镇	10 000	灰层、灰坑	仰中、常下、齐家、周
13	吴家嘴	WJZ	清水县永清镇	40 000	灰层	常下、周
14	庙崖	MA	清水县永清镇	100 000	灰层、墓葬	仰晚、齐家、周、汉
15	安家坪	AJP	清水县红堡镇	不详	砖室墓	仰中、仰晚、周
16	魏家峡	WJX	清水县红堡镇	不详	无	仰中、仰晚、周
17	大庄	DZB	清水县红堡镇	20 000	陶窑	仰中、仰晚、齐家、周
18	潘何	PH	清水县红堡镇	20 000	房子、路土、灰坑	仰中、仰晚、周
19	安家村	AJC	清水县红堡镇	50 000	灰坑、被盗墓葬	周、汉
20	周家庄	ZJZ	清水县红堡镇	10 000	墓葬	齐家、周
21	白驼镇西	BTZX	清水县白驼镇	不详	被盗墓葬	常下、周、汉
22	刘坪墓地	LP	清水县白驼镇	不详	被盗墓葬	周
23	黄门	HM	清水县黄门镇	不详	灰层、烧土堆积	仰晚、周
24	上城村	SCC	清水县黄门镇	30 000	无	仰中、常下、周、汉
25	郑家湾	ZJW	清水县黄门镇	2 000—3 000	无	齐家、周
26	柳滩里	LTL	清水县黄门镇	80 000	墓葬、白灰面房屋、夯土、灰层	仰中、仰晚、常下、周、战、汉
27	峡口	QHXK	清水县黄门镇	不详	无	周
28	台子村	QHTZC	清水县黄门镇	10 000	灰层、被盗墓葬、堡子	常下、周
29	湾沟	ZHWG	张家川县胡川镇	20 000	墓葬、红烧土窑、灰坑	仰韶、齐家、周
30	杨上	ZZYS	张家川县张家川镇	1 500	灰坑	周、汉
31	坪洮塬	ZZPTY	张家川县张家川镇	200 000	陶窑、灰层、墓葬	仰中、仰晚、周、汉
32	前山村	ZZQSC	张家川县张家川镇	不详	无	周

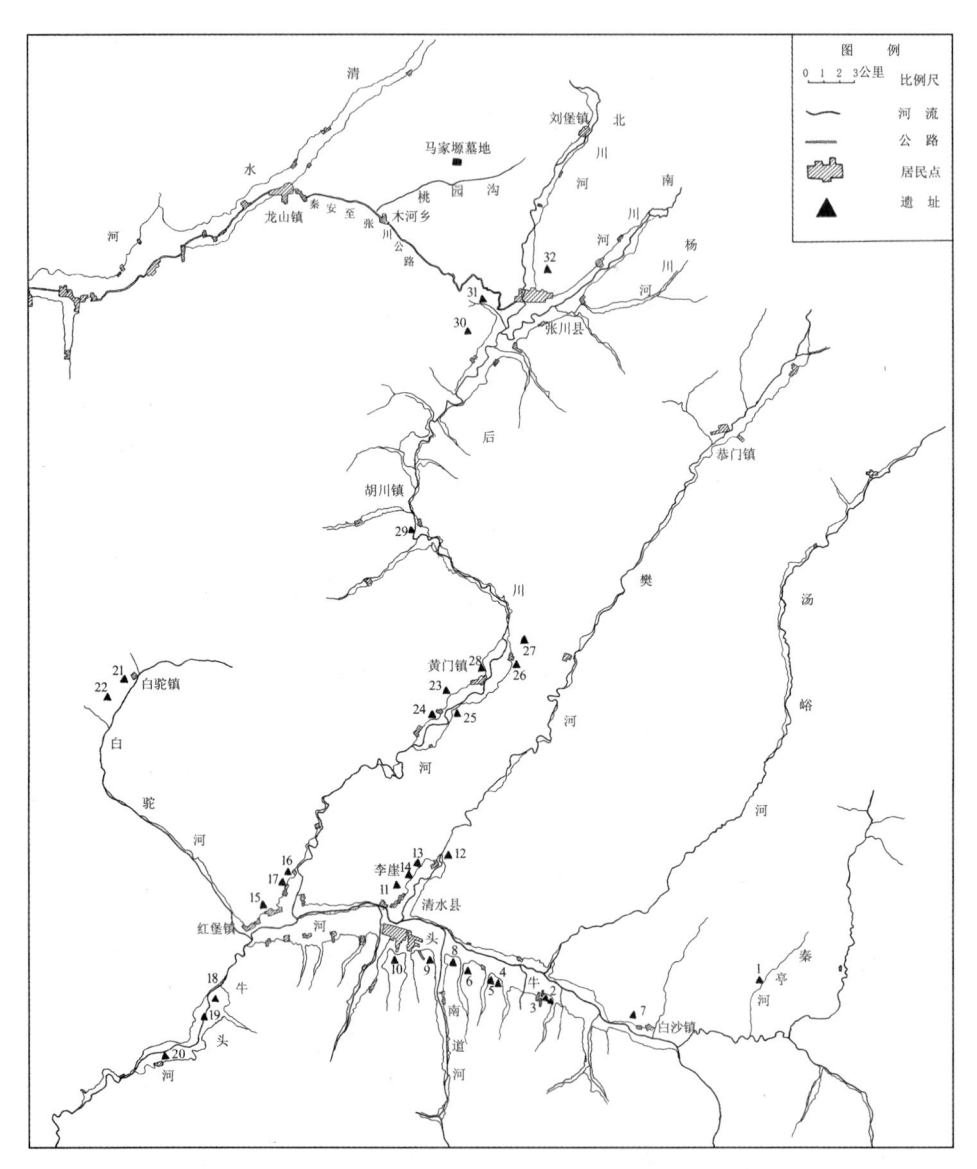

图 89　牛头河流域周代遗址分布图

牛头河中游，后川河黄门镇段、胡川镇段、张家川镇段是遗址分布较集中的几个区域，比较重要的遗址如：

李崖遗址位于清水县永清镇，牛头河与樊河交汇的西夹角台地上。李家崖村及"赵充国"墓区占据的一级台地，也应属于遗址的范围。遗址背山临河，地形平坦开阔，西北高、东南低，海拔1 370—1 424米，总面积约百万平方米。在遗址区暴露有文化层,采集到大量西周时期陶片,器型有鬲(图90:7、12、14、15、17、18)、甗(图90:6、13)、瓮(图90:28)、罐(图90:25、26)、豆(图90:22)、盆等。在南边较低的"赵充国"墓区也采集到鬲足。遗址的文化内涵以周代遗存为主。

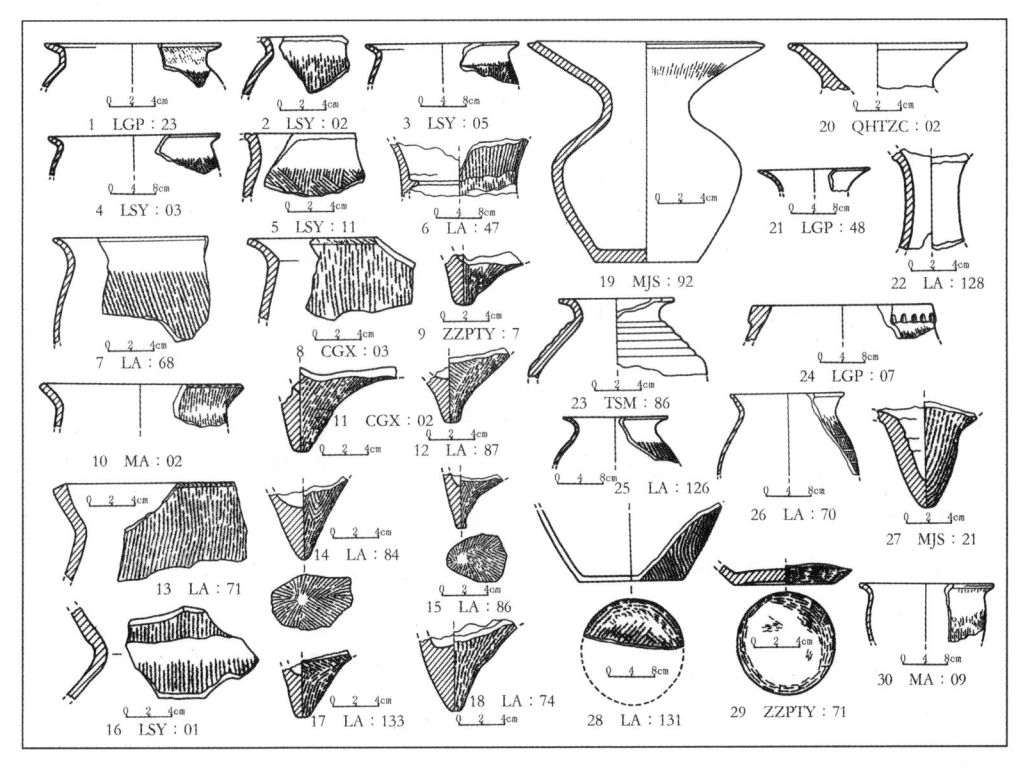

图90 牛头河流域采集周代陶片标本

柳树塬遗址位于永清镇窠老村西、上水村沟东、牛头河南岸的台地上。地形北低南高,海拔1 415—1 421米。遗址南北长300米,东西宽约200米。暴露的文化层最厚2米,最长150米;在上水村沟东的断崖上有直径2.5米的灰坑。采集到大量周代绳纹灰陶片,可辨器型有盆、鬲(图90:2—5)、甗(图90:16)等。遗址文化内涵以周代遗存为主。

坪洮塬遗址位于张家川镇下马沟北侧、张家川至秦安柏油公路南侧,北川村西约500米处的台地上。下马沟为一条自西向东注入后川河的冲沟,其北为东西向山体,遗址位于山体南侧的缓坡上,地形南低北高,低平开阔,海拔1 734米左右。遗址南北约500米,东西约400米,总面积约20万平方米。在遗址区多条东西向田埂断面暴露出文化层,厚 0.7—2 米,长 200—300 米;另在下马沟畔的台地断面发现 3 座陶窑。在遗址区中南部采集到大量的仰韶时期红陶片。在北部的一、二级阶地(修梯田形成的)主要采集到周代绳纹灰陶片;北缘的黄土断面上有一条周代灰层,长 300 米左右,其中夹杂人骨,采集到西周时期的甗口沿、绳纹凹圜底罐的底部(图 90:29)和口沿、鬲足(图 90:9)。总体看来,遗址内涵以仰韶文化为主,周代遗存主要分布在遗址的北部高处,分布范围东西约 300 米,南北约 100 米。

采集的陶片标本大部分属西周时期。如有的陶鬲为侈口,卷或斜沿,沿夹角为钝角(图 90:4、7),年代属西周中期;还有的为斜或平沿,沿内、外侧有一或两道凹弦纹(图 90:1—3、5),应属西周晚期。鬲足为锥或柱状足根,截面为圆形,中细绳纹直到足底(图 90:9、11、12、14、15、17、18)。甗为斜沿、方唇,沿外饰竖绳纹(图 90:8、10、13、16);甗腰内侧一周出沿,箅隔中空,腰外侧有附加堆纹(图 90:6)。盆侈口,斜沿,深腹(图 90:30)。罐侈口,卷沿,颈部以下饰绳纹及弦纹(图 90:25、26),平或凹圜底,底部饰绳纹(图 90:29)。蛋形瓮敛口,宽平沿,厚方唇,唇下饰锁眼状附加堆纹(图 90:24);空心足,外饰竖向粗绳纹(图 90:27)。豆柄中空,两端较粗(图 90:22)。喇叭口罐口径尚小(图 90:20、21)。还有个别标本属春秋晚期,如孟家山采集的一件完整喇叭口罐,口径大于肩径(图 90:19)。甚至不排除有晚至战国时期的,如泰山庙采集的罐口沿,为泥质青灰陶,短颈,平折沿,肩部有六道平行凹棱纹(图 90:23)。

与西汉水上游相比,就周代文化的发达程度而言,礼县为最,清水县次之,张家川县又次之。今清水县秦亭镇一带溪流狭窄,台地破碎,多红土,水文、地质、地形条件均不理想。在秦子铺遗址仅采集到少量绳纹灰陶片,器形上无法辨认能否到西周。周代遗址集中分布于清水县城所在的牛头河中游,如北岸的李崖和南岸的柳树塬;此外在后川河黄门镇段及张家川县城西北也有零星分布,但面积较小。在李崖遗址采集到很多西周时期标本,在清水县博物馆还能见到许多出土于该遗址的完整器[①]。在整个流域为数不多的以周代文化为主的遗址中,李崖遗址规模最大,值得重视。

---

① 毛瑞林、梁云、南宝生:《甘肃清水县的商周时期文物》,《中国历史文物》2006 年第 5 期。

二、清水李崖遗址的考古发现

牛头河中游川道宽约 1.5 公里,长度近 40 公里。李崖遗址位于樊河西侧、牛头河北岸的一、二级台地上,隔牛头河南岸即清水县城。遗址范围西以白土崖村西的冲沟为界,东至樊河西岸,南至牛头河北岸,东北以陈家庄子南的冲沟为界。该遗址南边临河的部分几乎全被李家崖村、白土崖村民居所占压,占压面积约占遗址总面积的三分之一。

遗址地形西北高、东南低。大体以清水县至张家川县柏油公路为界,遗址东、南部为一级台地,主要分布着西周时期遗存,面积约 60 万平方米;其西、北部为二级台地,主要分布北魏时期遗存,面积约 40 万平方米。二者相加,遗址总面积有 100 万平方米。在遗址二级台地西南的白土崖村有一座古城,地面可见夯土城墙的残段,被称为"白土崖古城",为县级文物保护单位。古城约一半面积被村庄所压,现暴露在地面部分为城址的北墙和东墙北段,其南墙和西墙尚不清楚。

2009 年,配合天平(天水—平凉)铁路的施工,早期秦文化联合考古队在铁路经过遗址的部分地段进行了小规模的钻探和发掘,清理了 3 座被盗的残墓(战国汉墓),并在遗址一级台地的东段(后统一编号为 H 发掘点)发掘了 1 座灰坑,出土了大量的西周中期陶片,从而对该遗址的文化堆积有了进一步了解。

2010 年 7—10 月,联合考古队对该遗址进行了一定规模的钻探和发掘。发掘前在二级台地村东北约 200 米处选择遗址中心坐标点,将整个遗址划分为四大象限,以顺时针方向分别记为Ⅰ、Ⅱ、Ⅲ、Ⅳ象限,每一象限内又以 400 米×400 米划分大区,整个遗址按照 5 米×5 米统一进行探方编号。此后将遗址区的发掘点编号为 A、B、C、D、E、F、G、H(图 91)。

为搞清楚白土崖古城的年代及性质,首先钻探并发掘了该古城遗址。在城内东部发掘到一段长约 30 米、宽约 1.5 米的夯土墙基和一座方形建筑(A 点),均属北魏时期;还有北魏至隋唐时期的灰坑数十座(B 点)。对地面残存城墙进行了调查、测量,并对城址北墙解剖、发掘(C 点)。由此确定该城始建于北魏,结合文献记载,可知其性质应为北魏时期的清水郡城[①]。

[①] 赵化成、梁云、侯红伟等:《甘肃清水李崖遗址考古发掘获重大突破》,《中国文物报》2012 年 1 月 20 日。

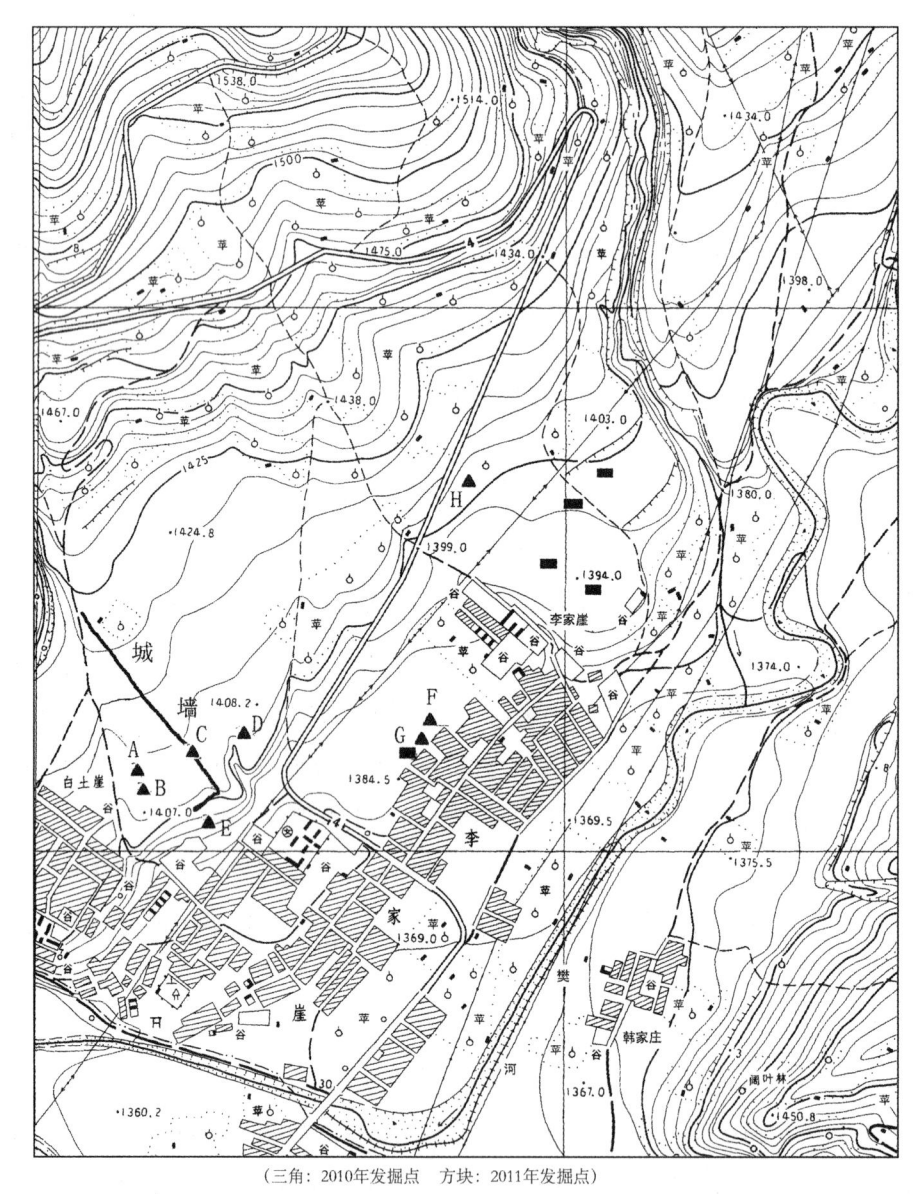

(三角：2010年发掘点　方块：2011年发掘点)

图 91　清水县李崖遗址地形及发掘点分布图

在古城内外未发现西周时期遗迹单位，遂将钻探重点转移到一级台地中部，钻探面积约 5 万平方米，发现十多座竖穴土坑墓及数十座灰坑。随后开探方 5 个，发掘了 4 座墓和 20 余座灰坑，其中在 F 点发掘 3 座墓，在 G 点发掘 1 座墓，均属西周时期，灰坑和墓葬之间有打破关系（图 92:1）。此外，在 H 点清理了一座残墓(残 M1)。

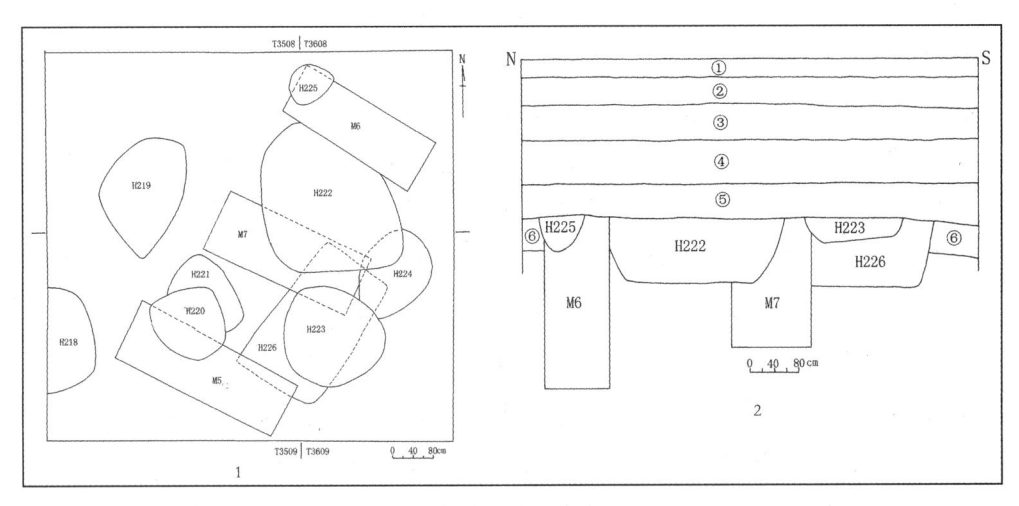

图 92　F 发掘点平面图及地层堆积

2011 年 8—11 月对遗址再次进行发掘。首先对一级台地进行全面钻探,钻探面积约 20 万平方米;加上 2010 年的勘探,共探明竖穴土坑墓 60 余座,灰坑百余座,没有发现夯土建筑迹象。墓葬分布比较零散,根据钻探提供的墓葬位置布探方 18 个,探方多不相连,主要发掘区转移到一级台地的东北部。共发掘墓葬 15 座,灰坑 20 余座,马坑 1 座,均属西周时期。

遗址一级台地发掘区地层堆积较为简单,以 F 发掘点为例(图 92:2):

第①层:耕土层。

第②层:垫土层,为近现代平田整地形成的。

第③层:冲积土层,为洪水泛滥冲积形成的自然层,土质纯净。

第④层:淤土层,为近旁樊河上涨而沉淀形成的淤土,属于自然层,土质纯净。

第⑤层:灰黑色文化层,该层土质较疏松,厚 60 厘米左右,出土较多西周绳纹陶片,但在大部分探方的该层中发现少量的汉代布纹瓦片及宋明瓷片,似为经多次扰动过的古代耕土层,属宋明时期。

第⑥层:红褐色土,出土极少量的齐家文化红陶片,为齐家文化层。

西周时期灰坑和墓葬均出现于第⑤层下,打破第⑥层。前后共发掘西周时期墓葬19座,灰坑40余座,另清理1座残墓。墓葬均为竖穴土坑墓,按照规模大小基本可分为三种:较大的长在3.8米左右,宽在1.3米以上;中等的长3米左右,宽1米左右;较小的长2.5米以下,宽1米以下。前两种有棺有椁,后一种一般有棺无椁。墓葬均未被盗,随葬陶器多少差别相当大,最多的有26件,一般5—10件,最少的仅1件,一座墓无随葬品。随葬铜器仅见1件铜戈。均为东西向墓型,有腰坑殉狗(图93)。死者头向西(西偏北),绝大多数为仰身直肢葬式,仅个别墓下肢微屈(图93:2)。14座墓随葬陶器为鬲、簋、盆、罐组合,部分陶器具有商式风格,加上1座无随葬品的墓和1座仅随葬贝类的墓,属于第一类墓葬。另外有4座墓各出土寺洼文化陶罐1件,当为寺洼文化墓葬,即M15、M16、M18、M19,属于第二类墓葬。在个别墓中寺洼文化陶器与周或商式陶器共出,如M9出土陶器26件,其中有2件为寺洼文化陶器(其中马鞍形口罐1件),其余为周式或具有商式风格的陶器。死者腰部上往往出1件打碎但可拼对复原的绳纹陶盆,原置于棺盖板上,是该墓地的一种特有习俗。

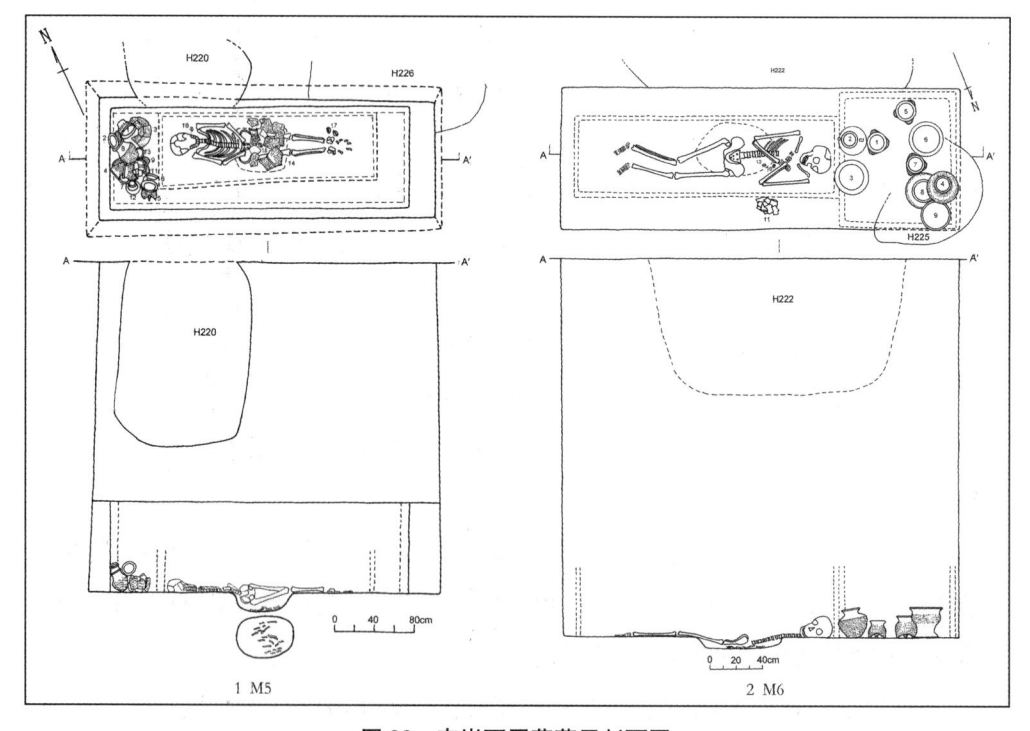

图93 李崖西周墓葬平剖面图

三、李崖遗址西周墓葬探析

（一）文化因素分析

在墓葬的陶器组合方面，西周时期的周人墓和殷遗民墓有所不同。周人墓在陶器随葬上比较简约，种类、数量均较少，往往出单件鬲或一鬲一罐。这种组合方式常见于周人墓地，如岐山贺家、扶风北吕、凤翔西村墓地，以及山西曲村晋国邦墓地等。殷遗民在这方面却比较重视，陶器种类、数量较多，组合为鬲、簋、豆、盆、罐，还往往共出陶礼器，如周原地区的齐家、礼村、云塘等墓地。李崖西周墓陶器基本组合为鬲、簋、盆、罐，每一类器物还能再分出不同的型和亚型，说明陶器种类丰富；单座墓葬出土陶器的数量较多，如果把2座不随葬陶器的墓（M8、M24）及寺洼文化墓葬排除在外，14座第一类墓共出土148件陶器，平均每座墓出土陶器的数量超过10件，与周人墓迥然不同，符合西周时期殷遗民墓葬的普遍特征。

根据第二章的类型划分，具体分析各类、型陶器的文化特征，可区分出三种文化因素：殷遗民文化因素、周文化因素、寺洼文化因素。

1. 殷遗民文化因素

此类因素有A、B型分裆鬲，A、B型簋，A型绳纹盆，折肩尊，A、B、C型豆，A、B、C型折肩绳纹大罐。

李崖的A型分裆鬲具有方唇、分裆的特征，属于商式分裆鬲的大系统。邹衡先生曾总结殷墟商式鬲的共同特征："裆是三分的。若把这种鬲倒过来看，从底的中心点向腹部引出三根射线，可将三足绝然分开。若从侧面来看，裆部又呈⌂形。"[①]李崖鬲在这方面与之类似。殷墟商鬲从一期到四期形态发生了一些变化：外形从高到矮，由长方体变为扁体；足根由长变短，尖锥足逐渐变矮，乃至消失（图94:1—6）。殷墟三、四期的陶鬲，大多体态宽扁，裆部较低，足根较矮。殷墟四期还流行宽沿、沿外缘上翻、方唇、大袋足、无实足根的陶鬲（图94:5、6），这种鬲不见于李崖。李崖A型分裆鬲的I式大多形体瘦高，II式才变得宽扁；而且李崖鬲的裆部较高，锥足和柱足明显，显示出有别于殷墟商鬲的特征。从这个角度说，李崖A型分裆鬲并非来自殷墟。

---

① 邹衡：《夏商周考古学论文集》，文物出版社，1980年，第37页。

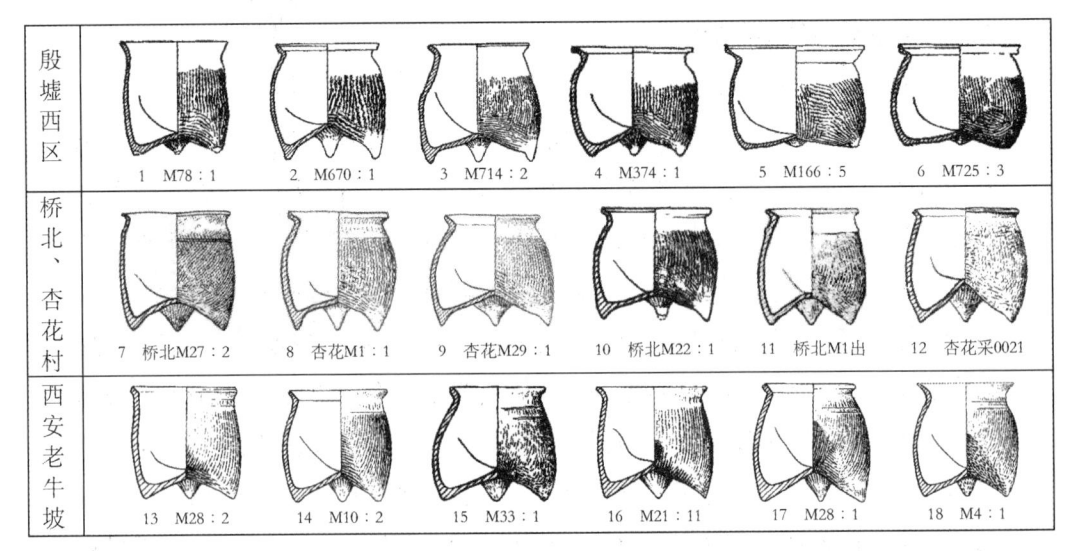

殷墟西区	1 M78:1	2 M670:1	3 M714:2	4 M374:1	5 M166:5	6 M725:3
桥北、杏花村	7 桥北M27:2	8 杏花M1:1	9 杏花M29:1	10 桥北M22:1	11 桥北M1出	12 杏花采0021
西安老牛坡	13 M28:2	14 M10:2	15 M33:1	16 M21:11	17 M28:1	18 M4:1

图94 商式分档鬲

对清水商式鬲年代的认识有一个逐步修正的过程。2005年调查期间我们在清水县博物馆第一次见到了该类器物,大多征集自李崖遗址,其方唇、分档的特征引人注目,一开始误认为其年代属殷墟时期,并进而推测清水的商式鬲可能源自关中西部的商文化京当型①。2010年正式发掘李崖遗址,在西周墓葬中出土了这类陶鬲,与馆藏标本完全一致,使我们认识到其年代应晚至西周。同时注意到它们与商代商式鬲的区别:前者绳纹施至足根,后者足根往往另作后安、素面抹光(图94:2、3);前者方唇齐平,后者方唇往往上翻下勾。经过2011年第二次发掘,在墓葬及出土陶器有了量的积累之后,大家基本认同这批东西的年代集中在西周中期。又因为在殷墟二、三期之交,商文化撤离关中西部,这也是商文化京当型的年代下限,李崖西周墓的这批商式鬲和商文化京当型年代上间隔过远,很难发生联系,前者源自后者的说法就难以成立了。

殷墟二期之后,关中西部不再有商文化的分布点,那里主要分布着刘家文化和郑家坡文化。关中东部的商文化也发生了很大的变异,西安老牛坡相当于殷墟时期的遗存和以前相比发生了明显变化②:陶鬲的外形近似联裆鬲,多折肩罐

---

① 毛瑞林、梁云、南宝生:《甘肃清水县的商周时期文物》,《中国历史文物》2006年第5期。
② 刘士莪:《老牛坡》,陕西人民出版社,2002年。

和腰饰附加堆纹的甗，以至于有学者认为不能把它们归入商文化系统，而应作为一支土著文化来看待①。当然，还有学者认为老牛坡殷墟时期的遗存应是晚商文化的一个地方类型②。老牛坡相当于殷墟三、四期墓葬所出的陶鬲，既有分裆鬲，也有联裆鬲。其中分裆鬲多侈口，圆唇，绳纹施至足尖，足根不明显，裆上部凹瘪，具有联裆鬲的某些特征（图94:13—18），与李崖商式鬲区别明显。因此，也不能说李崖商式鬲源自老牛坡晚商时期文化遗存。

关中地区西周时期分裆鬲的种类较多，但出土情况较为零散。丰镐西周墓的分裆鬲，领外卷，圆唇或尖圆唇，裆隔不尖锐，又名"侈口分裆鬲"，即张家坡墓地B型Ⅴ式、Ⅵ式鬲（图15:13，图16:8—10）③。这种鬲的足根为柱足或圆形疙瘩足，与李崖Ac、Ad型分裆鬲相似，但其卷沿圆唇的特征又与后者不同。周原的西周墓偶尔出有方唇分裆鬲，如周原ⅣA1M28：13、ⅠA1M6：25，为柱足根（图15:9、10），与李崖Ac型分裆鬲酷似。此外，周原凤雏建筑基址还出有宽折沿、大袋足、无实足根陶鬲。关中地区这些分裆鬲应是周灭商后迁居该地的殷遗民创造、使用的器类。

寻找李崖商式鬲的来源，山西中南部是一个不可忽视的地区。目前在汾河中下游谷地发现的晚商时期遗存不是很丰富，晋中地区有太谷白燕文化第五期遗存、灵石旌介商墓④、汾阳杏花村遗址和墓地⑤，临汾、运城地区仅在洪洞、闻喜等县发现了少量的晚商遗物。浮山县桥北村发现商末周初的遗址和墓葬⑥。桥北墓地为殷商方国"先"氏遗存，南北向墓型，多带腰坑、殉狗、殉人，出有方唇分裆鬲，在遗址区也采集到这种鬲，与李崖鬲酷似（图94:7、10、11）。杏花村墓地年代为殷墟三、四期，南北向墓型，出土陶鬲中亦有方唇分裆鬲（图94:8、9、12），只是足根为素面，与李崖Ab型分裆鬲亦有相似之处。需要注意的是，殷墟四期以后至西周前期，在安阳、洛阳等地商人（或殷遗民）墓流行宽折沿、大袋足、无实足根鬲，锥足的方唇分裆鬲罕见，但在晋中南似有较多保留。

---

① 雷兴山：《对关中地区商文化的几点认识》，《考古与文物》2000年第2期。
② 张天恩：《关中商代文化研究》，文物出版社，2004年，第153—156页。
③ 中国社会科学院考古研究所：《张家坡西周墓地》，中国大百科全书出版社，1999年。
④ 山西省考古研究所：《灵石旌介商墓》，科学出版社，2006年。
⑤ 国家文物局、山西省考古研究所、吉林大学考古学系：《晋中考古》，文物出版社，1999年。
⑥ 桥北考古队：《山西浮山桥北商周墓》，《古代文明（第5卷）》，文物出版社，2006年。

总之,李崖 A 型分裆鬲属于商式鬲的大系统。如果与其他地区遗物相比较,李崖商式鬲最有可能源自山西中南部的汾河流域。当然,在到达陇右之后,又吸收了关中地区西周分裆鬲的某些特征,采用了柱足和疙瘩足的样式,但一直顽固保持着方唇、分裆的传统。

李崖 A 型簋敞口,三角方唇,斜腹,又被称为"商式簋"(图 7:35—39)。这种簋在殷墟极为常见,其腹部多饰三角折线纹(图 95:3—6)。商代晚期关中地区诸考古学文化中不见这种簋,但在西周早中期周原及丰镐的墓葬却常出这种器物(图 95:7—10),应是周灭商后由迁徙至关中的殷遗民部族携带、传播过去的。晋南的浮山桥北"先族"墓地和天马—曲村晋国邦墓地也出有方唇或三角方唇的商式簋(图 95:12—15)。李崖 B 型簋厚唇,沿内侧有凹槽,唇外有一道凹弦纹,恰似"双唇"(图 7:40、41)。这也是商式簋的特征之一,见于殷墟西区墓葬(图 95:5、6)①。周原西周早中期墓葬亦出这种厚唇簋(图 95:11)。李崖 A、B 型簋具体来源于何地尚不清楚,但它们原本是殷人常用的器物,属于殷遗民文化因素是没有疑问的。

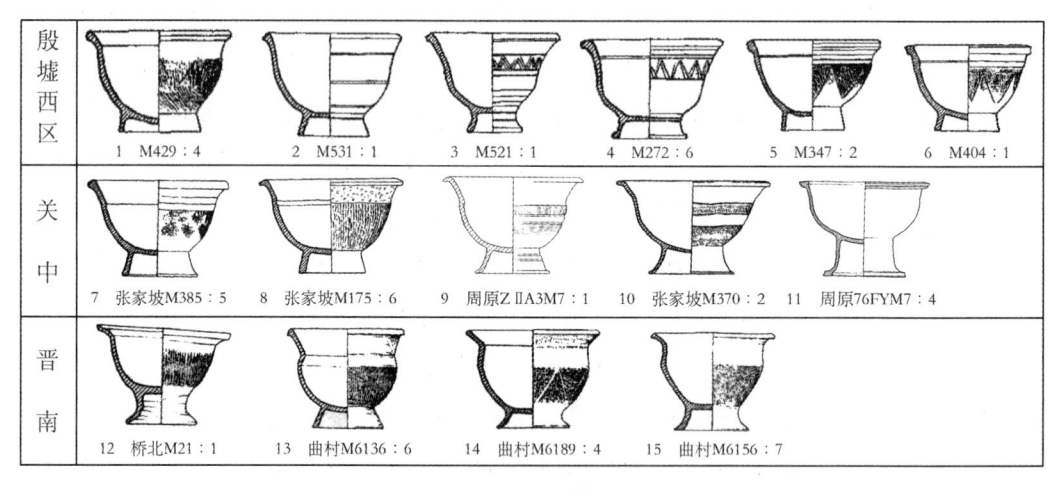

殷墟西区	1 M429:4	2 M531:1	3 M521:1	4 M272:6	5 M347:2	6 M404:1
关中	7 张家坡M385:5	8 张家坡M175:6	9 周原ZⅡA3M7:1	10 张家坡M370:2	11 周原76FYM7:4	
晋南	12 桥北M21:1	13 曲村M6136:6	14 曲村M6189:4	15 曲村M6156:7		

图 95 商式簋

折肩尊也是商文化常见器物之一,延续时间很长。西周早中期折肩尊的口

---

① 中国社会科学院考古研究所安阳工作队:《1969—1977 年殷墟西区墓葬发掘报告》,《考古学报》1979 年第 1 期。

径小于或等于肩径,颈较短;西周中晚期,尊口外侈成喇叭状,斜直长颈,宽沿。西周前期在丰镐和晋南都出有此类器物(图15:28,图96:1—4)。李崖A型盆敞口,斜沿,深斜腹,小圜底微凹,肩部以下饰竖行绳纹(图7:65)。类似的绳纹盆亦见于老牛坡遗址晚商遗存(图96:5)、沣西遗址H4(图96:7),以及晋中南地区晚商至西周时期的遗存(图96:6、8),其形制与商文化常见的刻槽盆很相似,应是殷遗民文化因素之一。

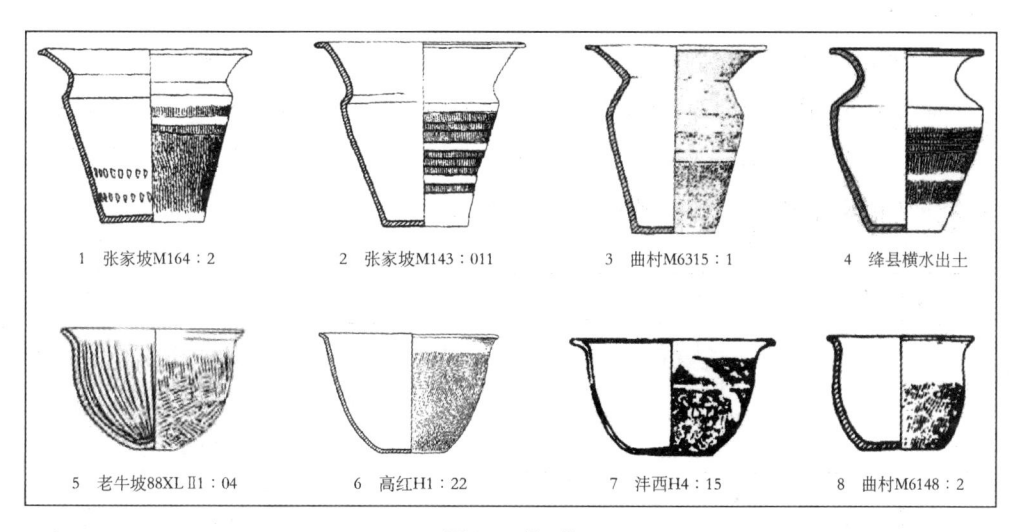

1 张家坡M164:2　　2 张家坡M143:011　　3 曲村M6315:1　　4 绛县横水出土

5 老牛坡88XLⅡ1:04　　6 高红H1:22　　7 沣西H4:15　　8 曲村M6148:2

图96　尊、盆

除了上述器型,陶器纹饰中的三角划纹也属殷遗民文化因素,出现在AaⅠ式(M5:12)、AaⅡ式(M22:4)、CcⅠ式(M10:3)簋的腹部,BⅡ式折肩绳纹大罐(M10:6)上。或者是在三角折线中填绳纹,或者是在绳纹带上划出折线。三角折线纹为殷墟墓葬陶器极为常见的纹饰,见于簋、罍、觯、壶、罐等器类上。在关中及晋南西周时期的商式簋上偶尔也能见到这种纹饰。

李崖A型豆由西周早期的高粗柄豆发展而来,只是豆柄略矮,较为收束(图7:64)。周原、丰镐西周早期高粗柄豆不见于殷墟(图97:1、2、4),可能源自老牛坡遗址的同类器(图97:5)。有学者将老牛坡归为晚商文化的一个地方类型。从器物来源的角度,可将A型豆归入商文化或殷遗民文化因素。

B型豆深腹,折盘,粗柄(图7:62)。周原遗址出有西周早期的高粗柄折盘豆(图97:3),但盘较浅,应源自老牛坡的同类器(图97:6)。B型豆与后二者有相

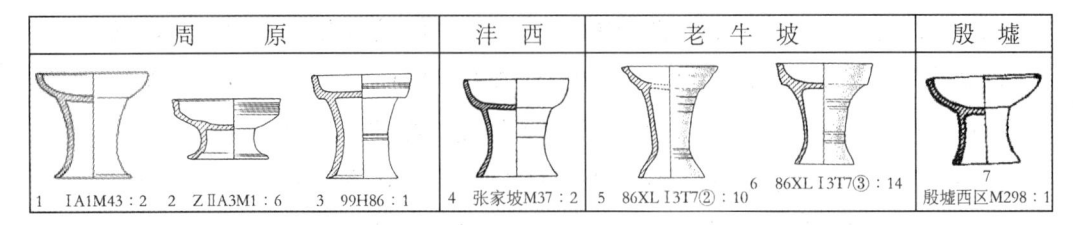

周原			沣西	老牛坡		殷墟
1 IA1M43:2	2 ZⅡA3M1:6	3 99H86:1	4 张家坡M37:2	5 86XL I3T7②:10	6 86XL I3T7⑦:14	7 殷墟西区M298:1

图97 陶豆

似之处,可归入商文化因素。

C型豆平沿,厚唇,斜腹(图7:63),与殷墟西区墓葬所出浅盘豆类似(图97:7)。晚商陶豆的唇部往往加厚,形成外出沿、口微敛的效果,李崖C型豆亦有敛口的特征。因此,C型豆亦属商文化因素。关中地区西周墓葬中此类豆少见,张家坡M455:4的豆盘与之类似(图15:16),但圈足已成喇叭状。

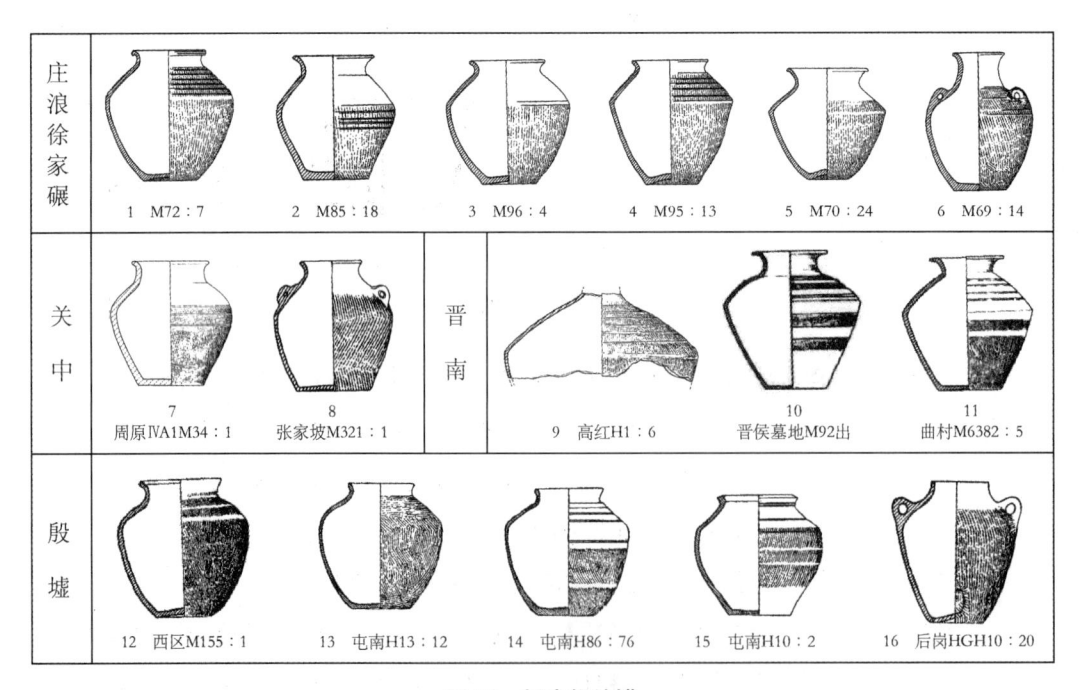

庄浪徐家碾	1 M72:7	2 M85:18	3 M96:4	4 M95:13	5 M70:24	6 M69:14
关中	7 周原ⅣA1M34:1	8 张家坡M321:1	晋南	9 高红H1:6	10 晋侯墓地M92出	11 曲村M6382:5
殷墟	12 西区M155:1	13 屯南H13:12	14 屯南H86:76	15 屯南H10:2	16 后岗HGH10:20	

图98 折肩绳纹罐

李崖的折肩绳纹大罐大多无耳,个别有双耳,一般为侈口,卷沿,宽颈;有的颈、肩分界不明显,领较矮(图7:73—88)。这种罐在腹部饰竖行或斜行绳纹,肩部饰多道平行凹弦纹,间以绳纹,或者说在肩部的绳纹上抹划出细密的弦纹,为其显著特征。关中地区西周墓出有折肩或圆肩的绳纹罐(图98:7、8),但肩部多素面,个别饰弦纹或绳纹。殷墟晚商墓葬也出有鼓肩或折肩的绳纹罐,侈口卷沿,领部较矮,有的肩部饰弦纹或绳纹,或在肩、腹部抹光,形成几道绳纹带(图98:12—16)。李崖、关中、殷墟的这种罐属于同一大类。有研究者认为关中西周墓的这种绳纹罐源自殷墟,可能是商文化因素之一[①],其说可从。如此看来,李崖的绳纹大罐也属于殷遗民文化因素。

李崖这类罐肩部弦纹间以绳纹的特征不见于关中,应该不是从关中传播过去的;其整体风格与殷墟的同类器还有差异,虽然在矮领、宽颈的特征上与后者一致。若探讨其来源地,晋中南地区值得关注。山西曲村西周晋国墓地也出有这类陶罐,晋侯墓地M92、曲村M6382的折肩绳纹罐年代属西周中晚期(图98:10、11),侈口,束颈,折肩,斜腹,其肩部饰多道平行弦纹,腹部绳纹被抹,形制、纹饰与李崖罐很相似。山西柳林高红H1采集的折肩绳纹罐残片(图98:9),其肩部饰七道平行凹弦纹,间以绳纹,年代属晚商[②],与李崖罐的装饰风格一致。因此,李崖这类罐来源于晋中南地区的可能性较大。

需要注意的是,庄浪徐家碾寺洼文化墓地出土的折肩绳纹罐与李崖罐酷似。徐家碾M72:7、M95:13侈口,短颈,肩部饰五至六道平行凹弦纹,间以绳纹,腹部饰竖行绳纹,平底微凹(图98:1、4);M85:18、M96:4、M70:24肩部素面或带少许绳纹(图98:2、3、5),个别带双耳(图98:6)[③],均可在李崖找到对应者。庄浪、清水地域邻近,相距仅50公里,二者之间自然存在文化交流。徐家碾的这些绳纹灰陶罐与寺洼文化传统器物在陶质、陶色、器形方面迥异,一望即知是外来因素。现在知道它们是来自李崖方面的影响,而不是相反。徐家碾的这类罐亦属商文化因素。此外,徐家碾M43出土的陶罍(图99:1),直口,鼓肩,肩部有双耳,肩、腹部有绳纹为底的三角折线纹及菱格纹,与殷墟西区及郭家庄出土的陶罍类似(图99:2、3),也是晚商文化的典型器物。至于这种器物是如何传播到徐家碾的,则是需要另文讨论的问题。

[①] 张礼艳:《丰镐地区西周墓葬研究》,社会科学文献出版社,2015年。
[②] 国家文物局、山西省考古研究所、吉林大学考古学系:《晋中考古》,文物出版社,1999年,第92页。
[③] 中国社会科学院考古研究所:《徐家碾寺洼文化墓地——1980年甘肃庄浪徐家碾考古发掘报告》,科学出版社,2006年。

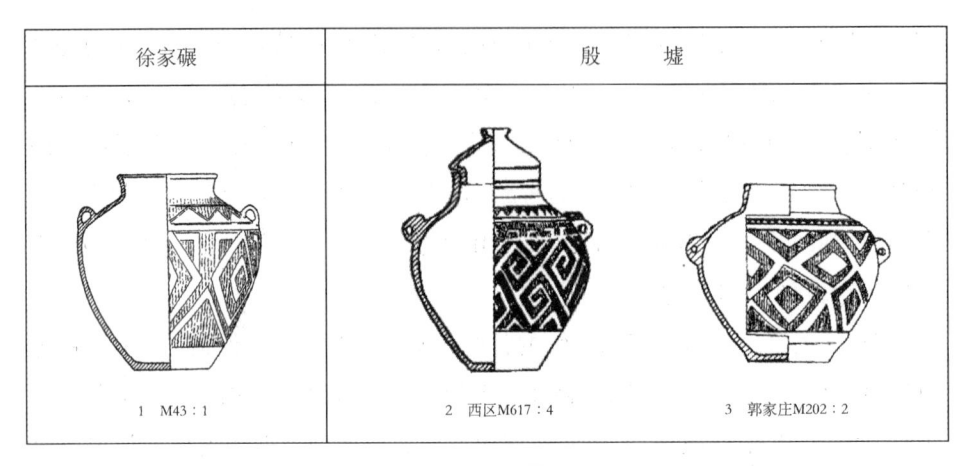

徐家碾	殷 墟	
1　M43∶1	2　西区M617∶4	3　郭家庄M202∶2

图 99　陶罍

2. 周文化因素

此类因素有联裆鬲，仿铜鬲，C 型簋，带耳簋，B、C 型绳纹盆，弦纹小罐，素面罐，折肩绳纹小罐。

联裆鬲是西周时期周文化的代表性器物，它在周初随着周人的封邦建国和武装殖民扩散到全国，在东达海滨，北抵燕山，南及江汉，西至陇右的广大范围内都可见到。李崖联裆鬲的类型丰富（图 7∶18—34），从领部看有矮领、斜领、直领，从唇部看有方唇、圆唇，从颈部看有长束颈、束颈、短颈、缩颈，从肩部看有溜肩、圆肩、鼓肩，从腹部看有深腹、直腹，从裆部看有弧裆、瘪裆，从足部看有空心锥足、柱足，还有带扉棱的仿铜鬲。具有类似特征的联裆鬲和仿铜鬲在关中的周原及丰镐等地西周墓中均有出土（图 100∶1—6）。关中地区，尤其是关中西部是联裆鬲的发源地，先周时期的郑家坡文化就是以联裆鬲为典型器物。那里与李崖遗址所在的牛头河流域分别位于陇山东、西两侧，因此，说李崖联裆鬲源自关中，或者说某些器型为关中地区周文化的直接影响所致，是合乎情理的。

当然，西周时联裆鬲的分布范围太大，各地器型之间的谱系关系还没有建立起来。因此，也不能完全排除李崖联裆鬲的某些器型来自关中以外地区的可能。况且先周时期的联裆鬲在关中以外也有发现，比如晋中南地区，在灵石旌介商墓、汾阳杏花村商代墓地均出土了年代属殷墟三、四期的联裆鬲（图 100∶7）。西周初年随着晋（唐）、霍等姬姓国家的封建，周文化也大幅度扩散到那里，出土联裆鬲的西周遗址或墓葬随处可见。李崖联裆鬲的大部分都可以在晋中南地区找

第五章　早期秦文化都邑　289

到相似者（图 100：7—12），也不能排除某些器型来自那里的可能。

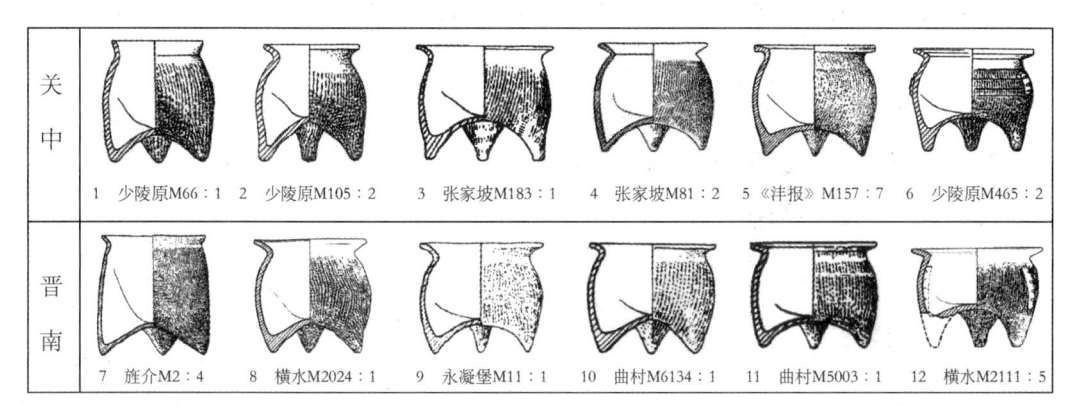

关中						
	1 少陵原M66:1	2 少陵原M105:2	3 张家坡M183:1	4 张家坡M81:2	5《沣报》M157:7	6 少陵原M465:2
晋南						
	7 旌介M2:4	8 横水M2024:1	9 永凝堡M11:1	10 曲村M6134:1	11 曲村M5003:1	12 横水M2111:5

图 100　联裆鬲

C 型簋即所谓的"周式簋"（图 7：43—57），这种簋出现在关中地区先周最晚阶段的个别灰坑中，如 97 沣西 H18[①]，在此之前的先周文化遗存中基本不见。沣西 H18 的陶簋敞口，深腹，高圈足外撇（图 101：1），具有某些商式簋的特征，可知这种簋是周人在商式簋基础上的一种创新发明，在西周早期以后流行（图 101：2—4）。需要注意的是，在关中地区西周遗址中，"周式簋"主要见于居址，在墓葬中少见。事实上，西周时周人墓一般为单鬲或鬲、罐的陶器组合，同时期殷遗民墓却往往随葬陶簋。要之，"周式簋"虽然可算作周文化因素，但用来随葬却不是周人的习惯。

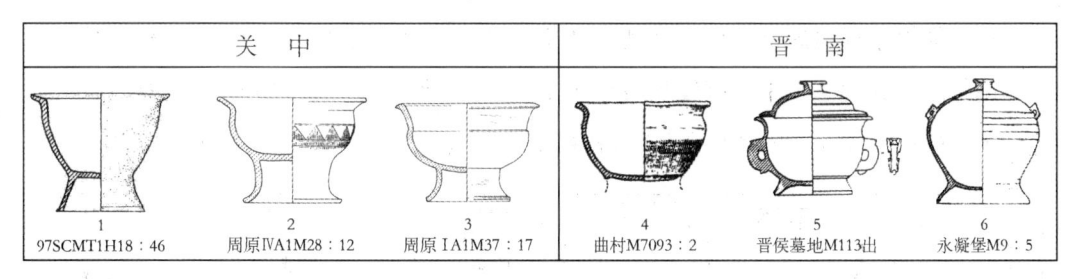

关　中			晋　南		
1 97SCMT1H18:46	2 周原ⅣA1M28:12	3 周原ⅠA1M37:17	4 曲村M7093:2	5 晋侯墓地M113出	6 永凝堡M9:5

图 101　陶簋

仿铜簋在关中、晋南地区从西周中期开始出现，如张家坡 M200：017、

---

① 中国社会科学院考古研究所丰镐工作队：《1997 年沣西发掘报告》，《考古学报》2000 年第 2 期。

M222∶27，晋侯墓地 M113 所出（图 101:5），其双耳下还有小珥。敛口簋亦出现于西周中期，有的带双耳，素面或带瓦纹（图 101:6）。这两种簋都属于周人创制的样式。

B 型绳纹盆亦见于周原、丰镐及晋南的周文化遗址（图 102）。这种盆卷沿或折沿，深腹，肩部素面抹光，腹部饰绳纹，属周文化常见器型。在关中地区其年代可以上溯到先周时期。

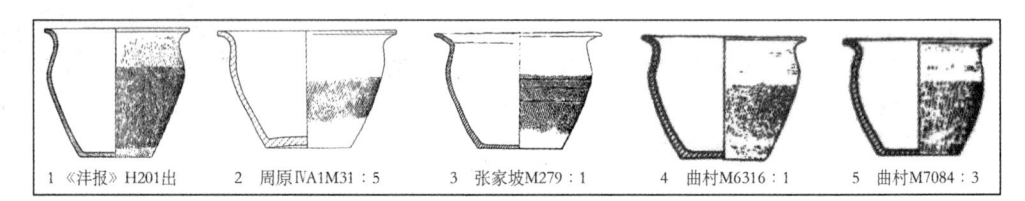

1 《沣报》H201出　2 周原ⅣA1M31∶5　3 张家坡M279∶1　4 曲村M6316∶1　5 曲村M7084∶3

图 102　绳纹陶盆

小口圆肩圆腹的弦纹或素面小罐是周文化的代表性器物，商末就出现在周原礼村、凤翔西村、沣西的先周文化单位中，西周时期在周原和丰镐遗址中很常见，且自成序列。需要指出的是，关中之外的西周遗址中几乎不见这种弦纹罐，比如在天马—曲村的晋国都城遗址就基本没有发现。目前仅在绛县横水西周墓地发现不多的几例（图 103:5、6）①。在周原和丰镐遗址，这种罐流行于西周早中期（图 103:1—3），到西周晚期就变为折肩的样式。从年代及分布来看，李崖的弦（旋）纹和素面罐无疑来自关中，是周文化中心区对周边辐射影响的结果。折肩绳纹小罐也属周人传统器型，在扶风北吕、凤翔西村、宝鸡斗鸡台、崇信于家湾等地的先周墓葬中都有发现，西周时随着周文化的扩张传播到各地，包括晋南地区（图 103:7）。在周人墓葬中，联裆鬲与上述圆肩或折肩罐构成了基本的陶

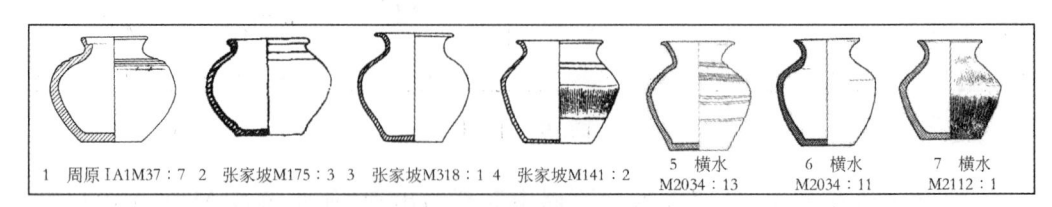

1 周原ⅠA1M37∶7　2 张家坡M175∶3　3 张家坡M318∶1　4 张家坡M141∶2　5 横水M2034∶13　6 横水M2034∶21　7 横水M2112∶1

图 103　小陶罐

---

① 谢尧亭：《晋南地区西周墓葬研究》，吉林大学博士学位论文，2010 年。

器组合。

3. 寺洼文化因素

此类因素有 C 型分裆鬲、双马鞍形口罐、单耳杯、单或双耳罐。

C 型分裆鬲为夹砂红褐陶，绳纹浅细，口沿外侧有波状绳纹花边，领部或裆上有錾状附加堆纹（图 7:8）。同类器型又见于扶风刘家①、礼村的先周墓地和居址单位②，其年代为先周最晚阶段（图 104:1—4）。在研究先周文化的过程中，学者们已经注意到这类鬲和高领袋足鬲有明显差异。张天恩认为其"领、足没有明显界限，足尖多外撇，似具有寺洼文化陶鬲的某些特征……很可能是一类分布于甘肃东部地区，与寺洼文化有较密切关系，尚未被清楚认识的文化遗存"③。雷兴山充分比较了这类鬲与同时期高领袋足鬲在领、錾、裆、足方面的差别，将其命名为"异形高领袋足鬲"，并"疑其为寺洼文化因素"④。庄浪徐家碾的 M42、M70 也出有这类鬲（图 104:5、6），证明它确属寺洼文化的因素。李崖的 C 型分裆鬲显然来自徐家碾，其器身最大径偏下，足间距较大，明显晚于上述同类器型，使我们认识到这类鬲的年代可下延至西周中期。

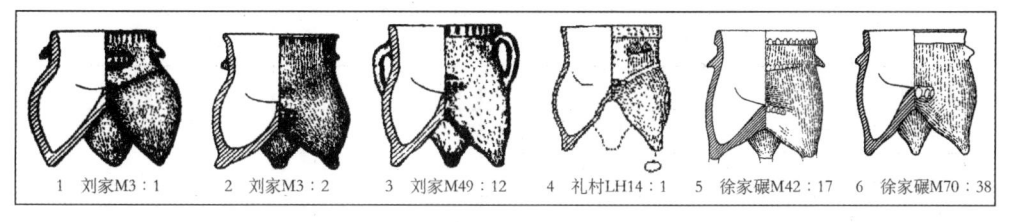

| 1 刘家M3:1 | 2 刘家M3:2 | 3 刘家M49:12 | 4 礼村LH14:1 | 5 徐家碾M42:17 | 6 徐家碾M70:38 |

图 104　花边口沿分裆鬲

甘肃东部的寺洼文化可分为寺洼山、栏桥—徐家碾、九站三个类型。其中寺洼山类型位于偏西的洮河流域，年代较早。栏桥—徐家碾和九站类型位于陇山东西两侧，延续时间长短不一，二者在器类上有明显差别：前者多双马鞍形口罐、篮式豆，后者多单马鞍形口罐、双耳平口罐、菱形口双耳罐等。李崖遗址位于陇山西侧，与徐家碾遗址邻近，其出土的双马鞍形口罐、单耳杯、单耳罐、双耳罐等

---

① 陕西周原考古队：《扶风刘家姜戎墓葬发掘简报》，《文物》1984 年第 7 期。
② 雷兴山：《先周文化探索》，科学出版社，2010 年。
③ 张天恩：《关中商代文化研究》，文物出版社，2004 年。
④ 雷兴山：《先周文化探索》，科学出版社，2010 年。

器类(图 7:103—106,图 105:6、7),均可在徐家碾找到形态相同或近似者(图 105:1—5),应是来自徐家碾的寺洼文化因素。

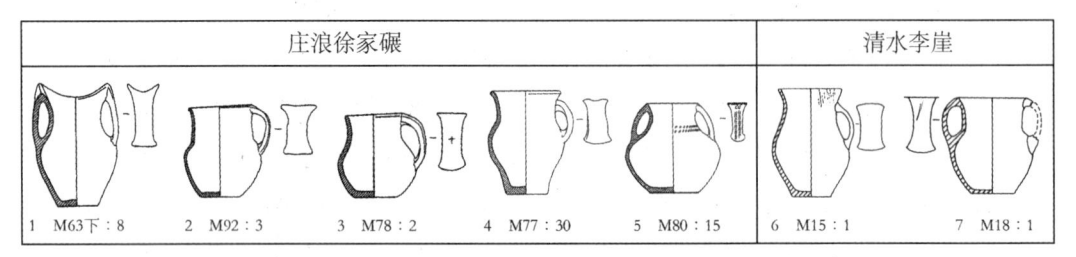

庄浪徐家碾					清水李崖	
1 M63下:8	2 M92:3	3 M78:2	4 M77:30	5 M80:15	6 M15:1	7 M18:1

图 105 清水李崖与庄浪徐家碾寺洼文化陶罐

4. 小结

李崖西周墓出土陶器各类因素统计如下表(表 30):

表 30 李崖西周墓陶器文化因素统计表

墓号	殷遗民文化因素					周文化因素							寺洼文化因素			合计
	A、B型分档鬲	A型绳纹簋	B型绳纹簋	A型折肩尊	豆	折肩绳纹大罐	联裆鬲	双耳簋	C型簋	B型绳纹盆	C型绳纹盆	弦纹罐	素面罐	折肩绳纹小罐	C型分裆鬲	双马鞍形口罐	单耳杯	单或双耳罐	
残 M1	1					3		2	1		1								8
M5	2	2		1		2	4		1			2							14
M6	2			1		3	1		3										10
M7	2					4	1	3	1		1								13
M9	1	2	2	1		5	10		1			2				1	1		26
M10	1					2	1		2					1					7
M15																		1	1
M16																		1	1
M17	3	1				1	2						2				1		11
M18																	1		1
M19																	1		1
M20	3					2	1	2		1		1		1			1		11
M21	1								1					1					3
M22	2	1	2				1		1		2	1							10
M23						5	5	1	3			2					1		15

续表

墓号	殷遗民文化因素							周文化因素								寺洼文化因素				合计
	A、B型分档鬲	A型簋	B型簋	A型绳纹盆	折肩尊	豆	折肩绳纹大罐	联档鬲	双耳簋	C型簋	B型绳纹盆	C型绳纹盆	弦纹罐	素面罐	折肩绳纹小罐	C型分档鬲	双马鞍形口罐	单耳杯	单或双耳罐	
M25	1									1					1					3
M26	1				1			2		2	1				1					8
M27	2					2		1							1					6
合计	22	6	4	1	2	3	27	27	4	22	4	1	8	1	8	1	1	4	3	149
总计	65(43.6%)							75(50.4%)								9(6%)				

三种因素中,周文化所占比例最大,占50.4%。商文化或殷遗民文化所占比例略低,占43.6%。寺洼文化所占比例最小,占6%。殷遗民文化和周文化为构成陶器群的主要文化因素,寺洼文化为次要文化因素。李崖墓葬出土陶器带有浓厚的商文化遗风,在同时代墓地中是不多见的。以代表性的炊具——陶鬲为例,李崖商式分档鬲在陶鬲中的比例为44%,略低于周式联档鬲的54%,所占比重相当大。而在沣西张家坡西周墓地,空锥足鬲57件,仿铜柱足鬲85件,它们均属周式联档鬲,在陶鬲中共占78%;商式分档鬲40件,在陶鬲中仅占22%,其比重远低于李崖。李崖的陶器构成真实反映了墓葬的族属及其文化来源。

(二) 墓葬族属探讨

墓葬族属可以从墓向、墓型、殉牲、随葬品摆放位置等方面来判断。

1. 墓向

李崖西周墓墓向情况如下表(表31):

表31 李崖西周墓墓向统计表

墓号	墓向	墓号	墓向	墓号	墓向	墓号	墓向
M5	296°	M10	280°	M19	310°	M24	305°
M6	290°	M15	260°	M20	292°	M25	302°
M7	297°	M16	260°	M21	300°	M26	310°
M8	305°	M17	296°	M22	305°	M27	315°
M9	294°	M18	313°	M23	305°		

15 座第一类墓葬（M15、M16、M18、M19 之外的墓）的墓向均在 280°—315°，其中，除了 M10、M27 外，其余墓葬的墓向集中在 290°—310°。简言之，第一类墓均为西向墓①，且为西偏北。

墓向即墓主人头向，在先秦时期是判断墓葬族属的重要指标之一。众所周知，头北足南的葬式是姬姓周人的传统，相应墓型亦为南北向，如天马—曲村晋侯墓地、沣西张家坡井叔墓地、琉璃河燕国墓地、浚县辛村卫国墓地、三门峡虢国墓地、韩城梁带村芮国墓地等。李崖西周墓均为西首向，显然不是周人墓。

商人墓多为北首向，比如在殷墟西区发掘的 938 座中小型墓中，东向墓 104 座，南向墓 328 座，西向墓 107 座，北向墓 399 座②。在殷墟大司空村发掘的 163 座墓中，东向墓 28 座，西向墓 9 座，南向墓 40 座，北向墓 86 座③。中小型墓代表了社会的中下层，其人群结构混杂，自然墓向不一，但还能看出北向墓所占比例最大。带墓道的大墓则反映了商人嫡系或者说王室贵族的情况。据杨锡璋先生的统计研究，在殷墟"共发现了带墓道的大墓三十二座……除大司空村有两座一条墓道的墓其墓道是在墓室北侧外，其余全在南侧，即有三十座是北向的。但是，这些墓并不是正北向的，而是北偏东"④。殷人有尊崇东北方位的传统，墓向是其表现之一。李崖墓与之区别明显，其族属显然不是子姓商人或者说与商王室有血缘关系的人群。

西首葬是各级别秦人墓通行的葬俗，而且从西周延续到战国秦代，是秦人根深蒂固的传统。比如礼县大堡子山秦公大墓 M2、M3 均为东西向中字形墓，墓主人头向西。雍城南郊发现了 14 个分陵园，包括 1 座南北向丰字形大墓和 20 座东西向中字形大墓、3 座甲字形墓、1 座刀把形墓，以及各类车马坑等。除了丰字形大墓 M45，其余 24 座大墓的方向（以头向为准）在 270°—301°，绝大多数在

---

① 考古资料中一般将墓向在 45°—135°的归为东向，136°—215°的归为南向，216°—315°的归为西向，316°—44°的归为北向。
② 中国社会科学院考古研究所安阳工作队：《1969—1977 年殷墟西区墓葬发掘报告》，《考古学报》1979 年第 1 期。
③ 中国科学院考古研究所：《一九五三年安阳大司空村发掘报告》，《考古学报》1955 年第 1 期。
④ 杨锡璋：《殷人尊东北方位》，《庆祝苏秉琦考古五十五年论文集》，文物出版社，1989 年。

280°—290°之间,亦即西偏北;其东墓道为主墓道,置于东偏南方向。中小型墓葬以甘谷毛家坪为例,发掘的32座竖穴土坑墓方向在270°—315°之间,亦为西偏北。李崖西周墓的墓向完全符合秦人墓的标准。

西周时期"殷遗民"的概念有狭义和广义之分,前者为子姓商人,或者说商王室后裔;后者还包括与商王朝关系密切的非子姓的方国及部族,比如山西横水西周倗国墓地、翼城大河口霸国墓地,葬俗保留了强烈殷商文化遗风。倗、霸原本是商王朝的臣属,周灭商后成为依附于周的方国。秦、赵共祖,也属于广义上的殷遗民,与倗、霸类似。

2. 墓型

李崖西周墓墓口尺寸及长宽比如下表(表32,墓号下为长宽比):

表32 李崖西周墓墓口尺寸及长宽比统计表

墓号	墓口长、宽	墓号	墓口长、宽	墓号	墓口长、宽	墓号	墓口长、宽
M5 2.83	3.4×1.2 口小底大	M10 3.13	2.5×0.8 口底同大	M19 3.11	2.55×0.82 口底同大	M24 4.02	2.17×0.54 口底同大
M6 2.78	3.0×1.08 口底同大	M15 3.13	2.5×0.8 口底同大	M20 2.79	3.9×1.4 口底同大	M25 1.99	2.78×1.4 口底同大
M7 2.25	3.1×1.38 口小底大	M16 2.53	2.4×0.95 口底同大	M21 2.31	3.55×1.54 口底同大	M26 2.16	3.15×1.46 口底同大
M8 2.62	2.36×0.9 口底同大	M17 2.45	2.7×1.1 口底同大	M22 2.74	3.4×1.24 口小底大	M27 2.5	3×1.2 口底同大
M9 3	3.6×1.2 口小底大	M18 2.11	2.95×1.4 口小底大	M23 2.13	3.5×1.64 口小底大		

15座第一类墓中,墓口长宽比为1.99的1座,2.13—2.83的11座,3—3.13的2座,4.02的1座。绝大多数墓口长度在宽度的两倍以上,有的更长。墓坑狭长,普遍为窄长型墓室。第一类墓中口小底大的5座(M5、M7、M9、M22、M23),口底同大的10座,未见口大底小者。

秦墓墓型的演变规律是自早到晚从窄长型发展为宽短型,如甘谷毛家坪秦墓(表33):

表33　毛家坪各期秦墓墓口尺寸及长宽比统计表

年代	墓号	墓口长宽（比）	墓号	墓口长宽（比）	墓号	墓口长宽（比）	墓号	墓口长宽（比）
西周晚期	M1	2.64×1.3 2.03	M2	2.15×0.95 2.26	M3	2.25×1.15 1.96	M4	2.5×1.05 2.38
	M6	2×0.85 2.35	M10	2.6×1.3 2	TM5	2.35×1.2 1.96		
春秋时期	M5	2.5×1.54 1.62	M8	2.6×1.65 1.58	M9	2.28×1.5 1.52	M11	2.55×1.46 1.75
	M12	3.75×2.31 1.62	M14	1.8×1.05 1.71	TM9	1.87×1.3 1.44	TM10	1.6×0.9 1.78
战国时期	M7	1.25×0.88 1.39	M13	2.35×1.78 1.32	M17	2.65×1.78 1.47	M18	2.35×1.63 1.44
	M19	2.28×1.7 1.34	M20	2.48×1.4 1.77	TM6	1.7×1 1.7		

　　毛家坪西周晚期墓葬墓口长宽比为1.96的2座,其余5座在2—2.38之间。大部分墓坑长度在宽度的两倍以上,具有窄长型的特点。春秋时期墓葬墓口长宽比在1.44—1.78之间,墓坑开始变短。战国时期墓葬墓口长宽比在1.32—1.47之间的5座,其余2座在1.7—1.77之间,墓坑普遍宽短。李崖第一类墓的长宽比有5座与毛家坪西周墓的数据范围重叠,其余10座超出其范围,显得更加窄长,说明李崖墓的年代较后者略早,但又有交错。

　　窄长型墓室是西周时期秦墓的一个重要特征,鲜见于同时期其他文化墓葬。关中地区西周墓基本上不具备这个特征,比如1983—1986年在沣西张家坡发掘的398座西周墓[1],第一期(武、成、康时期)墓葬仅7座长宽比在2.01—2.65,其余25座在1.33—1.99之间;第二期(昭、穆时期)墓葬仅9座长宽比在2—2.5,其余45座在1.39—1.93之间;第三期(共、懿、孝时期)墓葬仅9座长宽比在2—2.4,其余43座在1.3—1.93之间;第四期(夷、厉、共和时期)墓葬仅7座长宽比在2—2.4,其余43座在1.33—1.96之间;第五期(宣、幽时期)墓葬仅2座长宽比在2.06—2.6,其余31座在1.24—1.96之间。张家坡西周墓葬长度在宽度两倍

---

[1] 中国社会科学院考古研究所:《张家坡西周墓地》,中国大百科全书出版社,1999年。

以上的仅占少数，多数墓葬的墓型较为宽短，而且墓型从早到晚变化不大，与甘肃东部的西周秦墓区别很明显。李崖墓在这方面完全符合西周秦墓的特征。

3. 腰坑及殉狗

李崖西周墓的腰坑、殉狗情况如下表(表34)：

表34 李崖西周墓腰坑、殉狗统计表

墓号	腰坑及殉狗	墓号	腰坑及殉狗	墓号	腰坑及殉狗	墓号	腰坑及殉狗
M5	不规则椭圆形腰坑，坑内殉狗	M10	圆角长方形腰坑，坑内殉狗(?)	M19	近长方形腰坑，坑内殉狗	M24	椭圆形腰坑，坑中出1贝
M6	不规则圆形腰坑，坑内殉狗	M15	椁室内殉狗；圆角长方形腰坑，坑内殉狗	M20	填土内殉狗；圆角长方形腰坑，坑内出1贝	M25	填土内殉狗，狗头向东(?)；长方形腰坑，内空
M7	长方形腰坑，坑内殉狗	M16	椭圆形腰坑，坑内殉狗	M21	填土内殉狗；椁盖板上殉狗；近圆形腰坑	M26	圆角长方形腰坑，坑内殉狗
M8	无	M17	椭圆形腰坑，坑内殉狗、葬贝	M22	填土内殉狗，狗头向东；椭圆形腰坑，坑内殉狗，狗头向西	M27	填土内殉狗；不规整圆形腰坑，坑内殉狗，狗头向西
M9	填土中殉狗2，狗头均向西；长椭圆形腰坑，坑内殉狗	M18	填土内殉狗；椭圆形腰坑，坑内殉狗，狗头向西	M23	填土内殉狗，狗头向东；圆角长方形腰坑，坑内殉狗，狗头向西		

李崖19座西周墓有18座带腰坑及殉狗，占94.7%；这18座墓中有9座还在填土或椁盖板上殉狗。15座第一类西周墓中有14座带腰坑，占93.3%；13座殉狗，占86.7%。

如第四章第一节统计，春秋至战国早期秦墓的腰坑殉狗比例自高向低逐级递减，在第一等(国君)墓，如礼县大堡子山M2，"墓室底部中央设腰坑，内置殉犬1只、玉琮1件"；大堡子山M3，"腰坑内有殉犬1只、玉琮1件"[①]。第二等

---

① 戴春阳：《礼县大堡子山秦公墓地及有关问题》，《文物》2000年第5期。

（五至七鼎）墓大多数带腰坑,有殉狗。但在第三、四级墓中仅有少数墓带腰坑殉狗,所占比例很小。这表明嬴秦宗族成员的墓葬流行腰坑殉狗,李崖西周墓符合这一标准。

李崖西周墓的腰坑有椭圆形、圆形、长方形等,其形制在礼县、宝鸡等地西周晚期至春秋秦墓中均可见到,如下表（表35）：

表35　礼县、宝鸡秦墓腰坑、殉狗统计表

墓号	腰坑及殉狗	墓号	腰坑及殉狗	墓号	腰坑及殉狗	墓号	腰坑及殉狗
南阳村M2	二层台上殉狗1,狗头向西;腰坑内殉狗1	南阳村M3	腰坑内殉狗1	圆顶山98LDM1	长方形腰坑内殉狗1,狗头向西	圆顶山98LDM2	填土内殉狗1,狗头向东;长方形腰坑
八旗屯BM32	腰坑内殉狗1	景家庄M1	圆形腰坑内殉猫1	上孟村M27	方形腰坑内殉狗1	大堡子山06LD1M25	椁盖板上殉狗1,狗头向西;椭圆形腰坑内殉狗1,狗头向西
西山坪M2003	长方形腰坑内殉狗1,狗头向西	大堡子山ⅠM31	圆角长方形腰坑内殉狗1,狗头向西	大堡子山ⅠM32	圆角长方形腰坑内殉狗1		

尤其需要注意的是,李崖墓腰坑内殉狗但凡骨架清楚的,如M22、M23、M27,狗头均向西,与墓主人头向一致。礼县的西周至春秋秦墓,腰坑内殉狗能辨明头向的,如圆顶山98LDM1、大堡子山ⅠM31、大堡子山06LD1M25、西山坪M2003,狗头亦向西。两地在腰坑殉狗细节上的一致性,绝非偶然,说明二者族属一致。换言之,李崖第一类西周墓也是秦人墓。

据雷兴山先生的统计,殷墟墓葬腰坑内几乎都有殉狗,殉狗的头向与墓主人头向相反;丰镐西周墓殉狗特点同于殷墟,见诸报道者,腰坑内殉狗的头向与墓主人头向相反[①]。李崖西周墓殉狗特点与之不同,说明李崖这批秦人既不是来自殷墟,也不是来自丰镐,虽然他们属于广义上的殷遗民。

---

① 雷兴山：《先周文化探索》,科学出版社,2010年,第232页。

4. 随葬品摆放位置

商周时期墓葬随葬品的摆放位置有一定规律性。以姬姓周人墓葬为例，西周早期随葬品主要摆放在北端二层台上，西周中期随葬品置于北端棺椁之间的比例大大增加，西周晚期以后则主要置于北端棺椁之间。发生这种变化的主要原因是墓坑内木椁尺寸变大，熟土二层台相应变窄，空间增大的椁室自然更适宜放置随葬品。由于周人墓为南北向墓型、头北足南仰身直肢葬，所以随葬品摆放"集中在头端方向"的原则一直未变①。

这对理解秦墓随葬品摆放位置也很有帮助。西周晚期至春秋时期秦墓铜、陶容器绝大多数摆放在西端棺椁之间的位置，有些墓会在椁室的西部设一块南北向隔板，将椁室分为西部的头箱和东部的棺室，头箱用于放置器物；如果单棺无椁则摆放在棺外西端，很少有例外。不仅铜礼（容）器墓这样，数量众多的陶器墓也是这样。如1976年在凤翔八旗屯发掘的40座秦墓，"出土各类随葬品一千一百余件，大多出自头箱"②。1982—1983年发掘的甘谷毛家坪秦墓"随葬陶器多置于头端，单棺者多放在棺外"③。因为秦墓流行西首葬，所以"头端"即西端。2012—2014年在毛家坪又发掘了199座秦墓，也几乎全将陶器置于西端棺外或棺椁之间。2003年在凤翔孙家南头发掘的春秋秦墓④，铜礼器和陶容器一般置于西端棺椁间，如M191、M126、M160；个别如M161置于南端棺椁间，是因为墓主头向南（墓向210°）。可见秦人墓和周人墓一样，随葬品摆放也遵循"头端"原则。可能因为在棺外的墓室空间中，头端是最尊贵的位置，所以标志身份的铜礼器和生活必需的陶容器都放置在那里。

李崖第一类西周墓除了无随葬品的一座，其余14座均将陶器置于西端棺椁之间或头箱，与西周晚期至春秋秦墓随葬品的摆放规律完全一致。秦墓随葬品置于棺椁之间的原因，也应与周人墓一样，是因为椁室空间变大，熟土二层台变

---

① 韩烁：《周人墓葬随葬品摆放位置规律性探讨》，待刊。
② 陕西省雍城考古工作队：《陕西凤翔八旗屯秦国墓葬发掘简报》，《文物资料丛刊（3）》，文物出版社，1980年。
③ 甘肃省文物工作队、北京大学考古学系：《甘肃甘谷毛家坪遗址发掘报告》，《考古学报》1987年第3期。
④ 陕西省考古研究院、宝鸡市考古工作队、凤翔县博物馆：《陕西凤翔孙家南头春秋秦墓发掘简报》，《考古与文物》2013年第4期。

窄。西周晚期以后秦墓的熟土二层台宽度一般都不超过 50 厘米。李崖西周墓亦如此，即便有个别墓(M23)有较宽的熟土二层台，也仍然将陶器置于棺椁间。参照周人墓随葬品摆放位置从二层台上到棺椁间的变化，这似乎说明李崖西周墓的年代早不到西周早期。

李崖西周墓在墓向、墓型、腰坑及殉狗、随葬品摆放位置等方面与西周晚期至春秋秦墓完全一致，自然也应属秦人墓葬。李崖西周墓流行腰坑殉狗和仰身直肢葬式，与春秋至战国早期国君至大夫级别秦墓的特征相同，墓主很可能是嬴秦宗族的成员。只是墓葬年代较早，或在嬴秦西迁之初，当时秦人族群规模较小，社会等级分化尚不明显，人口构成比较单纯，直肢葬还不像后来那样具有相对于屈肢葬而言的等级标识意义。

四、非子封邑的考古学探索

非子是秦国君的直系先祖，为周孝王养马受到赏识。孝王打算立他为大骆之嫡，遭申侯反对，遂改封他于"秦"，秦之国号即源于此。经秦侯、公伯、秦仲三代，再到庄公居西犬丘，"秦"作为别宗封邑近百年①，在秦早期历史上有重要地位。对非子封邑的探讨，到目前为止，大体经历了古文献的研究、个别学者的实地考察以及大规模考古调查和发掘三个阶段。2005—2008 年，早期秦文化联合考古队两次调查牛头河流域，2010—2011 年又对李崖遗址进行发掘，为探索非子封邑提供了重要线索。

（一）文献记载与相关研究

《汉书·地理志》："后有非子，为周孝王养马汧、渭之间。孝王曰：'昔伯益知禽兽，子孙不绝。'乃封为附庸，邑之于秦，今陇西秦亭秦谷是也。"汉承秦有陇西郡，武帝又析置天水郡。亭为县、乡之下的机构设施，负责邮传和警戒②，秦亭是设于"秦"地之亭，班固认为在陇山之西。

关于秦亭的地望，北魏《水经注·渭水》说得更具体："渭水又历桥亭南，而迳绵诸县东，与东亭水合，亦谓之为桥水也，清水又或为通称矣……东亭川水又西得

---

① 马非百云："自非子至秦仲，凡经四代，约自公元前八九七年至公元前八二二年，共七十五年。"（《秦集史·都邑表》，中华书局，1982 年）如果再加上庄公居"秦"的时间，那么"秦"作为都邑近百年。

② 《风俗通》："汉家因秦，大率十里一亭。亭，留也，盖行旅宿会之所馆。"

清水口……又迳清水城南,又西与秦水合。水出东北大陇山秦谷,二源双导,历三泉合成一水,而历秦川。川有故秦亭,秦仲所封也。秦之为号,始自是矣……清水上下,咸谓之秦川。"文中"秦仲"当为"非子"之误。东亭水即今牛头河干流,秦水为其支流后川河。后川河由其上游的北川河、南川河、杨川河在今张家川县城附近汇聚而成,西南流经的张家川县张家川镇、胡川镇,清水县黄门镇地段河道较宽,从《水经注》行文看秦亭似在那里;但下文又说"清水上下"都叫秦川,考虑到古文献传抄错简的情况,不能排除东亭水两岸的可能。总之,郦道元认为秦亭在今牛头河流域当无疑问。

《史记正义》引《括地志》云:"秦州清水县本名秦,嬴姓邑。《十三州志》云秦亭,秦谷是也。"据《清水县志》,唐初清水县治在今清水县城附近,开元年间因地震转移至今樊河东岸恭门镇的下城子古城。

汉以来文献皆言非子封地在陇西的清水县(包括今张家川、清水两县),但到现代又出歧说。《史记·秦本纪》云:"三年,文公以兵七百人东猎。四年,至汧渭之会。曰:'昔周邑,我先秦嬴于此,后卒获为诸侯。'乃卜居之,占曰吉,即营邑之。"非子号曰秦嬴,徐复先生根据这条记载,认为非子所邑之秦,"实在汧、渭之会,并不在陇西"①。李零先生也认为文公所营城邑"显然与非子所邑之秦是同一地点,它应当就是非子当年为周孝王养马的'汧渭之间'……则其地亦当在陈仓附近"②。此说多有附和者③。

20世纪80年代赵化成曾调查牛头河中、上游,否定了上游今秦亭镇一带作为非子封邑的可能,认为今清水县城一带地势开阔,台地发育良好,采集到周代绳纹陶片,"这一地段包括古秦水,从自然地理角度看作为非子封邑似有可能,因此,也是今后重点注意的地区"④。

徐日辉认为非子封邑即秦亭,在今张家川县城南的瓦泉村一带,并称通过多次考察在那里发现了"一座长约300、宽约200米的大墓,这是一处面积6 000平

---

① 徐复:《秦会要订补》,中华书局,1959年;又见于《秦西垂文化论集》,文物出版社,2005年,第13页。
② 李零:《〈史记〉中所见秦早期都邑葬地》,《文史(第二十辑)》,中华书局,1983年。
③ 高次若、刘明科:《关于千渭之会都邑及其相关问题》,《周秦文化研究》,陕西人民出版社,1998年;祝中熹:《早期秦史》,敦煌文艺出版社,2004年,第80—81页。
④ 赵化成:《寻找秦文化渊源的新线索》,《文博》1987年第1期。

方米的人为台地，布满了夯土层"①。

总之，目前关于非子封邑主要有陇山之西清水县和关中西部汧渭之会两说。又因为今张家川县和清水县古时统归清水，故清水说又可分出张家川县和今清水县两种意见②。

"秦"邑历经非子、秦侯、公伯、秦仲四代，其间未闻这支秦人迁徙别处，直到庄公居西犬丘时才不再作为都邑。秦仲时秦人已经发展壮大，《诗·车邻序》："秦仲始大，有车马、礼乐、侍御之好焉。"作为被经营多年的都邑，"秦"应该有一定规模，性质为中心聚落，其周边还会有一般聚落和小型居民点。非子受封于孝王时，相当于西周中期，考古学上探讨非子封邑应充分注意遗址的年代和规模。

（二）汧渭之会说辨析

汧河发源于甘肃省华亭县境内的关山，东南流经陕西陇县、千阳、宝鸡，在宝鸡卧龙寺以东、虢镇以西的位置注入渭水。两河交汇的位置古今无大变化，文献中的"汧渭之会"应指虞（吴）山东南、两河交汇的东西夹角部分，包括今宝鸡陈仓区、蟠龙镇、贾村镇、桥镇、千河镇、长青镇等地③。这个地区考古工作起步早，田野调查做得比较扎实，从披露的资料及前人研究看，不可能存在非子的封邑。

据卢连成等先生的研究，汧河流域的陇县、千阳、宝鸡一带，属西周时期古矢国；而且矢国建立于西周早期或更早，一直延续到西周晚期，和西周王朝相始终④。1974年在陇县南坡发现一片西周墓地，发掘的4座墓均南北向，墓主头向南；出铜器60余件，其中M6出一件"矢中"戈，M2当卢背面有铭文"矢"，证明那里是一处矢人墓地，年代为西周早期武、成时期。1991年在陇县店子发掘的4座西周墓亦南北向，墓主为头向南的仰身直肢葬，其中3座墓底带腰坑，也被认为是西周早期的矢人墓葬⑤。往南至汧渭交汇一带，1969年在宝鸡县贾村公社上官村发现"矢王"簋盖一件，簋盖属西周晚期夷、厉之间；1974年在不远处的灵

---

① 徐日辉：《甘肃东部秦早期文化的新认识》，《考古与文物》2001年第3期。
② 持清水县说如林剑鸣：《秦史稿》，上海人民出版社，1981年；段连勤：《关于夷族的西迁和秦嬴的起源地、族属问题》，《人文杂志》1982年增刊。
③ 至于秦文公所营筑城邑，则又在这个范围内的某个具体地点。
④ 卢连成、尹盛平：《古矢国遗址、墓地调查记》，《文物》1982年第2期。
⑤ 陕西省考古研究所宝中铁路考古队：《陕西陇县店子村四座周墓发掘简报》，《考古与文物》1995年第1期。

陇村发现带"夨"字铭文的铜泡①。1983年在宝鸡贾村又发现一件"夨髋"铜方甗,年代亦为西周晚期②。在宝鸡贾村镇有大面积的西周遗址,那里是夨国重要的活动区。20世纪30年代发掘的宝鸡陈仓区斗鸡台沟东区墓葬B3出"夨"字铭文的铜当卢,斗鸡台距贾村不过5公里,说明夨国遗存向南已分布到了渭水之滨。

夨可能为姬姓或姜姓,若是前者就可能与古公亶父之子太伯、虞仲奔吴有关③。金陵河以东、汧河以西、渭水以北的贾村塬(汧渭交汇西夹角)既然是古夨国重要活动区,自然不容非子的封邑厕身其中。

退一步说,即便古人的居址或封地有插花式分布的可能,"秦"邑作为经营多年的都邑,随着西周晚期秦人势力的壮大,应对周围地区有文化辐射和影响,在当地也应该能发现西周时期的秦文化遗存。汧渭交汇西夹角地区如上所述,发现的西周墓皆为南北向墓型,与西首葬的东西向秦墓绝不类同。东夹角地区,包括今虢镇、阳平镇一带,西周时属西虢,1993年在阳平镇高庙村发掘的20座西周墓被认为属西虢墓地,其中南北向的11座皆头向北,东西向的6座皆头向东④,亦与秦墓不同。西虢随平王东迁后,遗留原地的支属为小虢,被秦武公所灭。武公灭小虢,是因为迁都平阳后,卧榻之侧,岂容他人酣睡。小虢能在文公营筑汧渭之会时存留,与秦人共存一段时间,盖因文公当时未暇顾及周余民,这也说明东夹角地区此前无秦人旧地。

假如"秦"邑本在汧渭之会,仅隔庄公、襄公二代居西犬丘,至文公又到那里营筑城邑,那里秦文化的发展不会出现中断;换言之,那里的秦墓理应能上溯到西周时期。事实上并非如此。目前所知宝鸡地区秦墓年代最早也就是到春秋早期,如宝鸡姜城堡⑤、南阳村⑥、西高泉村⑦。2005年发掘的凤翔孙家南头秦人墓

---

① 卢连成、尹盛平:《古夨国遗址、墓地调查记》,《文物》1982年第2期。
② 高次若:《宝鸡贾村再次发现夨国铜器》,《考古与文物》1984年第4期。
③ 刘启益:《西周夨国铜器的新发现与有关的历史地理问题》,《考古与文物》1982年第2期。
④ 宝鸡市考古工作队、宝鸡县博物馆:《宝鸡县阳平镇高庙村西周墓群》,《考古与文物》1996年第3期。
⑤ 王光永:《宝鸡市渭滨区姜城堡东周墓葬》,《考古》1979年第6期。
⑥ 宝鸡市考古工作队、宝鸡县博物馆:《陕西宝鸡县南阳村春秋秦墓的清理》,《考古》2001年第7期。
⑦ 宝鸡市博物馆、宝鸡县图博馆:《宝鸡县西高泉村春秋秦墓发掘记》,《文物》1980年第9期。

地规模较大,其中不乏高等级铜器墓,发掘者推测墓地隶属文公所筑"汧渭之会"①。该墓地秦墓年代最早的也只能到春秋早期。汧渭之会及附近没有西周时期秦文化遗址和墓葬是可以断言的。

从秦国自西向东发展的历史看,"大骆之起,远在陇西;非子邑秦,已稍近中国……文公始逾陇而居汧、渭之会"②。非子封邑在汧渭之会的说法与秦人东进的地理情势全然不合。

秦文公东猎汧渭之会时的那番话,应在"周邑"后断读,是说这里本是周人故地,我祖先秦嬴(非子)曾在这里活动,后来我们秦人终于发展壮大,成为一方诸侯。非子得周王赏识是秦人发展的一个重要历史契机,但非子始终不是诸侯,秦为诸侯乃襄公时事。"我先秦嬴于此"指非子曾在这里牧马。过去学者多拘泥于"汧渭之间"与"汧渭之会"的字面差别,认为非子在汧河上游谷地为周王牧马,不在下游的汧渭之会③。其实二者为包含和被包含关系,放养马群需要水草丰美之地,只要自然条件允许,汧河上、下游作为牧马之地均无不可。汧渭之会有西周王室的固定牧场,这一点已经得到同时期金文的证实。

1955 年在陕西眉县出土了一批西周中期懿、孝时期铜器,其中有两件盠驹尊,甲尊胸铭说"王初执驹于斥",盖铭说"王执驹斥,易盠驹";乙尊盖铭说"王执驹豆,易盠驹"。"执驹"是举行马交配、繁育的典礼,盠驹尊铭文说明斥、豆两地有周王室的大规模牧场。这两个地名亦见于西周晚期的矢人盘,该盘记述了矢、散两国的土地纷争,从其中划分田界路线所涉地名看,斥、豆位于汧渭之会,对此卢连成先生论之甚详④。盠驹尊与非子大体同时代,再结合《秦本纪》的那段记载,非子曾在汧渭之会为周王牧马当无疑问。

(三) 李崖遗址与非子封邑

非子封邑既然不在汧渭之会,自然应该到牛头河流域去寻找。经过 2005 年和 2008 年的两次调查,已经基本摸清这个地区的古文化序列及分布。发现的

---

① 田亚岐、王颢、景宏伟等:《陕西凤翔孙家南头周秦墓地考古取得重大收获》,《中国文物报》2004年9月8日。
② 王国维:《秦都邑考》,《观堂集林》,中华书局,1959年,第530—531页。
③ 徐日辉:《秦建国前活动考察》,《秦俑秦文化研究》,陕西人民出版社,2000年。
④ 卢连成:《斥地与昭王十九年南征》,《考古与文物》1984年第6期。

32处含周代（西周至春秋时期）遗存的遗址，有13处分布于清水县白沙镇至红堡镇的牛头河中游两岸，1处位于牛头河上游支流，3处位于后川河下游，3处位于红堡南的牛头河下游，2处位于白驼河上游，6处位于后川河流经的黄门镇河段，1处位于张家川县胡川镇，2处位于张家川县城西北的后川河西岸，1处位于北川河下游东岸。牛头河干流中游两岸遗址分布最密集，是整个流域周代文化最发达的区域。其次是清水县黄门镇一带。后川河在清水县黄门镇附近有一个不太长的葫芦形河段，在那里发现了几处周代遗址，但面积较小，地形陡狭，不存在大的中心聚落。

根据遗迹和陶片的分布推算遗址的面积，可把周代遗址划分为两个级别：①面积约100万平方米，仅有李崖遗址。②面积在5万平方米以下，如秦子铺、柳树塬、郑家湾；还有一些遗址的面积达到或超过10万平方米，但由于包含史前至汉代多种文化堆积，其中周代遗存分布面积小，采集标本少，不是遗址的主要内涵，依然可以归入此类，如李沟坪、泰山庙、坪洮塬。

牛头河中游川道宽约1.5公里，长度近40公里，两岸有多条支流注入，宽阔低平的台地随处可见，土厚水深，自然地理条件之优越可以说首屈一指。处于樊河与牛头河交汇处的李崖遗址规模之大在整个流域以周代文化为主的遗址中绝无仅有。牛头河中游的周代遗址显然是以这处大型遗址为中心分布的，其东北方向，在樊河东岸有孟家山遗址；其北，在樊河西岸有吴家嘴遗址；其南，牛头河南岸有柳树塬、祝英台遗址。这些遗址可算作它的南、北屏障。在牛头河南岸，其东南方向有程沟西、李沟坪遗址，其西南方向有蔡湾遗址。这些遗址可算它的东、西两翼。

李崖遗址西周遗存的年代相对集中，发掘的灰坑和墓葬主要属西周中期，碳十四测年表明其绝对年代可能下延至西周晚期①，这与非子封邑的时间较为吻合。墓葬族属为秦人，表明该遗址西周遗存的性质为早期秦文化，它也是迄今陇山以西所见西周秦文化遗迹单位数量最多的遗址。

总之，从牛头河流域周代遗址的总体分布，以及遗址的地形、年代、规模、文化内涵等多方面考量，李崖遗址有可能是非子封邑之所在。

---

① 李崖遗址西周墓葬由北京大学碳十四实验室测年。

在李崖遗址西端、白土崖村北发现的白土崖古城北墙残高1—3米,残长50米,夯层厚15厘米左右,从发掘情况看该城属北魏时期清水县城。《水经注·渭水》:"东亭川水,又西得清水口。水导源东北陇山,二源俱发,西南出陇口,合成一水,西南流,历细野峡,迳清池谷,又迳清水县故城东,王莽之识睦县矣。其水西南合东亭川,自下亦通谓之清水矣。又迳清水城南,又西与秦水合。"描述的河流走势与樊河流经遗址所在台地东,西南向注入牛头河,再向西流经遗址台地南的情况完全吻合。《括地志》明言"嬴姓邑"(非子封邑)在秦州清水县。白土崖古城的发掘为确定非子封邑的地望提供了旁证。

需要指出的是,文献记载非子受封于周孝王时,相当于西周中期的后段;但李崖西周墓是从西周中期前段开始的(第一组),延续到西周中期后段或更晚(第二组)。这是因为在非子受封之前,"秦"地已经是嬴姓秦人的据点,周王分封不过是对既成事实的认可。《说文》:"秦,伯益之后所封国。地宜禾,从禾、舂省。一曰秦,禾名。"甲骨文、金文中"秦"字作双手持杵舂禾之形,字的原初本义应是一种禾的名称,后来衍生为地名。非子受封后以地名为氏号,才有了秦族、秦国之称。"秦"地居民在西周金文中被称为"秦夷",如师酉簋、询簋。朱凤瀚先生将师酉簋断在孝王元年,询簋断在厉王十七年①。前者在非子受封前,后者在受封后,可见受封前后"秦"地人群名称一致,其性质没有发生变化,即嬴姓秦人。李崖遗址可能是嬴秦西迁翻越陇山之后的第一站,只有在此站稳了脚跟,才能继续向西、向南迁徙;它又位于沟通陇山东西两侧的交通孔道,不容有失。此地在秦人经营多年后,被周孝王封给非子,予以仪式和名义上的认可,是合乎情理的。

当然,目前在李崖遗址只发掘了一些灰坑和陶器墓,还没有发掘到高级别的贵族墓葬(如铜器墓),也没有发现大型建筑基址。因此,有学者对此观点表示怀疑,理由是封邑性质的遗址不可能没有高级别遗存。需要说明的是,李崖遗址被当地砖厂取土破坏得很厉害,不排除重要遗存已遭破坏。今清水县博物馆的一件青铜觯就征自李崖,年代属西周中期,该遗址很可能存在铜器墓,只是目前没有发现。况且西周时期秦的陶器墓也很难得,发现并不多,关中没有一座,礼县仅4座,数量上远远不如李崖,由此可见李崖遗址的重要性。此外,遗址

---

① 朱凤瀚:《师酉鼎与师酉簋》,《中国历史文物》2004年第1期。

南部全被今天的李崖村和汉赵充国陵园占压,工作难度很大,无法进行钻探,而那里恰恰应是整个遗址中最适宜人居的地方,不排除分布有大型建筑遗迹的可能。

以前有研究说秦亭在张家川县城南的瓦泉村,并称在那里发现了大墓及夯土[①]。瓦泉沟自东南向西北注入后川河,瓦泉村位于沟的入口处,沟两侧台地较为宽阔。2008年我们反复踏查了那里,在沟北台地发现3—4座被盗小墓,附近采集到少量素面灰陶片及龙山时期红陶片,墓葬应在汉代以后。沟南的台地,在崔湾村东约100米处发现一处汉代遗址,面积2万—4.5万平方米;堆积厚约1.5米,采集到大量粗绳纹瓦片和云纹瓦当残片,以及少量绳纹灰陶片和史前红陶片。后来询问县文物干部,才知道当地传言的"秦亭"在崔湾村西侧的后川河川道里。我们下到川道里调查,在一条南北向的断面上看到一条长200米的水平层堆积,厚10—20厘米,为片状纹理,水平层上、下皆为河流冲积的松软淤沙。这条水平层堆积应为路土,被误认成夯土了。古代城市选址都在高敞处,所谓"凡立国都,非于大山之下,必于广川之上。高毋近旱,而水用足。下毋近水,而沟防省"(《管子·乘马》),未闻把都邑建在河流川道里的。

张家川县城西南的杨上、东北的前山遗址位于黄土台塬顶部,仅采集到零星绳纹陶片,甚至未见遗迹。坪洮塬遗址面积较大,但以仰韶文化为主。非子封邑不在张家川县境内是2008年调查的一个基本认识。

第四节 鄜畤、陈宝祠与汧渭之会

秦文公在位五十年之久,是春秋早期秦国很有作为的一位君主。文公之父襄公仅仅伐戎至岐,并未在关中站稳脚跟。秦人翻越陇坂,入主开阔的渭河平原,实际是从文公开始的。《史记·秦本纪》记载文公营造都邑于汧渭之会,祭白帝于鄜畤,建陈宝祠,是他一生中的三件大事。其中鄜畤和陈宝祠西汉中后期还被频繁祭祀,影响深远。关于秦文公都邑及郊祀的地点,学界多有争议,现结合考古材料及田野调查的情况,进一步申论之。

---

① 徐日辉:《甘肃东部秦早期文化的新认识》,《考古与文物》2001年第3期。

一、鄜畤

《史记·秦本纪》:"十年,初为鄜畤,用三牢。"

《史记·封禅书》:"其后十六年,秦文公东猎汧渭之间,卜居之而吉。文公梦黄蛇自天下属地,其口止于鄜衍。文公问史敦,敦曰:'此上帝之徵,君其祠之。'于是作鄜畤,用三牲郊祭白帝焉。"

两条记载中,后者更为详尽,包括作畤的原因及祭祀的对象。《索隐》:"鄜,地名,后为县,属冯翊。"秦文公主要在关中西部的汧渭交汇处活动,当时秦人的势力尚未伸展到岐山以东,遑论陕西洛水东的富县,因此现代学者都不同意《索隐》的说法。鄜畤属于"雍四畤"之一,《封禅书》云:"唯雍四畤上帝为尊,其光景动人民唯陈宝。"雍四畤即鄜畤、吴阳上畤、吴阳下畤、密畤,分别祭祀白、黄、炎、青四帝。后来汉高祖又建北畤祭黑帝,凑足了五帝之数,在汉代就有了"雍五畤"的说法。这里的"雍"当指传统上秦旧都雍城附近的地区,不是汉代雍县,像渭河南的密畤就不属于雍县。但鄜畤的具体地望,还有争议。

高次若、刘明科认为文公都邑汧渭之会在宝鸡斗鸡台,鄜畤在其附近①。1973年在凤翔长青镇马道口村出土了一件西汉铜鼎,上有三组铭文,第一组为"今汧共厨郡邸鼎一合容一斗二升并重七斤十四两名丑"。李仲操认为"汧共厨"在汧河下游,《汉书·百官公卿表》注引如淳曰"五畤在雍故有厨",所以"汧共厨"是供应雍五畤祭祀具食的庖厨;铜鼎出土地在汧河东岸、三畤塬(今凤翔塬)的最西端②,就是鄜畤所在地③。1983年在长青镇孙家南头发现一处秦汉宫殿遗址,采集到"蕲年宫当";90年代又进行了发掘,出土的文字瓦当有"蕲年宫当""竹泉宫当""来谷宫当"等,发掘者认为孙家南头宫殿是秦的蕲年宫。田亚岐认为蕲年宫是鄜畤的一个组成部分,最初可能十分简陋,战国中期以后又重新营建④;换言之,鄜畤在孙家南头。

---

① 高次若、刘明科:《关于汧渭之会都邑及其相关问题》,《周秦文化研究》,陕西人民出版社,1998年。
② 《史记正义》引《括地志》云:"三畤原在岐州雍县南二十里。《封禅书》云秦文公作鄜畤,襄公作西畤,灵公作吴阳上畤,并此原上,因名也。"按:三畤指鄜畤、吴阳上畤、吴阳下畤,西畤不在其中。
③ 李仲操:《羽阳宫鼎铭考辨》,《文博》1986年第6期。
④ 田亚岐:《秦汉置畤研究》,《考古与文物》1993年第3期。

李、田二位先生的意见较为合理。秦汉的畤除了用于祭祀的坛、场外，还有供斋戒沐浴及皇帝休憩的宫殿①，也就是斋宫。"蕲年"从字面上看宗教色彩浓厚，在祭天活动中祈求丰年属题中应有之义。宫殿名"蕲年"本身就暗示它与祭天的畤有关联。今天北京天坛建筑群中有祈年殿，情况与之类似。

笔者在 2008—2009 年曾调查汧河两岸的遗址，孙家南头和马道口村均在汧河东岸，前者在北、后者在南，相距 1.5 公里左右（图 110）。孙家南头堡子壕有成片的夯土、陶窑、灰坑，泥条盘筑的秦瓦俯拾皆是。从马道口村上塬的凤千公路两侧断面上也可见到长约 10 米的夯土；公路北台地上有长 20 米的夯土，夯层厚 10 厘米左右，灰层堆积中出战国时期的粗绳纹瓦片。由此可知，从孙家南头至马道口村，西北—东南方向，东西 200—300 米，南北 1 500 米的范围属于一个大的宫殿遗址群，秦汉时期的蕲畤应当在这个范围之内。

发掘者曾介绍孙家南头堡子壕遗址 B 区 T2 的地层：第①层至第③层为汉代以后层；第④层为秦统一前后的文化层及夯土墙，出文字瓦当及带戳记的筒瓦、板瓦；第⑤层为战国时期的文化层及夯土墙，出大量动物纹瓦当；第⑤层下为生土②。如此看来，堡子壕没有春秋时期的遗迹。但 1996 年发掘的 500 平方米仅仅是整个宫殿区很小的一部分，况且资料尚未全面公布，现在还不好下结论。据当年参与发掘的孙宗贤先生说，遗址下层的夯土墙下压有春秋瓦片层，但未清理，其中筒瓦背饰间隔绳纹带（图 111:3），与雍城马家庄宗庙所出类似。堡子壕位于汧河东的头道塬上，其西不远处，汧河东岸岸边的阶地上（现为东岭厂），曾清理过一片春秋时期秦国人墓地，有出铜列鼎五件的贵族墓，墓地年代可早到春秋早期。毫无疑问，孙家南头一带在春秋时期属秦人重要的活动区域。

雍城豆腐村遗址出土一种鹿蛇纹瓦当，蛇头下探咬住鹿的前腿，蛇身横卷于鹿上，尾部透迤而下，盘踞了大部分当面；鹿大角，后腿直立，呈惊悚状，腹下有一蟾蜍（图 106:1、2）③。构图内容与《史记》所载秦文公所梦颇有相

---

① 田亚岐：《秦汉畤研究》，《考古与文物》1993 年第 3 期。
② 焦南峰、王保平、周晓陆等：《秦文字瓦当的确认和研究》，《考古与文物》2000 年第 3 期。
③ 拙文《鄜畤、陈宝祠与汧渭之会考》[《秦始皇帝陵博物院院刊（2011 年总壹辑）》，三秦出版社，2011 年]把一件豆腐村遗址的鹿蛇纹瓦当误当作孙家南头遗址所出，2020 年出版的《西垂有声：〈史记·秦本纪〉的考古学解读》（生活·读书·新知三联书店）延续了这一错误。经查豆腐村遗址发掘报告（陕西省考古研究院、宝鸡市考古研究所、凤翔县博物馆：《秦雍城豆腐村战国制陶作坊遗址》，科学出版社，2013年），特此更正，并向读者致歉。

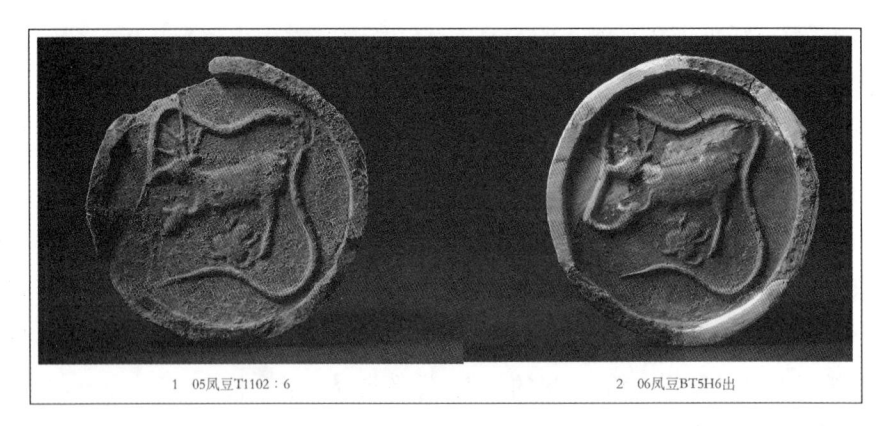

1　05凤豆T1102∶6　　　　　　　　2　06凤豆BT5H6出

图 106　雍城豆腐村遗址出土鹿蛇纹瓦当

合之处①。秦的这种鹿蛇纹瓦当数量很少,目前仅见于雍城豆腐村制陶作坊遗址和孙家南头遗址两处②,前者是瓦当的制作烧造地点,后者是置用地。这种鹿蛇纹瓦当是否代表"廊"字,值得考虑。秦汉文字瓦当经历了一个从无到有、从稚嫩到成熟的发展过程。现在识别出来的战国秦文字瓦当,如"华市""年宫""棫阳""壬子"等,当面主体为云纹、涡纹或葵纹,文字很小,在纹饰间隙或边缘的网格带中;到了秦统一时期或稍晚,才出现了当心有大圆点,当面分四个扇形区,每区各有一字,当面以文字为主体的形式。因此,不能排除在文字瓦当之前,有用特殊的动物纹或图案瓦当标示宫殿建筑的可能。

秦石鼓文中有"廊"字:

《灵雨》:"汧殹沰沰,萋=(萋萋)□□,舫舟囪(从)逮。□□自廊,徒驭汤汤,佳(维)舟以衍(行),或阴或阳。"

《銮车》:"徒驭孔庶,廊□宣搏。眚(轻)车龢(载)行,□徒如章,邍(原)溼(隰)阴阳。"

该字张政烺、唐兰等均隶定为《秦本纪》"初为廊畤"之"廊"③。王辉也同意

---

① 孙宗贤:《从"蛇鹿蛙"纹瓦当谈秦廊畤的位置所在》,《陇右文博》2011年第2期;梁云:《廊畤、陈宝祠与汧渭之会考》,《秦始皇帝陵博物院院刊(2011年总壹辑)》,三秦出版社,2011年。

② 孙家南头出土过这种鹿蛇纹瓦当,见上注孙宗贤文。

③ 张政烺:《猎碣考释》,《史学论丛(第一册)》,1934年,转引自王辉《一粟集》;唐兰:《石鼓年代考》,《故宫博物院院刊》1958年第1期。

这个意见①。董珊不同意此说,认为"廊""鄜"二字在音韵上难以相通,"廊"当读为《汉书·地理志》安定郡属县之"卤",地在甘肃崇信,那里曾出土过"卤市"印文的战国秦陶器②。

石鼓文描述田猎的地点有廊、汧、盩道、吴阳,除了盩道不详外,其他均在汧河或其附近。吴阳即吴山之阳,今凤翔雍水以西的北山就是吴山,山南还有东吴头、南吴头村。《灵雨》讲在汧河中行船,经由廊地,河两岸有纤夫拉舟而行,廊显然在汧河岸边。如果溯汧河而上,到达上游陇县大震关一带,地形曲折狭窄,无法行船,不会出现石鼓文中的盛况;况且汧河上游也和甘肃崇信相去甚远,扯不上什么关系。《銮车》很好地说明了狩猎地廊的地形,既有"原",又有"隰"。《公羊传·昭公元年》:"上平曰原,下平曰隰。"可见原与隰是相关联的两种地形。原即塬,属于陕西关中常见的黄土台地,汧河附近东有三畤塬,西有贾村塬;隰在塬下,指汧河岸边的阶地。石鼓文中廊的地形与今汧河岸边完全吻合。相反,甘肃崇信地区沟壑纵横,多黄土峁梁,与之不合。石鼓文《田车》说:"避(吾)以隮(跻)于邍(原)。避(吾)戎止陕(颠),宫车其写(卸)。"说秦公的车停在高处,便于观赏狩猎全景。也只有驻车于塬上,才能把下面的场景一览无余。石鼓文《而师》:"□□来乐,天子□来。嗣王始□,古(故)我来□。"说明周天子也参加了这次游猎。如此重要的外事活动,肯定在雍都附近,断不会放在偏远的泾河上游。总之,张、唐等先贤的意见可以信从。

《史记集解》引李奇曰:"廊音孚,山阪曰衍。"廊正篆作鄜,《说文》:"鄜,左冯翊县。从邑,麃声。"可见对该字的读音有不同认识。"鄜"从鹿从邑,读作"鹿"亦无不可。《康熙字典》引《广韵》《集韵》云:"鄜,卢谷切,音鹿。地名。""廊"的声符为庐,与"鄜"完全可以相通。

鄜从麃从邑,麃字本义是麋鹿,《史记·孝武本纪》:"郊雍获一角兽,若麃然。"韦昭曰:"楚人谓麋为麃。"从字形分析,廊(鄜)地原本有大群的麋鹿栖息。可与之印证的是,石鼓文狩猎之地麋鹿成群,《田车》:"麋豕孔庶,麀鹿雉兔。"《车工》:"麀鹿速速,君子之求。""麀鹿趚趚,其来亦次。"今长青镇马道口村原名灵鹿村,村西汧河岸边有一太白庙,其中碑文云"福荫灵鹿"。庙门口附近的断面可见

---

① 王辉:《一粟集》,台湾艺文印书馆,2002年,第395—396页。
② 董珊:《石鼓文考证》,《出土文献与古文字研究(第三辑)》,复旦大学出版社,2010年。

到战国文化层,包含大量秦瓦。

秦文公梦黄蛇自天而降,口止于鄜衍,可视作一种政治隐喻。《史记·高祖本纪》记白帝为蛇神。在秦的各类郊祀活动中,祭祀白帝出现最早,也最为重要,可能因为白帝少昊乃东夷之神,历史传说中与秦有着亲缘关系,是秦的保护神。"鄜"或"鄜"字去掉邑旁便成麋鹿,文公所梦说是蛇咬鹿也未尝不可。鹿在东周秦汉间是帝位政权的象征,所谓"秦失其鹿,天下共逐之"(《史记·淮阴侯列传》)。文公作鄜畤从动机上说,已有逐鹿天下之志。

无独有偶,"蕲年宫"之"蕲",从草从斤从单,为执刀割草遇蛇之象形,也是一种蛇的名称。蕲蛇民间又名白花蛇或五步蛇,性毒,但可入药,能治偏瘫或脑中风,唐代曾命蕲州百姓进贡,柳宗元的《捕蛇者说》讲的就是这事。秦文公梦到的蛇,《史记·秦本纪》中说是黄蛇,但张正明先生纠正说应是白蛇①。蕲蛇腹部黄白色,背部有棋盘格式的黑白花纹,所谓"黑质而白章"。《康熙字典》引《韵会》云:"蕲,似蛇牀。"蛇一般作盘曲状,所以"蕲"字作动词使用就有囚禁、关押的意思,《庄子》中很多地方可作此解释。由圈禁又反义引申出祈求的意思。

在秦文公建鄜畤之前就有"鄜"这个地方。这个地方在汧河岸边,多鹿,后来在它附近又建了蕲年宫。《史记·秦始皇本纪》中有"麃公","蒙骜、王齮、麃公等为将军"。应劭曰:"麃,秦邑。"《索隐》:"麃公盖麃邑公,史失其姓名。"那么,鄜邑具体在什么地点呢?

考古学上是有线索的。看汧河两岸春秋时期遗址分布图(图110),在孙家南头(蕲年宫)西面不远,有一处孙家南头春秋墓地,是建东岭冶炼厂时发现的,随后进行了抢救性清理。墓地年代主要属春秋时期,繁荣期在春秋中期,发掘的两座五鼎墓都属于这个时期②。这个墓地和甘谷毛家坪在墓地规格、墓葬级别、繁荣期、文化特征方面几乎一模一样。比如孙家南头 M191 出五鼎四簋,带六个壁龛,共殉六个人(图107);毛家坪 M2059 也是。它们的车马坑都是东西向长方形,一字形前后摆三辆车,马东车西;都以中间第二辆车为主车,车舆板上蒙皮革,上缀勾云形铜饰;辕马上都蒙裹皮甲,甲上缀大铜泡。它们都属于典型的秦

---

① 张正明:《秦与楚》,华中师范大学出版社,2007年,第47页。
② 陕西省考古研究院、宝鸡市考古工作队、凤翔县博物馆:《陕西凤翔孙家南头春秋秦墓发掘简报》,《考古与文物》2013年第4期。

1 孙家南头M191平面图

2 孙家南头M191出土铜器

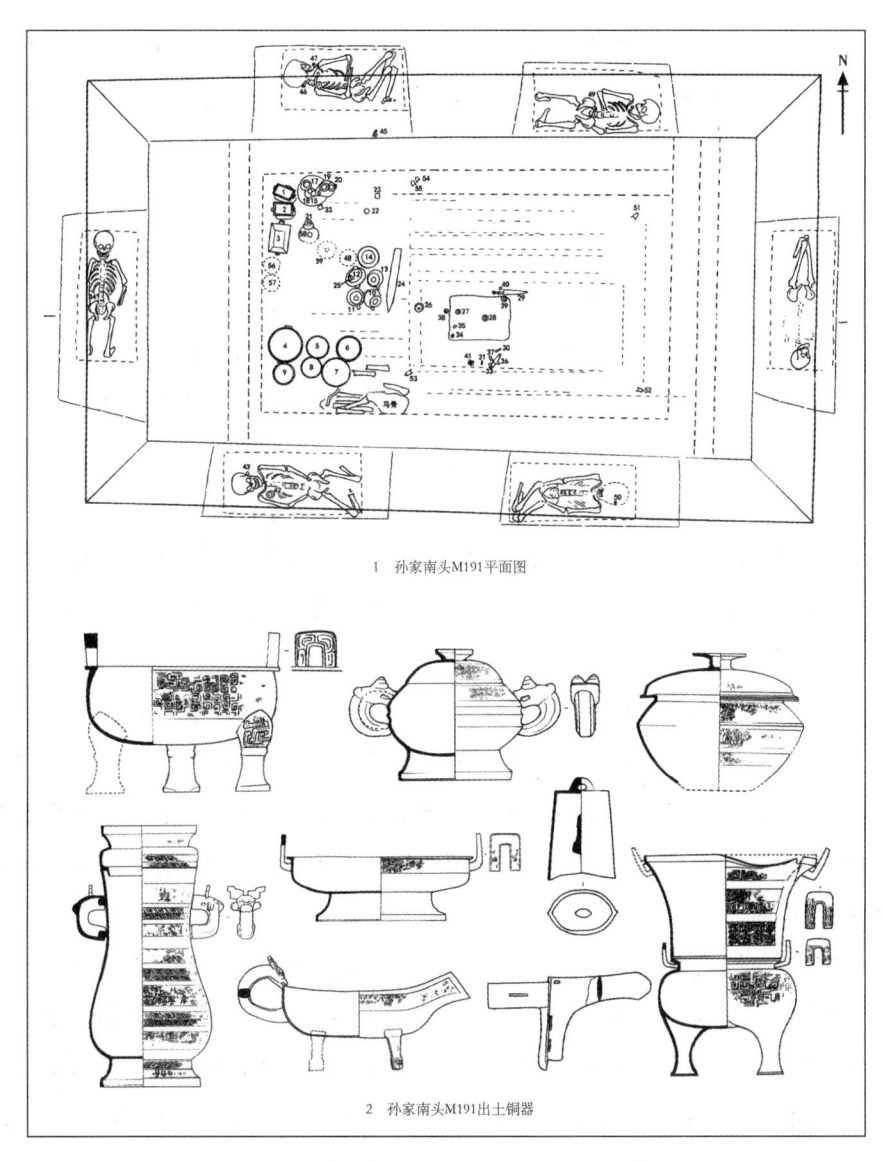

图 107　凤翔孙家南头 M191 及出土铜器

人墓地，只是孙家南头墓地的年代上限没毛家坪那么早，到不了西周时期。孙家南头墓地应与鄜邑有关，墓主人应是鄜邑的居民。毛家坪遗址可能是秦武公所设的冀县，当时还设了邽县。文献中没有春秋时在鄜地设县的记载，但孙家南头与毛家坪墓地规格相同，当地最高长官都享受五鼎的礼制待遇，即大夫级别，说明鄜邑的行政级别相当于县级。秦文公设鄜畤后，历代国君都去祭祀，祭祀活动频繁而隆重,就需要管理机构与服务人员;时间长了,干脆在它旁边设置一个邑,即鄜(廊)邑,以照应鄜畤的祭祀,兼及地方管理,享受县级待遇。

二、陈宝祠

《史记·秦本纪》:"(文公)十九年,得陈宝。"

《史记·封禅书》:"作鄜畤后九年,文公获若石云,于陈仓北阪城祠之。其神或岁不至,或岁数来,来也常以夜,光辉若流星,从东南来集于祠城,则若雄鸡,其声殷云,野鸡夜雊。以一牢祠,命曰陈宝。"

陈仓有城,在《史记》中已经记载得很清楚。据《元和郡县图志》《太平寰宇记》等文献,古陈仓在今宝鸡戴家湾一带。这些文献还提到陈仓有上、下城,而且上城属秦,下城属汉。

唐《括地志》云:"宝鸡神祠在汉陈仓县故城中,今陈仓县东。"陈宝祠一直到西汉还被继续祭祀,但秦、汉祭祀陈宝的具体地点可能有近距离的移动,秦的祭祀点在"祠城"内,即陈仓上城;汉代转移到陈仓县城内,即陈仓下城。这么说的一个理由是秦、汉畤的祭祀点往往不重合,比如秦西畤在甘肃礼县鸾亭山山腰,汉西畤则转移到山顶①。

宝鸡陈仓戴家湾遗址南临渭水,北依黄土台塬(贾村塬),总面积约100万平方米(图108:1)。该遗址内涵丰富,包含史前至汉代以后各时期遗存。地形上从北向南落差约180米,东西方向为三沟三台结构,即刘家沟、戴家沟、杨家沟及它们分割的台地。遗址中部有东西向的引渭干渠。干渠以北在20世纪30年代苏秉琦先生曾作发掘,有西周、战国、汉墓;戴家沟东曾被民国军阀党玉琨盗掘,出大量西周早期青铜器。

干渠以南、陇海铁路以北、戴家沟和刘家沟之间5万—10万平方米的范围主要分布着汉代遗存。这个区域1958年经考古钻探;1983年作了局部发掘,出土有陶水管及几何纹砖等大量的汉代建筑材料;1994年陕西省考古研究所与意

---

① 梁云:《对鸾亭山祭祀遗址的初步认识》,《中国历史文物》2005年第5期。

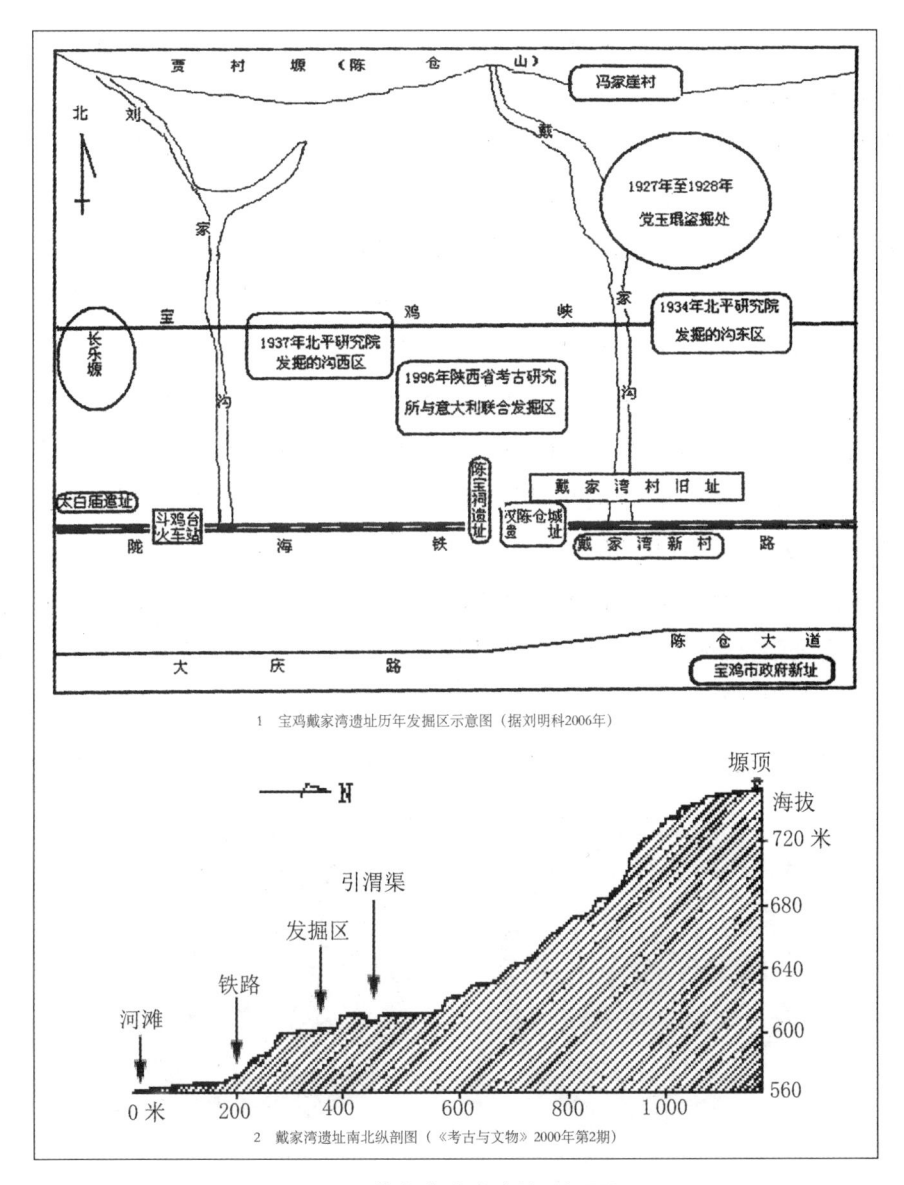

1　宝鸡戴家湾遗址历年发掘区示意图（据刘明科2006年）

2　戴家湾遗址南北纵剖图（《考古与文物》2000年第2期）

图 108　戴家湾遗址地形平剖面图

大利又合作发掘。2008—2009年我们在断坎上采集到大量的砖瓦，砖面压印绳纹，筒瓦、板瓦背饰绳纹，内壁饰布纹，均属汉代。新建的"陈宝祠"庙北有一条西南—东北向的夯土墙，夯层厚约10厘米，浅半圆形夯窝，现高约1米，夯土断断续续，总长约150米；夯土颜色不纯，夹杂汉代瓦片，其年代应不早于汉代。综合以前的发掘及调查情况，这个区域应是汉陈仓县城或者说陈仓下城之所在。

那么，陈仓上城的位置在哪？马俭及刘明科认为在刘家沟西的长乐塬上①，但我们在那里未发现任何东周及秦汉的遗存。长乐塬地形局促，与戴家湾同处贾村塬下。它与陈仓下城基本处在同一台地平面，前者在西，后者在东，不存在地形方面的"上、下"关系，因此陈仓上城不在长乐塬。《封禅书》说城建在"陈仓北阪"，阪即坂，指塬前的斜坡②。今天戴家湾遗址区地貌呈多级阶地状，是历史上人类多次平整土地的结果，但在古代自北向南是一个大的斜坡（图108：2），"至少东汉前，当地还没有形成这样大规模的阶地，一些地方处于缓坡形式，一些地方则坡度较陡"③。陈仓下城的位置偏南、偏下，上城的位置则应偏北、偏上，可能在引渭渠以北至贾村塬的南沿一带，以贾村塬南沿的可能性为大。从引渭渠向北直到塬顶，一路上的断面多有周代灰坑、灰层、墓葬暴露，采集的陶片中有秦式喇叭口罐，属春秋之物。

汉陈仓县有羽阳宫。《汉书·地理志》："陈仓，有上公、明星、黄帝孙、舜妻育冢祠。有羽阳宫，秦武王起也。""羽阳"类瓦当在宋人《渑水燕谈录》《东观余论》《续考古图》中就有著录，传出宝鸡县东，有"羽阳千岁""羽阳万岁""羽阳千秋""羽阳监（临）渭"四品（图109）。据陈直说，"一九四零年宝鸡东关修铁路时，曾

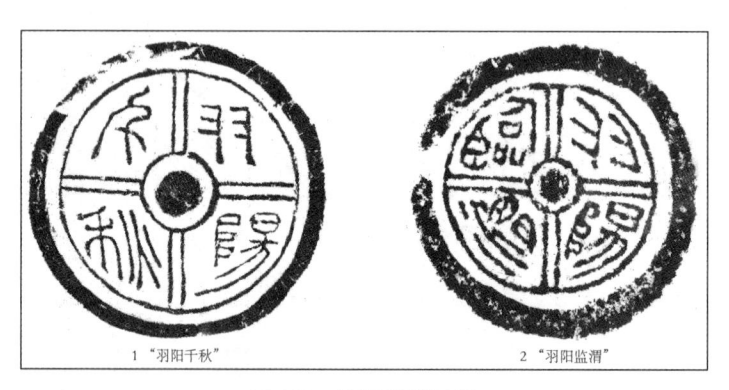

1 "羽阳千秋"　　　　　　2 "羽阳监渭"

图109　"羽阳"类瓦当

---

① 刘明科：《宝鸡考古撷萃》，三秦出版社，2006年，第318页。
② 《史记·秦始皇本纪》："秦每破诸侯，写放其宫室，作之咸阳北阪上，南临渭，自雍门以东至泾、渭，殿屋复道周阁相属。"王学理《咸阳帝都记》（三秦出版社，1999年，第136页）云："高起的'原'同低洼的'隰'相对，'阪'即是二者之间的过渡地带，如入鸿门的斜坡称'鸿门坂'，骊山西麓的漫坡叫'芷阳阪'，泾河南岸上咸阳原的北坡呼作'长平阪'。所谓'咸阳北阪'就是指渭城湾到杨家湾之间的咸阳原南坡之地。"
③ 梁晓青：《戴家湾遗址地貌环境变迁的考古学探讨》，《考古与文物》2000年第2期。

掘出一大批,约有万余片,以千岁为最多,万岁次之,千秋仅十余片,千岁又分粗细两种篆文"①。他认为羽阳宫遗址在宝鸡东关外火车站旁。20世纪80年代在宝鸡火车站还采集到1枚"羽阳千岁"瓦当②。

前述凤翔长青镇马道口出土的西汉铜鼎第二组铭文为:"雝羽阳宫鼎容一斗二升重六斤七两名卅九。"发现者据此否定了羽阳宫在宝鸡县的传统认识,认为应在马道口村一带③。但马道口村铜鼎有"汧""羽阳宫""高唐"三个置用地的三组铭文④,仅凭其中一组作此推论显然不充分。"高唐"不详,可能在山东⑤;"汧"即汧河。从"羽阳监(临)渭"瓦当知羽阳宫南临渭河,马道口村西临汧河,与渭河扯不上什么关系。因此,铜鼎的最后置用地在"汧",也就是出土地。

宝鸡斗鸡台火车站位于上述陈仓下城区域的西南,可知羽阳宫或在汉陈仓城内,或与之毗邻。如前所述,秦汉时期重要的郊祀地点附近一般都有供皇帝沐浴休憩的斋宫,性质上属行宫,如"蕲年宫"与"鄜畤"。羽阳宫与陈宝祠在空间上的密邻关系,暗示前者是为了方便秦君祭祀后者而修建的。当然,羽阳宫始建于秦武王时期,远远晚于秦文公作陈宝祠的年代。在郊祀地点附近修建斋宫可能是从战国时期开始的,后来由于祭祀频繁隆重,帝王常常亲临,又发展成规模很大的行宫。目前所见"羽阳"类瓦当当心有大圆点,当面分四个扇形区间,各置一篆文,已属秦代至西汉之物。

秦文公所获"若石",苏秉琦先生解释为陨石,陨石坠落惊动山鸡鸣叫⑥。换言之,陈宝所祠是一块陨石。还有学者认为陈仓石鼓第七鼓《天虹》所述即为"文公获若石",可备一说。秦人有玄鸟降生的传说,未尝不会把"若石"(陨石)当作玄鸟所陨之卵。"羽阳"从字面理解,"羽"乃禽鸟之毛,"阳"为太阳,上古神话中与太阳在一起的鸟唯有金乌,后羿射日射的就是金乌。陈宝之神,说是玄鸟或金乌可也。由此可见"羽阳"宫名的缘起与陈宝的关系。

---

① 陈直:《秦汉瓦当概述》,《文物》1963年第11期。
② 曹明檀、赵丛苍、王保平:《凤翔雍城出土的秦汉瓦当》,《考古与文物》1985年第4期。
③ 王永:《凤翔县发现羽阳宫铜鼎》,《考古与文物》1981年第1期。
④ 李仲操:《羽阳宫鼎铭考辨》,《文博》1986年第6期。
⑤ 《史记·田敬仲完世家》:"吾臣有盼子者,使守高唐,则赵人不敢东渔于河。"
⑥ 苏秉琦:《苏秉琦考古学论述选集》,文物出版社,1984年。

三、汧渭之会

《史记·秦本纪》："三年，文公以兵七百人东猎。四年，至汧渭之会。曰：'昔周邑，我先秦嬴于此，后卒获为诸侯。'乃卜居之，占曰吉，即营邑之。十年，初为鄜畤，用三牢。十三年，初有史以纪事，民多化者。十六年，文公以兵伐戎，戎败走。于是文公遂收周余民有之，地至岐，岐以东献之周。十九年，得陈宝。"

文公所营都邑应在汧河入渭处的东、西夹角或其附近。但其具体地望在学界仍有争论：

林剑鸣曾据《括地志》记载，"郿县故城在岐州郿县东北十五里……秦文公东猎汧渭之会，卜居之，乃营邑焉，即此城也"，认为"汧渭之会"在眉县①。眉县距离汧河入渭处有百里之遥，况且在那里也没发现有春秋时期秦的大遗址，故目前大多数学者不认同林说。

李零、高次若、刘明科认为"汧渭之会"在宝鸡陈仓，也就是秦文公所筑"陈仓祠城"或者说"陈仓上城"，在今戴家湾一带②。这种观点注意到文献中秦文公都邑与郊祀地点的联系，但仍有商榷的余地。

蒋五宝、徐卫民认为"汧渭之会"在今宝鸡千河镇魏家崖一带，那里位于汧河入渭的东夹角，在文物普查时曾发现秦的金虎、铺首，以及铜器、陶器等物③。

焦南峰、田亚岐认为"汧渭之会"在凤翔长青镇孙家南头一带，那里也是"蕲年宫"所在。其主要理由是：一处都邑应有相关的城址、宫殿、郊祀建筑以及墓葬，"蕲年宫"遗址堆积之下发掘出了更早的建筑遗存；2003 年在孙家南头西南、汧河东岸台地上发掘了一处大型墓地，200 余座墓葬中除少数周墓外，均为春秋早中期的秦墓，不乏铜五鼎的贵族墓，这处秦的大型墓地，应归属于附近某个都邑④。

---

① 林剑鸣：《秦史稿》，上海人民出版社，1981 年。
② 李零：《〈史记〉中所见秦早期都邑葬地》，《文史（第二十辑）》，中华书局，1983 年；高次若、刘明科：《关于千渭之会都邑及其相关问题》，《周秦文化研究》，陕西人民出版社，1998 年。
③ 蒋五宝：《"千渭之会"遗址具体地点再探》，《宝鸡文理学院学报（人文社会科学版）》1998 年第 2 期；徐卫民：《秦都城研究》，陕西人民教育出版社，2000 年。
④ 焦南峰、田亚岐：《秦置都邑于"汧渭之会"地点再探讨》，《周秦文明论丛（第一辑）》，陕西人民出版社，2006 年。

以上诸说或以为在汧河入渭处以西,或以为在汧河入渭处以东;或以为与陈宝祠(陈仓城)在一处,或以为与鄜畤(蕲年宫)在一处。各有所据,莫衷一是。笔者以为,考虑这个问题需要综合文献记载、地理位置、地表形态、考古发现等各方面的情况,才能得出比较合理的结论。

从《史记·秦本纪》和《史记·封禅书》的记载看,文公先作"汧渭之会",6年后再作"鄜畤",9年后再作"陈宝"祠。从行文中看不出三者的地点有重合。《封禅书》说"城祠之",就是在陈仓北坂筑城祭祀;说"祠城",就是用于祭祀陈宝的城。这个城与"汧渭之会"肯定不是一回事,因为二者营建的年代前后差15年。如果祭祀陈宝的"祠城"就是"汧渭之会",那么这个城早就存在,文公在十九年的时候没必要再建。因此,"汧渭之会"即"陈仓上城"的说法是站不住脚的。

从地理位置看,凤翔长青镇孙家南头西临汧河,与汧河入渭处尚有近20公里的距离,显然不符合"汧渭之会"地理上的含义。况且马道口村西汉铜鼎铭文明言那里在秦汉时期名"汧"。如前所述,秦汉的鄜畤在孙家南头至马道口一带,那里也是春秋时秦人的重要活动点。秦人祭祀鄜畤频繁隆重,必定驻扎有相应的管理机构及人员,在它附近出现高规格的墓葬不足为奇。中国古代的郊祀地点,先秦时很多处在国都的远郊,像秦宣公在渭南所作的密畤就距离雍都较远;直到西汉武帝在长安东南建"泰一坛",王莽在长安南北郊祭祀天地,在国都近郊举行祭祀才成为定制。因此,鄜畤或陈宝祠的地点不见得就是"汧渭之会"之所在。

从地形上看,汧河入渭处西有贾村塬,东有凤翔塬(三畤塬),塬下的河岸边还有阶地(隰)。但东、西两岸从塬至隰的地形走势有所不同:西岸贾村塬高且陡,上下落差近200米;东岸凤翔塬相对平缓。都城如果建在塬上,塬边过高过陡将增加上下交通的难度,也增大了城市供水的难度。汧河入渭西夹角的贾村塬平面呈锐角,地形狭促,实不利于营建人口众多的都邑。

2008年11月至2009年4月,我们详细调查了汧河两岸及汧渭交汇处,寻找"汧渭之会"是这次调查的重点之一。发现的春秋时期遗址集中分布在王家崖水库以南的汧河两岸(图110),其中汧河西岸自北向南依次为五星、王家崖、肖村、闵家崖、仝家沟、三星。这些遗址均位于塬下的河边阶地,地势低平,面积都在5万平方米以下。汧河东岸自北向南有高嘴头、蒲家沟、陈家崖。前两个遗址

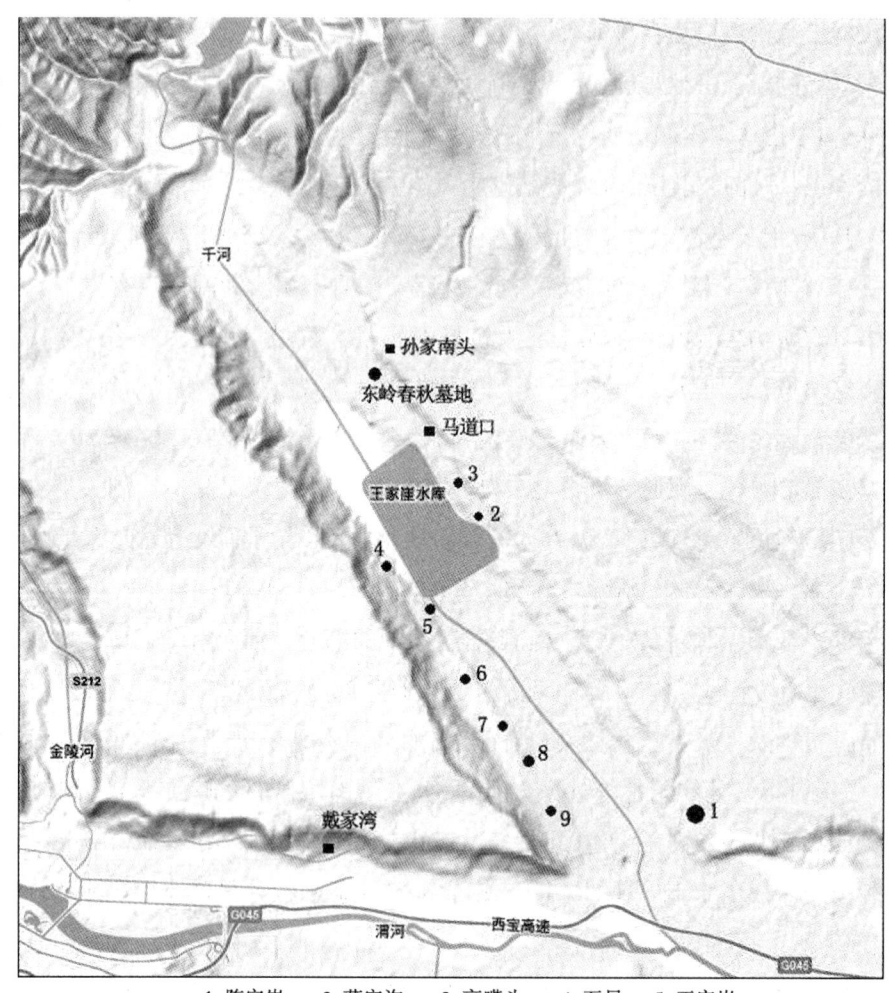

1 陈家崖   2 蒲家沟   3 高嘴头   4 五星   5 王家崖
6 肖村   7 闵家崖   8 仝家沟   9 三星

图 110 汧河下游两岸春秋时期遗址分布图

位于塬下的阶地,面积在 5 万平方米以下;陈家崖遗址位于三畤塬向河岸阶地过渡的缓坡上,面积约 20 万平方米。

在这些遗址采集的标本以瓦类居多,主要为槽形板瓦和筒瓦。槽瓦背饰齐整的几何三角纹,构图为错置的三角纹带(图 111:1)。筒瓦背面有交错绳纹带,边缘有弦纹界格,中间空白抹光。还采集到带筒身的半瓦当,当面饰弧形绳纹带(图 111:2)。类似的槽瓦和筒瓦、半瓦当以前在雍城马家庄宗庙遗址被发掘到(图 111:4、5),马家庄宗庙的年代为春秋中晚期,汧河下游遗址的这些标本应与

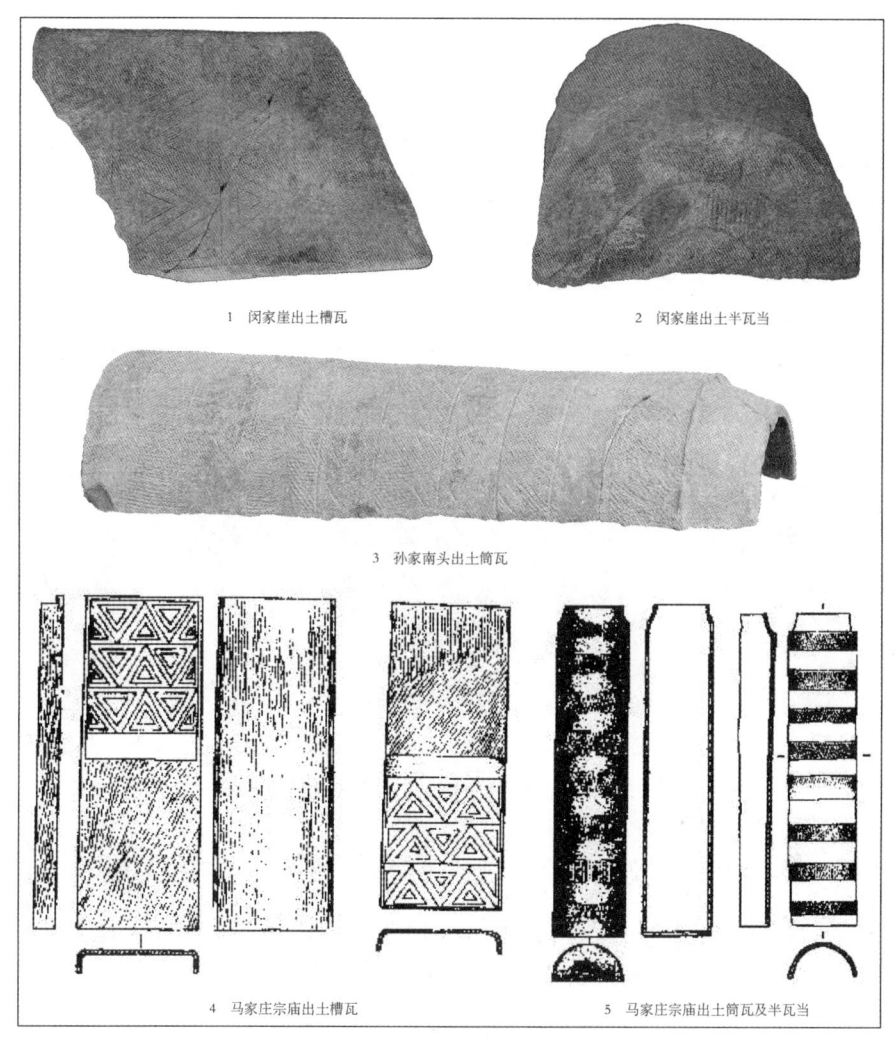

1　闫家崖出土槽瓦　　　　　　　　　2　闫家崖出土半瓦当

3　孙家南头出土筒瓦

4　马家庄宗庙出土槽瓦　　　　　5　马家庄宗庙出土筒瓦及半瓦当

图 111　春秋时期秦瓦

之同时或者稍早。目前秦瓦细致的编年还没有建立起来,马家庄宗庙之前的秦瓦什么特征谁也说不上来,但我们在陈家崖春秋早期的灰坑中也采集到这种筒瓦(详后),看来这些遗址的年代到春秋早期的可能性很大。

在这些遗址中陈家崖(魏家崖)面积最大,内涵最为丰富。它位于汧渭交汇处东夹角、宝鸡陈仓区千河镇陈家崖村北,范围西至魏家崖,东至冯家嘴。东西长约 500 米,南北宽约 400 米(图 112:1)。陈家崖村中有一条柏油路向北通到塬上,从遗址中部穿过,路两侧的断面上遗迹丰富。东侧断面偏北端有一灰坑,

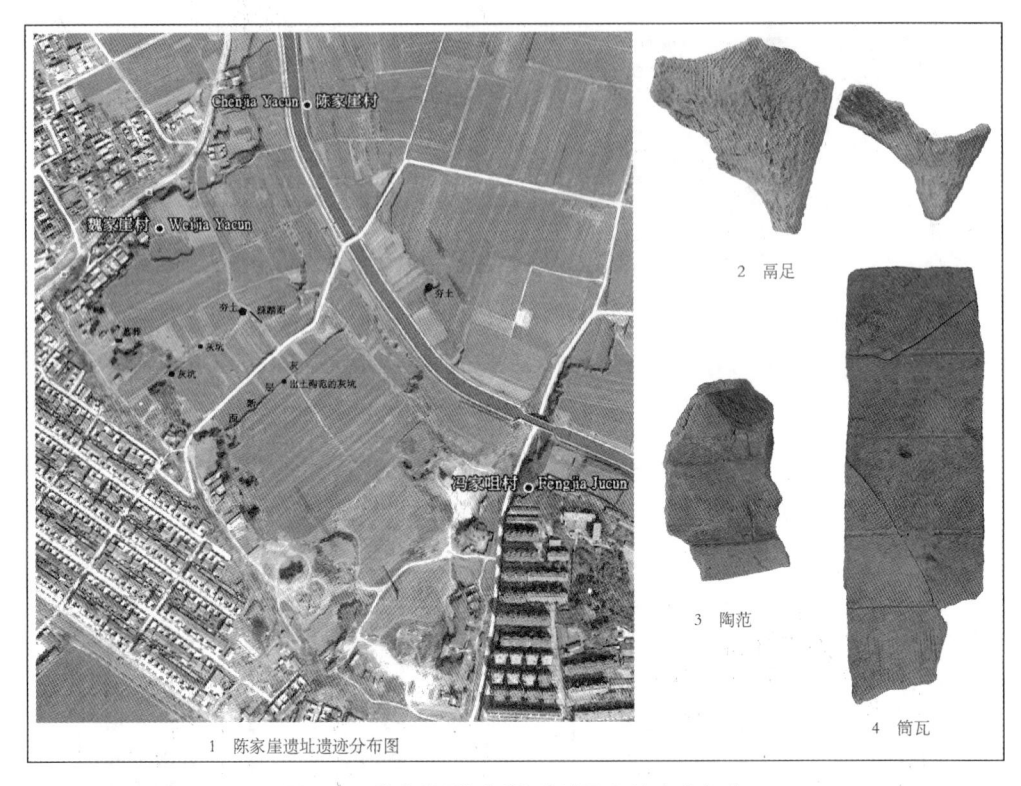

图 112　陈家崖(魏家崖)遗址及灰坑出土标本

暂编号 H2,宽约 1 米,高约 60 厘米。出土陶范一块,范面有双削刀模印,烧结温度高,范面青色,范背红色(图 112:3)。还共出两个鬲足,一柱足、一锥足(图 112:2),柱足及裆部饰粗绳纹,腹部饰细绳纹,裆较低,具有春秋早期秦式鬲的特点;锥足饰粗绳纹,裆亦低。还出一块筒瓦片,背饰间隔以弦纹的交错细绳纹带,瓦壁薄,内壁凹槽不明显(图 112:4)。H2 的年代应在春秋早期。该坑上叠压一个厚约 2 米的文化层,贯通整个断面(长约 100 米),从中采集到春秋时期陶盂残片,饰凸弦纹,年代应在春秋中晚期。

　　柏油路西侧的断面发现灰坑、夯土、踩踏面。夯层厚约 10 厘米,平夯,未见包含物;夯土东同一水平面暴露出一道长约 20 米、厚约 15 厘米的踩踏面,踩踏面下压西周晚期的灰坑,其上叠压春秋时期的灰层,其年代应属两周之际或春秋早期。断面的南端挂有西周晚期的灰坑,出鬲的宽平沿及鬲足,足较矮,裆滚压绳纹,滚压痕迹清晰。

遗址西南部为墓葬区,暴露出3—4座深竖穴墓葬,年代属西周至春秋。遗址北缘断面有一条长约20米的夯土,夯层厚约10厘米,其下的灰坑出绳纹灰陶片,可知其年代不早于周代。

总体感觉遗址等级较高,有瓦、陶范、夯土;年代偏早,遗物以春秋前期为主,未见战国至秦汉的瓦片,带麻点纹的鬲足或裆残片亦少。一般出陶范的地点往往有铸铜作坊,它又是都城不可分割的一部分。相反,一般性的村落或聚落不可能铸造铜器。

陈家崖旁边的村子叫魏家崖,2011年魏家崖的老乡挖后院,挖出来一坑墓葬的铜器。墓葬的级别较高,为五鼎墓,出土有鼎、簋、壶、盉等铜器。五鼎墓是大夫级别的贵族墓,铜盉属典型的春秋早期秦式风格(图113:1),其年代与秦文公作汧渭之会的年代完全吻合。这座墓葬的发现证明汧渭之会就在陈家崖(或魏家崖)这一片。此外,陈仓区博物馆所藏该遗址出土的金器,有金虎和铺首(图113:2、3),造型一看也是秦式风格的。类似的金虎见于甘肃礼县大堡子山秦公墓及凤翔秦公大墓,只出在高级别的遗址或墓葬中。

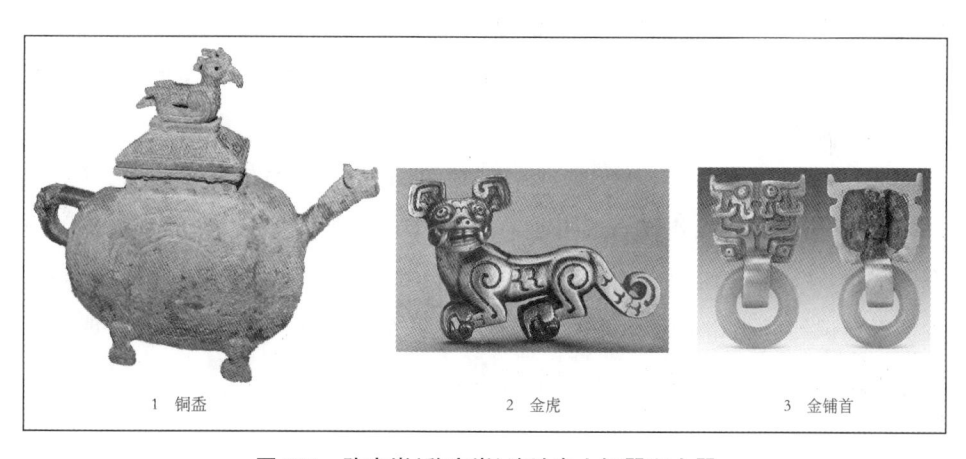

| 1 铜盉 | 2 金虎 | 3 金铺首 |

图113 陈家崖(魏家崖)遗址出土铜器和金器

无论从地理位置、地形,还是从遗址的年代、内涵、面积、等级来看,陈家崖遗址很可能是秦文公所居"汧渭之会"。

总之,秦文公所建的"汧渭之会"、鄜畤、陈宝祠城在三个地点,各有自己的内涵功能,不能混为一谈。文公把"汧渭之会"建在汧、渭交汇东夹角,更有利于东向图谋霸业。汧渭交汇处的西夹角过于狭促;东夹角地形开阔,把都城建在那里实属明智之举。以前有人认为东夹角地带背靠汧河,不利于军事守备,其实当时两岸的交通不成问题,石鼓文《灵雨》:"君子即涉,涉马□流。"就是说君子来到渡口,用某种方式渡马过河。况且对岸贾村塬上有陈仓城,也有一定的防御功能,在军事上可成东西呼应之势。从田野调查的情况看,汧河流域的春秋遗址集中分布在下游两岸及入渭处附近,说明那里已经完全被秦人控制,文公翻越陇坂入主关中,可能是直奔汧渭之会而去的。

第五节 平 阳

平阳是秦进入关中的第二处都邑,秦宪公二年(公元前714年)"徙居平阳",历出子、武公,至秦德公元年(公元前677年)徙雍,平阳作为秦都共37年。《秦记》和《秦本纪》都说秦武公曾居"平阳封宫",顾名思义就是秦都平阳里的宫室,而且可能是主要宫室。秦虽然迁都至雍城,但平阳并没有废弃,被赐封给武公之子"白"。那里还有留守人口,宫室也应继续沿用。汉代还有"平阳封宫",又称"平阳宫",可能是秦宫汉葺。清代的金文著录里有"平阳封宫"铭文的小铜鼎,也有"平阳宫""雍平阳宫"铭文的铜鼎①。

关于平阳的地望,《史记正义》云:"岐山县有阳平乡,乡内有平阳聚。"《括地志》云:"平阳故城在岐州岐山县西四十六里,秦宁公徙都之处。"今宝鸡陈仓区还有阳平镇,在虢镇东。早在1963年,在阳平镇的秦家沟就清理了5座春秋秦墓,发掘者意识到可能和平阳有关②。1978年1月在宝鸡杨家沟太公庙村发现了秦武公钟镈乐器坑,由此确认了秦都平阳的位置(图114)。

一、宝鸡太公庙钟、镈与秦武公鼎

乐器坑位于太公庙村西南,南临渭河河床,深3米,是在村民取土时发现的,平面形制不清。其内有5件甬钟、3件镈钟,坑内有炭灰和少量兽骨。5件甬钟

---

① 《积古斋钟鼎彝器款识》卷九有"平阳封宫"小铜鼎。《小校经阁金文》卷十有"平阳宫鼎"。《汉金》卷一平阳宫鼎:"平阳宫金鼎一,名十一。雍,容一斗,重九斤八两。今汧共厨。"
② 陕西省文物管理委员会:《陕西宝鸡阳平镇秦家沟村秦墓发掘记》,《考古》1965年第7期。

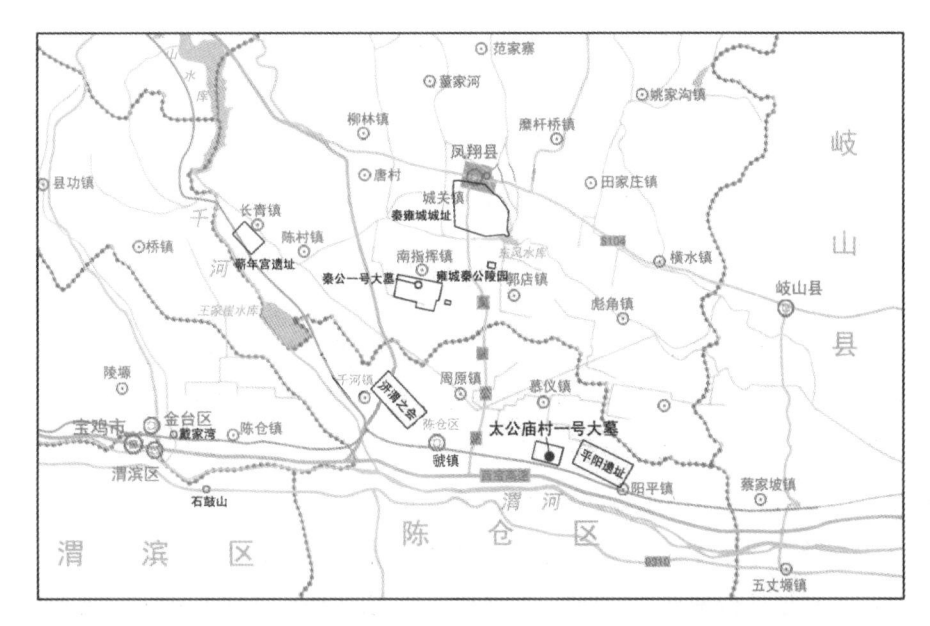

图114　平阳与汧渭之会、雍城相对位置示意图(采自《秦物质文化通览》)

形制、纹饰一致,仅大小有别。甲、乙钟铭文合为一篇;丙、丁、戊钟铭可连读,但不完整,尚缺一钟。

3件镈形制基本一致,大小有别。椭方体,镈身中部鼓起呈弧形,于部略敛,口平齐,器身有四道扉棱。每件镈钟的铭文独立成篇,与甲、乙甬钟铭文完全相同。铭文讲述秦公接受天命,建立国家,不负上天;虔诚祭祀,聚集贤才,安邦定国,抚靖邻族。如下(图115):

图115　秦武公镈钟铭文

秦公曰:"我先且(祖)受天命,赏宅受或(国),剌剌卲(烈烈昭)文公、静公、宪公,不豪于上,卲合皇天,以虩事蛮方。"公及王姬曰:"余小子,余夙夕虔敬朕祀,以受多福,克明又(㽙)心,盭龢(龢和)胤士,咸畜(蓄)左右,(藹藹)允义,翼受明德,以康奠协朕或(国),盗百蛮,具(俱)即其服,乍(作)㽙龢(厥和)钟,灵音铁铁雍雍,以匽(宴)皇公,以受大福,屯(纯)鲁多釐,大寿万年。"秦公其畯龢才立(在位),应(膺)受大令(命),眉寿无彊(疆),匍(敷)有三(四)方,其康宝。

铭文中"先祖"指秦襄公,并提及"文公""静公""宪公",宪公之后不是出子就是武公,但出子不该葬在这里,而且铭文中秦公的功业显赫,所以作器的秦公只能是秦武公,这一点已被学界广泛认可。因为铜器铭文"自报家门",所以大家一般认为太公庙村一带就是秦都平阳之所在。

但都城应该有宫室、有陵墓,仅有一坑铜器显然不够。太公庙钟、镈发现后就在村子附近进行调查,采集到一些春秋陶片,发现附近断崖有灰坑和烧土,表明这是一处春秋时期遗址,但仅此而已。转机是 2006 年大堡子山乐器坑的发现,按照坑、墓的位置规律,提示在太公庙乐器坑东北方向,也应该有大墓。但相应位置早年就被村子占压,无法开展工作。2013 年 4 月乘部分村民宅基拆迁重建之机,考古队见缝插针进行钻探,在该坑东北方约 100 米处钻出第一座大墓(编号 M1),该墓为中字形,总长约 106 米,其中墓室长 46、宽 20、深 12.5 米。随后又根据秦公大墓车马坑的位置规律,在大墓东南勘探出凸字形车马坑,坑全长 72.5 米,其主体部分长 54.5、宽 20 米。此外,在大墓和车马坑的东西北三面还钻探出围沟,应是陵园的兆沟,共发现 6 条围沟,东西向和南北向各 3 条。在围沟内外还钻探出灰坑、长方形竖穴土坑墓,以及带斜坡墓道的甲字形土圹墓 M3(图 116)①。

围沟一、三平行,与围沟二几乎垂直相连,它们将大墓、车马坑、乐器坑围绕在内,形成一个相对独立的区域,构成一处分陵园,应是秦武公陵园。其东侧围沟五、六也垂直相连,形成一个拐角,也自成区域,其内还有小型墓葬,应是另一处陵园的西南角。《秦记》记载秦武公"葬宣阳聚东南",德公、宣公、成公均"葬阳"。"阳"为"平阳"之省,可知平阳陵区共有四座秦公的分陵园,还需要继续做

---

① 陕西省考古研究院:《考古年报》,2007 年,第 8 页;王学理:《秦物质文化通览》,科学出版社,2015 年。

工作去寻找、确认。

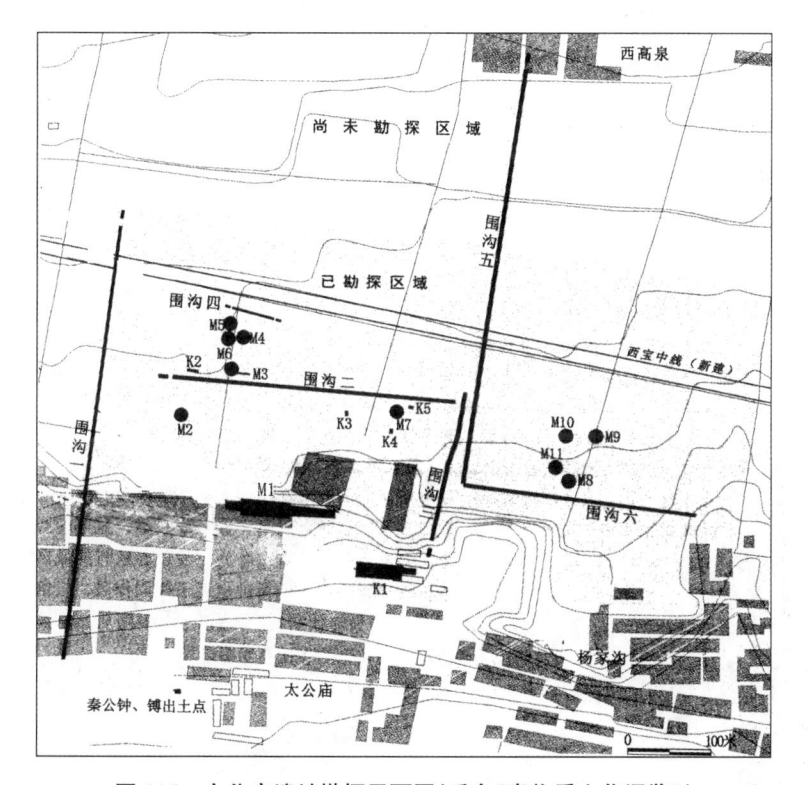

图 116　太公庙遗址勘探平面图(采自《秦物质文化通览》)

参考大堡子山坑、墓的位置距离：K5 距离 M2 约 25 米，距 M3 近 100 米。太公庙大墓和乐器坑之间还有空档，应该还有一座大墓，但因无法勘探，还不知具体情况。雍城秦公陵园内秦公夫人墓一般位于秦公墓东北，已发现的太公庙 M1 可能是秦武公或其夫人之墓，夫人墓的可能性较大。

太公庙钟、镈铭文有"公及王姬曰"，发掘简报最先指出"王姬"是周王室之女下嫁于秦武公者。但林剑鸣先生将"公及王姬"定为母子关系，认为王姬是秦武公之母[1]，得到一些学者的认同。现在看来，这种称谓在周代金文中一般指夫妇关系，不符合对母称谓的习惯。李学勤等先生认为王姬是秦武公夫人的意见完全正确。这还可以得到民间所藏秦武公鼎的证明。该鼎器壁较厚，直口，折平沿

---

[1]　林剑鸣：《秦史稿》，上海人民出版社，1981 年，第 53 页。

上立两宽厚大耳,耳上厚下薄,微外撇;上腹壁较直,下腹部倾垂外鼓,圜底近平;蹄足足底平展,根部有以三歧齿扉棱为鼻脊的兽面,兽面眉、目、口齐全。耳外侧饰大小相间的重环纹,口沿下饰一周中部带目的反 S 形窃曲纹;腹部饰带首、目的变形大窃曲纹,间以简化的云雷纹填地;沿下、腹部纹饰以宽弦纹带相间隔。该鼎形制、花纹与大堡子山 A 型秦公鼎酷似,尤其与上博鼎一、鼎二几乎一样,只是蹄足略矮(图 117:1)。

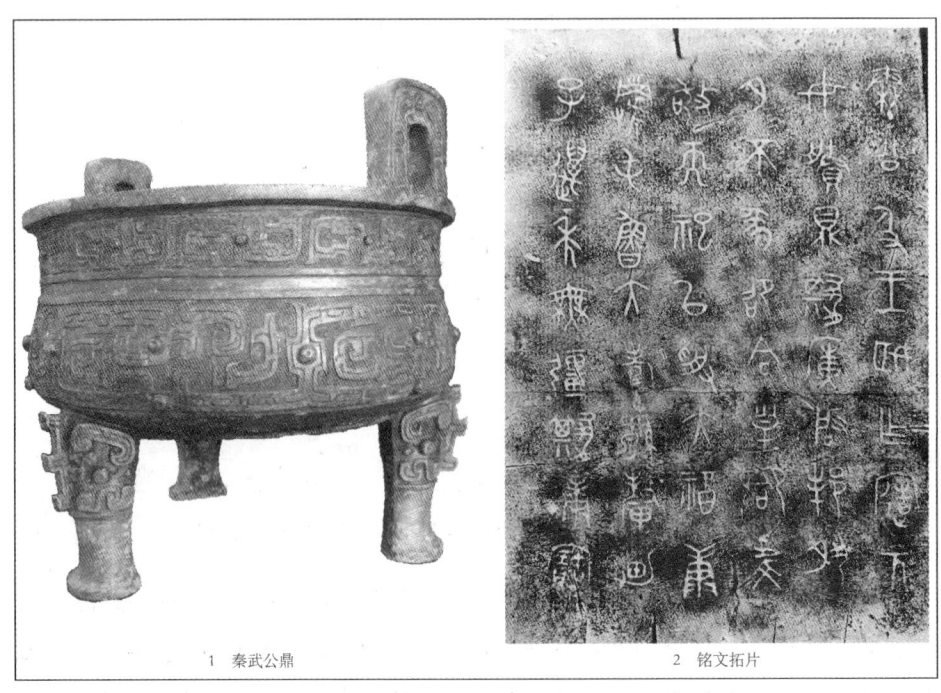

1 秦武公鼎　　　　　2 铭文拓片

图 117　秦武公鼎及其铭文
(拓片采自董珊《秦汉铭刻丛考》)

鼎腹壁内侧有铭文 6 列 8 行 48 字(图 117:2):

秦(秦)公及王姬乍(作)琹(造)元女媵鼎,娄(其)广启邦,狐(夙)夕不豢(惰),卲(昭)合(答)皇卿(卿),虔敬天祀,以受大福,康戯(睿)屯鲁,大寿㬎(溥)肇,男子万年无疆,娄(其)康宝。

"及"一般释为"与、和"等连词,王占奎认为应理解为动词,即率领、跟随①,如《诗·棫朴》中的"周王于迈,六师及之";也有男率女之意,如《诗·绵》中的"爰及姜女,聿来胥宇","秦公与王姬"与之同意,即夫携妇。"王姬"即嫁给秦公的王室之女,若是周王之女,查《史记·十二诸侯年表》,只能是周庄王之女。太公庙钟、镈及该鼎铭文均言秦公与王姬作器,可见这位王姬很受秦公尊重,在秦国政治地位很高,很可能是周王之女。

"乍𬨎"即"作造"。"𬨎"从宀从造,比较罕见。题铭"作造"的还有秦子戈、矛和珍秦斋秦政伯丧戈,可见这种用语主要流行于宪公至武公时期。大堡子山秦公器铭文有"作铸""作宝",与之同义。

"元女"即长女。《说文》:"元,始也。""元子"同理指长子或太子,如《诗·鲁颂·闷宫》:"王曰叔父,建尔元子,俾侯于鲁。"但"元女"在春秋金文中有时不是亲生女儿,如晋公盘铭:"乍(作)元女孟姬宗彝盘(盘)。"吴镇烽先生认为此出嫁楚王的孟姬不是晋文公重耳的亲生女儿,"只能是文公同宗中之长女"②。但秦公与王姬为嫁女共作媵鼎,则此"元女"一定是其亲生大女儿。武公如果14岁时即位,则卒时33岁。先秦女子许嫁年龄一般在15岁③,如果武公15岁时得女,则嫁女时年已30岁。因此该鼎作于武公在位末年,很可能在公元前681—前679年间。

"启邦"即开拓疆域。《广雅·释诂三》:"启,开也。"《诗·鲁颂·闷宫》:"大启尔宇,为周室辅。"晋公盘铭亦云"甾(载)广启邦"。秦武公伐彭戏戎,灭小虢,设邽、冀、郑、杜县,将秦国版图推进到关中东部,说广开疆土名副其实。

太公庙钟铭云"不象于上","象"字以前多读为"坠",即坠落;陈剑释读为"惰"④,即懈怠、不敬,可从。"邵合皇卿"亦见于晋公盘,作"邵(昭)合(答)皇卿(卿)",与太公庙钟铭"邵合皇天"意思一样,即敬事上天。"天祀"即大祀,大、太、天、夫本一字分化。《国语·鲁语上》:"夫祀,国之大节也。"大祀是对天地及祖先神灵的隆重祭祀。"康䴢"为嘏辞,亦见于颂鼎、速盘、四十二年速鼎、虢姜簋、受

---

① 王占奎:《秦子与大堡子山秦墓墓主》,待刊。
② 吴镇烽:《晋公盘与晋公䵼铭文对读》,复旦大学出土文献与古文字研究中心网站,2014年6月22日。
③ 《礼记·内则》:"女子……十有五年而笄。"《仪礼·士昏礼》:"女子许嫁,笄而醴之,称字。"
④ 陈剑:《金文"象"字考释》,《甲骨金文考释论集》,线装书局,2007年。

钟、昊生钟等，徐中舒先生将"甈"隶定为"叚"，通"瑕""璜"，读为"睿"，"康睿犹言圣哲长发也"①。"彝釐"相当于太公庙钟"多釐"，"彝"读若"薄"，假为"溥"②。《说文》："溥，大也。""男子"这里指女儿所嫁夫婿，姓氏、国别不详。

铭文大意：秦公率王姬为长女出嫁铸造媵鼎，秦公广开疆土，早晚不敢懈怠，敬事上天，虔诚地祭祀祖先和上帝，以得多福、安康、睿智、长寿。夫婿万年无疆，永宝用。

鼎铭的秦公只能是秦武公。宪公即位时10岁，在位12年；即便他15岁时得女，卒时女儿仅6岁，不可能出嫁。况且宪公正夫人姓氏不详，《秦本纪》记宪公有三子，未闻有女。德公为武公之弟，兄弟似无皆娶周王之女的可能；况且德公在位仅2年，无开疆拓土之事，与鼎铭"广启邦"不符。宣公在位年代嫌晚，已进入春秋中期。可将秦武公鼎、镈同字的字形加以比较，如图118。

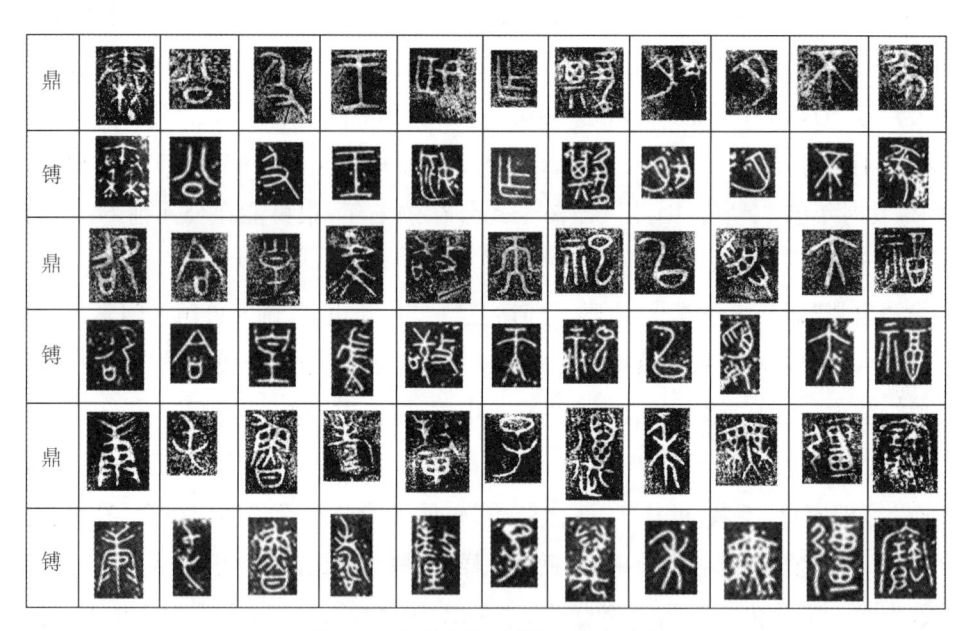

图 118 秦武公鼎、镈铭文字体对比

鼎、镈铭文总体风格一致，其中"公""王""乍""邵""合""大"等字很相似，说明二者属同一时期。但"天""万""皇"写法或字体不同，似乎出自不同人的手书，说明

---

① 徐中舒：《金文嘏辞释例》，《徐中舒历史论文选辑》，中华书局，1998年。
② 陈梦家：《西周铜器断代》，中华书局，2004年，第313页。

二者之间有时间差,还有相对早晚关系。鼎铭字体略宽,镈铭更显瘦高,如"其""不""虘""受""屯""寿""釐"等,充分说明镈钟早于鼎,应作于秦武公嫁女之前。

秦武公鼎既然是媵鼎,就不太可能出自平阳。如果太公庙村M1是武公夫人之墓,墓主就应是王姬。秦武公陵园整体平面似呈纵长方形,但其北端没有闭合,尚未探明。围沟二更像是陵园北部的界沟,将陵园分隔成南、北两部分,南部为陵园主体,葬秦公、秦公夫人;北部为陵园附属部分,包括M3—M6。值得注意的是,M3墓形为甲字形。在雍城秦公陵园中,秦公次夫人的墓为甲字形或长方形,谥号不称公的太子墓也是甲字形。但次夫人墓无须与秦公墓挖沟隔开,因此M3或与武公之子"白"有关。"白"生前死后均不得称公,其墓用甲字形合乎身份;他被封于平阳,死后葬于其父陵园合乎情理。但这一推测还需将来工作验证。

《秦本纪》云:"二十年,武公卒,葬雍平阳……有子一人,名曰白。白不立,封平阳。""白"通"伯",他应是武公的长子,但不是王姬所生,因此不是嫡子。否则凭王姬的政治地位,"白"没理由不继位。正因为"白"没有太子身份,所以在武公去世后不得立,由武公弟德公继位。

二、秦都平阳的微观布局

与平阳有关的考古发现,除了太公庙村乐器坑、大墓及陵园外,还包括1963—1964年在阳平镇秦家沟清理的5座中小型春秋墓①,1978年在西高泉村抢救清理的3座春秋墓,1998、2004年在南阳村清理的5座春秋墓,2003年在洪塬村清理的1座春秋墓②。2014年在太公庙以东的双碌碡村发现小型墓葬群。在巩家泉、联合、窑底、大王村也都发现有遗址和墓葬③。由于宁王村建筑遗址被砖厂取土破坏,20世纪80年代以来在那里采集到大量战国至秦汉时筒瓦、板瓦、瓦当等建材④。这些遗址点均位于渭河北岸一级阶地上,集中分布在

---

① 陕西省文物管理委员会:《陕西宝鸡阳平镇秦家沟村秦墓发掘记》,《考古》1965年第7期。
② 王志友、董卫剑:《陕西宝鸡市洪塬村一号春秋秦墓》,《考古》2008年第4期。
③ 宝鸡市陈仓区博物馆、秦俑博物馆考古队:《宝鸡联合村一号秦墓的清理》,《秦文化论丛(第十二辑)》,三秦出版社,2005年。
④ 秦俑博物馆考古队、宝鸡市陈仓区博物馆:《宝鸡市陈仓区宁王村遗址调查简报》,《秦文化论丛(第十一辑)》,三秦出版社,2004年。

东西长约 8 公里、南北宽约 2.5 公里的狭长区域(图 119)。

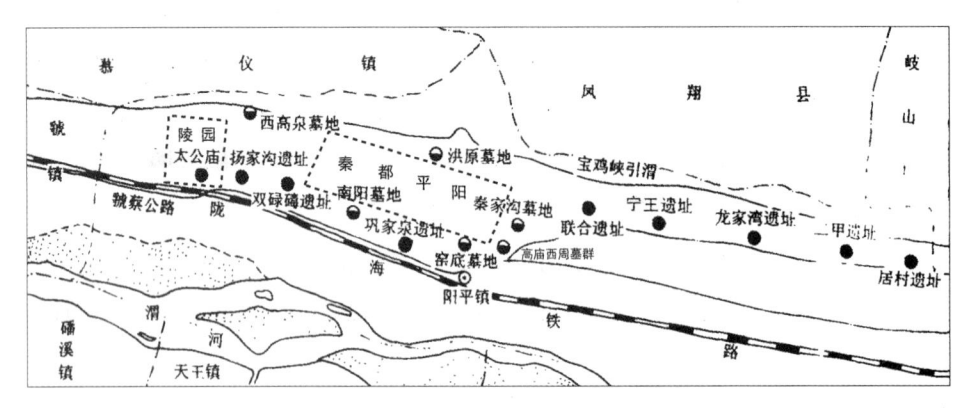

图 119 秦都平阳遗址点及墓地分布图

据发掘资料,南阳村、西高泉村的墓葬属春秋早期,洪塬墓葬属春秋中期,秦家沟墓葬属春秋晚期。考虑到在宁王村还发现战国秦汉建筑遗址,遗址点似乎存在从早到晚自西向东分布的趋势。

上述墓地位于秦都平阳,性质自然属于秦国或者说秦文化墓葬。但从葬俗上看,墓地之间还有区别,大致可将它们分为三类。第一类流行头向西的直肢葬式,如南阳墓地。5 座墓中 98M1、98M4、2004M1 被破坏或盗扰,葬式、葬具不明,但可看出除了 98M1 为南北向,其余皆为东西向(图 120)。

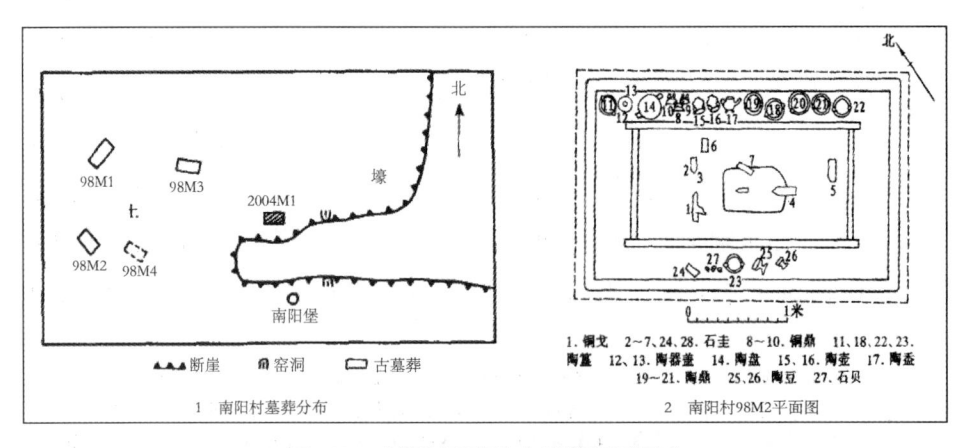

图 120 南阳村秦墓分布及墓葬平面图

墓葬情况如下表(表 36):

表 36　南阳村秦墓统计表

墓号	墓向	葬式	木椁尺寸（米）	腰坑与殉狗	随葬品组合	备注
98M1	15°	?	?	?	铜鼎 3、簋 2、壶 2、盘 1、匜 1	破坏
98M2	305°	直肢	3×1.65	腰坑内殉狗及圭，二层台上殉狗	铜鼎 3、戈 1、铃 1、环 1；陶鼎 3、簋 4、壶 2、豆 2、盘 1、盂 1；石圭 8	
98M3	295°	直肢	3.1×1.6	腰坑内殉狗及圭	铜鼎 5、铃 1；陶鼎 5、簋 4、壶 2、罐 2、豆 2、甗 1、盘 1、盂 1；石圭 5、玦 1	
98M4	?	?	?	?	?	破坏
2004M1	?	?	2.8×1.36	?	铜鼎 3	盗扰

葬式清楚的 98M2、98M3 为头向西（偏北）的仰身直肢葬，二层台上殉狗或殉牲，墓底带腰坑，坑内殉狗，葬俗与国君至大夫级别春秋秦墓（一至二级）一致。南阳墓地的墓葬出成套铜礼器，虽然是制作粗糙的明器，但从用鼎数量看级别较高（三至五鼎），相当于元士至大夫级别。这类墓保留较浓的殷商遗风（殉狗、腰坑），有专门的墓地，位置比较靠近秦公陵园，墓主人应是嬴秦宗族的成员。其中 98M2 随葬品置于南北两侧棺椁之间，比较特殊。

第二类流行头向北的屈肢葬，如西高泉墓地。3 座墓均为长方形竖穴，墓壁竖直，其中 M1、M2 被破坏（图 121）。墓葬情况如下表（表 37）：

表 37　西高泉秦墓统计表

墓号	墓向	葬式	木椁尺寸（米）	随葬品组合	备注
M1	?	屈肢(?)	?	铜甬钟 1、壶 1、豆 1、斧 2、剑 1、戈 7、削 1、尖角状器 1、鱼 2、车马器 5	破坏
M2	20°	?	1.9(残)×1.05	陶鼎 2、簋 4、豆 2、甗 1、鬲 1、盂 2、罐 1、小口罐 1、大口盆 1	破坏
M3	18°	屈肢	2.62×1.10	陶鼎 4、簋 4、豆 2、甗 1、盂 2、罐 3、盘 1、匜 1	

M1"据称骨架屈肢"。M2 棺具被破坏，葬式不明，但从随葬品摆放位置看死者应头向北。M3 为头向北的仰身屈肢葬，下肢蜷曲特甚。M1 出 22 件铜器，M2、M3 分别出 15、18 件陶器。

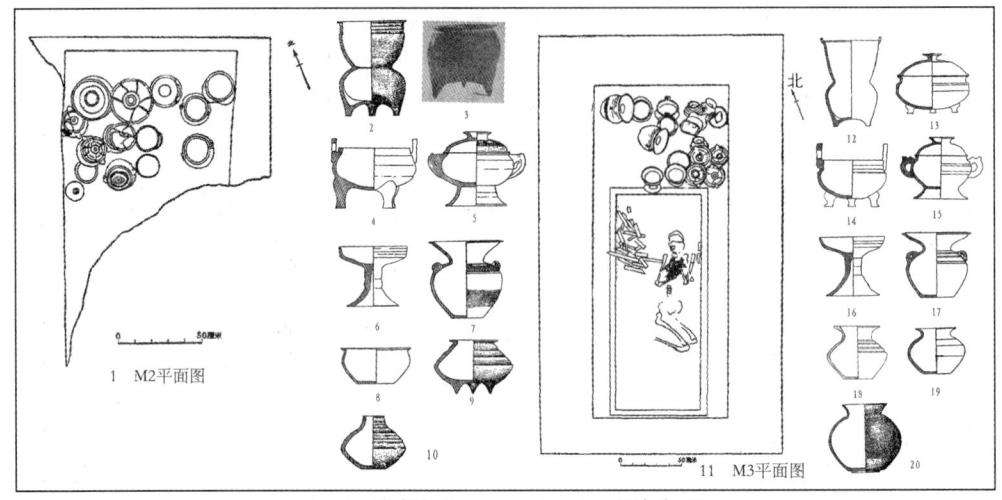

1—10　西高泉M2　　　　11—20　西高泉M3

图 121　西高泉秦墓及出土器物

  M1 的甬钟有干有旋（图 122:1），干上饰目云纹，篆间饰窃曲纹，舞部、鼓部均饰云纹，内壁有八道音槽。类似器型如扶风五郡西村窖藏的甬钟（图 122:6），年代属西周晚期[①]。

  铜壶直口，长颈，垂腹，圈足，颈侧两兽首衔环，缺盖。口沿下一周三角形夔纹，颈部饰两组相背回首的花冠分尾凤鸟，长冠下垂（图 122:2、3）。腹部有四条竖带重环纹，上与横贯耳部的花纹带相交，相交处为三角形凸起；下与垂腹最大径处的横向重环纹带相交，相交处为菱形凸起。圈足饰斜三角夔纹。此壶与 1976 年扶风庄白一号窖藏出土的十三年癲壶极为相似（图 122:7），差别仅在于后者沿下有 56 字铭文，圈足饰波曲纹[②]。十三年癲壶的年代有共、懿、孝、夷诸说，大体不出西周中期。此壶年代与之相当。

  豆为假腹，盘外壁较宽，饰一周圆涡纹凸起，间以云纹，内腹较浅；束腰状粗柄，中部一周凸箍，其上、下各饰三周垂鳞纹及四个对称的镂孔。豆盘有铭文 2 行 10 字，为"周生作尊豆用享于宗室"（图 122:4、5）。假腹豆本是商文化器类，江西新干大洋洲商墓曾出假腹铜豆。西周早期的宝鸡竹园沟 M13、茹家庄 M1

[①]　宝鸡市考古研究所、扶风县博物馆：《陕西扶风五郡西村西周青铜器窖藏发掘简报》，《文物》2007 年第 8 期。

[②]　陕西周原考古队：《陕西扶风庄白一号西周青铜器窖藏发掘简报》，《文物》1978 年第 3 期。

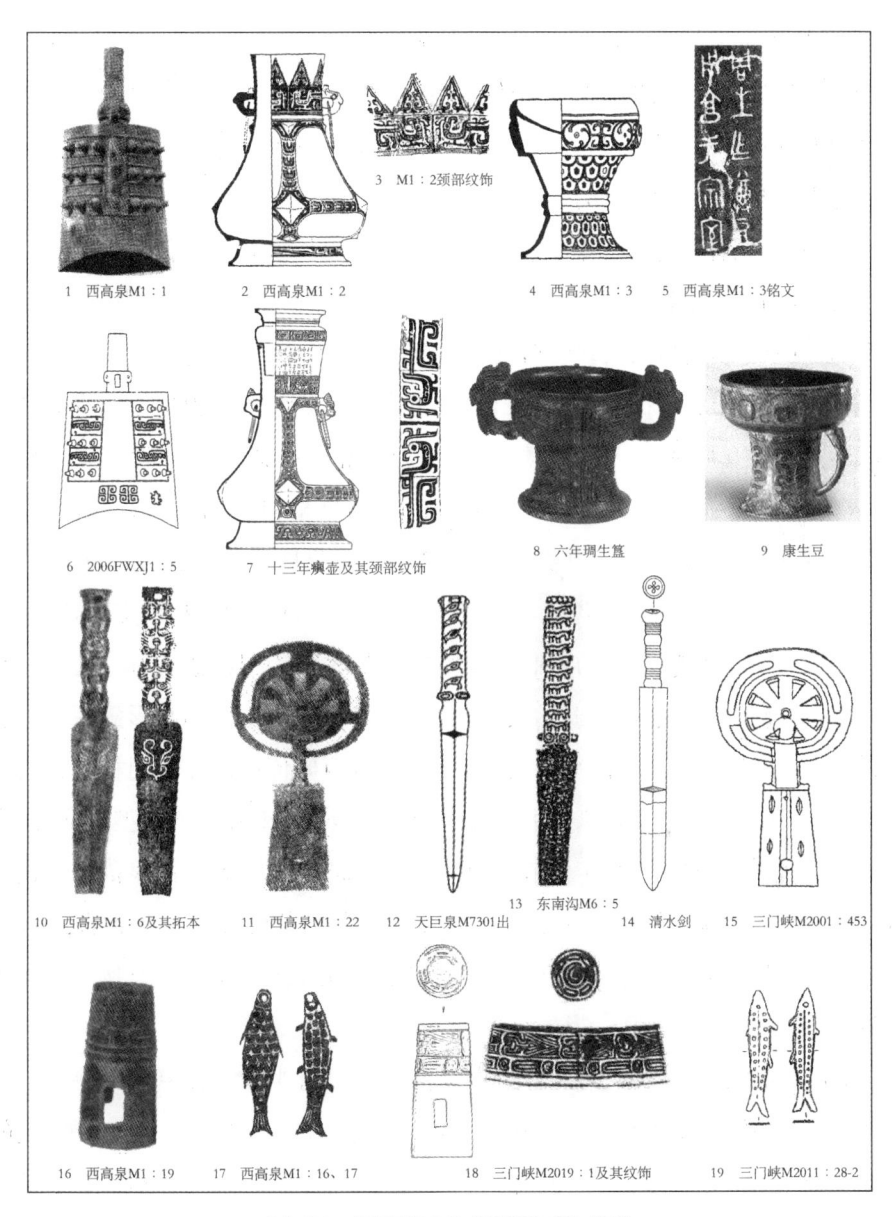

1 西高泉M1:1	2 西高泉M1:2	3 M1:2颈部纹饰	4 西高泉M1:3	5 西高泉M1:3铭文
6 2006FWXJ1:5	7 十三年瘐壶及其颈部纹饰		8 六年琱生簋	9 康生豆
10 西高泉M1:6及其拓本	11 西高泉M1:22	12 天巨泉M7301出	13 东南沟M6:5 14 清水剑	15 三门峡M2001:453
16 西高泉M1:19	17 西高泉M1:16、17	18 三门峡M2019:1及其纹饰		19 三门峡M2011:28-2

图 122　西高泉 M1 铜器及对比材料

也出土了真腹或假腹的铜豆，盘外饰圆涡或圆饼凸起，柄部或镂空①。山西博物院藏康生豆亦为粗高柄，盘外一周圆涡纹凸起，柄饰简化兽面组成的蕉叶，带弧

---

① 卢连成、胡智生：《宝鸡强国墓地》，文物出版社，1988 年。

形兽首銎,属西周早期(图 122:9)。这类铜豆从早到晚变化不大,周生豆的形制与竹园沟 M13∶23、康生豆较为相似,但柄中部收束带箍,且饰成排的垂鳞纹,年代属西周晚期。"周生"与五年、六年琱生簋(图 122:8),五郡西村窖藏大口尊铭文里的琱生是同一人。"琱生"应读为"琱甥",是姬姓召氏的小宗,其舅为娸姓琱氏①。琱生诸器的铭文记载召伯虎为其处理土田仆庸的分配,属厉王早年②。

剑身有中脊,截面为菱形,上有单线条勾勒的兽面纹;无格;茎中空,呈四联珠状,饰四个连续的兽面纹;平首,上有一穿(图 122:10)。平首剑最早见于夏家店上层文化,在宁城南山根、天巨泉、平泉东南沟等处墓葬都曾出土。这类剑的柄首是一个长方形平顶,有的略宽于茎部,上有鼻钮或穿孔,茎部流行纵向成排的动物纹,柄、身结合处有鸟或兽头形凸齿作为剑格,格下有凹槽。如天巨泉 M7301 剑(图 122:12),首上有长方形穿,茎部饰六只鸟首③。又如东南沟M6∶5(图 122:13),首上有铆钉形鼻钮,茎上铸十匹立马。首鼻用于扣系皮鞘,穿用于系革带④。西高泉剑首、茎的形制及构图方式与这类剑很相似,但也有区别,其剑身基部斜收,自然过渡到剑茎,无剑格,这一点反倒与西周柳叶形剑一样。这把剑应是夏家店上层文化的平首剑向西传播,与西周传统柳叶形剑相结合的产物。上述宁城、平泉剑属夏家店上层文化的南山根类型和东南沟类型,而东南沟类型已是该文化分布最南、年代最晚的类型。从这个角度说,西高泉剑的年代应属春秋早期。其联珠状剑茎奇异罕见,甘肃清水县博物馆所藏一把战国剑⑤,球形首,无格,茎部由三个珠状凸起间以四至五道凸弦纹构成(图 122:14),与西高泉剑有相似之处。

銮铃上部的铃体外缘呈椭圆形,中部的两面都有半球形铃腔,内有弹丸,正面自中心向外辐射状等距离分布八个三角形镂孔;长方形銮座的上端略细,座的正、背面各有四个菱形凸饰,四壁有圆形穿孔(图 122:11)。形制与三门峡

---

① 张亚初:《西周铭文所见某生考》,《考古与文物》1983 年第 5 期。
② 李学勤:《琱生诸器铭文联读研究》,《文物》2007 年第 8 期。
③ 宁城县文化馆、中国社会科学院研究生院考古系东北考古专业:《宁城县新发现的夏家店上层文化墓葬及其相关遗物的研究》,《文物资料丛刊(9)》,文物出版社,1985 年。
④ 河北省博物馆、河北省文物管理处:《河北平泉东南沟夏家店上层文化墓葬》,《考古》1977 年第 1 期。
⑤ 李晓青、南宝生:《甘肃清水县刘坪近年发现的北方系青铜器及金饰片》,《文物》2003 年第 7 期。

M2001∶453(图122∶15)完全一致①,年代亦应相当。

车軎呈首端稍细的筒形,軎身饰一周蝉纹和一周重环纹,首顶饰重环纹,中有涡纹,形制、纹饰与之相同的车軎如三门峡M2019∶1(图122∶16、18)。铜鱼有鳞,背、腹有三或四个鳍,与三门峡虢国墓地所出相似(图122∶17、19)。

M2、M3的陶鬲敛口、窄沿,鼎附耳,簋浅腹、圈足较高,喇叭口罐的口径等于或稍大于肩径(图121),这两墓的年代应晚于M1,在春秋早、中期之交或者说春秋中期前段。

三墓级别不等,M2、M3相当于中下士;M1铜器有散失,未见鼎、簋等礼器,钟、壶、豆的组合也不完整。从晋、虢、秦等国考古发现来看,春秋早期国君墓才随葬悬乐,虢国墓地亦见于太子墓。随着春秋中期以后礼制被僭越,卿大夫拥有悬乐成为非常普遍的现象。迄今发现出编钟、编磬的东周墓葬,绝大多数为五鼎以上规格,先秦的士很可能不拥有悬乐。天马—曲村晋国邦墓地M7092出铜鼎1、锡簋1、铜甬钟1,年代为西周中期②,是很罕见的特例。M1随葬乐钟,很可能属于大夫级别。

以前因为M3的屈肢葬,我们把西高泉墓归入秦人墓,并认为M1的钟、壶、豆掳掠自周人,墓主是一位因军功而晋升为贵族的武士③,现在看来未免将问题简单化了。屈肢葬不是东周秦墓的独有葬式,东周时中原地区周人墓地都有一定比例的屈肢葬墓。西高泉M3级别较低,当时关中周余民的中下层受秦国流俗影响改用屈肢葬式,也不足为怪。M1葬式不明,不排除直肢葬的可能。随葬的钟、壶、豆为西周时周人礼乐器,与其说是掳掠品不如说是家族传世品。銮铃、车軎、铜鱼与同时期周人墓(虢国墓地)所出酷似,而且秦人墓没有在墓室内随葬车马器的传统。未见腰坑、殉狗的报道,墓葬北向,与秦人墓不同,却与周人墓一致。短剑的形制与秦式短剑完全不同,似乎继承了西周扁茎剑无格的特点。综合这些方面,把西高泉这几座墓葬归为周余民遗存似乎更合理。M1墓主可能是西周晚期駰生的后代,在周室东迁后率族人投靠了秦人。駰生裔族投靠秦人的时间,应在秦文公十六年(公元前750年)或稍晚。《秦本纪》云:"十六年,文公

---

① 河南省文物考古研究所、三门峡市文物工作队:《三门峡虢国墓(第一卷)》,文物出版社,1999年。
② 北京大学考古学系商周组、山西省考古研究所:《天马—曲村(1980—1989)》,科学出版社,2000年。
③ 王学理、梁云:《秦文化》,文物出版社,2001年。

以兵伐戎,戎败走。于是文公遂收周余民有之,地至岐,岐以东献之周。"这里的"岐"指周人故都岐周,也就是今天的周原遗址。2006年在扶风五郡西村窖藏出土了2件五年琱生尊,窖藏位于扶风县城西5公里、周原遗址正南约12公里,那里可能有琱生家族的采邑或领地。在秦人东扩到周原一带后,包括琱生后代在内的周余民转而投靠秦人,在秦都入仕任职,是很自然的事情。

第三类流行头向南或西的屈肢葬,如秦家沟、洪塬墓地。墓葬情况如下表(表38):

表38　秦家沟、洪塬秦墓统计表

墓号	墓向	葬式	木椁尺寸(米)	殉狗	铜陶器物
秦M1	南	仰屈	2.66×1.64	有	铜鼎3、簋4、壶2、盘1、匜1、觯1、辖1、衔2、铃7、饰片6;陶罐1
秦M2	南	仰屈	3×2.15	有	铜鼎3、簋4、壶2、盘1、匜1
秦M3	西	屈肢	2.34×1.5	无	陶鬲1、豆2、甗1、盆1、盘1、匜1
秦M4	西	侧屈	2.2×1.3	无	陶鬲1、甗1、盆1、罐1
秦M5	西	屈肢	2.5×1.56	无	陶鬲1、盆1、罐1
洪M1	南	屈肢	2.9(残)×1.4	无	铜鼎3、甗1、圈1;陶罐3、壶1

这类墓又可分为两小类:头向南的秦家沟M1、M2和洪塬M1为一类,头向西的秦家沟M3、M4、M5为另一类。关于秦家沟墓葬的分布,简报说:"两座(墓1、2)在村西北部,三座(墓3—5)在村东北部,两地相距约1500米。"①可见秦家沟M1、M2与M3—M5不属于同一墓地或墓区。洪塬村恰好位于秦家沟村西北,因此秦家沟M1、M2与洪塬M1可能属同一墓地。墓葬的分布位置与根据墓向所作的分类是吻合的。

南向的三墓均出铜三鼎,相当于元士级别,多在椁板上殉狗,但无腰坑。洪塬M1被破坏,器物有散失,不排除也有殉狗。秦家沟M1出有铜车辖、马衔和铜翣饰片(图123),均为周人墓常见之物。南向墓虽然在殉狗方面与嬴姓秦人墓相似,在车马器和铜翣随葬上与姬姓周人墓相同,但其总体特点既不同于秦人墓,也不同于周人墓,其来源还不清楚,有可能是非姬姓的关中土著,被秦人收编

---

① 陕西省文物管理委员会:《陕西宝鸡阳平镇秦家沟村秦墓发掘记》,《考古》1965年第7期。

至麀下。

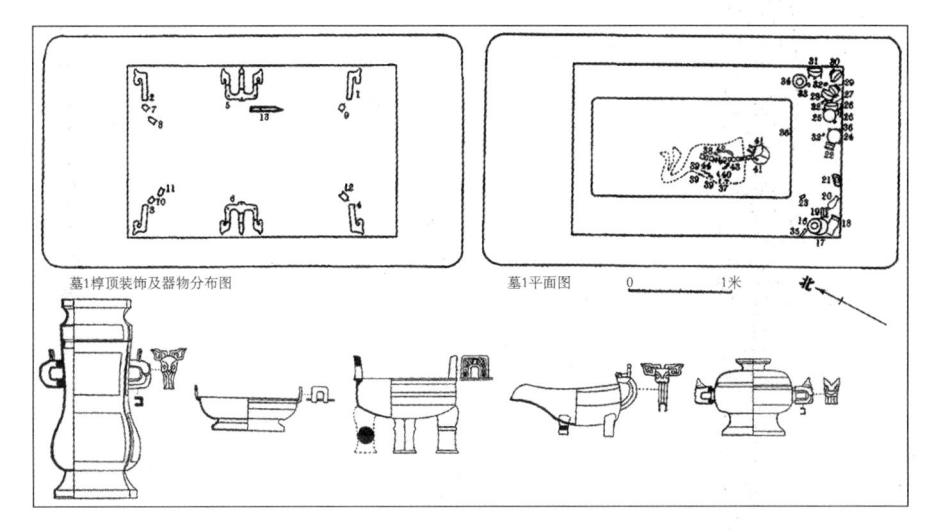

图 123　秦家沟 M1 平面图及其铜器

西向的三墓有棺有椁，随葬日用陶器和个别彩绘陶器（瓿），级别较低，相当于中下士至庶人。这类墓特征与数量众多的秦下层平民墓一致，身份应相同。

综上所述，秦都平阳的国人墓地可以分成三大类、四小类：西首向直肢葬的墓（南阳村）属嬴姓秦人，北首向屈（或直）肢葬的墓（西高泉村）属姬姓周余民，南首向屈肢葬的墓（洪塬、秦家沟）属非姬姓关中土著，西首向屈肢葬的墓（秦家沟）属秦下层平民。这充分反映了秦都人群构成的复杂性。不同族源的人群在平阳可能是聚族而居、聚族而葬的，但他们又统属于秦都"国人"的范畴，从而呈现出"大杂居、小聚居"的特征。秦都平阳的微观布局结构，今后还需要从聚落考古学的角度开展工作，继续深入探讨。

这些遗址点和墓地中太公庙居西，西高泉、洪塬偏北，双碌碡、南阳、巩家泉、窑底偏南，秦家沟、联合、宁王偏东。它们好像能围成一圈，在渭河北岸的台地上围出一个东西长约 3.5 公里，南北宽约 0.7 公里的"空白地带"（图 119）。这个"空白地带"不会无缘无故出现，该区域现为大面积平整的农田，断面断坎很少，遗迹很难暴露。根据先秦时期墓地多分布在城墙外围或城郊的规律，这个"空白地带"或许就是春秋时期秦都平阳中心区之所在。如果展开钻探，将来有可能会发现城垣及建筑基址。

图124 宁王遗址出土瓦当

该区域东面还有遗址，其中宁王遗址比较重要，面积约20万平方米，被当地砖厂取土破坏，遗址区内有大量砖瓦堆积，发现灰坑、水井、陶窑、夯土建筑等遗迹。砖瓦的年代从战国延续至秦汉，采集到涡纹、旋云纹、羊角形云纹、变形云纹瓦当（图124：1—4），年代属战国秦；还有"长乐未央"（图124：5、6）、"郁夷"（图124：7、8）文字瓦当，年代属汉。郁夷为汉代右扶风的属县，宁王遗址既是汉代郁夷县城，也是战国至汉代平阳故城的所在①，有同时期的平阳宫，大量的宫殿建材可为证明。从春秋到战国，平阳封宫和平阳城也有一个短距离的自西向东搬家移动的过程。

---

① 董卫剑：《从宁王遗址出土的"郁夷"瓦当探讨郁夷县故城与平阳故城的关系》，《考古与文物》2005年第1期；张天恩、庞有华：《秦都平阳的初步研究》，《秦始皇帝陵博物院（2015年总伍辑）》，陕西师范大学出版总社，2015年。

第六章 早期秦文化与周边文化的关系

第一节 早期秦文化与西戎文化的关系

秦文化的发展经历了早、中、晚三个阶段,在早期阶段,秦与西戎的关系是秦人发展史上的重要内容,在对外战略上常被优先考虑。

西戎是对中国古代西北少数民族的总称或泛称,主要分布在子午岭以西的陕、甘、宁、青地区,涉及的种姓繁多,包括商周时的氐羌、姜戎、犬戎,东周时的陆浑戎、义渠戎等。这些民族的来源并不单一,体质特征不尽相同,但由于所处地域邻近,经济生态相似,文化上总有或多或少的共性。考古发现的西戎文化,主要有夏代的齐家文化,商代西周时的寺洼、辛店、卡约文化,以及在甘、宁、陕北等地发现的东周时期西戎墓地等。

早期秦文化主要分布在甘肃东部和关中西部。其中陇山以西的遗址点,又可分成两个片区:一是位于天水地区的清水、张家川、秦安、甘谷、武山等县,基本沿渭河上游的干流或支流分布,如清水李崖遗址、天水董家坪遗址、甘谷毛家坪遗址;二是位于陇南地区的礼县、西和县,基本沿西汉水上游的干流或支流分布,如礼县大堡子山遗址、圆顶山遗址、西山坪遗址。陇山以东的遗址点,以汧河、渭河交汇处为中心,旁及汧河、泾河上游,如宝鸡陈家崖遗址、太公庙遗址群、陇县边家庄墓地、长武碾子坡遗址、灵台洞山墓地等。

需要注意的是,在汉中市也发现了早期秦文化的遗存。2015年在龙岗寺遗址发掘的两个灰坑中,拼对出几件深腹瘪裆鬲,鬲口平折沿,沿面有凹弦纹,肩微鼓,瘪裆上部带横錾,裆、足饰细绳纹①。这种鬲在甘谷毛家坪、礼县西山坪的灰

---

① 2015年11月"中国史前考古龙岗论坛"在汉中召开,出土标本展览所见。

坑出土过,是西周晚期秦文化居址的典型器物,我们曾称之为"秦式深腹鬲"①。在龙岗寺遗址还发掘了一批东西向的屈肢葬墓,墓主为头向西的蜷曲特甚葬式,虽然没有随葬品,但葬式与秦人一致。以前在汉中也曾发掘到零星的秦墓,如城固宝山M1,墓主为头向西的屈肢葬,随葬圜底陶釜与石圭②,特点与商代宝山文化墓葬迥异,属春秋秦墓。因此,龙岗寺的这批墓也应是周代秦墓。当时秦人从甘肃礼县沿西汉水南下至略阳县,再循汉水上游支流进入汉中盆地;或者从宝鸡沿褒斜道进入汉中,都是轻而易举的事。

由此可见,早期秦文化的分布北至灵台、长武,西至甘谷、礼县,南至汉中,东至岐山。商代西周时期,甘肃东部的西戎文化主要是寺洼文化(图125)。该文化的分布西达洮河流域,北至甘、宁交界处,东达子午岭西侧,南至陇南地区的白龙江流域,基本上位于早期秦文化的外围,当然在局部地区二者有交错。一般认

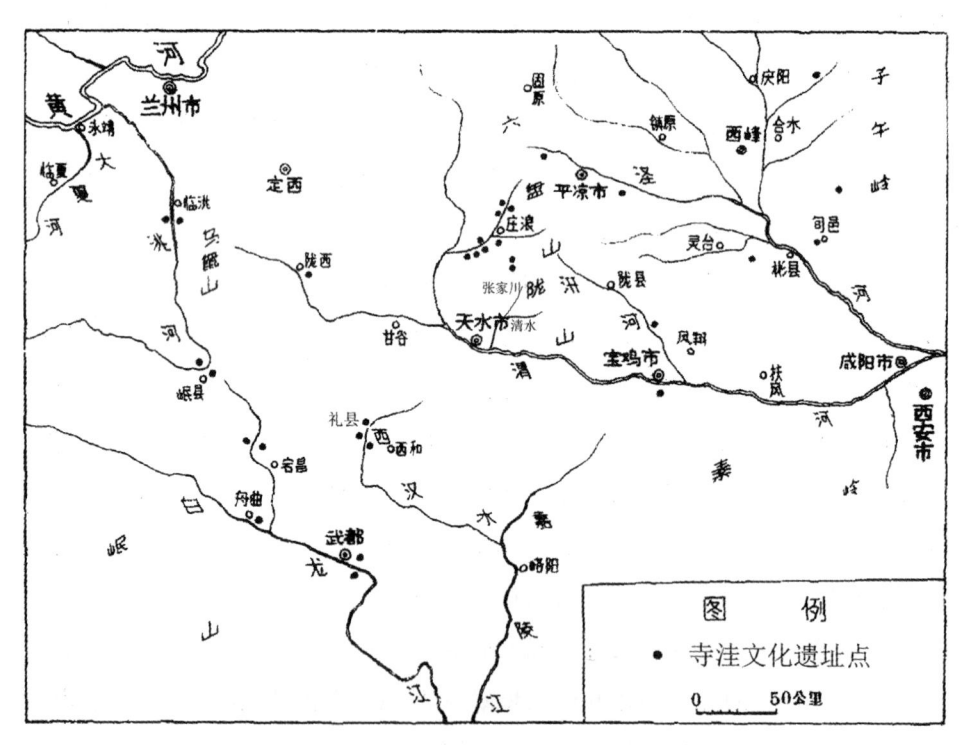

图125 寺洼文化遗址分布图

---

① 梁云:《论嬴秦西迁及甘肃东部秦文化的年代》,《古代文明研究通讯》2011年总第49期。
② 西北大学文博学院:《城固宝山——1998年发掘报告》,文物出版社,2002年。

为洮河中上游的寺洼文化年代较早,临洮寺洼山墓葬共出有辛店文化姬家川类型的彩陶罐,年代在商代中期前后[1]。而在陈旗磨沟发掘的寺洼文化墓葬,年代甚至可早到商代前期。到商代晚期,该文化自西向东逐步扩散,进入西汉水流域及渭河上游;并翻越陇山,进入泾河上游。庄浪徐家碾的寺洼墓葬年代上限被认为在古公亶父迁岐前后[2],即殷墟三期。西和栏桥的陶器与徐家碾类似,属于同一类型,年代亦应相当。合水九站的寺洼墓被分为三期,即殷墟四期、商末周初、西周中晚期[3]。平凉安国镇的寺洼遗存也被认为属于该文化的晚期遗存。可见陇山西侧的寺洼遗存较东侧的略早。

以上是对该文化时空分布的笼统勾画,具体到这个范围内某个水系区块,该文化的分布又不尽相同。目前寺洼文化遗址分布比较密集的地区,一是临洮县城以南的洮河中上游,发掘的有寺洼山、陈旗磨沟、大族坪等遗址[4]。二是西汉水上游及白龙江流域,发掘的有西和县栏桥遗址[5]。三是葫芦河上游、庄浪县水洛河一带,发掘的有柳家村、徐家碾遗址。平凉、庆阳地区遗址点的分布尚不清楚,但发掘了合水九站遗址。

在周、秦文化先后抵达陇右之前,寺洼文化为当地土著。周人崛起于泾渭地区,古公迁岐前主要活动在泾河上游的豳地,迁岐后主要经营关中西部,至文王时力图东进,奄有关中全境及晋南、豫西的部分地区。文献中缺乏晚商时期周人经略陇右的记载。《史记·周本纪》说文王受命第二年伐犬戎,所伐之戎很可能在陇山东侧。虽然在礼县调查时采集到刘家文化的高领袋足鬲残片,但很难说这类遗存属先周文化。先周文化的分布向西不逾陇山,几乎是学术界的共识。礼县博物馆藏有高弧领绳纹联裆陶鬲、带红彩的折肩陶罐,为周初器物,或许表明周人势力大规模进入陇山西侧主要是在西周初年。而在此之前,寺洼文化的

---

[1] 水涛:《中国西北地区青铜时代考古论集》,科学出版社,2001年,第112页。
[2] 中国社会科学院考古研究所:《徐家碾寺洼文化墓地——1980年甘肃庄浪徐家碾考古发掘报告》,科学出版社,2006年,第160页。
[3] 北京大学考古学系、甘肃省文物考古研究所:《甘肃合水九站遗址发掘报告》,《考古学研究(三)》,科学出版社,1997年。
[4] 甘肃省文物考古研究所、西北大学文化遗产与考古学研究中心:《甘肃临潭磨沟齐家文化墓地发掘简报》,《文物》2009年第10期;甘南藏族自治州文化局:《甘肃卓尼县纳浪乡考古调查简报》,《考古》1994年第7期。
[5] 赵化成、柳春鸣:《甘肃西和栏桥寺洼文化墓葬》,《考古》1987年第8期。

居民已经在那里生活了约二百年的时间。

秦人进入陇右的时间又较周人晚了近百年。大约在西周穆王时秦人西迁至甘肃礼县的犬丘，即《秦本纪》中的"大骆地犬丘"。周孝王封非子于"秦"，"号曰秦嬴"。由此陇右的秦人分成"犬丘"（礼县）和"秦"（清水）两支，前者为嫡系，后者为旁支。

这两支秦人所面对的当地土著势力——寺洼文化的情况截然不同。礼县所在的西汉水上游属寺洼文化固有地盘，其势力根深蒂固。2004年在那里调查发现了26处寺洼文化遗址点，其中不乏面积在30万平方米以上的大型遗址，主要位于漾水与西汉水交汇处以西、以南，在东北的红河流域也有分布。同时期周秦文化的遗址有38处，几乎遍布礼县全境，遗址面积有大、中、小之别，占据了流域中的不同位置。大、中、小遗址相结合，构成"六八图—费家庄""大堡子山—赵坪""西山—石沟坪"三个遗址群，可说是秦文化的三个活动中心。

在礼县两类文化的遗址既犬牙交错，又相互对峙（图61）。从天水镇至石桥镇，根据西汉水川道的宽窄，可将干流分成三个大的"葫芦形"地段：东段为盐官镇至大堡子山，中段为大堡子山至石沟坪，西（或南）段为石沟坪至峡口。与这种河流走向及地形变化相适应，"大堡子山—赵坪"一线以东为比较单纯的周秦文化遗址，如龙八图、王磨、沙沟口等，目前尚未见到寺洼文化的遗址点（红河流域除外）。"雷神庙—石沟坪"一线以南主要分布着寺洼文化的遗址，二土位于其中。二者之间的区域内，周秦文化遗址和寺洼文化遗址交错分布，新田和山脚遗址就属于这个区域。显然，在石沟坪和赵坪之间，是两种文化拉锯的地段。

在秦文化中心聚落的附近，往往就有寺洼文化遗址。如在大堡子山遗址对岸、蒙张遗址之西的山脚遗址，发现有寺洼文化的灰坑和墓葬。有些秦文化遗址本身还包含寺洼文化的遗存。比如礼县县城西侧的西山坪遗址，发现有城墙、夯土台基、高等级贵族墓，性质可能是西周时期秦人重要的统治中心；但在城外西北部及南部采集到大量的寺洼文化遗物，有马鞍形口罐、簋形豆、侈口罐等。两类文化在空间上的紧张关系可见一斑。

秦与西戎的遗址在礼县"扎堆"分布，固然由于"外来户"与本地人先天不容，更重要的原因是对当地食盐资源的争夺。礼县盐官镇生产食盐的历史根据西安相家巷秦封泥的"西盐"①，至少可以追溯到秦代，到商周时也大有可能。食盐乃人类不可或缺的资源，古今同理。关中不产盐，这里便成为陇山以西重要的食盐供应地。各种史前文化会聚于斯，商周时期各种势力进入那里，以及后来秦文化的兴起，与食盐资源都有莫大的关系。

文献记载礼县一带西戎势力很强大，与秦文化反复角力，压而不倒，打而不散。秦与西戎在那里的较量也异常惨烈。周厉王时期，西戎灭大骆犬丘之族。周宣王六年，秦仲奋起伐戎，死于戎难。秦仲伐戎是为了光复宗邑故都，所伐之戎应在西汉水流域。这个过程持续了很长时间，庄公居西犬丘时局势也没有完全稳定下来，襄公之兄世父还曾被戎人掳去。直到襄公被封为诸侯，秦人才实现了对陇右的完全控制。

相比之下，清水这支秦人要幸运得多。2005—2008年我们对牛头河流域进行了系统调查，出乎意料的是，没有采集到一块寺洼文化的陶片②。不排除以后在该地发现寺洼文化遗址的可能，但即便有所发现，其数量和分布也一定很有限。牛头河流域之北、之东、之南都有寺洼文化遗址点，唯其本身经过系统调查未见一处，这个现象颇引人注目。就目前材料而言，该流域似乎是寺洼文化分布的空白区，或者说势力薄弱区，使初来这里的秦人拥有了起码的生存和发展空间。

牛头河发源于陇山西南麓，循河谷往东植被茂密、林场遍布、水草丰美，为擅长养马的非子及其族人提供了天然的优良牧场，而牧马业在古代向来都是军政大事，马匹也是重要的战略资源。清水与关中毗邻，南北走向的陇山并不能阻隔二者之间的交通，其间有多条孔道可供人员往来。这里的秦人与周王朝的联系更加紧密，也更方便获得后者的援助。诸般有利条件使清水这一支秦人迅速发展起来，《诗·秦风》赞美秦仲车马礼乐之盛，表明他们的文明化程度已经相当高了。秦仲殒身后，庄公依靠周宣王给予的七千兵马，终于伐破西戎，收复西犬丘故地，号"西垂大夫"，成为周王室在陇右的军事代表。

2005—2008年在牛头河流域发现了32处周代秦文化遗址（图89），集中分布在牛头河干流中游两岸，其次在后川河黄门镇段；再靠北的张家川县城附近，

---

① 周晓陆、路东之、庞睿：《秦代封泥的重大发现——梦斋藏秦封泥的初步研究》，《考古与文物》1997年第1期。

② 早期秦文化联合考古队：《牛头河流域考古调查》，《中国历史文物》2010年第3期。

已属秦人势力的边缘地带。这些遗址中,清水县城北侧的李崖遗址面积最大,约百万平方米,显然是中心聚落。

上述遗址均以秦文化为主,大体反映了秦文化在这个流域的分布格局。牛头河干流中游显然是秦人中心活动区。后川河黄门镇段的河谷较宽,可以容纳若干聚落,扼守南北通道,地理位置具有战略意义,也受到秦人的重视。再往北至张家川县城附近,已经位于秦人势力范围的边缘地带。从那里翻越一道分水岭可至清水河(葫芦河支流之一),再沿河道迂回东北行,可轻易抵达庄浪县的水洛河。而水洛河两岸寺洼文化遗址密布。因此,张家川县城一带直接面对北方西戎文化,那里零星的早期秦文化遗址,性质可能相当于秦人势力的北方前哨。比如张家川县城西北的坪洮塬遗址,以仰韶文化为主,西周遗存分布面积仅3万平方米,采集到西周时期的甗口沿、绳纹凹圜底罐的底部和口沿、鬲足,器形与李崖遗址所出完全一致。

在牛头河流域未见一处寺洼文化遗址,因此李崖遗址的寺洼文化因素不是当地土生土长的,而来自外部交流。前文已经从器物类型学的角度论证了这类因素来自庄浪徐家碾。当然,文化的交流和影响是双向的。徐家碾墓地出土的折肩绳纹罐与李崖西周墓所出酷似,甚至在细节方面都一致,显然来自后者。秦人在清水发展壮大的同时,也对周边西戎文化施加了影响。

李崖的4座寺洼文化墓葬与秦文化墓葬交错分布,没有自己成片的墓地或墓区,表明这类墓的主人在遗址中不具有独立性。史前至商周时期主要以陶器为标准划分考古学文化,第二类墓葬各出1件寺洼文化陶罐,器型、组合与第一类墓大不相同,故将其归入寺洼文化。然而,这类墓除陶器之外的其他方面特征,诸如墓型、殉牲、棺椁等,与第一类墓完全一致,却与庄浪、庆阳等地的寺洼文化墓葬大不相同。

首先,4座墓墓坑的长宽比为2.11—3.13,属窄长型,与第一类墓相同。其他地区寺洼文化墓葬的墓坑大多宽短,比如徐家碾的102座墓,有85座墓坑为长方形,14座为方形,2座为椭圆形,1座为梯形;而在长方形竖穴墓中流行宽短型的形制,有74座墓墓圹的宽度等于或大于长度的1/2,不及1/2的仅10座,1/3的仅1座。

其次,4座墓均有腰坑,且坑内殉狗。M18腰坑内殉狗的狗头向西。这些特点与第一类墓完全一致。其他地区寺洼文化墓葬不见腰坑、殉狗。如徐家碾墓地无一座带腰坑,殉牲墓仅 M63 一例,埋一头黄牛。合水九站的寺洼文化墓葬亦未见有腰坑、殉狗的报道。

再次,4 座墓的墓向在 260°—313°,均为西向墓,且为西偏北,与第一类墓完全一致。其他地区寺洼文化墓葬的墓向不固定。徐家碾 102 座墓大多朝向西北,"有 9 座墓的指针(方向)在 291°—299°之间;有 34 座墓的指针在 300°—310°之间;有 36 座墓的指针在 311°—320°之间;有 22 座墓的指针在 321°—330°之间;余下 M3 一座墓的方向为 335°"①。合水九站 80 座墓中,东西向墓 5 座,占 6.25%;南北向墓 75 座,而且绝大多数头向北。

最后,4 座墓中有 3 座单棺无椁,M18 一棺一椁,椁为两端挡板出头的亚字形。在徐家碾寺洼文化墓葬中没有发现棺、椁并用的现象。

葬俗浓缩了一个民族特定的丧葬观念,第二类墓在葬俗上与第一类墓完全一致,说明其墓主人已经认同了秦人的丧葬观念。维系一个族群最重要的纽带是共同的历史传统和文化观念,如果有外来者放弃了原先的身份识别标志,完全接受本族的习俗及文化观念,那么他也就成为本族人了,他自己以及身边的人都会这么看。相比之下,使用何种器物在身份识别上的意义要小得多。事实上,秦人也偶尔会使用寺洼文化的器物,如第一类墓中的 M9、M17、M20、M23。因此,从这个角度说第二类墓的墓主为秦人亦可,至少他们已经完全融入了这个人群共同体,虽然其族源可能是庄浪的寺洼文化人群。

李崖 M18 与 M21 南北并列,相距不过 5 米,两墓尺寸相当,葬式葬俗相同,均有亚字形椁,应为"对子墓"。经人骨鉴定,M18 属男性,M21 属女性。"对子墓"一般反映了夫妇并穴合葬的关系,或许说明当时的秦人与寺洼文化人群之间存在通婚关系。

总之,李崖遗址及其所在地区考古材料反映出来的秦、戎关系,给人一种和平共处、睦邻友好、互通有无,甚至婚姻往来的印象。礼县所在西汉水上游的秦、戎关系,却给人一种紧张对抗、激烈争锋、你死我活的印象。造成这种差别的主要原因,如前所述,礼县本来属于西戎的地盘,秦人作为外来者介入,争夺生存空间,势必引起强烈反弹;清水却属于西戎文化的空白区,秦人进入那里可以从容

---

① 中国社会科学院考古研究所:《徐家碾寺洼文化墓地——1980 年甘肃庄浪徐家碾考古发掘报告》,科学出版社,2006 年。

发展,与周边建立平和稳定的外交关系。

自西戎灭犬丘大骆之族、杀秦仲,秦与戎就此结仇,势同水火,攻伐不休。西周末年,西夷犬戎攻杀幽王,秦襄公送平王东迁,得以立国。平王云:"戎无道,侵夺我岐、丰之地,秦能攻逐戎,即有其地。"于是襄公十二年,"伐戎而至岐";文公十六年,"以兵伐戎,戎败走"(《秦本纪》)。战争成为秦、戎关系的主旋律,秦人的剑因西戎这块砺石而越磨越锋利。

寺洼文化的年代下限,有学者认为已进入春秋早期,但还缺乏相应物证。礼县大堡子山城址的始建和繁荣期都在春秋早期,但在该遗址未见寺洼文化遗物。可见进入春秋早期以后,该文化很快消失了。寺洼文化的族属是西戎或犬戎,西戎、犬戎灭周,正值其声势最盛之时,进入春秋却急转直下,在原住地销声匿迹了,考古学上难觅踪迹,原因何在?

这应与秦建国后大举扫荡诸戎有关。一方面整合陇右故地,另一方面东进关中。秦伐戎、灭戎、逐戎,外合匡扶周室之大义,内应领土扩张之需求,故而进展迅速,即便没有达到"日辟国百里"的程度,也蔚然可观。在这种形势下,寺洼文化人群向西、向南大规模迁徙。其中向南沿横断山脉东缘,进入川西北,是主要的迁徙路线。在岷江上游理县、茂县战国末年至汉初的石板墓中经常可见到马鞍形口罐和双耳罐,是氏族冉駹的遗存,与寺洼文化有渊源关系①。当然,肯定还有一部分被打散、吸收、同化到秦人共同体之中。

战争必定带来文化交流。如前文所言,在早期秦文化的构成中,屈肢葬、金器、铁器、动物纹样、铜鍑和短剑的使用、墓葬的壁龛与围墓沟,都可能来自西戎。尤其是贵族墓的壁龛习俗,直接来源于陇山两侧的羌戎文化。合水九站寺洼文化墓葬流行将随葬品置于壁龛中,庄浪徐家碾寺洼文化墓葬中还有脚龛殉人。秦墓掏挖壁龛之风显然受到了寺洼文化的影响。

寺洼文化人群的体质特征,合水九站和庄浪徐家碾墓葬的人骨经检测比较一致②,都与现代蒙古人种的南亚类型最为接近,与东亚类型也有密切联系。

---

① 童恩正:《近年来中国西南民族地区战国秦汉时代的考古发现及其研究》,《考古学报》1980年第4期;俞伟超:《关于"卡约文化"和"唐汪文化"的新认识》,《先秦两汉考古学论集》,文物出版社,1985年。
② 朱泓:《合水九站青铜时代颅骨的人种学分析》,《考古与文物》1992年第2期;王明辉:《甘肃庄浪徐家碾寺洼文化人骨研究》,《徐家碾寺洼文化墓地——1980年甘肃庄浪徐家碾考古发掘报告》,科学出版社,2006年。

秦人的体质特征，各地检测结果不完全一致。礼县西山秦墓年代为西周晚期至战国，体质上与蒙古人种南亚类型最为接近，其次为东亚类型①。甘谷毛家坪沟东墓地的年代属春秋战国，体质上主要与东亚类型相似②。凤翔孙家南头墓地年代为春秋时期，体质上与东亚类型最接近，其次为南亚类型③。关中地区的战国秦墓，如临潼新丰、湾李、零口村④，都是首先与东亚类型接近。似乎随着年代从早到晚、地理位置从西向东，秦人体质特征上与南亚类型的相似度在降低，与东亚类型的相似度在升高。

位于秦文化发祥地礼县的西山秦墓的体质特征与寺洼文化接近，是否就可以说秦人本是西戎的一支？或者说为秦人"西来说"提供了证据？当然不能。因为该墓地的西周墓仅4座，其余31座为东周墓，且等级较低，检测结果不能代表嬴秦宗族。最能代表嬴秦宗族的是西周中期的清水李崖墓地，可惜该墓地的颅骨尚未做检测，情况不明。该墓地随葬品、葬俗有浓厚的殷商遗风，表明其人群来自东方，其体质特征可能如殷墟人骨——与现代蒙古人种的东亚类型最为接近。西山的材料恰好反映了秦人西迁陇右后人口结构的复杂化，不排除有原寺洼文化的居民融入秦人中的情况。至于春秋以后关中地区秦墓人骨与东亚类型相似度的提高，是秦人东进关中后，大量吸收、融合当地居民的结果。

第二节 早期秦文化与周余民文化的关系

"周余民"见于文献的唯一记载，是《史记·秦本纪》："十六年，文公以兵伐戎，戎败走。于是文公遂收周余民有之，地至岐，岐以东献之周。"三家注均未阐释词意。顾名思义，"周余民"指周王室东迁之后遗留在关中王畿之地的民众，以姬姓周人为主，但也包含非姬姓的原周朝统治下的族群。换言之，"周余民"乃是

---

① 陈靓：《甘肃东部及陕西西部西周至春秋时期秦人的人种类型与食谱研究》，《中国边疆考古学术讨论会论文摘要》，2005年。
② 洪秀媛：《甘谷毛家坪沟东墓葬区出土人骨的研究》，西北大学硕士学位论文，2014年。
③ 陈靓、田亚岐：《陕西凤翔孙家南头秦墓人骨的种系研究》，《西部考古（第三辑）》，三秦出版社，2008年。
④ 邓普迎：《陕西临潼新丰镇秦文化墓葬人骨研究》，西北大学硕士学位论文，2010年；高小伟：《临潼湾李墓地2009—2010年出土战国至秦代墓葬人骨研究》，西北大学硕士学位论文，2012年；周春茂：《零口战国墓颅骨的人类学特征》，《人类学学报》2002年第3期。

关中土著,不同于外来的秦人或犬戎。

平王东迁仰仗晋文侯、郑武公等诸侯的庇护①,也有贵族追随,伯舆族即为其中之一,其大夫瑕禽曾说:"昔平王东迁,吾七姓从王,牲用备具。王赖之,而赐之骍旄之盟,曰:'世世无失职。'"(《左传·襄公十年》)但在世居关中、大小繁多的周人氏族中,随王东迁的可能仅占少数,还有一些贵族及中下层民众留居旧地。《毛诗序》:"《葛藟》,王族刺平王也。周室道衰,弃其九族焉。"此外,在平王、携王对峙期间,拥戴携王的邦君、卿士及其家族也一定会留守在王畿之地。当时很多人在二王并立的情况下无所适从,《诗·雨无正》反映了其彷徨苦闷的心态②。西虢东迁后还有族人遗留在故地,是为小虢。同理,不排除其他大族迁徙也有类似情况。申、缯联合犬戎攻杀幽王于骊山下,兵锋由西北指向东南,关中东部一些周人方国如芮国基本未受波及,得以保全。因为地处两京之间,也可将其归入广义周余民的范畴。由此可见,春秋早期关中地区"周余民"数量众多,组织结构复杂,等级高低不一。有学者认为文公初入关中时秦人的主体仍在陇西,关中居民构成以周、戎部落为主,后来周余民归秦者有二三十万之众③。可备参考。

目前可以识别出来的周余民文化遗存主要是墓葬,年代属春秋早中期,主要分布在关中及其西北周缘地区(图126)。位于最西端的是陇县边家庄墓地,1979—1986年共出土和发掘了33座墓,但并非该墓地的全部④。往东南至渭河北岸的秦都平阳遗址,有宝鸡杨家沟西高泉村墓地,1978年清理了3座墓。1967年在宝鸡市姜城堡还清理了一座古墓,虽然墓型、葬式不清,但从器物组合上看属周余民。在关中北山以北,有长武碾子坡遗址,1981年在遗址的Ⅳ区发掘了8座东周墓葬。同属泾河上游地区的,还有宁县西头村的石家墓地。在该墓地勘探出百余座东周墓,2016—2017年清理了17座,及车马坑2座和祭祀坑1座⑤;2018年

---

① 《左传·隐公六年》:"我周之东迁,晋、郑焉依。"
② 晁福林:《论平王东迁》,《历史研究》1991年第6期。
③ 樊志民:《试论"周余民"在初秦农业发展进程中的重要作用》,《人文杂志》1995年第5期。
④ 张天恩:《边家庄春秋墓地与汧邑地望》,《文博》1990年第5期。
⑤ 王永安:《甘肃宁县石家墓群的发现与发掘》,《大众考古》2018年第9期。

又清理墓葬 12 座，车马坑 1 座①。在关中中部有户县南关墓地，1974、1982 年各抢救清理了一座春秋墓②。在关中东部有韩城梁带村墓地，共勘探出 1 300 座墓葬，2005 年发掘了 39 座，其中带墓道大墓 5 座、中型墓 8 座、小型墓 20 余座，从铜器铭文看为芮国墓地③。还有澄城刘家洼墓地，2016—2017 年共发掘了百余座春秋墓，亦属芮国④。

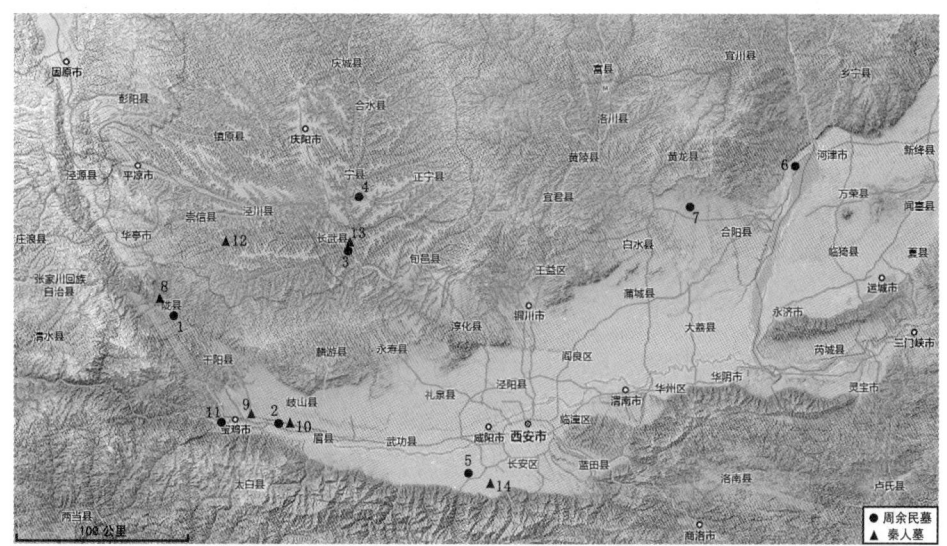

1 边家庄　2 西高泉　3 碾子坡　4 石家　5 南关　6 梁带村　7 刘家洼
8 店子　9 魏家崖　10 南阳　11 姜城堡　12 景家庄　13 上孟村　14 宋村

图 126　周余民墓与秦人墓（春秋早期）分布图

一、周余民墓葬的特征

周余民墓葬有一些共性特征，据之可将其与秦人墓区分开来：南北向墓型，头北足南的直肢或屈肢葬，不见腰坑，除个别墓地外无殉狗，墓内不殉人，有时会

---

① 王永安、张俊民、孙锋：《甘肃宁县石家墓群发掘取得重要新收获》，中国文物信息网，2018 年 10 月 23 日。
② 曹发展：《陕西户县南关春秋秦墓清理记》，《文博》1989 年第 2 期。
③ 陕西省考古研究院、渭南市文物保护考古研究所、韩城市景区管理委员会：《梁带村芮国墓地——二〇〇七年度发掘报告》，文物出版社，2010 年。
④ 陕西省考古研究院、渭南市博物馆、澄城县文化和旅游局：《陕西澄城县刘家洼东周芮国遗址》，《考古》2019 年第 7 期。

随葬木俑,墓室内殉车或随葬车马器,常用铜翣和荒帷等棺饰。

众所周知,周人采用南北向墓型,两周时期大量姬姓周人诸侯国墓地证实了这一点,如琉璃河燕国墓地(Ⅱ区)、天马—曲村晋侯墓地、浚县辛村卫国墓地、三门峡虢国墓地等。姜姓周人如山东高青陈庄城址内墓葬①,也是南北向。当然也不排除有例外,如随州叶家山曾国墓地,就流行东西向墓型,死者多头向东②。据相关金文,曾国为姬姓周人封国③,采用东西向墓型的原因还不清楚。虽然有个别例外,但不妨碍关于周人墓型在总体规律方面的认识。周余民为周人后裔,属于广义周人的一部分,墓型上自然继承了周人的传统。

与墓型相适应,周人流行头北足南的仰身直肢葬式,西周时期周人墓尤其典型,如上述姬周诸侯墓地。周人北首葬的原因,可能如《礼记·檀弓下》所言:"葬于北方北首,三代之达礼也,之幽之故也。"周余民墓葬沿袭了周人墓这个特点,如陇县边家庄 M5"骨架保存基本完好,仰身直肢,头向北"(图 127:1)。刘军社先生说:"边 86M5 为五鼎四簋的大夫级墓,采用的是直肢葬式,后来发掘的同一墓地的其它五鼎四簋或三鼎二簋或一鼎一簋墓,墓主人同样用的是直肢葬式,就是在同一墓地的小型陶器墓或小型仿铜礼器墓,亦采用直肢葬式。"④在碾子坡遗址Ⅳ区发掘的 8 座东周墓皆为北首葬,其中 M403 为仰身直肢葬(图 127:2),该墓在这片墓区中级别最高,木椁尺寸 3.1 米×1.56 米,随葬陶礼器 2 鼎、4 簋、2 壶、1 盒、1 盘、1 匜等。M402 为仰身微屈葬式,级别稍低,木椁尺寸 3.32 米×1.65 米,随葬陶器 1 鼎、2 簋、1 豆、4 罐、1 鬲、1 甗等。如果 M403 墓主为中士,则 M402 为下士。2017 年在石家墓地发掘的东周墓均为南北向竖穴土坑墓,"少量为仰身直肢葬"⑤。2018 年在石家发掘的墓葬中"仅 1 座为仰身直肢葬"⑥。户县南关两座春秋墓都是南北向的竖穴土坑,被稍许破坏扰动,人骨腐

---

① 山东省文物考古研究所:《山东高青县陈庄西周遗存发掘简报》,《考古》2011 年第 2 期。
② 湖北省文物考古研究所、随州市博物馆:《湖北随州叶家山西周墓地发掘简报》,《文物》2011 年第 11 期。
③ 黄凤春、胡刚:《说西周金文中的"南公"——兼论随州叶家山西周曾国墓地的族属》,《江汉考古》2014 年第 2 期。
④ 刘军社:《关于春秋时期秦国铜器墓的葬式问题》,《文博》2000 年第 2 期。
⑤ 王永安:《甘肃宁县石家墓群的发现与发掘》,《大众考古》2018 年第 9 期。
⑥ 王永安、张俊民、孙锋:《甘肃宁县石家墓群发掘取得重要新收获》,中国文物信息网,2018 年 10 月 23 日。

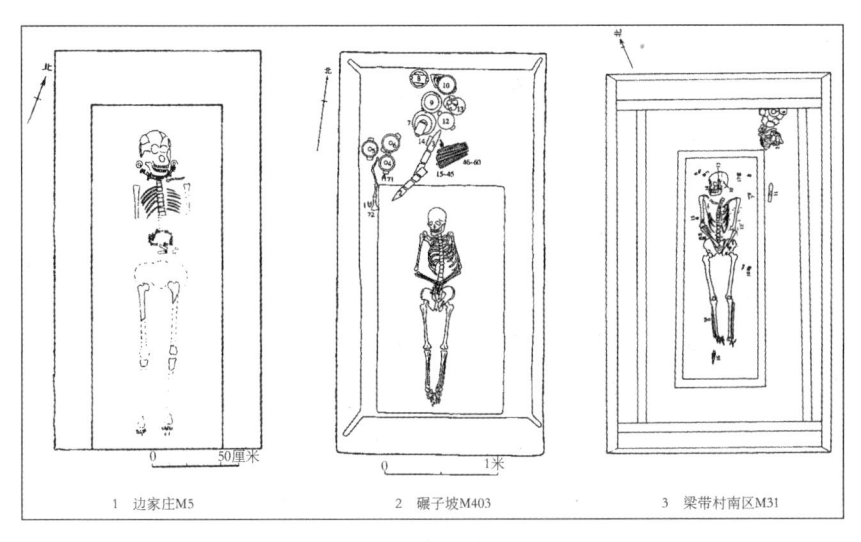

图 127　周余民墓的直肢葬式

1　边家庄M5　　　2　碾子坡M403　　　3　梁带村南区M31

朽，痕迹不清，成套的青铜礼器放置在椁室的北端，说明死者埋葬时头向北。2017年在韩城梁带村发掘的大中型墓，几乎皆为头北足南的仰身直肢葬式（图127:3），个别中型墓人骨下肢微屈或弯曲，可能是埋葬后椁室进水人骨漂浮移位所致。澄城刘家洼墓地以南北向墓型为主，且绝大多数为北首向；东一区葬式清楚的51座墓中，仰身直肢葬37座，大中型墓均属之。可见对仰身直肢葬传统的继承，各墓地程度不一：边家庄最顽固最彻底，大、中、小型墓皆是；梁带村、刘家洼次之，大中型墓和部分小型墓采用；碾子坡Ⅳ区又次之，仅级别在士级以上的墓采用；石家最差，仅个别墓采用。但在北首向这一点上，各墓地保持一致。

进入春秋以后，三晋两周地区的周人墓地或多或少地出现了屈肢葬式，在各墓地中所占比例不一。其中既有股骨、胫骨夹角大于90°、蜷曲程度较为舒缓的，也有股骨、胫骨夹角小于90°、蜷曲特甚的，一般前者多于后者。如侯马上马墓地有仰身屈肢葬231座，占仰身葬的18.8%，其中50座股骨、胫骨夹角小于45°呈跪式；还有侧身屈肢葬71座，占侧身葬的77.2%[1]。20世纪50年代在上村岭虢国墓地发掘有44座屈肢葬墓，占比19.9%。在洛阳中州路（西工段）发掘的260

---

[1]　山西省考古研究所：《上马墓地》，文物出版社，1994年，第21—22页。

座东周墓中骨架清楚的屈肢葬172座,其中股骨、胫骨夹角小于30°的27座,在90°左右的121座,在170°左右的24座①。在河南陕县发掘的105座东周墓中,仰身屈肢葬12座②。这时期周人墓地普遍出现屈肢葬可能和西北地区人群迁徙流动带来丧葬新观念的传播有关。

受当时大环境和秦国葬俗的影响,周余民墓地也程度不等地出现了屈肢葬式。边家庄墓地不见。西高泉有一例。梁带村的屈肢葬集中出现在小型墓中,2017年在北区发掘的20座小型墓中有6座屈肢葬,其中5座微屈、1座侧屈;西区发掘的6座小型墓中有4座屈肢葬,其中1座为仰身屈肢(图128:1),其他下肢微屈。刘家洼情况与之类似,其西一区有14座屈肢葬,下肢弯曲皆大于90°,为无葬具或单棺的小型墓。碾子坡Ⅳ区也仅限于小型墓,6座屈肢葬木椁长1.34—2米,随葬鬲、盂、豆、罐等日用陶器或无随葬品,为蜷曲特甚的仰身屈肢葬式(图128:2),其身份应是无官爵的庶民。2016—2017年在石家发掘的东周墓"多为侧身屈肢葬"③,2018年发掘的墓葬"葬式明确者,仅1座为仰身直肢葬,其

1 梁带村西区M01　　2 碾子坡M406　　3 石家M32

图128　周余民墓的屈肢葬式

---

① 中国科学院考古研究所:《洛阳中州路(西工段)》,科学出版社,1959年,第63页。
② 中国社会科学院考古研究所:《陕县东周秦汉墓》,科学出版社,1994年,第9页。
③ 王永安:《甘肃宁县石家墓群的发现与发掘》,《大众考古》2018年第9期。

余皆为屈肢葬。屈肢葬者,仅腿骨略作弯曲状,向右或向左,甚少发现蜷曲较甚者"[1],在该墓地屈肢葬已成为主要葬式(图128:3)。

这些周余民墓葬均无腰坑。在石家墓地仅贵族墓和车马坑中有殉狗现象,梁带村仅北区一座马坑(M515)内殉狗,其他墓地不见殉狗。与周人墓一般无腰坑不殉狗的特点基本吻合。

虽然石家墓地车马坑内有殉人,但墓内无殉人。刘家洼M3掏挖九个壁龛殉人,墓主可能是嫁入芮国的秦女,沿用了娘家的习俗[2];该墓地其他墓葬均无殉人。其他墓地亦不见殉人。边家庄M5椁盖板上木辇车衡木两端后方各有1个木俑(图129:1),高鼻深目,眉脊涂黑,眼、嘴涂朱,高80厘米,象征挽车的人。梁带村北区M502墓室四角二层台上各站立1个木俑,高67—102厘米,四肢另雕再安插在躯干上;西南、东南角各有1个抓握状木俑(图129:2),上身穿右衽衣,下身着筒裙,足穿平底鞋,用墨线描出发、眉、衣襟、履,用赭红色表示肌肤和筒裙,可能象征驾车的御手;西北、东北角各有1个捧物状木俑(图129:3),可能象征家内仆从。刘家洼M1二层台西北角出1件抓物状木俑和1件捧物状木俑[3],高90厘米左右,其性质与梁带村相同。孔子所说"始作俑者"发生的时间应在西周,西周时周人墓本来就不流行殉人,在两周之际的墓中出现木俑有其必然性。石家墓地车马坑内殉人应是受秦国杀殉之风影响而出现的历史倒退现象。

1　边家庄M5木俑　　2　梁带村M502:164　　3　梁带村M502:165

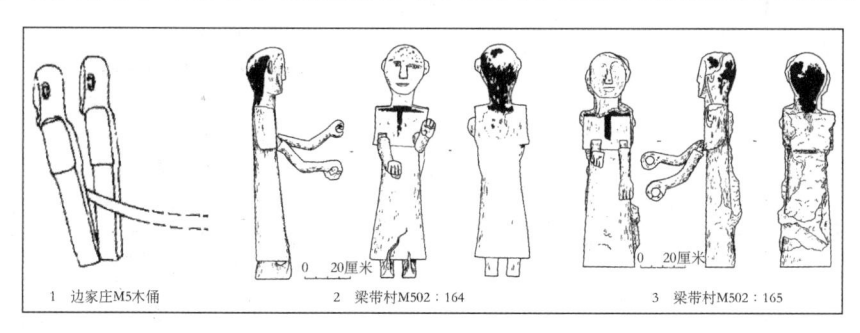

图129　周余民墓葬出土木俑

---

[1] 王永安、张俊民、孙锋:《甘肃宁县石家墓群发掘取得重要新收获》,中国文物信息网,2018年10月23日。

[2] 李可可:《刘家洼墓地的初步研究》,西北大学硕士学位论文,2019年。

[3] 陕西省考古研究院、渭南市博物馆、澄城县文化和旅游局:《陕西澄城县刘家洼东周芮国遗址》,《考古》2019年第7期。

周人有在墓室内殉埋车辆的习惯,大多是将整车拆散,置于墓道、墓室二层台、椁盖板上。如沣西张家坡 M157 在墓道和椁盖板上摆放了 30 个车轮、12 个车舆,及轴、辀、衡、軏等构件;M196 在二层台及椁板上放置拆散的车轮 12 个、车舆 4 个、车衡 2 个及轴、辀各 1 段①。梁带村 M502 在椁顶及墓道北端至少放置了 5 辆车,除一辆彩绘小车完整外,其他均被拆开,轮、舆、辀、衡、軏等构件被放置在不同位置。还有在椁顶或墓道放置整车的现象,如晋侯墓地 M13 在椁顶、M7 在墓道各放置小车一辆,这种小车多出自晋侯夫人墓,发掘者指出其高度不宜驾马,只能驾羊、鹿等动物,很可能是女性高级贵族专用的娱乐车②。边家庄 M5 未出兵器,也是一座女性墓,在椁顶中部放置一辆完整的木车(图 130),其轮径 115 厘米,轮辐 16 根,轴长 164 厘米,尺寸与晋侯夫人墓小车接近或相当,性质功能亦应相同。《说文》:"辇,挽车也。"段玉裁注:"谓人挽以行之车也。"《左传·庄公十二年》:"以乘车辇其母。"杜预注:"驾人曰辇。"从边家庄可反推晋侯夫人墓的小车也可能用人来挽拉,或可定名为"辇"。石家墓地也有墓内殉车

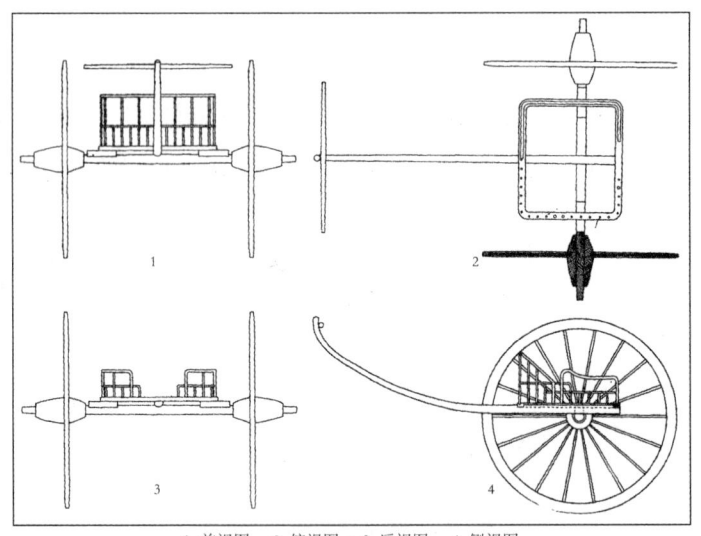

1 前视图　2 俯视图　3 后视图　4 侧视图

图 130　陇县边家庄 M5 木辇

---

① 中国社会科学院考古研究所:《张家坡西周墓地》,中国大百科全书出版社,1999 年。
② 刘绪、徐天进:《关于天马—曲村遗址晋国墓葬的几个问题》,《晋侯墓地出土青铜器国际学术研讨会论文集》,上海书画出版社,2002 年。

第六章　早期秦文化与周边文化的关系　357

现象，M40 椁顶就有殉车的遗迹。相比较而言，秦人一般将马车殉埋在车马坑中，很少置于墓室内。但也有个别例外，如大堡子山ⅢM1 在椁盖板上西部置一辆木车①。

与拆车葬相适应，西周时期周人墓，尤其是大中型墓流行在墓室内随葬车马器，车马器种类多样，且置于墓内不同位置，有时车器与马具还会分开放置②。如梁带村 M502 在椁室南部出土有辖、軎、衔、镳、銮铃、络饰、马胄。周余民墓沿袭了这个习惯，如刘家洼 M49 出车马器 64 件（组），有车辖、络饰、节约、马衔镳、三通构件、游环等③（图131:3、4、5）。边家庄 M1 残存有车軎、伞弓帽、马衔、节约、铜环等物（图131:1、6、10、13）。西高泉 M1 出有车軎 3 件、銮铃 2 件。姜城堡墓出车軎、车辖、衔各 2 件，镳 4 件。户县南关春秋墓出有軎、辖、衔、镳、节约、鸟头帽（衡末饰）等（图131:2、7、8、11、12）。石家墓地贵族墓的随葬品组合中包含车马器，其中车軎、衡末饰为圆筒形，饰蟠螭纹，还有两端一大一小双环

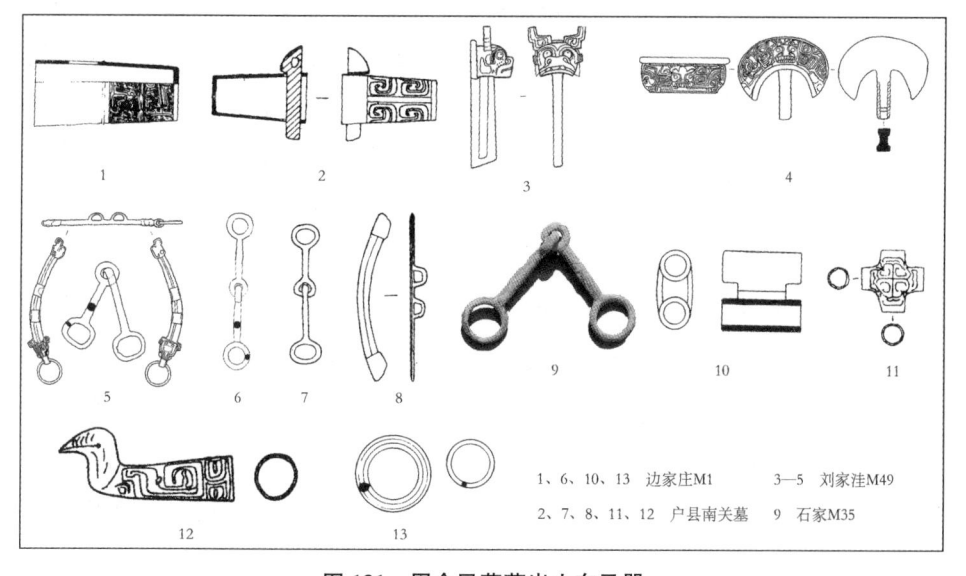

1、6、10、13　边家庄M1　　3—5　刘家洼M49
2、7、8、11、12　户县南关墓　　9　石家M35

图 131　周余民墓葬出土车马器

---

① 早期秦文化联合考古队：《2006 年甘肃礼县大堡子山东周墓葬发掘简报》，《文物》2008 年第 11 期。
② 吴晓筠：《商周时期车马埋葬研究》，科学出版社，2009 年，第 74 页。
③ 陕西省考古研究院、渭南市博物馆、澄城县文化和旅游局：《陕西澄城刘家洼春秋芮国遗址东Ⅰ区墓地 M49 发掘简报》，《文物》2019 年第 7 期。

式马衔(图132:9)。一般来说,秦人墓不在墓内随葬车马器;但也有个别例外,如大堡子山ⅢM1就出有一件铜马衔。

翣是一种周代丧葬用具,《周礼·夏官·御仆》:"大丧,持翣。"翣的形状似扇,带柄。《释名·释丧制》云:"齐人谓扇为翣。"《礼记》郑玄注:"汉礼,翣以木为筐,广三尺,高二尺四寸,方两角高,衣以白布,画者画云气,其余各如其象。柄长五尺,车行使人持之而从。既窆,树于圹中。《檀弓》曰:周人墙置翣是也。"说翣为带长柄的木质框架,有方折高起的两角,上蒙白布画云气或其他纹样,出殡时御仆执翣随柩车而行,下葬时将它竖立在墓圹里;《礼记·檀弓》说周人将翣放置在棺柩旁边。因为置于棺边,《说文》又把它说成是一种棺饰:"翣,棺羽饰也。"此说不确。翣的使用在数量和纹饰上有等级规定,《礼记·礼器》说天子葬用"八翣""戴璧",诸侯用"六翣""戴圭",大夫用"四翣""戴绶"。《礼记·丧大记》说士用画翣,大夫加黻翣,诸侯加黼翣,天子加龙翣。

墓内的翣由于木质柄和框架朽没,往往只剩下固定在柄架上的三叉(齿)状薄铜片,在考古发现中一开始被误认为是椁饰或棺饰片,后来才意识到是"翣"。西周铜翣在沣西张家坡墓地、天马—曲村晋侯墓地、平顶山应国墓地、梁带村芮国墓地都有发现,其中张家坡M129所出兽面形翣年代最早,属西周中期。东周铜翣见于上村岭虢国墓地、莒县西大庄春秋墓、平山中山王墓①。从考古发现看丧葬用翣流行于西周晚期至春秋早期。

学者们已经就铜翣的性质、功能、器用、源流作了很好的研究②。翣最早见于周人墓,而且大多数也出土于周人贵族墓,说明周人比较重视、讲究用翣。如虢国墓地有16座墓出翣,出6翣的有4座,出4翣的有3座。梁带村全部大型墓和多数中型墓都出翣,一般4件,最多者8件。有理由说作为礼仪用器的翣是周人的创制发明,它的使用成为周人丧葬活动的组成部分,可视为周文化特点之一。

周余民贵族保持了用翣的传统。年代属春秋早期的梁带村南区M17出4件铜翣,翣首由两个镂空凤鸟纹方框形铜片拼合,上端中间竖一圭形铜片,两角

---

① 王龙正、倪爱武、张方涛:《周代丧葬礼器铜翣考》,《考古》2006年第9期。
② 张天恩:《周代棺饰与铜翣浅识》,《考古学研究(八)》,科学出版社,2011年;胡健、王米佳:《周代丧葬礼器"翣"的再探讨——关于"山"字形薄铜片的考证》,《中原文化研究》2015年第5期。

各立一小鸟(图132:1)。西区 M18 亦出 4 翣,置于外棺盖上,翣首也是相背的镂空凤鸟纹,其上两外角为外斜的卷头大刀形,中角为圭形(图132:2)。刘家洼有 20 座墓出有翣,占总数的 29.8%,一般出 2、4 或 6 件①。从边家庄 M5 的椁室平面图上看,该墓出有 4 铜翣:椁室南部置 2 翣,形制为长方形翣首,上接勾首卷刀形的两外角和一个圭形中角(图132:6);西北角置 2 翣,形制为整体呈山字形的翣首,其下二齿外弯(图132:5);南、北端各有 2 翣角(图132:7)。其用翣数量符合大夫级别的身份。姜城堡墓的 6 件"椁饰"(翣片)分两种,"一种,一端卷曲成云纹,光素无纹饰……另一种形状像圭,一端呈三角形",可知该墓随葬 2 件山字形铜翣,云纹卷曲者为翣外角,圭形者为中角。户县南关 82M1 在棺两头共出 14 片铜翣的构件,复原起来应是 2 翣,形制为内外两重山字形(图132:3):内重略呈山字形的首部,上接两卷扬的外角及圭形中角,下有短柄插接在外重的底梁上;外重底梁左右端方折带歧首,上接卷扬的外角。该墓出七鼎六簋,但被扰动,翣的数量不够,可能有散失。石家墓地的大、中型墓都发现有铜翣,成对出现,常置于椁室东西两侧;还在车马坑(MK5)的两辆车舆内各发现成对铜翣及其底部的木框架痕迹。形制为方形凹弧底的翣首,上接两卷扬的外角和一圭形中角(图132:4),其外角与南关翣相似。

1 梁带村M17:5　2 梁带村M18:2　3 南关82M1:043　4 石家M6铜翣
5 边家庄M5:16　6 边家庄M5铜翣　7 边家庄M5:19　8 圆顶山98LDM1:32　9 孙家南头M126:1、5、32

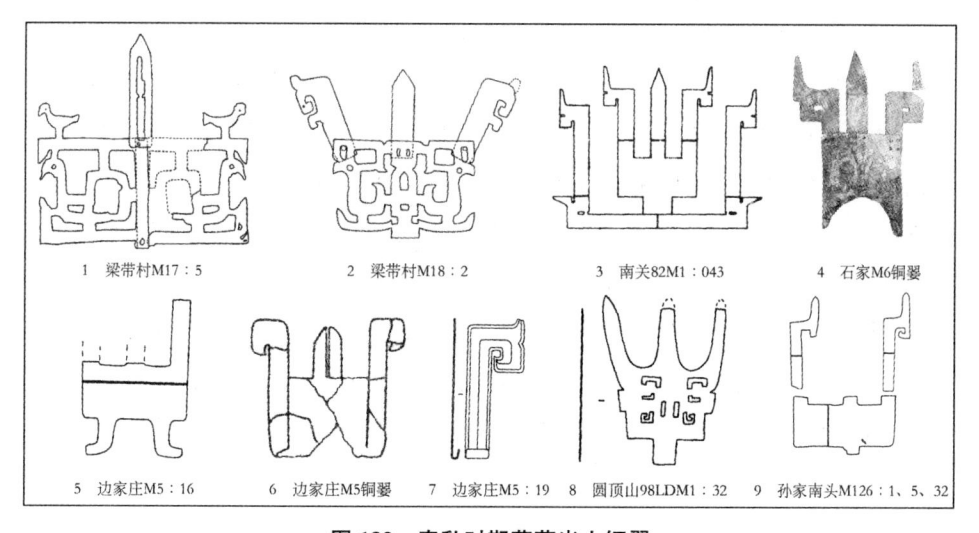

图 132　春秋时期墓葬出土铜翣

① 李可可:《刘家洼墓地的初步研究》,西北大学硕士学位论文,2019 年。

铜翣在秦人墓中并不常见，大多数秦贵族墓中不见翣的踪迹，如西周晚期的西山坪M2003；春秋早期的大堡子山秦公墓、M32，南阳村98M1—M3；春秋中期的圆顶山98LDM2、2000LDM4，大堡子山ⅠM25，孙家南头M191、M160、M161。这些墓随葬铜鼎3—7件，但不见翣。目前仅在圆顶山98LDM1、孙家南头M126、秦家沟M1发现有铜翣，三墓属春秋中晚期。圆顶山98LDM1是一座铜五鼎墓，在其椁室东北部有2件山字形铜翣，为一体浑铸，首部镂空成兽面（图132:8）。孙家南头M126也是铜五鼎墓，在棺南北两侧和椁室西端分布有7块薄铜片，被当作椁饰，其实是2件翣首（图132:9下）和5件翣角（图132:9上），复原起来应是2件铜翣。这两墓用翣数量够不上墓主大夫级别的标准。秦家沟M1是铜三鼎墓，在椁室东西两侧各有1件山字形铜翣，四角还各有1件翣角。该墓用翣数量符合墓主级别，甚至略有超出；但如前述，该墓墓主可能是非姬姓的关中土著。由此可见，秦人没有丧葬用翣的习惯，即便偶尔使用也较为随意，不合礼制，对用翣的重视程度远不及周人。

周人有装饰棺柩的习俗，并发展成为一种丧葬礼制，这在礼书中有明确记载。据《礼记·丧大记》《仪礼·既夕礼》及郑玄注，周代棺饰包括"褚""墙柳""荒帷""齐""池""振容""鱼"等物①。"褚"是直接覆盖在棺上的素锦，相当于棺衣。其外有象征死者宫（居）室的棺罩，棺罩的木结构框架叫"墙柳"，顶部为"柳"，周边为"墙"。其上蒙布，就是"荒帷"，上部叫"荒"，下部叫"帷"。"柳"的中央或"荒"的顶部叫"齐"，用彩缯制成，缀以贝。"池"是另加在"荒"顶上的竹木框架，覆以青布，形如狭长的车厢，类似华盖。"池"下悬挂铜鱼，还系有彩绘的绞缯（幡带），被称为"振容"，在柩车行走时如水草般摇动，铜鱼则"跳跃上拂池"。

从考古资料看，周人棺饰在西周早中期已经存在，但较为简单，多为海贝、蚌壳、蛤蜊。如晋侯墓地M113西南棺椁间随葬品上"普遍有一层黑褐色覆盖物，质地不明，伴出零散的蚌泡，可能是荒帷上的饰物"；M114棺盖板上有"成组的海贝和蛤蜊"②。礼书记载的那类棺饰到西周中期后段才出现，并流行于西周晚

---

① 张长寿：《墙柳与荒帷——1983—1986年沣西发掘资料之五》，《文物》1992年第4期。
② 北京大学考古文博院、山西省考古研究所：《天马—曲村遗址北赵晋侯墓地第六次发掘》，《文物》2001年第8期。

期至春秋早期,春秋中期以后基本消失①。如山西绛县横水墓地 M1 的外棺上发现方格状木架痕迹及铜构件,可能是墙柳,外套红色丝织品拼接成的荒帷,上绣精美的凤鸟纹,荒帷附近散落大量玉、石、蚌质小圭、小戈等缀件,墓主为倗伯夫人毕姬②。张家坡井叔墓 M152 外棺三面有整齐的串贝,围成 U 形,应是池下的串饰;M150、M170 等墓棺外发现成堆的铜、玉或蚌鱼。在北赵晋侯墓地、上村岭虢国墓地、梁带村芮国墓地也有此类发现,除了悬鱼外还有玉石贝、陶或玛瑙珠、铜铃。虢国墓地 M2001、M2011 外棺上有长方形木框架,其内或接十字支架,在梁带村 M28 还发现目字形木框架,铜鱼等悬饰沿木架分布,已有学者正确指出这种木框架的痕迹靠近椁壁,范围大于外棺和荒帷,应是池架③。与用翣一样,棺饰也可视作西周中晚期至春秋早期周文化的特点之一。

周余民贵族沿袭了周人饰棺的传统。梁带村有 7 座墓发现荒帷的织物印痕,大中型墓普遍发现池下串饰。刘家洼与之类似。边家庄 M5 椁室内东、西、北侧发现成片(堆)分布的小饰件,范围贴近椁壁,表明它们均属池下悬饰(图 133)。其中铜铃 15 件(图 134:1)、铜鱼 17 件(图 134:2)、石贝 290 件(图 134:3)、陶磬形饰 385 件(图 134:4)、陶珠 20 件,它们间杂共出,原本是错落编排的。西高泉 M1 也发现铜鱼,但墓葬被破坏,棺饰情况不清。南关 82M1 出有铜铃 9 件(图 134:5)、玉贝饰 48 件(图 134:6)、陶串珠 122 件(图 134:7)、陶磬形饰 42 件(图 134:8)。用玉贝而非石贝,可能因为级别较高。石家大中型墓均发现有棺饰。如 M216 棺顶和 M257 棺边有红黑色图案的织物印痕,应属荒帷。M216 外棺上还发现日字形木框架,其周缘有成排串饰,与梁带村类似,亦属池架。池下悬挂铜铃、铜鱼、石磬形饰、石贝、陶珠、费昂斯珠。石磬形饰数量较多,两两成组单独悬挂,排布较为密集(图 134:10)。顶端 4 颗陶或费昂斯珠与末端 2 件石贝构成一串珠贝组合,排布也较密。铜鱼两两成对,间隔一小段距离单独悬挂。铜铃较少,间隔一大段距离单独悬挂 1 件。

与两周之际姬周诸侯墓相比,这些周余民墓(芮国墓地除外)池下悬鱼较少,

---

① 孙华:《悬鱼与振容》,《中国典籍与文化》2000 年第 1 期。
② 山西省考古研究所、运城市文物工作站、绛县文化局:《山西绛县横水西周墓发掘简报》,《文物》2006 年第 8 期。
③ 张天恩:《周代棺饰与铜翣浅识》,《考古学研究(八)》,科学出版社,2011 年。

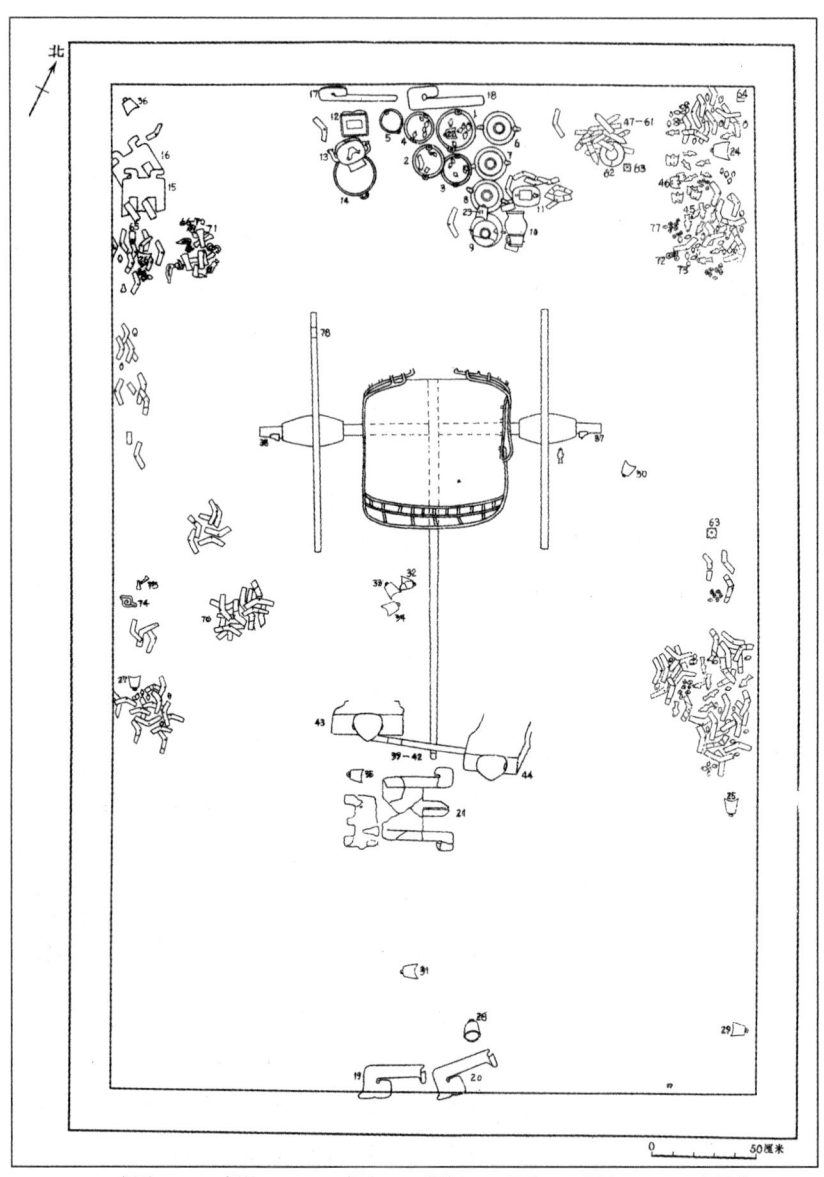

1—5 铜鼎　6—9 铜簋　10、11 铜壶　12 铜甗　13 铜盉　14 铜盘　15—21 铜樽饰
22—36 铜铃　37、38 铜辖　39—42 铜兔　43、44 木俑　45 铜鱼　46 铜片饰
47—53、55、56、59、61 玉圭　54、57、58、60 石戈　62 石璧　63 骨饰　64、65 石管
66—70 陶鸟　71 陶蹄足　72 玉泡饰　73 石贝　74 陶耳饰　75 陶角饰
76 陶磬形饰　77 陶珠　78 铜车牙饰

图 133　边家庄 M5 椁室平面图

甚至不见（南关墓）。新出现并流行磬形饰，质地有石、陶两种，无疑模仿了悬乐石编磬的形状。其中陶磬形饰呈曲尺形（图 134∶4、8、9），磬底为折角，直边，外

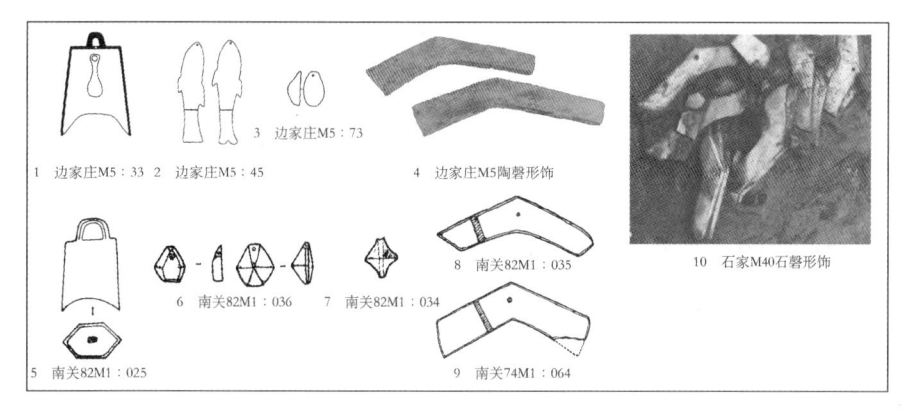

图 134　周余民墓葬棺饰

形与东周墓葬出土的陶编磬明器相似①。石磬形饰股、鼓外角起翘,底边凹弧(图 134:10),形制明显受到秦国石磬的影响。池下悬磬,不见于礼书记载,也不见于姬周诸侯墓,其原因、意义值得探讨。古代宫室屋檐下承接雨水的水槽叫"池"或"承霤",其下也悬鱼,墓内棺饰池和铜鱼都是其模拟物。在建筑屋顶檐下悬鱼、钉挂"惹草",是将水生动植物搬到房屋上,有防火的寓意②。同理,石磬也与水有关,《书·禹贡》:"泗滨浮磬。"孔颖达疏:"石在水旁,水中见石,似若水中浮然,此石可以为磬,故谓之浮磬也。"可见制磬的石材产自水边,望之若浮在水中。磬音清越平和,令人思念忠正之臣③。古人有可能将形体较小的石磬成排悬挂在屋檐下作为装饰,微风拂过,磬相触碰,发声清脆悦耳。《左传·僖公二十六年》云"室如县磬,野无青草",《国语·鲁语上》作"室如悬磬",意思是室无资粮④。或可解释为房屋只剩下外面的悬磬,其内空空如也。墓内磬形饰或许象征了屋檐下悬磬。

这类棺饰在秦人墓中几乎不见。两周之际的秦贵族墓虽然会出少量铜铃、贝币,但属于人体或动物装饰品和随葬品。如大堡子山 M32 的南北壁龛殉人旁

---

① 如河南淮阳平粮台 16 号楚墓(《文物》1984 年第 10 期)、山东章丘女郎山战国墓(《文物》1993 年第 3 期)。

② 孙华:《悬鱼与振容》,《中国典籍与文化》2000 年第 1 期。

③ 《诗·商颂·那》:"既和且平,依我磬声。"《礼记·乐记》:"君子听磬声,则思死封疆之臣。"

④ 杜预注:"时夏四月,今之二月,野物未成,故言居室而资粮县尽,在野则无蔬食之物,所以当恐。"杨伯峻注:"磬之悬挂,中高而两旁下,其间空洞无物。百姓贫乏,室无所有,虽房舍高起,两檐下垂,如古磬之悬挂者然也。"

边各出 3 件铜铃，左手掌骨处均有贝币一组 4 件，为握贝；二层台上殉狗的颈部系铜铃。大堡子山秦公墓未见报道有棺饰，南阳村秦墓亦只见殉狗所系铜铃。春秋中期以后的秦墓，有在椁室四角及两侧中部各出 1 件铜铃的现象，如圆顶山 98LDM2，孙家南头 M191、M161，是椁饰还是棺饰不得而知。从发掘资料来看，秦人没有采用礼书所载周人那一套饰棺的礼制是可以断言的。这反映秦人在丧葬方面较为简朴，没有那些繁文缛节，其文化有实用主义的倾向。

二、周余民遗存与秦文化的关系

根据墓地的地理位置，与附近秦人墓的关系，自身包含秦文化因素的多少，以及当时的国际关系和历史格局，可将上述周余民墓葬分为三类。

第一类，墓主身份为秦国国内的周余民，已经是秦国直接统治下的臣民，包括西高泉墓葬、姜城堡墓葬、边家庄墓地、碾子坡Ⅳ区墓地。这类墓葬本身就是早期秦文化的一部分。

如前所述，西高泉墓地位于秦都平阳的范围内，位置靠近太公庙秦公陵园，属于平阳国人墓地的组成部分。报道的三座墓墓主可能是西周厉、宣时㺇生的后代族人，在秦文公伐戎东进的背景下投靠了秦人，在秦廷任职。M1 被破坏，器物组合不全，中胡二穿戈形制与秦子戈相同。M2、M3 除了墓向外，在葬式、陶器组合、器形等方面与秦人墓几乎没有区别，如 M3 为蜷曲特甚的仰身屈肢葬，在棺盖板上放置成堆的石圭并撒朱砂；两墓均出成套的陶礼器和日用陶器，其中鼎、簋、豆、盂为成对的"偶数组合"；沿耳鼎、高圈足簋、折盘豆、窄沿缩颈绳纹鬲、绚索状耳的喇叭口罐、连体甗与同时期秦器无别，仅三足瓦纹小罐在秦墓中较为少见，同类器见于晋国和虢国墓地。可见生活在秦都的周余民的中下层几乎被秦人同化了。

姜城堡墓位于清姜河与渭河交汇处，东北距离渭河北岸戴家湾遗址约 9 公里。秦文公十九年（公元前 747 年）作陈宝祠，在陈仓北阪建城祭祀陈宝。古陈仓就在今戴家湾一带，可见秦文公以后陈仓及其附近就处在秦的统治下，而且是秦国腹心区。在姜城堡南约 3.5 公里、清姜河东岸的益门堡曾发现一座春秋中晚期墓葬[①]，

[①] 宝鸡市考古工作队：《宝鸡市益门村二号春秋墓发掘简报》，《文物》1993 年第 10 期。

出土大量金器，墓主被认为是被秦国胁迫迁此的西戎某君长，被就近监管。

边家庄墓地的葬俗有比较浓厚的周人风格，且距汧渭之会、平阳较远，直线距离有 67—77 公里，那么该墓地的周余民是否独立于秦国统治之外？应该说这种可能性是不存在的。

首先，在沟通陇山东西两侧的关陇通道中，汧河道开辟较早，且为主要通道之一，有学者认为秦始皇巡陇西、汉武帝郊雍所过"回中道"就是汧河道①。在千阳县南寨镇尚家岭发现战国至秦汉时期大型离宫遗址②，规格很高，南临汧河，足证这条通道的重要性。沿汧河西出陇上，自今陇县县城可继续北上，沿北河出大震关，逾陇坂至张家川县；或可沿汧河上游西行，过关山草原，再沿牛头河上游支流而下至清水县。秦文公东进关中，也应是翻越陇山，沿汧河而下，直奔汧渭之会去的。因此，古汧县（今陇县城南郑家沟一带）实为"汧河道"的咽喉要地，不容有失，秦人一定会牢牢掌握在自己手中，否则陇右故地与关中的交通都会成问题。

边家庄在郑家沟东约 3.5 公里，在磨儿原西约 2 公里。磨儿原有古城址，被认为是《帝王世纪》所记秦襄公二年徙都的"汧邑"③。我们曾实地考察该遗址，发现城址内有很厚的汉代文化层堆积，城墙夯土内夹杂汉瓦，该城应属汉代。《帝王世纪》所记不见于《秦本纪》，秦襄公是否都"汧"还有待证明，但郑家沟至边家庄一带为当时战略要地则无疑义。边家庄墓地的墓主应是秦国派驻到当地的军政长官，负责镇抚边关，护佑交通。虽然身份是周余民，但深得秦国高层信任，否则不会被委此重任。该墓地出铜五鼎的大夫级墓有 8 座，铜三鼎士级墓有 3 座，合计 11 座，约占已发掘墓葬总数的三分之一。墓地规格较高，主要属春秋早期，下限进入春秋中期，很可能是家族墓地。该家族职务亦可能世袭，秦武公钟铭说"鳖龢（戾和）胤士，咸畜（蓄）左右"，"胤士"就被释读为世官④。

其次，边家庄 M5 的列鼎圆腹圜底，形态介于半球形腹和垂腹之间，有腹部较深的（M5：1、4），也有腹部较浅、底部较平的（M5：2、3、5）。铜器上饰窃曲纹、兽目交连纹、回首或交体的吐舌龙纹，这些纹饰与春秋早期的秦铜器纹饰基

---

① 张天恩：《古代关陇通道与秦人东进关中线路考略》，《周秦文化研究论集》，科学出版社，2009 年。
② 陕西省考古研究院、宝鸡市考古研究所、千阳县文化馆：《陕西千阳尚家岭秦汉建筑遗址发掘简报》，《考古与文物》2010 年第 6 期。
③ 张天恩：《边家庄春秋墓地与汧邑地望》，《周秦文化研究论集》，科学出版社，2009 年。
④ 林剑鸣：《秦公钟、镈铭文释读中的一个问题》，《考古与文物》1980 年第 2 期。

本一致,也与当时中原诸国铜器纹样有相似之处。M1 铜器所见秦的风格更浓,或者说更明显。尤其是铜鼎的形态,以及方甗、方壶上的勾连虺龙纹与圆顶山秦墓很相似,与秦器难分彼此,已经完全融入了秦的青铜文化。

最后,陇县店子是一处比较典型的秦人墓地,位于陇县县城西北约 3 公里、北河西岸二级台地上。在那里共发掘了 224 座东周秦墓,其中春秋时期墓葬共 19 座,均为东西向墓型,死者皆为头向西的屈肢葬,符合秦人墓的葬俗特征。该墓地级别较低,主要是陶器墓,仅见 1 件铜匜,墓主应属秦国下层平民;但出土了 15 件铜戈,不排除死者中有秦国驻守边关的士卒。该墓地在边家庄西北约 8 公里处,充分说明边家庄墓地位于当时秦国的疆域之内。

20 世纪 80 年代在长武碾子坡遗址发掘了 77 座东周墓,其中 64 座竖穴墓、4 座洞室墓、9 座瓮棺葬。竖穴墓在Ⅰ区有 43 座,在Ⅳ区有 8 座,在Ⅷ区有 13 座。各发掘区竖穴墓的墓向、葬具、葬式、性别情况如下表(表 39):

表 39　碾子坡东周竖穴墓统计表

发掘区	墓向				葬具			葬式						性别				总数
	西	北	东	南	1棺1椁	1棺	无棺椁	仰直	仰微屈	仰屈	侧屈	不明	无人骨	男	女	不明	无人骨	
Ⅰ	28	8	6	1	8	24	11			37	1	1	3	16	18	6	3	43
Ⅳ		8			6	1	1	1		6				5	3			8
Ⅷ	12	1			2	9	2			11	1	1		5	7	1		13
合计	40	17	6	1	16	34	14	2	1	54	2	2	3	26	28	7	3	64

注:墓向北为 315°—45°,墓向东为 45°—135°,墓向南为 135°—215°,墓向西为 215°—315°。

从发掘区位置图和墓葬分布图看,Ⅰ区和Ⅷ区的墓葬南北紧邻,连续分布,二者显然属于同一片墓地。它们在墓向、葬具等方面也相当一致,如上表所示:墓向以西向为主,北向次之;葬具以单棺为主,棺椁齐备者较少;绝大多数为仰身屈肢葬;性别上女性稍多于男性。这些特征显示其族属为秦人,但级别较低,其中有椁墓数量较少,木椁长度均在 2 米以下,很多墓仅出石圭、陶圭,连陶容器都不随葬。

Ⅳ区位于Ⅰ、Ⅷ区北约 150 米的高处,是一处相对独立的墓区(或墓地)。8 座墓墓向皆为北,分布较为集中,又以北部居中的 M402、M403 等级最高(图

135:1)。这片墓区整体级别高于Ⅰ、Ⅷ区,多数墓棺椁齐备,6 座墓随葬陶容器,其中 2 座还随葬成套的陶礼器。M403 陶礼器上饰红、白相间的彩绘,有勾连云雷纹、三角折线纹、平行线纹等(图 135:2),与雍城秦墓的彩绘陶礼器完全相同。这片墓区说明某些周余民中下层的小家族可能已与秦人共居于一个聚落,并与秦人埋葬于同一个大的墓地,但在其中还保有自己相对独立的墓区。其独立性较弱,从葬式(屈肢葬)和随葬品(陶礼器、石圭)来看,自身特点几乎消失殆尽,很快就将融合于秦人之中。

1 碾子坡Ⅳ区东周墓分布 2 碾子坡 M403 出土器物

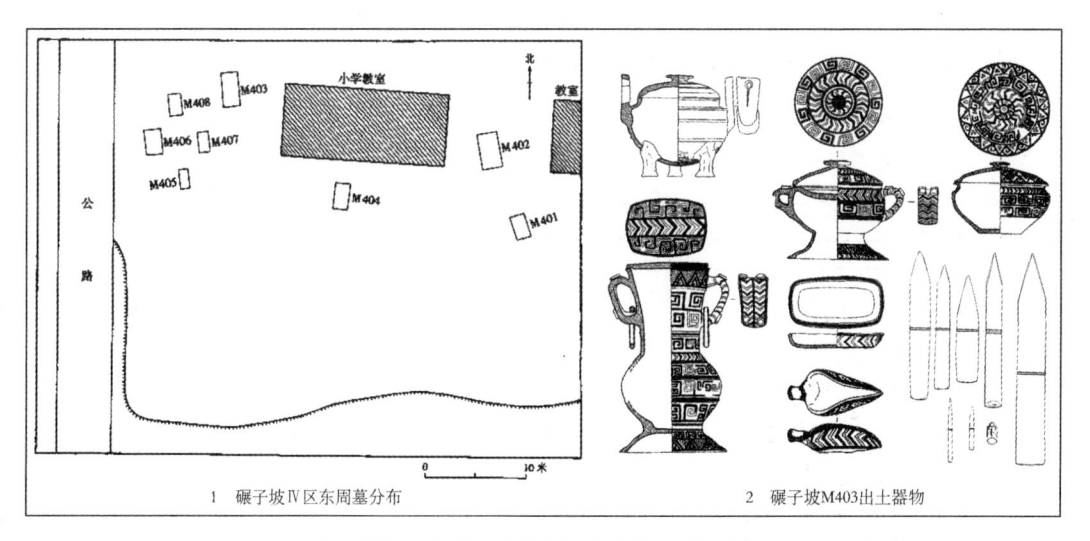

图 135　碾子坡Ⅳ区东周墓分布及出土器物

在碾子坡东北约 4.7 公里的泾河西岸台地上,分布着长武上孟村秦国墓地。20 世纪 70 年代在此发掘了 28 座墓葬及 1 座车马坑,墓葬年代从春秋早期延续到战国。这处墓地西向墓 17 座、北向墓 7 座、东向墓 3 座、南向墓 1 座,仰身直肢葬 2 座(M27、M16)、仰或侧身屈肢葬 26 座。头向、葬式与碾子坡Ⅰ、Ⅷ区一致,符合秦人墓地的特征。其中 M27 级别最高,带腰坑殉狗,木椁长度近 4 米,随葬铜鼎 1、铜甗 1、陶鼎 2,其东 10 米处有车马坑,埋 1 车 2 马。该墓级别高于碾子坡 M403,说明碾子坡Ⅳ区的周余民墓虽然整体级别高于同遗址的秦人墓,但可能处在附近上孟村秦人的统领下。

在碾子坡西约 65 公里的灵台县梁原乡景家庄,1978 年清理了春秋早期的铜器墓 2 座、车马坑 1 座、马坑 1 座。M1 为东西向墓,椁长 3.3 米,椁盖板上殉狗；随葬铜鼎3、甗1、戈1、铜柄铁剑1、陶豆2、罐2，置于西端棺椁之间，墓主应头向西；椁外二层台上有牛头、羊头，墓底有圆形腰坑，坑内殉1猫（图136）。该墓东南25米处的车马坑（M2）出有车马器和工具，其北有一个马坑（M3）。其西北还有一座屈肢葬的铜器墓（M4），出1鼎1甗。M1为元士级别，从葬俗看应是嬴秦宗族成员；墓内的兽面格短剑带曲腰喇叭形剑茎，铜戈胡部有"□元用戈"字样，均较为少见，显示墓主是一位驻守在泾河上游的武官。此外，在碾子坡西南约47公里的灵台县百里镇洞山，钻探发现了46座东周墓，发掘了8座，多为头向西的屈肢葬，随葬日用陶器，年代在春秋中晚期。上孟村、景家庄、洞山秦墓说明泾河以西、以南在春秋前期已处于秦国有效统治范围之内，当时秦国的北方疆域可能就是以泾河为界的。

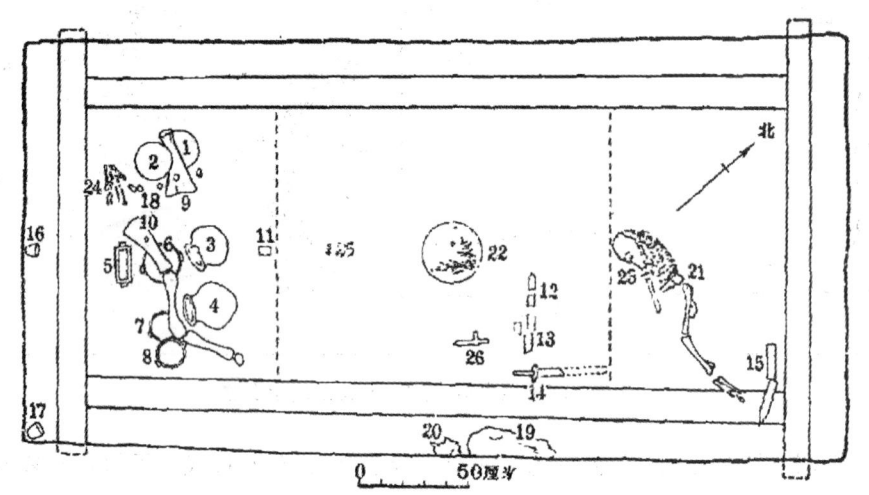

1、2 陶豆　3、4 陶罐　5 铜甗　6—8 铜鼎　9、10 牛骨　11 残石戈　12、13 石圭　14 铁剑　15 石戈　16、17、23 小铜铃　18 石饰　19 牛头骨　20 羊头骨　21 狗骨架　22 猫骨架　24 鸡骨　25 牙齿　26 铜戈

图136　灵台景家庄M1平面图

第二类，墓主所在族群方国为秦国附庸，有相对独立性，但受秦国控制，包括宁县石家墓地、户县南关墓地。这类墓葬与早期秦文化有密切联系，包含大量秦文化因素，其性质介于秦文化与周文化之间，具有"混合文化"或"过渡文化"的特征。

石家墓地位于甘肃庆阳马莲河以东、九龙河以南的早胜原上，南距泾河约17公里。2016年以来在该墓地共发现257座墓葬、19座车马坑，发掘了26座墓、3座车马坑。在石家东约1公里还有遇村遗址，发现房址、窑址、灰坑、灰沟、城墙等遗迹，可能属于居址区；还发现两周时期墓葬。遗址的发掘简报和报告尚未刊布，相关情况散见于一些简讯、报道及研究。

从已披露的资料来看，石家墓地主要包含两类文化因素。一类是周文化因素，如上文所说北首的仰身直肢及舒缓的屈肢葬式、拆车葬、墓内随葬车马器、随葬铜翣及棺饰皆是。在 M39、M40 的椁顶均发现殉车残迹和车马器。MK2 为南北向车马坑，车马同坑，马下车上，未搭配成驾乘状；一辆车拆开，车下有 30 匹马，又分两层，葬式杂乱。M216 还出有铜銮铃。銮铃是周人发明的一种车器，在周人及周余民墓地多有发现，如虢国墓地、芮国墓地，不见于秦人墓。佩玉中的多联璜组玉佩(M6)，礼玉中的柄形器，在周人高级贵族墓中比较常见。M40 所出神人纹玉佩饰（图 137:1），阴线刻人龙合体纹饰，神人长发向后翻卷，戴

1 石家M40出　　2 张家坡M163出　　3 强家M1出

图 137　西周及春秋神人纹玉器

歧首冠,圆鼻,长眉及下颚线向后对卷成云纹大耳,面颊饰逗点纹;胸腹部为一反向龙头,臣字形眼,口露獠牙,翘鼻,卷体为人的上肢;龙下是又一神人头部。这种人龙合体的构图在西周玉器中较为普遍,迄今发现已超过百件,可能表现的是乘龙升天,如扶风强家 M1(图 137:3),张家坡 M163(图 137:2)、M157 所出①。石家玉佩与之相似,尤其是与张家坡 M163 玉佩上神人长发、颊饰逗点纹的形象几乎一样,显然承袭了关中西周玉器的风格,只是采用了平面阴线刻的技法。石家 M6 出有原始青瓷碗(图 139:2),原始青瓷器也是周人高级贵族墓常见之物,如周公庙陵坡墓地(M32)、周原姚家墓地②,反映了关中与南方的交流。

另一类是秦文化因素。葬俗方面包括仰或侧身的蜷曲特甚葬式、驾乘状埋葬的车马坑、车马坑内殉人和殉狗、随葬石圭的习俗。蜷曲特甚葬式在秦国国内周余民墓中比较多见,如西高泉村、碾子坡Ⅳ区,在芮国墓地少见,在东方国家周人墓中所占比例很低。石家这种葬式应是受到秦国的影响。商、周贵族车马殉葬方式有所不同,殷墟及西周殷遗民多采用车、马不分离的"驾乘状"埋葬方式,秦人继承了这一传统;周人则采用车马分离的方式③。石家 MK5 平面呈东西向梯形,东窄西宽,坑内五辆车一字排列(自东向西编号),马东车西,马均位于系驾位置(图 138:1)。无论坑的形制还是车马殉埋方式均与大堡子山、毛家坪、孙家南头的秦车马坑如出一辙,无疑受到秦的影响,只是辕马侧卧的姿态与秦车马坑中马匹跪伏(或伏卧)的姿态有所不同。2 号车下有 1 个,3、4 号车下各有 2 个殉人坑(图 138:2)。发掘的车马坑内均有殉狗。车马坑内殉人、殉狗也是秦固有习俗。石家 M32 人骨腹上部的石圭片原应置于棺上,在棺盖板上放置成堆石圭的现象在秦墓中屡见不鲜。

石家的铜、陶器物也具有强烈的秦式风格。在遇村遗址采集的陶鬲侈口、折肩、深腹、瘪裆,裆上部有鸡冠状横錾,裆底较低,通体饰交错绳纹(图 138:3),年代在春秋早期。这种鬲我们称之为"秦式深腹鬲",流行于西周晚期至春秋早期,是早期秦文化的代表性器物之一,见于礼县西山坪、甘谷毛家坪、长武碾子坡等

---

① 刘云辉:《陕西出土的西周合雕象生玉器》,《收藏》2010 年第 5 期。
② 陕西省考古研究院、北京大学考古文博学院、宝鸡市周原博物馆:《周原遗址东部边缘:2012 年度田野考古报告》,上海古籍出版社,2018 年。
③ 梁云:《论早期秦文化的来源与形成》,《考古学报》2017 年第 2 期。

1、2 石家MK5　　3 遇村采集　　4、5 石家M218　　6—8 石家M35　　9 石家M257　　10 石家M216

图 138　石家墓地、遇村遗址秦文化因素

遗址。M218 铜鬲形态前所未见(图 138:4),不同于已知的商周时期分裆或弧裆铜鬲,其实是模仿了秦墓中常见的窄沿、束颈、锥足的联(瘪)裆陶鬲,如西山坪 M2002∶11、西山坪 M2004∶5、店子 M15∶3,裆上的兽面鋬也取意于陶鬲的横鋬或圆饼。同墓的铜簋腹径居中,盖隆起,圈形捉手较大,与铜鬲一样饰带头目的细长勾连蟠虺纹(图 138:5),系秦器流行纹样,年代与边家庄 M1 相当,在春秋早、中期之交或中期偏早。M216 的沿耳垂腹鼎(图 138:10)、M6 的深腹蹄足鼎年代较早,属春秋早期。前者与大堡子山秦公鼎,后者与礼县西山坪 M2003∶18,各有相似之处。二鼎腹上、下部所饰窃曲纹、夹公字的波曲纹,属两周之际铜器上流行构图。M35 短剑为截面扁圆的曲腰喇叭形茎,茎上饰螺旋状凸棱,棱间填回形纹,剑格饰轮廓线方折的兽面纹(图 138:6),属于所谓"秦式短剑"的 C 型,发掘者指出是从秦国腹地传播而来的[①]。同墓所出铜盉弧盖折腹(图 138:7),铜戈胡部略长(图 138:8),与孙家南头、毛家坪秦墓出土的春秋中期同类器酷似。

---

① 王永安:《甘肃宁县石家墓群秦式短剑》,《大众考古》2018 年第 6 期。

总之,石家墓地包含的秦文化因素在种类和数量上不比周文化因素少,至少与之持平,这一点应予以足够重视。

泾河上游向来是民族交汇之地。庆阳合水县南硷西周墓的伯硕父鼎,属宣幽时期,鼎铭说伯硕父职掌北方"赤戎"事务①。"赤戎"即东周时期赤狄,合水与宁县同属马莲河流域,那里在两周之际是赤狄活动之地。石家墓葬出有虎形牌饰、铜鍑、兽面格短剑(即"花格剑"或曰"秦式剑"),这三种器物往往被认为是东周时期北方戎狄的代表性器物②。那么,石家墓地有无可能是戎狄的遗存?

应该说,这种可能性是不存在的。首先,石家 M257 金虎(图 138:9)的造型、纹饰与宝鸡陈家崖秦国金虎几乎一样,如耳部均为尖角五边形,虎身均饰成排的୧或͡ʋ形符号,均为环形爪,口露獠牙,只是前者俯首前行,后者侧顾,很难说二者之间没有联系。其造型与礼县圆顶山 98LDM2 铜簋、盉、方壶盖上的爬行虎、立虎及底部的虎形支足一致,也与大堡子山秦公墓的木芯金虎风格相似。礼县大堡子山ⅠM25 出有虎形铜牌饰,可能是固定在剑鞘上的装饰。石家 M216 所出铜鍑与上博、多伦多皇家安大略博物馆藏波曲纹鍑相同,后二器被称为"秦式鍑"③。石家金虎、铜鍑可能与兽面格剑一样来源于秦。况且石家墓地出土虎形饰、铜鍑数量较少,与大量周、秦文化因素无法比拟。石家周、秦两类因素混杂融合在一起的现象,足以说明其人群是深受秦国影响的周余民。

其次,赤狄媿姓,据王国维的研究,鬼、媿、隗、怀相通,赤狄与商周之际鬼方,以及臣属于晋国的怀姓九宗都有关系④。山西绛县横水西周墓地属媿姓倗国,流行东西向墓葬、腰坑、殉狗、殉人,死者为头向西的俯身(男性)或仰身(女性)直肢葬。近年在河北行唐县故郡遗址发掘到东周时期"白狄"墓葬,东西向墓型,墓内积石为椁,壁龛内殉牲(羊的头、蹄),死者多为头向东的仰身直肢葬,车马坑东端带专门的殉牲坑⑤。石家与东周时期戎狄的墓型、葬俗区别很大,明显不是一

---

① 梁云:《陇山东侧商周方国考略》,《西部考古(第 8 辑)》,科学出版社,2015 年。
② 杨建华:《中国北方东周时期两种文化遗存辨析——兼论戎狄与胡的关系》,《考古学报》2009 年第 2 期。
③ 李朝远:《新见秦式青铜鍑研究》,《文物》2004 年第 1 期;石家 M216 铜鍑系参观遗址所见,感谢发掘者王永安先生的介绍。
④ 王国维:《鬼方昆夷玁狁考》,《观堂集林》,中华书局,1959 年。
⑤ 河北省文物研究所、中国社会科学院考古研究所、石家庄市文物研究所等:《河北行唐县故郡东周遗址》,《考古》2018 年第 7 期。

回事。1981年在宁县宇村清理了一座西周晚期铜器墓①,死者为头向东的仰身直肢葬,除了周式风格的𣄰伯盨、仲生父鬲外,还出龙纹杯、短剑、铜虎、虎形牌饰、双耳铜罐、铜勺、铃、U形器等,研究者认为墓主可能是来自北方草原的移民②。该墓铜器有北方风格,葬式与"狄"一致,墓主或许就是伯硕父鼎铭中的"赤戎"。

石家墓地的年代大致可分三组:第一组以 M6 为代表,其鼎腹较深,蹄足内敛(图 139:1);铜戈援部前窄后宽(图 139:3),形制与张家坡 M319:4 接近,年代较早,应属春秋早期前段。第二组以 M216 为代表,器形与大堡子山秦公器相似,属春秋早期后段。第三组以 M218、M35 为代表,属春秋中期前段。

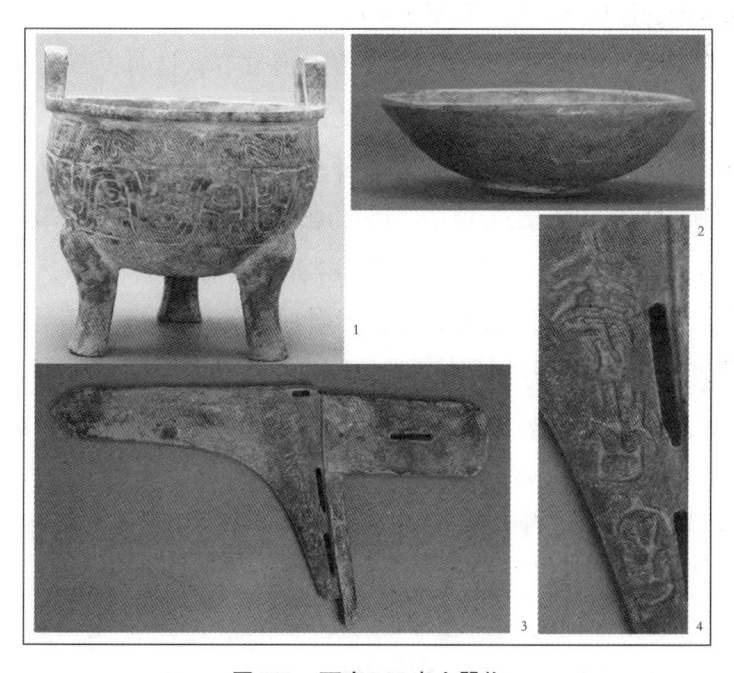

图 139 石家 M6 出土器物

自上而下可分四个等级:第一等如 M216、M218,出 7 鼎 6 或 8 簋的成套铜礼器,或兼出微型化明器,为国君级别。第二等如 M35,出铜列鼎 5+1 件,应是

---

① 许俊臣、刘得祯:《甘肃宁县宇村出土西周青铜器》,《考古》1985 年第 4 期。
② 李峰:《西周的灭亡:中国早期国家的地理和政治危机(增订本)》,上海古籍出版社,2016 年,第 193—195 页。

大夫五鼎的级别，多出一件为镬鼎。第三等墓多出铜3鼎，相当于士。第四等无鼎，为庶民。

石家M218铜鬲铭文曰"憲(宪)子自为鬲"①，王永安认为"憲"即散氏盘铭文的"瀗"，就是流经千阳、陇县的"汧"河，石家墓地族群的采邑可能原来在汧河一带②。这个意见是很对的，"瀗"与"汧"音近相通③，从散氏盘及相关资料看，西周时汧河以西为矢国；以东的南部为虢，北部为井。虢、井为姬姓，矢也可能是姬姓④。"憲(宪)子"族源自他们中哪一个还不清楚。"憲"(汧)在这里是取自地名的族名，或者说国号。"子"后不缀私名，与"秦子"之"子"含义相同，即大宗宗子。"宪子"意即宪国宗子，当然是该国国君，这与M218的七鼎八簋规格也是相称的。石家墓地的性质其实是春秋早中期的宪(汧)国墓地。

石家未见西周晚期的同类贵族墓，宪国应是在春秋早期从汧河一带迁徙到泾河上游的。迁徙的具体时间，应以M6为准，在春秋早期的前段。秦襄公十二年(公元前766年)伐戎至岐而死。秦文公三年(公元前763年)率七百人东猎，四年营建汧渭之会；十年(公元前756年)为鄜畤；十六年(公元前750年)收周余民；十九年(公元前747年)作陈宝祠，至此，汧河东西两岸均被并入秦的统治。公元前747年很可能是宪国北迁的年代下限。在秦人步步紧逼下，汧河一带周余民不得已远徙他方。但泾河上游邻近戎狄，生存环境险恶，并不是理想去处。宪国可能是被迫迁至宁县，为秦国守卫北疆，以防御戎狄，其实际地位相当于秦国附庸。

M6铜戈胡部铸铭三字："夽者窖(造)。"(图139∶4)"夽"从大从冢，可释读为"冢"。"冢"本身就有"大""高""长"之意，《尔雅》："冢，大也。"在"冢"上再加一"大"字，是叠床架屋，同义反复，强调其高其大。文献中"冢君"为国君，"冢子"为太子或长子，"冢卿"为正卿。"夽者"顾名思义，就是地位很高的人，即"大人"，其具体身份还要看M6墓主的级别。在M6内棺盖板上发现玉敛葬的组合：幎目

---

① 甘肃省文物考古研究所：《甘肃宁县石家墓群》，中国考古网，2018年1月30日。
② 2018年甘肃省文物考古研究所田野汇报会(兰州)。
③ 王辉：《散氏盘新解》，《高山鼓乘集——王辉学术文存二》，中华书局，2008年。
④ 梁云：《陇山东侧商周方国考略》，《西部考古(第8辑)》，科学出版社，2015年。

缀玉（即玉覆面）、玉项饰、七联璜组玉佩、玉腕饰、单体玉佩饰①。西周中晚期至春秋早期的玉覆面绝大多数见于诸侯及其夫人墓，仅个别见于大夫级别墓葬；同样，四至七联璜的组玉佩目前也只见于国君及其夫人墓葬②。从 M6 玉敛葬的规格看，其身份只能是国君。戈铭"冢者"就是"冢君"，再参考墓葬的年代，M6 墓主很可能是宪国迁到宁县后的第一位国君。

春秋早期秦国经营重心在关中西部，但自襄公起对中东部已生觊觎之心。《史记·秦本纪》："襄公元年，以女弟缪嬴为丰王妻。"文王都丰、武王都镐，在今西安市西南沣河两岸。有学者认为西戎灭周后占据丰镐，其首领自称"丰王"，所以丰王就是戎王③。这个认识有误。据《史记·十二诸侯年表》，襄公元年即周幽王五年，公元前 777 年。周幽王在位 11 年，公元前 777 年丰镐还是西周的都城，西周还没有灭亡，戎人怎么可能占据丰镐呢？所以这个丰王不可能是戎王。此外，秦与戎世代为仇，秦仲伐戎战死，世父誓杀戎王以报祖父之仇，后被戎人所掳。在这种情况下，襄公不可能与戎人通婚、联姻。

先秦时存在多个丰国，有姜姓、姞姓、妊姓、姬姓等，大多在山东或江苏。如在山东高青陈庄发现的西周城址，就属于姜姓丰国。1976 年在陕西临潼零口西段发现的青铜器窖藏中有一件青铜盉，铭文提到"丰妊"，是周王的王妃，其娘家是妊姓的丰国④，在江苏丰县⑤。姞姓丰国也被认为在江苏丰县一带⑥。1990 年在河南三门峡虢国墓地发掘了一座名为"孟姞"的贵族妇女墓（M2006），出土了一件丰伯簋，可能就是该国贵族所作，为孟姞陪嫁到了虢国。特别需要注意的是姬姓丰国。《左传·僖公二十四年》："毕、原、酆、郇，文之昭也。"杜预注："酆国在始平鄠县东。"《通志·氏族略二》说文王第十七子被封在丰。沣河源自户县南山，向北流经丰镐遗址，这个姬姓丰国位于沣河上游，在丰镐遗址西南方向户县

---

① 王永安、张俊民、孙锋：《甘肃宁县石家墓群发掘取得重要新收获》，中国考古网，2018 年 10 月 23 日。
② 孙庆伟：《周代用玉制度研究》，上海古籍出版社，2008 年。
③ 清人周广业："丰王疑是戎王之号，荐居岐丰，因称丰王，与亳王一例。"陈平亦认为此丰王为戎王，见《试论关中秦墓青铜容器的分期问题（上）》，《考古与文物》1984 年第 3 期。
④ 曹定云：《周代金文中女子称谓类型研究》，《考古》1999 年第 6 期。
⑤ 朱继平：《金文所见商周逄国相关史实研究》，《考古》2012 年第 1 期。
⑥ 张娟、刘社刚：《丰伯簋铭文及相关史实考》，《中原文物》2014 年第 5 期。

境内。1972年在扶风刘家村西周墓出有"憪季遽父作丰姬宝尊彝"铭文卣、尊①，"丰姬"是来自姬姓丰国的女子。传世品中有"丰王"铭文的铜泡、斧②，表明丰国已称王。王国维早已经指出西周时某些地方诸侯可以称王，如夨王、吕王③。这些地方势力首领臣服于周，他们称王不被周天子视为叛逆，像后来楚、越称王，皆属此类。在陕西的丰国就这么一个，其他都在东方。所以《秦本纪》中娶秦襄公之妹的丰王，应该就是位于户县的姬姓丰国的首领。

户县南关墓地应是姬姓丰国的墓地。74M1出5鼎、4簋、2壶、1盘、1匜等，82M1出7鼎、6簋、2壶、1盘、1匜等，墓向北偏东17°。人骨朽没，葬式不清。如前所述，从墓向④、无腰坑、无殉人、无殉狗、随葬车马器、出铜翣及棺饰来看，墓主为姬姓周人。两墓均属春秋早期，级别很高，同时期芮、虢、秦国君墓不过用七鼎；82M1鼎数与之相当，几乎可以肯定地说，墓主是丰国国君或者说丰王。

但铜器尺寸较小，鼎的口径和通高都在13—21厘米，制作粗糙，应是明器（图140）。鼎腹较浅，为大平底或圜底，蹄足高而粗壮，足间距较大。簋盖隆起。

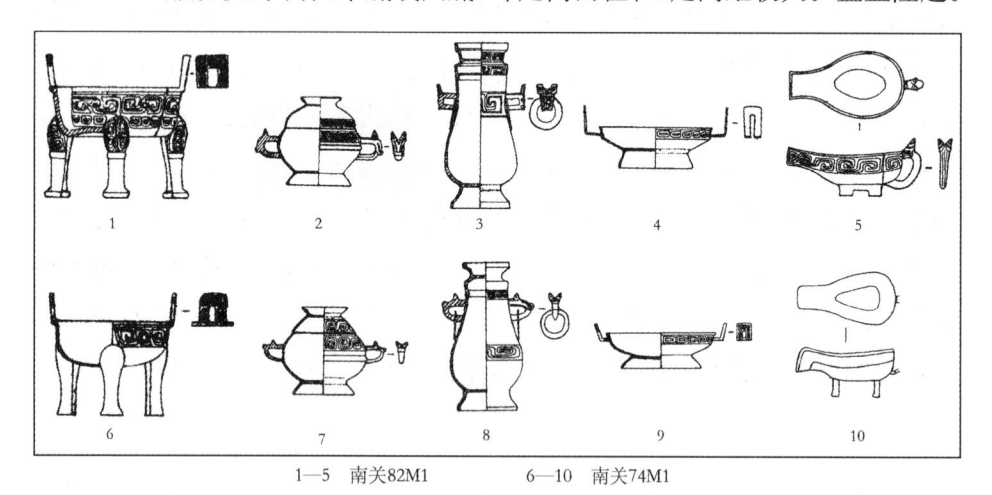

1—5 南关82M1　　6—10 南关74M1

图140　户县南关春秋墓出土铜器

---

① 《集成》5357—5358、5947。
② 《集成》11848—11850、11774。
③ 王国维：《古诸侯称王说》，《观堂集林（附别集）》，中华书局，2004年。
④ 发掘简报说82M1"头盖骨出在棺内南端，说明死者头向南"，属误判。该墓被扰动，而且棺内也可能进水致使头盖骨漂动移位，从成套礼器置于北端棺、椁之间来看，墓主应头向北。

方壶带双兽耳衔环,圈足较高。盘附耳带圈足。匜带四矮足或扁足。饰窃曲纹、垂鳞纹、重环纹、瓦纹。器形、纹饰与宝鸡南阳村秦墓所出酷似,年代亦应相同,在春秋早期后段。

《秦本纪》记载秦、丰通婚,这好像也能得到考古学的印证。1974年在户县宋村清理了一座春秋早期贵族墓 M3(图 142:1),为东西向竖穴土坑墓,死者骨架腐朽,葬式不清,但随葬品集中摆放在椁室的西端,死者应头向西。墓底有腰坑,坑内殉狗。墓室二层台上还殉葬4人、1狗[1]。这些埋葬特点和秦墓完全一致,而和上述姬姓周人墓大不相同。这座墓随葬五鼎四簋成套铜礼器(图 142:4—9),还有车马器、陶器、玉石器等,但没出一件兵器,墓主人应是一位贵族女性。比较户县南关的丰国墓,以及同时期的秦墓,感觉这是一位嫁到丰国的嬴姓秦女的墓。发掘者当时直接把这座墓称为"秦墓"。

宋村在沣河上游支流太平河西岸,距户县南关约12公里,二者肯定不属同一墓地。宋村 M3 在南侧棺、椁之间出辀、辖、衔、镳、衡末饰、络饰等车马器,墓内随葬车马器的做法,可能是受当地丰国的影响。该墓东35米处发现一马坑 M2(图 142:11),二者不一定有主从关系。坑内有12匹马,分东、西两列,均头东脊南腿北侧卧。马身上放有长矛,马骨间及附近还有1具人骨、1具狗骨,发现有藤盾牌、陶罐,及轴头(軎辖)、銮铃、铜铃、铜环、合页、兽头饰等车马器。没发现车的遗迹,马的埋葬方式与秦车马坑明显不同,銮铃提示它应是周人的遗存(图 142:13)。但车马坑内殉人、殉狗又是秦的传统。宋村墓地应是另一处丰国墓地,其人群与秦通婚,文化上受到秦的影响。

除了秦国,当时还有其他国家与丰国联姻。清光绪年间在陕西户县曾出土著名的宗妇组铜器,计有7鼎、6簋、2壶、1盘,铭文均为:"王子剌公之宗妇䣙嫛为宗彝龢蠡,永宝用,以降大福,保辥䣙国。"(图 141)即王子剌公的配偶䣙嫛作了这些铜礼器,祈求䣙国好运多福。这个"王子"就是丰王之子。䣙嫛是来自䣙国、嫁到丰国的女子。可见䣙、丰之间也联姻[2]。

---

[1] 陕西省文管会秦墓发掘组:《陕西户县宋村春秋秦墓发掘简报》,《文物》1975年第10期。
[2] 20世纪80年代以前有学者将南关墓地、宗妇组铜器认作是䣙国遗存,陈平第一次指出宗妇诸器"很可能是秦武公元年伐彭戏氏、秦的势力征服今户县一带以后,服属于秦的丰王王子的宗妇所作。铭中之䣙国当是与丰通婚之国,即宗妇的父母之邦"(《考古与文物》1984年第3期)。

1 宗妇鼎　　　　　　　　　　　　　2 宗妇鼎铭文

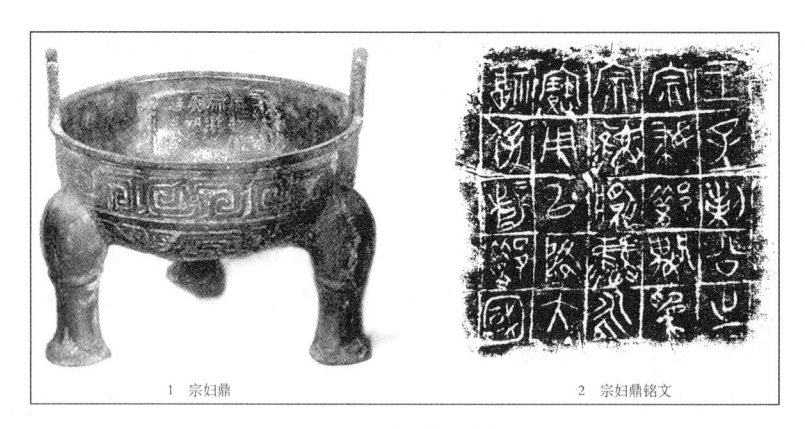

图 141　宗妇鼎及其铭文

无论户县南关墓、宋村墓，还是宗妇组铜器，器形、纹饰都具有强烈的秦文化风格，与典型秦器几乎没有差别。宋村鼎与南阳 98M2∶8 相似，均为素面，浅腹如盘，蹄足根粗壮，足底平展（图 142∶5）。宗妇鼎腹部上、下分别饰窃曲纹、波曲纹的构图亦见于边家庄、圆顶山。宋村方壶器形与大堡子山秦公壶几乎一样（图

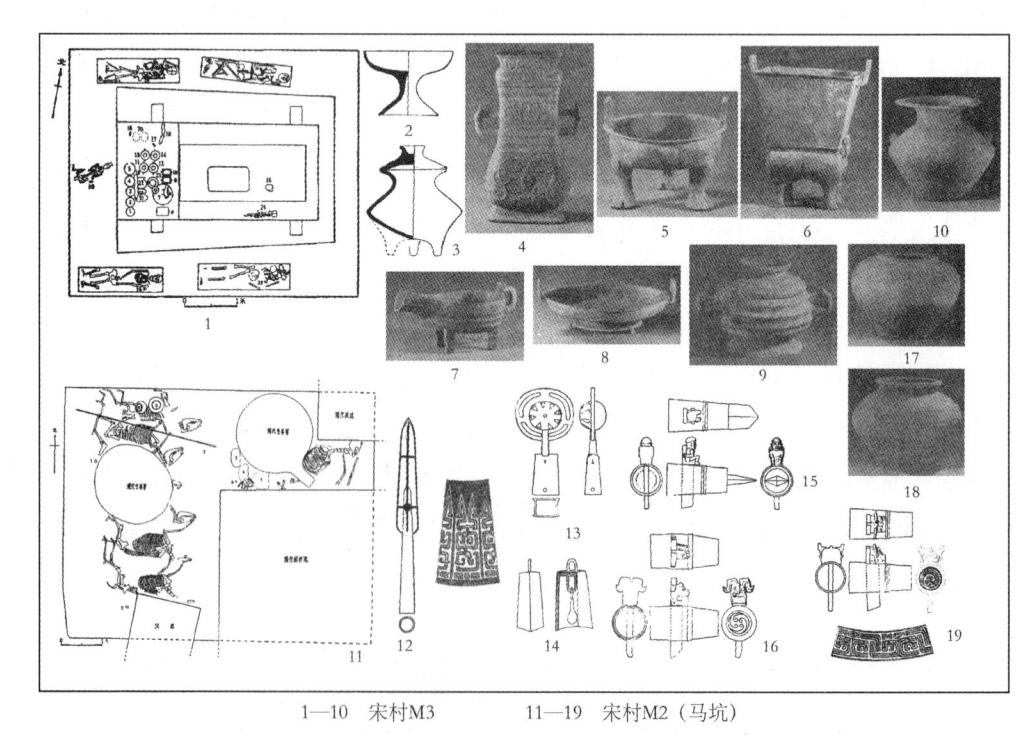

1—10　宋村M3　　　　11—19　宋村M2（马坑）

图 142　户县宋村墓地相关遗存

142:4)，年代亦相当。宋村分体方甗的甑腹壁斜直，下鬲裆部较低（图 142:6），形态介于景家庄 M1：5 与边家庄 M1：11 之间。宋村矛与景家庄矛、秦子矛都是截面呈十字形的"四翼矛"，窄叶、高脊、圆骹，叶身最大径在底部，銎孔延伸至矛身中部（图 142:12）。带箍的筒形平顶车軎、阔口大耳兽头形辖首与边家庄、景家庄所出相似（图 142:16、19）。宋村肩部带双鸟首形錾的喇叭口陶罐与景家庄 M1：1 酷似（图 142:10），三足陶罐亦见于宝鸡西高泉村（图 142:3）。这说明丰国的文化受秦文化影响很深，春秋早期秦人势力已经到达并控制了这里。

当然丰国器物也有自身特点，M2 Ⅰ式轴头的軎顶端为扁尖的刺兵状（图 142:15），在两车错毂交战时能破坏敌车的轮辐；辖首为双手反缚的蹲坐奴隶，形制少见。大口鼓腹，腹饰弦纹和刺涡纹的泥质灰陶罐也不见于秦墓（图 142:17、18）。

秦襄公即位当年就与丰镐附近的封国邦君联姻，用意深焉。当时周朝上下弥漫着一种大难将至、风雨欲来的氛围，宗亲贵族如虢、郑纷纷欲东迁以自保。危机往往意味着机遇，襄公正是看到了这一点，先手布局，秦、丰联姻，为秦人势力进入宗周之地埋下了伏笔。西戎、犬戎攻破丰镐，杀幽王于骊山下，并未波及丰国。周室东迁后，宗周附近的丰国失去靠山，转而投靠秦国，成为秦的附庸，是顺理成章的事，其遗存有浓厚的秦风，也就不足为怪了。甚至可以说，秦后来能伐灭荡社，在杜地设县，也离不开丰国的接应与支持，但秦功成之日，就是丰灭国之时。因此现在看到的丰国文化遗存，也就止于春秋早期，未见此后的遗物。

第三类，墓主属于关中东部周人所建的畿内方国，本来独立性较强，与秦有争斗；但后来奉秦为盟主，沦为秦的附庸，最终被秦所灭，如梁带村、刘家洼芮国墓地。这类墓葬自身特点较强，其性质属于周文化，所包含秦文化因素少于前两类，但与秦文化有交流。

芮为姬姓国，早在商代晚期已经存在。《史记·周本纪》记载虞、芮争讼的故事，目前大家比较一致地认为，文献中的虞国就是金文的夨国，在陕西汧河流域的陇县、千阳、宝鸡一带。甘肃华亭、崇信县有一条汭河，自西向东注入泾河，它南边的黑河历史上也曾叫汭河。"汭"通"芮"，虞、芮邻近，所以早期芮国应在甘肃华亭、崇信县一带。在汭河北岸发掘的崇信于家湾墓地，文化特征上看是典型的姬姓周人墓地,应是早期芮国的墓地,其年代从商代晚期延续到西周中期①。

芮国可能在西周晚期从泾河上游迁徙到黄河边上的韩城。芮国东迁,可能和当时安全形势的变化有关。泾河是西北戎狄南下入侵的重要通道,所以也是周王朝防御的重点,西周早期在那里建立起多层次的防御体系,比如驻扎有豳师。但到西周晚期,防御体系瓦解,安全形势恶化,迫使西部封国东迁,如虢、郑等周室宗亲,芮国亦然。

东迁后的芮国遗址已经发现,在黄河西岸的韩城梁带村。在那里发现了西周晚期至春秋早期大型墓地,共探出墓葬1 300多座,车马坑17座。发掘中字形大墓1座、甲字形大墓3座,均属春秋早期。随葬青铜礼器有"芮公""芮太子""芮太子白"等铭文,足证两周之际芮国就在那里。

韩城市西北依黄龙山,东濒黄河,河对岸即为河津市及汾河谷地。东迁后的芮国占据了关中平原通往汾河谷地的咽喉要道,地理位置决定了其与洛阳周王室及晋南诸侯国交往密切,关系较近;而与西方秦国距离较远,关系疏远。芮国在以梁带村墓地为代表的阶段还是独立方国,能暂挫秦国的兵锋②,甚至还参与了针对晋国曲沃小宗的联合军事行动③。这些事件发生在芮姜主政时,相当于秦国宪公、出子时期。梁带村M26墓主"仲姜"被认为是芮姜,M27是其夫芮桓公之墓,M28可能是其子芮伯万之墓,M19是芮桓公次夫人之墓④。

梁带村墓地有鲜明的周文化特征,与虢国、晋国同时期遗存非常相似,而与秦文化区别明显。葬俗方面如前所述,器用上也能看出来。如列鼎的形制,M27、M26、M28所出均为折沿附耳弧腹圜底蹄足鼎,仅M19所出为沿耳鼎。至春秋早期以附耳或弧腹鼎为主,与虢国墓(如M2001)及同期晋侯墓(如M93)完全一致,与大堡子山秦公墓的沿耳垂腹鼎大异其趣。当然,梁带村也包含少量秦文化因素,M19的一件垂鳞纹鼎(图146:1)与礼县秦公鼎酷似,反映了芮、秦之间的交流。

---

① 梁云:《芮国早期遗存探寻》,《两周封国论衡——陕西韩城出土芮国文物暨周代封国考古学研究国际学术研讨会论文集》,上海古籍出版社,2014年。
② 《左传·桓公四年》:"秋,秦师侵芮,败焉,小之也。"
③ 《左传·桓公九年》:"秋,虢仲、芮伯、梁伯、荀侯、贾伯伐曲沃。"
④ 张天恩:《芮国史事与考古发现的局部整合》,《文物》2010年第6期。

大约在春秋早期末年，芮国从韩城西迁到澄城。近年在澄城刘家洼又发现一处芮国遗址，包括城址、一般居址、高等级墓地、中小型墓地。城址面积约 10 万平方米。在东Ⅰ区墓地发掘墓葬 73 座、马坑 1 座，其中中字形大墓 2 座（M1、M2），带壁龛和殉人的竖穴大墓 1 座（M3）①。大墓均被盗，M1 残存甬钟 9 件、编磬两组 10 件、钲 1 件、簋 2 件、戈 4 件、玉戈 3 件，及虎形金箔、金牛首衔环、铜棺环（图 143）。M2 残存列鼎、铜簋、石磬、金权杖首、金牌饰（图 144：1—5）。M3 残存 5 件镈钟、9 件钮钟和带铭文铜鼎（图 144：6—9）。中型墓 M6、M27、M49 等未被盗②。墓地出土了"芮公""芮太子白""芮定公"铭文铜器，说明它是芮国公墓地。M1、M2 分属两代芮君，M3 未出兵器，墓主应是女性，可能是 M2 墓主芮公的夫人。

图 143　刘家洼东Ⅰ区 M1 及其遗物

---

① 陕西省考古研究院、渭南市博物馆、澄城县文化和旅游局：《陕西澄城县刘家洼东周芮国遗址》，《考古》2019 年第 7 期。
② 陕西省考古研究院、渭南市博物馆、澄城县文化和旅游局：《陕西澄城刘家洼芮国遗址东Ⅰ区墓地 M6 发掘简报》，《考古与文物》2019 年第 2 期；陕西省考古研究院、渭南市博物馆、澄城县文化和旅游局：《陕西澄城刘家洼春秋芮国遗址东Ⅰ区墓地 M49 发掘简报》，《文物》2019 年第 7 期。

1—5 M2　　6—9 M3

图 144　刘家洼东 I 区 M2、M3 遗物

刘家洼与梁带村年代上前后衔接。刘家洼 M1 铜簋腹径居中，盖折沿较高，圈形捉手较大（图 143：3），与梁带村 M26、M28 簋及大堡子山秦公簋相似，年代亦应属春秋早期后段。M2 鼎腹较浅，蹄足外张（图 144：1），金权杖首饰细长的勾连蟠虺纹（图 144：4）。M3 镈钟为合瓦形，舞上为蟠螭纹扁繁钮，圆乳钉形枚，篆部亦饰蟠螭纹（图 144：6），形制、纹饰与新郑李家楼郑公大墓铜镈较为相似。这两墓年代都在春秋中期前段。

芮国从梁带村迁到西面直线距离约 60 公里的刘家洼，可能是在秦国压力下的不得已之举。在秦宪公出征关中北道周人方国失利之后，秦武公改为扫荡渭河南岸的关中南道，伐彭戏戎至华山下，在郑、杜设县，在关中东部建立根据地，广开疆土，国力大增。大概在秦德公前后，迫使芮国西迁，使之远晋而从秦，以便就近监督。在澄城县善化乡居安村西有东周至汉代城址，面积约 20 万平方米；城东南有大型秦墓地，墓葬总数逾 4 000 座，发掘了 2 座秦贵族墓，年代在春秋中晚期[①]。居安城址及墓地是秦人一处重要据点，距离刘家洼很近（约 12 公里），与芮国遗址有交错共存时间。当然对于芮国来说，西迁以靠近黄龙山南麓，

---

① 中国考古学会：《澄县东周居安墓地》，《中国考古学年鉴（2013）》，文物出版社，2014 年。

第六章　早期秦文化与周边文化的关系　383

远离关中通往晋南的大道，避开日渐升温的秦、晋之争，未尝不是好事。

《秦本纪》记秦德公元年（公元前 677 年），"梁伯、芮伯来朝"；又记成公元年（公元前 663 年），"梁伯、芮伯来朝"。这种在秦国新君即位元年前来朝觐的行为，是通过政治仪式表态，表明臣服于秦，奉秦为盟主或者说宗主国。这种状况一直持续到秦穆公二十年（公元前 640 年）灭梁、芮，前后约三四十年。刘家洼 M1、M2 墓主就是在此期间的两位芮公。芮国在以刘家洼遗址为代表的阶段，独立性大为丧失，已经沦为秦国的附庸。

但刘家洼春秋遗存直接承袭梁带村而来，其主体因素依然是周文化。除了葬俗外，其鼎、簋、鬲、方甗、甬钟、铜钲等礼乐器，銮铃、立鸟形衡饰等车器，以及圆锥锋无翼镞、带勾喙状凸齿的铜棺环等，均与梁带村一脉相承。金虎、金牌饰与河南登封告成东周墓的同类器相似①，反映了与豫东周人封国的联系②。东Ⅰ区 M49 的圆形分体甗形态介于晋侯墓地 M93 和侯马上马墓地 M13 圆体甗之间（图 145：1、2、6），玉琮上神人裳前的垂叶形饰与晋侯墓地 M63、M8 玉人形象一致（图 145：3、4、8），东Ⅱ区五鼎墓出土的"山形簋"与山西翼城大河口 M1017 的霸伯山簋相似③（图 145：5、7），都说明芮与晋国及其属邦之间藕断丝

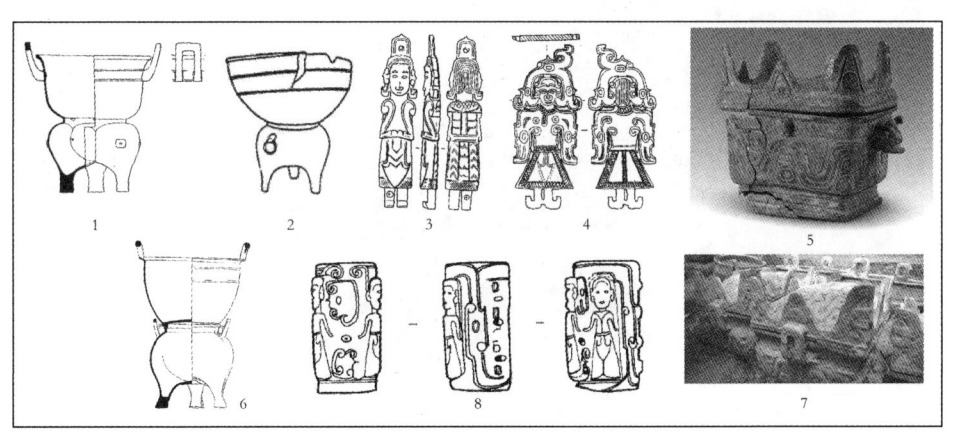

1 晋侯墓地M93　2 侯马上马M13　3 晋侯墓地M63　4 晋侯墓地M8
5 大河口M1017　6、8 刘家洼东Ⅰ区M49　7 刘家洼东Ⅱ区墓葬

图 145　刘家洼墓葬的晋南因素及对比材料

① 郑州市文物考古研究所、登封市文物局：《河南登封告成东周墓地三号墓》，《文物》2006 年第 4 期。
② 李可可：《刘家洼墓地的初步研究》，西北大学硕士学位论文，2019 年。
③ 山西省考古研究所、临汾市文物局、翼城县文物旅游局联合考古队，山西大学北方考古研究中心：《山西翼城大河口西周墓地 1017 号墓发掘》，《考古学报》2018 年第 1 期。

连的关系。

与前一阶段相比,刘家洼墓地所含秦文化因素明显增多。盗自东Ⅰ区M1、追缴回来的1件方壶(图146:2),失盖,耳残,长颈,鼓腹略垂;颈部饰波曲纹间"公"字纹,腹饰一首双身交龙纹,颈、腹以宽弦纹带相间隔。器形、纹饰与大堡子山秦公方壶如出一人之手。虽然在山东长清仙人台M6也出过这种壶,但它在春秋早期主要流行于秦国,并影响到周边,如宋村M3方壶。梁带村墓地流行凤鸟纹方壶,刘家洼突然出现这种交龙纹方壶,应是受到秦的影响。东Ⅰ区M6亦出一首双身的交龙纹方壶,但纹饰为阴线刻,而非浅浮雕。东Ⅰ区M2铜簋带龙首形双耳,耳内卷舌,耳下为上卷的象鼻形小珥(图144:2),与大堡子山秦公簋簋耳形制相同,应受到后者的影响。东Ⅰ区M1的铜棺环为双龙首尾衔吞的形制(图146:3),龙的角、舌即为凸齿;环上铸对称的四只相背而行的虎,其间填以耳朵形和反S形云纹;虎身上饰多道"〈〈〈"纹,这种平行折线纹是秦金或铜虎上的标志性纹样。

1 梁带村M19　2、3 刘家洼东Ⅰ区M1　4、5、9 刘家洼东Ⅰ区M49　6—8 刘家洼东Ⅰ区M6

图146　刘家洼墓地的秦文化因素

M49铜柄铁剑的剑首弧顶,茎镂空龙纹,两侧有不对称凸齿,兽面格两端上卷,茎、格上小圆孔原本有镶嵌物(图146:4)。其形制与陇县边家庄剑相同,相当于A型Ⅰ式"秦式短剑"。铜矛脊上出刃(图146:5),与双叶刃构成"四翼矛",是秦矛的特色;骹上浮雕顾首吐舌龙纹,与宋村矛一样。M6铜矛虽无纹饰,但也是脊上出刃的"四翼矛",其銎孔延至叶身中部(图146:6)。M49铜戈援上刃微凹,与秦子戈一致(图146:9)。

葬俗上也多少沾带秦风。东Ⅰ区M6椁室西北角发现成堆的石圭片,石圭有宽、窄两种(图146:7、8),共29件,原本应置于椁盖板上。随葬成堆石圭的现象在春秋秦墓屡见不鲜。东Ⅰ区M3在四面墓壁上开挖9个壁龛,龛内殉人,殉人屈肢。西周至春秋秦贵族墓流行壁龛殉人,如礼县圆顶山、甘谷毛家坪、凤翔孙家南头秦墓。M3墓主应是来自秦国、嫁入芮国的女子,还保留了些许娘家习俗。M3沿耳垂鳞纹鼎年代略早,铭文曰:"芮公作□□宫宝鼎□万年子孙永宝用。"此芮公可能就是M3墓主之夫,M2之墓主。M2、M3年代晚于M1,应属秦穆公在位时期。穆公之女怀嬴先嫁晋怀公(公子圉),后改嫁重耳。如果穆公没有其他女儿,M3墓主就可能是秦国宗室之女。秦与芮联姻的意图与襄公嫁妹于丰王一样,都是为了加强对邻国的控制。

秦人对关中东部的经营,从宪公二年伐荡社,到秦穆公灭梁、芮,前后有70余年,其间过程比较曲折。宪公灭荡社后,声势大涨,秦政伯丧戈铭说"肇抚东方",可见自信满满。宪公八年(公元前708年)曾试探性地进攻芮国,结果吃了败仗,因为轻敌,更因为当时芮姜主政,应对得力;秦军负气将放逐在外的芮伯万掳走,六年后才将他送归。经此一役,秦对东部周人封国开始小心起来,秦武公与之相安无事,但伐彭戏戎,在郑地(陕西华县)设县,将秦的实际影响推进到关中东部,这才导致梁、芮等小国来朝。秦实力大增后,开始东渡黄河,与晋国掰腕子,先后有河阳之战、茅津之战、河曲之战、韩之战,尤其是韩之战,俘虏晋君,获得重大胜利,晋献河西地,秦地东至河。穆公还将势力触角伸到河东,在河东设置官司,秦国拥有黄河两岸大片土地,声威达到顶点。在秦、晋直接交锋的情况下,梁、芮等小国已经丧失了作为缓冲地带的意义,而且他们摇摆不定,难免与晋暗通款曲,因此秦穆公二十年(公元前640年)将之一举灭掉,第一次完整地拥有了整个关中地区。

后 记

这本书算是我自 2004 年以来从事早期秦文化考古工作的一个阶段性总结，也是历年来相关研究的一个汇总、整合以及补充。

记得 2003 年我从北京大学博士毕业，进入南开大学博士后科研流动站。当年 11 月，受信立祥先生委托，代表中国国家博物馆赴兰州参加五家单位（甘肃省文物考古研究所、陕西省考古研究所、北京大学、中国国家博物馆、西北大学）"早期秦文化"联合考古项目的启动会。如此多的"重量级"单位联手做一件事，当时还前所未有，可见由于礼县大堡子山的发现，学术界对早期秦史的关注热度。

2004 年 3—4 月对礼县所在的西汉水上游进行了全面踏查，调查报告后来出版。2004 年下半年至 2005 年上半年发掘鸾亭山。2005 年春夏，王建新、赵丛苍两位老师率领西北大学考古专业本科生在西山遗址进行田野实习，发掘到夯土建筑基址和西周晚期的铜器墓；11 月考古队又勘探发现城址。相关研究见本书第五章第一节。

我在南开大学博士后科研流动站的两年时间大多在礼县跑田野，在天津反倒没怎么待。出站报告为《早期秦文化及相关问题探讨》，其中关于嬴秦西迁问题，倾向于"山西说"；后来再加整理，撰写了《嬴秦西迁三说平议》，发表于《中国史研究》2017 年第 3 期；相关内容见本书第三章。出站报告还认为大堡子山可能是"西新邑"，西山可能是秦故都"西垂"或"西犬丘"。前者即后来发表的《西新邑考》，后者一直未刊发，因为当时工作刚刚开展，感觉资料不足，现在回头看，西山还是礼县年代最早的秦文化遗址（城址）。

2005 年出站后我进入中国国家博物馆考古部，继续在甘肃的工作。10—11 月调查牛头河流域，发现李崖是该流域面积最大的西周遗址，还在清水县博物馆见到采自该遗址的商式分裆鬲，虽然当初对陶鬲的年代判断有误，但毕竟为后来的发掘选点提供了线索。

2006—2007年项目组工作的重点是大堡子山遗址，有一系列重要发现，包括城址、建筑基址、"秦子"乐器坑、国人墓地等。当时就大墓的墓主、乐器坑的性质、"秦子"是谁等问题，考古队内部曾热烈讨论过，但最终谁也说服不了谁，这其实是学术研究的正常现象。发掘前后我曾撰写多篇相关论文，如《"秦子"诸器的年代及有关问题》《甘肃礼县大堡子山青铜乐器坑探讨》《甘肃礼县大堡子山秦公器与秦子器组合的复原研究》，并陆续发表。内容见本书第二章第四节第三部分、第五章第二节。当然，对"秦子"的认识还有反复，最新意见以本书为准。

2008年中国国家博物馆、北京大学、陕西省考古研究院合作的"关中秦汉离宫别馆调查"项目启动，11月先调查了关中西部的汧河流域，重点在汧、渭交汇地带。当时感觉秦文公所作"汧渭之会""鄜畤""陈宝祠"在三个不同地点，后来撰文分析，内容见本书第五章第四节。最近我又带学生赴魏家崖（或陈家崖）调查，通过铲剖面揭露的现象，辅以小规模勘探，发现了城址的线索。当然还需大面积勘探，进一步发掘，以最终确认。

2009—2011年参与赵化成先生带队的清水县李崖遗址发掘。当年的发掘可谓曲折，2009年清理了两个灰坑，2011年上半年在遗址的二级台地上发掘了北魏城址及居址，不是想要的东西，但坚持做完；下半年在一级台地才发掘到西周墓，是在2米多厚的淤土层下。李崖西周墓的商文化色彩很浓，大家一致认为是目前所知最早的秦墓。发掘前我曾撰写《牛头河流域考古调查》《非子封邑的考古学探索》并发表，发掘后还撰文探讨李崖西周墓的分期、年代、文化因素、族属，未发表，内容见本书第五章第三节。还撰写《论早期秦文化的两类遗存》，探讨李崖与其他遗址秦文化的关系，内容见本书第四章第二节。

有感于探讨嬴秦西迁的年代还得要以考古资料为准，2010年我撰文梳理了甘肃东部早期秦文化居址的年代序列，2012年正式发表于《秦始皇帝陵博物院》（院刊），这也是本书第二章的雏形。第二章还补充了墓葬的陶器、铜器材料，从而形成一个总体的编年。

2012—2014年我带队发掘甘谷毛家坪遗址，秦贵族墓的多元文化因素给我留下了深刻印象。发掘间隙，我运用文化因素分析法，撰文分析了早期秦文化的来源与形成，2014年曾在北京大学作报告，2017年发表于《考古学报》，内容见本书第四章第三节。

秦与周边文化的关系始终是我关心的问题。尤其是张家川马家塬西戎墓地的发现,引人瞩目。该墓地的发掘被并入早期秦文化项目,项目由此改名为"秦文化与西戎文化考古"。其间我撰长文探讨秦与西戎关系在早、中、晚三个阶段的演变,2016年发表于《西部考古》,以祝贺西北大学考古专业成立60周年。文章的第一部分即本书第六章第一节。第六章第二节谈周余民墓葬及其与秦文化的关系,是新增添进去的,涵盖了近年在关中东部及泾河上游的新发现。

2015年以后我的田野工作重心转移到中亚,直至2020年新冠疫情暴发,中亚工作被按了"暂停键"。这期间我依然心系甘、陕两地,2015年后联合考古队重返礼县,并在大堡子山发掘了两座贵族墓及一座车马坑,材料也被本书吸收。

再回首,十几年来自己亲历的每一次调查、每一次发掘都有文稿产生,算是没有辜负这段时光、经历和汗水。同时也深感田野工作是考古学思想的源头活水,灵感之由来,生命力之所在。本书可说是我"田野味儿"最浓、第一手材料最充实的一本专著,书中具体观点难言定论,不排除将来被新发现修正,乃至推翻的可能,但基本做到逻辑自洽、自圆其说。其探讨的意义大于结论,故取书名为"探索"。

特别感到幸运的是,在我学术生涯刚刚起步的时候,就能投身到"早期秦文化"这一团队阵容强大、学术意义重大,且能长期持续开展的课题中去,受益之多,已非语言所能形容。该课题创造了多家单位联合攻关的成功典范,成果辉煌;占尽天时、地利、人和,其成功经验今天也很难复制。谨在此,向课题的策划者、组织者赵化成、信立祥、杨惠福、王辉、焦南峰、王建新等先生,致以真挚感谢和崇高敬意!同时感谢王刚先生,他为我们在礼县的工作提供了莫大帮助。还要感谢长期奔赴在田野一线,曾与我同甘共苦过的田亚岐、毛瑞林、李永宁、游富祥、曹大志、侯红伟、方志军等师友,本书所用材料是集体劳动的成果,包含了他们的辛苦贡献。

特别感谢史党社先生,正是因为他的建议和推荐,本书才被纳入"秦文明新探丛书"。没有这个出版计划,我的相关专著可能要晚到若干年后才能面世。

早期秦文化的考古学探索渐入佳境,远未结束;行至中游,道阻且长。回忆2014年毛家坪发掘结束,师生握手、同声话别:"士不可以不弘毅,任重而道远。"愿以夫子之语自励、共勉!

梁 云
2021年9月5日